Los actuales cambios sociales y laborales: nuevos retos para el mundo del trabajo

Volumen III

Autores

Jaime Cabeza Pereiro
Sandra Goldflus Wasser
Mª Cristina Aguilar Gonzálvez
Ana Isabel Fidalgo
Joana Carneiro
Ignacio Camós Victoria
Luciana Souto de Oliveira
José Luján Alcaraz
María del Carmen López Aniorte
Francisca Ferrando García
Faustino Cavas Martínez
Mª Belén García Romero
Elena Signorini
Mª Monserrate Rodríguez Egío
Francisco Miguel Ortiz González-Conde
José Luis Gil y Gil
Natividad Mendoza Navas
Luis Alberto Serrano Díaz

Lourdes Mella Méndez (directora)
Esperanza Macarena Sierra Benítez (coordinadora)

Los actuales cambios sociales y laborales: nuevos retos para el mundo del trabajo

Cambios en la intermediación laboral y nuevos retos
para el emprendimiento y el empleo decente:
España, Uruguay, Portugal, Brasil, Italia, Perú

Volumen III

PETER LANG

Bern · Bruxelles · Frankfurt am Main · New York · Oxford · Warszawa · Wien

Bibliographic information published by die Deutsche Nationalbibliothek
Die Deutsche Nationalbibliothek lists this publication in the Deutsche
Nationalbibliografie; detailed bibliographic data is available on the Internet
at ‹http://dnb.d-nb.de›.

Esta publicación ha sido revisada por pares.

ISBN 978-3-0343-2851-7 pb.   ISBN 978-3-0343-2855-5 eBook
ISBN 978-3-0343-2857-9 MOBI   ISBN 978-3-0343-2856-2 EPUB
DOI 10.3726/b10984

© Peter Lang AG, International Academic Publishers, Bern 2017
Wabernstrasse 40, CH-3007 Bern, Switzerland
bern@peterlang.com, www.peterlang.com

Todos los derechos reservados. Esta publicación no puede ser reproducida,
ni en todo ni en parte, ni registrada en o transmitida por un sistema de
recuperación de información, en ninguna forma ni por ningún medio, sea
mecánico, fotoquímico, electrónico, magnético, electroóptico, por fotocopia,
o cualquier otro, sin el permiso previo por escrito de la editorial.

Impreso en Suiza

Proceso de evaluación de los trabajos para garantizar la calidad de la publicación

Los trabajos publicados en este libro han sido sometidos a un doble proceso de evaluación y selección en atención a criterios científicos y técnicos de calidad. La revisión académica se realizó por el sistema del doble ciego. En una primera fase, la evaluación correspondió a una Comisión Internacional formada por los siguientes miembros:

Por ITALIA:

- Prof. Michele Tiraboschi. Catedrático de Derecho del Trabajo. Universidad de Módena y Reggio Emilia
- Prof. Giuliano Cazzola. Catedrático de Derecho del Trabajo. Universidad eCampus

Por FRANCIA:

- Prof.ª Nicole Maggi-Germain. Maître de conférences en Droit social, Universidad Paris 1, Panthéon Sorbonne, Institut des Sciences Sociales du Travail

Por PORTUGAL:

- Prof.ª Catarina Carvalho. Professora Auxiliar. Doctora en Derecho. Facultad de Derecho. Universidad Católica de Porto
- Prof.ª Teresa Coelho Moreira. Professora Auxiliar. Doctora en Derecho. Facultad de Derecho. Universidad de Minho

Por AMÉRICA LATINA (URUGUAY, CHILE, ARGENTINA y BRASIL):

- Prof. Juan Raso Delgue. Catedrático de Derecho del Trabajo y de la Seguridad Social de la Facultad de Derecho de la Universidad de la República. Uruguay
- Prof. Francisco Tapia Guerrero. Profesor de Derecho del Trabajo de la Facultad de Derecho de la Pontificia Universidad Católica de Chile
- Profª Eleonora Peliza. Juez de Trabajo de la Provincia de Buenos Aires. Doctora en Derecho del Trabajo, Previsión Social y Derechos Humanos por la Universidad de San Carlos de Guatemala. Profesora Titular en la Maestría de Derecho del Trabajo en la UNTREF y Profesora Adjunta en la UCA, UM. Argentina
- Prof. Rodrigo García Schwarz. Profesor Doctor de Derecho del Trabajo de la Universidad del Oeste de Santa Catarina (UNOESC). Juiz Titular de Vara do Trabalho. Tribunal Regional do Trabalho da Segunda Região (TRT02). Brasil

Por ESPAÑA:

- Prof. Javier Gárate Castro. Catedrático de Derecho del Trabajo y de la Seguridad Social. Universidad de Santiago de Compostela
- Prof. José Luis Monereo Pérez. Catedrático de Derecho del Trabajo y de la Seguridad Social. Universidad de Granada
- Prof. Eduardo Rojo Torrecilla. Catedrático de Derecho del Trabajo y de la Seguridad Social. Universidad Autónoma de Barcelona
- Profª Cristina Sánchez-Rodas Navarro. Catedrática de Derecho del Trabajo y de la Seguridad Social. Universidad de Sevilla

En una segunda fase, la Editorial Peter Lang realizó una evaluación por criterios temáticos y técnicos.

Índice

Esperanza Macarena Sierra Benítez
Prólogo 11

Parte I: La mejora de la intermediación laboral

Jaime Cabeza Pereiro
Sobre los porqués del auge de las agencias privadas de empleo 17

Sandra Goldflus Wasser
Las agencias privadas de empleo. El caso Uruguay: análisis de la
aplicación del Convenio Internacional del Trabajo número 181 35

Mª Cristina Aguilar Gonzálvez
La colaboración público-privada en la intermediación laboral
en España 65

Ana Isabel Fidalgo e Joana Carneiro
Impacto da tecnologia nos processos de recrutamento e seleção 87

Ignacio Camós Victoria
El *e-recruitment* o la selección 2.0 y sus límites legales 115

Luciana Souto de Oliveira
A influência das publicações em redes sociais *online* e o
recrutamento de trabalhadores no ordenamento jurídico brasileiro 147

Parte II: *El fomento del autoempleo y el emprendimiento*

JOSÉ LUJÁN ALCARAZ
El diseño comunitario de las políticas de fomento del emprendimiento y su concreción nacional.
Aproximación al caso español 171

MARÍA DEL CARMEN LÓPEZ ANIORTE
Ámbito aplicativo de las medidas de apoyo al emprendimiento: trabajo autónomo, actividad empresarial e iniciativa emprendedora 195

FRANCISCA MARÍA FERRANDO GARCÍA
Las claves del fomento del emprendimiento individual: incentivos, conciliación y degradación del estatuto jurídico del trabajo
asalariado 227

FAUSTINO CAVAS MARTÍNEZ
Fomento del empleo y el autoempleo a través de entidades
de economía social. El caso español 259

Mª BELÉN GARCÍA ROMERO
La prestación por desempleo como instrumento de fomento
del trabajo por cuenta propia 289

ELENA SIGNORINI
La riforma della protezione contro la disoccupazione e l'incentivo all'autoimprenditorialità in Italia: aperture per il lavoro autonomo? 317

Mª MONSERRATE RODRÍGUEZ EGÍO
Trabajo autónomo incentivado: balance y perspectivas en materia
de riesgos laborales 349

FRANCISCO MIGUEL ORTIZ GONZÁLEZ-CONDE
Incentivos al trabajo autónomo en detrimento de la sostenibilidad del sistema: compatibilidad entre el trabajo autónomo y la pensión
de jubilación 381

Parte III: La protección del empleo decente y la lucha contra el informal

José Luis Gil y Gil
Trabajo decente y reforma del derecho a la negociación colectiva en España 405

Natividad Mendoza Navas
La regulación de las condiciones de trabajo de los trabajadores desplazados en el marco de una prestación de servicios transnacional 441

Luis Alberto Serrano Díaz
Panorama sobre la informalidad laboral y el trabajo decente en Perú 465

Esperanza Macarena Sierra Benítez

Prólogo

En el momento en el que escribo este texto preliminar del volumen III de esta magna colección de la editorial Peter Lang, se están produciendo dos acontecimientos en el orden internacional que me parecen especialmente relevantes: la celebración de la Cumbre de Davos 2017, con la presencia del presidente de la República China, Xi Jinping, como abanderado de la globalización y el libre comercio, y el acceso de Donald Trump a la presidencia de los EE.UU., con una postura contraria y proteccionista. Busco en el diccionario de la Real Academia Española el significado de la palabra "prólogo", y entre las diversas acepciones me quedo con dos: la primera, que identifica el término con "el texto preliminar de un libro [...], que sirve de introducción a su lectura", y la tercera acepción, que la relaciona con la "primera parte de una obra, en la que se refieren hechos anteriores a los recogidos o reflexiones relacionadas con su tema central". Centrándonos en esta última, no puedo obviar la transcendencia del Congreso de Inauguración de la Comunidad CIELO laboral celebrado en Oporto a finales de septiembre y principios de octubre de 2016, donde los miembros de la Comunidad tuvimos la oportunidad de trabajar y conocernos personalmente.

Sí, Oporto nos permitió disfrutar del Congreso y de todos nosotros, ¡gracias Oporto! En particular, me gustaría dar las gracias a la institución organizadora: la Facultad de Derecho de la Universidade Católica Portuguesa Porto. Esta colección Cielo Laboral Oporto es una buena muestra de lo que allí aconteció. Oporto no sólo nos deslumbró por la luz y belleza de sus calles y aguas —las del Douro y Atlántico—, sino también por la sabiduría y enorme amabilidad de su gente. En esos días tuvimos la fortuna de reunirnos los estudiosos del mundo del Trabajo, en su mayor parte juristas, para debatir sobre los cambios en la intermediación laboral y los nuevos retos para el emprendimiento y el empleo decente. La mayoría de la casi veintena de autores de este volumen presentaron sus ponencias en la modalidad individual, excepto los componentes del grupo de investigación de la Universidad de Murcia que lo hicieron mediante un seminario específico sobre el autoempleo y el emprendimiento, y cuyas aportaciones se recogen en la parte II del volumen. Los profesores Luján Alcaraz, Cavas Martínez y Ortiz González-Conde compartieron tándem con un equipo también muy activo en las publicaciones laboralistas: las profesoras López Aniorte, Ferrando García, García Romero, Signorini y Rodríguez Egío.

La parte I de la obra se adentra en el estudio de los problemas que presenta el reclutamiento de trabajadores y, en general, la intermediación laboral en el complejo y convulso mundo del mercado de trabajo, bien a través de la agencias privadas de empleo o de la colaboración público-privada, mediante las técnicas tradicionales de selección o con el impulso de las tecnologías, incluidas las 2.0 y las redes sociales. Los profesores Cabeza Pereiro y Camós Victoria comparten esta parte del presente libro con las profesoras Goldflus Wasser, Aguilar Gonzálvez, Souto de Oliveira, y Ana Fidalgo y Joana Carneiro, en representación de Uruguay, España, Brasil y Portugal, respectivamente. Es decir, países en los que se reclama la necesidad de mejorar la intermediación laboral ante las deficiencias de los organismos correspondientes a la hora de cumplir su finalidad: la intermediación laboral en el mercado de trabajo y del empleo. No obstante, el autoempleo y el emprendimiento son los mecanismos que parecen experimentar un mayor auge en el mercado de trabajo, llegando incluso los legisladores a ofrecer, por ello, incentivos al trabajo autónomo en detrimento de la sostenibilidad del sistema de Seguridad social, ante la clara evidencia de la escasez de trabajo asalariado y de calidad a nivel mundial.

Por el referido motivo, la parte III presta una especial atención a la protección del empleo decente y la lucha contra el empleo informal, contemplados como objetivos de primer orden por las instituciones internacionales. Temas que son abordados por los profesores Gil y Gil, en relación con la reforma de la negociación colectiva en España, y Serrano Díaz, que trata la informalidad laboral en Perú. La profesora Mendoza Navas concluye esta parte realizando un estudio de las condiciones de trabajo de los trabajadores desplazados en el marco de una prestación de servicios transnacional.

No quisiera distraer la atención de los temas que nos ocupan: el trabajo y el empleo, pero considero que los dos hitos que se están produciendo en este comienzo de 2017, ya mencionados, pueden tener una gran incidencia en el orden económico mundial y, por ende, no sólo en la gran transformación del trabajo y del empleo, sino en el desplazamiento de trabajadores.

A este empleo que se transforma hay que dotarlo de una formación adecuada para que la orientación y la intermediación laboral faciliten el acercamiento entre la oferta y la demanda, de acuerdo con los estándares de empleo decente, ya sea mediante el autoempleo o el empleo asalariado, pero de calidad. Con sus contribuciones, los autores de este volumen mantienen la defensa de este empleo decente y de calidad desde la óptica jurídica y social, en el entorno de libre comercio global defendido por China frente al proteccionismo de Estados Unidos. A todos ellos, les agradecemos su colaboración en esta publicación derivada del Congreso Cielo Laboral Oporto 2017.

Sevilla, enero 2017.

Parte I

La mejora de la intermediación laboral

Jaime Cabeza Pereiro

Catedrático de Derecho del Trabajo y de la Seguridad Social. Universidad de Vigo. España

Sobre los porqués del auge de las agencias privadas de empleo[1]

Resumen: A lo largo de las últimas décadas, las agencias privadas de empleo han experimentado un gran crecimiento. Desde un uso debido a motivos coyunturales, las empresas clientes han desarrollado estrategias de contratación con dichas agencias basadas en motivos más estructurales, hasta el punto de que constituyen actores fundamentales de su política de recursos humanos. Sin embargo, las prácticas de estas entidades de cesión de trabajadores han incurrido frecuentemente en abusos, en particular en los sistemas de relaciones laborales menos regulados. Frecuentemente, se han detectado abusos y malas prácticas, aunque también hay buenos ejemplos de entidades que animan el desarrollo de carreras profesionales. La organización internacional de agencias privadas de empleo, mientras tanto, está organizando campañas globalizadas que promueven una buena imagen del trabajo intermediado.

Palabras clave: agencia privada de empleo, trabajador temporal, flexibilidad, precariedad.

Introducción

Sobre las empresas de trabajo temporal y, en general sobre las agencias privadas de empleo, se han proyectado no pocas críticas en la comparación de sus trabajadores con los trabajadores indefinidos de las empresas clientes, a la vez que se ha incidido en la precariedad legal a la que son sometidos (Cabeza Pereiro, 2015: 74 ss.). Es importante ponderar la justificación y la proporcionalidad de estas críticas. Parece razonable, como punto de partida, admitir que estas entidades han contribuido en no pequeña medida a

---

1 Este estudio se enmarca en el proyecto de investigación "Los instrumentos de protección privada en la gestión del cambio laboral", DER2014-52549-C4-2-R, financiado por el MINECO.

la legitimación y aceptación pública del trabajo de duración determinada. Incluso, más allá de esta contribución, puede postularse que han puesto en entredicho el principio fundamental de la Declaración de Filadelfia de que el trabajo no es una mercancía. En efecto, una vez que la prestación de servicios se convierte en el contenido exclusivo de una relación comercial entre dos empresas, es inequívoco que semejante principio queda radicalmente contestado, pues el trabajo personal se convierte en una mercancía que se "usa" (Lieberwitz, 328).

Puede considerarse como una máxima de experiencia que una regulación relativamente protectora de los contratos indefinidos promueve la decisión de las empresas de recurrir a estas entidades. Y que, inversa y paradójicamente, una desregulación del trabajo intermediado también incrementa su actividad (Mitlacher, 586). Puede expresarse la misma idea en sentido contrario: las agencias de empleo guardan un importante recelo a cualquier incremento de la regulación de su actividad. Allá donde se produce, su volumen de negocio disminuye o no se expande en la medida en la que ellas quisieran. No hay, sin embargo, una relación directa entre protección general del contrato de trabajo y dimensión de la actividad de intermediación laboral.

Descifrar los porqués del auge que están teniendo a nivel global es una tarea previa a plantear modelos de regulación o a analizar los fallos y aciertos de los sistemas internos de relaciones laborales. Es evidente que las reglas varían de unas realidades a otras y que tales reglas explican, al menor en parte, determinados comportamientos. Pero, más allá de las particularidades, las tendencias generales apuntan hacia una importancia cada vez más decisiva de las agencias de empleo temporal como actores fundamentales de los mercados de trabajo. A esta interpretación de la realidad se dedican las páginas que siguen.

I. De la función coyuntural a la función estratégica

Qué buscan las empresas clientes en las agencias privadas de empleo puede variar de unas realidades a otras. Tal vez pretendan un volumen alto de mano de obra, probablemente no muy cualificada, o quizá unos servicios más especializados y puntuales (Mitlacher, 590). Desde luego, reducir en lo posible la contratación de trabajadores con escasas cualificaciones aparece como uno de los argumentos más recurrentes que esgrimen las entidades usuarias. Es indudable que una prioridad fundamental para las empresas clientes que las impulsa a contratar con agencias privadas de empleo consiste en incrementar la flexibilidad externa —de entrada y de salida—. Menos generalizada está la pretensión de procurar flexibilidad interna para conseguir capacidades que no se obtienen con la plantilla propia (Mitlacher, 597-8, expresando que esta no es una estrategia generalizada en Alemania, pero sí en USA). Es decir, esta contratación con empresas de trabajo temporal de tipo más estratégico no constituye una práctica muy expandida en la Europa continental. Pero sí que es verdad que se está introduciendo, como hace tiempo que está implantada en USA, la práctica de reclutar a trabajadores cualificados a través de empresas de trabajo temporal (Mitlacher, 599 y Peck y Theodore, 172). Ahora bien, este recurso a las ETT de tipo "funcional" puede decirse que difumina las diferencias entre lo que clásicamente se ha entendido por flexibilidad interna y externa (Håkansson, Isidorsson, Pond, Sol, Teissier, Unterschütz y Warneck, 13). Puede decirse, en todo caso, que estas entidades contribuyen a que las empresas puedan acceder a conocimientos especializados.

En un proceso de implantación sucesiva, la primera funcionalidad de las agencias de empleo consiste en procurar con diligencia la sustitución de trabajadores con contratos más o menos permanentes. Se trata, así pues, de un recurso coyuntural a estas entidades para atender a necesidades puntuales. En este sentido, las vacaciones o las enfermedades del personal de plantilla han sido las causas que, inicialmente, sustentaban casi en exclusiva el recurso a las agencias de empleo. Aunque, al mismo tiempo, la atención a necesidades cíclicas derivadas de los trabajos estacionales también apareció como una situación propicia para su desarrollo (Wynn y Leighton, 317)[2].

Pero, progresivamente, su actividad fue centrándose más bien en atender las fluctuaciones de la demanda. Es decir, se trata de que las empresas clientes solo contraten el número mínimo de trabajadores y que se nutran de una utilización planificada y sistemática de trabajadores cedidos por empresas de trabajo temporal (en cuanto al modelo de USA, Smith y Neuwirth, 6.7 y Berger, 15). De este modo, las agencias de empleo intermedian en el empleo proporcionando trabajadores temporales. Y, en épocas recesivas, exhiben toda su utilidad, cuando es necesario reducir el tamaño de la empresa. Se ha dicho, en este sentido, que las agencias de empleo han pasado de

---

2   Esta idea también aparece desarrollada en "Temporary employment and the imbalance of power", *Harvard Law Review*, vol. 109, 1996, p. 1648.

cubrir eventualidades a desempeñar una función más sistemática y continua para las empresas clientes. Y que, en esta nueva función, son proveedoras de flexibilidad a gran escala (Peck y Theodore, 171; destacando esta "flexibilidad operacional", Hendrickx y Van der Bergh, 55). De una función puramente reactiva, han pasado a ser un instrumento estratégico en la gestión del personal (Holst, Nachtwey y Dörre, 110). Aunque en ocasiones no en grandes números, sino que se trata de acceder de forma cíclica a trabajadores cualificados mediante una cesión estratégica en la que la empresa cliente puede disponer, de acuerdo con las fluctuaciones de la demanda, de tales cualificaciones (Peck y Theodore, 173). En cualquier caso, puede decirse que las empresas de trabajo temporal sirven para externalizar los costes de las fluctuaciones económicas. Y es claro que, bajo este paradigma, la contratación con ellas se intensifica. Cuanto más se recurre a las empresas de intermediación de mano de obra, más se aproximan las funciones que desarrollan los trabajadores cedidos y el personal de la empresa usuaria.

Se trata de una tendencia muy importante, que se compagina bien con la estrategia de las grandes corporaciones hacia la disminución de su tamaño y el adelgazamiento sistemático encarnado en las teorías empresariales de la *lean production*. Adelgazan también, por supuesto, disminuyendo el tamaño de su plantilla permanente, a cuyo fin las agencias privadas de empleo les ofrecen un servicio muy valioso. Se produce, así, el fenómeno paradójico de la cobertura permanente de puestos de trabajo con trabajadores temporales[3]. Sucede que, junto con los trabajadores estables de la entidad cliente, prestan servicios de forma reiterada trabajadores de la agencia, que, aunque son temporales, tienen una fuerte vinculación fáctica con aquélla. Aparece así la figura que ha sido descrita como los *"permatemps"* (Peck y Theodore, 173). Y los trabajadores puestos a disposición se convierten en un componente permanente o casi permanente de la fuerza de trabajo en la empresa usuaria (Holst, Nachtwey y Dörre, 110).

De modo que, al margen de circunstancias excepcionales, conforme a este paradigma podría decirse que la pérdida de más puestos de trabajo de los cubiertos por la agencia privada de empleo supondría que la dirección de la empresa cliente no habría diseñado correctamente su plantilla y no había hecho debido uso de la flexibilidad. Las agencias de empleo tienen, por lo tanto, una capacidad muy importante para mediar en el coste de la flexibilidad laboral. En este sentido, se ha afirmado que la industria de

---

3   Otra vez puede consultarse esta idea en el documento *Temporary employment and the imbalance of power, op. cit.*, p. 1648.

la intermediación laboral pugna por convencer a las empresas de que los trabajadores estables son poco más que una carga costosa (Hatton, 88).

En sus versiones más extremas, este modelo implica la externalización en las agencias de la integridad de diversas funciones de la empresa, la transferencia a ellas de responsabilidades laborales y administrativas, la conclusión de contratos mercantiles de larga duración a nivel nacional e internacional y la oferta de paquetes de servicios de empleo conjuntamente con otros, entre ellos la consultoría en materia de recursos humanos (Theodore y Peck, 29). Se trata, en suma, de ofrecer soluciones integrales en materia de personal mediante unas alternativas flexibles que atiendan necesidades justo a tiempo, estacionales, incuso permanentes, no cualificadas o específicas y cualificadas. Las entidades intermediarias, en este nuevo paradigma, dan forma a la propia definición de los puestos de trabajo y de las funciones, al ejercicio del poder de dirección e incluso a las labores de control y supervisión. En particular, en el contexto de organizaciones flexibles en las que se aplican procedimientos *just in time*, el soporte de las agencias privadas de empleo gana en centralidad (Freeman y Gonos, 295). Seleccionan a los trabajadores, los reclutan, los ponen a disposición y los recolocan, diseñan los puestos de trabajo, supervisan la prestación de servicios y definen la estructura salarial y el sistema de incentivos retributivos (Peck y Theodore, 173). En realidad, los servicios de empleo y colocación son una parte de una oferta más amplia en la que también se contienen otros de consultoría y de recursos humanos. Las agencias establecen una relación muy amplia y profunda con las clientes, cuya gestión del personal dirigen en una no pequeña medida (Neugart y Storrie, 153).

Aparece, cualquiera que sea el nivel de sofisticación, la práctica de las empresas de trabajo temporal "empotradas" a las agencias clientes, en una posición similar a la de otras externalizaciones más clásicas, en las que un responsable de personal de la propia empresa de trabajo temporal soluciona problemas contingentes o permanentes en la empresa usuaria, y dosifica la necesidad de trabajadores cedidos a partir de un conocimiento muy próximo e intenso de ésta (Antoni y Jahn, 230). De este modo, se produce una mayor integración de las agencias privadas de empleo en los sistemas organizativos de las empresas (Neugart y Storrie, 138). E, indudablemente, y no solo desde esta perspectiva, se produce una aproximación entre las empresas de trabajo temporal y las empresas auxiliares y se difuminan y aligeran las diferencias entre unas y otras. Se establece una relación asociativa a largo plazo, en la que se va diseñando una dinámica colaborativa y de fuerte integración (Forde y Slater, 2014, 29).

En resumen, puede decirse que las agencias privadas surten a las empresas clientes de servicios variados, que se concretan en tres áreas fundamentales: la provisión *ad hoc* de trabajadores en atención a variadas causas, el aseguramiento de una flexibilidad amortiguadora de otro tipo de decisiones más drásticas para con sus trabajadores típicos y la disponibilidad de una herramienta de uso estratégico para la gestión de las necesidades de mano de obra cualificada o no cualificada (Holst, Nachtwey y Dörre, 115). En cualquiera de las tres, los servicios de la agencia deben especializarse, para que las capacidades de los trabajadores que pongan a disposición encajen con las necesidades de la entidad cesionaria. Y, por lo que respecta a la segunda, supone un argumento por el cual los trabajadores indefinidos de ésta pueden aceptar de buen grado el recurso a la intermediación laboral, pues implica, en el fondo, una garantía de que no habrá reestructuraciones empresariales.

Aunque se ha precisado que, cuando los trabajadores puestos a disposición desarrollan las mismas funciones que los trabajadores de la empresa usuaria, el riesgo de sustitución de éstos por aquéllos crece. El efecto amortiguador se produce, más bien, en los casos en los que hay una segmentación laboral y los primeros realizan las tareas más periféricas y de menor valor añadido (Holst, Nachtwey y Dörre, 133). En realidad, la asociación entre empresas intermediarias de empleo y entidades clientes genera una estrategia de dualidad entre trabajadores estables y trabajadores periféricos característica de los mercados de trabajo "dualizados" (Freeman y Gonos, 301).

II. Otras motivaciones. Usos y abusos

Por supuesto, uno de los motivos más esgrimidos consiste en eludir las condiciones de trabajo que rigen en la empresa usuaria, siempre que el sistema jurídico que corresponda no imponga la aplicación del principio de igualdad. Evitar la aplicación del convenio colectivo que rige en aquélla y, en consecuencia, pagar retribuciones más reducidas a los trabajadores cedidos, aparece claramente entre las motivaciones importantes (Ferreira, 130). En este sentido, el recurso a agencias privadas del propio grupo empresarial de la entidad usuaria o a empresas de trabajo temporal con las que guarde una fuerte vinculación es una estrategia de suma importancia. En términos más amplios, evitar la aplicación de la legislación de protección frente al despido y la obligatoriedad de los convenios también se esgrimen como motivos desencadenantes (Holst, Nachtwey y Dörre, 118). Como se ha dicho en términos muy gráficos, lo esencial consiste en que la empresa usuaria sustituye la aplicación del Derecho del Trabajo por la del Derecho Mercantil (Spattini, 171). Desde la doctrina laboralista, se ha expresado el temor de que se recurra a ellas más que por criterios de eficiencia en la intermediación y puesta a disposición, con el objetivo real de transferir ganancias desde los trabajadores a los empresarios (McGaughey, 13).

El ejemplo del sistema de USA es paradigmático: se expresa mediante la transición de un esquema de pago de honorarios a la empresa usuaria (*fee splitting*) a otro de margen en el salario del trabajador cedido (*mark up*) por el cual en este margen —producido a través de una rebaja salarial creciente— se sustentaba el beneficio de la entidad cedente. Evidentemente, la escasa transparencia del segundo sistema es la clave de bóveda que lo sostiene (Smith y Neuwirth, 16 ss)[4]. Es curioso comprobar cómo los paradigmas actuales en ese sistema de relaciones laborales han "afinado" las más abusivas prácticas de los primeros años del siglo XX (Freeman y Gonos, 308)[5]. Ya desde antiguo se han identificado malas prácticas a la vez que se ha puesto de manifiesto la poca profesionalidad de muchos intermediarios de empleo[6]. En cualquier caso, en los marcos de relaciones

---

4   Ya en los años 30 se ponía de manifiesto que las relaciones entre los empresarios y trabajadores con las agencias de empleo lucrativas, así como los informes de los propietarios de tales establecimientos, revelan que en no pocas ocasiones desarrollan su actividad de forma poco eficiente y a menudo poco ética (Connecticut State Department of Labor, *Private employment agencies*, Pamphlet, Hatforf, Connecticut, 1937, p. 3). En este documento se abogaba por regular dichas entidades para eliminar tales prácticas perniciosas.

5   Cuentan estos autores cómo las agencias privadas de empleo se hicieron acreedoras del sobrenombre de "tiburones del empleo" —*employment sharks*— con sus prácticas abusivas. En torno al *fee splitting* explican que las agencias promovían una alta rotación de trabajadores, una rápida sucesión de contrataciones y despidos y, en general, extorsiones y todo tipo de fraudes y abusos.

6   Véase sobre este particular *Private employment agencies*, *op. cit.*, pp. 9 y ss. Entre tales malas prácticas de las que eran víctimas los trabajadores, se citan la negativa a la devolución de honorarios cuando no se producía la contratación laboral, exigir honorarios por el solo hecho de registrarse como trabajador en la agencia, oferta de trabajos inexistentes, descripción falsa de las condiciones de empleo, incentivación de

laborales más flexibles, las agencias privadas de empleo han servido para reservar los salarios más altos a los trabajadores de plantilla y para atribuir condiciones peores a los trabajadores periféricos, menos protegidos (Fidan Elcioglu, 119). En este sentido, por lo que respecta a Canadá, se ha expresado del sector de las agencias de empleo temporal que se comporta como instrumento de explotación y que su actividad produce salarios reducidos y pobreza (Choundry y Henaway, 2). Y que los trabajadores atrapados en ellas están en lo más profundo de las cadenas de producción, como consecuencia de una normativa extremadamente liberalizadora (Kates, 451-2).

Ha sido frecuente y está bien documentada la estrategia de expandir el número de trabajadores que estas entidades registran, cuando en la realidad existe un amplio grupo periférico de trabajadores registrados a los que en la práctica no se pretende ofrecer empleo. Estrategia que es compatible con el registro paralelo de trabajadores "privilegiados" dentro de la entidad de colocación y cesión, a los que permanentemente se les ubica en las empresas clientes (Fidan Elcioglu, 124). Puede decirse, pues, que la entidad incurre frecuentemente en prácticas de favoritismo o, en general, en decisiones arbitrarias a la hora de enviar a unos u otros trabajadores a las empresas usuarias (Freeman y Gonos, 295). Y, en el vector de los trabajadores que sí son beneficiarios de unas cesiones más o menos regulares, es harto frecuente la exigencia de la agencia de empleo de que acepten trabajos que están muy por debajo de sus capacidades y de sus aptitudes profesionales, con la consiguiente desprofesionalización a que abocan tales exigencias (Freeman y Gonos, 295). Desde este punto de vista, puede concluirse que los trabajadores precarios son explotados muy fundamentalmente a través de las agencias privadas de empleo y que éstas son entidades inherentemente explotadoras en sistemas de relaciones laborales desregulados (Gonos y Martino, 500 ss.) El ejemplo de EEUU es muy ilustrativo: la búsqueda de la desregulación, acompañada de una notoria falta de transparencia han constituido el caldo de cultivo de su gran desarrollo (Freeman y Gonos, 301-2).

Adicionalmente, el exceso de trabajadores disponibles tiene un interés evidente desde la perspectiva de que exista mano de obra suficiente para atender de forma inmediata las necesidades de las empresas clientes (Gonos y Martino, 507). Interés al que se añade el de que no se generen entre ellos excesivos lazos de solidaridad, sino que la empresa disponga de todos desde una perspectiva totalmente individual. El calificativo que se les ha asignado

---

una excesiva rotación laboral o exigencia de permanencia a disposición de la agencia privada durante largos períodos de tiempo.

por parte de la doctrina norteamericana como "tiburones de empleo" (*employment sharks*) les caracteriza muy bien en estos escenarios (Freeman y Gonos, *passim*). Incluso se han detectado frecuentes acuerdos de no competencia entre las propias agencias, casi siempre escondidos y en los que configuran las condiciones de trabajo que han de ofrecer a sus trabajadores (Freeman y Gonos, 305-6). De la negociación entre la empresa cliente y la entidad de intermediación se ha predicado que constituye las más de las veces una práctica colusoria para perjudicar los derechos de los trabajadores y maximizar los beneficios de ambas (Choundry y Henaway, 3).

Por lo demás, esta orientación hacia los estratos inferiores y más precarios del mercado de trabajo viene acompañado en muchas realidades de una mayor densidad de trabajadores inmigrantes, ya sean regulares o irregulares. En este segmento, emergen intermediarios de mano de obra que explotan a las personas que quedan atrapadas en sus redes (Strauss y Fudge, 3). Hay realidades ciertamente sórdidas, caracterizadas por prácticas reiteradas de intimidaciones y coacciones, de confiscación de documentos, deducciones salariales arbitrarias en concepto de alojamiento, transporte y equipamiento, pago de honorarios a los intermediarios de empleo o salarios extremadamente reducidos. Por supuesto, esta realidad también existe en los países desarrollados, en convivencia con las entidades con prácticas más formalizadas (Strauss, 164, en relación con ciertos hechos acaecidos en el Reino Unido). Puede decirse que en no pocas ocasiones se dedican a un trabajo sucio, de control de las estrechas barreras de entrada a los mercados de trabajo en un segmento caracterizado por las informalidades (Peck y Theodore, 189).

No cabe duda de que, con este tipo de estrategias y en no pocas ocasiones, la imagen de las agencias de intermediación y prestamismo laboral ha quedado dañada ante la opinión pública (Ferreira, 130, en referencia a Alemania). Se ha dicho que la eclosión de estas entidades no es sino un subproducto de la pérdida progresiva de derechos por parte de los trabajadores (Sukert, 433). Que se agrava cuando las agencias privadas de empleo no están suficientemente reguladas u operan en mercados de trabajo informales (Payne, 919). O cuando los controles públicos se relajan o no hay suficientes garantías de la ejecución de las normas (Lobel, 96[7]). Sin que ahora se trate de argumentar acerca de la importancia que tiene la

---

[7] En este estudio, se pone de manifiesto cómo, en ausencia de un suficiente control del Gobierno, el trabajo de las internas en el hogar familiar depende de la existencia de intermediarios privados y de cómo éstos se auto-regulen.

autorización y el control administrativo de estas entidades, allá donde faltan aquélla y éste proliferan entidades que aparecen y desaparecen en ciclos de vida ínfimos para eludir cualquier tipo de responsabilidad[8]. Además, y ya al margen de situaciones abusivas, las agencias privadas de empleo a menudo son las principales proveedoras de trabajos poco demandados, repetitivos, peligrosos o físicamente exigentes en los que la rotación de mano de obra es endémica (Freeman y Gonos, 293 y Peck y Theodore, 172).

A todo lo cual debe añadirse otra circunstancia: es evidente que la relación intensa entre agencia privada de empleo y empresa de trabajo temporal puede servir a una estrategia de individualización de las relaciones laborales y de debilitamiento de la penetración sindical en la primera. Las capacidades de actuación de la segunda pueden ser muy amplias al servicio de esta finalidad (más en extenso, Cabeza Pereiro, 2016).

III. Funcionalidades reales y no tan reales

Ahora bien, esa es parte de la realidad, no toda ella. Por supuesto, algunas entidades se han especializado en identificar espacios de mercado más especializados en los que pueden mantener unos márgenes de beneficio amplios sin reducir las condiciones salariales y de trabajo. En estos ámbitos, la prestación de un servicio diferenciado importa más que el coste del mismo. Pero, realmente, se trata de ciertos oasis en el desierto, poco significativos en el cuadro general (Heodore y Peck, 44). Más bien, la puesta a disposición de mayor envergadura se destina a las posiciones más periféricas y de menor valor añadido de la empresa usuaria, allá donde los costes de formación resultan menos elevados, que asume en todo caso la agencia privada (Holst, Nachtwey y Dörre, 118). Sean cuales fueran éstos, el acceso inmediato a una mano de obra formada constituye uno de los reclamos elementales de las agencias de trabajo temporal (Hendrickx y Van der Bergh, 56).

Tampoco cabe desconocer que en algunos sistemas, como en el británico, las agencias privadas de empleo tienen una finalidad específica en

---

8   Conocidas en el mundo norteamericano como *fly-by-night agencies* (Choundry y Henaway, 12).

el campo de la prestación de servicios cualificados. Se trata de proveer de soporte administrativo, legal y de asesoramiento para que los profesionales presten sus servicios a empresas clientes. Se trata de las denominadas *umbrella companies*, las cuales facilitan la aproximación entre la oferta y la demanda de servicios dotados de cierta especialización y que desarrollan esta actividad como una parte sustantiva de la intermediación laboral (Forde y Slater, 2014:15).

Desde la consideración de estas agencias como prestadoras de servicios de selección y colocación, se ha enunciado una estrategia de transición de la agencia a la empresa usuaria y a la estabilidad en el empleo. En este sentido, se ha expresado que la capacidad de ofrecerles a las entidades clientes las cualificaciones requeridas resulta esencial para su éxito en el largo plazo (Mitlacher, 590). Al respecto, la virtualidad de la puesta a disposición del trabajador en la empresa cliente a modo de período de prueba ha sido reiteradamente puesta de manifiesto por parte de la doctrina (Frreman y Gonos, 293 y Håkansson, Isidorsson, Pond, Sol, Teissier, Unterschütz y Warneck, 43).

Sin embargo, los autores han puesto de manifiesto que esta función de "puente" o de tránsito hacia un trabajo típico solo se hace efectiva muy pocas veces (Houseman, 167 y Forde y Slater, 2005:266). En efecto, en el otro lado de la balanza, se sitúan las prácticas obstruccionistas que entorpecen el tránsito definitivo a las empresas clientes. Porque, al menos en el plano de lo inmediato, la sistemática producción de precariedad incrementa los beneficios de la agencia privada de empleo (Fidan Elcioglu, 130). Puede afirmarse que las agencias hacen las veces de "guardianes" o de "porteros" en el tránsito del empleo temporal al indefinido, a través de prácticas que bien lo facilitan, bien lo entorpecen a través de las restricciones más diversas (Freeman y Gonos, 295). Pero, en términos generales, estas entidades no han cumplido esa función de "puente" que la literatura les ha asignado y que ellas mismas se han atribuido frecuentemente.

Más bien han servido como obstáculo que los trabajadores deben franquear (Fidan Elgioclu, 121), retardatario de su ingreso en el mundo del trabajo típico y siempre condicionado a que muestren unas virtudes bien queridas por la empresa cliente, que solo puede testar con total libertad utilizando estas entidades intermediarias. Matizando algo esta idea, puede decirse que, en el vector del trabajo menos cualificado y de los salarios más reducidos, las agencias de empleo ni han cumplido ese papel de puente ni, en realidad, han querido cumplirlo Håkansson, Isidorsson, Pond, Sol,

Teissier, Unterschütz y Warneck, 50). Se han comportado, así pues, como falsos puentes hacia el empleo estable (Freeman y Gonos, 304). Por consiguiente, las agencias ostentan una posición de gran poder frente a los trabajadores. Éstos solo podrán acceder a un empleo estable en la empresa cliente después de pasado un período de tiempo indeterminado a disposición de la empresa de trabajo temporal. En tales circunstancias, es evidente que ésta gozará de una posición de predominio para imponer sus condiciones de empleo (Freeman y Gonos, 299).

También se ha puesto de manifiesto que otra causa de la expansión del empleo a través de empresas de trabajo temporal estriba en el objetivo de las empresas clientes de reducir los riesgos del absentismo que se asocian a la contratación tradicional de trabajadores (Mitlacher, 596). Igualmente se alude a la conveniencia de desentenderse de asuntos disciplinarios y de la imposición de sanciones a los trabajadores por sus incumplimientos contractuales (Mitlacher, 596). En términos generales, parecería innegable que la transferencia de riesgos debería constituir una motivación esencial. Sin embargo, las empresas que recurren normalmente al trabajo intermediado no expresan esta transferencia como una de las motivaciones fundamentales (Mitlacher, 597).

Sí que se explicita como una causa obvia del recurso a las agencias de empleo la conveniencia de evitar los trámites y los problemas que se derivan de la contratación de trabajadores extranjeros inmigrantes. Lo cual tiene mucho que ver con la realización de trabajos que los trabajadores nacionales no están dispuestos a aceptar (McKay, 297-8). Todo ello expresa una función importante de las agencias de empleo, que consiste en atraer a trabajadores inmigrantes a mercados de trabajo locales Håkansson, Isidorsson, Pond, Sol, Teissier, Unterschütz y Warneck, 36). Indudablemente, constituyen una de las vías de acceso más evidentes para los trabajadores inmigrantes a la posibilidad de establecerse en los países más desarrollados. Desde un punto de vista algo más peyorativo, también se ha dicho que los inmigrantes, cuando llegan al país de destino, son confinados en el ámbito de actuación de las agencias de empleo temporal (Choundry y Henaway, 2). Y no se trata solo de las agencias de empleo en los países de acogida, sino también en los de origen. Se han detectado prácticas de precios desorbitados para recurrir a ellas a los efectos de emigrar (Choundry y Henaway, 6).

Con respecto a la Unión Europea, en la expansión del trabajo a través de agencias de empleo han influido, indudablemente, factores políticos y geográficos, de gran impronta socio-económica. Por ejemplo, la apertura a partir de 2011 del derecho de libre prestación de servicios y de circulación de trabajadores a los trabajadores y a las agencias de empleo de los Estados del Este de Europa incorporados a ella en 2004 ha tenido, sin duda, unas repercusiones prácticas amplias (Ferreira, 132).

IV. Imágenes y estrategias

En cuanto a aspectos estratégicos, puede identificarse, a nivel europeo y global, una orientación de las agencias de empleo hacia el establecimiento de un sector diferenciado de actividad sometido a sus propias reglas específicas. Es decir, que sus trabajadores, más que del sector en el que prestan servicios, pertenecen al mundo de la intermediación y la cesión de mano de obra, que, en sí misma, es una actividad específica y con vida propia (Cotton, 138). Con esta intención, la organización empresarial internacional de empresas de trabajo temporal —la *World Employment Confederation*— ha desarrollado amplias campañas promocionales.

En el mundo de las imágenes y de los estereotipos, las agencias privadas de empleo promueven y difunden un prototipo de trabajador temporal, adornado por una serie de virtudes entre las que destacan la eficacia y la eficiencia, así como el compromiso con el trabajo que desarrollan. En definitiva, se trata de un nuevo marco ideológico sobre el empleo en el que los trabajadores cedidos constituyen una mercancía productiva y de calidad. Personas con una profesionalidad razonable y una ética profesional robusta, capaces de desarrollar sus funciones con un mínimo de autonomía y satisfechos con una prestación de servicios que incluso sea esporádica (Smith y Neuwirth, 2 ss.). En realidad, se trata de una batalla de mercado y de mercadotecnia, que pretende salir al paso de una imagen preconcebida de los trabajadores cedidos como mucho menos comprometidos con el proyecto empresarial, menos eficientes y con una más discutible moralidad (Smith y Neuwirth, 10 ss.). Es evidente que el crecimiento de estas entidades ha tenido mucho que ver con su capacidad de proyectar una imagen de eficiencia (Neugart y Storrie, 153).

Ahora bien, las agencias privadas de empleo no se publicitan tan solo con la vista puesta en las empresas clientes. Han de proveer de buenos empleos a los trabajadores temporales, quienes, en el fondo, también son sus usuarios. Desde esta perspectiva, pueden desempeñar un papel muy importante en la consecución de empleos más dignos y decentes para los trabajadores que son colocados o cedidos por ellas o, al menos, en la obtención de una experiencia relevante. Pero, simétricamente, tienen un interés obvio en la erosión normativa y estructural de los contratos indefinidos típicos (Smith y Neuwirth, 3 ss.). Y, con todo, siempre van a priorizar las necesidades de la empresa cliente (Fidan Elcioglu, 121).

Sin perjuicio de lo dicho, en determinados sectores —vg. en el empleo del hogar— la existencia de reglas internas que eviten las prácticas más abusivas, en especial cuando se trata de personas migrantes, tiene una importancia evidente. La denuncia de las agencias que más incurren en tales prácticas constituye una labor importante para que pueda mantenerse estándares laborales mínimamente dignos (Lobel, 97).

Conclusiones provisionales

En cualquier caso, la irrupción y crecimiento de las agencias privadas de empleo ha reconfigurado los mercados de trabajo internos en profundidad, incluso más allá de los números reales de penetración con los que realmente cuenten en el tejido productivo. Su mera presencia como actores de las relaciones laborales condiciona las decisiones y las estrategias de los demás actores y, por supuesto, la propia normativa laboral y su aplicación (Håkansson e Isidorsson, 23 y Hatton, 88). En relación con modelos de relaciones laborales como el norteamericano, se ha expresado que las agencias privadas de empleo se han convertido en un elemento estructural del mercado de trabajo (Theodore y Peck, 27). Es una irrupción transformativa de los sistemas de relaciones laborales, por la función sistemática, en términos cualitativos y cuantitativos, que pueden desempeñar (Peck y Theorode, 176). Inequívocamente, constituyen agentes de un cambio hacia mayores cotas de precariedad, como mediadores globales a gran escala, dotados de una gran ubicuidad y diversificados en los sectores de producción y servicios más dispares (Peck y Theorode, 181-2). Se ha dicho que plasman, en el ámbito laboral, el cambio desde un capitalismo de corte industrial a otro de corte financiero y que, indudablemente, expresan mejor que ninguna otra institución la re-mercantilización del trabajo (Holst, Nachtwey y Dörre,

111). Porque un recurso estratégico a las empresas de trabajo temporal maximiza los beneficios en el corto plazo (Holst, Nachtwey y Dörre, 132). Póngase el ejemplo de los períodos de recuperación económica. El recurso a las agencias privadas de empleo permite a las empresas usuarias comprobar si dicha recuperación se consolida antes de contratar directamente. En el fondo, es la misma estrategia que puede apreciarse en relación con la contratación laboral directa en los mismos tiempos de cambio de ciclo (Theodore y Peck, 41). Se trata del efecto de amortiguación al que anteriormente se ha hecho referencia. Pero con el factor adicional de que, en el trabajo a través de agencias privadas de empleo, la relación laboral no se identifica en términos de la identidad del trabajador, sino de la empresa. Es decir, es ésta la que genera unas normas legales particulares. Sin duda, en esa identidad tan especial del sujeto empleador o cedente se ubica el atractivo y la impronta propia de estas relaciones de prestación de servicios (Spattini, 172). En el hecho de que, a fin de cuentas, el trabajador temporal no "es" trabajador de la empresa cliente (Perlmutter, 765).

Sin perjuicio de todo lo dicho, parece claro que las agencias de empleo pueden contribuir a mejorar las condiciones de trabajo, si a este fin dirigen sus actuaciones[9]. Aunque, sin duda, esta contribución solo puede producirse en el contexto de una adecuada colaboración con los servicios públicos de empleo. En fases de reconversión y de reorganización productiva, son entidades con capacidades para reinsertar a los trabajadores afectados en el mercado de trabajo. Sin duda, una experiencia como trabajador temporal es valiosa en términos de incremento de la empleabilidad (Holst, Nachtwey y Dörre, 114).

Bibliografía

Antoni, M. y Jahn, E.J., "Do changes in regulation affect employment duration in temporary help agencies?", *Industrial and labor Relations Review*, vol. 62, n. 2, 2009.

---

[9] Así se expresa en el documento de la OIT, *Las agencias de empleo privadas, los trabajadores cedidos por medio de agencias de trabajo temporal y su contribución al mercado de trabajo* (Geneve, 2009), p. 7.

Berger, M., "Unjust dismissal and the contingent worker: restructuring doctrine for the restructured employee", *Yale Law & Policy Review*, vol. 16, n. 1, 1997.

Cabeza Pereiro, J., *Ensayo sobre el trabajo precario y las personas vulnerables*, Laborum (Murcia, 2015).

Cabeza Pereiro, J., "La sindicación y la acción sindical en las agencias privadas de empleo: ideas deducidas de la experiencia comparada", *Revista Jurídica Digital de la Universidad de Los Andes* (en prensa).

Choundry, A. y Henaway, M., "Temporary agency worker organizing in an era of contingent employment", *Global Labour Journal*, vol. 5, n. 1, 2014.

Connecticut State Department of Labor, *Private employment agencies*, Pamphlet, Hatford, Connecticut, 1937.

Cotton, E., "Transnational regulation of temporary agency work compromised partnership between private employment agencies and global union federations", *Work, Employment and Society*, vol., 29, n. 1, 2015.

Ferreira, J., "The German temporary staffing industry: growth, development, scandal and resistance", *Industrial Relations Journal*, vol. 47, n. 2. 2016.

Fidan Elcioglu, E., "Producing precarity: The temporary staffing agency in the labor market", *Qualitative Sociology*, vol. 33, 2010.

Forde, C.H. y Slater, G., "Agency working in Britain: Character, consequences and regulation", *British Journal of Industrial Relations*, vol. 43, n. 2, 2005.

Forde, C.H. y Slater, G., "The effects of agency workers regulations on agency and employer practice", *Research Paper 01/14, ACAS* (London, 2014).

Freeman, H. y Gonos, G., "Taming the employment sharks: The case for regulating profit-driven labor market intermediaries in high mobility labor markets", *Employee Rights and Employment Policy Journal*, vol. 13, 2009.

Freeman, H. y Gonos, G., "Regulating the employment sharks: Reconceptualizing the legal status of the commercial temp agency", *Working USA: The Journal of Labor and Society*, vol. 8. 2005.

Gonos, G. y Martino, C., "Temp agency workers in New Jersey's logistic hub: the case for a union hiring hall", *Working USA: The Journal of Labor and Society*, vol. 14, 2011.

Håkansson, K. e Isidorsson, T., "The trade union response to agency labour in Sweden", *Industrial Relations Journal*, vol. 45, n. 1, 2012.

Håkansson, K., Isidorsson, T., Pond, R., Sol, E., Teissier, C., Unterschütz, J., Warneck, F., *Representation of agency workers. The representation of agency workers in Europe at national and local level in France, Netherlands, Sweden, Poland and the UK*, final report, Department for Work Science, University of Gothenburg (Suecia, 2009).

Hatton, E., "Temporary weapons: Employers' use of temps against organized labor", *Industrial Labor Relations Review*, vol. 67, n. 1, 2014.

Hendrickx, F. y Van der Bergh, P., "Regulating temporary work in Belgium", en VV.AA. (Ed. Blanpain, R. y Hendrickx, F.), *Temporary agency work in the European Union and the United States*, Kluwer (Netharlands, 2013).

Holst, H., Nachtwey, O. y Dörre, K., "The strategic use of temporary agency work-Functional change of a non-standard form of employment", *International Journal of Action Research*, vol. 6, n. 1, 2010.

Houseman, S.N., "Why employers use flexible staffing arrangements: Evidence from an establishment survey", *Industrial and Labor Relations Review*, vol. 55, n. 1, 2001.

Kates, B., "The supply chain gang: Enforcing the employment rights of subcontracted labour in Ontario", *Canadian Labour & Employment Law Journal*, vol. 16, n. 2, 2012.

Lieberwitz, R.L., "Contingent labor: Ideology in practice", en VV.AA. (ed. Fineman, M. y Dougherty, T.), *Feminism confronts homo economicus*, Cornell University Press (Ithaca, 2005).

Lobel, O., "Class and care: The roles of private intermediaries in the in-home care industry in the United States and Israel", *Harvard Women's Law Journal*, vol. 24, 2001.

McKay, S., "Employer motivations for using agency labor", *Industrial Law Journal*, vol. 37. n. 3, 2008.

McGaughey, E., "Should agency workers be treated differently?", *Law, Society and Economy Working Papers*, n. 97/2010.

Mitlacher, L.W., "The role of temporary agency work in different industrial relations systems — a comparison between Germany and the USA", *British Journal of Industrial Relations*, vol. 45, n. 3, 2007.

Neugart, M. y Storrie, D., *The emergence of temporary work agencies*, Oxford Economic Papers, n. 58, 2006.

OIT, *Las agencias de empleo privadas, los trabajadores cedidos por medio de agencias de trabajo temporal y su contribución al mercado de trabajo* (Geneve, 2009).

Payne, A., "Staffing contingent workers in 2020: Amending an inequality", *International Review of Management and Business Research*, vol. 2, n. 4, 2013.

Peck, J. y Theodore, N., "Flexible recession: the temporary staffing industry and mediated work in the United States", *Cambridge Journal of Economics*, vol. 31, n. 2, 2007.

Perlmutter, S.P., "The Law of "leased worker" and "temporary worker" under a CGL policy", *Tort, Trial & Insurance Practice Law Journal*, vol. 45, n. 3, 2010.

Smith, V. y Neuwirth, E.B., *The good temp*, Cornell University ILR School, Digital Commons, 2008.

Spattini, S., "Agency work: a comparative analysis", *E-Journal of International and Comparative Labour Studies*, vol. 1, n. 3-4, 2012.

Strauss, K. y Fudge, J., "Temporary work, agencies and unfree labour. Insecurity in the New World of work", VV.AA., *Temporary work, agencies and unfree labour. Insecurity in the New World of work*, Routledge (New York, 2014).

Sukert, A.B., "Marionettes of globalization: A comparative analysis of legal protections for contingent workers in the international community", *Syracuse Journal of International Law and Commerce*, vol. 27, n. 2, 2000.

Theodore, N. y Peck, J., "Selling flexibility. Temporary staffing in a volatile economy", VV.AA., *Temporary work, agencies and unfree labour. Insecurity in the New World of work*, Routledge (New York, 2014).

"Temporary employment and the imbalance of power", *Harvard Law Review*, vol. 109, 1996.

Wynn, M. y Leighton, P., "Will the real employer please stand up? Agencies, client companies and the employment status of temporary agency worker", *Industrial Law Journal*, vol. 35, n. 3. 2006.

SANDRA GOLDFLUS WASSER

Profesora de la Facultad de Derecho de la Universidad de la República Oriental de Uruguay. Uruguay

Las agencias privadas de empleo. El caso Uruguay: análisis de la aplicación del Convenio Internacional del Trabajo número 181

Resumen: En este estudio realizaremos la evaluación de las agencias de empleo privadas, la evolución del control que ha realizado la OIT de las mismas y una aproximación sobre el concepto de externalización en el Derecho de Trabajo, para entender mejor la función de estas agencias a la luz del desarrollo actual de las relaciones laborales. El control que se realiza de las agencias de empleo privadas: a) para que no exista, al momento de elegir al trabajador, discriminación; b) para proteger los datos personales de los trabajadores; c) comprobar si hubo autorización del pago de tarifas; d) para evaluar si se han realizado o no prevenciones con los trabajadores migrantes, y e) la protección de los derechos de libertad sindical y del derecho a la negociación colectiva. Se realiza un análisis de la aplicación del Convenio Internacional núm. 181 en Uruguay.

Palabras clave: agencias privadas de empleo, externalización, discriminación, tercerización.

Introducción

Este trabajo pretende estudiar un fenómeno —el de las agencias privadas de empleo— que han seguido un derrotero signado por límites tan finos que la separan de otras figuras jurídicas consideradas hasta "espurias", para llegar a su regulación e impulso cómo podremos observar. Camino comparable al de la historia del Derecho del Trabajo, debiendo las agencias de empleo privadas pasar por un proceso de humanización de las técnicas[1].

I. La evolución del control de las agencias de empleo privadas en la Organización Internacional del Trabajo

Gustav Radbruch[2] señaló que la creación de un Derecho entre Estados parte de la necesidad de llegar a "la plenitud jurídica universal" para evitar lagunas y ámbitos jurídicos vacíos. En el ámbito del Derecho del Trabajo y a nivel internacional este Derecho se ha creado en el seno de la Organización Internacional del Trabajo (OIT). La intermediación en el suministro de personal fue en el pasado remoto un delito penal. El maestro Plá Rodríguez nos recordaba que el "marchandage" adquirió su triste celebridad por los abusos que se cometieron mediante este sistema en que el intermediario lucraba a expensas del salario de los obreros"[3].

La Organización Internacional del Trabajo, y desde sus orígenes se ha preocupado por los temas vinculados al empleo y la forma de acceso de los trabajadores al mismo. Es por ello que la OIT ha mostrado siempre un gran interés en controlar las Agencias Retribuidas de Colocación, y posteriormente a las Agencias de empleo privadas, ello queda expuesto por la cantidad de Convenio y Recomendaciones adoptados por la Organización; y lo preciso y detallado de sus consideraciones en la reglamentación de estas agencias.

En los orígenes de la Organización y con la firma del tratado de Versalles se estipula en forma contundente que el trabajo no es una mercancía, ello aunado a la imperiosa necesidad de solucionar el problema del desempleo que causó la Primera Guerra Mundial. Es así que se crea el Servicio de Empleo Gratuito, con la intención de gradualmente eliminar las agencias privadas de

---

1 Sobre el llamado proceso de humanización de las técnicas ver Supiot, A., *Homo Juridicus: ensayo sobre la función antropológica del Derecho*, 1ª. Ed. siglo veintiuno, Buenos Aires 2007, pp. 172 y 173.
2 Radbruch, G., *Filosofía del Derecho, Estudio Preliminar* (Monereo Pérez, J.L.: *La filosofía de Gustad Radbruch: una lectura jurídica y política)*, Ed. Gomares, Granada, 1999, pp. 262-263.
3 Plá Rodríguez, A., *Curso de Derecho Laboral*, t. I vol. 1, 2ª ed., Montevideo, Acali, 1979, p. 156.

empleo. Esa gradualidad se dio, como se señalaba en el Convenio núm. 2 y Recomendación núm. 1 de 1919, concediendo licencias de funcionamiento a las agencias con fines de lucro ya existentes, pero se prohibió la creación de más agencias, indicándose que las mismas deberían ir desapareciendo. Lo mismo se hizo con las agencias comerciales de colocación para la gente de mar. En el Convenio núm. 9 de la OIT de 1920 se estableció que la colocación de la gente de mar no podía ser objeto de un comercio con fines de lucro, y que estas agencias comerciales deberían desaparecer en un lapso corto de tiempo, debiendo mientras tanto para funcionar tener autorización de los gobiernos. Sí, se autorizaban las Agencias gratuitas de colocación.

Con la adopción varios años después, en 1933, del Convenio núm. 34, que regula las agencias retribuidas de colocación, que definitivamente abarca tanto las agencias de colocación sin fines de lucro cómo las agencias de colocación con fines de lucro, que se debían suprimir en un plazo de tres años, quedó claro que a pesar de que el Convenio núm. 2 las prohibía, no se pudo conseguir la supresión de todas ellas. En el plazo de esos tres años no se pudieron crear más, y debían estar autorizadas y limitar los gastos que podían cobrar mediante un sistema de tarifa.

Pese a ello y de cara a una realidad que no era la deseada por la OIT, se permitió que la legislación nacional bajo su criterio autorizara agencias con fines de lucro siempre y cuando la colocación se efectuara en condiciones especiales que justificaran tal excepción y fueran vigiladas por la autoridad competente. Deberían tener una licencia anual y que se limitara el fin de lucro al establecido por una tarifa aprobada por la autoridad. La autoridad competente, en casos excepcionales, podrá conceder excepciones a la constitución de nuevas agencias de empleo con fines lucrativos, pero solamente previa consulta a las organizaciones interesadas de trabajadores y de empleadores.

Igualmente quedó prohibido, colocar o reclutar trabajadores en el extranjero, a menos que la autoridad competente lo autorizara y las operaciones se efectuaran en virtud de un acuerdo entre los países interesados. Sin embargo, sí se permitieron las agencias retribuidas, pero concretamente las que no tuvieran fines de lucro, siempre y cuando estuviesen autorizadas, sin percibir una retribución superior a la tarifa fijada por la autoridad competente solamente para cobrar los gastos ocasionados.

En el año 1949, se revisa el Convenio núm. 34 por el Convenio núm. 96. Éste dio la posibilidad a los Estados Miembros a la hora de ratificar el Convenio de aceptar las disposiciones de la Parte II o de la Parte III. La Parte II nada variaba con respecto al Convenio anterior, pues seguía la línea de reglamentar las agencias retribuidas de colocación sin fines lucrativos con los mismos requisitos que en el Convenio anterior y también la supresión progresiva de las agencias retribuidas de colocación con fines lucrativos, incluso permitiéndose en casos especiales la posibilidad de crearlas para las colocaciones que no pudieran efectuarse satisfactoriamente por el Servicio Público de Empleo, y al igual que se exigía en el Convenio anterior, se tenía que hacer previa consulta a las organizaciones interesadas de empleadores y de trabajadores.

El cambio se produce en los Estados que aceptaron las disposiciones de la Parte III del Tratado, que sí permitieron todo tipo de agencias retribuidas de colocación, es decir, tanto las que carecían de fines lucrativos cómo las que tenían fines lucrativos con los mismos requisitos que los establecidos en el Convenio núm. 34.

Se cierra a la fecha el proceso de apertura hacia otras agencias con el Convenio núm. 181 y la Recomendación núm. 188 sobre las agencias de empleo privadas, de 1997. El Convenio núm. 181 revisa el Convenio núm. 96 y, prácticamente, va en la misma línea que la parte III del Convenio núm. 96 aceptando, por tanto, las agencias retribuidas de colocación, tanto sin fines lucrativos como con fines lucrativos. El contenido de este Convenio supera al anterior; se pasa de utilizar el término agencias retribuidas de colocación a utilizar el término "agencias de empleo privadas". Mientras que las agencias retribuidas de colocación tienen cómo única finalidad la intermediación en el mercado de trabajo, las agencias de empleo privadas engloban tanto la intermediación como un conjunto heterogéneo de servicios.

La OIT y la doctrina percibieron que la definición del Convenio núm. 96 era exigua y que estas entidades actuaban en fases previas a la contratación del trabajador y realizaban funciones conexas, como era la de asesoramiento o la de cesión temporal de trabajadores. Las mismas se realizaban con importantes fines de lucro eludiendo a la normativa internacional por el argumento que no entraban dentro del ámbito de aplicación del Convenio núm. 96. Esta situación dejaba desprotegido al trabajador al que se veía como solicitante de empleo, al cobrarle por la gestión de su colocación. Debido a la regulación y a la aceptación de las agencias de empleo privadas con este nuevo Convenio, se ha pretendido permitir el funcionamiento de estas, pero al mismo tiempo proteger a los trabajadores que utilizan sus servicios, combinando, por tanto, la flexibilidad con seguridad para el trabajador.

Según lo establecido en el Convenio núm. 181 y en la Recomendación núm. 188, hay varios tipos de agencias, según las funciones que realizan. Así, en el artículo primero del Convenio núm. 181 se define en general a la agencia de empleo privada como "toda persona física o jurídica, independiente de las autoridades públicas que presta uno o más de los servicios siguientes [y describe tres tipos de servicios] en relación con el mercado de trabajo"[4].

Con la inclusión y regulación de todos estos tipos de Agencias se intenta someter a una tutela específica, descartada ya su eliminación, al crisol de actividades que realizan las agencias de empleo privadas que intervienen en el mercado de trabajo. Ello lleva a un control para el respeto de los derechos del trabajador desde la fase previa a ser contratado, compatibilizando el funcionamiento de estas agencias y la protección de los derechos de los trabajadores que utilicen estos servicios.

La OIT acepta todo tipo de Agencia de Empleo Privada para todas las categorías de trabajadores y para todas las ramas de la actividad económica, excepto para el reclutamiento y colocación de la gente de mar, ya que tienen una reglamentación propia, se crean los "servicios de contratación y colocación privados" primero reconocidos en el Convenio núm. 179 y la Recomendación núm. 186, ambas de 1996, sobre la contratación y la colocación de la gente de mar, recopilados en el Convenio sobre trabajo marítimo 2006, que unifica todos los Convenios de la gente de mar. Los países que ratifiquen el Convenio núm. 181 pueden prohibir —previa consulta con las Organizaciones de trabajadores y de empleadores— el funcionamiento de las agencias de empleo privadas, bien de todos los servicios o para alguno de ellos. Asimismo, pueden en las mismas condiciones excluir a cierto grupo de trabajadores

Las condiciones por las que se rige el funcionamiento de las agencias de empleo privadas es a través de un sistema de licencias o autorizaciones,

---

[4] a) Las agencias que se ocupan de los "servicios destinados a vincular ofertas y demandas de empleo, sin que la agencia de empleo privada pase a ser parte en las relaciones laborales que pudieran derivarse", literal a) del artículo 1 del Convenio núm. 181. Eran las antes llamadas agencias retribuidas de colocación y son las que intervienen directamente en la intermediación. b) Las agencias que se ocupan de los "servicios consistentes en emplear trabajadores con el fin de ponerlos a disposición de una tercera persona, física o jurídica (en adelante, "empresa usuaria"), que determine sus tareas y supervise su ejecución", literal b) del artículo 1 del Convenio núm. 181, son las agencias de cesión de trabajadores y estarían incluidas las empresas de trabajo temporal. c) Las agencias que se ocupan de "otros servicios relacionados con la búsqueda de empleo, determinados por la autoridad competente, previa consulta con las organizaciones más representativas de empleadores y de trabajadores, como brindar información, sin estar por ello destinados a vincular una oferta y una demanda específicas", literal b) del artículo 1 del Convenio núm. 181, son las agencias que realicen actividades de información y asesoramiento, por ejemplo, ahí estarían incluidas las agencias de selección de personal o recolocación (outplacement) por ejemplo.

salvo cuando dichas condiciones estén determinadas de otra forma por la legislación y práctica nacionales. Además, la Recomendación núm. 188 aconseja que, junto con la legislación aplicable, esta se debería complementar con otras normas técnicas, directrices, códigos de deontología, procedimientos de autocontrol o por otros medios que sean conformes a la práctica nacional. De todo ello se desprende que la OIT pretende para las agencias privadas de colocación, una regulación específica nacional que suponga un régimen de autorizaciones y licencias.

El tratamiento de los datos personales de los trabajadores está especialmente previsto, debe efectuarse en condiciones que se protejan dichos datos y que se respete la vida privada de los trabajadores, de conformidad con la legislación y la práctica nacionales; los datos que se soliciten deben limitarse a las cuestiones relativas a las calificaciones y experiencia profesional de los trabajadores en cuestión, y a cualquier otra información directamente pertinente.

Se acepta que estas agencias de empleo privadas tengan fines lucrativos, pero siempre y cuando no se cobre a los trabajadores, ni directa ni indirectamente ningún tipo de honorario o tarifa. Ahora bien, se podría cobrar a determinadas categorías de trabajadores algunos servicios prestados por las agencias de empleo privadas, siempre y cuando se lleve a cabo una previa consulta con las organizaciones representativas de trabajadores y de empleadores. Nada limita lo que se le puede cobrar al empleador, ya que ni el Convenio núm. 181 ni la Recomendación núm. 188 limitan la retribución a recibir por las agencias, tema que debería ser regulado por las autoridades nacionales.

Las Agencias de empleo privadas deberán establecer sistemas de cooperación con los Servicios de Empleo Público. La relación de las agencias de empleo privadas y de los Servicios Públicos de Empleo se basa en un régimen de cooperación, en el que las agencias de empleo privadas faciliten a los Servicios de Empleo toda la información que precise, se intercambien anuncios de puestos vacantes, o la formación profesional o realizar consultas regulares dirigidas a mejorar las prácticas profesionales. Asimismo, facilitar servicios especiales o aplicar programas destinados a ayudar a los trabajadores más desfavorecidos en sus actividades de búsqueda de empleo. Entre otras, también la realización de convenios entre el Servicio Público de Empleo y las agencias de empleo privadas para la inserción de los desempleados de larga duración, según surge de la Recomendación núm. 188.

Por último, para que exista un buen funcionamiento de las agencias de empleo privadas en el que se respeten los derechos de los solicitantes de empleo, es imprescindible el establecimiento de un adecuado procedimiento sancionador, con mecanismos adecuados para examinar las quejas, los presuntos abusos y las prácticas fraudulentas relacionadas con las actividades de las agencias de empleo privadas.

II. La externalización del trabajo, definición para una mejor comprensión de la función de las agencias privadas de empleo

La externalización de operaciones y trabajo constituye una forma de organización y gestión empresarial sumamente extendida en el mundo, que genera importantes y polémicas consecuencias sobre las relaciones individuales y colectivas de trabajo. Es común señalar que la externalización o tercerización provoca la precarización del empleo, la fuga del verdadero empleador del ámbito de la relación de trabajo, el incremento del riesgo de incobrabilidad de los créditos laborales por insolvencia del empleador que actúa como intermediario, los obstáculos (legales e invisibles) para la creación de sindicatos o las dificultades para cubrir a los trabajadores "tercerizados" mediante la negociación colectiva. Desde el punto de vista jurídico laboral, la externalización puede articularse a través de diversos mecanismos, siendo algunos de ellos la subcontratación, intermediación y suministro de mano de obra[5].

En ese contexto, la externalización, descentralización, *outsourcing* o, como se suele denominar en buena parte de Latinoamérica, la "tercerización"[6], es un fenómeno nuevo en su intensidad y en algunas de sus formas,

---

5 Castello, A., "La subcontratación y las relaciones de trabajo en Uruguay", en *Rev. Latinoamericana de Derecho Social*, n. 9, julio-diciembre de 2009, pp. 53-87.

6 Como bien señala Castello, Mauricio Godinho Delgado explica que la expresión "tercerización" es un neologismo oriundo de la palabra "tercero", entendido como intermediario o interviniente, habiéndose construido esa expresión por el área de administración de empresas, fuera de la cultura del derecho, buscando enfatizar la descentralización empresarial de actividad para otro, que es un "tercero" en relación con la empresa. *Curso de Direito do Trabalho*, 6a. ed., São Paulo, LTR, 2007, p. 430.

pero no en cuanto a su esencia. Debemos tener presente que el Diccionario de Real Academia Española no registra la palabra tercerización ni la palabra externalización. Conceptualmente, la tercerización debe entenderse dentro del desarrollo capitalista de la sociedad moderna, que, en su afán de "tecnologizar" y de aumentar la producción, ha desarrollado nuevos procesos y nuevas técnicas. Así, la formación y el desarrollo del régimen de tercerización del trabajo obedecen, en gran medida, a relaciones específicas que se desarrollan entre trabajadores y empresarios[7].

Es muy clara la descripción que sobre estos procesos hace Ugarte[8], quien dice que la externalización, como forma de implementación de la descentralización productiva, tiene dos facetas fundamentales: por una parte, produce un adelgazamiento de la estructura productiva de la empresa, a través de una nueva concepción de la estructura organizativa en la que se renuncia al crecimiento interno, popularizada bajo la expresión *downsizing*, y, por otro lado, se genera una modificación en la estructura laboral de la empresa, dando lugar al fenómeno del *outsourcing* o triangulación laboral.

Las expresiones que se utilizan para denominar a estos procesos son muy variadas, y brevemente repasaremos las mismas. Son múltiples las expresiones usadas para hacer referencia a las diversas situaciones comprendidas en lo que, en nuestro sistema de relaciones laborales denominamos tercerización[9]. La doctrina española alude a la descentralización productiva[10] o a la desconcentración empresarial o funcional[11]. En Francia, se menciona la subcontratación "*soustraitance*" de trabajo o servicios y la subcontratación industrial[12]. En Italia Ghezzi y Romagnoli[13] se ocupan de los procesos de desestructuración industrial operados mediante la separa-

---

[7] Aguilera Donnay, L. y Villalobos Dintrans, C., "El proceso de subcontratación en el Siglo XXI. Relaciones sociales y trabajo en los subcontratistas de CODELCO", en rev. *Cuadernos de Estudios del Trabajo*, n. 8, 2008.

[8] Ugarte Cataldo, J.L., "Sobre relaciones laborales triangulares: La subcontratación y el suministro de trabajadores", rev. *Ius et Praxis*. 2006, vol. 12, n.1, p. 11.

[9] Racciatti, O.C., "*Tercerización: exteriorización del empleo y descentralización productiva*", en rev. *Derecho Laboral*, t. XL, n° 185.

[10] Martín Valverde, A., "El discreto retorno del arrendamiento de servicios", en AAVV: *Cuestiones actuales del derecho del trabajo. Libro homenaje a Manuel Alonso Olea*, Madrid, 1990, p. 225.

[11] Palomeque López, M.C., Álvarez de la Rosa, Manuel, *Derecho del Trabajo*, Ed. Centro de Estudios Ramón Areces SA, Madrid 1993, p. 569.

[12] Javillier, J.C., *Manual de Derecho del Trabajo*, 1ª ed., Montevideo, FCU, 2007, p. 326.

[13] Ghezzi, G. y Romagnoli, U., *Il rapporto di lavoro*, 2da ed., Zanichelfi, Bologna, 1987. Ristampa 1992, pp. 34-35.

ción de segmentos o fracciones del ciclo productivo de la empresa (anotando la desconfianza que el legislador manifiesta por ellos, y la tendencia a desestimularlos mediante la responsabilidad solidaria de los empresarios y la igualdad de trato de los trabajadores involucrados). Distinguen este caso de aquél que configura la interposición de mano de obra (*marchandage*), en la cual hay (i) un contrato de suministro de meras prestaciones de trabajo, o un arrendamiento de obra o de servicios sin que exista una empresa genuina; (ii) una relación de trabajo subordinado entre el intermediario y los trabajadores; y (iii) la efectiva utilización de las prestaciones de trabajo por parte del principal.

Amauri Mascaro Nascimento, afirma que "tercerización" designa el proceso de descentralización de las actividades de la empresa, en el sentido de desconcentrarlas para que sean desempeñadas en conjunto por diversos centros de prestación de servicios, y ya no más de manera unificada en una sola institución. También en Brasil, Souto Leiria señala que el fenómeno consiste en la contratación, por determinada empresa, de servicios de un tercero, para sus "actividades-medio", se trata de confiar a terceros todo lo que no constituye actividad esencial de un negocio[14].

En consecuencia, se produce este fenómeno donde aparecen dos empresas y un trabajador, desplazándose algunas de las actividades de la empresa. Cuando esta actividad es asumida por otra empresa distinta y ajena y con sus propios trabajadores estamos frente a este "triángulo laboral": (a) la empresa que externaliza, (b) la que realiza la actividad productiva externalizada y (c) los trabajadores de esta última, que prestan servicios en los hechos para ambas. De lo expuesto, surge que este "triángulo laboral" puede adoptar, en lo fundamental, dos modalidades: la subcontratación laboral y el suministro de trabajadores por la vía de una empresa de trabajo temporal. La tercera, que es la intermediación, no presenta dificultades jurídicas de este tipo, ya que el intermediario se desvincula una vez hecha la colocación, la protección aquí es de otro tipo.

La primera se refiere a la situación en que una empresa, dueña de una obra o faena, contrata a otra empresa, denominada contratista, mediante un contrato civil o comercial, para que ejecute a su cuenta y riesgo, con sus propios trabajadores, un determinado trabajo o servicio, pudiendo esta última a su turno, contratar a otra empresa, denominada subcontratista, para que lleve a cabo el trabajo o servicio requerido, esta no es la situación

---

14 Nascimento, A.M., "Subcontratacao ou terceirizacao", en *Revista de Direito do Trabalho*, n. 83 (setiembre 1993), p. 20.

que nos interesa en esta investigación. La segunda, en cambio, consiste en que una empresa, cuyo giro corresponde al suministro de trabajadores (empresa suministradora o de trabajo temporal), pone a disposición de otra empresa (denominada usuaria), por el pago de un precio determinado, los servicios laborales de sus empleados, reteniendo para sí la calidad formal de empleador[15].

III. La Regulación de las Agencias de empleo privadas en el Uruguay

1. La legislación

Uruguay ratificó, el 14 de junio de 2004, el Convenio núm. 181; la ley por la cual se produjo la referida ratificación es la Ley N° 17.692, publicada el 07/10/2003[16]. La legislación uruguaya tiene las siguientes previsiones legales relativas a las agencias privadas de empleo, las que en este país se conocen como empresas suministradoras de mano de obra. La definición legal está en la Ley 18.251, publicada el 17/01/2008, que dice en su artículo 1 inciso c): "agencia de empleo privada o empresa suministradora de mano de obra es la que presta servicios consistentes en emplear trabajadores con el fin de ponerlos a disposición de una tercera persona física o jurídica (empresa usuaria), que determine sus tareas y supervise su ejecución". A su vez, la Ley 18.099, de 08/02/2007, establece en su artículo 5 que "los trabajadores provistos por empresas suministradoras de empleo temporal no podrán recibir beneficios laborales inferiores a los establecidos por laudos de los consejos de salarios, convenios colectivos o decretos del Poder Ejecutivo para la categoría que desempeñen y que corresponda al giro de actividad de la empresa donde los mismos prestan sus servidos".

Con la aprobación del decreto 137/2016 y derogación del Decreto 384/1979, Uruguay da finalmente cumplimiento a la reglamentación del

---

15 Ugarte Cataldo, J.L., *op. cit.*.
16 La ley habla de Agencias de Colocación y no de Convenio sobre las agencias de empleo privadas, dice su único artículo: Ratifícase el Convenio Internacional del Trabajo N° 181 sobre las agencias de colocación, adoptado por la Conferencia Internacional del Trabajo en la 85ª Reunión celebrada en Ginebra, en junio de 1997.

Convenio Internacional del Trabajo núm. 181[17]. Como bien señala Eduardo Ameglio[18], este decreto "refleja el acuerdo tripartito alcanzado en la Comisión Consultiva Tripartita en la que participaron los empleadores a través de la Cámara de Industrias del Uruguay y la Cámara de Comercio y Servicios y por los trabajadores del PIT CNT" y también el Gobierno.

El decreto reproduce los servicios que las agencias de empleo privadas prestan, esto es: a) vincular ofertas con demandas de trabajo, b) suministrar personal a una empresa cliente o usuario; y con carácter residual, c) otros servicios relacionados con la búsqueda de empleo. Lo particular del decreto es que el suministro puede ser por tiempo indeterminado, a diferencia de la mayoría de las legislaciones que lo limitan al trabajo temporario. Ello habilitado por el suministro sin limitación en el tiempo que está en la definición del Convenio Internacional del Trabajo núm. 181 y en la ley N°18.251 a la que hiciéramos referencia. El decreto se aplica a todas las agencias de empleo privadas y protege a todos los trabajadores de todas las ramas de actividad económica, salvo al reclutamiento y colocación de la gente de mar.

Se prevé que el Poder Ejecutivo podrá prohibir el funcionamiento de las agencias de empleo privadas respecto a ciertas categorías de trabajadores o a ciertas ramas de actividad económica o excluir —en determinadas circunstancias— a los trabajadores de ciertas ramas de actividad económica, o de partes de estas, del campo de aplicación del presente Decreto, o de algunas de sus disposiciones, siempre que se garantice por otros medios a los trabajadores en cuestión, una protección adecuada.

2. Registro y licencia habilitante

Las agencias de empleo privadas deben inscribirse en el Registro que funciona en la Dirección Nacional de Empleo y gestionar la licencia que las habilite para operar. El Registro exige la presentación de la siguiente documentación: a) formulario de solicitud de inscripción; b) estatuto en caso de Sociedades; c) certificado único vigente expedido por el Banco de Previsión

---

17   El texto completo del decreto se encuentra en <https://www.impo.com.uy/bases/decretos/137-2016>.
18   Ameglio, E.J., "*Análisis de la Reglamentación del Convenio Internacional del Trabajo N° 181 sobre agencias privadas de empleo*", en rev. *Derecho Laboral,* t LIX n. 262, p. 278.

Social; d) certificado vigente expedido por la Dirección general impositiva; e) planilla de control de trabajo o Libro de Registro laboral (certificado de aceptación para el caso de presentación por medio electrónico); f) póliza vigente contra accidentes de trabajo y enfermedades profesionales de acuerdo a su actividad; g) certificación notarial que acredite que dispone de una estructura organizativa que le permita cumplir las obligaciones que asume como agencia de empleo privada" (art. 3).

Esta última exigencia, el certificado notarial que acredite que se dispone "de una estructura organizativa que le permite cumplir las obligaciones que asume como agencia de empleo privada", es un tanto especial y, por lo reciente del decreto, no se sabe cómo funcionará en la práctica. Como señala Ameglio, solo puedan actuar empresas que funcionen en el ámbito formal[19]. La Dirección Nacional de Empleo deberá elaborar un instructivo o reglamento para definir los contenidos de este certificado notarial. Este requisito que deberá evaluar la Dirección referida se vincula con lo establecido en el artículo 11: "deberán contar con un local o establecimiento adecuado para la realización de las actividades propias de su giro, que se identificará de tal forma que permita el fácil acceso a los usuarios y a los organismos estatales de contralor".

La licencia caduca al año de su emisión, lo que significa que todos los años las agencias de empleo privadas deberán renovar la inscripción debiendo cumplir con todos los requisitos que contiene la norma. Para renovar la licencia, además, deberán haber cumplido con los informes anuales que refieren a los puestos demandados por los empleadores, las postulaciones de empleo y las colocaciones efectuadas en el período. El registro dará de baja de oficio a todas las agencias de empleo privadas que, en un año, no tengan actividad.

3. Deber de informar y de cooperar por parte de las agencias de empleo privadas

Las agencias de empleo privadas tienen la obligación de informar a la Dirección Nacional de Empleo de diversos aspectos de sus actividades, y de cooperar con los Servicios Públicos de Empleo, en todos los temas vinculados a las políticas de empleo, importantes insumos a tenerse en cuenta. Cierta información es considerada confidencial: a) los puestos demandados

---

19   Ameglio, E.J., *op. cit.*, p. 280.

por los empleadores; b) postulaciones de empleo; c) colocaciones efectuadas (art. 8). Las agencias de empleo privadas deben proporcionar información relacionada con el giro principal de su negocio. Tienen la obligación de informar "los procedimientos de colocación" y los "métodos de selección de personal" que se usan (art. 9).

En línea con los contenidos del CIT N°181 (art. 13), el decreto fomenta la cooperación de las agencias de empleo privadas con los Servicios Públicos de Empleo, con la finalidad de: a) propender al objetivo del trabajo docente; b) poner en común la información existente y tender al empleo de una terminología adecuada para mejorar la transparencia del funcionamiento del mercado de trabajo; c) promover proyectos conjuntos en materia de formación profesional; d) intercambiar anuncios e información sobre puestos vacantes para favorecer la colocación; e) celebrar convenios público/privados para la ejecución de actividades dirigidas a la colocación de desempleados con especiales dificultades de inserción laboral; f) formular consultas recíprocas dirigidas a mejorar las prácticas profesional; g) elaborar conjuntamente planes sociales y económicos que puedan influir de modo favorable en la situación del empleo, y h) colaborar en la gestión del servicio de intermediación laboral del Servicio Público de Empleo asumiendo las agencias de empleo privadas el compromiso de informar al mismo sobre los resultados obtenidos".

4. La protección del trabajador suministrado

En lo relacionado con la protección del trabajador suministrado respecto de los "beneficios laborales" y la "atribución de responsabilidades para el caso de créditos laborales y previsionales" el decreto contiene las mismas soluciones que las leyes de descentralización (leyes 18.099 y 18.251).

5. Prohibiciones

El decreto prohíbe a las agencias de empleo privadas cualquier tipo de cobro de honorarios o tarifas al trabajador y a la imposición de cláusulas de exclusividad. También prohíbe el suministro de trabajadores para reemplazar a trabajadores en estado de huelga.

6. Datos personales

El tratamiento de los datos personales del trabajador suministrado debe limitarse a las cuestiones relativas a las calificaciones y experiencia profesional del mismo, respetando y protegiendo su vida privada. El trabajador debe tener acceso a sus datos y tiene el derecho a rectificar, actualiza y retirar su postulación en cualquier momento. El decreto establece que las agencias de empleo privadas solo pueden usar los datos de los trabajadores para los fines concretos para los que fueron recabados. Por su parte, el contralor de estas empresas se realiza de acuerdo a lo establecido en la Ley 18.362, de fecha 6 octubre 2008, que establece el régimen sancionatorio de los incumplimientos a la normativa laboral.

En caso de incumplimiento a las disposiciones vigentes, se dará cuenta a la Inspección General del Trabajo y Seguridad Social, quien aplicará las sanciones que correspondan en los términos del artículo número 412 de la Ley N° 16.736, de 5 enero 1996. El régimen sancionatorio establece que las infracciones a los convenios internacionales de trabajo, leyes, decretos, resoluciones, laudos y convenios colectivos, cuyo control corresponde a la Inspección General del Trabajo y de la Seguridad Social, se sancionarán con amonestación, multa o clausura del establecimiento.

7. Características de la contratación

Las principales características de la contratación son las siguientes:

a) El contrato que vincula al trabajador con la empresa suministradora debe ser por escrito (ver artículo 4, ley N° 18.099, que recoge una de las directivas de la recomendación N° 188; Capítulo II, numeral 8). La ley dice que "debe informar por escrito".
b) El contrato debe contener, como mínimo, las condiciones de empleo, su salario y, en su caso, la empresa o institución para la cual prestará servicios las condiciones de empleo, el salario y la identificación de la empresa cliente.
c) Con relación a la responsabilidad de la empresa usuaria, será subsidiaria de las obligaciones laborales y previsionales si ejerce el derecho a ser informado sobre la historia laboral de los trabajadores temporales; certificado que acredite situación regular de pago de las contribuciones a la

seguridad social a la entidad previsional que correspondan; constancia del Banco de Seguros del Estado que acredite la existencia del seguro de accidentes del trabajo y enfermedades profesionales; planilla de control de trabajo, recibos de haberes salariales y, en su caso, convenio colectivo aplicable. Asimismo, podrá requerir los datos personales de los trabajadores comprendidos en la prestación del servicio a efectos de realizar los controles que estime pertinentes. Mientras que si no ejerce este derecho, su responsabilidad pasa a ser solidaria. La responsabilidad queda limitada a las obligaciones devengadas durante el período de suministro de mano de obra. Cuando se trate de obligaciones que se determinen en función de períodos mayores al del suministro, la cuantía máxima por la que responderá la empresa usuaria no podrá exceder el equivalente de lo que se hubiera devengado si los operarios trabajasen en forma directa para el mismo[20].

d) La empresa usuaria tiene derecho a controlar también el cumplimiento en materia de seguridad en el trabajo, por parte de la empresa suministradora respecto del trabajador suministrado. En tanto el trabajador suministrado presta servicios en el local de la empresa cliente, esta es responsable del cumplimiento de toda la normativa de seguridad y prevención en materia de accidentes de trabajo y enfermedades profesionales (artículo 1, ley N° 5.032).

e) Si al ejercer estos derechos la empresa cliente detecta incumplimientos por parte de la empresa suministradora, la ley la autoriza a ejercer el derecho de retención, y a subrogarse en el pago y cancelar la deuda con el trabajador y las entidades previsionales y Banco de Seguros del Estado (artículo 5, ley N° 18.251).

f) Los trabajadores contratados deberán tener los mismos beneficios a los establecidos por laudos de los consejos de salarios, convenios colectivos o decretos del Poder Ejecutivo para la categoría que desempeñen y que corresponda al giro de actividad de la empresa donde los mismos prestan sus servidos.

g) En ningún caso, podrán emplearse trabajadores temporales o tercerizados (la ley refiere a todo tipo de externalización) para reemplazar trabajadores que se encuentren amparados al subsidio por desempleo por la causal de suspensión parcial o total de trabajo o en conflicto colectivo, sin perjuicio de las disposiciones especiales que rigen los

---

20 Previsto en el art. 8 de la ley 18.251.

servicios esenciales. Es dable tener en cuenta que la norma establece límites superiores que otras legislaciones ya que habla de conflictos colectivos y no de huelga únicamente, lo que abarca también otros conflictos gremiales. (art. 3 ley N° 18.099).

IV. Doctrina y jurisprudencia uruguaya

La doctrina uruguaya tiene su labor mayor en la tesis del Prof. Eduardo Ameglio[21]; esta obra es la más acabada elaboración sobre el instituto del suministro de personal temporal, y no ha perdido vigencia a pesar de que ya tiene casi 30 años desde su publicación. El tema de las agencias de empleo privadas, y desde esa fecha hasta la promulgación de las ya referidas leyes 18.099 y 18.251, fue tratado en doctrina en forma por demás tangencial, inclusive tras la ratificación por Uruguay del Convenio núm. 181. En el año 2000 y ante la publicación de un libro del Grupo de los Miércoles, "Cuarenta y dos estudios sobre la descentralización empresarial y el Derecho del Trabajo", los profesores Oscar Ermida Uriarte y Alejandro Castello abordaron en un capítulo del libro el tema de las empresas de trabajo temporal, el artículo de una estupenda calidad —pero dada la realidad uruguaya— de las referidas empresas en esos momentos,[22] tuvo un carácter muy crítico sobre las mismas. En el referido artículo, por ejemplo, se señaló que "la variedad que en la posmodernidad ha alcanzado este universo, sumada a la propia complejidad jurídica de las relaciones que pone en funcionamiento la ETT, contribuye a dificultar su tratamiento jurídico[23]".

Con posterioridad a la promulgación de las leyes 18.099 y 18.251[24], aunado a la convocatoria de los Consejos de Salarios que hicieron que la

---

21 Ameglio, E. J., *Las empresas suministradoras de mano de obra temporal*, Montevideo, Amalio M. Fernández, 1984.
22 Veremos en el capítulo de conclusiones que hasta la promulgación de las leyes 18099 y 18251, estas empresas eran bastante mal vistas por la doctrina y los trabajadores ya que vulneraban muchos derechos laborales.
23 Ermida Uriarte, O. y Castello, A., *"Las Empresas de Trabajo Temporal"*, en Grupo de los Miércoles, Cuarenta y dos estudios sobre la descentralización empresarial y el derecho del trabajo, Montevideo, FCU, 2000, p. 413.
24 Téngase presente que en el Uruguay desde el 1 de marzo de 2005 el país está gobernado por el Frente Amplio, partido de izquierda que además tiene mayoría parlamentaria,

negociación colectiva eclosionara, es abundante la actividad doctrinaria y jurisprudencial que ha abordado el tema[25]. Según Ameglio[26], "la aprobación del Convenio Internacional del Trabajo N° 181 se dio en una etapa de fuerte expansión de esta actividad y significó la obtención de la ciudadanía internacional de estas empresas. En uno de los considerandos, se reconoce "el papel que las agencias de empleo privadas pueden desempeñar en el buen funcionamiento del mercado de trabajo".

La cronología de las leyes ya estudiada nos indica que en el año 2003 se ratifica el Convenio núm. 181 (Ley N° 17.692), la primera ley nacional que regula la protección de los trabajadores ante los procesos de descentralización empresarial, regula la figura del "suministro de mano de obra" (Ley N° 18.099), y es en la segunda ley que el legislador opta por definir a la empresa suministradora de mano de obra y lo hace en la misma forma en que lo había hecho el Convenio Internacional del Trabajo N° 181 (art. 1, literal c, ley N° 18.281). En consecuencia, se concluye que, de acuerdo al ordenamiento legal vigente, estas empresas están habilitadas a suministrar personal temporario y permanente[27].

De acuerdo a lo establecido por la norma legal, los empleados de una empresa suministradora deberán percibir, al menos, los salarios mínimos establecidos por convenios colectivos, laudos o decretos del poder ejecutivo para el grupo de actividad al que pertenezca la empresa en la cual desarrollan efectivamente sus tareas. Asimismo, deberán percibir los restantes beneficios que las normas mencionadas prevean como obligatorios para la categoría laboral que desempeñen en la empresa cliente.

Ameglio ha sostenido que "la ley equipara, en forma clara, las condiciones de trabajo del trabajador suministrado a las del permanente de la empresa cliente. La norma dispone que no podrá recibir beneficios laborales inferiores a los establecidos por laudos, convenios colectivos o decretos para las categorías que desempeñen en la empresa usuaria. Se puede con-

---

y ha hecho una encomiable laboral en lo que hace la actualización de la legislación laboral.
25 Garmendia Arigón, M. y Gauthier, G., *Tercerizaciones, análisis de las leyes 18.099 y 18.251 y su aplicación jurisprudencial*, 2ª ed., Montevideo, FCU, 2012; y Raso Delgue, J., *La Contratación Atípica del Trabajo*, 2ª ed., Montevideo, Amalio M. Fernández, 2009, abordaron el tema en sus respectivas obras. Lo mismo ocurrió con muchos artículos en revistas especializadas, por muchos autores.
26 Ameglio, E. J., "*La empresa suministradora de personal*" en La justicia Uruguaya, AÑO LXXIV Tomo 148 – Julio 2013, p. 3.
27 Cfm. Ameglio, E.J., *La empresa suministradora...*, *op. cit.*, p. 4.

cluir que no serán aplicables a los trabajadores suministrados los beneficios que, en forma unilateral y no obligatoria, otorguen las empresas del sector privado o público a sus trabajadores permanentes"[28]. En igual sentido se ha expresado Liliana Dono[29].

Algunos convenios colectivos intentan dar mayor protección a los trabajadores eventuales, como, por ejemplo, en la industria química[30]. La negociación colectiva para las empresas suministradoras de personal está regida en el ámbito de los Consejos de Salarios del Grupo 19 subgrupo 2. En ella se negocia desde el año 2005 y en forma ininterrumpida. Tanto los representantes de los trabajadores como los de las empresas manifestaron que esta negociación tripartita (porque se da en el seno de los Consejos de Salarios), donde hay representantes gubernamentales, empresariales y de los trabajadores, ha sido un elemento dinamizador de la correcta regulación, y contralor de las agencias privadas de empleo, ya que entre otras cosas conjuntamente empleadores y trabajadores colaboran en la denuncia de empresas infractoras[31].

La particularidad de esta negociación es que se realizó en forma simultánea para diferentes tipos de trabajadores: por un lado, se negoció para los trabajadores directos de las empresas suministradoras de personal, y, por

---

28 Ameglio, E.J., "Los claros y oscuros de la ley que protege los derechos de los trabajadores ante los procesos de descentralización empresarial", en *Revista de Relaciones Laborales*, n. 13, abril 2007.
29 Dono, L., "El alcance del artículo 5 de la Ley 18.099", en *XVIII Jornadas Uruguayas de Derecho del Trabajo y de la Seguridad Social*, p. 55.
30 El Convenio de la Industria publicado en Diario Oficial el 10/02/2012 dice en su capítulo xvii — tercerizaciones Se exhorta a las empresas que tengan en el proceso industrial (producción de materias específicamente) en forma permanente puestos de trabajos ocupados por trabajadores proporcionados por empresas suministradoras de mano de obra bajo su dirección, a que en forma progresiva, se incorporen a su planilla de trabajo como dependientes. Se entiende que dicha actividad se efectúa en forma permanente cuando se está realizando en forma ininterrumpida por lo menos, desde hace un año o más, a razón de 200 horas mes de trabajo. — En igual sentido, se exhorta a las empresas a que no despidan trabajadores dependientes con la finalidad de luego contratarlos para realizar la misma función que realizaban como dependiente, pero bajo otra forma contractual no laboral, salvo casos excepcionales, debidamente fundados y con la conformidad del involucrado.
31 Surge esto de las entrevistas realizadas a Eduardo Sosa, representante de FUECYS PIT-CNT (Federación Única de Empleados de Comercio y Servicios) y al Cdor. Daniel Charlone, presidente de la Cámara Uruguaya de Empresas Suministradoras de Personal.

otro lado, para otros dos tipos de trabajadores suministrados; los que se desempeñarían en el sector público y los que trabajarían en el sector privado. Señala Ameglio[32], que la negociación con los trabajadores directos o permanentes de las empresas suministradoras de personal, no tuvo mayores particularidades ya que se recorrieron los lineamientos de cada convocatoria y las reivindicaciones que oportunamente planteó FUECYS (Federación Uruguaya de Empleados de Comercio y Servicios). La única particularidad consistió en negociar que los salarios mínimos pactados no se pueden integrar con partidas por antigüedad o "presentismo", pero sí con partidas como alimento, transporte y seguro de salud (artículo 7 del Convenio Colectivo de 29/7/2005)[33].

La negociación para los trabajadores que se desempeñarán en la actividad privada, en primer término, establece lo que dispone la ley[34]. Y en una negociación posterior se amplió la regla convencional, que pasó a regular salarios mínimos y beneficios laborales[35]. Los ajustes de salarios de los trabajadores suministrados a empresas del sector privado y según los convenios colectivos de referencia se regirán por los ajustes que debe aplicar la empresa cliente a sus trabajadores directos. El tema del personal que se suministra en el sector público es, por lo demás, importante en el Uruguay, porque, y pese a que no hay datos oficiales es el sector público, es quien más usa de los servicios provistos en forma temporal por las empresas suministradoras de personal[36].

---

32   Ameglio, E. J., "*La empresa suministradora...*", op. cit., D-5.
33   El convenio se puede ver completo en <http://www.impo.com.uy/convenios/338-005.pdf>; de igual forma toda los acuerdos de los Consejos de Salarios que contienen la mayor parte de la negoción colectiva del Uruguay están disponibles en <http://www.impo.com.uy/bancodatos/v01.htm#top> y también en <http://www.mtss.gub.uy/images/stories/salarios/Grupo_19/grupo_19_subgrupo_2_21_cap_2__y_23__zonas_francas.pdf.>.
34   El contenido se puede ver en <http://www.impo.com.uy/convenios/364-006.pdf>, téngase presente que o se habían establecido las previsiones legales de la ley 18099 y 18251, que fueron del año 2007 y 2008 respectivamente.
35   Ver en <http://www.impo.com.uy/convenios/707-008.pdf>, corresponde al artículo 10 del mencionado convenio.
36   Sobre este punto coincidieron los entrevistados. La dificultad en poder establecer cuantas son estas personas está en que las empresas suministradoras en su informe no necesariamente explicitan si los trabajadores que colocan en forma temporal, prestarán funciones en organismos estatales o en la actividad privada.

Según Ameglio[37], quien participó en la negociación, "la negociación en materia de suministro de personal en el sector público resultó ser más compleja. La causa fundamental fue las distintas condiciones de empleo que están presentes en el sector público (entes autónomos, servicios descentralizados, gobiernos municipales, poder ejecutivo y poder legislativo). No era posible hacer un reenvío directo a las condiciones de trabajo que rigen en el sector público, como se hizo a la empresa cliente, para el sector privado. Esto determinó que, en la primera ronda de negociación, no se regulara ningún aspecto relacionado con el suministro de personal en el sector público. En la segunda ronda de negociación, se fijó un método de ajuste y un salario mínimo para los trabajadores suministrados en empresas públicas u organismos del Estado[38] (art. 6 del Convenio Colectivo de 30/8/2006). En la siguiente negociación, se avanzó fijando un salario mínimo para los trabajadores suministrados para tres tipos de escalafones: a) escalafones de servicios, b) escalafones administrativos, y c) escalafones técnicos. Y se establece que los sueldos mínimos fijados para cada escalafón son por ocho horas diarias, en ciclos semanales de cuarenta horas (art. 5 del Convenio Colectivo de 13/11/2008).

Si bien no hay dudas que esta ley se aplica en el sector público, así lo establece el inciso 2 del artículo 1 de la ley 18.099[39], los términos del artículo 5 que regulan los beneficios laborales, parecen ser aplicable sólo al sector privado. El artículo 5 se refiere a los beneficios laborales que "corresponden al giro de actividad de la empresa" (usuaria). El sector público está conformado por otros organismos y poderes, además de las empresas públicas. Una posible interpretación es sostener que este artículo 5 sólo es aplicable a las empresas privadas.

Entendemos que el legislador se refirió a los beneficios del lugar de trabajo (empresa u organismo) donde se desempeñará el funcionario de la

---

37   Ameglio, E.J., "La empresa suministradora…", *op. cit.*, D-6.
38   Dice el convenio: "en el caso de suministros a empresas públicas u organismos del Estado, los trabajadores no podrán percibir un salario inferior al establecido en el art. 4 (que fijó los salarios mínimos), ni un incremento de sus salarios inferior al establecido en el artículo 5 (pautas de ajustes)".
39   Ley 18099 inc. 2 del artículo 1° El Poder Ejecutivo, el Poder Legislativo, los organismos comprendidos en los artículos 220 y 221 de la Constitución de la República, las Intendencias Municipales, las Juntas Departamentales y las personas públicas no estatales, cuando utilicen personal mediante algunas de las modalidades previstas en el inciso anterior, quedan incluidos en el régimen de responsabilidad solidaria regulado por esta ley.

empresa suministradora. Pero de todas formas, y como adelanto a lo que surge de las conclusiones, los actores sociales coincidieron en sostener que los funcionarios que revisten tareas en los organismos estatales (empresas públicas o administración central y servicios descentralizados) no perciben los mismos beneficios que los funcionarios públicos[40] permanentes.

Es clara al respecto la apreciación de Rosenbaum y Castello, quienes manifiestan que el art. 5º de la ley 18.099, no debe ser aplicado a los funcionarios públicos y ello porque "el criterio contenido en el referido artículo ofrece especiales dificultades cuando se trate de aplicar a la actividad pública. En efecto, la norma remite a los niveles de beneficios consagrados obligatoriamente para el "giro de actividad de la empresa" donde los trabajadores presten sus servicios y para "la categoría que desempeñen". Y, en el caso de las entidades estatales, tales beneficios no provienen de laudos de consejos de salarios ni de convenios colectivos, sino fundamentalmente de leyes. En especial, los niveles salariales de cada cargo son asignados por leyes presupuestales y de rendición de cuentas, más allá de los incrementos porcentuales fijados por Decreto. En virtud de lo anterior, la regla de trato paritario o equiparación resultará excepcionalmente aplicable a los casos de suministro de mano de obra cuyo sujeto receptor sea una entidad estatal"[41].

En el plano de las declaraciones de principio cabe destacar que las tres partes estuvieron de acuerdo en sostener "que el suministro de personal a través de las empresas registradas en la DINAE, constituye un instrumento de combate al empleo informal, como así también contribuye al empleo decente" (artículo 21 del convenio colectivo de 13/11/2008). En varios convenios colectivos de otros grupos de actividad se han negociado cláusulas que tienden a limitar el suministro de personal a determinadas tareas, lo que demuestra una cierta desconfianza de los sindicatos hacia este instrumento de contratación de personal. Ante este panorama recobra valor esta declaración que tiende a legitimar el rol que cumplen estas organizaciones[42]. Un importante reflejo de una industria donde ocurrieron muchos

---

40   En Uruguay se denomina funcionarios públicos a los empleados del Estado, en cualquier tipo de organismo estatal.
41   Rosenbaum, J. y Castello, A., *Subcontratación e Intermediación Laboral, Estudio de las leyes 18.099 y 18.251*, Montevideo 2009, p. 188.
42   *In extenso* se refirió a ello Cdor. Daniel Charlone, presidente de la Cámara Uruguaya de Empresas Suministradoras de Personal, y Marcelo Abdala, coordinador general del PIT-CNT, haciendo referencia que previo a las leyes 18099 y 18251 la situación

abusos fue en la del cuero, y en ella expresamente el convenio colectivo limita la colocación de trabajadores tercerizados para las tareas propias de la actividad principal.[43]

La negociación colectiva del sector también hace hincapié en la protección de los derechos fundamentales, es así que se establece en los convenios desde el año 2008 protección a los temas de género y las partes exhortan al cumplimiento de las siguientes leyes: Ley 16.045 de no discriminación por sexo; Ley 17.514 sobre violencia doméstica y Ley 17.817 referente a xenofobia, racismo y toda forma de discriminación. Las partes de común acuerdo reafirman el principio de igualdad de oportunidades, trato y equidad en el trabajo, sin distinción o exclusión por motivos de sexo, raza, orientación sexual, credo u otras formas de discriminación, de conformidad con las disposiciones legales vigentes (CIT 100, 111, 156; Ley 16.045 y Declaración Socio laboral del Mercosur). Se acuerda, en forma expresa, el cumplimiento de lo establecido en la Ley 17.242 sobre prevención del cáncer génito-mamario; la Ley 16.045 que prohíbe toda discriminación que viole el principio de igualdad de trato y oportunidades para ambos sexos en cualquier sector y lo establecido por la OIT según los CIT 100, 111 y 156. Queda expresamente establecido que el sexo no es causa de ninguna diferencia en las remuneraciones, por lo que las categorías se refieren indistintamente a hombres y mujeres.

Que las empresas promoverán la equidad de género en toda la relación laboral. A tales efectos, comprometen respetar el principio de no discriminación a la hora de fijar remuneraciones, promover ascensos o adjudicar tareas. También en el convenio firmado en el año 2011 las partes conformaron una comisión para estudiar el tema de la formación profesional de los trabajadores como una medida de mejorar la capacitación, acceso al empleo y la remuneración de los trabajadores entre otras.

---

de incumplimientos que se daba en los procesos de tercerización en general llevaron a un gran descreimiento sobre estos modelos de contratación.

43 El Convenio Colectivo del Grupo 5 —Subgrupo 01— Curtiembres y sus productos de los Consejos de Salarios que se recoge en el Decreto N° 594/006 de fecha 19/12/2006 establece: V. Tercerizaciones y Contratación de Empresas Suministradoras de Mano de Obra Temporaria. a) Se admitirán las tercerizaciones que permite la legislación vigente, excepto la mano de obra directamente afectada al proceso de producción del cuero realizado dentro de la fábrica. b) Se otorgará un plazo que se extenderá hasta el 31.12.06 para cancelar y dejar sin efecto los servicios tercerizados y/o suministro de mano de obra directa afectados al proceso productivo del cuero realizado dentro de la fábrica. Respeto a los abusos que en el pasado (anterior a la promulgación de las leyes 18099 y 18251 y de la negociación colectiva desde 2005).

En el convenio del 2014, ya se ha acordado como novedad licencias especiales para víctimas de violencia doméstica, la cláusula es de este tenor "en aquellos casos en que el trabajador/a, sea víctima de violencia doméstica comprobada a través de la denuncia policial o penal correspondiente", las empresas otorgarán cinco días hábiles de licencia especial sin goce de sueldo, "con un máximo de dos veces en el año y siempre que exista intervención de Médico Forense. El comprobante de la denuncia, así como la acreditación de la intervención del Médico Forense, deberán ser presentados dentro de los 5 días siguientes al reintegro del trabajador/a. En caso de posterior levantamiento de la denuncia, se perderá el derecho a usufructuar este beneficio nuevamente"[44]. Y también en beneficio de las mujeres un día extra por exámenes génito-mamarios. Las empresas otorgaran un día adicional pago, para exámenes génito-mamarios (mamografía y/o papanicolau) debiendo la trabajadora comunicar a la empresa la realización del mismo con una antelación no menor a 7 días, exceptuando los casos de urgencia, debiendo acreditar debidamente su realización el mismo día del reintegro[45].

Con relación a la jurisprudencia uruguaya y hasta la aprobación de las normas 18.099 y 18.251, o sea, que como no existía norma expresa más allá del artículo 3 de la ley de Consejos de Salarios del año 1943 que estableció que "todo patrono o empresario que utilice subcontratistas o intermediarios permanecerá, no obstante, obligado subsidiariamente al pago de los salarios mínimos fijados" norma por demás exigua en cuanto a la protección de los derechos del trabajador. La solución vino por el lado de la jurisprudencia que elaboró la noción del "empleador complejo"[46], y de esta forma se responsabilizaba a aquellos que habían tenido un beneficio de la actividad del trabajador ya sea la empresa usuaria o la principal.

Con el advenimiento de las leyes 18.099 y 18.251, quedó expresamente prevista la responsabilidad de las empresas suministradoras de mano de obra y de la empresa usuarias, como ya se ha visto. Quedó también plasmado en la jurisprudencia que los casos de suministro de trabajadores al

---

44   Información proporcionada por el Sr. Eduardo Sosa (FUECYS).
45   La legislación uruguaya ya prevé un día al año para estos estudios.
46   La sentencia N° 0013-000252/2013, de 24 de julio de 2013, dice "en cuanto al empleador complejo, el Tribunal entiende que diferenciando al empleador complejo del conjunto económico que "se ha aplicado a supuestos en los que existe una pluralidad de empresas que organizan, dirigen y se benefician simultáneamente de los servicios de un trabajador, pero que en principio carecen de lazos de dependencia entre sí y no están sometidas a un mismo centro de dirección, lo que la aleja de la figura del conjunto económico".

Estado, los beneficios que se perciben no son los mismos que los de los otros trabajadores permanentes y ello se ve entre otras en esta sentencia que parcialmente transcribimos, que entendió que con el pago del salario establecido en el convenio colectivo del sector empresas temporales, que ya hemos visto se cumplía con la previsión legal; y no se debían pagar ni salarios ni beneficios del organismo público donde prestó los servicios[47].

Concluye Eduardo Ameglio sobre el tema de las agencias de empleo privadas que, "en la actualidad, se puede sostener que el trabajador suministrado tiene un grado de protección, en algunos aspectos, incluso superior al trabajador permanente". En todo caso, se puede afirmar que el trabajador suministrado ha dejado de ser un trabajador sin protección. Las nuevas formas de organización empresarial han derivado "en un incremento de la subcontratación o tercerización de las relaciones laborales". Una de las consecuencias más notorias de este fenómeno es la dificultad que tienen los trabajadores para determinar quién es el verdadero empleador. El trabajador no puede identificar, en muchos casos, quién es el beneficiario final de su trabajo y, por ende, quién es su verdadero empleador. En el caso del trabajador suministrado, "se puede afirmar que cuenta con dos empleadores claramente identificables. En rigor técnico, cuenta con un único empleador que se identifica desde el primer momento en que se traba la relación laboral". Además, el trabajador suministrado podrá en determinadas circunstancias, ejercer sus derechos contra un segundo empleador, también bien identificado desde que se formaliza la relación contractual[48].

---

47 El caso de un reclamo de beneficios de una empresa estatal por un trabajador de una empresa suministrada es fue rechazado en sentencia N° 0511-000296/2013, de fecha 17 de setiembre de 20133, del Tribunal de Apelaciones del Trabajo de 4to. Turno sostuvo que "resulta que se respetaron los salarios mínimos establecidos para la categoría de la trabajadora establecidos por Convenio Colectivo para el Grupo en el cual revistaba la empleadora, o sea el grupo 19 Sub Grupo 02. Cumpliendo entonces con la normativa imperante, art. 5º de la ley N° 18.099 y de acuerdo a los conceptos transcriptos precedentemente".

48 Ameglio, E.J., "La empresa suministradora..." *op. cit.* D-7.

V. Estudio sobre el comportamiento de los actores sociales, gremiales de empleadores y sindicatos

También a los efectos de controlar el cumplimiento del dialogo social y respeto de la libertad sindical y derechos colectivos hemos requerido información de los actores sociales y obtenido el suministro de información sectorial tanto de empleadores como de dirigentes sindicales. La realidad uruguaya en cuanto a las oportunidades de dialogo social, negociación colectiva y libertades sindicales, así como la protección a la no discriminación, está en su momento óptimo. Todos los actores sociales así lo manifestaron, más allá de quejas y sugerencias de cómo mejorar aún más el sistema. La perspectiva que el movimiento sindical originalmente tuvo respecto de la tercerización y el suministro de mano de obra fue muy crítica, concibiendo el fenómeno en el conjunto de medidas de corte flexibilizador que proliferaron en el período de aplicación de políticas de desregulación laboral (1992 a 2004)[49]. Y opinión similar se emitió por la parte empresarial.

Conclusiones

Podemos concluir que Uruguay, que tiene ratificado el Convenio 181, tiene un cumplimiento bastante completo del funcionamiento de las agencias privadas de empleo. Se advierte que no es la ratificación del Convenio 181 lo que ha hecho que los gobiernos sean más cuidadosos en el control de las agencias privadas de empleo, pero que la ratificación del mismo es sí de vital importancia cuando no hay una clara intención de los gobiernos de controlar el cumplimiento de las normas protectoras de los trabajadores especialmente contenidas en los convenios fundamentales. Uruguay ratificó el Convenio Internacional del Trabajo N° 181, por ley 17.692, de 26 de septiembre de 2003.

Es significativo el aporte que tanto los trabajadores y sus organizaciones como los empleadores y sus organizaciones, conjuntamente con los

---

49 Pero como bien lo señaló el Secretario General del PIT — CNT Marcelo Abdala, son otras las preocupaciones hoy referidas a estos temas.

gobiernos —actuando en forma conjunta— puedan realizar para que, con el diálogo social y controles estrictos, se vigile la calidad de las condiciones de trabajo e impida el acecho del constante flagelo de las empresas fraudulentas que intentan intermediar, especialmente, en los grupos más vulnerables de trabajadores.

Esta figura de trabajadores "suministrados" ha sido objeto de una fuerte regulación en derecho comparado desde hace más de treinta años, con miras a dar un marco regulatorio a estas prestaciones que permita distinguir entre la flexibilidad del trabajo prestado a través de empresas de trabajo temporal, del "tráfico de mano de obra"[50]. En rigor, de lo que se trata es que el empleo temporal no sea la forma que las empresas ocupen para contratar normalmente a sus trabajadores, sino una herramienta auxiliar que permita superar necesidades extraordinarias. En otras palabras, como señala Bronstein, "el fin perseguido es procurar que este (trabajo temporal) se limite a una función de complemento del empleo estable y no de competencia, ya que, a pesar de la expansión del empleo atípico, el trabajo permanente sigue siendo la forma de empleo privilegiada por la legislación laboral"[51].

Con relación al primer servicio de las agencias de empleo privadas, establecido en el Convenio núm. 181(a) servicios destinados a vincular ofertas y demandas de empleo, sin que la agencia de empleo privada pase a ser parte en las relaciones laborales que pudieran derivarse, debemos realizar la siguientes puntualizaciones. En Uruguay se transcribe textual la definición del Convenio núm. 181 sobre suministro de mano de obra, y se incluye a las diferentes modalidades de servicios.

Analizaremos ahora cómo se ha actuado sobre los diferentes temas vinculados a las Agencias de empleo privadas: a) la protección de los derechos de libertad sindical y del derecho a la negociación colectiva. En Uruguay destaca el papel centralizador del sindicato de empleados de comercio y servicios (FUECYS), y además a través de los sindicatos en las diferentes empresas se protegen ampliamente los derechos de los trabajadores, aún en el sector público donde son otros los problemas que tienen los trabajadores. El ámbito de la Dirección Nacional de Empleo para la protección de los derechos de libertad sindical y negociación colectiva son invalorables, y sumamente eficientes. b) El control que se realiza para que no exista discri-

---

50 Supiot, A. (Coord.), *Trabajo y empleo, Transformaciones del trabajo y futuro del Derecho del Trabajo en Europa*, Valencia, Tirant lo Blanch, 1999, p. 57.
51 Bronstein, A., "El trabajo temporal en Europa, antagonista o complemento del empleo permanente", *Revista Internacional del Trabajo*, vol. 110, n. 4 OIT 1991.

minación alguna en el empleo por agencias por razones de raza, color, sexo, religión, opinión política, ascendencia nacional, origen social o cualquier otra forma de discriminación, cómo la edad o la discapacidad, se contempla plenamente en la legislación uruguaya. c) La forma de protección de datos personales de los trabajadores. Sobre este punto Uruguay tiene específicamente una ley sobre el tema. d) El control si es que hubo autorización del pago de tarifas, estas están prohibidas específicamente en el país. e) Las prevenciones que se hayan tomado con los trabajadores migrantes están previstas en el decreto 137/2016[52]. f) El pago de un salario mínimo está garantizado; lo mismo sucede con los horarios y demás condiciones de trabajo; y prestaciones a la seguridad social. g) El acceso a la formación está previsto en la legislación por el sistema público de empleo, pero en Uruguay está también en los convenios colectivos. h) La seguridad y salud en el trabajo está regulada, y la debe proporcionar la empresa suministradora. i) Pago de las indemnizaciones en caso de ruptura del vínculo laboral si correspondiera; es subsidiaria y solidaria, el trabajador estaría protegido porque la empresa suministradora y la usuaria responderán. Es más, en este aspecto tienen una mayor protección que el trabajador permanente. j) Respecto de la indemnización en caso de insolvencia y la protección de los créditos laborales, la solución es la misma que en el literal anterior. k) La protección y las prestaciones de maternidad, así como la protección y prestaciones parentales también estarían comprendidas. l) Con relación a los convenios colectivos que han dado la protección de los derechos individuales y sindicales de los trabajadores involucrados y la influencia que las organizaciones de trabajadores han tenido en la protección de los derechos colectivos e individuales de estos trabajadores, creemos que Uruguay es el paradigma y el tema fue ampliamente desarrollado. ll) Hacemos una valoración sobre la existencia de diálogo social de lo ha logrado, en Uruguay sin duda claramente surge del ámbito de los consejos de salarios. m) También se estudiar cómo se trata de combatir a las agencias fraudulentas o inescrupulosas no registradas, y que vulneran las legislaciones respectivas, en cada país.

En Uruguay, el mayor problema es, básicamente, la falta de control en el interior del país. Un problema que ya se ha solucionado, pero causó una

---

52 Artículo 18 del referido Decreto 137/2016 "Los trabajadores migrantes reclutados o colocados en su territorio por Agencias de Empleo Privadas gozarán de una protección adecuada a efectos de impedir que sean objeto de abusos, pudiendo sancionarse a la Agencia hasta con la prohibición o clausura de la habilitación".

situación compleja eran unas empresas que por el cobro de tarifas telefónicas ofrecían colocación, las llamadas a los teléfonos 0900, que, finalmente, en contacto con la empresa telefónica nacional, se logró erradicarlas. Uruguay tiene un sistema que está prácticamente adecuado, debe solucionar básicamente el tema de la contratación de trabajadores suministrados en forma temporaria en la función pública. Y debería volver a llevar las estadísticas de las empresas de suministro de personal y debería incluir a qué sectores de la actividad pública se envían también trabajadores a realizar tareas temporarias.

La característica fundamental de esta atípica forma de contratación se da porque el empleador real, con el que se vincula el trabajador día a día, la ley le da el carácter de tercero interesado, y existe lo que Ugarte llama un "empleador virtual", con quien el trabajador sólo ha suscrito el acto de contratación inicial, pero a quien la ley, sin embargo, le reconoce el carácter de parte directa[53]. El Convenio Internacional de Trabajo núm. 181 da una adecuada solución a este tema y las agencias privadas de empleo no pueden correr la suerte de los gobiernos de turno, la ratificación de los convenios internacionales aseguran la protección adecuada, ejemplo de ello es Uruguay.

Bibliografía

Ameglio, E.J., *Las empresas suministradoras de mano de obra temporal*, Montevideo, Amalio M. Fernández, 1984.
"Segunda Ley de protección de los derechos del trabajador ante los procesos de descentralización empresarial", en *rev. Derecho Laboral*, t. LI, n. 231.
"La empresa suministradora de personal", en *La justicia Uruguaya*, AÑO LXXIV, Tomo 148 – Julio 2013.
"Análisis de la Reglamentación del Convenio Internacional del Trabajo N° 181 sobre agencias privadas de empleo", en *rev. Derecho Laboral*, T. LIX n. 262.

---

53 Ugarte, J.L., *Sobre relaciones laborales triangulares...*, op. cit., pp. 11-29.

Aguilera Donnay, L. y Villalobos Dintrans, C., "El proceso de subcontratación en el Siglo XXI. Relaciones sociales y trabajo en los subcontratistas de CODELCO", en Revista *Cuadernos de Estudios del Trabajo*, n. 8, 2008.

Castello, A., "La Subcontratación y las Relaciones de Trabajo en Uruguay", en *Rev. Latinoamericana de Derecho Social*, n. 9, julio-diciembre de 2009.

Dono, L., "El alcance del artículo 5 de la Ley 18.099", *en XVIII Jornadas Uruguayas de Derecho del Trabajo y de la Seguridad Social*, p. 55.

Ermida Uriarte, O. y Castello, A., "*Las Empresas de Trabajo Temporal*", en Grupo de los Miércoles, Cuarenta y dos estudios sobre la descentralización empresarial y el derecho del trabajo, Montevideo, FCU, 2000.

Garmendia Arigón, M. y Gauthier, G., *Tercerizaciones, análisis de las leyes 18.099 y 18.251 y su aplicación jurisprudencial*, 2ª ed., Montevideo, FCU, 2012.

Ghezzi, G. y Romagnoli, U., *Il rapporto di lavoro*, 2ª ed., Zanichelfi, Bologna, 1987. Ristampa, 1992.

Javillier, J.C., *Derecho del Trabajo*, 1ª ed. en castellano, Madrid, Servicio de Publicaciones del Ministerio de Trabajo y Seguridad Social, 1982.

Javillier, J.C., *Manual de Derecho del Trabajo*, 1ª ed., Montevideo, FCU, 2007.

Martín Valverde, A., "El discreto retorno del arrendamiento de servicios", en AAVV: *Cuestiones actuales del derecho del trabajo. Libro homenaje a Manuel Alonso Olea*, Madrid, 1990.

Nascimento, A.M., "Subcontratação ou terceirização", en *Revista de Direito do Trabalho*, n. 83 (septiembre 1993).

Palomeque López, M.C., Álvarez de la Rosa, M., *Derecho del Trabajo*, ed. Centro de Estudios Ramón Areces SA, Madrid 1993.

Plá Rodríguez, A., *Curso de Derecho Laboral*, t. I vol. 1, 2ª ed., Montevideo, Acali, 1979.

Radbruch, G., *Filosofía del Derecho*, Estudio Preliminar (Monereo Pérez, J.L.: La filosofía de Gustav Radbruch: una lectura jurídica y política), Ed. Comares, Granada, 1999.

Racciati, O.C., "Tercerización: exteriorización del empleo y descentralización productiva", en *Revista de Derecho Laboral*, t. XL, n. 185.

Raso Delgue, J. y Fernández Brignoni, H., "*Formas de protección de los trabajadores precarios*", en XI Jornadas Rioplatenses de Derecho del Trabajo y Seguridad Social, Colonia Del Sacramento, FCU, 2000.

Raso Delgue, J., *La Contratación Atípica Del Trabajo*, 2ª ed., Montevideo, Amalio M. Fernández, 2009.

Supiot, A., *Homo Juridicus: ensayo sobre la función antropológica del derecho*, 1ª Ed. siglo veintiuno, Buenos Aires 2007.

Supiot, A. (coordinador), *Trabajo y empleo, Transformaciones del trabajo y futuro del Derecho del Trabajo en Europa*, Valencia, Tirant lo Blanch, 1999.

Ugarte Cataldo, J.L., *Sobre relaciones laborales triangulares: La subcontratación y el suministro de trabajadores*. En rev. *Ius et Praxis*. 2006, vol. 12, n. 1 [citado 2013-11-17].

Mª Cristina Aguilar Gonzálvez[1]

Profesora Contratada Doctora, Departamento de Derecho del Trabajo y de la Seguridad Social, Universidad de Cádiz. España

La colaboración público-privada en la intermediación laboral en España

Resumen: En el ordenamiento laboral y de empleo español, a través de las reformas normativas más recientes, se ha producido una progresiva extensión subjetiva de los actores del mercado de trabajo que pueden desempeñar tareas como agentes de intermediación laboral. Partiendo de la situación nacional de empleo en España y del marco normativo que el legislador nacional ha configurado en cumplimiento de las indicaciones que emanan desde el ámbito comunitario, es nuestro cometido analizar el sentido y eficiencia de la vertebración de la colaboración público-privada en materia de intermediación laboral. Ella exige una labor de modernización de los Servicios Públicos de Empleo y una actuación coordinada dentro del Sistema Nacional de Empleo, cuyo perfecto engranaje deviene en premisa inalcanzable. Nuestro objeto de estudio provoca a su vez el análisis, que desarrollamos de forma breve, del papel que vienen desempeñando agentes de intermediación privados, como las Empresas de Trabajo Temporal, que han sido legitimadas para funcionar, además, como agencias de colocación de trabajadores. Todo ello para llevarnos a conclusiones sobre la relación planteamiento-fin existente entre la articulación actual de la intermediación laboral prevista en tiempos de crisis, y los objetivos de las políticas de empleo y su materialización en el mercado de trabajo.

Palabras clave: intermediación laboral, colaboración público-privada, Sistema Nacional de Empleo, Servicios Públicos de Empleo (Servicio Público de Empleo Estatal, Servicios Públicos de Empleo de las Comunidades Autónomas), agencias de colocación-recolocación de trabajadores.

---

1   Este trabajo se presentó en el Congreso Inaugural de la Comunidad CIELO celebrado en Oporto, en septiembre de 2016, gracias a la financiación procedente del Programa de Fomento e Impulso de la Investigación y Transferencia 2016-2017, del Vicerrectorado de Investigación de la Universidad de Cádiz.

Introducción

Nuestro estudio versa sobre uno de los fines del Sistema Nacional de Empleo español: "favorecer la colaboración público-privada en la intermediación laboral y el desarrollo de las políticas activas de empleo", que en su enunciado en el Texto Refundido de la Ley de Empleo (en adelante TRLE) figura enlazado, inmediatamente a continuación, al fin de "fortalecer los servicios públicos de empleo" [art. 7, h)][2]: La posición que ocupa en el texto ya nos anticipa que el sistema de esta colaboración parte de la premisa de unos Servicios Públicos de Empleo (en adelante, SPEs) fuertes, en el sentido de capacitados para ofrecer calidad, y para ello precisan a su vez estar dotados de medios humanos y materiales suficientes y bien gestionados hacia los cambios, desde los que se podrá desarrollar una colaboración público-privada (en adelante, CPP) eficaz.

Significa que desde la gestión directa de la intermediación laboral por parte de los SPEs, a través de sus Oficinas de Empleo en la Comunidad Autónoma, la Oficina Electrónica del organismo autónomo autonómico, del Portal único de empleo "Empléate", y de la Red EURES, se evoluciona hacia el cumplimiento del servicio público de intermediación laboral a través de agencias de colocación que, desde la Ley 35/2010, de 17 de septiembre, de medidas urgentes para la reforma del mercado de trabajo[3], no tienen por qué ser exclusivamente de naturaleza pública. No es que se privatice el servicio público, sino que se permite su ejecución por agentes privados, bajo la coordinación institucional que ejercen los SPEs en tanto que responsables del mismo.

En este sentido, el art. 31.3 TRLE es bien claro al precisar que "con independencia del agente que la realice (de la enumeración y variedad que refleja el art. 32), la intermediación laboral tiene la consideración de un servicio de carácter público". En su día, la Ley 51/80 Básica de Empleo, de 8 de octubre (en adelante, LBE), en su art. artículo 40 la definía como servicio nacional, público y gratuito, e indicaba en su punto 1 que el "Instituto Nacional de Empleo organizará la colocación de los trabajadores como un servicio nacional público y gratuito"[4].

---

2 Real Decreto Legislativo 3/2015, de 23 de octubre (BOE nº 255, de 24 octubre).
3 BOE nº 227, de 18 de septiembre de 2010.
4 BOE nº 250, de 17 de octubre de 1980. Consúltese el art. 39 LBE sobre los fines de la política de colocación, tan variados y amplios como "promover la adscripción de los

Y si el fin al que ha de tender el Sistema Nacional de Empleo consiste en favorecer dicha CPP, ya estamos afirmando que existen razones potentes para considerarlo el método que ofrecerá soluciones en la situación de desempleo que viene sufriendo el mercado de trabajo español desde hace años[5]. La vertebración de la que estamos hablando está prevista en el TRLE (art. 34.3) y se articula sobre el acuerdo marco del Servicio Público de Empleo Estatal (SEPE) y las agencias de colocación, quienes recibirán subvenciones para la realización del servicio (público)[6].

Dentro de la política de empleo, en cuanto que "conjunto de decisiones adoptadas por el Estado y las Comunidades Autónomas, que tienen por finalidad el desarrollo de programas y medidas tendentes a la consecución del pleno empleo, así como la calidad en el empleo, a la adecuación cuantitativa y cualitativa de la oferta y demanda de empleo, a la reducción y a la debida protección de las situaciones de desempleo" (art. 1 TRLE), "la política de colocación de trabajadores en el mercado" implica necesariamente la realización de labores, entre otras, de intermediación laboral; servicio público definido por dicha norma como "el conjunto de acciones que tienen por objeto poner en contacto las ofertas de trabajo con los trabajadores que buscan un empleo" con la finalidad de "proporcionar a los trabajadores un empleo adecuado a sus características, y facilitar a los empleadores los trabajadores más apropiados a sus requerimientos y necesidades"; incluyendo la recolocación de los trabajadores "que resultaran excedentes en procesos de reestructuración empresarial, cuando hubiera sido acordada con los trabajadores o sus representantes en los correspondientes planes sociales" (art. 31)[7].

---

trabajadores a una actividad laboral adecuada a sus aptitudes, o a justar las ofertas y las demandas de la mano de obra" y desde "colaborar en la información, orientación, calificación y clasificación profesional de los trabajadores".

5   En sentido contrario, sobre la vuelta a la gestión directa, véase Alfonso Mellado, C., "La reversión a la gestión directa de servicios públicos: Problemas laborales", *Revista de Derecho Social*, nº 73, 2016, pp. 25-44.

6   "El Gobierno aprueba un contrato del SEPE con Agencias de Colocación basado en el Acuerdo Marco de Intermediación Laboral", Gabinete de Comunicación del Ministerio de Empleo y Seguridad Social (en adelante, MEYSS), 29/5/2015, acceso 11/9/2016.

7   Son numerosas, y de fecha reciente, las noticias que se encuentran en la red sobre CPP: "La asignatura pendiente en la intermediación laboral", Jesús Lahera Forteza, Cinco Días, <http://cincodias.com/cincodias/2015/01/16/economia/1421436617_702537.html> acceso 11/9/2016. "Randstad Research aboga por la colaboración público-privada y la formación de los profesionales para dinamizar el mercado laboral",

Si nos remontamos a la primera norma especializada en materia de empleo, antes mencionada, la Ley 51/80 Básica de Empleo, vigente hasta el 6 de enero de 2004, dedicaba ya el Capítulo I de su Título III a la política de colocación, a la que definía como "la que comprende las acciones tendentes a proporcionar a los trabajadores un empleo adecuado y a facilitar a los empleadores la mano de obra necesaria para el normal desenvolvimiento de sus actividades productivas" (art. 38.1).

La Ley de Empleo que la releva, la Ley 56/2003 (en adelante, LE), configuraba la colocación de trabajadores como un fin a cuyo servicio está la intermediación laboral, entendida como "el conjunto de acciones que tienen por objeto poner en contacto las ofertas de trabajo con los demandantes de empleo para su colocación. La intermediación laboral tiene como finalidad proporcionar a los trabajadores un empleo adecuado a sus características y facilitar a los empleadores los trabajadores más apropiados a sus requerimientos y necesidades" (art. 20); esto es, en el mismo sentido que en la actualidad, si bien ha desaparecido de la redacción el término "colocación", por el que abogamos por resultarnos muy gráfico y reflejar de forma clara el fin último del conjunto de las políticas de empleo tan variadas que puedan desarrollarse, encaminadas, en terminología más actual, a la mejora de la ocupabilidad/empleabilidad y a la inserción laboral o integración en el mercado de trabajo, si bien es cierto que las empresas son asimismo destinatarias de dichas políticas para facilitar-contribuir al aumento de su productividad[8].

Fue la mencionada Ley 35/2010 la que modificó el concepto de intermediación laboral e introdujo en la LE un art. 21 bis sobre las agencias de

---

28/10/2015, <http://www.randstad.es/nosotros/sala-prensa/randstad-research-abogapor-colaboracion-publico-privada-y-formacion-de-profesionales-para-dinamizar-elmercado-laboral> acceso 11/9/2016. "Objetivo: buscar trabajo a los desempleados", <http://www.elmundo.es/economia/2016/01/10/568aa7ac268e3e3a2b8b460d.html> acceso 20/9/2016. "Se han presentado 204 agencias de colocación para colaborar con los Servicios Públicos de Empleo", Gabinete de Comunicación del MEYSS, 24/10/2013, acceso 11/9/2016. "La colocación público-privada de parados, más eficiente que las oficinas de empleo", <http://economia.elpais.com/economia/2016/08/27/actualidad/1472331035_747571.html> acceso 20/9/2016: "La colaboración con empresas logra reinsertar un 10 % de los parados atendidos, una ratio muy superior a la del antiguo INEM".

8   BOE nº 301, de 17 de diciembre de 2003. Sobre la cuestión terminológica, véase Sánchez-Rodas Navarro, C., "La orientación e intermediación directa en el empleo", *Temas Laborales*, nº 125, 2014, p. 91-92.

colocación privadas con ánimo de lucro, que provoca la relación de colaboración público-privada[9]. Finalmente, el concepto de agencias de colocación resultó ampliado a las "entidades públicas o privadas, con o sin ánimo de lucro, que realicen actividades de intermediación laboral, bien como colaboradores de los Servicios Públicos de Empleo, bien de forma autónoma pero coordinada con los mismos. Asimismo, podrán desarrollar actuaciones relacionadas con la búsqueda de empleo, tales como orientación e información profesional, y con la selección de personal" (art. 33 TRLE).

En el Sistema Nacional de Empleo, tal y como figura descrito en el Título I del TRLE, y desde la definición de "política de empleo" del art. 1, se esboza una distribución de competencias en materia de empleo entre el Estado y las CC.AA. que han constituido su propio Servicio Público de Empleo (todas salvo Ceuta y Melilla; arts. 18 y 19). Sin embargo hemos de añadir, porque de lo contrario el mapa no sería real por incompleto, el papel que en la práctica desempeñan las Entidades Locales y sus propios servicios de empleo, en una aplicación amplia por cuanto tiene de institucional, de la dimensión local del empleo, tan solo reconocida en el art. 4 TRLE.

Podemos afirmar, por tanto, que el monopolio del Instituto Nacional de Empleo (INEM) terminó en 1993 en un doble sentido: en un principio, se dio paso al reparto de competencias en materia de empleo entre el Estado y las Comunidades Autónomas y, avanzando en el tiempo, a nivel de gestión se da, asimismo, una vertebración hacia entidades privadas, entre ellas, las empresas de trabajo temporal (en adelante, ETTs) que decidan ampliar su objeto social con dicha tarea.

En la actualidad, el artículo 32 TRLE simplifica la enumeración de los agentes de la intermediación al no plasmar la relación colaborativa de los privados con los servicios públicos de empleo (decía el anterior art. 21 LE, "por sí mismos o a través de las entidades que colaboren con los mismos"), precisión que, no obstante, figura en el art. 34.4, al tratar los principios básicos de la intermediación laboral: "por sí mismos o a través de las entidades o agencias de colocación cuando realicen actividades incluidas en el ámbito de la colaboración con aquéllos". El mismo sentido expuesto se aprecia en la omisión de que las agencias de colocación han de estar autorizadas, y especialmente en la no mención expresa de la presencia de las Empresas de Trabajo Temporal en el ámbito de la intermediación laboral.

---

9   Reflexión interesante en Sobrino González, G.M., "El concepto de intermediación laboral y los agentes reconocidos como mediadores en el mercado laboral español", en *Comentarios a la Ley de Empleo*, La Ley, 2011, p. 323.

I. Vertebración de la colaboración público-privada en la intermediación laboral en el Derecho del Empleo español

La Ley 35/2010 provoca la progresiva extensión subjetiva de los actores del mercado de trabajo que pueden desempeñar tareas como agentes de intermediación laboral. No debemos perder la referencia de su proceder en este sentido, tal y como indicaba en el Preámbulo: mejorar los mecanismos de intermediación laboral para fomentar las oportunidades de acceso al empleo. Con este fin, se inicia "una apertura a la colaboración público-privada en esta materia, preservando, en cualquier caso, la centralidad y el fortalecimiento de los servicios públicos de empleo de carácter estatal y autonómico, para que no se produzca la sustitución de la iniciativa pública por la iniciativa privada en el ámbito de la intermediación y la colocación".

Consideramos que la causa marcará el proceso de desarrollo de una figura como la CPP, entendida como "mecanismo que permite articular los distintos proveedores de servicios que operan en los mercados de trabajo contemporáneos", marcado por las prioridades legislativas del país[10].

A la complejidad de organizar tal dispersión de intervenciones procedentes de distintos sujetos de diferente naturaleza se suma el que estamos hablando de la prestación de un servicio público, por lo que: "los Servicios Públicos de Empleo son los responsables de asumir la ejecución de las políticas activas de empleo, sin perjuicio de que puedan establecerse instrumentos de colaboración con otras entidades, que actuarán bajo su coordinación", según indica el art. art. 13.3º TRLE, entre los principios de organización y funcionamiento del Sistema Nacional de Empleo, otro de los fundamentos normativos vigentes para la CPP, que se suma a los antes mencionados arts. 7.h) y 34.4 TRLE.

La causa que hemos expuesto, esto es, la necesidad de mejorar el servicio de intermediación laboral, actúa por tanto como justificación de tal entramado de relaciones colaborativas: la búsqueda de "la eficacia, calidad y especialización en la prestación del servicio". Incluso la ley define "calidad en la prestación del servicio" (punto 4º del mismo art. 13): adaptado a las necesidades del mercado de trabajo, "con aprovechamiento de las

---

10 En las conclusiones del artículo de Rodríguez-Piñero Royo, M., "Aproximación a la colaboración público-privada en el mercado de trabajo español", *Temas Laborales*, nº 125, 2014, pág. 87.

nuevas tecnologías como elemento dinamizador del cambio, con dotación suficiente de recursos humanos y materiales que posibiliten una atención especializada y personalizada tanto a los demandantes de empleo como a las empresas".

Por su parte, el art. 7.b) TRLE enumera entre los fines sobre los que el Sistema Nacional de Empleo habrá de garantizar su cumplimiento, como responsable que es: "b) Ofrecer un servicio de empleo público y gratuito a trabajadores y empresarios, capaz de captar las ofertas de empleo del mercado de trabajo, sobre la base de una atención eficaz y de calidad con vistas a incrementar progresivamente sus tasas de intermediación laboral". Insiste, de nuevo, en la calidad y en su capacidad de dar respuesta a las necesidades del mercado de trabajo en cada momento[11]. Pero, también, es cierto que refleja un aspecto de carácter político como es el que quede plasmado en datos estadísticos su eficacia en las tareas de intermediación, y, a la vez, ofrece un indicador que servirá para evaluar los resultados de la prestación del servicio.

Cuando la Ley 35/2010 introduce la CPP, ni era un mecanismo nuevo fuera de nuestras fronteras, ni en España, si bien aplicado a otras materias tales como la formación o la inserción laboral. Si estudiamos el ámbito internacional y comunitario, observaremos el retraso con el que se aborda en nuestro ordenamiento dicho mecanismo de relación entre los SPEs y los sujetos privados, calificado como "modelo competitivo o liberalizado", a diferencia del "modelo socialdemócrata", que estuvo vigente en nuestro país desde 1993 hasta 2010[12].

Su puesta en práctica comenzará con la firma del Acuerdo Marco de Intermediación Laboral en 2013[13], como ejecución del ensamblaje previsto

---

11 Sobre indicadores para evaluar la tasa de intermediación de los SPEs, véase Sánchez-Rodas Navarro, C., "La orientación e intermediación directa en el empleo", *op. cit.*, págs. 105 y ss.

12 Rodríguez-Piñero Royo, M., "Aproximación a la colaboración público-privada en el mercado de trabajo español", *op. cit.*, pág. 87. Informe ASEMPLEO, "La colaboración público-privada en el mercado laboral. Experiencias comparadas y posibilidades para España", <http://asempleo.com/>, 2014; RANDSTAD, "Modelos internacionales de éxito en colaboración público – privada", 2015.

13 Sobre el Acuerdo marco y "su atormentada implementación", Rodríguez-Piñero Royo, M., "Aproximación a la colaboración público-privada en el mercado de trabajo español", *op. cit.*, págs. 77 y ss. Noticias relativas a la puesta en marcha de la colaboración: "Cinco agencias privadas de colocación asociadas a ASDACE han iniciado los proyectos de colaboración con el Servicio Público de Empleo Estatal con la finalidad

en el art. 34.3 TRLE (entre los principios básicos de la intermediación laboral): "Los servicios públicos de empleo asumen la dimensión pública de la intermediación laboral, si bien podrán establecer con otras entidades y con agencias de colocación, convenios, acuerdos u otros instrumentos de coordinación que tengan por objeto favorecer la colocación de demandantes de empleo".

El Acuerdo Marco recibió una respuesta rápida por parte de las CC.AA., que se adhirieron de forma inmediata al mismo[14]. Siguiendo el modelo de CCP, son siete las CC.AA. que, con el Servicio Público de Empleo Estatal, han puesto en marcha programas de colaboración[15].

---

de realizar trabajos de inserción en el mercado laboral de personas desempleadas", <http://www.asdace.com/noticias-3>. "El Servicio Público de Empleo del Principado de Asturias lleva a cabo acuerdo de colaboración con Agencias de Colocación", <http://www.asdace.com/noticias-3>. "ANAC Aragón se reúne con el INAEM para potenciar las relaciones con las agencias de colocación", 22/7/2016, <http://www.jobshunters.es/anac-aragon-se-reune-inaem-potenciar-las-relaciones-las-agencias-colocacion/> acceso 11/9/2016.

14 Resolución de la Dirección General del Servicio Público de Empleo Estatal por la que se anuncia licitación de un acuerdo marco para la selección de agencias de colocación para la colaboración con los Servicios Públicos de Empleo en la inserción en el mercado laboral de personas desempleadas. (BOE nº 193, de 13 de agosto de 2013). "Un total de 14 comunidades autónomas se han adherido ya al Acuerdo Marco para la colaboración de Agencias de Colocación con los Servicios Públicos de Empleo", nota de prensa de 24/7/2013, <www.meyss.es> acceso16/9/2016.

15 Resolución de 24 de septiembre de 2013, de la Secretaría General Técnica, por la que se publica el Convenio de colaboración entre el Servicio Público de Empleo Estatal y el Servicio Cántabro de Empleo, para la celebración de un acuerdo marco con agencias de colocación para la colaboración con los servicios públicos en la inserción laboral de personas desempleadas. (BO Cantabria, nº 196, de 11 de octubre). Resolución de 5 de noviembre de 2013, de la Secretaría General Técnica, por la que se publica el Convenio de colaboración con la Comunidad de Madrid, para la celebración de un acuerdo marco con agencias de colocación para la colaboración con los servicios públicos en la inserción laboral de personas desempleadas. (BOE nº 282, de 25 de noviembre); Resoluciones de la misma fecha y publicación, por la que se publican los respectivos Convenios de colaboración con la Comunidad Autónoma de las Illes Balears, y con la Comunidad Autónoma de Aragón; Resolución de 16 de diciembre de 2013, de la Dirección General de Relaciones Institucionales y Acción Exterior, por la que se ordena la publicación íntegra en el «Boletín Oficial de Castilla y León» del acuerdo denominado: «Convenio de colaboración entre el Servicio Público de Empleo Estatal y la Comunidad Autónoma de Castilla y León para la celebración de un Acuerdo Marco con Agencias de Colocación para la colaboración con los Servicios Públicos en la inserción laboral de personas desempleadas». (BOE nº 2, de 3 de

Otros instrumentos relevantes en el desarrollo de la intermediación laboral son los catalogados como "de coordinación del Sistema Nacional de Empleo", en el art. 9 TRLE. En concreto, en cuanto a las líneas políticas vigentes en la materia, encaminadas a alcanzar los objetivos de la Estrategia 2020, destaca la Estrategia Española de Activación para el Empleo que, tal y como define el art. 10 TRLE, tiene como contenido las políticas activas de empleo y de intermediación laboral que se desarrollarán en nuestro país en el período 2014-2016; esto es, los servicios y programas que realizan todos los SPEs (punto 3). Dedica su Eje 6, al que considera transversal, a la mejora y modernización del marco institucional en materia de gestión, colaboración, coordinación y comunicación dentro del Sistema Nacional de Empleo [punto 4, apartado f][16]. En ella se enmarca el Programa Nacional de Reformas previsto para el año 2016, que prevé como medida el desarrollo de programas de colaboración entre los Servicios Públicos de Empleo y las agencias de colocación "para aprovechar las sinergias existentes entre sus servicios y los que ofrecen los servicios públicos de empleo, con vistas a una orientación e inserción más vinculada a las necesidades del mercado de trabajo[17].

Por su parte, el Plan Anual de Política de Empleo 2016 (en adelante PAPE), que tal y como precisa el TRLE fijará los objetivos de la Estrategia a ser materializados en cada año (art. 11.1), considera uno de los veintinueve objetivos estructurales, y de carácter transversal, impulsar la colaboración público-privada, incardinado en el Eje 6 sobre "Mejora del marco institucional del Sistema Nacional de Empleo". Lo que se evaluará en relación al mismo es el esfuerzo en la puesta en marcha de sistemas de

---

enero). Resolución de 31 de enero de 2014, del Director, por la que se dispone la publicación del Convenio de Colaboración entre el Servicio Público de Empleo Estatal y la Comunidad Autónoma de Canarias para la celebración de un Acuerdo Marco con Agencias de Colocación para la colaboración con los Servicios Públicos en la Inserción Laboral de personas desempleadas. (BOC N° 28, 11 de febrero). Resolución de 19 de enero de 2015, de la Consejería de Presidencia, por la que se ordena la publicación del Convenio de Colaboración suscrito entre el Principado de Asturias, a través de la Consejería de economía y empleo, y el servicio Público de empleo estatal para la celebración de un Acuerdo Marco con agencias de colocación para la colaboración con los servicios públicos en la inserción laboral de personas desempleadas, a efecto de que se rectifiquen los errores advertidos en la Resolución de 23 de septiembre de 2013, por la que se ordenaba la publicación del mismo (BOPA n° 21, de 21 de enero).

16 Real Decreto 751/2014, de 5 de septiembre (BOE n° 231, de 23 de septiembre).
17 Aprobado en el Consejo de Ministros del 29 de abril de 2016, <http://www.mineco.gob.es/stfls/mineco/comun/pdf/160503_np_reformas.pdf>.

colaboración público-privada en el ámbito de la intermediación laboral, en cumplimiento de las recomendaciones del Consejo de la Unión Europea y de los Programas Nacionales de Reformas. Ello será en función de los demandantes remitidos a las agencias de colocación colaboradoras de los SPEs que resulten insertados, respecto del total de demandantes remitidos a las mismas. De este modo, prevén medir la eficacia del método[18]. Recordemos que ya nos hemos referido a este aspecto, al tratar el art. 7.b) TRLE, y el establecimiento de indicadores para evaluar la prestación del servicio.

Fijémonos en cómo se articula el sistema de la CPP: es una obligación para los Servicios Públicos de Empleo (y a su vez un derecho para las personas desempleadas), el diseño de un itinerario personalizado para el empleo (art. 29 TRLE); ahora bien, dicha atención podrá prestarse de manera presencial, a través de las oficinas públicas de empleo y, en su caso, de las entidades colaboradoras de los Servicios Públicos de Empleo (o no presencial, a través del Portal Único de Empleo y medios tecnológicos dispuestos a tal efecto). Puesto que es obligación de los SPEs y por tanto su responsabilidad (de nuevo, el art. 13.3º TRLE), entendemos que habrán de supervisar el proceso para su cumplimiento y de ahí el elenco de obligaciones previstas en el RD 1796/2010, de 30 de diciembre, que regula las agencias de colocación y, en concreto, las que ostenten dicha relación colaborativa[19].

No obstante, se observa un "escaso o lento convencimiento institucional" sobre el método, y de ahí su regulación "de lado" o indirecta a nivel normativo. Ello se pone de manifiesto en que en la regulación del funcionamiento del Sistema Nacional de Empleo son nombrados los interlocutores sociales más representativos [art. 13, a) TRLE], quienes participarán en los SPEs; sin embargo, a pesar de ser sujetos activos en el mercado de trabajo no son nombradas las entidades colaboradoras de los SPEs, al margen de cuál sea su naturaleza pública o privada; y también ellas pueden tener

---

18 Resolución de 22 de agosto de 2016, de la Secretaría de Estado de Empleo, por la que se publica el Acuerdo del Consejo de Ministros de 5 de agosto, por el que se aprueba el Plan Anual de Política de Empleo para 2016, según lo establecido en el artículo 11.2 del texto refundido de la Ley de Empleo, aprobado por el Real Decreto Legislativo 3/2015, de 23 de octubre. (BOE nº 210, de 31 de agosto). En la p. 61978 señala que todos los servicios y programas de políticas activas de empleo e intermediación laboral se enmarcarán en los seis Ejes, en los que se ordenan los 29 objetivos estructurales definidos en la Estrategia Española de Activación para el Empleo 2014-2016. Sobre el objetivo estructural concreto, el 6.2, p. 62073.

19 BOE nº 318, de 31 de diciembre de 2010.

mucho que decir, por ejemplo en la organización del Sistema de Información de los SPEs. Nos parece que la Ley de Empleo describe un panorama incompleto tanto por lo que se refiere a la ausencia, antes mencionada, de los Servicios de Empleo de las Entidades Locales, como por lo relativo a los agentes privados que actúan en materia de intermediación laboral.

Del mismo modo sucede con la Cartera de Servicios, común a todos los SPE.CCAA., cuyo seguimiento tiene carácter obligatorio para los perceptores de prestaciones o subsidios, y para el acceso a determinados servicios y programas: ha sido definida, y ello ha sido calificado en el Programa Nacional de Reforma 2016 como un "avance en la planificación, coordinación y evaluación de las políticas de empleo"[20].

Por una parte, el art. 3.h) Real Decreto 7/2015, por el que se aprueba la Cartera Servicios Comunes, define a las Entidades colaboradoras: personas físicas o jurídicas, privadas o públicas, que colaboran con los Servicios Públicos de Empleo en la prestación de los servicios, tales como agencias de colocación, centros y entidades de formación, corporaciones locales, agentes sociales, organizaciones sin ánimo de lucro y otras entidades colaboradoras. Por otra parte, el art. 6.1 indica que "Los Servicios Públicos de Empleo podrán prestar los servicios a sus usuarios directamente a través de sus propios medios o a través de entidades colaboradoras habilitadas para ello. En la prestación de servicios, *se procurará* la cooperación entre agentes públicos y privados y con los agentes sociales y otras entidades colaboradoras. En particular, los Servicios Públicos de Empleo promoverán la colaboración con las agencias de colocación". Sin embargo, falta una distribución de funciones entre los agentes que participan en todas las acciones que el proceso de intermediación laboral entraña[21]. Observamos un "sí, pero no"; y, en todo caso, un sí por necesidad, que puede ser peligroso desde dicha perspectiva.

La intermediación laboral, como servicio público que es, ha de quedar enclavada "en la esfera de lo público". Un ejemplo práctico de nuestro discurso, lo vemos en la Recomendación del Consejo a los Estados miembros sobre la integración de los desempleados de larga duración

---

20   Real Decreto 7/2015, de 16 de enero, por el que se aprueba la Cartera Común de Servicios del Sistema Nacional de Empleo (BOE nº 31, de 5 de febrero). Programa Nacional de Reformas 2016, p. 26.
21   Fernández Ramírez, M., "La modernización del Sistema Nacional de Empleo español: Un reto en ciernes", *Revista General de Derecho del Trabajo y de la Seguridad Social*, nº 41, 2015, p. 151.

en el mercado laboral, de febrero de 2016[22], al tratar los denominados "acuerdos de integración laboral" e insistir en la premisa de que aquéllos han de disponer de un punto de contacto único en el ámbito institucional, por lo que habrá que "tomar las medidas necesarias para garantizar su continuidad y su identificación como el punto encargado de prestar apoyo a los desempleados de larga duración inscritos, a través de una oferta de servicios coordinados con los servicios de asistencia social y de empleo disponibles. Este punto de contacto podría basarse "en un marco de coordinación interinstitucional o identificarse dentro de las estructuras existentes" (punto 5): como si dicha coordinación institucional se tratara de algo abstracto, indefinido, frente a lo consolidado o de estructura, esto es, lo institucional. El diseño se muestra, cuanto menos, contradictorio cuando la Recomendación parte de "Fomentar la inscripción de los solicitantes de empleo en un servicio de empleo, en particular mediante *una mejor transmisión de la información* sobre la ayuda disponible", transmitiendo de este modo inseguridad en el método de la CPP, a lo que añade que "los servicios de empleo, *junto con otros agentes que apoyan la integración en el mercado laboral*, deben proporcionar una orientación personalizada a las personas afectadas" (punto 1).

Asimismo, la Recomendación del Consejo relativa a la ejecución del Programa Nacional de Reformas en España señala, entre sus Considerandos (nº 11), que "la aplicación de las recientes reformas de las políticas activas del mercado de trabajo está avanzando lentamente y la capacidad de los servicios públicos de empleo para ofrecer ayuda y una orientación individualizada efectiva en la búsqueda de empleo sigue siendo limitada, al igual que la cooperación entre los servicios de empleo de las comunidades autónomas y las agencias de colocación privadas"[23].

Lo expuesto emana del ámbito comunitario, en el que el proceso se inició antes, y estamos hablando del año 2016, seis años después de su reconocimiento a nivel normativo en España. Es más, resulta cuanto menos sorprendente que, en su Preámbulo, la Ley 35/2010 indique que se regula legalmente la actividad de las agencias de colocación con ánimo de lucro en atención a "las más recientes normas y criterios de la Organización Internacional del Trabajo" en esta materia: El Convenio de la OIT sobre las

---

22 2016/C 67/01, DOUE C 67, de 20 de febrero, p. 4.
23 Recomendación del Consejo relativa al Programa Nacional de Reformas de 2016 de España y por la que se emite un dictamen del Consejo sobre el Programa de Estabilidad de 2016 de España, COM (2016) 329 final, de 18 de mayo, p. 8.

agencias de empleo privadas se firmó en 1997 y había sido ratificado por España en 1999[24]. Ello marca la línea de tendencia en nuestro país, lenta, podíamos decir que insegura, en los avances de la CPP en intermediación laboral.

II. La modernización de los Servicios Públicos de Empleo y su inalcanzable coordinación

Como indicábamos al inicio de este estudio, "favorecer la colaboración público-privada en la intermediación laboral y el desarrollo de las políticas activas de empleo", se establece en el TRLE como un fin enlazado al objetivo de "fortalecer los servicios públicos de empleo" [art. 7, h)]. Y es que para que pueda desenvolverse la CPP en materia de intermediación laboral, exige una labor de modernización de los Servicios Públicos de Empleo y una actuación coordinada dentro del Sistema Nacional de Empleo, cuyo perfecto engranaje viene siendo una premisa que parece inalcanzable. Hemos leído una descripción del modelo ideal de SPEs: deben ser "desburocratizados, personalizados, complementarios, conectados, eficientes y creíbles"[25]: Interesante como objetivos a alcanzar.

La Disposición Adicional sexta TRLE está dedicada a los SPEs, y le encomienda al Gobierno la labor de reforzamiento continuo, tanto del SEPE como de los autonómicos, incrementando el grado de coordinación y efi-

---

24 Convenio OIT nº 181 sobre las agencias de empleo privadas, 85ª reunión CIT (19 junio 1997), <www.ilo.org.> Art. 1: la expresión agencia de empleo privada designa a toda persona física o jurídica, independiente de las autoridades públicas, que presta uno o más de los servicios siguientes en relación con el mercado de trabajo: servicios destinados a vincular ofertas y demandas de empleo, sin que la agencia de empleo privada pase a ser parte en las relaciones laborales que pudieran derivarse; servicios consistentes en emplear trabajadores con el fin de ponerlos a disposición de una tercera persona, física o jurídica (en adelante "empresa usuaria"), que determine sus tareas y supervise su ejecución; otros servicios relacionados con la búsqueda de empleo, determinados por la autoridad competente, previa consulta con las organizaciones más representativas de empleadores y de trabajadores, como brindar información, sin estar por ello destinados a vincular una oferta y una demanda específicas.

25 Rojo Torrecilla, E., "Servicios Públicos de Empleo. Una mejora inaplazable para afrontar el presente y el futuro", *Relaciones Laborales*, 2010, p. 74.

cacia entre todos para promover los cambios en el acceso y la mejora del empleo, y para gestionar las prestaciones por desempleo; y ello desde la mejora de sus recursos humanos, tecnológicos organizativos y de la red de oficinas.

A su vez, la modernización de los mismos implica su fortalecimiento, puesto que si no se adaptan para dar respuesta a las necesidades actuales del mercado de trabajo, se debilitan y no podrán ejercer el liderazgo que, asimismo, les encomienda la Ley de Empleo. En paralelo al establecimiento de la CPP, el Preámbulo de la Ley 35/2010 señalaba que "se mantiene la voluntad de seguir mejorando y potenciando los servicios públicos de empleo", a los que consideraba "siempre necesarios".

A ello añadimos que cuando el TRLE define qué se entiendo como "calidad en la prestación del servicio" (art. 13.4º), en tanto que criterio-objetivo que propicia la colaboración por parte de entidades con los SPEs, apela al "impulso y permanente mejora de los servicios públicos para adaptarse a las necesidades del mercado de trabajo".

El objetivo de la modernización de los SPEs continua presente en el Programa Nacional de Reformas previsto para el año 2016; en concreto en su Eje 6, como hemos visto, sobre la "mejora del marco institucional del Sistema Nacional de Empleo"[26]. Ello pone de manifiesto que se trata de una tarea inacabada y de difícil alcance por las siempre presentes exigencias de financiación[27] y, en el período político que nos ocupa, marcado por la falta de formación de gobierno.

El PNR 2016, para la mejora del marco institucional del Sistema Nacional de Empleo, prevé 54 servicios y programas, de los cuales 7 son comunes y 47 propios. Entre los servicios y programas comunes son de destacar: Sostenimiento del Sistema de Información de los Servicios Públicos de Empleo (SISPE); Portal Único de Empleo; Acuerdo Marco con agencias de colocación; Colaboración en los proyectos de renovación del

---

26 Estructura del eje que os ocupa: 6.1.—Mejorar la gestión, colaboración, coordinación y comunicación en el Sistema Nacional de Empleo. 6.2.—Impulsar la colaboración público-privada. 6.3.—Mejorar la calidad de los servicios en el marco del Sistema Nacional de Empleo. 6.4.—Impulsar la evaluación, innovación, modernización y mejora del Sistema Nacional de Empleo, p. 62000.

27 La dotación presupuestaria prevista en el PAPE 2016 para el Eje 6 sobre mejora del marco institucional del Sistema Nacional de Empleo es de 100.000,00 euros, p. 62060.

marco jurídico, funcional y técnico de las políticas activas de empleo; y el "Programa de reforma, adaptación y mejora de las oficinas de empleo"[28].

Además, prevé cuatro indicadores para el Eje 6: el Programa de Evaluación Cualitativa de los factores que facilitan el desempeño de las funciones de los Servicios Públicos de Empleo (Programa EVADES), y que se desarrollará a nivel nacional en aplicación del programa de aprendizaje cooperativo mediante la evaluación de la ejecución, promovido por la Red de la Unión Europea de Servicios Públicos de Empleo y coordinado en España por el Servicio Público de Empleo Estatal[29].

Por su parte el PAPE indica como propuesta, actual en atención a las necesidades del momento, "reforzar y modernizar los servicios públicos de empleo para garantizar su capacitación respecto a las necesidades de los trabajadores con situaciones de vulnerabilidad social"[30]. Sin embargo, la funcionalidad de los instrumentos de coordinación del Sistema Nacional de Empleo, en especial del PAPE, está muy limitada, porque no es posible identificarlo como "plan de ordenación", sino que se limita a aglutinar lo que ofrecen el SEPE y los SPECC.AA. Es más, no están definidos los mecanismos de coordinación entre los SPECC.AA. y el SEPE[31]. Y tal y como hemos expuesto, sucede del mismo modo con la Cartera Común de Servicios.

Por su parte, el Consejo, en su Recomendación relativa a la ejecución del Programa Nacional de Reformas en España, se refiere, entre otras cuestiones, a la adaptación de medidas en 2016 y 2017 para la "mejora de la capacidad de los servicios autonómicos de empleo y para reforzar su coordinación con los servicios sociales" (Recomendación n° 2)[32]. El Consejo insiste, en el Considerando 11, en la atención personalizada en la aplicación de las políticas activas, "la eficacia de las políticas de activación y de las políticas activas de empleo depende en gran medida de la capacidad de los servicios de empleo para diseñar y ofrecer apoyo individualizado a los

---

28 P. 62007.
29 P. 62010.
30 Resolución de 22 de agosto de 2016, de la Secretaría de Estado de Empleo, por la que se publica el Acuerdo del Consejo de Ministros de 5 de agosto, por el que se aprueba el Plan Anual de Política de Empleo para 2016, p. 52.
31 Fernández Ramírez, M., "La modernización del Sistema Nacional de Empleo español: Un reto en ciernes", op. cit., p. 150.
32 Recomendación del Consejo relativa al Programa Nacional de Reformas de 2016 de España y por la que se emite un dictamen del Consejo sobre el Programa de Estabilidad de 2016 de España, COM (2016) 329 final, de 18/5/2016, pág. 8.

beneficiarios"; para lo que, indudablemente, se necesita personal disponible, en número suficiente ante la gran demanda, en el SPE[33].

Entre sus Considerandos (nº 11), el Consejo en su Recomendación relativa a la ejecución del Programa Nacional de Reformas en España señala que "la aplicación de las recientes reformas de las políticas activas del mercado de trabajo está avanzando lentamente y la capacidad de los servicios públicos de empleo para ofrecer ayuda y una orientación individualizada efectiva en la búsqueda de empleo sigue siendo limitada, al igual que la cooperación entre los servicios de empleo de las comunidades autónomas y las agencias de colocación privadas"[34].

Referirse, en concreto, a los SPECC.AA. trae su sentido de una doble causa: de un lado, que son los que han asumido la transferencia de las competencias en materia de intermediación laboral y políticas activas de empleo; de otro, lo podemos conectar con el ámbito local en el que se desenvuelve la intermediación laboral, puesto que sirven de enlace, e invocamos de nuevo la dimensión local del empleo y el escaso valor que se le reconoce, sin un reconocimiento como ámbito integrante del Sistema Nacional de Empleo, más allá de su ensalzamiento en el art. 4 TRLE.

La clave reside en lo que la Recomendación del Consejo sobre la integración de los desempleados de larga duración en el mercado laboral establece[35]: "La evaluación de los resultados de los servicios públicos de empleo en relación con la integración laboral de los desempleados de larga duración inscritos y el intercambio de experiencias y buenas prácticas en el marco del proceso de aprendizaje comparativo de la Red de la Unión de Servicios Públicos de Empleo, creada en virtud de la Decisión nº 573/2014/UE del Parlamento Europeo y del Consejo, de 15 de mayo de 2014, sobre una mayor cooperación entre los servicios públicos de empleo[36] (punto 10). Se precisa un análisis de resultados en términos cuantitativos, y diríamos que cualitativos: no nos olvidemos de aquel concepto de "calidad en el empleo" que presidía las políticas de empleo antes de la etapa de crisis y al que es deseable volver.

---

33 Fernández Ramírez, M., "La modernización del Sistema Nacional de Empleo español: Un reto en ciernes", op. cit., p. 153, se refiere a "la plantilla insuficiente y la organización inadecuada".
34 P. 8.
35 C 67/5.
36 DOUE L 159 de 28.5.2014, p. 32.

III. Breve reflexión sobre el recurso a las Empresas de Trabajo Temporal como agencias de colocación de trabajadores

El análisis de la CPP exige, de un lado, el estudio de la articulación de las relaciones, en la esfera pública, entre todos los sujetos públicos y privados que han de colaborar para conseguir el mismo fin, bajo la dirección de los SPEs; de otro, valorar el papel que desempeñan los distintos agentes legitimados para hacer intermediación laboral. Y el último sujeto privado en ser admitido en esta tarea ha sido la empresa de trabajo temporal (en adelante, ETT).

El punto de partida para esta etapa evolucionada de las Empresas de Trabajo Temporal lo generó el art. 21 bis sobre las agencias de colocación, introducido en la LE de 2003 (el actual art. 33 TRLE), gracias a dos actuaciones legislativas: de un lado, como sabemos, la Ley 35/2010 permitía que las entidades con ánimo de lucro actuasen en materia de intermediación en el mercado de trabajo; de otro, fue el RDL 3/2012, de 10 de febrero, de medidas urgentes para la reforma del mercado laboral el que atribuyó un mayor protagonismo a estas empresas, partiendo de la premisa de que "la actuación fuera de lo público pueda favorecer la creación de empleo"[37].

El art. 32 TRLE, en su enumeración de los agentes de intermediación, ni siquiera las menciona expresamente, si bien se encuentran incluidas en el apartado b) como agencias de colocación gracias al art. 33.2 TRLE, que señala expresamente: "Las personas físicas o jurídicas, incluidas las empresas de trabajo temporal, que deseen actuar como agencias de colocación deberán presentar con carácter previo una declaración responsable (ante el SEPE)". Asimismo, el punto 6 de dicho artículo insiste en la idea de la asunción de tal función por parte de las ETTs: "podrán" siempre que se ajusten a lo establecido en la Ley de Empleo y disposiciones de desarrollo relativas a las agencias de colocación, "incluida la obligación de garantizar a los trabajadores la gratuidad por la prestación de servicios".

---

37   BOE nº 36, de 11 de febrero de 2012. Chacartegui Jávega, C., "La actuación de las Empresas de Trabajo Temporal como Agencias de Colocación. La crisis como pretexto en el avance de la iniciativa privada", *Revista de Derecho Social*, n. 57, 2012, pág. 72. VV.AA: Calvo Gallego, F.J.; Rodríguez-Piñero Royo, M., "Nuevas normas en materia de intermediación y Empresas de Trabajo Temporal", *Temas Laborales*, n. 107, 2010, p. 303-335.

Con ello, se amplía el concepto de ETT que ofrece el art. 1 de su Ley reguladora, la 14/94[38]: "aquélla cuya actividad fundamental consiste en poner a disposición de otra empresa usuaria, con carácter temporal, trabajadores por ella contratados. La contratación de trabajadores para cederlos temporalmente a otra empresa solo podrá efectuarse a través de empresas e trabajo temporal debidamente autorizadas en los términos previstos en esta Ley. Las empresas de trabajo temporal podrán, además, actuar como agencias de colocación siempre y cuando presenten una declaración responsable mediante la cual se manifieste que cumple con los requisitos establecidos en la Ley 56/2003, de 16 de diciembre, de Empleo, y su normativa de desarrollo".

Por su parte, el Real Decreto 417/2015, de 29 de mayo, por el que se aprueba el Reglamento de las empresas de trabajo temporal, especifica en su art. 1.1 relativo a su objeto, que "las demás actividades que, de conformidad con lo dispuesto en la ley 14/1994, puedan llevar a cabo las empresas de trabajo temporal, como agencias de colocación, para el desarrollo de actividades de formación para la cualificación profesional o de asesoramiento y de consultoría de recursos humanos, se regirán por la normativa específica que en su caso les resulte de aplicación"[39]. Con ello parece no prever especialidad alguna en el desempeño de la tarea de intermediación objeto de estudio que, en cualquier caso figuraría en la normativa específica; es más, dicha norma responde al objetivo de regular una autorización administrativa única, con eficacia en todo el territorio nacional y sin límite de duración (art. 2).

Del restante marco normativo regulador de las ETTs no hay que mencionar que el V Convenio colectivo estatal de empresas de trabajo temporal, que data de 2008, nada puede aportar al respecto[40]. A modo de ejemplo,

---

38 BOE nº 131, de 2 de junio.
39 BOE nº 147, de 20 de junio de 2015. "Aprobado el Reglamento de las Empresas de Trabajo Temporal", <http://www.citapreviainem.es/reglamento-ett-empresas-de-trabajo-temporal/>, acceso 7/9/2016.
40 Resolución de 23 de enero de 2008, de la Dirección General de Trabajo, por la que se registra y publica el V Convenio colectivo estatal de empresas de trabajo temporal (BOE nº 34, de 8 de febrero). VI Convenio Colectivo Empresas de Trabajo Temporal (ETT). Inicio del desbloqueo de la negociación, 11 abril 2013, <http://www.ccoo-servicios.es/html/27413.html>, acceso 7/9/2016. "Ultraactividad. El V convenio colectivo estatal de las empresas de trabajo temporal sigue vigente. Notas a la sentencia <http://www.eduardorojotorrecilla.es/2014/02/ultraactividad-el-v-convenio-colectivo.htm>, acceso 7/9/2016.

Randstad obtuvo la autorización para trabajar como agencia de colocación colaboradora en toda España, bajo la reforma de 2010, pero la patronal de las grandes ETTs reclamaba un mayor papel en intermediación y ampliar su objeto social, argumentando que colocaban a 4.5 más trabajadores que los SPEs[41].

Para ASEMPLEO (que presenta en su *web* como asociación líder en prestación de servicios profesionales de empleo, que se constituye el 30 de enero de 2013 y agrupa a ETTs y agencias de colocación, con el objeto de facilitar su representación, defensa y fomento de los intereses profesionales comunes de este colectivo, así como de promover el correcto desarrollo del sector), la colaboración de las ETTs puede elevar el porcentaje de colocaciones a través de estos servicios, reduciendo el período medio de paro y las correspondientes prestaciones de los desempleados, lo que contribuirá a la mejora de las cuentas públicas y a reducir la economía sumergida[42].

Es de destacar la dificultad en obtener datos estadísticos en los portales oficiales acerca de los resultados vinculados al desempeño de la actividad de intermediación laboral por parte de ETTs[43]. Y es que se cumple la literalidad de lo expuesto en el concepto "ampliado" contenido en su ley reguladora: tal y como especifica su art. 1, su actividad fundamental

---

41 García Romero, M. B., "Las Empresas de Trabajo Temporal como agencias globales de empleo", *Relaciones Laborales*, nº 13, 2014, p. 90. Ventajas e inconvenientes de las ETT", 31 agosto 2016, <http://www.citapreviainem.es/ett-empresas-trabajo-temporal-ventajas-inconvenientes/>, acceso 20/9/2016. "Si lo que el trabajador busca es aumentar sus posibilidades de participar en los procesos de selección, puede inscribir su CV en la propia ETT. También se utiliza para cumplir el requisito de que se exige en ayudas como el Plan Prepara, la Renta Activa de Inserción o el Programa de Activación para el Empleo".

42 ASEMPLEO, "Impacto de las Empresas de Trabajo Temporal en el mercado laboral y las finanzas públicas", 2013, p. 10 y 52. Sobre el desajuste español con la regulación internacional y europea, véase Ballester Pastor, I., "Ajustes estructurales y asunción de compromisos internacionales en la reforma de la reglamentación de las agencias de colocación: desafíos pendientes para España", en *Relaciones Laborales*, nº 13, 2014, p. 15-42; López Insua, B. M., "Las Empresas de Trabajo Temporal españolas en el mercado interior europeo", *Relaciones Laborales*, nº 12, 2014, p. 105-132.

43 Especifica el MEYSS: "La información que se ofrece está referida a las Empresas de Trabajo Temporal (ETTs), a los contratos de puesta a disposición celebrados entre estas empresas y las empresas usuarias, a las características de los trabajadores contratados por las ETTs y a los contratos efectuados por las mismas y registrados en los Servicios Públicos de Empleo, así como a los trabajadores afiliados a la Seguridad Social en ETTs".

continúa siendo la cesión temporal de trabajadores a empresas usuarias; y "podrán, además" desempeñar otras actividades, esto es, actuar como agencias de colocación.

Por su parte, en el Registro de Empresas de Trabajo Temporal del MEYSS se especifican, de forma clara, las distintas actividades que desempeña la empresa objeto de estudio (Sistema Integral de Gestión de Empresas de Trabajo Temporal, SIGETT)[44].

Conclusiones

En nuestra reflexión sobre la relación planteamiento-fin entre la articulación de la CPP prevista en tiempos de crisis y los objetivos a los que ha de tender la política de empleo vemos que, a la complejidad que ya implicaba la descentralización territorial entre SEPE y SPECC.AA. (a la que añadimos el descenso, "no reconocido en toda su extensión", hasta el nivel de los Servicios de Empleo de las Entidades Locales en la práctica), se suma la derivada del aumento de la multiplicidad de sujetos que intervienen en el desarrollo de tareas de intermediación laboral, incluso de naturaleza privada.

Para contrarrestar tal profusión, y en distintos niveles, se precisa la *regulación* de un entramado ordenado de intervenciones (al margen de «medidas urgentes»), diseñado en cumplimiento de los principios que fija el TRLE. Entendemos que la exigencia de "la buena gobernanza" requiere de la participación de todos los interesados en el proceso y la corresponsabilidad por ellos asumida; del mismo modo que por las necesidades de mejora en la calidad de prestación de los servicios y en los resultados en términos de inserción laboral. Pero, para que se realice de forma organizada, dicha vertebración ha de estar regulada a nivel normativo desde un claro reparto de funciones.

Habría que repensar la funcionalidad de los instrumentos de coordinación del Sistema Nacional de Empleo, en especial del Plan Anual de Política de Empleo, y una organización de la Cartera Común de Servicios

---

44 <https://explotacion.mtin.gob.es/sigett/consultaPublicaETT>. Hemos encontrado asimismo un listado de ETTs inscritas como agencias de colocación: <http://www.agencias-colocacion.es/Home/listado?provincia=0&tipo=4&page=2>.

del Sistema Nacional de Empleo coherente con la colaboración público-privada, para que su impulso desde dichos instrumentos de coordinación no se limite a meras declaraciones políticas.

La coordinación ha de llegar del establecimiento de una estructura en red, a nivel territorial y entre distintos agentes, al margen de su naturaleza y encaminada al objetivo de aumentar la empleabilidad y la colocación de trabajadores; lo que a su vez favorecerá el aumento de la competitividad de las empresas y cerrará el círculo en favor del aumento del empleo en el mercado de trabajo español.

Por otro lado, para que los SPEs puedan cumplir sus cometidos han de estar dotados de suficientes medios humanos, materiales y técnicos; su personal ha de estar formado, actualizado, bien organizado. Nos referimos, de una parte, a la financiación inyectada a la institución, a la que se suma la necesaria para la ejecución de las políticas de empleo, materializada en sus instrumentos y medidas; de otra, a que la modernización y fortalecimiento de los Servicios Públicos de Empleo se producirá desde la formación y acompañamiento a los agentes de intermediación en seguimiento de los objetivos y medidas previstas de política de empleo.

Por lo que respecta a las Empresas de Trabajo Temporal, la escasez de datos oficiales sobre su labor como agencias globales de empleo, apunta al carácter secundario de la actividad de intermediación frente a la cesión de trabajadores a empresas usuarias. Consideramos que habría que fijar la mirada en los mercados de trabajo locales, ámbito que precisará, en especial, de la CPP porque es donde se desarrolla en la práctica la intermediación laboral, para la atención a demandantes de empleo y empresas.

Por lo tanto, para que la CPP funcione, y si la decisión va en este sentido al margen de su primera puesta en escena en tiempos de crisis, esto es, no solo como remedio ante las bajas tasas de inserción laboral por la intermediación que realizan los SPEs, ha de partir de un claro reparto de funciones, a la que secundará la *corresponsabilización* de todos los agentes legitimados para su desempeño.

Bibliografía

Alfonso Mellado, C., "La reversión a la gestión directa de servicios públicos: Problemas laborales", *Revista de Derecho Social*, nº 73, 2016.
Ballester Pastor, I., "Ajustes estructurales y asunción de compromisos internacionales en la reforma de la reglamentación de las agencias de colocación: desafíos pendientes para España", en *Relaciones Laborales*, nº 13, 2014.
Chacartegui Jávega, C., "La actuación de las Empresas de Trabajo Temporal como Agencias de Colocación. La crisis como pretexto en el avance de la iniciativa privada", *Revista de Derecho Social*, n. 57, 2012.
Fernández Ramírez, M., "La modernización del Sistema Nacional de Empleo español: Un reto en ciernes", *Revista General de Derecho del Trabajo y de la Seguridad Social*, nº 41, 2015.
García Romero, M. B., "Las Empresas de Trabajo Temporal como agencias globales de empleo", *Relaciones Laborales*, nº 13, 2014.
López Insua, B.M., "Las Empresas de Trabajo Temporal españolas en el mercado interior europeo", en *Relaciones Laborales*, nº 12, 2014.
Rodríguez-Piñero Royo, M., "Aproximación a la colaboración público-privada en el mercado de trabajo español", *Temas Laborales*, nº 125, 2014.
Rojo Torrecilla, E., "Servicios Públicos de Empleo. Una mejora inaplazable para afrontar el presente y el futuro", *Relaciones Laborales*, 2010.
Sánchez-Rodas Navarro, C., "La orientación e intermediación directa en el empleo", *Temas Laborales*, nº 125, 2014.
Sobrino González, G.M., "Régimen Jurídico de las Agencias de Colocación", *Temas Laborales*, núm. 110, 2011.
"El concepto de intermediación laboral y los agentes reconocidos como mediadores en el mercado laboral español", en *Comentarios a la Ley de Empleo*, La Ley, 2011.
VV.AA.: Calvo Gallego, F.J.; Rodríguez Piñero Royo, M., "Nuevas normas en materia de intermediación y Empresas de Trabajo Temporal", *Temas Laborales*, n. 107, 2010.

ANA ISABEL FIDALGO[1]
JOANA CARNEIRO[2]

Advogadas. José Pedro Aguiar Branco & Asociados. Portugal

Impacto da tecnologia nos processos de recrutamento e seleção

Resumo: As tecnologias estão presentes, de forma cada vez mais acutilante, no dia a dia das pessoas. A influência que exercem nas escolhas que tomamos é clara e manifesta-se, inclusivamente, na nossa imagem pessoal e profissional. Os meios tradicionais de comunicação, como, por exemplo, o telefone, o fax e a carta, deram lugar a uma panóplia de meios ditos "modernos", e, progressivamente, alargaram-se as comunicações via *e-mail*, surgiram as redes sociais e profissionais, nasceram as comunicações via *Skype*, entre outras, e os telemóveis deixaram de servir apenas para enviar mensagens, efetuar ou receber chamadas. O mundo do trabalho não é, naturalmente, indiferente a esta mudança de paradigma e, em concreto, os processos de recrutamento e de seleção de trabalhadores são influenciados pelas novas tecnologias, que os facilitam e tornam mais céleres, por um lado, e transportam problemas que não podem ser menosprezados, por outro. Este *paper* visa identificar mudanças sociais e laborais que o desenvolvimento tecnológico traz, respetivos reflexos nos supraditos processos de recrutamento e seleção e desafios que coloca diariamente.

Palavras-chave: mercado de trabalho, tecnologia, recrutamento, seleção, internet.

Introdução

Vivemos tempos cada vez mais exigentes em termos de recrutamento e de seleção de candidatos a emprego. Recrutar as pessoas certas é fundamental para o sucesso de qualquer empresa. Hoje, com os *softwares* disponíveis no mercado, tudo acontece quase instantaneamente. A utili-

---
1   Membro da Rede CIELO Laboral e da AJJ — Associação de Jovens Juslaboralistas. Advogada.
2   Associada fundadora e membro dos órgãos da AJJ — Associação de Jovens Juslaboralistas. Membro da Rede CIELO Laboral. Advogada.

zação da internet e, concretamente, das redes sociais, sejam elas redes de relacionamento (como o *Facebook*, *Instagram*, *Google+*, *Twitter*) ou redes profissionais (*Linkedin*), veio potenciar as comunicações, a partilha de informações, de conhecimentos, de interesses e a divulgação de ofertas de emprego.

O desenvolvimento tecnológico trouxe consigo novos desafios, novas oportunidades, abrindo "novos mundos ao mundo". As empresas especializam-se de forma crescente e procuram pessoas cujo potencial corresponda às suas necessidades, seja através de meios de recrutamento internos ou externos. A análise do perfil de um candidato não se baseia apenas na apreciação do respetivo *curriculum vitae*. As entidades patronais que pretendem contratar trabalhadores pesquisam, por exemplo, o perfil dos candidatos nas redes sociais e fazem, desde logo, não raras vezes, a sua prévia análise comportamental. As entrevistas não são, muitas vezes, o primeiro contacto entre quem recruta e quem se candidata a um determinado posto de trabalho e deixaram de ser exclusivamente presenciais.

Os próprios candidatos a emprego têm à sua disposição cada vez mais informação que lhes permite conhecer quem contrata e preparar-se para os processos de recrutamento e posterior seleção. As empresas apostam de forma crescente no chamado *employer branding*. As tecnologias facilitam os processos de seleção e a conciliação das agendas dos recrutadores e dos candidatos, permitindo reduzir os tempos gastos com esses processos, mas devem ser usadas com a moderação necessária, designadamente para não comprometerem a igualdade de oportunidades e de tratamento no acesso ao emprego e para não atentarem contra a necessária proteção de dados pessoais.

A nossa tónica de análise incidirá sobre os processos de recrutamento e seleção de natureza privada e atenderá, essencialmente, aos princípios e normas, constantes do nosso ordenamento jurídico interno, que devem ser atendidos nesse âmbito.

I. Reserva da vida privada, proteção de dados pessoais e proibição de discriminação

1. *Previsões legais relevantes*[3]

Os processos de recrutamento visam escolher a pessoa mais apta para o exercício de uma determinada função, num leque, mais ou menos vasto, de candidatos disponíveis. A escolha e identificação dessa pessoa estão, em princípio, tanto mais facilitadas quanto maior for a informação disponível sobre a mesma. Os novos meios tecnológicos são instrumentos preciosos na recolha e compilação de informação necessária ao recrutamento e seleção de trabalhadores.

Os candidatos a emprego são constantemente estimulados a utilizar as novas tecnologias, sob pena de ficarem arredados da "nova era" do recrutamento. A utilização dos computadores e, de modo particular, das redes digitais, das telecomunicações móveis e do sistema operacional Android, alargaram o espectro das comunicações e tornaram a rede de contactos profissional mais abrangente e *online*. Estamos perante redes de comunicação interativa, que propiciam o acesso à informação, por um lado, e a sua divulgação, por outro.

A tecnologia assume, sem margem para dúvidas, um papel marcante no mundo do trabalho, designadamente ao nível do recrutamento e seleção de pessoal. As relações de trabalho vivem, necessariamente, os reflexos da tecnologia e colocam-se desafios de índole diversa, neste âmbito, ao Direito do Trabalho, bem como questões várias relacionadas com as liberdades e os dados pessoais, que importa não menosprezar[4]. Como bem ensina Maria do Rosário Palma Ramalho:

---

3 Não é objeto deste *paper* a análise de instrumentos comunitários e internacionais, ainda que possam, nos locais próprios, ser por nós mencionados. Por outro lado, no que respeita a previsões legais nacionais, destacamos apenas aquelas que, a nosso ver, assumem especial relevância ao nível da proteção da reserva da vida privada, da proteção de dados pessoais e da proibição de atos discriminatórios dos candidatos a emprego, dada a respetiva repercussão nas fases de recrutamento c seleção.

4 Teresa Coelho Moreira refere que "o Direito do trabalho é um ramo do Direito que está constantemente sujeito a um processo de mudanças devido à intervenção de inúmeros factores de diversa natureza, onde as inovações tecnológicas e o aumento da produtividade e da competitividade marcam presença constante" — Moreira, Teresa Coelho, *A Privacidade dos Trabalhadores e as Novas Tecnologias de Informação e*

O elemento de pessoalidade do vínculo do trabalho [...] impõe limites aos deveres de informação na fase de formação do contrato, para preservação da esfera extra-laboral da vida do trabalhador[5].

A fronteira entre a esfera pessoal e a esfera profissional está cada vez mais ténue. O tão propalado "admirável mundo novo"[6] das novas tecnologias de informação e comunicação transporta consigo inúmeros benefícios, mas também inúmeros perigos. O Direito do Trabalho não pode, pois, ignorar esses perigos, designadamente aqueles que respeitam à defesa da privacidade do candidato a emprego e do trabalhador[7]. O artigo 8.º, n.º 1, da Carta dos Direitos Fundamentais da União Europeia e o artigo 16.º, n.º 1, do Tratado sobre o Funcionamento da União Europeia, estabelecem que todas as pessoas têm direito à proteção dos dados de caráter pessoal que lhes digam respeito.

A matéria da recolha de dados pessoais pelo recrutador ou pelo empregador está intimamente relacionada com a necessidade de proteção ou defesa da privacidade do candidato a emprego ou do trabalhador. A Constituição da República Portuguesa (CRP) estabelece, no artigo 26.º, o reconhecimento do direito à reserva da intimidade da vida privada[8] e familiar. O

Comunicação: contributo para um estudo dos limites do poder de controlo electrónico do empregador (Coimbra, 2010), Edições Almedina, S.A., p. 26.

5   Ramalho, Maria do Rosário Palma, *Direito do Trabalho, Parte II — Situações Laborais Individuais*, 3.ª Edição (Coimbra, 2010), Edições Almedina, S.A., p. 151.
6   Huxley, Aldous, *O Admirável Mundo Novo*, Lisboa, 2003, Coleção Mil Folhas.
7   Acompanhamos Júlio Gomes quando refere que "a circunstância de o direito do trabalho respeitar a uma realidade económica e produtiva em constante adaptação a novas tecnologias significa que este ramo do direito é, frequentemente, o primeiro, ou um dos primeiros, a ser confrontado com novos perigos (e novas oportunidades): daí que se possa afirmar que este ramo do direito desempenha uma função de reconhecimento, ou de batedor, no contínuo combate que se trava, por exemplo, em defesa da privacidade" — Gomes, Júlio Manuel Vieira, *Direito do Trabalho, Volume I — Relações Individuais de Trabalho* (Coimbra, 2007), Coimbra Editora, pp. 268 e 269.
8   Segundo Teresa Coelho Moreira, "[e]m abstracto, o conteúdo da noção de vida privada engloba a informação a ela respeitante, à identidade da pessoa: impressões digitais ou o seu código genético, elementos concernentes à saúde; factos ou acontecimentos tais como encontros com amigos, deslocações, destinos de férias e outros comportamentos privados; os elementos respeitantes à vida familiar, conjugal, amorosa e afectiva das pessoas; a vida do lar e os factos que nela têm lugar, assim como outros locais privados (ex: carro) ou mesmo públicos; as comunicações por correspondência quer com suporte em papel quer com suporte digital e a informação patrimonial e financeira" — Moreira, Teresa Coelho, *Da Esfera Privada do Trabalhador e o Controlo*

direito à reserva da vida privada é um direito fundamental sujeito ao regime dos "direitos, liberdades e garantias". Os problemas e perigos associados ao tratamento de dados pessoais e à necessária proteção da vida privada estiveram na base da previsão constante do artigo 35.º da CRP, que acautela a proteção da reserva da vida privada no quadro da proteção de dados pessoais informatizados. Portugal foi pioneiro nesta previsão constitucional[9], que só veio a merecer desenvolvimento com a Lei nº 10/91, de 29 de abril, reguladora da proteção de dados pessoais face à informática, revogada, sete anos depois, pela Lei 67/98, de 26 de outubro (Lei 67/98), que transpõe, para a ordem jurídica interna, a Diretiva 95/46/CE do Parlamento Europeu e do Conselho, de 24 de outubro de 1995, respeitante à proteção de pessoas singulares, não só no que respeita ao tratamento de dados pessoais, mas também à sua circulação[10].

Com efeitos a partir de 25 de maio de 2018, esta Diretiva é revogada pelo Regulamento (UE) 2016/679, do Parlamento Europeu e do Conselho, de 27 de abril de 2016 (Reg. 2016/679), relativo à proteção de pessoas singulares no que respeita ao tratamento de dados pessoais e à livre circulação desses dados[11]. Este novo regulamento substitui não só a atual Diretiva,

---

do Empregador (Coimbra, 2004), Boletim da Faculdade de Direito, Coimbra Editora, pp. 107 e 108.

9   Jorge Bacelar Gouveia (citado por Teresa Coelho Moreira, última *op. cit.*, p. 112, nota 330), refere que "a Constituição Portuguesa de 1976 é o documento constitucional mais aperfeiçoado na protecção conferida à pessoa relativamente à informática".

10 Concordamos com a posição, manifestada por Júlio Gomes neste âmbito, de que tanto a Diretiva como o diploma que a transpôs, a Lei 67/98, ainda que inovatórias, não consideraram devidamente a situação particular do contrato de trabalho — *op. cit.*, p. 354.

11 Atendendo a que este regulamento só é aplicável a partir de 25 de maio de 2018, o presente texto debruça-se sobre a lei de proteção de dados atualmente aplicável (a mencionada Lei 67/98). Importa referir, no entanto, que o Reg. 2016/679 revela, no respetivo preâmbulo, que a evolução tecnológica e a globalização "criaram novos desafios em matéria de proteção de dados pessoais", atento o aumento significativo da "recolha e partilha de dados pessoais" e a disponibilização de informações pessoais "de forma pública e global", e que esta evolução "exige um quadro de proteção de dados sólido e mais coerente na União, apoiado por uma aplicação rigorosa das regras, pois é importante gerar a confiança necessária ao desenvolvimento da economia digital no conjunto do mercado interno". Este regulamento visa atenuar as disparidades na execução e aplicação da Diretiva 95/46/CE e apresenta diversas novidades, como, por exemplo, o alargamento do seu âmbito de aplicação a entidades não sediadas na EU, a obrigação de realizar avaliações de impacto de proteção de dados para tratamentos considerados de risco e a obrigatoriedade da existência de um encarregado da pro-

mas também as legislações nacionais que regem estas matérias (como a Lei 67/98); todavia, acautela a hipótese de, em certas situações, os Estados-Membros estabelecerem, no seu ordenamento jurídico, normas mais específicas para a regulação de certos aspetos, como a garantia da defesa dos direitos e liberdades no que respeita ao tratamento de dados pessoais dos trabalhadores no contexto laboral, nomeadamente para efeitos de recrutamento e execução do contrato de trabalho[12]. Ao nível do Direito do Trabalho português, os artigos 16.º e 17.º do Código do Trabalho aprovado pela Lei 7/2009, de 12 de fevereiro (CT), dispõem, respetivamente, sobre a "reserva da intimidade da vida privada" e sobre a "proteção de dados pessoais"[13].

No que respeita à proteção de dados pessoais, o n.º 1 do artigo 17.º CT prevê que o empregador não pode exigir a candidato a emprego ou a trabalhador que preste informações relativas à sua vida privada, salvo quando estas sejam estritamente necessárias e relevantes para avaliar a respetiva aptidão no que respeita à execução de contrato de trabalho e seja fornecida por escrito a sua fundamentação, nem informações relativas à sua saúde ou estado de gravidez, salvo quando particulares exigências inerentes à natureza da atividade profissional o justifiquem e, uma vez mais, seja fornecida por escrito a respetiva fundamentação. O CT prevê, no n.º 3 do citado artigo 17.º, o direito do candidato a emprego ou do trabalhador ao controlo dos dados pessoais que tenha fornecido ao empregador, podendo tomar conhecimento do seu teor e dos respetivos fins e exigir a competente retificação e atualização.

Os princípios essenciais que subjazem à recolha de dados são os princípios da proporcionalidade, da necessidade e da pertinência e devem nortear os processos de recrutamento e seleção. A matéria da recolha de informação atinente à vida privada do candidato a emprego acompanha, no CT, as disposições sobre proteção de dados. O tratamento informático de dados pessoais, quer diga respeito a candidatos a emprego ou a trabalhadores,

---

teção de dados nas organizações, prevendo, ainda, um novo modelo de supervisão, com uma forte vertente fiscalizadora e um quadro sancionatório agravado, o que terá, certamente, um impacto considerável na vida das organizações.

12 A este respeito, rege o artigo 88.º do regulamento referido.
13 "A recolha de dados pessoais é, em princípio, permitida no contrato de trabalho se for respeitante à esfera pública do trabalhador. Pelo contrário, será em princípio proibida a recolha de dados respeitante às esferas privada e íntima do trabalhador, a qual só é admitida em certas circunstâncias" — Leitão, Luís Manuel Teles de Menezes, *Direito do Trabalho*, 2.ª Edição (Coimbra, 2010), Edições Almedina, S.A., pp. 171 a 175.

está, nos termos do n.º 4 do artigo 17.º do CT, submetido à legislação que respeita à proteção deste tipo de dados[14].

Atualmente, a lei que, no nosso ordenamento jurídico, respeita à proteção de dados pessoais é a já mencionada Lei 67/98, ainda que a respetiva aplicação esteja temporalmente limitada, atento o facto de, a partir de maio de 2018, passar a aplicar-se o que rege o citado Reg. 2016/679 neste âmbito. Esta lei define, nas alíneas a) e b) do respetivo artigo 3.º, o que deve entender-se por "dados pessoais" e por "tratamento de dados pessoais" e exprime, no respetivo artigo 2.º, um princípio geral aplicável a qualquer tipo de tratamento de dados:

> O tratamento de dados pessoais deve processar-se de forma transparente e no estrito respeito pela reserva da vida privada, bem como pelos direitos, liberdades e garantias fundamentais.

O diploma legal em apreço aplica-se ao tratamento de dados pessoais por meios total ou parcialmente automatizados e por meios não automatizados, harmonizando-se, assim, com o disposto no n.º 7 do artigo 35.º da CRP, e exclui do seu âmbito de aplicação o tratamento de dados levado a cabo por pessoa singular no exercício de atividades exclusivamente pessoais ou domésticas.

A Lei 67/98 abarca quaisquer ficheiros em que sejam armazenados dados pessoais dos candidatos a emprego e dos trabalhadores, dados esses que devem ser tratados de forma lícita e com respeito pelo princípio da boa-fé, adequados, exatos, recolhidos para finalidades determinadas e conservados de modo que permita identificar os seus titulares "apenas durante o período necessário para a prossecução das finalidades da recolha ou do tratamento posterior". O tratamento de dados pessoais exige o consentimento inequívoco do respetivo titular, a não ser que seja necessário para uma das situações elencadas no artigo 6.º do diploma legal referido, nomeadamente a execução de diligências prévias à formação do contrato[15].

---

14 Nas palavras de Luís Menezes Leitão, o "Código declara assim expressamente que essa legislação é também aplicável no âmbito das relações laborais" — *op. cit.*, p. 172.

15 Júlio Gomes coloca, e bem, a nosso ver, a questão de saber se é adequado que o consentimento do trabalhador possa constituir "sempre causa de justificação do tratamento dos seus dados, mormente dos mais sensíveis, porque o consentimento do trabalhador subordinado é frequentemente suspeito" — *op. cit.*, pp. 354 e 355. Havendo limitação voluntária de direitos de personalidade, é possível, nos termos do n.º 2 do artigo 81.º do Código Civil, revogá-la a todo o tempo.

As entidades responsáveis pelo tratamento de dados num contexto prévio à formação do contrato de trabalho devem atuar de forma transparente e assegurar o direito de informação dos respetivos titulares, nos exatos termos legais (*cf.* artigo 10.º da Lei 67/98), designadamente quanto à identificação do responsável pelo tratamento e, se for caso disso, do seu representante; finalidades do tratamento; destinatários ou categorias de destinatários dos dados; caráter obrigatório ou facultativo da resposta bem como possíveis consequências se não responder; direito de acesso e retificação. No caso da recolha de dados em redes abertas, a lei prevê, no seu artigo 10.º, n.º4, que:

> o titular dos dados deve ser informado, salvo se disso já tiver conhecimento, de que os seus dados pessoais podem circular na rede sem condições de segurança, correndo o risco de serem vistos e utilizados por terceiros não autorizados.

Estas informações ao titular de dados pessoais —como um candidato a emprego— devem ser prestadas com clareza e de forma inteligível. Os afetados pelo tratamento de dados pessoais têm, para além do mencionado direito à informação prevista no artigo 10.º, o direito de acesso aos seus dados, nos termos do artigo 11.º, o direito de oposição ao tratamento desses dados, nos termos e situações previstas no artigo 12.º, e o direito a não ficarem sujeitos a decisões individuais automatizadas, como dispõe o artigo 13.º. O candidato a emprego não poderá ser excluído de um processo de seleção apenas com base em decisões automatizadas. Importa não ignorar a relevância do princípio da boa-fé, que deve nortear as fases que antecedem a constituição da relação laboral e, entre nós, de modo particular, o disposto nos artigos 227.º do Código Civil (CC) e 102.º do CT, segundo o qual:

> Quem negoceia com outrem para a conclusão de um contrato de trabalho deve, tanto nos preliminares como na formação dele, proceder segundo as regras da boa-fé, sob pena de responder pelos danos culposamente causados[16].

---

16 Na esteira de Amadeu Guerra, salientamos que o tratamento de dados com finalidades discriminatórias e violadora dos direitos dos respetivos titulares integra uma atuação de má-fé — Guerra, Amadeu, *A Privacidade no Local de Trabalho — As Novas Tecnologias e o Controlo dos Trabalhadores através de Sistemas Automatizados Uma abordagem ao Código do Trabalho* (Coimbra, 2004), Livraria Almedina, p. 137.

O Direito do Trabalho não pode, de modo algum, ser alheio à fase pré-contratual[17], cabendo-lhe acautelar os direitos dos candidatos a emprego, nas suas diversas vertentes. Um dever que assume indubitável relevância neste âmbito e que decorre do princípio da igualdade consagrado no artigo 13.º e desenvolvido na alínea b) do n.º 1 do artigo 58.º, ambos da CRP, é o dever de não discriminação entre os vários candidatos a um emprego. O direito à igualdade e à não discriminação no acesso ao emprego encontra previsão legal, entre nós, nos artigos 24.º e seguintes do CT. Da leitura conjugada do n.º 1 e da alínea a) do n.º 2 do citado artigo 24.º, resulta que o direito dos candidatos à igualdade de oportunidades e de tratamento no acesso ao emprego respeita, designadamente, a critérios de seleção e a condições de contratação, que não podem privilegiar, beneficiar, prejudicar, privar de qualquer direito ou isentar de qualquer dever qualquer candidato a emprego em razão, nomeadamente, de ascendência, idade, sexo, orientação sexual, identidade de género, estado civil, situação familiar, situação económica, instrução, origem ou condição social, património genético, capacidade de trabalho reduzida, deficiência, doença crónica, nacionalidade, origem étnica ou raça, território de origem, língua, religião, convicções políticas ou ideológicas e filiação sindical. O CT acautela, no artigo 28.º, o direito de trabalhador ou candidato a emprego a indemnização por danos patrimoniais e não patrimoniais resultantes da prática de ato discriminatório lesivo[18].

A velocidade de circulação da informação e o risco de transmissão de informações confidenciais são uma realidade. As candidaturas a emprego e os processos de recrutamento e seleção, sejam manuais ou automatizados, devem respeitar as disposições e os princípios supraditos.

---

17 Neste sentido, Júlio Gomes, segundo o qual "esta é uma das fases em se manifesta com maior intensidade a disparidade de poder e a desigualdade social que estiveram na própria génese do Direito do Trabalho; com efeito, entre o candidato ao emprego, para quem este constitui, normalmente, uma necessidade vital, não apenas em termos económicos, mas também sociais, e o candidato a dador de emprego que, em regra, poderá facilmente substituir aquele candidato ao emprego por outro, sobretudo num clima de desemprego generalizado como o presente, não existe qualquer igualdade material e é evidente a extrema vulnerabilidade do primeiro" — *op. cit.*, p. 337.

18 Na anotação a este artigo, Guilherme Dray refere que a "prática de uma discriminação ilícita na formação do contrato de trabalho gera responsabilidade civil, criando na esfera jurídica da entidade prevaricadora uma obrigação de indemnização, de natureza pecuniária, que visa tornar indemne o trabalhador discriminado, colocando-o na situação em que estaria caso o dano (patrimonial e não patrimonial) não tivesse ocorrido" — Martinez, Pedro Romano *et al.*, *Código do Trabalho Anotado* (Coimbra, 2016), Edições Almedina S.A., p. 179.

2. O papel da CNPD, da CITE e do IEFP

Os artigos 17.º e 19.º do CT, respetivamente sob a epígrafe "Proteção de dados pessoais" e "Testes e exames médicos", relacionam o empregador não só com o trabalhador, mas também com o candidato a emprego. Cada vez mais os empregadores e recrutadores compilam os dados disponibilizados na rede pelos candidatos a emprego. Estas entidades são responsáveis pelo tratamento dos dados em causa e estão obrigadas a notificá-lo à Comissão Nacional de Proteção de Dados (CNPD).

A CNPD é uma autoridade administrativa independente, com poderes de autoridade, que funciona junto da Assembleia da República, e que tem como atribuições, nos termos do n.º 1 do artigo 22.º da Lei 67/98, controlar e fiscalizar o cumprimento das disposições legais e regulamentares em matéria de proteção de dados pessoais, no respeito pelos direitos do homem e pelas liberdades e garantias consagradas na CRP e na lei. Esta Comissão estabeleceu, no ano de 2014, os princípios e as condições gerais aplicáveis ao tratamento de dados pessoais decorrente da utilização de tecnologias de geolocalização no contexto laboral, tendo atendido aos direitos de personalidade do trabalhador no quadro da relação laboral, com especial destaque para o direito à reserva da intimidade da vida privada, previsto no artigo 16.º do CT, e para a proteção de dados pessoais dos trabalhadores, consagrada no artigo 17.º do CT[19].

Desses princípios não resulta uma análise relativa à utilização das tecnologias no contexto prévio ao da formação do contrato de trabalho nem relativa aos dados pessoais do candidato a emprego. Todavia, nos termos do artigo 27.º da Lei 67/98, o responsável pelo tratamento "deve notificar a CNPD antes da realização de um tratamento ou conjunto de tratamentos, total ou parcialmente automatizados, destinados à prossecução de uma ou mais finalidades interligadas". Assim, a CNPD é, também, a entidade competente para a notificação do tratamento que tenha como finalidade a gestão de recrutamento e seleção e de pessoal[20] e para autorizar o tratamento de dados pessoais com a finalidade de registo de utilizadores em *website* vocacionado para o recrutamento e seleção de pessoal[21].

O empregador ou o recrutador que recorram a estas tecnologias necessitam de notificar a CNPD para realizar o tratamento destes dados pessoais,

---

19 Deliberação da CNPD n.º 7680/2014, consultada em <https://www.cnpd.pt/bin/orientacoes/DEL_7680-2014_GEO_LABORAL.pdf.>.
20 Veja-se, por exemplo, a Autorização n.º 2792/2013, disponível em <www.cnpd.pt>.
21 Veja-se, por exemplo, a Autorização n.º 11254/2015, disponível em <www.cnpd.pt>.

fazendo constar do pedido, entre outras informações, a categoria de dados pessoais tratados[22], o respetivo prazo de conservação [estabelecido nos termos da alínea e) do n.º 1 do artigo 5.º da Lei 67/98], as medidas de segurança física e lógica[23] dos mesmos (artigos 14.º e 15.º da Lei 67/98), bem como a existência ou não de processamento externo da informação por entidades subcontratadas (n.º 2 do mencionado artigo 14.º)[24], eventuais comunicações de dados a terceiros e interconexões. Por isso, concordamos com Amadeu Guerra quando diz que a CNPD tem "um papel fundamental na apreciação da pertinência e adequação em relação aos dados que se pretendem tratar"[25].

É esta entidade que analisa se a informação tratada é recolhida de forma lícita [artigo 5.º, alínea a), da Lei 67/98], para finalidades determinadas, explícitas e legítimas[26] [alínea b) do referido artigo 5.º] e se os dados a tratar se consideram adequados, pertinentes e não excessivos [alínea c) do mesmo artigo]. A nosso ver, esta entidade pode, ainda, controlar os direitos de informação, acesso e retificação do titular dos dados, previstos nos artigos 10.º e 11.º da Lei 67/98, porquanto, para além de alertar, nas respetivas autorizações, que, se os dados pessoais forem recolhidos através de inscrição *online*, é necessário informar o respetivo titular de que tais dados podem circular em rede aberta sem condições de segurança, correndo o risco de

---

22 Por exemplo, nome, *e-mail*, data e local de nascimento, sexo, nacionalidade, morada, telefone, estado civil, número de cartão de identificação, qualificações académicas, experiência profissional, áreas de interesse profissional, informações respeitantes às qualidade e perfil do candidato recolhidas durante o processo de recrutamento (incluindo entrevistas e testes), carta de condução, CV (dados curriculares e mobilidade para trabalhar fora da área de residência e/ou estrangeiro), expectativas de remuneração e fotografia.

23 São medidas de segurança física, por exemplo, o acesso restrito de pessoas e sistemas de alarme e resposta. E como medidas de segurança lógica encontramos: cópias de *backup* —segurança— dos dados, sistemas de processamento de *backup* e *password* de acesso à informação.

24 Do qual resulta que o "responsável pelo tratamento, em caso de tratamento por sua conta, deverá escolher um subcontratante que ofereça garantias suficientes em relação às medidas de segurança técnica e de organização do tratamento a efetuar, e deverá zelar pelo cumprimento dessas medidas".

25 *Op. cit.*, p. 147.

26 A este propósito, Amadeu Guerra refere uma Deliberação da CNIL —*Commission Nationale de L'Informatique et des Libertes*— da qual decorre que a recolha dos dados dos candidatos a emprego deve corresponder a uma vontade séria de colocação num posto de trabalho, sob pena de se tratar de uma recolha desleal, fraudulenta e ilícita. — *op. cit.*, p. 235, nota 245.

serem vistos e utilizados por terceiros não autorizados, pode, ainda, estabelecer formas mais simples de exercício do direito de acesso e retificação, de modo a assegurar que o titular dos dados tem, pelo menos, a mesma facilidade em aceder e em retificá-los que teve quando os disponibilizou[27].

Acreditamos que o papel da CNPD, associado às novas tecnologias, pode servir para os candidatos a emprego denunciarem mais facilmente situações em que o empregador ou recrutador procuram obter, desde logo, na fase inicial (prévia à realização das entrevistas), informações ou dados a que, por lei, não teriam acesso (como dados respeitantes à sua vida familiar ou ao seu estado de saúde, por exemplo). Hoje em dia, para além da Linha Privacidade[28] que pode esclarecer dúvidas e receber eventuais queixas/denúncias, facilmente uma pessoa, designadamente um candidato a emprego, pode fazer chegar à CNPD um determinado questionário que o empregador ou recrutador disponibilize na rede (seja através de *e-mail* seja *online*, designadamente no site do empregador/recrutador).

Pensamos, ainda, que, com a mesma facilidade, o candidato a emprego pode fazer chegar à CITE (Comissão para a Igualdade no Trabalho e Emprego) os anúncios (ou os *links* para anúncios) de oferta de emprego ou formação profissional, que encontre nas suas pesquisas de emprego na internet, sempre que considerar que os mesmos violam o direito à igualdade e à não discriminação. O candidato a emprego tem, como supradito, direito a igualdade de oportunidades e de tratamento em matéria de critérios de seleção e condições de contratação, em qualquer setor de atividade e a todos os níveis hierárquicos. A exclusão ou restrição de acesso de candidato a emprego, em razão do sexo, a determinada atividade ou à formação profissional, constitui discriminação em função do sexo[29]. Por isso, a CITE,

---

27 A este propósito, analisámos uma autorização da CNPD que estipula que as formas de exercício do direito de acesso e retificação são feitas "por escrito, para a morada do responsável", o que, salvo melhor opinião, salvo se entendermos "morada" num sentido lato, de modo a abranger, por exemplo, o endereço eletrónico, não nos parece muito consentâneo com uma situação em que os dados sejam recolhidos através de inscrição *online*.
28 Disponível nos dias úteis, das 10h às 13h, através do contacto 213930039.
29 Parece-nos que o Estado, através da CITE, promove, essencialmente, a igualdade de acesso a emprego em função do sexo. A CITE faz, ainda, uma aplicação do princípio da igualdade na vertente da discriminação positiva, na medida em que admite que, em ação de formação profissional dirigida a profissão exercida predominantemente por trabalhadores/as de um dos sexos deve ser dada, sempre que se justifique, preferência a trabalhadores/as do sexo com menor representação, bem como, sendo apropriado, a

através do seu *site*[30], "ensina" como redigir anúncios de oferta de emprego ou formação profissional, alertando que qualquer forma de publicidade ligada à pré-seleção ou ao recrutamento não pode conter, direta ou indiretamente, qualquer restrição, especificação ou preferência baseada no sexo[31].

A CITE promove também que os jornais, revistas e *websites* relativos a ofertas de emprego, que inserem anúncios de menor formato, devem adotar títulos não discriminatórios nas suas rubricas;[32] e que sempre que o anúncio seja acompanhado de fotos, as mesmas deverão conter uma figura masculina e uma feminina. Em suma, a CITE é a entidade competente para a apreciação da conformidade dos anúncios de oferta de emprego e outras formas de publicitação de processos de seleção e recrutamento em matéria de igualdade[33].

---

    trabalhador/a com escolaridade reduzida, sem qualificação ou responsável por família monoparental ou no caso de licença parental ou adoção.

30   *Vide* <http://www.cite.gov.pt/pt/acite/anuncios.html>.

31   Segundo a CITE, a redação de anúncios de oferta de emprego ou formação profissional deve abranger sempre, inequívoca e explicitamente, destinatários de ambos os sexos; as profissões devem ser designadas conjuntamente no masculino e no feminino (por exemplo, Diretor/Diretora; Enfermeiro/Enfermeira) e, nos casos de profissões cuja designação abrange ambos os géneros, deve sempre ser acrescentada a sigla M/F à respetiva profissão. Por outro lado, um anúncio de oferta de emprego ou formação profissional não deve conter: indicação M/F pouco visível ou perdida no texto (quando aplicável); elementos claramente indiciadores de preferência por um dos sexos; elementos de caracterização predominantemente atribuídos a um dos sexos quando os mesmos não estão ligados ao conteúdo funcional a exercer; menção a elementos da vida pessoal de quem se pretende recrutar (por exemplo: estado civil; situação familiar).

32   Como, por exemplo «Precisam-se Empregados/as». Do *site* da CITE resultam exemplos de anúncios de oferta de emprego publicitados, recolhidos em diversos meios de comunicação, redigidos de forma correta e incorreta, exemplos de designações que devem ser adotadas —«Estes anúncios destinam-se a homens e mulheres»— ou o apelo ao uso de designações de setores como «Construção Civil».

33   Em 2013, a CITE procedeu à recolha e análise aleatória de 5702 anúncios de oferta de emprego disponíveis em *sites* nacionais e noutros motores de busca, tendo apurado que a maioria cumpre as exigências legais relativas à igualdade de género e não discriminação, mas identificou anúncios dirigidos diretamente apenas a um dos sexos (normalmente masculino) ou sem informação de que a oferta se destinava a trabalhadores/as de ambos os sexos (M/F). A CITE concluiu, ainda, que, maioritariamente, o perfil profissional requerido, apesar de mencionar a sigla M/F, continha indicação de elementos claramente indiciadores de preferência por um dos sexos, tendo encontrado anúncios discriminatórios em função do sexo designadamente nos setores da estética e beleza, hotelaria e restauração no setor dos serviços.

Por fim, no contexto específico dos processos de seleção e recrutamento, em que o recrutador direto nem sempre é o empregador, pois este recorre, nomeadamente, a agências privadas de colocação, importa realçar que compete ao Instituto do Emprego e Formação Profissional (IEFP) comunicar e divulgar a informação relativa a estas agências, mantendo atualizado e disponível, por via eletrónica e acesso público no respetivo portal (<www.iefp.pt>), o registo nacional das agências privadas de colocação estabelecidas em território nacional ou que aqui prestem serviços ocasionais e esporádicos, com referência ao número de identificação fiscal, domicílio, sede e estabelecimento principal e com indicação de situação de interdição, suspensão ou cessação de atividade[34].

É ainda o IEFP que valida a documentação remetida por estas agências no âmbito da denominada "comunicação prévia", que comunica ao serviço com competência inspetiva do ministério responsável pela área laboral quaisquer irregularidades detetadas ou o incumprimento de obrigações por aquelas, bem como denuncia as situações que evidenciem violação das regras da concorrência ao serviço com competência inspetiva do ministério responsável pela área da economia. Assim sendo, parece-nos que tanto os empregadores como os candidatos a emprego podem recorrer ao IEFP sempre que suspeitarem que estas agências recrutadoras —intermediárias no mercado de trabalho, no âmbito da procura e oferta de emprego— estão a desenvolver incorretamente as respetivas atividades de receção de ofertas de emprego, inscrição de candidatos a emprego ou de seleção, orientação e até formação profissional, desde que desenvolvida com vista a colocação dos candidatos a emprego no mercado de trabalho.

II. Entidades responsáveis pelo recrutamento e seleção

1. O empregador

Quando uma empresa põe em marcha o processo de contratação sem recorrer a serviços de outras entidades (nomeadamente agências de recrutamento, a que acima já nos referimos como recrutador), ainda que contrate

---

34 Informação retirada de <https://www.iefp.pt/agencias-privadas-colocacao>.

os serviços destas para realizar algumas tarefas de seleção dos candidatos (entrevistas, testes ou exames), é responsável pelo tratamento de dados, na medida em que, nos termos do artigo 3.º, alínea d), da Lei 67/98, é:

> Responsável pelo tratamento": a pessoa [...] que, individualmente ou em conjunto com outrem, determine as finalidades e os meios de tratamento dos dados pessoais.

Ou seja, o empregador (ou empresa interessada na contratação de um determinado trabalhador) só deixa de ser responsável pelo tratamento dos dados dos candidatos ao emprego se ficar alheado de todo o processo de seleção e recrutamento, confiando na seleção que é feita, em exclusivo, pelo recrutador. Assim, o empregador é responsável pelo tratamento dos dados dos candidatos ao emprego sempre que publicita, ele próprio, de alguma forma (seja em jornais, no seu *website*, no seu *Linkedin*, na sua página de *Facebook*, etc.), a necessidade de contratar, recebendo e participando no tratamento dos dados que recebe, ainda que com o recurso a mecanismos desenvolvidos por outras empresas.

Efetivamente, nos dias de hoje, as ofertas de emprego podem ser disponibilizadas nos mesmos meios de publicidade e marketing de uma determinada empresa. Os empregadores estão cada vez mais cientes das utilidades dos novos meios informáticos e tecnológicos, não só como forma de publicitar o objeto social e as finalidades da empresa, mas também para gerir o marketing que lhe é associado e, de forma crescente, a "boa imagem" da empresa surge associada às qualidades desta como empregadora. Exemplo disto mesmo é o facto de haver a atribuição de prémios às melhores empresas para se trabalhar,[35] o que demonstra a crescente consciencialização, por parte do empregador, das vantagens em captar, relativamente a trabalhadores e candidatos, a satisfação, a ambição e o orgulho em trabalhar na empresa, nomeadamente publicitando as capacidades de acolhimento e de gestão das pessoas, as qualidades de liderança, o (bom) ambiente de trabalho, a preocupação em permitir a conjugação da vida profissional com a vida pessoal e a ausência de comportamentos de coação ou discriminação. A este nível, é importante também a informação de que a empresa tem capacidade de assegurar uma remuneração justa e equitativa. No entanto, dificilmente se encontra publicitada em rede este tipo de informação, sendo

---

35 Veja-se, por exemplo, Best Workplaces Portugal: <http://www.greatplacetowork.pt/great-places-to-work/great-places-to-work-portugal>.

que o candidato só a ela tem acesso numa fase mais avançada do processo de recrutamento e seleção.

De todo o modo, verificamos que o empregador acaba por usufruir das novas tecnologias não só para o tratamento dos dados pessoais dos candidatos a emprego, mas também para publicitar as suas vagas, captar os candidatos que mais se adequam às suas necessidades e ao perfil do trabalhador que procura e para reforçar a sua imagem. Está na moda o chamado *employer branding*, entendido como o conjunto de técnicas usadas para reforçar a imagem da empresa enquanto boa empregadora, através do qual cada empresa gere a mensagem que é vinculada pela respetiva marca e pelo que pensam e dizem sobre si os respetivos trabalhadores, bem como os candidatos a emprego. Através do *employer branding*, o empregador fica atento ao conjunto de experiências humanas vividas na organização da empresa e, dentro do possível, transforma contactos e perceções, designadamente para atrair os melhores talentos e reter os atuais.

Como já referimos, para efeitos de seleção, recrutamento e admissão no emprego, o princípio é o de que o empregador não pode exigir do candidato a emprego informações relativas à sua vida privada, ao seu estado de saúde ou de gravidez (artigo 17º do CT) nem pode exigir a realização ou apresentação de quaisquer testes ou exames (designadamente testes psicotécnicos e médicos) para conhecer os dados e as informações clínicas (sejam físicas ou psíquicas) do candidato (artigo 19º do CT). No entanto, este princípio geral (proibitivo) admite algumas exceções/limitações, nomeadamente quando o empregador fornece por escrito ao candidato a emprego a fundamentação da informação ou do exame que solicita, contanto que tais informações sejam prestadas a um médico e não diretamente ao empregador.[36]

A nosso ver, a utilização das novas tecnologias nos processos de recrutamento e seleção, para além de atenuar as proteções que estas normas procuram introduzir nas esferas íntima ou secreta [artigos 17º, n.º1, al. b), e 19º, ambos do CT] e privada [artigo 17º, n.º1, a), do CT] do candidato a emprego, potencia uma maior confusão entre as mesmas, bem como entre

---

36 A este propósito, a doutrina realça sempre que —na sequência do Acórdão do Tribunal Constitucional n.º 306/93, de 25/06/2003, que se pronunciou pela inconstitucionalidade do antigo artigo 17º, n.º 3, do Código do Trabalho aprovado pela Lei 99/2003, de 27 de agosto— o CT atual suprimiu a possibilidade que dela constava de o trabalhador autorizar o médico a comunicar ao empregador outras informações para além da sua aptidão para o exercício da atividade profissional.

estas e a esfera pública daquele. Sem a verificação cumulativa dos requisitos previstos nas referidas normas, o candidato a emprego pode recusar-se a prestar as informações solicitadas pelo empregador [desobediência lícita nos termos do artigo 128º, n.º1, al. e), do CT] ou mesmo mentir acerca das mesmas (sendo esta, porventura, a solução mais utilizada pois, naturalmente, os candidatos a emprego conhecem e receiam os efeitos de uma recusa de informação na fase de recrutamento e seleção, bem como as dificuldades em reagir a esses efeitos)[37].

2. As empresas de recrutamento/agências privadas de colocação

Em termos genéricos, podemos dizer que o recrutamento consiste na procura e atração de candidatos para uma determinada função, ao passo que a seleção consiste na escolha do candidato que ocupará o cargo disponível[38]. Os processos de recrutamento são, em regra, internos ou externos. No âmbito dos processos de recrutamento externo, isto é, da pesquisa de candidatos exteriores à organização, proliferam as agências de recrutamento, que prestam, nomeadamente, serviços de pesquisa e seleção de candidatos, de acordo com o perfil, experiência profissional e qualificações pretendidas pelo empregador. É crescente o recurso do empregador a este

---

37 Neste sentido, de que o candidato a emprego pode prestar falsas declarações para prevenir juízos negativos que, no processo de seleção, possam afetar o seu acesso ao trabalho, encontramos Júlio Gomes, *op. cit.*, p. 343, e Amadeu Guerra, *op. cit.*, p. 167. Em sentido contrário, Pedro Romano Martinez, na anotação ao artigo 102.º do CT —*op. cit.*, p. 291—, refere que "alguns autores, como modo de tutela do trabalhador, defendem que, na negociação do contrato de trabalho, ao trabalhador é conferido o «direito à mentira»; tal posição parece insustentável, por contrária à boa-fé contratual". Por outro lado, relativamente à importância da boa-fé na formação do contrato de trabalho, num processo de recrutamento em que houve intervenção de uma empresa de recrutamento de quadros qualificados, refira-se o acórdão do Supremo Tribunal de Justiça, proferido no âmbito do Processo 498/12.4TTVCT.G1.S1 (relatora Ana Luísa Geraldes, de 22-09-2015, disponível em <www.dgsi.pt>), que confirmou o acórdão do Tribunal da Relação de Guimarães (relatora Manuela Bento Fialho, de 26-02-2015), no sentido de que, na denúncia de contratos de trabalho promovida pelo empregador durante o período experimental, não há abuso de direito nem violação do princípio da boa-fé quando aos trabalhadores foi dado, no momento da celebração dos contratos, conhecimento acerca da situação precária em que a empresa se encontrava.

38 Retirado de: <https://pt.wikipedia.org/wiki/Provis%C3%A3o_de_recursos_humanos#Fases_de_recrutamento>.

tipo de empresas de seleção de trabalhadores[39], que, para prosseguirem as suas funções, têm, desde logo, de respeitar os limites impostos pelas leis de proteção de dados pessoais e obedecer a princípios como os da finalidade e da pertinência.

As novas tecnologias de informação e comunicação facilitam o trabalho de quem procura e seleciona candidatos, permitindo que a recolha de dados seja mais célere e que a compilação e comparação entre os dados de diversos candidatos, para escolher o que tenha as aptidões mais adequadas para um determinado posto a preencher, sejam feitas quase instantaneamente. Estas empresas têm, em regra, *websites* próprios, onde colocam as ofertas de emprego disponíveis, organizadas por área/categoria[40], e onde podem ser efetuadas candidaturas e registos para recebimento de *e-mails* relacionados com a carreira profissional e com oportunidades de emprego, bem como para submissão de currículos. Quem submete os seus currículos nesse tipo de páginas tem de concordar expressamente com os respetivos "termos e condições". Estes contêm, normalmente, indicações relativas a políticas de privacidade, aplicáveis aos dados pessoais que os candidatos fornecem quando submetem as suas candidaturas, bem como às informações subsequentes fornecidas nesse âmbito.

As empresas de recrutamento, sempre que tenham total independência para selecionar um candidato, controlam e são responsáveis pelo tratamento das informações e dados pessoais a que tenham acesso, na medida em que definem as finalidades desse tratamento e os meios que devem ser utilizados nas diferentes fases do processo de recrutamento e seleção. Para isso, devem pôr em prática as medidas que se revelem adequadas para assegurar a proteção desses dados e impedir o acesso não autorizado aos mesmos[41]. Também neste âmbito assumem particular relevância as novas tecnologias, na medida em que servem de ferramenta capaz de permitir que se cumpra esse desiderato.

---

39 São estas que, nas palavras de Teresa Moreira, "se ocupam de comprovar por conta das empresas comitentes as aptidões características dos candidatos apresentados para a ocupação do posto de trabalho, permitindo diferenciar os candidatos mais idóneos para as funções a desempenhar" — última *op. cit.*, p. 217.
40 Por exemplo, hotelaria e turismo, banca, recursos humanos, vendas, retalho, produção, indústria, aviação, distribuição, secretariado, marketing e comunicação.
41 A consulta de sites deste tipo de empresas, nacionais e estrangeiras, revela que, em regra, possuem, nas respetivas páginas da internet, expressões semelhantes a esta — "Data processing is carried out according to EU Directive 95/46/CE". Em Portugal, como vimos, esta Diretiva foi transposta pelo DL 67/98, de 26 de outubro.

A Lei 67/98 prevê, no artigo 16.º, a situação do tratamento de dados por empresas subcontratadas, estabelecendo a respetiva vinculação às mesmas obrigações do responsável originário por esse tratamento. Secundamos Amadeu Guerra[42], para quem os:

> [...] tratamentos levados a cabo por este tipo de empresas —que normalmente tentam constituir uma «bolsa de emprego» para satisfazer, de forma rápida e expedita, as pretensões dos seus clientes— levantam problemas acrescidos em matéria de protecção de dados.

A este respeito, alerta este Autor que as empresas deste tipo acedem a informações heterogéneas relativas a candidatos a emprego, existindo um risco elevado de o tratamento dos seus dados poder ser agrupado segundo certos perfis influenciados por critérios subjetivos e não estritamente profissionais.

O DL 260/2009, de 25 de setembro[43] (DL 260/2009), que aprova, entre nós, o regime jurídico da "agência privada de colocação de candidatos a emprego", regula o acesso e exercício da atividade desse tipo de agência, entendida como a pessoa, singular ou coletiva, não integrada na Administração Pública, que —fazendo a intermediação entre a oferta e a procura de emprego— promove a colocação de candidatos a emprego, sem fazer parte das relações de trabalho que daí decorram, desenvolvendo pelo menos um dos serviços seguintes: receção de ofertas de emprego, inscrição de candidatos a emprego, colocação de candidatos a emprego e seleção, orientação ou formação profissional, desde que desenvolvida com vista à colocação do candidato a emprego[44].

O exercício da atividade de agência não depende de licença ou autorização[45], estando sujeito, atualmente, nos termos do artigo 16.º do citado diploma legal, a "mera comunicação prévia perante o serviço público de

---

42 *Op. cit.*, p. 133.
43 Republicado pela Lei 5/2014, de 12 de fevereiro, e alterado pela Lei 146/2015, de 09 de setembro.
44 *Vide* os artigo 2.º e 14.º do diploma legal em apreço.
45 A transposição, para a ordem jurídica interna, da Diretiva n.º 2006/123/CE, do Parlamento Europeu e do Conselho, de 12 de dezembro, levou a que fosse necessário conformar o regime jurídico das agências privadas de colocação com aquela Diretiva. Assim, a Lei n.º 5/2014, de 12 de fevereiro, que alterou e republicou o Decreto-Lei n.º 260/2009, veio eliminar a obrigação de licenciamento dessas agências.

emprego"[46], tal como definida na alínea b) do n.º 2 do artigo 8.º do Decreto--Lei n.º 92/2010, de 26 de julho[47].

Estas empresas devem realizar os serviços que integram o seu objeto sem recorrer a subcontratação de terceiros[48], devem atuar no estrito respeito pelos princípios da igualdade de oportunidades no acesso a emprego e da proporcionalidade entre as informações pedidas aos candidatos e as necessidades e características da relação laboral oferecida e devem garantir a proteção de dados pessoais daqueles e assegurar a gratuitidade dos serviços que lhes prestem[49]. O DL 260/2009 estabelece, ainda, de forma expressa, que o candidato a emprego tem o direito de ser informado, por escrito, sobre os métodos e técnicas de recrutamento aos quais se deve submeter e as regras relativas à confidencialidade dos resultados obtidos, de aceder e retificar as informações prestadas nos processos de colocação e de recusar a resposta a questionários ou testes que não se relacionem com as suas aptidões profissionais[50].

No âmbito dos instrumentos internacionais, importa destacar, a este respeito, a Convenção da OIT n.º 181[51], ratificada por Portugal, que estabelece, entre outras, as regras relativas ao tratamento de dados pessoais dos trabalhadores por agências privadas de emprego, sendo que, para os efeitos desta Convenção, a expressão «trabalhadores» abrange os candidatos a emprego.

---

46 Ou seja, perante o Instituto do Emprego e da Formação Profissional.
47 Estabelece princípios e regras para simplificar o livre acesso das atividades de serviços realizadas em território nacional e transpõe para a ordem jurídica interna a Diretiva n.º 2006/123/CE, do Parlamento Europeu e do Conselho, de 12 de dezembro, relativa aos serviços no mercado interno.
48 "Poderemos estar perante uma agência regular e expressamente assumida como tal ou perante engajadores de mão-de-obra que, aproveitando-se das fragilidades da legislação e da efetividade do seu controlo, operam como tal, acabando por criar situações graves aos trabalhadores, nomeadamente quando estamos perante eventuais colocações fora do território de Portugal. Assim, é de extrema importância prevenir a ocorrência deste fenómeno, procedendo à identificação e controlo dos diferentes agentes que recrutam e colocam trabalhadores, que atuam como agências privadas de colocação, sem na realidade assumirem esse estatuto jurídico e as respetivas responsabilidades legais para com os candidatos a emprego e a administração do trabalho" — retirado de: <http://www.act.gov.pt/(ptPT)/crc/PublicacoesElectronicas/Relacoesdetrabalho/Documents/Guia%20pratico%20Agencias%20privadas%20de%20coloca%C3%A7%C3%A3o.pdf.>.
49 Ver, a este respeito, o que dispõe o artigo 23.º do DL 260/2009, na redação atualmente em vigor.
50 É o que dispõe o artigo 25.º do DL 260/2009.
51 Private Employment Agencies Convention.

III. Meios de comunicação e disponibilização de informação em rede

1. Os meios propriamente ditos

De acordo com a *wikipedia*, o termo meio de comunicação "refere-se ao instrumento ou à forma de conteúdo utilizados para a realização do processo comunicacional"[52]. Os meios de comunicação podem ser escritos (como os jornais e revistas), sonoros (como o telefone, a rádio e o *podcast*), apresentar uma componente audiovisual (como a televisão) ou de hipermédia (como a internet).

No âmbito da contratação de pessoal, a internet é utilizada em grande escala. Por um lado, os candidatos reais ou potenciais a emprego colocam cada vez mais informação em rede, em diversas plataformas; por outro lado, os próprios recrutadores servem-se da internet para, por exemplo, divulgarem oportunidades de emprego, publicitarem as características da empresa e para procurarem "talentos".

O crescimento das tecnologias da informação e comunicação importa uma inevitável redução de tempo, de custos e de burocracia e permite ganhos de produtividade nos processos de recrutamento. Com efeito, estes processos tornam-se mais eficazes, eficientes e até menos dispendiosos com o recurso às novas tecnologias. Pense-se, por exemplo, na realização de uma entrevista de emprego com recurso ao *Skype*, quando o candidato e o potencial empregador estejam em cidades ou países distantes. O *e-recruitment*, também conhecido como recrutamento *online*,[53] consiste no uso da tecnologia e dos recursos disponíveis na internet para tarefas relacionadas com a pesquisa, avaliação e contratação de pessoal, permitindo atingir um maior número de potenciais trabalhadores e facilitar os processos de seleção. Por outro lado, a promoção *online* de uma organização, como um local de trabalho agradável e desejável, seja através do site próprio ou de outros locais (nomeadamente o *Linkedin* empresarial) constitui um elemento de *e-recruitment*.

A utilização da internet nos processos de recrutamento e seleção é muito expressiva. A recolha de dados para emprego pode ser feita, hoje, de diver-

---

52 Retirado de: <https://pt.wikipedia.org/wiki/Meios_de_comunica%C3%A7%C3%A3o #Tipos_de_comunica.C3.A7.C3.A3o>.
53 Neste âmbito fala-se também no recrutamento 2.0.

sas formas, designadamente através da colocação de anúncios em meios de comunicação social, em *websites*, através da aceitação de currículos recebidos por *e-mail* e/ou colocados em sites do empregador recrutador ou de empresas especializadas na contratação de pessoal, através da consulta das informações disponibilizadas em redes profissionais, entre outras. Na verdade, multiplicam-se os anúncios de ofertas de emprego em plataformas de redes sociais relevantes, em *websites* de emprego generalistas e específicos de determinados setores e em websites de empresas especializadas.

As redes sociais, sejam elas redes de relacionamento (como o *Facebook, Instagram, Google+, Twitter*) ou redes profissionais (*Linkedin*), são constantes aliadas dos processos de recrutamento. Fala-se, inclusivamente, a respeito do uso das mesmas, em "recrutamento social". As redes sociais, ao permitirem o cruzamento de dados e o acesso rápido a informações, são usadas diariamente para saber mais sobre a personalidade e a postura que o candidato a emprego assume em determinadas situações. A influência das novas tecnologias na imagem das pessoas revela-se de forma particular nas redes sociais virtuais, dado que aí se manifestam interesses, preconceitos, ambições, princípios, entre outros.

As agências de recrutamento e os empregadores consideram aquilo que os candidatos partilham nas redes sociais, observando, acompanhando e avaliando os seus perfis. Os conteúdos disponibilizados pelos potenciais trabalhadores podem influenciar decisivamente a construção da respetiva imagem profissional e pessoal. Esta construção da imagem de um determinado candidato a emprego é praticamente impossível de sindicar, daí que seja mais vantajoso evitar exposições excessivas.

2. O uso desses meios pelo candidato a emprego

É ao nível da relação entre as esferas íntima, privada e pública do trabalhador ou do candidato a emprego que consideramos que o uso das novas tecnologias pelo próprio trabalhador ou candidato assume particular relevância.

Salvo melhor opinião, com a quantidade e diversidade de informação disponibilizada em rede, é particularmente difícil definir o que são factos de conhecimento público ou situações que podem ser genericamente conhecidas e divulgadas por toda a comunidade. Por outro lado, há determinados factos que, originariamente, pertencem à esfera privada —como a vida profissional, o domicílio e os hábitos de vida da pessoa— e que, rapidamente, através da internet, podem tornar-se conhecidos e divulgados para quase toda a comunidade. Há que considerar também a existência de um determinado grupo de indivíduos que "consente"[54] na divulgação de informações atinentes àquilo que seria a respetiva esfera íntima ou secreta, dando a conhecer a terceiros (que, por vezes, nem conhece bem) aspetos da sua vida familiar e pessoal, nomeadamente expondo as respetivas convicções políticas e religiosas e, às vezes, o próprio estado de saúde ou gravidez.

A atenuação dos limites entre as esferas íntima, privada e pública, causada pelo próprio candidato a emprego, ainda que potenciada pelas novas tecnologias, nomeadamente pelas redes sociais e pelos próprios dispositivos móveis que utilizamos no dia a dia (frequentemente com *Wi-Fi*, *GPS* e localizadores incorporados), parece-nos poder alterar o próprio paradigma da proteção legal vigente. Isto na medida em que facilmente é contornada a tutela acrescida das informações atinentes à esfera íntima, aquela cuja compressão apenas seria possível "quando particulares exigências atinentes à natureza da atividade profissional o justifiquem" [artigo 17º, n.º1, al. b), do CT].

Verifica-se que há certos grupos profissionais de candidatos a emprego e trabalhadores —como os pilotos de aviões, os maquinistas e condutores de transportes em geral, os desportistas profissionais, os médicos e os enfermeiros— que, por ocuparem postos de trabalho cujas "particulares exigências inerentes à natureza da atividade profissional" justificam a recolha de informações respeitantes ao estado de saúde ou de gravidez[55] são passíveis de maiores limitações às proteções legais existentes no CT. Parece-nos que os candidatos a este tipo de empregos, que preenchem cumulativamente os requisitos substantivo (avaliação da aptidão do candidato, particulares exigências inerentes à atividade e proteção e segurança do trabalhador ou de terceiros), formal (fundamento invocado pela empresa) e procedimental (avaliação feita por um médico) perdem a legitimidade para recusar a prestação de determinadas informações ou mentir acerca das mesmas. Talvez por isso tais candidatos devam adotar uma postura mais reservada em relação à informação que disponibilizam.

Como já referimos, em regra, o candidato a emprego não tem que prestar informação atinente à sua vida privada, familiar ou íntima, nem informação

---

54 Ainda que seja discutível o caráter informado desse consentimento.
55 Um exemplo frequentemente dado é o das trabalhadoras de serviços de radiologia, pelos efeitos que algumas tarefas e/ou instrumentos de trabalho podem ter na saúde no nascituro.

relativa a convicções políticas, ideológicas ou religiosas. Certo é que as redes sociais, por exemplo, se não forem utilizadas com parcimónia, permitem colocar esse tipo de informação, direta ou indiretamente, à disposição de quem recruta. Pense-se, a este respeito, no candidato a um emprego, cuja página no *Facebook* contenha informações públicas, ou seja, informações ou conteúdos partilhados com um público geral, disponíveis para todas as pessoas que as consultem, que partilhe *posts* com críticas relativas a um determinado partido político ou que publique fotografias em poses íntimas. Se o recrutador consultar essa página pública, terá acesso a um leque de informações do foro privado do candidato.

O recrutamento, ao mesmo tempo que torna públicas oportunidades de emprego, atrai os candidatos para os processos de seleção. A modernização tecnológica impõe aos candidatos que sejam inovadores. Essa inovação manifesta-se a vários níveis, nomeadamente na preparação e organização dos currículos, que devem ser atrativos, bem organizados e enfatizar os aspetos essenciais que o candidato pretenda transmitir, como, por exemplo, as respetivas competências e resultados. As novas tecnologias auxiliam na disposição da informação e até no embelezamento dos currículos, o que pode favorecer o candidato que seja capaz de "fugir" aos tradicionais modelos europeus estandardizados.

O candidato a emprego deve prestar especial atenção a todos estes aspetos e saber escolher a informação que torna visível e acessível a potenciais recrutadores e empregadores. É essencial que esteja devidamente informado dos riscos que corre e que revele apenas o necessário para a avaliação das suas aptidões profissionais.

Conclusões

A vertigem tecnológica tem reflexos inevitáveis no mundo laboral, com impactos significativos nos processos de recrutamento e seleção de pessoal, permitindo os meios à disposição, sejam eles meios audiovisuais, escritos, sonoros ou outros, não só o aperfeiçoamento daqueles processos, mas também o acesso a um conjunto cada vez mais vasto de informação. Na verdade, a tecnologia, entendida num sentido lato, intensifica a possibilidade de recolha de informação e acarreta perigos relacionados, desse logo, com o tratamento de dados pessoais.

Os riscos de lesões à esfera privada dos candidatos a emprego são muitos e as redes digitais contribuem decisivamente para que esses riscos aumentem. Se é certo que a internet e os *softwares* atualmente disponíveis facilitam o andamento dos processos de recrutamento e seleção, na medida em que permitem encurtar distâncias e poupar tempo, também é certo que o desenvolvimento informático e tecnológico facilita a interconexão de ficheiros e a transmissão de dados, o que pode acarretar prejuízos para as partes envolvidas nestes processos.

Motores de busca como o *Google* permitem que, através da mera introdução do nome de um candidato a emprego, se possa aceder a informações disponíveis em rede sobre o mesmo, dado que essa pesquisa devolve resultados e fornece hiperligações para páginas diversas, tais como o *Twitter*, o *Linkedin* e/ou o *Facebook* do próprio e um ou mais *blogs* que o mesmo possua.

A proteção conferida aos candidatos a emprego deve, na nossa opinião, assemelhar-se àquela que é conferida aos trabalhadores, desde logo porque os primeiros estão sujeitos a uma pressão elevada, face à necessidade de obtenção de trabalho, o que conduz a que se sujeitem a solicitações desmesuradas e desadequadas dos "candidatos a dadores de emprego", para utilizarmos uma expressão de Júlio Gomes[56]. É essencial dispensar a proteção adequada ao candidato a emprego logo na fase de recrutamento, nomeadamente através da criação de condições para que sejam convenientemente informados das finalidades e condições de tratamento desses dados, de forma a que não se suscitem quaisquer dúvidas a esse respeito. A entidade que recruta deve comunicar aos candidatos a emprego os meios de que se vai servir nas diversas fases do processo e as finalidades pretendidas com a recolha de dados pessoais. As técnicas e métodos seletivos devem relacionar-se com a concreta finalidade a prosseguir.

Ainda que a interpretação conjugada das disposições legais a que fomos fazendo referência no presente *paper* permita solucionar diversos problemas que se colocam no âmbito dos processos de recrutamento e seleção atuais, entendemos que o Direito do Trabalho tem cada vez mais desafios, atendendo às suas espccialidades, concretamente se atendermos a que a fase de acesso a um posto de trabalho configura, não raras vezes, um estádio de inferioridade que importa acautelar devidamente.

---

56 *Op. cit.*, p. 337.

Os perigos associados à concentração crescente de informação, à multiplicação de ficheiros e bases de dados, à construção dos chamados "perfis informáticos"[57] e à alienação de dados pessoais a terceiros merecem uma atenção especial das entidades internacionais e nacionais; importa conciliar conhecimentos jurídicos e informáticos e acautelar que os candidatos a emprego estejam bem informados dos seus direitos e dos perigos associados às novas tecnologias. A recente regulação comunitária respeitante à proteção de pessoas singulares no âmbito do tratamento de dados pessoais e da livre circulação destes demonstra que as questões relacionadas com o desenvolvimento tecnológico são uma preocupação. Resta, porém, aguardar pela discussão, implementação e aplicação prática das normas que passarão a reger estas matérias a partir de 25 de maio de 2018. O legislador nacional deve, a nosso ver, no que respeita ao tratamento de dados no contexto laboral, aproveitar a oportunidade para discutir e rever as disposições atuais e para avaliar da pertinência de introduzir normas mais específicas neste âmbito.

"Todo o mundo é composto de mudança, tomando sempre novas qualidades"[58]. O Direito do Trabalho não é alheio às mudanças sociais e tecnológicas e tem de estar atento a todas "as novas qualidades".

Bibliografia

Gomes, Júlio Manuel Vieira, *Direito do Trabalho, Volume I — Relações Individuais de Trabalho* (Coimbra, 2007), Coimbra Editora.

Guerra, Amadeu, *A Privacidade no Local de Trabalho — As Novas Tecnologias e o Controlo dos Trabalhadores através de Sistemas —Automa-*

---

[57] O Reg. 2016/679, a que acima fizemos referência, prevê de forma expressa, no respetivo artigo 4.º, o que deve entender-se por "definição de perfis" como: "qualquer forma de tratamento automatizado de dados pessoais para avaliar certos aspetos de uma pessoa singular, nomeadamente para analisar ou prever aspetos relacionados com o seu desempenho profissional, a sua situação económica, saúde, preferências pessoais, interesses, fiabilidade, comportamento, localização ou deslocações" — sublinhado nosso.

[58] Luís Vaz de Camões, Lírica Camoniana.

tizados— *Uma abordagem ao Código do Trabalho* (Coimbra, 2004), Livraria Almedina.
Leitão, Luís Manuel Teles de Menezes, *Direito do Trabalho*, 2.ª Edição, (Coimbra, 2010), Edições Almedina, S.A.
Martinez, Pedro Romano *et al.*, *Código do Trabalho Anotado* (Coimbra, 2016), Edições Almedina S.A.
Moreira, Teresa Coelho, *Da Esfera Privada do Trabalhador e o Controlo do Empregador* (Coimbra, 2004), Boletim da Faculdade de Direito, Coimbra Editora.
Moreira, Teresa Coelho, *A Privacidade dos Trabalhadores e as Novas Tecnologias de Informação e Comunicação: contributo para um estudo dos limites do poder de controlo electrónico do empregador* (Coimbra, 2010), Edições Almedina, S.A.
Ramalho, Maria do Rosário Palma, *Direito do Trabalho, Parte II — Situações Laborais Individuais*, 3.ª Edição (Coimbra, 2010), Edições Almedina, S.A.

Ignacio Camós Victoria

Profesor Titular de Derecho del Trabajo y de la Seguridad Social de la Universidad de Girona. España

El *e-recruitment* o la selección 2.0 y sus límites legales

Resumen: El presente trabajo tiene por objeto analizar el impacto de las nuevas tecnologías en los procesos de selección de personal. Así, más allá de un análisis de sus ventajas y desventajas como una herramienta alternativa o complementaria al reclutamiento clásico de trabajadores, se pretenden valorar los límites legales de las nuevas formas de selección 2.0, en especial, los vinculados a la no discriminación e igualdad de oportunidades y la protección de datos personales. La irrupción de las tecnologías en la vida cotidiana ha supuesto y está suponiendo un gran cambio en relación con la forma en que las empresas buscan y seleccionan a sus candidatos, debiendo hacerse un buen uso de estas nuevas prácticas, así como de la información facilitada por el trabajador o disponible en la red.

El *e-recruitment* se ha consolidado como una forma efectiva para buscar y atraer empleados potenciales, así como para realizar una mejor selección de los mismos. Además, las redes sociales permiten que los profesionales de los recursos humanos puedan conocer el perfil de los candidatos a un puesto de trabajo más allá del ámbito profesional. Debe tenerse en cuenta que la información personal solicitada y disponible en la red no puede ser utilizada de forma discriminatoria en la toma de decisiones, donde debe primar la formación, capacidad y habilidades por encima de otras circunstancias personales. Igualmente, el volumen de información disponible y al alcance de los seleccionadores debe de manejarse acorde con el marco normativo de protección de datos de carácter personal. Los nuevos sistemas de selección y reclutamiento de personal, más allá de las virtudes que aportan, están expuestos a riesgos que deben ser tenidos en cuenta por quienes los utilizan y manejan cotidianamente.

Palabras clave: selección personal, *e-recruitment*, redes sociales, discriminación, protección datos personales.

Introducción

La irrupción de las nuevas tecnologías en la vida cotidiana ha supuesto también un importante cambio en relación con la forma en que los ciudadanos buscan empleo y las empresas ofertan sus plazas disponibles y proceden a seleccionar a sus candidatos. Han aparecido numerosos portales de empleo, aplicaciones, programas dedicados a esta tarea de vincular oferta y demanda de empleo, y debe hacerse un buen uso de estos nuevos instrumentos y prácticas, así como de la información facilitada por el trabajador para la empresa o disponible en la red.

El presente trabajo trata de abordar el estudio de este sistema de selección y contratación de trabajadores que está en auge y en el que el uso de las redes sociales y los *web sites* adquieren una importancia capital. Sistemas que, aún hoy todavía, como es obvio, coexisten con los sistemas tradicionales de selección y contratación, pero que han ido adquiriendo un protagonismo cada vez mayor al convertirse, sin duda alguna, internet en uno de los principales puntos, *in crescendo*, de espacio de encuentro para las empresas y los trabajadores, y que ya sea por el ahorro de dinero y tiempo o la flexibilidad, rapidez y amplitud de la información que allí se puede encontrar o se puede disponer y que de una manera más tradicional sería difícil de encontrar, parece tener un importante recorrido de consolidación y desarrollo como una nueva forma de selección y gestión de los recursos humanos. Quienes ejercen esta labor y quienes ofrecen este servicio deben ser conocedores del potencial que implica, pero también de los riesgos que comporta.

Aunque aún estamos en fase de desarrollo de esta forma de selección de trabajadores y oferta de plazas disponibles, la práctica existente ha puesto de relieve la importancia de este sistema de selección y sus virtudes frente a los sistemas tradicionales, pero también muestra los importantes riesgos que esta nueva actividad comporta, tanto para el empresario como para el trabajador; de ahí que en este trabajo se aborden dos importantes límites legales de esta nueva práctica de selección y reclutamiento *online*.

I. El e-recruitment o la selección 2.0 como mecanismo de selección y reclutamiento de trabajadores

Llegados a este punto y antes de pasar a analizar las razones, en forma de ventajas y desventajas, de este auge y los límites legales del *e-recruitment*, debemos plantearnos la cuestión de a qué hacemos referencia cuando hablamos del reclutamiento *online*, o, lo que es lo mismo: ¿qué es el *e-recruitment* o la selección 2.0? Bien, por *e-recruitment* o selección 2.0 se hace referencia, de forma genérica, al uso de la tecnología o las herramientas basadas en webs para ayudar al proceso de selección y contratación de trabajadores. Es un sistema de selección de trabajadores que emerge a mediados años 90, pero se expande a partir año 2000.

En un sentido muy parecido, se suele hacer referencia a esta nueva forma de selección y contratación como *Social Recruiting, Social Hiring o Social media Recruitment*. En general, se hace referencia a la forma de reclutar y seleccionar candidatos mediante el uso de plataformas sociales como bases de datos o de talento o para dar publicidad de las ofertas de empleo disponibles o puestos de trabajo vacantes a través de las redes sociales. También se hace referencia a este forma de selección cuando se utilizan perfiles de medios sociales, blogs y otros *web sites* o sitios de Internet para buscar información sobre los candidatos[1].

El *e-recruitment* como nueva forma de poner en contacto la oferta y demanda de trabajo en un mercado laboral global debe ser entendido, hoy en día, como una herramienta complementaria a los sistemas de recluta-

---

1 Vid, al respecto, JOBVITE. *Jobvite Recruiter National Report. 2016. The Anual Social Recruiting Survey*, en <http://www.jobvite.com/wp-content/uploads/2016/09/RecruiterNation2016.pdf>.
Sobre la numerosa bibliografía existente al respecto vid, entre otros: Andrés Reina, M.P., "Nuevos Procedimientos en el Proceso Empresarial de provisión de candidatos: el Reclutamiento on line", *Cuadernos de Ciencias Económicas y Empresariales*, n. 47, 2004, pp. 89-110; Bondarouk, T; Ruël, H; Looise, JC; *Electronic HRM in theory and practice*. Bingley. Emerald Group Publishing Limited, 2011; Dhamija, P.; "E-recruitment: a roadmap towards e-human resource management", *Journal of Arts, Science&Commerce*. Vol. III, Issue–3(2), July. 2012, pp. 33-39; Feldman, D. C. & Klaas, B. S. 2002. "Internet Job Hunting: A Field Study of Applicant Experiences with On-line Recruiting", *Human Resource Management*, 41(2): 175-192; Galanaki, E. 2002. "The decision to recruit online: a descriptive study", *Career Development International*, 7(4): 243-251.

miento clásicos (anuncios en prensa, agencias públicas y/o privadas de contratación o, incluso, los *headhunters*). Se trata de una herramienta, en el caso de España, todavía en expansión, si nos basamos en los datos que para el año 2015 se establecían en el *Informe 2015 Infoempleo-Adecco Redes Sociales y Mercado de Trabajo*: "a pesar de que ya nadie duda de la importancia que tienen las redes sociales como punto de encuentro entre empresas y candidatos, éstas siguen lejos de ocupar el lugar protagonista que se les presuponía. Solo el 43 % de los reclutadores se muestran satisfechos o muy satisfechos con las redes sociales como herramienta de trabajo. LinkedIn es la única que consigue una valoración positiva, pero siendo una red creada con fines profesionales, no parece suficiente que tan solo el 63 % de los encuestados la evalúen positivamente. Le siguen Facebook (34 %) y Twitter (28 %), que se quedan muy lejos del aprobado, demostrando que su ámbito de influencia está más próximo a la esfera personal de los usuarios que a la profesional".

Debe tenerse en cuenta que no se trata de un tema que afecta sólo a las empresas, ya que tal y como en este mismo Informe se apunta, "los candidatos (trabajadores) igualmente muestran todavía una clara falta de confianza en la utilización de las redes sociales como palanca definitiva para conseguir un trabajo: más del 75 % de los candidatos afirman que los portales de empleo siguen siendo la opción a la que recurren siempre que quieren encontrar ofertas de trabajo ajustadas a su perfil, frente al 20 % que pone las redes sociales como primera opción en su búsqueda de empleo"[2].

A pesar de la extensión en el uso de las redes sociales y de internet que hoy en día es una realidad, especialmente en el caso de la población joven es necesario tener en cuenta que sólo una parte pequeña de estos usuarios recurren siempre a ellas cuando buscan nuevas oportunidades laborales, no en vano, los portales de empleo siguen siendo el lugar principal al que acuden a la que acuden los candidatos que están en búsqueda activa de empleo en España. En definitiva, tal y como se señala en este Informe de Adecco, a pesar de la etapa de plena consolidación que vive la Web 2.0, y con ella las redes sociales, el 58 % de los usuarios mantienen una actitud pasiva a la hora de usarlas para darse a conocer desde un punto de vista profesional.

Si bien internet ha roto las barreras geográficas y temporales para llegar al segmento deseado de potenciales candidatos cuando se trata de ofrecer

---

2 Vid el texto íntegro de este informe en: <http://iestatic.net/infoempleo/documentacion/Informeempleoyredes2015.pdf>.

un puesto vacante, ya que cualquier interesado puede acceder a una oferta de empleo sin que importe la distancia geográfica en la que se encuentre el candidato y ha emergido como una importante manera de reducir los costes de selección y contratación de trabajadores y alcanzar una mayor variedad de candidatos calificados, no son todavía numerosas las empresas que en España han recurrido a la contratación en línea o a los servicios de empresas dedicadas a ello como un recurso para cubrir puestos vacantes.

Está previsto que el *e-recruitment* o la selección 2.0 sea, sin duda alguna, un método cada vez más popular y de uso común para facilitar que las empresas puedan encontrar sus empleados potenciales y para que los solicitantes de empleo puedan buscar y solicitar puestos de trabajo en cualquier parte del mundo, a cualquier hora del día y sin más barreras que las puramente técnicas derivadas del manejo de las TICS, no en vano tal y como tendremos ocasión de apreciar, el *e-recruitment* es un sistema de selección rápido, práctico, eficiente y económico para los empleadores, aunque también presenta desventajas tanto para éstos como para los solicitantes de empleo.

Frente a métodos más tradicionales de selección de personal como es el de introducir ofertas de empleo en periódicos a través de la contratación de anuncios de empleo a la espera de que los buscadores de empleo respondan al anuncio enviando su *Curriculum Vitae* y una carta de presentación y, por tanto, postulándose a la oferta seleccionada, a la espera de que esta solicitud sean correspondida a través de una respuesta en forma de entrevista personal para iniciar el proceso de selección propiamente dicho, la presentación de una oferta laboral o de empleo en internet es mucho más fácil, rápida y, sin duda alguna, mucho más económica que la hace más atractiva que el recurso a un medio impreso. Se ha reemplazado, en gran medida, el contacto entre reclutador y candidatos que ha dejado de ser algo meramente presencial o físico y se ha trasladado con sus pros y contras a escenarios digitales.

En muchos casos es, incluso, el propio candidato quien se dirige a la página web de la empresa para buscar empleo e ir revisando las ofertas que la empresa ofrece. Hoy en día los solicitantes de empleo pueden buscar y solicitar puestos de trabajo que les interesan, simplemente navegando por internet a cualquier hora del día y transmitiendo documentos en formato archivos adjuntos para que el reclutador, en su caso, valore, su idoneidad presente o futura para ajustarla a las necesidades de la empresa. En definitiva, la irrupción de Internet en nuestro día a día ha favorecido, a nivel de empresa, no sólo el desarrollo de áreas como el marketing, la publicidad, la comunicación corporativa. Su influencia también se está notando en los procesos de selección de personal, que obliga a mejorar el posicionamiento y la presencia de las empresas en Internet, así como el rol de los buscadores de empleo (candidatos) que han de apostar por ser activos en la red si quieren tener más oportunidades de optar a un puesto de trabajo.

De hecho hoy en día estamos asistiendo a la emergencia de la selección o reclutamiento 3.0, también conocido como *mobile recruitment,* que hace referencia al uso de tecnologías de la información centradas en el reclutamiento de trabajadores aplicado a dispositivos móviles (o *tablets*). Se hace referencia, así pues, a un modelo de selección laboral dirigido a usuarios de dispositivos como teléfonos móviles y tabletas. La ventaja de este nuevo sistema en relación al modelo de reclutamiento 2.0 es que el seguimiento de las ofertas es casi en tiempo real, tanto para el reclutador como para los candidatos[3]. La base de este reclutamiento 3.0 es la utilización tecnología móvil para captar y atraer candidatos y para ofrecer puestos vacantes disponibles[4].

Vinculado a esta versión más desarrollada del *e-recruitment*, la selección 3.0, debe tenerse en cuenta la aparición de herramientas digitales o software(s) de reclutamiento y empresas profesionales de la selección 2.0 que vienen implementándose para facilitar la selección de candidatos a modo de plataformas de reclutamiento. A título de ejemplo, puede destacarse, entre otros, los casos de *Jobfie, Hiring Room, Talent Clue, Altamira recruitment, y Jobandtalent,* en general se trata de plataformas que ayuda a las empresas a encontrar (y seleccionar) el talento apropiado y, al mismo tiempo, permiten a los candidatos presentarse de manera visual y dinámica.

---

3 Sobre la evolución de las estrategias de reclutamiento a partir del uso de las nuevas tecnologías vid, al respecto, *La Evolución del reclutamiento: Del 1.0 al 3.0,* post elaborado por Gimeno, T el 2/06/15 11:55 en: <http://blog.talentclue.com/la-evolucion-del-reclutamiento-del-10-al-30>.

4 A título de ejemplo, vid: Noguchi, Y., Mobile Recruiting: *The Key To Your Next Job Could Be In Your Pocket post en npr* (national public radio): <http://www.npr.org/2015/12/08/458889853/mobile-recruiting-is-the-new-way-to-reach-job-seekers> 8 de diciembre de 2015; Whitelegg, D., "An introduction to mobile recruiting", post en agency central, the recruitment agency directory <http://www.agencycentral.co.uk/articles/2016-04/introduction-to-mobile-recruitment.htm> y en el caso de España, Martos, D., ¿Qué es el Mobile Recruitment? Post en el blog talentclue.com <http://blog.talentclue.com/que-es-el-mobile-recruitment> el 23.01.2014.

Se trata, en general, de herramientas puestas al servicio del *e-recruitment* o la selección 2.0, así, tal y como se señala en el *website* de *jobfie*, estamos ante un sistema de Multiposting y criba inteligente. La tecnología de *jobfie* hace pública la oferta y el aspecto cualitativo más llamativo es que efectúa un *matching* perfecto entre candidato y oferta a través de un algoritmo que examina variables de formación y experiencia para facilitar el candidato que mejor y más cumple con lo que la plaza requiere. Sólo en el caso de que el perfil del candidato se ajuste a la oferta, el algoritmo realizará la conexión entre ambos, simplificando, de esta manera, la evaluación sólo de los candidatos más aptos para cada oferta.

Hiring Room, por su parte, permite que con un solo click se proceda a viralizar las vacantes en diferentes redes sociales y red de referidos, portales de empleo, sitio de empleo corporativo y *fanpage* en página de Facebook, permitiendo una visualización permanente y detallada del avance de cada proceso de selección, personalizando al máximo la evaluación y comunicación con cada candidato. En un sentido muy parecido, *Talent Clue* publica las ofertas de empleo en diferentes portales y redes sociales (más de 75) ofreciendo una gestión centralizada de las mismas, contemplándose, incluso, la posibilidad de añadir el panel de empleo personalizable en la web de la empresa y publicar automáticamente las ofertas para tener actualizada una propia página de empleo. El objetivo es centralizar en una sola base de datos toda la información de las ofertas y de los candidatos creando un flujo de comunicación permanente para informar del proceso a los candidatos con correos personalizados automáticos. Un elemento importante de esta herramienta de reclutamiento es que permite centralizar la gestión de todos los procesos de selección, así como automatizar la criba y la comunicación con los candidatos.

En el caso de *Altamira Recruiting*, ésta se presenta como una plataforma de reclutamiento rápida y fácil de utilizar a la vez que adaptable y personalizable basada en un entorno web (software SaaS) que gestiona el proceso de reclutamiento. Incluye hasta cincos servicios especializados: *Altamira Recruiting* para administrar el proceso de reclutamiento; *Altamira Employees* para organizar los datos y procesos de Recursos Humanos; *Altamira Learning* para administrar la formación de los empleados; *Altamira Performance* para gestionar las evaluaciones de competencia y *Altamira Time off* para programar vacaciones y permisos.

Por su parte, en *Jobandtalent* el eslogan de esta empresa es muy significativo "Ahora el trabajo te encuentra a ti". El objetivo de esta app es que cada candidato pueda recibir ofertas que encajan en su perfil y necesidades y que estén cerca de él o de ella, permitiendo chatear con las empresas e, incluso, firmar el contrato. *Jobandtalent* entrevista previamente a los candidatos, asegurándose de su disponibilidad y cercanía al puesto de trabajo incluyendo el archivo de candidatos un histórico de referencias y ratings de empleadores anteriores. Se trata de una plataforma que combina aspectos de un portal de empleo y una red social con elementos de una empresa de trabajo temporal. Se trata de un portal de empleo para las empresas ya que su función principal es conectar ofertas de empleo con los candidatos que estima más apropiados mediante un sistema que mezcla el análisis del Big Data y el aprendizaje automático, pero es necesario tener en cuenta que *jobandtalent* efectúa la contratación, el pago de las nóminas, ofreciendo a la empresa un listado de trabajadores cualificados disponibles para cada trabajo, permitiéndose la posibilidad de sustituir al trabajador/a seleccionado/a sin penalización incluso con la previsión de que si el reemplazo se efectúa en las primeras 48 horas la empresa usuaria no pagas las horas ya trabajadas.

En última instancia, me parece interesante destacar la posibilidad, cada vez más aceptada, de acceder, en el marco del proceso de selección, a entrevistas asíncronas (no en tiempo real). Entrevista grabadas que se está convirtiendo en una herramienta muy útil para muchas empresas en la selección de su personal, gracias a que permiten perfeccionar y acelerar este proceso existiendo empresas dedicadas a prestar este servicio como es el caso, entre otras, de entrevista que se presenta como la primera plataforma de entrevistas en video *online* que pretende optimizar el proceso de selección entre la criba de Curriculum Vitae y la entrevista personal ofreciendo packs de video-entrevistas o el servicio a través del sistema *pay per use.*

En general, cuando hablamos de selección 3.0 se trata de plataformas (apps) centradas en ofrecer servicios para la selección de trabajadores con el objetivo de conseguir que ésta sea más rápida, económica y amplia posible, facilitando que las empresas puedan publicitar sus ofertas en portales de empleo y redes sociales, encontrar el mejor candidato/a posible previamente seleccionado a través de algoritmos y que permite hacer un seguimiento del proceso de selección con la práctica de test, realización de entrevistas. Llegando incluso a facilitar la contratación, pago de nóminas (contra factura) e, incluso, la sustitución de trabajadores seleccionados.

II. Las ventajas y los inconvenientes del *e-recruitment* o la selección 2.0

Si bien una gran parte de los profesionales de Recursos Humanos han integrado las redes sociales como instrumentos de su trabajo diario. Tal y como se señala en el Informe *The Jobvite Recruiter, 2015*, en relación a Estados Unidos, el reclutador dinámico de hoy utiliza todas las herramientas disponibles (en especial, las que facilitan las nuevas tecnologías) para conectar con los solicitantes de empleo. Sólo el 4 % de los reclutadores no están utilizando los medios sociales en sus cometidos de reclutamiento, llegando a considerar un 72 % de los reclutadores que el análisis de los datos disponibles es algo muy importante en el proceso de contratación[5], en muchos casos, estos reclutadores 2.0 sólo utilizan las nuevas tecnologías como una herramienta complementaria a la que recurrir cuando se quieren ampliar la información de la que disponen sobre los candidatos preseleccionados. No obstante ello, son cada vez más numerosas las empresas o servicios de RRHH que optan por la selección de trabajadores *online* y buscar los trabajadores en plataformas de *e-recruitment*. Tal y como se señala en el Informe 2015 Infoempleo-Adecco Redes Sociales y Mercado de Trabajo, más del 80 % de las empresas en España tienen presencia en redes sociales, y el 87 % de los reclutadores las utilizan para descubrir talento convirtiendo, de esta manera, en un canal adicional para poder llegar a los candidatos consolidándose como un apoyo fundamental para la atracción y selección de talento y como unas herramientas indispensables para atraer a los mejores profesionales.

Así, tal y como se señala en este Informe, los portales de empleo (95 %), las páginas web de las empresas (84 %) y las redes sociales (87 %) son las tres herramientas más utilizadas por los profesionales de selección para reclutar a futuros candidatos, aunque su frecuencia de uso varía considerablemente en función del canal elegido. A pesar del auge de esta modalidad de reclutamiento, 7 de cada 10 empresas afirman no invertir en reclutamiento 2.0, a pesar de que el uso de las redes sociales como medio para reclutar candidatos ha aumentado un 12 % en el último año, y acumula ya un crecimiento total del 20 % desde el año 2011. El reclutamiento 2.0

---

5   Vid, The Jobvite Recruiter National Survey, 2015 en <https://www.jobvite.com/wp content/uploads/2015/09/jobvite_recruiter_nation_2015.pdf>.

y la búsqueda, por parte de las empresas, de talento a través de internet o de las redes sociales es hoy una realidad, y son cada vez más las empresas que están avanzando, claramente, por transformar su estrategia de reclutamiento y selección apostando por Internet y las redes sociales o acudiendo a empresas que ofrecen estos servicios.

A continuación, voy a tratar de exponer cuáles son las principales ventajas y algunos de los principales inconvenientes (o desventajas) del *e-recruitment*, ya que con independencia de su impacto concreto que hemos tenido ocasión de apreciar y de que podemos considerar que estamos inmersos en una etapa de plena consolidación de la selección 2.0, todavía un porcentaje muy alto de potenciales usuarios mantiene una actitud pasiva frente a esta nueva realidad, ya sea, en ocasiones, por desconocimiento o falta de información o por reticencias o temores a facilitar cierta información que puede estar abierta en la Red.

Cuando hablamos de ventajas de *e-recruitment*, en general, se apuntan cuatro grandes ventajas de la selección de trabajadores en internet o a través de las redes sociales: de un lado, tal y como ya he apuntado, la rapidez y el ahorro en los costes selección: costes económicos y en términos de tiempo. Sin duda alguna, ésta es una de las grandes ventajas que ofrece la selección o el reclutamiento 2.0 frente a los métodos tradicionales de reclutamiento, la ventana abierta que es internet 24 horas al día, 7 días a la semana, 365 días del año, permite que, prácticamente a coste 0, se pueda dar publicidad de las plazas disponibles, perfiles requeridos y condiciones de la oferta, suponiendo una importante reducción de costes, tanto para las grandes como para las medianas y pequeñas empresas, que, frente al anuncio en el periódico, ven como las redes sociales pueden dar publicidad a sus necesidades y facilitar la búsqueda del candidato más idóneo. Incluso en aquellos casos en los que se opte por una web de reclutamiento 2.0 de pago, el coste económico de la gestión de las ofertas de empleo es más barato. Pero, más allá del coste económico, también hay una importante reducción en términos de tiempo, tanto por lo que respecta a la publicidad de la plaza o plazas disponibles que puede hacerse de forma inmediata como respecto a la recepción de respuestas por parte de los candidatos, lo que revierte en una reducción general e importante del tiempo de gestión del proceso de reclutamiento de trabajadores.

Otras de las ventajas que ofrece el reclutamiento 2.0 es la posibilidad de llegar a los denominados candidatos "pasivos", es decir, trabajadores que no están buscando un nuevo empleo, pero que son ciudadanos activos en internet y en las redes sociales y que pueden sentirse atraídos por una oferta de empleo a la que han tenido acceso y que a través de los sistemas tradicionales no hubieran podido acceder, ya que, en general, se utilizan técnicas de selección que van dirigidas a los candidatos activos a través de ofertas en periódicos o portales de empleo. Así, a través de internet y/o las redes sociales, más allá de ofrecer una vacante a candidatos que buscan una oferta de empleo, se puede acceder a perfiles de muchos trabajadores y enfocar el proceso de selección hacia el perfil de candidatos pasivos, ya que, aunque esté lejos de sus intenciones cambiar de empresa y de trabajo, se puede realizar una oferta atractiva que permita, si es el caso, captar talento para la empresa.

Además de estas dos ventajas, el reclutamiento 2.0 permite que se realice una mayor y mejor clasificación de los candidatos (virtualmente ilimitado). La capacidad de filtrar el conjunto de candidatos es mayor con la selección 2.0 que en los métodos tradicionales, no sólo porque permite que el reclutador focalice la búsqueda del candidato a través de un perfil mucho más específico, centrándose, de esta manera, en los candidatos que realmente están calificados para el puesto vacante, dando tiempo así para la correcta y efectiva revisión de perfiles y la posterior realización de pruebas de selección o fijación de entrevistas[6].

El reclutamiento 2.0 permite, además, más allá del estricto proceso de selección de candidatos, aumentar la imagen de la organización, especialmente a través de la construcción de un sitio de reclutamiento corporativo, como buena marca empleadora (*Employer Branding*) y empresa moderna. Así, las empresas pueden aprovechan sus canales de empleo en las redes sociales para darse a conocer entre potenciales candidatos. Las páginas web o enlaces webs de *e-recruitment* pueden ser mediadores (como los portales de trabajo, que recogen ofertas de empresas y datos de demandantes) o pueden ser las propias webs corporativas de las empresas o las de instituciones (asociaciones profesionales, universidades, etc.), que incorporan un valor añadido a la web corporativa permitiendo una proximidad entre el que busca empleo y la marca de la empresa.

Cuando se habla de *Employer Branding* debe tenerse en cuenta que se trata de una cuestión a caballo entre la gestión de los RRHH y el marketing empresarial, pero que está adquiriendo, cada vez más, relevancia vinculada a la selección 2.0, y cuyo objetivo no es otro que el de construir

---

6   Rojas Aguado, P., *Reclutamiento y selección 2.0.: La nueva forma de encontrar talento* (Barcelona, 2010), Editorial UOC, SL, 2010, pp. 10-11.

una reputación de buen empleador tanto para los empleados actuales como para los futuros, ya que es una buena forma de atraer talento. El *Employer Branding* hace referencia a la estrategia de una empresa para potenciar su identidad corporativa y lograr atributos asociados a la atracción profesional, mejorando la percepción de la empresa para los empleados ya contratados, pero también respecto a nuevos o potenciales trabajadores. Estrategia que utilizan, incluso, empresas multinacionales de primer orden[7].

La imagen que tiene una organización como un buen y gran sitio para trabajar, tanto para los que ya forman parte de la empresa como en el caso, entre otros, de candidatos potenciales, ser relaciona con las empresas de reclutamiento. Sin duda alguna, estas son un proceso clave para la fidelización, atracción y captación del talento[8], además de ser un instrumento importante para atraer inversiones, clientes o el desarrollo de nuevos productos y servicios. En este sentido, no son pocas las empresas que cuenta con espacio en su propia página web para abordar cuestiones referidas a las vacantes existentes y las posibilidades de optar a trabajar en la empresa, convirtiendo el *Career Site* o espacio en la web en el que las empresas ponen la información necesaria para que un candidato solicite un empleo, en uno de los canales más efectivos para el reclutamiento de trabajadores[9].

Pero más allá de las importantes ventajas descritas, el *e-recruitment* también tiene algunos inconvenientes, que es necesario tener en cuenta. Así, la utilización de internet y las redes sociales para el reclutamiento de trabajadores comporta la exclusión de una parte de los candidatos potenciales, ya que, a pesar de los avances acometidos en torno a la denominada sociedad digital, es necesario tener en cuenta que una parte importante de la misma está todavía está fuera del uso cotidiano de las TIC's. Aún hoy, es numeroso el número de personas que carecen de acceso a ordenadores o no tienen las habilidades necesarias para utilizar la selección 2.0. Debe

---

7   Vid, al respecto, en relación a Microsoft, *How Microsoft Uses Social for Recruiting and Employer Branding*, <http://linkhumans.com/blog/online-recruitment-employer-branding-microsoft-case-study>.

8   Cascio, W.F., "Leveraging employer branding, performance management and human resource development to enhance employee retention", en *Human Resource Development International*, vol. 17, Iss. 2, 2014, pp. 121-128.

9   Vid, al respecto: CAREERxROADS. *The State of Executive Recruiting 2016*, publicado 29 septiembre 2016, en <http://www.careerxroads.com/2016/09/2016-state-of-executive-recruiting/>.

tenerse en cuenta, así pues, que el anuncio de una vacante en internet o a través de las redes sociales supone que éste no sea "visible" para una parte importante de los candidatos potenciales y que se convierte en algo relevante cuando se trata del reclutamiento de puestos de trabajo con un bajo perfil tecnológico.

Otro de los inconvenientes que, en general se atribuye al *e-recruitment* alude a aspectos más vinculados al desarrollo del proceso, por cuanto se suelen apuntar las dificultades vinculadas al exceso de demandas de empleo, de currículums recibidos que dificulta la selección y aumenta la posibilidad de excluir candidatos idóneos, aunque en general existen, tal y como hemos visto en el caso de empresas especializadas en ellos, algoritmos que permiten, a través del uso de numerosas variables, que la criba de candidatos se ajuste al perfil de la vacante ofertada y a las necesidades de la empresa. A ello hay que añadir como inconveniente, el riesgo de deriva a una cierta despersonalización del proceso de selección. Despersonalización también existente en los métodos tradicionales de reclutamiento y que es subsanable, al igual que en los métodos tradicionales, en el proceso de selección durante la fase de entrevista personal.

Quizás los inconvenientes mayores se plantean en torno a los importantes peligros relativos a la privacidad de los datos de los candidatos disponibles en la red y el uso indebido que de ellos haga o puede hacer la empresa, ya que los límites que la normativa en materia de protección de datos personales impone son importantes y deben ser tenidos en cuenta tanto al recabar información de los candidatos directamente como al buscar información adicional o complementaria en las redes sociales. El peligro de mala praxis en el tratamiento de la privacidad de los candidatos es un riesgo evidente de la selección 2.0 que hay que tener en cuenta a la hora de su utilización, tal y como más adelante tendremos ocasión de apreciar.

En cualquier caso, con independencia de las desventajas que este sistema de reclutamiento conlleva en especial el referido a la no implantación total de internet en el mundo y la exclusión que ello comporta, es una oportunidad para la empresa para construir una buena comunidad o *networking*, mantenerla, definir una estrategia y seguirla y tener personal adecuado a estas actividades para defender la posición de la empresa en las redes sociales.

III. El principio de no discriminación y el *e-recruitment* o la selección 2.0

El principio de no discriminación en el proceso de reclutamiento se proyecta en dos momentos esenciales, de un lado, en el mismo instante en el que se presenta la oferta de la plaza vacante porque el anuncio ya sea en portales de empleo, redes sociales o *web sites* de la oferta de la plaza vacante que se pretende cubrir no debe contravenir las disposiciones sobre contratación vigentes en materia de igualdad de trato y no discriminación.

Así, tal y como se establece en el artículo 4.2.c) del Texto Refundido del Estatuto de los Trabajadores, los trabajadores en el marco de la relación de trabajo tienen derecho a no ser discriminados directa o indirectamente para el empleo, o una vez empleados, por razones de sexo, estado civil, edad dentro de los límites marcados por esta ley, origen racial o étnico, condición social, religión o convicciones, ideas políticas, orientación sexual, afiliación o no a un sindicato, así como por razón de lengua, dentro del Estado español. Tampoco podrán ser discriminados por razón de discapacidad, siempre que se hallasen en condiciones de aptitud para desempeñar el trabajo o empleo de que se trate.

El art. 17 del ET concreta el alcance de este derecho a la no discriminación en las relaciones laborales al establecer que se entenderán nulos y sin efecto los preceptos reglamentarios, las cláusulas de los convenios colectivos, los pactos individuales y las decisiones unilaterales del empresario que den lugar en el empleo, así como en materia de retribuciones, jornada y demás condiciones de trabajo, a situaciones de discriminación directa o indirecta desfavorables por razón de edad o discapacidad o a situaciones de discriminación directa o indirecta por razón de sexo, origen, incluido el racial o étnico, estado civil, condición social, religión o convicciones, ideas políticas, orientación o condición sexual, adhesión o no a sindicatos y a sus acuerdos, vínculos de parentesco con personas pertenecientes a o relacionadas con la empresa y lengua dentro del Estado español.

Aunque aparece referido al marco de la relación laboral, el principio de igualdad y no discriminación en sus múltiples acepciones se extiende al momento mismo del reclutamiento con la presentación de la oferta de la plaza vacante y durante todo el proceso de selección, especialmente, en el momento de la entrevista de ahí que hay ciertos aspectos personales que no deben tener cabida en el mismo, debiéndose tener mucho cuidado con los anuncios que se hagan al respecto, ya que los anuncios de ofertas de empleo en los que se excluye o se desalienta abiertamente a los candidatos con algunas condiciones personales, como la de estar casados o ser mayores de cierta edad, o tener un determinado color de piel o sexo, constituyen un ejemplo de discriminación directa. Las variables discriminatorias que tienen más peso para los empleadores en el proceso de selección de personal son el "sexo" y la "edad", para todos los niveles de calificación[10].

En relación con la intermediación en el mercado, el Real Decreto Legislativo 3/2015, de 23 de octubre, por el que se aprueba el texto refundido de la Ley de Empleo, recoge el principio de no discriminación como uno de los principios básicos de la intermediación e, incluye, en el apartado dedicado a la misma un artículo referido a la discriminación en el acceso al empleo, en el que se establece que los servicios públicos de empleo, sus entidades colaboradoras y las agencias de colocación en la gestión de la intermediación laboral deberán velar específicamente para evitar la discriminación tanto directa como indirecta en el acceso al empleo. Los gestores de la intermediación laboral cuando, en las ofertas de colocación, apreciasen carácter discriminatorio, lo comunicarán a quienes hubiesen formulado la oferta. Añadiéndose que, en particular, se considerarán discriminatorias las ofertas referidas a uno de los sexos, salvo que se trate de un requisito profesional esencial y determinante de la actividad a desarrollar y que, en todo caso, se considerará discriminatoria la oferta referida a uno solo de los sexos basada en exigencias del puesto de trabajo relacionadas con el esfuerzo físico.

Debe tenerse además en cuenta, así pues, que el proceso de reclutamiento es una etapa importante del proceso de selección de personal. Se trata de una fase o etapa que está centrada en promover la atracción de un número suficiente de personas con las competencias adecuadas al perfil de la plaza vacante para optar a cubrirla y reconociendo que el proceso de reclutamiento, en sí mismo, es un proceso de "discriminación" de candidatos para poder seleccionar el candidato más óptimo para

---

10 Sobre el tema de la discriminación en el proceso de selección, vid, entre otros: García-Izquerdo, A.L. y García-Izquierdo, M., "Discriminación, igualdad de oportunidades en el empleo y selección de personal en España", en *Revista de Psicología del Trabajo y de las Organizaciones* — 2007, Vol. 23, n. 1, pp. 111-138; Hogler, R.L.; Henle, Ch. y Bemus, C., "Internet Recruiting and Employment Discriminatio", en *Human Resource Management Review*, vol. 8 n. 2, 1998, pp. 149-164.

la vacante oferta, la selección debe fundamentarse en razones objetivas basadas en el nivel de educación, la experiencia laboral o las habilidades de los candidatos, dejando al margen cuestiones referidas a características personales de los mismos, como es el sexo, el color, la raza, la edad, el estado civil, la religión, las ideas políticas que constituyen claros criterios de discriminación.

Más allá de casos evidentes, en los que observamos anuncios de vacantes que excluyen a un determinado colectivo por razón del sexo, la edad u otros motivos y que, obviamente, son discriminatorios, la contravención del principio de igualdad y no discriminación en el proceso de selección y también, por tanto, en la selección 2.0, presenta un problema de índole práctico. Dicho problema es la prueba de la conducta discriminatoria de la empresa, del reclutador o, incluso, del algoritmo utilizado y la simple inversión de la carga de la prueba que obliga, a quien ha realizado la selección, a demostrar que ésta se ha producido tomando en consideración circunstancias objetivas, es decir, que las personas que han concurrido en el proceso de selección han sido evaluadas a partir de los requisitos exigidos en la oferta de la plaza vacante con objetividad, transparencia e igualdad de oportunidades y, en definitiva, que la selección se ha efectuado basándose en los méritos y las competencias para el desempeño de las funciones concretas de la plaza ofertada, no resuelve los problemas de fondo, pero obliga al reclutador a actuar conforme a estos criterios ante la posibilidad de ser demandado por infracción del principio de igualdad y no discriminación.

El reclutamiento es, además, una fase en la que se suele solicitar información personal a los candidatos que se postulan para la plaza vacante y dado el carácter sensible de mucha de la información solicitada es importante efectuar un uso adecuado de esa información. Uso adecuado que debe extenderse, también, a la información no solicitada, pero "libre" en internet sobre los candidatos. El riesgo de interferir en la esfera privada de los candidatos que se postulan a una vacante en el manejo de la información facilitada por el candidato y, en mayor medida, en relación con la información disponible en internet y, en especial, en las redes sociales, es grande. Lejos de abrir el debate sobre el alcance amplio o limitado del derecho a la privacidad en las redes sociales y el acceso por parte de las empresas a la información de sus trabajadores y/o candidatos a un empleo y su relación con el derecho a la intimidad[11], sí parece importante tener en

---

11 Aunque referido al ámbito de la correspondencia en la empresa y la utilización de las cuentas de correo profesionales para usos personales, el Tribunal Europeo de Derechos

cuenta que nos encontramos ante un límite claro del uso del *e-recruitment* o la selección 2.0.

Ante el riesgo de que la selección de un candidato sea o pueda ser calificada de discriminatoria por el presunto uso de información disponible en las redes sociales, ¿qué pueden hacer los empleadores para garantizar que las decisiones de reclutamiento siempre se hagan únicamente sobre la base de las habilidades y formación, más que la edad, la religión o el sexo? El mejor y más efectivo sistema es que los reclutadores desarrollen criterios de selección para que puedan realizar búsquedas en una base de datos de Curriculum Vitae, centrándose en los candidatos que poseen los conocimientos adecuados y tienen la experiencia adecuada para el trabajo ofertado, ignorando, al mismo tiempo, los detalles que pueden conducir a la discriminación, tales como nombre, sexo, edad, discapacidad o creencias religiosas (estos detalles deben de hecho ser retirados de los formularios de solicitud en total).

En definitiva, ya sea a través del uso de un *software ad hoc* o mediante sistemas más tradicionales de chequeo de los currículums, la selección debe estar centrada en los conocimientos, habilidades y experiencia de los candidatos y hacer uso, como hacen las empresas dedicadas al reclutamiento de trabajadores, de algoritmos que sólo tengan en consideración criterios objetivos de selección de los trabajadores basados en el nivel de formación, la experiencia laboral previa, las habilidades y la idoneidad del candidato con las funciones a realizar.

Humanos en su sentencia de 12 de enero de 2016 Barbulecu v. Rumanía. La cuestión de la privacidad de las herramientas tecnológicas por parte del trabajador ha sido ya abordada por parte del Tribunal Europeo de Derechos Humanos en algunas sentencias anteriores Halford y Copland, si bien esta sentencia de 12 de enero de 2016 no las tomará en consideración por considerar que se trata de supuestos diferentes. En síntesis este Tribunal no considera abusivo, sino que entraría en su poder de dirección, que un empleador desee controlar el correcto cumplimiento de sus tareas por parte de los trabajadores, y acepta la tesis de los tribunales nacionales, no ve razón alguna para cuestionar sus argumentos, de la corrección de la actuación empresarial por haber accedido a la cuenta profesional del trabajador con la convicción de que sólo contenía información profesional y que era la que deseaba controlar a pesar de haber accedido a la correspondencia privada existente a la que también tuvo acceso al hacer el seguimiento de la cuenta profesional. Ver el contenido completo de esta sentencia (en inglés) en <http://hudoc.echr.coe.int/eng?i=001159906&%7B%22itemid%22%3A%5B%22001-159906%22%5D%7D#{"itemid":["001-159906"]}>.

IV. La protección de datos de carácter personal y el *e-recruitment* o la selección 2.0

Más allá de las cuestiones ya abordadas referidas al principio de no discriminación, en el proceso de selección de trabajadores durante los procesos de reclutamiento *online* debe tenerse en cuenta que suponen la cesión de muchos datos de carácter personal por parte de los candidatos a un puesto de trabajo, partiendo de la consideración fáctica de que, para optar a una plaza vacante y postularse como candidato, el solicitante de un empleo se encuentra en una posición en la que no es fácil negarse a dar la información que le solicitan, siendo necesario hacer un uso muy garantista de protección de los datos facilitados por los candidatos.

Así, en relación con el Currículum vitae y la información solicitada parece muy conveniente, cuando los recursos de la empresa lo permitan, poner al alcance de los candidatos modelos de impresos tipo para la formalización de su Currículum vitae, así como de un procedimiento de formalización y entrega de los mismos por parte de los candidatos, ya que ello permite no sólo informar adecuadamente, sino definir con precisión el tipo de datos a tratar, establecer las medidas de seguridad, etc.

Igualmente, es fundamental que en el anuncio o convocatoria de la oferta *on line* se incluya la información eferida a los derechos de información en la recogida de datos recogidos en el art. 5 de la Ley Orgánica 15/1999, de 13 de diciembre, de Protección de Datos de Carácter Personal, en adelante LOPD, básicamente, se informe de la existencia de un fichero o tratamiento de datos de carácter personal, de la finalidad de la recogida de éstos y de los destinatarios de la información, así como del carácter obligatorio o facultativo de su respuesta a las preguntas que les sean planteadas, las consecuencias de la obtención de los datos o de la negativa a suministrarlos; de la posibilidad de ejercitar los derechos de acceso, rectificación, cancelación y oposición y, en definitiva, de la identidad y dirección del responsable del tratamiento o, en su caso, de su representante. Si el Currículum vitae se presenta directamente por el candidato, dicha información deberá estar incluida en el formulario, debiéndose fijar procedimientos de información que supongan algún acuse o confirmación de conocer las condiciones en las que se desarrollará el tratamiento.

Debe, en definitiva, abogarse porque más allá de incluir, de forma claramente visible, la información a la que hace referencia el artículo 5 de la

LOPD, a la que el usuario deberá poder acceder con facilidad y de forma directa y permanente, favorecer la adecuación, pertinencia y el carácter no excesivo de los datos solicitados. La clave es, por tanto, restringir la recogida de datos que pudieran considerarse no directamente relevantes con el procedimiento de reclutamiento. Los datos relativos a la ideología, afiliación sindical, religión, creencias, origen racial, salud y vida sexual de los demandantes de empleo sólo podrán ser tratados por los empleadores e intermediarios cuando este tratamiento esté suficientemente justificado en relación al proceso de la contratación laboral de que se trate y, en cualquier caso, sólo podrán ser obtenidos, tratados y cedidos cuando el afectado consienta expresamente.

En el caso de tratarse de una base de datos de Currículums vitae, debe informarse a los candidatos de que los datos se mantendrán en la base de datos por un tiempo determinado, obligándose a los demandantes de empleo a renovar su solicitud o Currículum Vitae una vez transcurrido este plazo. Debe tenerse en cuenta que en el caso del *e-recruitment* o la selección 2.0, las características del medio en el que se produce la recogida de datos hace que los ciudadanos puedan tener dudas sobre la seguridad que ofrecen estas webs o, incluso, sobre los distintos fines a que podrían destinarse (tratamientos de prospección comercial, cesiones a otros portales, transferencias a otros países), sin olvidar tampoco que en el caso de España la información que generalmente se facilita al usuario a través de las páginas web no siempre cumple los requisitos previstos en el antes citado artículo 5 de la LOPD, y es por ello que la Agencia Española de Protección de Datos, en adelante AGPD, en noviembre de 2005 realizó un Informe de conclusiones y recomendaciones como resultado de un plan de inspección de oficio sobre la selección de personal a través de internet, donde se procedió a inspeccionar "portales de empleo" y, en general, todas aquellas entidades que, a través de internet, recaban datos de carácter personal de los demandantes de empleo analizando los tratamientos de datos de carácter personal, evaluando su adecuación a la normativa sobre protección de datos, detectando las posibles deficiencias y elaborando una propuesta de recomendaciones con objeto de propiciar su subsanación[12].

---

12 Este es un Informe como resultado de un Plan de Inspección que se ha desarrollado en dos fases. Durante la primera, que se ha denominado *"Estado de situación"*, se visitaron y analizaron hasta 170 sitios *web* y en cuya selección se han empleado, entre otros, criterios geográficos, de forma tal que todas las Comunidades Autónomas estuviesen representadas 49 de estos 170 sitios eran Portales de empleo .Tras el análisis previo

Se trata, sin duda alguna, de un documento sumamente interesante, en el que se incluyen conclusiones obtenidas respecto de los sitios web analizados en relación con cada uno de los principios consagrados por nuestra legislación de protección de datos, así como una serie de recomendaciones que deberán ser observadas por todas aquellas entidades que, a través de internet, recaban datos de carácter personal de los demandantes de empleo, al objeto de adecuar su funcionamiento a los principios de la LOPD, y a la normativa que la desarrolla. En total, son hasta diez recomendaciones en relación con el principio de calidad de datos, el principio de información en la recogida de los datos, el tratamiento de los datos especialmente protegidos, el acceso a los datos por cuenta de terceros, la comunicación de datos, la cancelación de datos, el principio de seguridad de los datos, así como el movimiento internacional de datos.

Me parece oportuno destacar que sobre la adecuación, pertinencia y carácter no excesivo de los datos que en algunas webs se recogen también datos sobre aficiones, y otras características personales que, en principio, no tienen una relación directa con la solicitud de un puesto de trabajo, pero que suelen obtenerse con objeto de realizar una aproximación más cercana a la personalidad del candidato y no solo a su capacitación profesional, excediéndose, de esta manera, en la solicitud de información necesaria para la selección objetiva de candidatos.

Igualmente es importante destacar que entre los servicios ofrecidos por algunos portales a las entidades que publican ofertas de trabajo figura la posibilidad de incluir, junto a la descripción del puesto ofertado, un cuestionario de preguntas (las denominadas, en argot anglosajón, "*killer questions*"), más o menos extenso, con el que el empleador puede obtener una información más completa acerca de la idoneidad de cada candidato para el puesto y así facilitar la labor de clasificación ("*screening*") de los interesados. Sin que, por lo general, los portales realicen un control sobre el contenido de estos cuestionarios, a pesar de que las respuestas van a formar parte de un fichero del que son responsables los propios portales, pudiendo ocurrir que entre estos datos figuren algunos cuya recogida pueda

---

realizado en estos sitios web, se acometió una segunda fase, en la que en el trabajo de campo se seleccionaron distintos representantes dentro de cada categoría, con objeto de desarrollar inspecciones presenciales en los establecimientos de las respectivas entidades responsables. Total portales de empleo: 4 de 19 webs inspeccionadas: <https://www.agpd.es/portalwebAGPD/canaldocumentacion/recomendaciones/common/pdfs/Informe-Conclusiones-Recomendaciones-17-11-2005.pdf>.

vulnerar los derechos de los candidatos, por no respetar los requisitos de adecuación, pertinencia y no exceso previstos en el artículo 4.1 de la LOPD o, incluso, por constituir datos de los que el artículo 7 de la LOPD considera especialmente protegidos.

En otros casos, la AGPD pudo comprobar que, aunque el proceso de filtrado y evaluación de candidaturas está en gran parte automatizado, determinadas compañías (en particular, las especializadas en la selección de personal y consultoría de RRHH) llevan a cabo con posterioridad evaluaciones adicionales que incluyen tests psicotécnicos o psicológicos, así como pruebas de esfuerzo, reconocimientos médicos o entrevistas personales, cuyos resultados generalmente no se automatizan, conservándose, sin embargo, en muchas ocasiones en soporte papel. En este mismo sentido, algún portal ofrece al usuario la posibilidad de cumplimentar a través de internet tests de variada tipología (personalidad, inteligencia, motivación, actitud directiva, idiomas), pudiendo optar por recibir los resultados en un buzón electrónico. Los resultados se conservan junto al resto de datos aportados por el candidato, sin que éste sea informado convenientemente de esta circunstancia.

En definitiva la AGPD pone el acento, entre otros, en los siguientes aspectos: 1) el tratamiento de los datos de carácter personal requerirá el consentimiento inequívoco del afectado. 2) Los datos de carácter personal sólo se podrán recoger para su tratamiento, así como someterlos a dicho tratamiento, cuando sean adecuados, pertinentes y no excesivos en relación con el ámbito y las finalidades determinadas, explícitas y legítimas para las que se hayan obtenido. 3) No se recogerán de forma indiscriminada datos que pudieran considerarse no directamente relevantes para la relación profesional con el candidato. 4) Los responsables del tratamiento y los responsables de ficheros realizarán un control exhaustivo de las cuestiones que se plantean a los candidatos para evaluar su idoneidad en determinados puestos de trabajo, con objeto de respetar los principios legales de adecuación, pertinencia y no exceso, asegurándose en todo caso de que a través de las mismas no se recaban de los interesados datos especialmente protegidos sin su consentimiento expreso y, cuando sea preciso, por escrito. 5) Los candidatos serán convenientemente informados acerca del posible acceso por parte de empleadores o intermediarios a datos que les conciernen relativos a su trayectoria profesional y que no hayan sido obtenidos directamente de los mismos. 6) Los datos de carácter personal serán cancelados a propia iniciativa del responsable del fichero cuando hayan dejado de ser necesarios o pertinentes para la finalidad para la cual hubieran sido recabados. Igualmente serán cancelados cuando así lo solicite el interesado. 7) En el marco de una oferta de empleo–selección nadie podrá ser obligado a declarar sobre su ideología, religión o creencias. Sólo con el consentimiento expreso y por escrito del afectado podrán ser objeto de tratamiento los datos de carácter personal que revelen la ideología, afiliación sindical, religión y creencias. 8) Los datos relativos a la ideología, afiliación sindical, religión, creencias, origen racial, salud y vida sexual de los demandantes de empleo sólo podrán ser tratados por los empleadores e intermediarios cuando este tratamiento esté suficientemente justificado en relación al proceso de la contratación laboral de que se trate. 9) El responsable del fichero y, en su caso, el encargado del tratamiento deberán adoptar las medidas de índole técnica y organizativas necesarias que garanticen la seguridad de los datos de carácter personal y eviten su alteración, pérdida, tratamiento o acceso no autorizado, habida cuenta del estado de la tecnología, la naturaleza de los datos almacenados y los riesgos a que están expuestos, ya provengan de la acción humana o del medio físico o natural.

V. La recomendación del Comité de Ministros del Consejo de Europa sobre el tratamiento de los datos personales en el contexto del empleo

El Comité de Ministros del Consejo de Europa, en los términos establecidos en el artículo 15.b del Estatuto de este organismo, que permite que las conclusiones del Comité de Ministros podrán, si hubiere lugar a ello, puedan revestir la forma de recomendaciones a los Gobiernos, consciente de la creciente utilización de las nuevas tecnologías y medios de comunicación electrónica en las relaciones entre empleadores y empleados, y las ventajas correspondientes de los mismos, pero creyendo, sin embargo, que el uso de métodos de procesamiento de datos de los empleadores debe guiarse por principios diseñados para minimizar los riesgos que tales métodos podrían plantear a los derechos de los trabajadores y a las libertades fundamentales, en particular su derecho a la intimidad procedieron a dar forma de recomendación a las conclusiones adoptadas, sobre este tema procedió a dar luz verde a la Recomendación del Comité de Ministros del Consejo de Europa sobre el tratamiento de los datos personales en el contexto del empleo[13].

Teniendo en cuenta los cambios que se han producido en el ámbito del uso de tecnologías de la información y la comunicación (TIC) y la globalización de empleo y los servicios, el Comité de Ministros del Consejo de Europa creyó necesario revisar la Recomendación Rec (89) 2 del Comité de Ministros a los Estados miembros en materia de protección de datos de carácter personal utilizados con fines de empleo adoptada el 18 de enero de 1989 con la finalidad de seguir proporcionando un nivel adecuado de protección de las personas en el contexto del empleo y uso, en este caso, de las nuevas tecnologías. Esta Recomendación de 2015 sustituye a la citada Recomendación de 1989.

Con anterioridad a esta recomendación de 1989, el Consejo de Europa había adoptado el Convenio nº 108, de 28 de enero de 1981, para la Protección de las personas con respecto al tratamiento automatizado de datos de carácter personal. Convenio cuya finalidad es la de garantizar, en el territorio de cada Parte, a cualquier persona física sean cuales fueren su nacionalidad o su residencia, el respeto de sus derechos y libertades fundamentales, concretamente su derecho a la vida privada, con respecto al tratamiento automatizado de los datos de carácter personal correspondientes a dicha persona («protección de datos»)[14].

El objetivo de la Recomendación del Comité de Ministros del Consejo de Europa de 2015 no es otro que el de garantizar que los principios contenidos en el anexo de la mismas se reflejan en la aplicación de la legislación nacional sobre protección de datos en el sector del empleo, así como en otras ramas de la ley que inciden en el uso de los datos personales para fines de empleo abogándose por promover la aceptación y aplicación de los principios contenidos en el anexo a la presente recomendación mediante instrumentos complementarios, tales como códigos de conducta, para asegurar que los principios son bien conocidos, comprendidos y aplicados por todos los participantes del sector de empleo, incluidos los órganos de representación de los empleadores y los empleados, y se tienen en cuenta en el diseño y uso de las TIC en el sector del empleo. Así, sobre el tema de la recogida y almacenamiento de datos por parte de los empleadores, tal y como se establece en el apartado 5.2 y 5.3 de esta recomendación, los datos

---

13 Recomendación CM/Rec(2015)5. Vid el texto de la misma (EN/FR) en: <https://search.coe.int/cm/Pages/result_details.aspx?ObjectID=09000016805c3f7a>.
14 BOE de 15 de noviembre de 1985.

personales recogidos por los empleadores para fines de empleo deben ser pertinentes y no excesivos, teniendo en cuenta el tipo de empleo, así como las cambiantes necesidades de información del empleador, absteniéndose de exigir o pedir a un empleado o solicitante de empleo el acceso a la información que él o ella comparte con otros en línea, especialmente a través de las redes sociales.

Por su parte, la protección del tratamiento de los datos sensibles merece especial atención en la Recomendación, en concreto en su apartado 9, estableciéndose múltiples cautelas a efectos de permitir su utilización y con el establecimiento de garantías jurídicas apropiadas para evitar el riesgo de discriminación. Se consideran especialmente sensibles, aquellos datos de carácter personal que revelen el origen racial, las opiniones políticas, las convicciones religiosas u otras convicciones, así como los datos de carácter personal relativos a la salud o la vida sexual. Así, tal y como se establece en el apartado 9 de la Recomendación de 2015, se permite el tratamiento de los datos sensibles en casos particulares, en los que es indispensable para la contratación de un trabajo específico o para cumplir las obligaciones legales relacionadas con el contrato de trabajo dentro de los límites establecidos por la legislación nacional y de acuerdo con las garantías adecuadas.

En relación a los temas de salud, un empleado o un solicitante de empleo sólo pueden ser preguntado referente a su estado de salud y/o ser examinado médicamente con el fin de indicar su idoneidad para el empleo actual o futuro; cumplir los requisitos de la medicina preventiva (PRL); garantizar una rehabilitación adecuada o el cumplimiento de cualquier otro requisito del entorno de trabajo; salvaguardar los intereses vitales del interesado o de otros empleados y personas; permitir los beneficios sociales que se conceda o bien responder a procedimientos judiciales. Los datos genéticos no se pueden procesar, por ejemplo, para determinar la idoneidad profesional de un empleado o un solicitante de empleo, aun con el consentimiento del interesado. El tratamiento de los datos genéticos sólo se permitirá en circunstancias excepcionales, por ejemplo, para evitar cualquier perjuicio grave para la salud de la persona interesada o de terceras personas, y sólo si está previsto por la legislación nacional y con sujeción a las garantías adecuadas.

Respecto a la conservación de los datos, me interesa hacer mención a la referencia expresa contenida en el texto sobre aquellos datos disponibles de los candidatos a un empleo y que, finalmente, no han sido incorporados por la empresa (directamente o a través de una empresa de trabajo temporal), que deberán ser destruidos cuando el empleador ha tomado la decisión final sobre la contratación o bien cuando el candidato se ha retirado (también Una vez cumplida la prestación contractual), previéndose una matización al respecto, cual es que tales datos puedan ser conservados (circunstancia bastante frecuente) con ocasión de poder acceder el trabajador a una nueva oferta de empleo, disponiéndose que, en tal caso, la persona interesada deberán ser convenientemente informada, así como también que "los datos deberán ser borrados en su demanda". Cuando se proceda a la destrucción de cualquier tipo de soporte que contenga datos personales de los demandantes de empleo, se adoptarán las medidas necesarias para impedir cualquier recuperación posterior de la información almacenada en el mismo. La idea fundamental es que los datos personales no deben ser retenidos por los empleadores por un período más largo del que se justifica por los motivos laborales o es requerido por los intereses de un empleado actual o anterior.

En esta recomendación se incluye un apartado especial sobre formas particulares de tratamiento de los datos personales incluyéndose importantes previsiones en relación con el uso de Internet y comunicaciones electrónicas en el lugar de trabajo; Los sistemas y tecnologías de información para el seguimiento de los empleados, incluyendo videovigilancia; la Geolocalización de empleados; el mecanismo de presentación de informes internos; datos biométricos; pruebas psicológicas, los procedimientos de análisis y similares, así como otros tratamientos que presentan riesgos específicos a los derechos de los trabajadores y una seria de salvaguardas adicionales.

A destacar en relación con el reclutamiento de trabajadores, por lo que respecta a la práctica común de pruebas psicológicas, los procedimientos de análisis y similares, se establece que en caso de realizarse este tipo de pruebas el empleado o solicitante de empleo deben ser informados con antelación del uso que se hará de los resultados de estas pruebas, análisis o procedimientos similares y, posteriormente, del contenido de los mismos. Estableciéndose que el recurso a este tipo de pruebas psicológicas, análisis y procedimientos similares realizados por profesionales especializados, con sujeción a la confidencialidad médica, que están diseñadas para evaluar el carácter o la personalidad de un empleado o un solicitante de empleo sólo debería permitirse si es legítimo y necesario para el tipo de actividad realizada en el trabajo y si el derecho interno ofrece garantías apropiadas.

VI. El uso de las redes sociales y el *e-recruitment* o la selección 2.0

En el ámbito del *e-recruitment* y sus límites legales un tema que merece también atención, y al que ya me he referido anteriormente aunque de pasada, es el referido al uso de las redes sociales para acceder a datos de los candidatos. En concreto, atención para especificar hasta qué punto es legal o ético que, en el proceso de *e-recruitment* o selección 2.0, aunque también es extensible a los métodos tradicionales de reclutamiento, se proceda a investigar y valorar la información contenida por el candidato en las redes sociales accediendo a información sobre su vida personal: creencias religiosas, ideas políticas, orientación sexual.

Más allá de la información facilitada o suministrada por los candidatos en el proceso de selección, la presencia en las redes sociales incluyen mucha información adicional de los candidatos que afecta, fundamentales, a cuestiones de su vida privada, entre otras: hábitos, hobbys, creencias, opiniones que pueden estar fácilmente al alcance de los reclutadores y que puede ser utilizada en el proceso de selección. Tal y como se señala en el Informe *2014 Jobvite Job Seeker Nation Study*, los reclutadores reconocen acceder a las redes sociales para conocer más y mejor a los candidatos, de hecho, el 93 % de los reclutadores se han planteado usar los medios o redes sociales en el proceso de reclutamiento, y más relevante, un 43 % de éstos reconoce haber tenido en cuenta a un candidato en función de los contenidos observados en las redes sociales[15].

En ocasiones, el acceso a las redes sociales persigue no tanto entrar en la esfera privada del candidato, sino conocer cuestiones prácticas e importantes para el puesto de trabajo a ocupar, como puede ser la capacidad de comunicación del candidato, su expresión escrita o su habilidad para utilizar los medios sociales. Así pues, debe distinguirse entre el acceso a las redes sociales como posible invasión de la esfera privada del candidato del acceso con fines más estrechamente vinculados con el conocimiento de habilidades del candidato en cuestión. En cualquier caso, el acceso a estos medios y a la información en ellos contenida, ciertamente amplia, que puede permitir adoptar decisiones más rigurosas sobre el perfil del

---

15 Vid, el texto completo de este Informe en: <http://web.jobvite.com/rs/jobvite/images/2014%20Job%20Seeker%20Survey.pdf>.

candidato, en modo alguno, debe ser convertido en el principal o más importante instrumento de provisión y recepción de datos del candidato, de lo que se infiere que si bien las redes pueden facilitar, en parte, las tareas del reclutador posibilitándose acceder a información del candidato sobre habilidades y conocimientos, también puede servir para el desarrollo de prácticas poco éticas y en muchos casos incluso ilegales, en las que los reclutadores pueden incurrir ya sea por desconocimiento de cómo usar este nuevo medio, o ignorancia de las posibles consecuencias de sus acciones o de forma deliberada consciente de sus actos y consecuencias.

Hasta qué punto está práctica es lícita y ética, depende, así pues, de la finalidad con la que sea realizada, así como de las consecuencias que de ella se deriven, no sólo porque influye el tipo de red social utilizada por ejemplo LinkedIn frente a Facebook) o la forma de acceder, sino porque en el fondo la valoración que para el reclutador haya tenido la información encontrada en las redes sociales es lo que podrá determinar la licitud o ilicitud de esta práctica. No en vano si la finalidad de este acceso es la de forjar prejuicios hacia la persona seleccionable a partir de la información a que se ha tenido acceso a través del perfil de los candidatos en las redes sociales, teniendo en cuenta las consultas realizadas, comentarios vertidos, fotos colgadas, red de amigos o seguidores, la práctica de acceder a estas redes sociales es poco ética o ilegal, ya que debe tenerse en cuenta, siempre, el contexto en el que esta presencia en las redes sociales se produce.

En cambio, tal y como he señalado, si ese acceso se utiliza o sirve para valorar el grado de conocimientos de determinados aspectos relacionados con su área profesional o aspectos más generales como sus habilidades digitales, su capacidad y amplitud para establecer relaciones, mantenerlas, ampliarlas o incluso su forma de comunicarse en términos de ortografía o cualquier otro signo de grafía o forma de escribir, en este segundo caso, el acceso a esta información y el uso que de esta información se hace se ajusta a los parámetros de razonabilidad y no se extralimita de las funciones objetivas de la persona que actúa como reclutador.

El riesgo de que el acceso a esta información "libre" pueda dar lugar a prácticas ilícitas es evidente, por ello, es importante que las empresas opten por fijar un protocolo o manual de uso de las redes sociales para la selección de candidatos, optándose por un sistema de búsqueda de información común para todos los candidatos, se deje constancia de la información que se debe buscar y que, en definitiva, se considera relevante para el proceso de reclutamiento y selección y proceder, en el caso que se acceda a esta fuente de información, a fundamentar la decisión tomada. Esto último alejará cualquier duda de uso de información discriminatoria y será un elemento de peso para contrarrestar cualquier acusación que pueda padecerse en este caso por parte de candidatos que consideren que se ha violado su intimidad o efectuado una práctica discriminatoria en el proceso de selección y reclutamiento.

Conclusiones: a modo de reflexiones o consideraciones finales

Como hemos tenido ocasión de apreciar en este trabajo, la inmersión de las nuevas tecnologías en los procesos de selección ha supuesto y supone un importante cambio en la dinámica de estas prácticas y un auténtico desafío para quienes participan de este proceso, ya sea en su condición de candidatos o en la condición de reclutadores.

Así, si bien el *e-recruitment* o la selección 2.0 está permitiendo superar fronteras inalcanzables hasta ahora a través de las nuevas tecnologías al servicio de la selección, permitiendo un sistema de reclutamiento que ha ampliado el abanico de potenciales usuarios, a través de una selección más rápida, práctica, eficiente y económica para los empleadores, incluso incidiendo directamente en su marca y en su posicionamiento como empresa, no se trata de una práctica exenta de riesgos ya que tal y como hemos visto, existen importantes peligros en el uso de este sistema, tanto por parte de las empresas que inician directamente un proceso de selección como de las empresas dedicadas al *e-recruitment* o la selección 2.0; riesgos por lo que respecta a la privacidad de los datos facilitados por los candidatos o disponibles en la red y el uso indebido que de ellos haga o puede hacer la empresa, ya que los límites que la normativa en materia de protección de datos impone son importantes y deben ser tenidos en cuenta, tanto al recabar información de los candidatos directamente como al buscar información adicional o complementaria en las redes sociales.

Las empresas, a través de las nuevas tecnologías y las redes sociales pueden participar en una búsqueda de candidatos fuera de sus cauces habituales de reclutamiento, ya sea de forma exclusiva o complementaria con los métodos tradicionales de selección, repercutiendo en una mayor cantidad de candidatos y, en principio, de acceso a talento, lo que lo convierte en un instrumento óptimo de selección de personal. Por su parte, los buscadores de empleo pueden acceder a un número mayor de ofertas de empleo y establecer una relación más estrecha con las empresas directamente mostrando su interés por la marca si se dirigen a ellas.

No obstante, como ya he apuntado se trata de una actividad no exenta de riesgos, así en este trabajo también se han apuntado algunos límites en torno al principio de no discriminación, no sólo en la forma de publicación de los anuncios de las vacantes, sino también y, especialmente, en el uso de la información facilitada y en la resolución final adoptada sobre la idoneidad o no de los candidatos. Donde más dudas o peligros existe es, en cualquier caso, en el acceso y administración de la información disponible en las redes sociales, ya que un uso inadecuado de esta información puede convertir la práctica de acceder a la misma en una práctica ilícita en función, en mi opinión, del uso que se haga de esta información, más allá obviamente de la forma de acceso.

A nadie se le escapa que la irrupción de las nuevas tecnologías en el proceso de reclutamiento de trabajadores es una excelente oportunidad para que las empresas puedan construir una buena comunidad o *networking*, definir una estrategia y seguirla y tener personal adecuado a estas actividades para defender la posición de la empresa en las redes sociales. Cada vez es más amplio el número de empresas que ofrecen estos servicios profesionalizados y están preparadas para el uso de las nuevas tecnologías en la selección de personal, pero no estaría demás, con independencia de si se externaliza o no esta práctica, formar a los reclutadores en el uso de las nuevas tecnologías y los medios sociales para ese fin.

Bibliografía

Adecco. *Informe 2015 Infoempleo-Adecco Redes Sociales y Mercado de Trabajo.*

Andrés Reina, M.P., "Nuevos Procedimientos en el Proceso Empresarial de provisión de candidatos: el Reclutamiento on line", en *Cuadernos de Ciencias Económicas y Empresariales*, núm. 47, 2004.

Bondaroux, T., Ruël, H., Looise, J.C., *Electronic HRM in theory and practice*. Bingley, Emerald Group Publishing Limited, 2011.

Careerx Roads, *The State of Executive Recruiting*, 2016.

Cascio, W.F.; "Leveraging employer branding, performance management and human resource development to enhance employee retention". *Human Resource Development International*, Vol. 17, Iss. 2, 2014.

Dhamilja, P.; "*E-recruitment*: a roadmap towards e-human resource management". *Journal of Arts, Science&Commerce*. Vol. III, Issue–3(2), July. 2012.

Feldman, D. C. & Klaas, B. S. 2002. "Internet Job Hunting: A Field Study of Applicant Experiences with On-line Recruiting". *Human Resource Management*, 41(2).

Galanaki, E., 2002. "The decision to recruit online: a descriptive study". *Career Development International*, 7(4).

García-Izquerdo, A.L. y García-Izquierdo, M.; "Discriminación, igualdad de oportunidades en el empleo y selección de personal en España". *Revista de Psicología del Trabajo y de las Organizaciones* — 2007, Vol. 23, núm. 1.

Gimeno, T., *La Evolución Del Reclutamiento: Del 1.0 al 3.0,* <http://blog.talentclue.com/la-evolucion-del-reclutamiento-del-10-al-30> (post).

Hogler, R.L.; Henle, Ch. y Bemus, C. "Internet Recruiting and Employment Discriminatio". *Human Resource Management Review*, vol. 8 núm. 2, 1998.

Jobvite Job Seeker Nation Study, An authoritative survey of the social, mobile job seeker, 2014.

Jobvite. *The Recruiter National Survey*, 2015.

Jobvite. *The Recruiter National Report*, 2016.

Martos, D., ¿Qué es el Mobile Recruitment? <http://blog.talentclue.com/que-es-el-mobile-recruitment> (post).

Noguchi, Y., *Mobile Recruiting: The Key To Your Next Job Could Be In Your Pocket* <http://www.npr.org/2015/12/08/458889853/mobile-recruiting-is-the-new-way-to-reach-job-seekers> (post).

Othman, R. M., Musa, N., "E- recruitment practice: pros vs. cons". *Public Sector ICT Management Review*, vol. 1, núm 1, octubre-narzo, 2006.

Rojas Aguado, P., *Reclutamiento y selección 2.0.: La nueva forma de encontrar talento* (Barcelona, 2010), Editorial UOC, SL, 2010.

Smith, A. D. & Rupp, W. T., 2004, "Managerial challenges of e-recruiting: extending the life cycle of new economy employees". *Online Information Review*, vol. 28, núm. 1.

Vargas, C., "Estrategia y tácticas 2.0 para excelente reclutamiento y selección de talento", <http://www.merca20.com/estrategia-y-tacticas-2-0-para-excelente-reclutamiento-y-seleccion-de-talento/> (post).

Whitelegg, D., "An introduction to mobile recruiting, post en agency central", the recruitment agency directory <http://www.agencycentral.co.uk/articles/2016-04/introduction-to-mobile-recruitment.htm> (post).

Luciana Souto de Oliveira

Advogada. Doutoranda em Direito pela Universidade Católica Portuguesa. Porto. Professora Efetiva da Universidade Estadual da Paraíba. Brasil

A influência das publicações em redes sociais *online* e o recrutamento de trabalhadores no ordenamento jurídico brasileiro

Resumo: A internet, atualmente, é uma ferramenta que faz parte da vida das pessoas, diminuindo a distância geográfica entre as mesmas e auxiliando-as na execução de tarefas, através de um clique, apenas. No mundo do trabalho não é diferente, pois se otimiza o tempo, mas problemas jurídicos podem surgir, tanto nas fases próprias do contrato de trabalho como nas fases pré e pós contratuais. A intensiva utilização das redes sociais *online*, pelos usuários da internet, ratifica a importância desta no dia-a-dia das pessoas. Ocorre que, há uma exagerada exposição da vida particular do indivíduo, onde a noção de privacidade parece ocupar um patamar de menos importância para aqueles que exageram na exposição de suas opiniões, podendo comprometer, assim, sua vida profissional. O trabalho, a que se refere a presente proposta, diz respeito a um estudo sobre os impactos jurídico-laborais, no Brasil, em processos de seleção, das publicações em redes sociais *online* de candidatos a empregos, oportunidade em que analisaremos se há transgressão a direitos personalíssimos do candidato a emprego, por parte do pretenso empregador, quando o mesmo rechaça os candidatos em decorrência do que os mesmos publicam nas redes sociais *online* ou se aquele age dentro do que preceitua o ordenamento jurídico laboral brasileiro.

Palavras-chave: redes sociais *online*, recrutamento de trabalhadores, privacidade.

Introdução

A internet proporciona uma importante mudança na vida das pessoas, otimizando tempo na prática de diversas atividades, tanto na vida pessoal quanto profissional, já que através de um clique apenas as pessoas podem praticar atos que outrora precisavam deslocar-se para fazê-lo.

Ao mesmo tempo que a utilização da internet tem trazido diversos benefícios para os usuários, proporciona, também, alguns problemas para os que a utilizam irresponsavelmente, sem levar em consideração as consequências que certas atitudes podem ocasionar a suas vidas e às de outras pessoas, principalmente quando se trata de redes sociais *online*, onde "cada momento da vida passou a ser digitalizado[1]".

As redes sociais *online* são utilizadas, atualmente, para os mais diversos propósitos, seja para encontrar virtualmente amigos que há tempos não se encontram pessoalmente; para facilitar os encontros com os amigos atuais; conhecer novos amigos; para desenvolver atividades relacionadas ao trabalho, bem como, para emitir opiniões sobre os mais diversos assuntos. Quando bem utilizadas, as redes sociais *online* são tidas como uma importante ferramenta; do contrário, podem tornar-se um problema na vida de pessoas que delas se utilizam.

Sobre o assunto, aduz a autora portuguesa Teresa Coelho Moreira: "Com esta irrestrita plataforma para comentar, as redes sociais tornaram-se a pausa para o café, o jornal ou a telenovela, do século XXI, podendo escrever-se e comentar-se tudo. Contudo, estas redes não são iguais aos meios do século passado onde uma conversa casual entre duas a três pessoas em princípio permanecerá entre os mesmos. Com estas redes sociais é possível transmitir estas mesmas conversas ou comentários para outros à distância de um simples *click*[2]".

As empresas têm levado em consideração, cada vez mais, o que as pessoas publicam em redes sociais *online*, na hora de decidir quem deverá ser contratado, ou seja, os candidatos a empregos devem ter cautela no que publicam em redes sociais *online*, pois até mesmo publicações antigas podem comprometer uma vaga almejada no mercado de trabalho[3].

---

1   Sako, E. S. A., *Trabalho e Novas Tecnologias — Direitos on-line ou direitos de 4ª geração* (São Paulo, 2014), Editora LTr, p. 19-20.
2   Moreira, T.A.C., *Estudos de Direito do Trabalho* (Coimbra, 2016), Almedina, p. 23.
3   No ensinamento de Amadeu Guerra, no caso da contratação de um trabalhador, terá que se saber quem será o responsável pela proteção dos dados do mesmo (sendo este um direito constitucionalmente assegurado no art. 5º, XII da Constituição da República Brasileira), pois, caso seja a empresa que esteja contratando diretamente, esta será a responsável por tal proteção, assim como se esta contratar uma empresa especializada, mas determinar quais formas de contratação devem ser observadas. Situação diversa será quando a empresa que esteja à procura de um trabalhador terceirizar totalmente a atividade de contratação, sem interferir em nada para que a mesma aconteça, dando total autonomia à empresa contratada (empresa de recrutamento). Nesse caso, esta

A grande discussão no meio jurídico a respeito da matéria é sobre a questão da privacidade e intimidade do candidato a emprego sobre os comentários que ele publica em sua rede social *online* e até que ponto justifica-se uma empresa deixar de contratar um trabalhador em decorrência do que ele posta nessas mídias sociais e das opiniões que o mesmo possui, externadas nesses meios de comunicação[4].

O presente estudo diz respeito à proteção dada pelo ordenamento jurídico brasileiro, às partes envolvidas, em situações em que a empresa deixa de contratar uma pessoa em decorrência do que a mesma publica em suas redes sociais *online*.

I. Redes sociais *online* e a expectativa de privacidade: pública ou privada?

Há quem entenda que aquilo que se publica em redes sociais *online* tem uma dimensão pública[5], já que poderá ser compartilhada em uma questão de segundos por dezenas, centenas ou até milhares de pessoas, a depender do número de "amigos" que o usuário, responsável pela publicação, possui na rede social.

Há os que entendem, no entanto, que tudo vai depender da vontade expressa pelo autor da publicação, quanto à abrangência da publicidade que ele queira dar àquela postagem, se para o "público", "amigos", "somente eu",

---

      última será a responsável pela proteção de dados do candidato a emprego e poderá responder por transgressão a direitos constitucionalmente assegurados ao mesmo, caso transgredidos (Guerra, A., *A Privacidade no Local de Trabalho*, Coimbra, 2004, Almedina, pp. 132-133).

4   A autora portuguesa Teresa Coelho Moreira aduz sobre o assunto: "O computador transformou a economia, a sociedade, a cultura e, inclusive, o ser humano. Esta nova realidade não poderia passar à margem do Direito do trabalho, de tal maneira que hoje se refere por vezes, a expressão "trabalhador-transparente" ou "trabalhador-de-vidro", na medida em que existe uma automatização de dados sobre o trabalhador que, muitas vezes, incide sobre aspectos que fazem parte da sua privacidade e que, por isso, são protegidos (Moreira, T. C., "A privacidade dos trabalhadores e a utilização de redes sociais online: algumas questões", in *Questões Laborais*, n. 41, 2013, p. 46).

5   Matos, V., "Acórdão do Proc. n. 0000886–66.2012.5.04.0252 RO", in *Revista da Escola Judicial do TRT 4ª Região*, n. 8, 2014, p. 37.

"amigos, exceto conhecidos", quando a rede social disponibiliza essa ferramenta, como o *Facebook*, por exemplo, ou seja, se o usuário disponibiliza a publicação para o "público", não há o que se falar em privacidade, já que por sua vontade, deixou que sua opinião ou sua foto fosse vista por todos; se disponibiliza para os "amigos", a privacidade deverá ser resguardada.

De acordo com André Pestana Nascimento e Maria Barbosa, advogados portugueses, a dimensão da privacidade, no *Facebook*, não é matéria tão simples a ser delineada. Os autores não concordam que a privacidade, na mencionada rede social, tenha relação apenas com a simples expectativa de privacidade dada pelo usuário, disponível naquela página; entendem que algumas respostas precisam ser dadas a certas perguntas, a fim de decidir se a postagem na rede social *online* terá um cunho particular ou público, só assim e dentro do contexto de cada caso, poderá ser determinado se uma publicação no *Facebook* é pública ou privada, alterando, assim, a perspectiva de privacidade nos casos em que essas publicações possam interferir na contratação de uma pessoa a um novo emprego[6].

---

6 Eis os parâmetros propostos pelos advogados citados para delinear a dimensão da privacidade em uma postagem no Facebook: i) a publicação em análise foi publicada num perfil, numa página ou num grupo do *Facebook*? Atentas as finalidades primaciais das páginas de *Facebook*, isto é, a partilha de informação junto de clientes, potenciais clientes ou o público em geral, bem como o facto de serem geralmente abertas a qualquer utilizador, consideramos que as mensagens que aí são publicadas dificilmente terão natureza privada. (ii) Quais foram os parâmetros de privacidade definidos pelo detentor / administrador do perfil, página ou grupo? O perfil, página ou grupo é aberto e, nessa medida, o seu conteúdo é visível a todos os membros do *Facebook* ou, pelo contrário, é fechado, estando o seu conteúdo apenas disponível aos respetivos «amigos» ou membros»? (iii) A publicação foi efetuada no mural do perfil do autor ou de um terceiro? A publicação de uma mensagem no mural de um terceiro não deverá merecer a mesma expectativa de privacidade do que a efetuada no próprio perfil do utilizador, porquanto o autor não controla as definições de privacidade que foram escolhidas pelo terceiro, desconhecendo se a mensagem que publicou poderá ser vista pelos «amigos» do terceiro ou pelos «amigos dos amigos» ou até por todos os usuários do *Facebook*. (iv) Quem são os membros do perfil, página ou grupo e quais são as respetivas características? São amigos, na verdadeira aceção da palavra, familiares, meros conhecidos, colegas de trabalho ou simples desconhecidos? (v) As publicações debruçam-se sobre que tipo de matéria? De natureza pessoal ou profissional? (vi) Qual é o número de «amigos» do perfil ou dos membros da página ou grupo? Evidentemente, quanto maior for o número de «amigos» ou de membros menor será a expectativa de privacidade do autor da mensagem. De facto, um trabalhador que decida criticar ou proferir afirmações difamatórias sobre o seu empregador durante um jantar com 300 amigos dificilmente poderá esperar que as suas palavras fiquem

Compartilhamos do entendimento dos advogados citados no que diz respeito a não generalizar a expectativa de privacidade dada por publicações em redes sociais *online*, pois, mister se faz que haja a análise de caso a caso —sendo os questionamentos pelos mesmos apresentados bastante pertinentes para o deslinde das questões de privacidade nas redes sociais *online*—, levando-se sempre em consideração a mais alta legislação do país, no caso do Brasil, a Constituição da República.

II. A utilização das redes sociais *online* pelos brasileiros

A internet tem sido utilizada por milhões de pessoas em todo o mundo para executar tarefas diárias sem precisar sair do lugar, como a ida a uma loja, a execução de um trabalho na empresa ou o encontro com amigos, por exemplo, e, neste último caso, as redes sociais *online* são os ambientes mais propícios para um encontro virtual, onde os usuários emitem opiniões sobre os mais diversos assuntos.

As pesquisas sobre a utilização de redes sociais *online* têm demonstrado que os brasileiros são os maiores utilizadores dessas mídias virtuais[7] e que as redes sociais *online* favoritas desses usuários são *Facebook* (83 %), *Whatsapp* (58 %) e *Youtube* (17 %)[8]. Essa ampla utilização das mídias

---

confinadas às 300 pessoas que as ouviram. Ora, a publicação de mensagens no *Facebook*, visíveis a um elevado número de utilizadores, não deverá merecer uma tutela acrescida. (vii) Retira-se do conteúdo da publicação que o respetivo autor pretendia a proliferação e divulgação da publicação? (Nascimento, A. P.; Barbosa, M., "Facebook: esfera privada ou pública? Análise Jurisprudencial", in *Actualidad Jurídica Uría Menéndez*, n. 40, 2015, p. 78).

7   A pesquisa foi feita com 4.250 jovens, nos Estados Unidos, Canadá, Reino Unido, Alemanha, Rússia, Índia, Cingapura, Filipinas, México e Brasil (Sales, M., *Jovens brasileiros são os mais dependentes das redes sociais*, 2016, <http://www.correio24horas.com.br/detalhe/tecnologia/noticia/jovens-brasileiros-sao-os-mais-dependentes-das-redes-sociais/?cHash=5e54e0fae2d9bde963d3d6f22ff6387b>, acesso em 29 de agosto de 2016). *Kantar Ibope Media*, 2016, <https://www.kantaribopemedia.com/acessar-redes-sociais-e-uma-das-atividades-preferidas-dos-internautas-brasileiros/>, acesso em 24 de agosto de 2016.

8   Brasil, Presidência da República. Secretaria de Comunicação Social, Pesquisa brasileira de mídia 2015: hábitos de consumo de mídia pela população brasileira — Brasília: Secom, 2014, p. 50.

sociais virtuais pelos brasileiros pode favorecer a vida do indivíduo que faz uso desse meio de comunicação, assim como pode comprometê-la negativamente, a depender do conteúdo das publicações que essas pessoas decidem compartilhar.

Em âmbito laboral não é diferente, já que se tem notícia, no Brasil, de que certas publicações têm comprometido o contrato laboral, gerando demissões por justa causa, assim como têm impedido, em alguns casos, que as empresas contratem o trabalhador que não utilize a rede social *online* com responsabilidade, referindo-se, nessa possiblidade, ao recrutamento de trabalhadores, ou seja, ao pré-contrato laboral. Ocasiões há, ainda, que certas publicações podem comprometer o trabalhador até mesmo em uma fase pós-laboral, quando o mesmo já tem saído da empresa e ainda insiste em fazer publicações negativas sobre a mesma ou sobre alguém que dela faz parte.

Interessa, ao presente estudo, a repercussão das publicações que os candidatos a empregos divulgam em suas redes sociais *online* na tentativa de aquisição de um novo posto de trabalho, ou seja, a influência que essas publicações exercem na fase em que o trabalhador brasileiro está sendo recrutado.

III. Redes sociais *online* e o recrutamento de trabalhadores

Algumas pessoas, na atualidade, publicam em redes sociais *online* opiniões sobre os mais diversos assuntos, sem levar em consideração que determinados comentários podem comprometer sua vida pessoal e até mesmo profissional (e/ou de outras pessoas), pois, na opinião de alguns especialistas, está cada vez mais difícil, pela forte presença das redes sociais *online* na vida das pessoas, separar a vida profissional da vida pessoal[9].

---

9 A representante da empresa de recursos humanos Staff RH, Andrea Teixeira, entende que "não existe mais uma vida pessoal e uma vida profissional, o que existe é uma única vida. O que se deixa na rede fica aberto tanto para os amigos quanto para as empresas. Há que se ter cuidado com a exposição. Todos temos vida pessoal, mas publicar coisas que possam vir a te comprometer, ir contra a opinião de outras pessoas, pode desfavorecer" (ZH Empregos, 2014, Empresas ficam de olho nas redes sociais na hora de recrutar candidatos, <http://zh.clicrbs.com.br/rs/vida-e-estilo/empregos-e-carreiras/

Há discussões, no meio empresarial, sobre a possibilidade de certas publicações em redes sociais online que são consideradas pessoais, como Facebook ou Twitter, comprometerem a contratação de trabalhadores, quando os usuários expõem sua imagem com exageros, com postagens de fotos consumindo bebidas alcoólicas ou com poucas roupas, por exexemplo, ou ainda, quando emitem, através desses ambientes virtuais, opiniões racistas ou preconceituosas.

Assim, as redes sociais *online* têm servido como uma vitrine na vida particular e profissional das pessoas e buscar referência sobre as mesmas está transformando a etapa inicial das contratações de candidatos a empregos. Antigamente, quando referências eram solicitadas a essas pessoas, as mesmas só indicavam aqueles que pudessem falar bem delas; atualmente, os recrutadores de empregados têm a possibilidade de mapear as conexões dos candidatos em suas redes sociais *online* e conseguir fazer uma busca isenta de pessoas que possam falar sobre ele, podendo as empresas, inclusive, utilizarem *softwares* para rastrear os perfis dos usuários nas redes sociais *online*[10].

Resta saber se o ordenamento jurídico brasileiro admite essa vigilância por parte dos pretensos empregadores nas redes sociais *online* dos candidatos a empregos.

1. Recrutamento de trabalhadores e redes sociais online

Na opinião de Rob Walker, "se um candidato que se descreve como Vários institutos de pesquisas têm demonstrado que os pretensos empregadores têm analisado as redes sociais *online* dos candidatos a empregos e utilizado essas publicações para decidirem se contratam ou não o indivíduo em suas empresas, por isso, as pessoas precisam ser cautelosas quanto aos comentários que expõem nessas mídias virtuais. Uma pessoa sociável numa entrevista de emprego está simultaneamente postando comentários abertamente preconceituosos numa conta no *Twitter* ou *Facebook*, visível

---

noticia/2014/08/empresas-ficam-de-olho-nas-redes-sociais-na-hora-de-recrutar-candidatos-4584752.html>, acesso em 3 de agosto de 2016).

10 Gasparin, G., *Empresa pode vigiar tudo q funcionário faz no computador*, 2010, <http://g1.globo.com/Noticias/Concursos_Empregos/0,MUL1544697-9654,00EMPRESA+PODE+VIGIAR+TUDO+QUE+FUNCIONARIO+FAZ+NO+COMPUTADOR+DO+TRABALHO.html>, acesso em 14 de setembro de 2016.

a todos na Internet, esta é uma razão justificável (legal e moralmente) para não tornar esse indivíduo seu novo representante de vendas"[11].

Uma pesquisa feita pela *Career Builder*[12] mostrou que 51 % dos recrutadores de empregados encontraram alguma publicação em redes sociais *online* que os levou a desistir da contratação de candidatos ao emprego.

A grande questão sobre o tema é saber até que ponto os recrutadores de empregados ou o próprio empregador podem se utilizar daquilo que o candidato ao emprego publica nas redes sociais *online*, fazendo uso de direito fundamental à liberdade de expressão, à intimidade e à privacidade, para justificar uma não contratação por determinada empresa.

2. Repercussão das publicações em redes sociais online no recrutamento de trabalhadores brasileiros

As redes sociais *online*, no Brasil, têm apresentado impactos positivos para as empresas, vez que têm sido utilizadas para captar novos clientes, sendo uma forma eficaz na divulgação dos produtos e serviços para os consumidores, por exemplo. Por outro lado, diversos problemas têm surgido em decorrência de sua má utilização, já que as pessoas se vêem no direito de publicar o que bem entendem sobre os mais diversos assuntos, ocasionando,

---

11 Walker, R., *É legítimo consultar as redes sociais antes de contratar uma pessoa?*, 2016 <http://economia.estadao.com.br/blogs/radar-do-emprego/2016/02/23/e-legitimo-consultar-as-redes-sociais-antes-de-contratar-uma-pessoa/>, acesso em 03 de agosto de 2016.

12 Grasz, J., *Number of Employers Passing on applicants due to Social Media Posts Continues to Rise, According to New CareerBuilder Survey*, 2014, <http://www.careerbuilder.com/share/aboutus/pressreleasesdetail.aspx?sd=6%2f26%2f2014&siteid=cbpr&sc_cmp1=cb_pr829_&id=pr829&ed=12%2f31%2f2014>. Acesso em 12 de setembro de 2016. As publicações mostradas pela pesquisa como comprometedoras aos candidatos, na hora que tentaram conseguir um emprego, foram as seguintes: o candidato publicou fotos ou informações provocativas (46 % dos recrutadores entrevistados revelaram ter desistido de uma contratação pelo motivo exposto); o referido candidato postou foto sua bebendo ou usando droga (41 %); falou mal da empresa onde trabalhou anteriormente ou de algum colega de trabalho (36 %); mau uso do vernáculo (32 %); o candidato fez comentários discriminatórios sobre raça, gênero, religião, etc. (28 %); postou inverdades sobre sua qualificação profissional (28 %); compartilhou informação confidencial sobre empregadores anteriores (24 %); o candidato estava ligado a comportamentos criminosos (22 %); o nome do candidato no perfil da rede social não era profissional (21 %); mentiu sobre uma falta ao emprego (13 %).

em âmbito laboral, a decisão, por parte de empresas, de não contratação daquele usuário da referida mídia social virtual.

Um exemplo recente desse comportamento por parte das empresas brasileiras se deu com um jogador de futebol, que havia acabado de ser contratado pelo clube de futebol brasileiro São Paulo, no ano de 2016, mas, em decorrência de uma publicação feita pelo mesmo em 2011, no *Twitter*, o referido clube decidiu que não manteria o contrato com o jogador[13].

Um outro exemplo de repercussão negativa, no Brasil, de publicações em redes sociais *online*[14] e que comprometeu os contratos de trabalho do autor das publicações se deu recentemente com o cantor *Mc* Biel, que, por ter publicado em sua rede social *Twitter* diversos comentários preconceituosos e racistas[15], perdeu participações em programas de TV, convite para levar a tocha olímpica nos Jogos Olímpicos no Brasil, no mês de julho de 2016, e teve um show de abertura da referida olimpíada cancelado, ou seja, repercutiu nos contratos de trabalho que já possuía e nos que porventura viessem a existir.

Outro caso interessante, embora não tenha ocorrido no Brasil, mas vale a pena ser ressaltado, foi de uma jovem americana que, após ter sido selecionada em entrevista para trabalhar em determinada empresa, postou no *Twitter* sua falta de entusiasmo em começar um novo trabalho *("Ew, I start this f*** a** job tomorrow")*. O que a referida jovem não contava era que o seu futuro chefe leria a mensagem. Este, por sua vez, demitiu a jovem

---

13 O jogador publicou, na mencionada rede social *online*: "Agora joguinho dos bambis kkkk boa sorte pra eles abraço galera" "Bambis" é uma denominação pejorativa que os torcedores de times adversários ao São Paulo dão a este clube, insinuado que os jogadores são homossexuais (Globo esporte.com, São Paulo avalia demitir atacante que provocou clube no twitter em 2011, 2016, <http://globoesporte.globo.com/futebol/times/sao-paulo/noticia/2016/06/sao-paulo-avalia-demitir-atacante-que-provocou-clube-no-twitter-em-2011.html>, acesso em 23 de junho de 2016).

14 Veja.com, *Biel é malhado nas redes sociais e bloqueia perfis*, 2016, <http://veja.abril.com.br/entretenimento/biel-e-malhado-nas-redes-sociais-e-bloqueia-perfis/>, acesso em 12 de setembro de 2016.

15 Além de ter feito diversos comentários negativos sobre pessoas famosas no Brasil, o cantor também foi infeliz em comentários racistas, tais como: "Dar lugar no ônibus para idosos? Nós que ralamos o dia inteiro dar nossos lugares para quem tem aposentadoria e coça o rabo o dia inteiro?"; "Bom dia, negros fedidos"; "A mulher do cara trai ele e ele quer bater no cara que ficou com ela? Tem que bater na mulher, isso sim" (Jconline, *Biel dá um show de preconceitos nas redes sociais*, 2016, <http://jconline.ne10.uol.com.br/canal/cultura/musica/noticia/2016/08/01/biel-da-um-show-de-preconceitos-nas-redes-sociais-246968.php>, acesso em 12 de setembro de 2016).

pela mesma rede social *online*, antes mesmo dela começar a desempenhar as suas funções no novo posto de trabalho *(And... no you don't start that f***a** job today! I just fired you! Good luck with your no money, no job life!")*[16].

Assim, as publicações em redes sociais *online* com conotação negativa têm comprometido o recrutamento de trabalhadores, comprovando, dessa forma, que os empregadores têm acompanhado o que as pessoas publicam e utilizam essas postagens para justificar a não contratação desses usuários das mídias sociais virtuais.

IV. O ordenamento jurídico brasileiro e as publicações em redes sociais *online* na fase de recrutamento de trabalhadores

Sobre o assunto a que diz respeito o presente estudo, em pesquisa realizada *online* nos vinte e quatro Tribunais Regionais do Trabalho dos Estados da Federação brasileira, assim como no Tribunal Superior do Trabalho, com jurisdição nacional, a jurisprudência brasileira é silente, face a atualidade do tema.

Também não há legislação, no ordenamento jurídico brasileiro, que regulamente a influência das novas tecnologias da comunicação e informação, dentre elas as redes sociais *online*, no contrato de trabalho, sendo uma alternativa para a solução dos conflitos, as regras estabelecidas nos acordos e convenções coletivos de trabalho.

Apesar de não haver regulamentação específica sobre a matéria, caso o jurisdicionado procure o Poder Judiciário, este terá que apresentar uma resposta, a fim de satisfazer a necessidade daquele que se sentira prejudicado, por não ter conseguido um emprego em decorrência de uma publicação que tenha feito em rede social *online* e essa resposta poderá ser dada através de direitos constitucionais assegurados, assim como através

---

16 Jakitas, R., *Após reclamar do emprego, jovem é demitida pelo twitter antes do primeiro dia de trabalho*, 2015, <http://economia.estadao.com.br/blogs/expediente/twittar-dsanimo-emprego/>, acesso em 18 de maio de 2015.

de direitos previstos em legislação brasileira que regulamenta a utilização da internet nesse país.

1. *Direitos fundamentais constitucionais, direitos da personalidade dos trabalhadores recrutados e as publicações em redes sociais online*

O fato de uma pessoa não ser contratada por uma empresa por ter publicado algo em rede social *online* não é uma situação tão simples de ser resolvida, pois, juridicamente, há algumas repercussões que precisam ser devidamente interpretadas para, quando necessário, serem resolvidas. Como o assunto é muito novo e não diz respeito a uma situação que ocorra durante o contrato de trabalho, não há informação nos sítios dos tribunais trabalhistas brasileiros quanto à jurisprudência sobre o assunto.

Os direitos fundamentais de todo cidadão brasileiro estão previstos na Constituição da República Federativa do Brasil de 1988 e são conhecidos como direitos fundamentais de primeira geração ou dimensão (direitos de cidadania); de segunda geração ou dimensão (direitos econômicos, sociais e trabalhistas) — que são os direitos específicos trabalhistas e os de terceira geração ou dimensão (direitos de solidariedade ou fraternidade).

Sobre a relação dos direitos constitucionais com os direitos trabalhistas, previstos no ordenamento jurídico brasileiro, explica o autor Renato Rua Almeida:"tendo em vista que, entre os direitos fundamentais de segunda geração ou dimensão, encontram-se os direitos trabalhistas tradicionais, tidos como os direitos laborais específicos dos trabalhadores, os direitos da cidadania são direitos fundamentais de primeira geração ou dimensão, que, uma vez exercidos pelos trabalhadores nas relações de trabalho, passam a ser conhecidos como direitos inespecíficos dos trabalhadores"[17].

Os direitos de personalidade[18], por sua vez, inerentes a todo ser humano, têm previsão no Código Civil Brasileiro, dos arts. 11 a 21, como direito à

---

17 Almeida, R. R., "Direitos laborais inespecíficos dos trabalhadores", in *Revista LTr*, n. 3, 2012, p. 295.
18 Sobre o assunto, aduz o autor civilista brasileiro Flávio Tartuce: "os direitos da personalidade podem ser conceituados como sendo aqueles direitos inerentes à pessoa e à sua dignidade. Surgem cinco ícones principais: vida/integridade física, honra, imagem, nome e intimidade. Essas cincos expressões-chave demonstram muito bem a concepção desses direitos" (Tartuce. F., *Os direitos de personalidade no novo Código Civil*, 2005, <https://jus.com.br/artigos/7590/os-direitos-da-personalidade-no-novo-codigo-civil>, acesso em 16 de setembro de 2016).

intimidade, à vida privada, à honra e à imagem das pessoas, por exemplo. Esses direitos não estão especificados na legislação trabalhista brasileira, diferentemente de Portugal, onde tais direitos estão previstos no art. 26 da Constituição da República Portuguesa, assim como encontramse devidamente regulamentados pelo Código do Trabalho Português de 2009.

A problemática, no presente estudo, surge porque as pessoas envolvidas são sujeitos detentores de direitos fundamentais, previstos na Constituição da República Federativa do Brasil. O candidato a emprego, que resolve postar a publicação, tem direito à liberdade de expressão, prevista no art. 5º, IV da Constituição Federal Brasileira[19], ou seja, direito de comentar o que bem entender em suas redes sociais *online*, assim como postar vídeos e fotos de sua conveniência; possui também o direito à privacidade[20][21], pre-

---

19 "Art. 5º: Todos são iguais perante a lei, sem distinção de qualquer natureza, garantindo-se aos brasileiros e aos estrangeiros residentes no país a inviolabilidade do direito à vida, à liberdade, à igualdade, à segurança e à propriedade, nos seguintes termos: IV – é livre a manifestação de pensamento, sendo vedado o anonimato" (sublinhamos) (Brasil, "*Constituição da República Federativa do Brasil*", 1988, <http://www.planalto.gov.br/ccivil_03/constituicao/constituicao.htm>, acesso em 19 de setembro de 2016).

20 Na lição de Arion Sayão Romita, "proteger a vida privada significa assegurar proteção a certos aspectos à vida íntima da pessoa, que tem o direito de resguardá-los da intromissão de terceiros. Trata-se de um direito negativo, no sentido de excluir do conhecimento de outrem aquilo que só à própria pessoa diz respeito. Reservar seus assuntos íntimos só para si: eis, em resumo, a expressão do direito à intimidade, que se revela na vedação do acesso de estranhos ao domínio do confidencial (Romita, A. S., *Direitos Fundamentais nas Relações de Trabalho*, São Paulo 2005, Editora LTR, p. 258).

21 No que diz respeito à privacidade na era da internet, opina a autora Teresa Coelho Moreira: "Torna-se necessário proteger as pessoas perante os perigos das novas tecnologias relacionadas com a informática e os dados pessoais. Actualmente, a informática, como nenhum outro meio anteriormente existente permite "dissipar" a privacidade das pessoas. É por esta razão que surge a necessidade de uma reformulação do conceito de privacidade já que a sua visão estritamente negativa é manifestamente insuficiente. É imprescindível mudar de perspectiva e ligar o termo privacidade à capacidade e ao direito dos indivíduos controlarem a informação que lhe diz respeito, isto é, uma faceta positiva, relacionada com o controlo do fluxo informacional, independente de a informação ser de cariz íntimo ou não. Trata-se de abranger dentro do conceito de privacidade o denominado direito à autodeterminação informativa" (Moreira, T. A. C., *A privacidade dos Trabalhadores e a Novas Tecnologias de Informação e Comunicação: contributo para um estudo dos limites de controlo electrónico do empregador*, Coimbra, 2010, Almedina, p. 124).

visto no art. 5º, X da Constituição Federal Brasileira[22], que seria o direito de ser deixado em paz, de acordo com os primeiros estudiosos sobre o assunto, os juristas americanos Samuel D. Warren e Louis D. Brandeis e, no que diz respeito às redes sociais *online*, seria o direito que o candidato a emprego tem, em tese, de não ter ninguém vigiando o que ocorre em sua vida privada e, ainda, direito ao sigilo das comunicações telegráficas, de dados e das comunicações telefônicas, previsto no art. 5º, XII da Constituição da República Federativa do Brasil[23], onde encontra-se inserida a utilização da internet.

Do outro lado, encontra-se o pretenso empregador, que está à procura de um colaborador que preencha os requisitos necessários para ter um lugar em sua empresa. Esse empregador em potencial tem direito à livre iniciativa, um dos fundamentos da República Federativa do Brasil, previsto no art. 1º da Constituição Federal[24] do mencionado país e com previsão específica no art. 170 da Carta Magna[25], considerada o alicerce de nossa ordem econômica e que defende ser o indivíduo livre para realizar qualquer negócio e/ou exercer qualquer profissão como garantia de sua liberdade econômica.

---

22 Art. 5º [...] "X – são invioláveis a intimidade, a vida privada, a honra e a imagem das pessoas, assegurado o direito a indenização pelo dano material ou moral decorrente de sua violação" (sublinhamos), *op. cit.*

23 Art. 5º [...] XII – é inviolável o sigilo da correspondência e das comunicações telegráficas, de dados e das comunicações telefônicas, salvo, no último caso, por ordem judicial, nas hipóteses e na forma que a lei estabelecer para fins de investigação criminal ou instrução processual penal, *op. cit.*

24 Art. 1º A República Federativa do Brasil, formada pela união indissolúvel dos Estados e Municípios e do Distrito Federal, constitui-se em Estado Democrático de Direito e tem como fundamentos: I – a soberania; II – a cidadania; III – a dignidade da pessoa humana; IV – os valores sociais do trabalho e da livre iniciativa; V – o pluralismo político (sublinhamos), *op. cit.*

25 Art. 170 da Constituição Brasileira – A ordem econômica, fundada na valorização do trabalho humano e na livre iniciativa, tem por fim assegurar a todos existência digna, conforme os ditames da justiça social, observados os seguintes princípios: I – soberania nacional; II – propriedade privada; III – função social da propriedade; IV – livre concorrência; V – defesa do consumidor; VI – defesa do meio ambiente, inclusive mediante tratamento diferenciado conforme o impacto ambiental dos produtos e serviços e de seus processos de elaboração e prestação; - redução das desigualdades regionais e sociais; VIII – busca do pleno emprego; IX – tratamento favorecido para as empresas de pequeno porte constituídas sob as leis brasileiras e que tenham sua sede e administração no País. Parágrafo único. É assegurado a todos o livre exercício de qualquer atividade econômica, independentemente de autorização de órgãos públicos, salvo nos casos previstos em lei, *op. cit.*

São exemplos da livre iniciativa: a possibilidade de escolher livremente uma atividade a ser explorada; a liberdade de indústria e comércio e a liberdade de contratar[26].

Esses mesmos direitos, ora elencados, estão previstos em legislação que regulamenta o uso da internet no Brasil, denominada Marco Civil da Internet.

2. Direitos fundamentais de liberdade de expressão, privacidade e a liberdade de iniciativa no Marco Civil da Internet — Lei nº 12.965/2014

O Marco Civil da Internet, Lei nº 12.965/2014, trata-se de legislação recente, no Brasil, que estabelece princípios, garantias, direitos e deveres para o uso da internet no mencionado país, sendo o acesso à mesma essencial ao exercício da cidadania, considerado, então, um direito fundamental do cidadão brasileiro.

A referida lei foi construída através de três pilares principais: liberdade, neutralidade e privacidade. A liberdade garante a possibilidade de produção, acesso e compartilhamento de qualquer tipo de conteúdo na internet. A neutralidade impede que as empresas cobrem valores diferentes a depender do conteúdo que o usuário acessa na internet e a privacidade, por sua vez, garante a confidencialidade sobre os dados e mensagens das pessoas que utilizam a internet.

Em diversos artigos da referida lei, há a previsão dos direitos já citados no presente trabalho, como o direito à liberdade de expressão e o direito à privacidade, à vida privada, referentes aos candidatos a empregos e a livre iniciativa, referente ao pretenso empregador[27]. Há previsão, também, do direito à

---

26 Silva, J. A. da., *Curso de Direito Constitucional Positivo*, 17ª edição (São Paulo, 2000), Melhoramentos, p. 767.
27 Art. 1º da Lei n. 12.965/2014 — Esta Lei estabelece princípios, garantias, direitos e deveres para o uso da internet no Brasil e determina as diretrizes para atuação da União, dos Estados, do Distrito Federal e dos Municípios em relação à matéria. Art. 2º A disciplina do uso da internet no Brasil tem como fundamento o respeito à liberdade de expressão, bem como: I – o reconhecimento da escala mundial da rede; II – os direitos humanos, o desenvolvimento da personalidade e o exercício da cidadania em meios digitais; III – a pluralidade e a diversidade; IV – a abertura e a colaboração; V – a livre iniciativa, a livre concorrência e a defesa do consumidor; e VI – a finalidade social da rede. Art. 3º A disciplina do uso da internet no Brasil tem os seguintes prin-

inviolabilidade do sigilo do fluxo das comunicações dos usuários da internet, salvo por ordem judicial, assim como o direito à inviolabilidade e sigilo das comunicações privadas armazenadas desses usuários, salvo, também, o disposto em ordem judicial[28], relacionados ao direito constitucional do sigilo das comunicações, previsto no art. XII da Constituição Federal Brasileira de 1988.

Assim, tanto o candidato a emprego quanto o empregador em potencial, no Brasil, possuem direitos resguardados na Constituição Federal e na legislação ordinária quando o problema gira em torno da repercussão do conteúdo das publicações em redes sociais *online* na obtenção de um novo emprego[29].

---

cípios: I – garantia da liberdade de expressão, comunicação e manifestação de pensamento, nos termos da Constituição Federal; II – proteção da privacidade; III – proteção dos dados pessoais, na forma da lei; IV – preservação e garantia da neutralidade de rede; V – preservação da estabilidade, segurança e funcionalidade da rede, por meio de medidas técnicas compatíveis com os padrões internacionais e pelo estímulo ao uso de boas práticas; VI – responsabilização dos agentes de acordo com suas atividades, nos termos da lei; VII – preservação da natureza participativa da rede; VIII – liberdade dos modelos de negócios promovidos na internet, desde que não conflitem com os demais princípios estabelecidos nesta Lei. Parágrafo único. Os princípios expressos nesta Lei não excluem outros previstos no ordenamento jurídico pátrio, relacionados à matéria ou nos tratados internacionais em que a República Federativa do Brasil seja parte. (sublinhamos), *op. cit.*

28 Art. 7º O acesso à internet é essencial ao exercício da cidadania, e ao usuário são assegurados os seguintes direitos: I – inviolabilidade da intimidade e da vida privada, sua proteção e indenização pelo dano material ou moral decorrente de sua violação; II – inviolabilidade e sigilo do fluxo de suas comunicações pela internet, salvo por ordem judicial, na forma da lei; III – inviolabilidade e sigilo de suas comunicações privadas armazenadas, salvo por ordem judicial; [...] Art. 8º A garantia do direito à privacidade e à liberdade de expressão nas comunicações é condição para o pleno exercício do direito de acesso à internet. Parágrafo único. São nulas de pleno direito as cláusulas contratuais que violem o disposto no caput, tais como aquelas que: I – impliquem ofensa à inviolabilidade e ao sigilo das comunicações privadas, pela internet. [...]. Art. 10. A guarda e a disponibilização dos registros de conexão e de acesso a aplicações de internet de que trata esta Lei, bem como de dados pessoais e do conteúdo de comunicações privadas, devem atender à preservação da intimidade, da vida privada, da honra e da imagem das partes direta ou indiretamente envolvidas (sublinhamos), *op. cit.*

29 De acordo com a autora Renata Nóbrega F. Moraes: "A tensão entre um direito fundamental (v.g. P1 – proteção à privacidade e intimidade do trabalhador) na relação contratual trabalhista e autonomia privada (v.g., P2 – direito à propriedade e liberdade de iniciativa), pode ser dogmaticamente caracterizada por uma colisão de princípios, porque um limita as possibilidades fáticas e jurídicas de concretização ou de satisfação

Mister se faz analisar, no entanto, qual direito deve prevalecer, face o disposto no ordenamento jurídico brasileiro, a fim de verificar-se se a atitude de uma não contratação está ou não resguardada pela legislação sobre a matéria.

V. A repercussão das publicações nas redes sociais *online* no recrutamento de trabalhadores e a colisão de direitos previstos no ordenamento jurídico brasileiro

Tem sido muito comum, no meio laboral brasileiro, ter-se notícia de que muitas empresas estão deixando de contratar trabalhadores em decorrência das publicações que os mesmos postam em suas redes sociais *online*. Tal atitude pode estar transgredindo direitos fundamentais do cidadão brasileiro[30], a depender do tipo de publicação que o candidato a emprego decide compartilhar em sua rede social *online*.

Pela eficácia horizontal dos direitos fundamentais, o respeito a esses direitos não é apenas do Estado para com os indivíduos que compõem a sociedade, em escala hierárquica, vertical, mas também entre os particulares que formam essa sociedade, alcançando esses direitos âmbito horizontal, ou seja, nas relações privadas desses particulares.

Pela lição do autor português José João Abrantes: "Apenas a actuação dos direitos fundamentais configura, para o legislador constituinte, a autêntica liberdade, que, por ser uma, por não ser diferente consoante se situe no domínio público ou privado, deve valer *erga omnes*, contra os poderes públicos mas também contra as entidades privadas — e de forma a garantir, sempre, contra quem quer que seja e em todas as circunstâncias, aquilo que a Constituição considera *intangível*, isto é, a *dignidade da pessoa humana*"[31].

A ex-ministra do Supremo Tribunal Federal brasileiro, Ellen Gracie, por sua vez, expõe o seu ensinamento sobre o assunto: "A autonomia privada, que

---

do outro; como há direito fundamental em jogo, é possível [...] definir esta colisão como uma "colisão de direitos fundamentais lato sensu", isto é, colisão entre direito fundamental e um constitucionalmente protegido (P1xP2), este último particularizado na liberdade contratual" (Moraes, R. N. F., "Colisão entre direitos fundamentais nas relações contratuais trabalhistas — autonomia privada versus direitos à privacidade e intimidade do trabalhador", in *Revista LTr*, n. 2, 2009, p. 216).

30 Quando, de acordo com Julen Llorens Espada, "os poderes do empresário constituem uma real ameaça para a afirmação dos direitos do cidadão trabalhador" (Llorens Espada, J., "El uso de facebook en los procesos de selección de personal y la protección de los derechos de los candidatos", in *Revista de Derecho Social*, n. 68, 2014, p. 58).

31 Abrantes, J. J., *Contrato de Trabalho e Direitos Fundamentais* (Coimbra, 2005), Coimbra Editora, p. 129.

encontra claras limitações de ordem jurídica, não pode ser exercida em detrimento ou com desrespeito aos direitos e garantias de terceiros, especialmente aqueles positivados em sede constitucional, pois a autonomia da vontade não confere aos particulares, no domínio de sua incidência e atuação, o poder de transgredir ou de ignorar as restrições postas e definidas pela própria Constituição, cuja eficácia e força normativa também se impõem, aos particulares, no âmbito de suas relações privadas, em tema de liberdades fundamentais"[32].

Pelo direito constitucional fundamental, portanto, da liberdade de expressão (sendo a liberdade um dos pilares da Lei do Marco Civil da Internet), assegura-se que o cidadão brasileiro é livre para ter sua opinião sobre quaisquer assuntos, mas, isso não lhe assegura o direito de utilizar um espaço acessível por milhares de pessoas para compartilhar opiniões preconceituosas ou racistas, por exemplo, pois estará, nesse caso, transgredindo direitos fundamentais de outras pessoas, como o direito à honra ou imagem, também assegurado constitucionalmente. Sobre o assunto, entende a autora portuguesa Teresa Coelho Moreira[33]: o direito à liberdade de expressão pode manifestar-se relativamente a questões conexas com o trabalho, "mas existem limites ao exercício deste direito relacionados quer com os direitos de personalidade da contraparte, isto é, do empregador, quer, também, com o normal funcionamento da empresa".

Assim, entendemos que a liberdade de expressão não poderá ser um direito absoluto, a partir do momento que o seu exercício tem como consequência a transgressão de um direito fundamental de outrem, pois "encontrando a liberdade de expressão o seu primeiro limite na necessidade de conciliação com outros direitos fundamentais e na procura de um ponto de equilíbrio, tal liberdade não pode servir de pretexto para a violação dos direitos de personalidade alheios"[34].

Na colisão entre esses direitos fundamentais, no caso concreto, o magistrado fará uma ponderação de interesses, ou seja, terá que analisar qual desses direitos deve prevalecer, utilizando-se da proporcionalidade, não dando margem, jamais, à propagação de preconceito ou racismo através da

---

32 Brasil, Supremo Tribunal Federal. Segunda Turma. STF – RE 201819/RJ, PP 000643 EMENTVOL – 02253-04, PP00577, (Relator: Ellen Gracie, Data de julgamento: 11.10.2005, data de publicação: DJ 27.10.2006).
33 Moreira, T.A.C., *Estudos do Direito do Trabalho*, volume II (Coimbra, 2016), Almedina, p. 183.
34 Gomes, J. M. V., *Direito do Trabalho, volume 1 – Relações Individuais de Trabalho* (Coimbra, 2007), Coimbra Editora, p. 276.

rede mundial de computadores, que possui uma devastadora abrangência atualmente. Sobre o assunto, aduz o autor brasileiro Arion Sayão Romita:"surgem frequentemente, entre os direitos fundamentais, antinomias ou colisões, gerando conflitos que são compostos mediante a ponderação de interesses". A solução está em limitar a extensão de um dos direitos, de modo que o outro também seja resguardado. Direitos que "têm eficácia tão diversa não podem ter o mesmo fundamento"[35].

Uma outra situação, no entanto, é quando o candidato a emprego publica em sua rede social *online* fotos ou vídeos que dizem respeito à sua vida privada ou emite opinião sobre assuntos sem denegrir a honra ou imagem de outras pessoas. Nesses casos, entendemos estar o candidato acobertado pelo direito constitucional que todos temos à privacidade e também à liberdade de expressão (ambas são pilares da Lei do Marco Civil da Internet, conforme já demonstrado), ou seja, o direito que ninguém interfira naquilo que fazemos na nossa vida particular ou na opinião que temos sobre os mais diversos assuntos[36], independentemente ser considerada a rede social *online* um universo público ou privado, já que entendemos ser a preservação da privacidade, nesses casos, um corolário para o alcance do princípio mais importante do ordenamento jurídico, o da dignidade da pessoa humana.

Conclusão

À luz da revisão bibliográfica do presente estudo, encontramos duas situações no que diz respeito à influência das publicações em redes sociais *online*, no recrutamento de trabalhadores.

Há a situação em que o indivíduo se utiliza de sua rede social *online* para externar sua opinião, com publicação que não possua conotação racista ou preconceituosa ou quando posta fotos ou vídeos em situações de sua vida particular e, pelo fato do pretenso empregador ter uma opinião diferente

---

35 Romita, A. S., *Direitos fundamentais nas relações de trabalho* (São Paulo, 2013), p. 163.

36 "A propagação dos dados pela internet acaba por criar uma espécie de *big brother* das condutas. A ampla exposição agregará uma sanção não prevista no sistema jurídico" (Lopes, M. S., "Informação e imagem — a internet e a preservação da intimidade das partes", in *Revista LTr*, n. 8, 2009, p. 950).

do mesmo ou não concordar com a exposição do candidato a emprego, deixa de contratá-lo[37].

Uma outra situação é quando o indivíduo faz uso de uma rede social *online* para publicar inverdades ou comentários preconceituosos sobre outra pessoa.

As problemáticas apresentadas devem ser resolvidas da seguinte forma, diante do ordenamento jurídico brasileiro: o fundamento da República Federativa do Brasil e princípio da ordem econômica —livre iniciativa da empresa— não deverá interferir no direito à liberdade de expressão ou o direito à privacidade —direitos fundamentais constitucionais— dos candidatos a emprego quando uma publicação em redes sociais *online*, que não tenha dimensão preconceituosa ou racista, em nada interfira nas funções que o trabalhador desempenhará na empresa. Já uma postagem preconceituosa ou racista não poderá fazer com que a liberdade de expressão do candidato a emprego se sobreponha a direitos fundamentais de outras pessoas, como o direito à honra e à imagem, devendo, a empresa basear-se no princípio da livre iniciativa para rechaçar a presença do referido candidato em seu quadro funcional, tendo por base a ponderação de interesses entre os direitos das partes envolvidas numa eventual demanda trabalhista sobre o assunto.

Bibliografía

Abrantes, J. J., *Contrato de Trabalho e Direitos Fundamentais* (Coimbra, 2005), Coimbra Editora.
Almeida, R. R., "Direitos laborais inespecíficos dos trabalhadores", in *Revista LTr*, n. 3, 2012.
Brasil, *Constituição da República Federativa do Brasil,* 1988,<http://www.planalto.gov.br/ccivil_03/constituicao/constituicao.htm>, acesso em 19 de setembro de 2016.

---

[37] Na lição de Moreira, T., "ao futuro empregador não será vedado recolher a informação, mas sim utilizá-la de forma discriminatória no processo de seleção" ("A privacidade dos trabalhadores e a utilização de redes sociais…, cit., p. 76).

Brasil, *Pesquisa brasileira de mídia 2015: hábitos de consumo de mídia pela população brasileira* (Brasília, 2014), Presidência da República. Secretaria de Comunicação Social.

Gomes, J. M. V., *Direito do Trabalho, volume 1 – Relações Individuais de Trabalho* (Coimbra, 2007), Coimbra Editora.

Guerra, A., *A privacidade no Local de Trabalho* (Coimbra, 2004), Almedina.

Llorens Espada, J., "El uso de facebook en los procesos de selección de personal y la protección de los derechos de los candidatos", in *Revista de Derecho Social*, n. 68, 2014.

Lopes, M. S., "Informação e imagem – a internet e a preservação da intimidade das partes", in *Revista LTr*, n. 8, 2009.

Matos, V., Acórdão do Proc. n. 0000886-66.2012.5.04.0252 RO, in *Revista da Escola Judicial do TRT 4ª Região*, n. 8, 2014.

Moraes, R. N. F., "Colisão entre direitos fundamentais nas relações contratuais trabalhistas – autonomia privada *versus* direitos à privacidade e intimidade do trabalhador", in *Revista LTr*, n. 2, 2009.

Moreira, T. C., *A privacidade dos Trabalhadores e a Novas Tecnologias de Informação e Comunicação: contributo para um estudo dos limites de controlo electrónico do empregador* (Coimbra, 2010), Almedina.

Estudos de Direito do Trabalho (Coimbra, 2016), Almedina.

"A privacidade dos trabalhadores e a utilização de redes sociais online: algumas questões", in *Questões Laborais*, n. 41, 2013.

Nascimento, A. P.; Barbosa, M., "Facebook: esfera privada ou pública? Análise Jurisprudencial", in *Actualidad Jurídica Uría Menéndez*, n. 40, 2015.

Romita, A. S., *Direitos Fundamentais nas Relações de Trabalho* (São Paulo, 2005), Editora LTR.

Direitos Fundamentais nas Relações de Trabalho (São Paulo, 2013), Editora LTR.

Sako, E. S. A., *Trabalho e Novas Tecnologias – Direitos on-line ou direitos de 4ª geração* (São Paulo, 2014), Editora LTr.

Silva, J. A. da, *Curso de Direito Constitucional Positivo*, 17ª edição (São Paulo, 2000), Editora Melhoramentos.

Sitios Pesquisados da Internet:

Correio Braziliense, *STF julgará ação que pode regulamentar direito ao esquecimento*, 2016, <http://www.correiobraziliense.com.br/app/noticia/brasil/2016/07/24/internas_polbraeco,541424/stf-julgara-acao-que-pode-regulamentar-direito-ao-esquecimento.shtml>, acesso em 19 de setembro de 2016.

Gasparin, G., *Empresa pode vigiar tudo que funcionário faz no computador do trabalho*, 2010,<http://g1.globo.com/Noticias/Concursos_Empregos/0,,MUL1544697-9654,00empresa+pode+vigiar+tudo+que+funcionario+faz+no+computador+do+trabalho.html>, acesso em 14 de setembro de 2016.

Globo Esporte.com, *São Paulo avalia demitir atacante que provocou clube no twitter em 2011*, 2016, <http://globoesporte.globo.com/futebol/times/sao-paulo/noticia/2016/06/sao-paulo-avalia-demitir-atacante-que-provocou-clube-no-twitter-em-2011.html>, acesso em 23 de junho de 2016.

Grasz, J., *Number of Employers Passing on Applicants Due to Social Media Posts Continues to Rise, According to New CareerBuilder Survey*, 2014, <http://www.careerbuilder.com/share/aboutus/pressreleasesdetail.aspx?sd=6%2f26%2f2014&siteid=cbpr&sc_cmp1=cb_pr829_&id=pr829&ed=12%2f31%2f2014>. Acesso em 12 de setembro de 2016.

Jakitas, R., *Após reclamar do emprego, jovem é demitida pelo twitter antes do primeiro dia de trabalho*, 2015, <http://economia.estadao.com.br/blogs/expediente/twittar-dsanimo-emprego/>, acesso em 18 de maio de 2015.

Jconline, *Biel dá um show de preconceitos nas redes sociais*, 2016, <http://jconline.ne10.uol.com.br/canal/cultura/musica/noticia/2016/08/01/biel-da-um-show-de-preconceitos-nas-redes-sociais-246968.php>, acesso em 12 de setembro de 2016).

Kantar Ibope Media 2016. Disponível em <https://www.kantaribopemedia.com/acessar-redes-sociais-e-uma-das-atividades-preferidas-dos-internautas-brasileiros/>, acesso em 24 de agosto de 2016.

Sales, M., *Jovens brasileiros são os mais dependentes das redes sociais*, 2016. Disponível em <http://www.correio24horas.com.br/detalhe/

tecnologia/noticia/jovens-brasileiros-sao-os-mais-dependentes-das-redes-sociais/?cHash=5e54e0fae2d9bde963d3d6f22ff6387b>, acesso em 29 de agosto de 2016).

Tartuce. F., *Os direitos de personalidade no novo Código Civil*, 2005, <https://jus.com.br/artigos/7590/os-direitos-da-personalidade-no-novo-codigo-civil>, acesso em 16 de setembro de 2016.

Veja.com, *Biel é malhado nas redes sociais e bloqueia perfis*, 2016, <http://veja.abril.com.br/entretenimento/biel-e-malhado-nas-redes-sociais-e-bloqueia-perfis/>, acesso em 12 de setembro de 2016.

Walker, R., *É legítimo consultar as redes sociais antes de contratar uma pessoa?*, 2016, <http://economia.estadao.com.br/blogs/radar-do-emprego/2016/02/23/e-legitimo-consultar-as-redes-sociais-antes-de-contratar-uma-pessoa/>, acesso em 3 de agosto de 2016.

ZH Empregos, Empresas ficam de olho nas redes sociais na hora de recrutar candidatos, 2014, <http://zh.clicrbs.com.br/rs/vida-e-estilo/empregos-e-carreiras/noticia/2014/08/empresas-ficam-de-olho-nas-redes-sociais-na-hora-de-recrutar-candidatos-4584752.html>. Acesso em 03 de agosto de 2016.

Parte II

*El fomento del autoempleo y
el emprendimiento*

José Luján Alcaraz

Catedrático de Derecho del Trabajo y de la Seguridad Social. Universidad de Murcia. España

El diseño comunitario de las políticas de fomento del emprendimiento y su concreción nacional. Aproximación al caso español[1]

Resumen: Pese a que el "emprendedor" es típicamente un trabajador autónomo, el interés por las políticas de fomento del trabajo autónomo, antecedente de las más modernas políticas de fomento y promoción del emprendimiento, es relativamente reciente. En realidad, su punto de partida puede situarse en el Consejo Europeo Extraordinario sobre empleo (Luxemburgo, 1997). Desde entonces, el fomento del espíritu de empresa aparece en los textos políticos europeos y nacionales como uno de los pilares de la política de empleo. En el contexto de la crisis financiera, económica y de empleo, que se inicia en 2008, el fomento del emprendimiento ha pasado al primer plano de las políticas públicas. Sin duda, porque parece una alternativa —coyuntural— frente al insoportable desempleo. Pero también, porque se ofrece como estrategia estructural ante el reto de la transformación del modelo productivo. En este sentido, la Comunicación de la Comisión al Parlamento Europeo, al Consejo, al Comité Económico y Social Europeo y al Comité de las Regiones de un Plan de acción sobre emprendimiento «2020 Relanzar el espíritu emprendedor en Europa» (Bruselas 2013) establece muy claramente las líneas maestras de las nuevas políticas públicas de fomento del emprendimiento. De acuerdo con ellas, y en el marco de la Estrategia Española de Empleo 2012-2014, la legislación española viene registrando un impulso muy notable a las políticas de fomento del autoempleo y del emprendimiento, cuyos resultados más sobresalientes son el establecimiento de un contrato de trabajo por tiempo indefinido de apoyo a los emprendedores, y las numerosas y muy variadas medidas contenidas en las Leyes 11/2013 y 14/2013.

Palabras clave: fomento del autoempleo, emprendimiento.

---

1 Este trabajo se enmarca en el Proyecto de Investigación DER2013-43492-P, sobre "Articulación jurídica de las políticas públicas de fomento del emprendimiento", financiado por el Ministerio de Ciencia e Innovación, e incluido en la Convocatoria 2013 —Proyectos I+D— Programa Estatal de Investigación Científica y Técnica de Excelencia Subprograma Estatal de Generación de Conocimiento.

Introducción

Si se hace abstracción de la tradicional política de fomento del trabajo autónomo, antecedente indiscutible de las más modernas de políticas de fomento y promoción del emprendimiento, puede decirse que el interés de las instituciones europeas por este último es bastante reciente. Como mucho, se remonta hasta 1997, cuando el fomento del denominado "espíritu de empresa" (*entrepreneurship, l'esprit d'entreprise, l'imprenditorialità, espírito empresarial*) es identificado como uno de los pilares de la, a la sazón, nueva política de empleo comunitaria[2].

Como es sabido, el Consejo Europeo extraordinario sobre empleo celebrado en Luxemburgo en noviembre de 1997 estableció una estrategia europea coordinada, cuyo objetivo general era conseguir un aumento significativo y duradero de la tasa de empleo en Europa. Los cuatro ejes de esa estrategia eran: a) la mejora de la capacidad de inserción profesional, b) el fomento de la capacidad de adaptación de los trabajadores y de las empresas para que el mercado laboral pueda reaccionar a las mutaciones económicas, c) el reforzamiento de la política de igualdad de oportunidades en el mercado laboral, y, en lo que aquí interesa, d) el desarrollo del espíritu de empresa.

Ahora bien, incluso así, ha habido que esperar al nuevo marco de relaciones laborales, surgido de la crisis financiera, económica y de empleo iniciada en 2008, para asistir a un replanteamiento del fomento del emprendimiento desde la perspectiva de las políticas públicas. Se trata de una revitalización moderna del viejo fomento del empleo autónomo perfectamente explicable. Primero, porque tanto el emprendimiento en sentido amplio como, sobre todo, sus manifestaciones concretas en forma de trabajo autónomo y autoempleo, constituyen una alternativa real frente al desempleo masivo. Pero también, y con alcance mucho más radical, porque

---

[2] Es decir, la que teniendo en cuenta los objetivos de empleo y protección social señalados en Protocolo 14 de Política Social y en el Acuerdo sobre Política Social del Tratado de la Unión Europea (Maastrich, 7 febrero 1992) se concreta metodológicamente en la estrategia coordinada para el empleo o Estrategia Europea de Empleo prevista en el Título VIII del Tratado de Ámsterdam (2 octubre 1997). Véase, entre otros, De Pabos, J.C. y Martínez, A., "La Estrategia Europea de Empleo: Historia, consolidación y claves de interpretación", *Revista del Ministerio de Trabajo e Inmigración*, n. 77, 2008, pp. 105 y ss.

en el marco de la transformación del modelo productivo el desarrollo del trabajo autónomo puede dar una respuesta nueva y adecuada al problema clásico de la aportación de trabajo humano a los procesos de producción de bienes y servicios.

De acuerdo con ello, seguidamente se recuerdan los antecedentes comunitarios de las modernas políticas de fomento del emprendimiento, para, a continuación, examinar las actuales manifestaciones de la misma, tanto en su diseño comunitario, como en su recepción en el Derecho español.

I. El fomento del trabajo autónomo como antecedente de las modernas políticas de fomento y promoción del emprendimiento

Como es sabido, a partir de un diagnóstico muy realista y crudo de la situación del empleo en el ámbito de la Unión Europea a principio de los años noventa del pasado siglo ("La razón es una sola. Una palabra: el desempleo. Conocemos su magnitud, y también sus consecuencias. Y la experiencia demuestra lo arduo que resulta combatirlo"), el Libro Blanco de la Comisión de las Comunidades Europeas, "Crecimiento, competitividad, empleo. Retos y pistas para entrar en el siglo XXI" (Bruselas, 1993) planteó el reto principal de "convertir el crecimiento en empleo"[3]. Para ello, frente a las tradicionales políticas pasivas dirigidas casi exclusivamente a mitigar el déficit de rentas de los desempleados, se decidió apostar por la adaptación de los sistemas de educación y por la formación profesional a lo largo de toda la vida laboral, por la mejora de los servicios de empleo y por la incentivación del empleo. Sin embargo, y de manera un tanto sorprendente, la prospección sobre el futuro del empleo en la Unión Europea, que hizo este documento capital, omite cualquier referencia expresa al papel que el trabajo autónomo podría desempeñar en ella[4]. Y tampoco la hay en la

---

3   Comisión de las Comunidades Europeas, *Crecimiento, competitividad, empleo. Retos y pistas para entrar en el siglo XXI* (Bruselas-Luxemburgo, 1993), pp. 134 y ss.
4   Si bien, en el informe de seguimiento sí se advierte ya que "la mayoría de los Estados miembros han ensayado o participado en el ensayo de proyectos para fomentar el autoempleo o las empresas muy pequeñas". *Informe sobre la evolución del empleo, Boletín de la Unión Europea*. Suplemento n. 2, 1994, p. 126.

iniciativa de lucha contra el desempleo perfilada en el Consejo Europeo celebrado en Essen en diciembre de 1994, ninguno de cuyos cinco puntos prioritarios para las políticas de empleo de los Estados miembros trata del autoempleo[5].

En realidad, la consideración expresa del fomento del autoempleo de las personas desempleadas como instrumento de la política de empleo hay buscarla en las conclusiones del siguiente Consejo Europeo, el celebrado en Cannes en la primavera de 1995. Fue allí, en efecto, donde ya se advierte de la conveniencia de fomentar "la integración del sector laboral informal mediante la potenciación de microempresas y del trabajo autónomo". Y, de manera más clara y rotunda, como ya se ha dicho, el Consejo Europeo extraordinario sobre el empleo celebrado en Luxemburgo los días 20 y 21 de noviembre de 1997 acogería favorablemente la catalogación del "desarrollo espíritu de empresa", propuesta por la Comisión como uno de los cuatro ejes o pilares de la política de empleo.

Conviene precisar, no obstante, que el desarrollo del espíritu de empresa, a que alude el segundo de los pilares concretados en Luxemburgo, es, en realidad, "un proceso dinámico por el que las personas descubren continuamente las ocasiones de negocio y actúan en consecuencia inventando, produciendo y vendiendo bienes y servicios"[6]. Y, como tal, su desarrollo y promoción comprende un vasto conjunto de actuaciones posibles en los más diversos campos de la economía, las finanzas, el comercio o la administración. Como resultado de ellas, empresas más fuertes y competitivas crean más y mejor empleo. En este sentido, la Resolución del Parlamento

---

5   Eran los siguientes: a) fomento de las inversiones en la formación profesional, con objeto de que los trabajadores puedan adaptarse a la evolución de la tecnología a lo largo de toda su vida; b) incremento de la intensidad del empleo en período de crecimiento (en particular mediante una organización más flexible del trabajo, una política salarial que facilite las inversiones generadoras de empleo y el fomento de iniciativas a escala regional y local); c) reducción de los costes salariales indirectos para fomentar la contratación, en particular de los trabajadores menos cualificados; d) mayor eficacia de la política del mercado de trabajo, definiendo mejor las medidas de ayuda a los ingresos y evaluando con regularidad la eficacia de los instrumentos de la política del mercado de trabajo; e) más medidas dirigidas a los grupos particularmente afectados por el desempleo, en particular el de larga duración (los jóvenes que abandonan el sistema educativo sin título, los trabajadores de edad avanzada y las mujeres). Las conclusiones de la presidencia pueden consultarse en <http://www.europarl.europa.eu/summits/ess1_es.htm>.

6   Comunicación de la Comisión al Consejo sobre *Fomento del espíritu empresarial en Europa: prioridades para el futuro*, Bruselas, 7 abril 1998.

Europeo sobre la Comunicación de la Comisión "Fomento del espíritu empresarial en Europa: prioridades para el futuro"[7] considera con carácter general que el fomento del espíritu empresarial requiere un "cambio de mentalidad de las personas en relación con la asunción del riesgo empresarial" y una actuación política conjunta a todos los niveles de gestión (europeo, nacional, regional y local) y en los ámbitos económico, social y educativo. Concretamente, exige la adopción de medidas estructurales en relativas, entre otros aspectos, a la simplificación administrativa, fiscalidad, financiación, flexibilidad del mercado laboral ("la adopción de medidas estructurales en el mercado laboral constituye una condición previa esencial para fomentar el espíritu empresarial"), participación en beneficios, adaptación de los sistemas de Seguridad Social, o investigación y la tecnología.

Se trata, en definitiva, de fomentar, por una parte, el espíritu de empresa facilitando formación y removiendo los obstáculos que se oponen al ejercicio de actividades productivas por cuenta propia, y, por otra, de crear un entorno económico favorable a estas iniciativas[8]. La implementación de las medidas propuestas terminará favoreciendo iniciativas innovadoras y la creación de empresas. Y la política de empleo aparece bajo la consideración de que éstas, en un marco más favorable, podrán crear empleo[9]. Por eso no puede extrañar que la directa consideración del autoempleo como instrumento de política de empleo quede todavía en un segundo plano. Como instrumento de menor impacto transformador que el que representa la directa contratación de trabajadores desempleados por las nuevas empresas. En cambio, la perspectiva diferente de los problemas de empleo que ofrece el autoempleo aparece claramente al conectar, por ejemplo, con el principio de igualdad de trato entre hombres y mujeres que ejercen una actividad

---

7   COM(98)0222 – C4-0557/98.
8   Cfr. *Recomendación de la Comisión sobre la mejora y simplificación de las condiciones para la creación de empresas*, Diario Oficial de las Comunidades Europeas, n. L 145, de 5.6.1997.
9   Las directrices para 1998 encontraron una primera concreción en los *Planes Nacionales de Acción para el Empleo-1998*, presentados al Consejo y a la Comisión en abril de 1998 (véase Comisión Europea, *De las Directrices a la acción. Los Planes Nacionales de Empleo*, Comunicación de la Comisión de 15 mayo 1998) y aprobados en el Consejo Europeo de Cardiff (junio 1998). Sobre su eficacia, véase el Informe de la Comisión *El empleo en Europa 1998 (Empleo para todos-Todos por el empleo: transformar las directrices en acción)*, presentado al Consejo Europeo de Viena (diciembre 1998) junto con las Directrices para las políticas de empleo de los Estados miembros para 1999.

autónoma o en relación con la protección de las trabajadoras autónomas durante el embarazo y la maternidad.

En todo caso, la dimensión del espíritu de empresa como desarrollo de una actividad profesional o empresarial mediante la creación por el trabajador (generalmente, un desempleado) de su propio puesto de trabajo está presente en el diseño de la política de empleo comunitaria desde Luxemburgo[10]. Así, la Resolución del Consejo de 15 diciembre 1997, que aprueba las *Directrices para el empleo en 1998*[11], obliga a los Estados miembros a adoptar medidas de promoción destinadas, entre otros objetivos, a "fomentar la idea de trabajo no dependiente". Y de manera todavía más clara, las directrices de política de empleo para los años siguientes plantean a la necesidad de "fomentar el trabajo por cuenta propia, para lo cual (los Estados miembros) estudiarán los obstáculos existentes con miras a reducirlos, en particular en lo que respecta a los regímenes fiscales y de Seguridad Social, al paso al empleo por cuenta propia y a la creación de pequeñas empresas, promoviendo acciones de formación en materia de creación de empresas y servicios específicos de apoyo a los empresarios y a los futuros empresarios"[12].

Sobre estos antecedentes, el Consejo Europeo celebrado en Lisboa, los días 23-24 de marzo de 2000, marcó un nuevo objetivo estratégico a la Unión Europea: hacer de ésta "la economía basada en el conocimiento

---

10 Cfr. Ortiz Lallana, C., "Autoempleo y fomento del espíritu empresarial en la Unión Europea", *Relaciones Laborales*, n.7/8, 2000, pp. 19 y ss. Adviértase que, por los mismos años, también la OIT presenta su *Informe sobre creación de empleo mediante el fomento de las empresas y las* cooperativas (OIT, 273ª reunión, noviembre 1998). El diagnóstico del especializado organismo internacional era muy claro: "al irse convirtiendo el empleo en una cuestión prioritaria en todos los países independientemente de su nivel de desarrollo, ha ido aumentando con rapidez el interés por las políticas y los programas que favorecen el desarrollo de las empresas, incluido el autoempleo".

11 *Diario Oficial de las Comunidades Europeas* C 30 de 28.1.1998.

12 El texto se toma de las Directrices para las políticas de empleo para el año 2000 *Diario Oficial de las Comunidades Europeas* de 21.3.2000. Con ligerísima variación, también en las de 1999, *Diario Oficial de las Comunidades Europeas* C 69 de 12.3.1999. Por su parte, la Directrices para 2001 obligaban a los Estados miembros a favorecer el acceso a la actividad empresarial a través, entre otras medidas del fomento de la educación en el espíritu de empresa y la actividad por cuenta propia, los servicios de apoyo directamente relacionados con las empresas, y la formación de los empresarios y los futuros jefes de empresa *Diario Oficial de las Comunidades Europeas* L 22/18 de 24.1.2001. Para 2002, *Diario Oficial de las Comunidades Europeas* L 60/60 de 1.3.2002.

más competitiva y dinámica del mundo"; una economía capaz de enfrentar el reto de la mundialización y los retos de la sociedad del conocimiento. Y, para ello, se consideró necesario reforzar el empleo, iniciar reformas económicas y garantizar la cohesión social.

En particular, y en lo que a la política de empleo se refiere, la favorable valoración del proceso de Luxemburgo justificó la decisión de insuflarle "un nuevo ímpetu" en cuatro ámbitos fundamentales[13]: la mejora de la empleabilidad y las cualificaciones, la apuesta por formación continua como componente básico del modelo social europeo, el aumento del empleo en los servicios y el fomento de la igualdad de oportunidades y la conciliación de la vida laboral y familiar. Las conclusiones de la Presidencia no aluden, sin embargo, al fomento del trabajo autónomo en cuanto autoempleo, sino que su planteamiento y compromiso respecto del denominado "espíritu de empresa" se mantienen en la línea tradicional. Y lo mismo sucede con el Libro Verde: "El espíritu empresarial en Europa (2003)"[14], donde se aboga por la remoción de los obstáculos que se oponen al desarrollo de las iniciativas empresariales (actitud, financiación, fiscalidad, trámites administrativos, formación, etc.)[15]. En cambio, esa perspectiva sí está ya presente en la Comunicación de la Comisión al Consejo, al Parlamento Europeo, al Comité Económico y Social Europeo y al Comité de las Regiones relativa al "Plan de acción: El programa europeo en favor del espíritu empresarial (2004)"[16]. Este documento examina, de manera crítica, los resultados alcanzados hasta ese momento y, tras concluir que "la UE no está explotando plenamente su potencial empresarial (y) no está consiguiendo animar a suficientes personas a convertirse en empresarios"[17], propone una actuación coordinada en lo que se consideran "cinco ámbitos políticos estratégicos". A saber: fomento de la mentalidad empresarial, orientación "a los empresa-

---

13 <http://www.europarl.europa.eu/summits/lis1_es.htm>.
14 Comisión Europea, COM(2003) 27 final de 21.1.2003.
15 Tal es el planteamiento del Programa plurianual en favor de la empresa y el espíritu empresarial, en particular para las pequeñas y medianas empresas (PYME) (2001-2005) (Decisión 2000/819/CE del Consejo de 20.12.2000, DO L 333 de 29.12.2000).
16 Bruselas, 11.02.2004 COM (2004) 70 final.
17 Los datos que ofrece el documento para 2000 son muy elocuentes: según el Eurobarómetro, aunque el 47 % de los europeos declara preferir el empleo autónomo, sólo un 17 % hace realidad sus ambiciones. Respecto a la participación en nuevas iniciativas empresariales, sólo el 4 % de los europeos declara estar dando los pasos necesarios para crear una empresa o ser empresario desde hace menos de tres años, frente al 11 % en Estados Unidos.

rios hacia el crecimiento y la competitividad", mejoras en el flujo de financiación, creación de un marco administrativo y reglamentario más favorable para las PYME, y, especialmente, en lo que ahora interesa, estímulos para que un mayor número de personas se conviertan en empresarios.

La idea de que el espíritu de empresa también lleva a la sustitución de un trabajador asalariado, eventualmente desempleado, por un trabajador que crea su propio puesto de trabajo (como trabajador autónomo o por cuenta propia, como socio o como cooperativista) se va abriendo así paso lentamente. A partir de la aceptación de la incapacidad del mercado de trabajo para generar tanto empleo asalariado como la demanda exige, pero viendo las posibilidades que ofrece el nuevo orden económico-productivo, se plantea la promoción del autoempleo (en sus más variadas manifestaciones: microempresas, fragmentación de procesos productivos, descentralización productiva) como alternativa de acceso a una actividad profesional o empresarial mediante la creación por el trabajador de su propio puesto de trabajo. Y esta perspectiva termina consolidándose cuando, al socaire del impulso a las políticas activas de empleo, el viejo espíritu de empresa se reoriente como "emprendimiento".

II. El "emprendimiento" en el marco de la política de empleo comunitaria

Aunque la vinculación entre el fomento del espíritu empresarial y la condición o la actitud emprendedora está ya en documentos anteriores[18], puede señalarse la Comunicación de la Comisión al Consejo, al Parlamento Europeo, al Comité Económico y Social Europeo y al Comité de las Regiones, relativa al "Plan de acción: El programa europeo en favor del espíritu empresarial (2004)", como uno de los textos en los que más claramente se

---

18 Por ejemplo, la Resolución del Parlamento Europeo sobre la Comunicación de la Comisión "Fomento del espíritu empresarial en Europa: prioridades para el futuro" de 30 de marzo de 1999 advierte que "una *sociedad más emprendedora*, en la cual todos, a cualquier nivel, tanto trabajadores como empresarios, interlocutores sociales y administraciones, ejerzan plenamente su responsabilidad sin esperar a que los otros resuelvan los problemas constituye un factor nada despreciable para el fomento del espíritu empresarial en Europa".

plantea su revitalización. El porqué de la misma lo expresa su introducción: "aunque el 47 % de los europeos muestra preferencia por el trabajo autónomo, únicamente el 17 % consigue cumplir sus ambiciones". Y, además, aunque la UE adopte medidas radicales "que conviertan Europa en un lugar más atractivo para la actividad empresarial", ni siquiera ello no será suficiente para impulsar una nueva dinámica empresarial. "Para liberar todo su potencial empresarial, la UE debe adoptar medidas radicales que conviertan Europa en un lugar más atractivo para la actividad empresarial". Y, para ello, no basta con "impulsar la dinámica empresarial: se necesita una mentalidad más emprendedora, es decir, fomentar activamente los valores empresariales y atajar el temor a asumir riesgos del mayor número posible de emprendedores potenciales".

Queda planteada, así, la revisión del viejo "espíritu de empresa" —que en la versión española de los documentos comunitarios alcanza, incluso, a la elección de los vocablos "emprendimiento" y "emprendedor"[19]—, que se va a completar en el contexto que ofrece la crisis económica y de empleo que se inicia en 2008.

---

19   La version inglesa del párrafo transcrito reza del siguiente modo: "to release its full *entrepreneurial potential*, the EU must take serious steps to make Europe more attractive for business activity. But this alone is not enough to fuel the entrepreneurial *drive*: a more *entrepreneurial mindset* is needed. This means actively promoting *entrepreneurial values* and addressing the fear of risk-taking among the widest possible audience of potential *entrepreneurs*". La francesa : "pour libérer son plein *potentiel entrepreneurial*, l'UE devra prendre des mesures énergiques pour rendre l'Europe plus attractive pour l'activité des entreprises. Mais cela en soi ne suffit pas à alimenter la dynamique entrepreneuriale: *l'esprit d'entreprise* devra être stimulé. En conséquence, il faudra promouvoir activement les *valeurs entrepreneuriales* et remédier à la peur du risque parmi le plus grand nombre possible de candidats *entrepreneurs*". La italiana: "Per sviluppare il suo *potenziale imprenditoriale* in modo completo, l'UE dovrà prendere misure energiche che rendano l'Europa più attraente per quanto riguarda le attività imprenditoriali. Ma ciò di per sé non è sufficiente ad alimentare la *dinamica imprenditoriale*: una *cultura più imprenditoriale* è necessaria. Di conseguenza è necessario promuovere attivamente i valori imprenditoriali e rimediare al timore del rischio nel maggior numero possibile di *imprenditori* potenziali". Y la portuguesa: "para aproveitar plenamente o seu potencial em matéria de *espírito empresarial*, a UE deve adoptar iniciativas sérias para tornar a Europa mais atraente para a *actividade empresarial*. Mas, por si só, isso não é suficiente para alimentar a *dinâmica empresarial*, sendo necessária uma mentalidade mais orientada para o *espírito empresarial*. Isto implica a promoção activa dos valores do espírito empresarial e a atenuação dos receios ligados à tomada de riscos entre o maior número possível de *empresários* potenciais".

Posiblemente, la Comunicación de la Comisión "Europa 2020. Una estrategia para un crecimiento inteligente, sostenible e integrador" (2010)[20] es el documento que mejor refleja esta superación de un viejo espíritu de empresa "pasivo" por un moderno emprendimiento "activo". Es verdad que, en buena medida, se trata de un mero nominalismo, pues allí sigue afirmándose que "el espíritu emprendedor debe ser desarrollado mediante iniciativas políticas concretas, incluyendo la simplificación de la legislación sobre sociedades (procedimientos de quiebra, estatuto de empresa privada, etc.) e iniciativas que permitan a los emprendedores recuperarse en caso de que falle uno de sus negocios"[21]. Pero, al mismo tiempo, parece asignársele un rol más protagonista en el reto del crecimiento inteligente, sostenible e integrador que marca Europa 2020. Expresamente, se habla ahora de la necesidad de "promover el espíritu emprendedor apoyando a jóvenes empresas innovadoras", a la importancia de "la innovación y el espíritu emprendedor", de "explorar las formas de promover el espíritu emprendedor mediante programas de movilidad para jóvenes profesionales". El nuevo mantra es que la salida de la crisis pasa por un "crecimiento inteligente" y éste solo puede darse en una economía basada en el conocimiento y la innovación. De este modo, la Comisión considera que "el crecimiento inteligente significa la consolidación del conocimiento y la innovación como impulsores de nuestro crecimiento futuro". Y requiere mejorar la calidad de nuestra educación, consolidar los resultados de la investigación, promover la innovación y la transferencia de conocimientos en toda la Unión, explotar al máximo las TIC y asegurarse de que las ideas innovadoras puedan convertirse en nuevos productos y servicios que generen crecimiento y empleos de calidad y que ayuden a afrontar los retos derivados de los cambios sociales en Europa y en el mundo. Y, en lo que ahora interesa destacar, el éxito de la operación exige que todo eso se combine "con un espíritu emprendedor, financiación y una atención prioritaria a las necesidades de los usuarios y a las oportunidades del mercado".

En este nuevo contexto, el potencial generador de empleo del emprendimiento está perfectamente analizado en la "Comunicación de la Comisión al Parlamento Europeo, al Consejo, al Comité Económico y Social Europeo y al Comité de las Regiones: Hacia una recuperación generadora de

---

20 Bruselas, 3.3.2010 COM(2010).
21 Nótese que el "espíritu emprendedor" de la versión española del documento sigue siendo *entrepreneurship* en la versión inglesa. La francesa se refiere a *l'entrepreunariat*, la italiana a *imprenditoria*, y la portuguesa a *empreendedorismo*.

empleo (2012)"[22].Sobre todo, porque, sin perjuicio de su valor como fuente de trabajo asalariado, la iniciativa emprendedora se plantea abiertamente desde la perspectiva del fomento del trabajo autónomo y del autoempleo[23].

Se advierte allí, en efecto, como "los demandantes de empleo que se sientan motivados para crear y dirigir empresas pueden tropezar con obstáculos considerables", como la ausencia de competencias profesionales o empresariales y de dificultades para obtener financiación. Por ello, para apoyar la creación de empleo, es necesario "promover y apoyar el trabajo por cuenta propia, las empresas sociales y las empresas de nueva creación". Y, para facilitar el trabajo por cuenta propia y la creación de nuevos empleos, son especialmente importantes "el fomento del espíritu emprendedor y una mayor disponibilidad de servicios de apoyo a la creación de empresas y de microfinanciación", así como de sistemas de conversión de las prestaciones de desempleo en subvenciones para la creación de empresas. Como se aprecia, la ayuda debe estar orientada a los grupos con mayor potencial (como los trabajadores desempleados con capacidades profesionales, las mujeres o los jóvenes) y debe basarse en una estrecha cooperación entre los servicios de empleo, los servicios de apoyo a las empresas y los proveedores de financiación. Por lo demás, los agentes de la economía social y las empresas sociales son importantes motores de creación de empleo inclusivo y de innovación social y requieren un apoyo específico, que puede darse a través de la contratación pública y el acceso a la financiación.

De este modo, en el marco de la Estrategia Europa 2020, el emprendimiento, visto en su doble faz, como iniciativa empresarial generadora de empleo asalariado y como autoempleo, pasa a ocupar un plano muy relevante en la planificación y desarrollo de las políticas económicas y de empleo[24].

La Comunicación de la Comisión al Parlamento Europeo, al Consejo, al Comité Económico y Social Europeo y al Comité de las Regiones de un «Plan de acción sobre emprendimiento 2020. Relanzar el espíritu empren-

---

22 Bruselas, 18.4.2012 COM(2012) 173.
23 Véase Reyna Fernández, S., "El trabajo autónomo en el modelo social europeo y en el ordenamiento jurídico de la UE en la Estrategia de Lisboa después de 2010: especial referencia al trabajador autónomo dependiente", *Revista del Ministerio de Trabajo e Inmigración*, número extraordinario enero-junio 2010, pp. 109 y ss.
24 Véase el trabajo de la Comisión Europea, *Needs and options for member states and regions in supporting self-employment and micro-enterprises*, final workshop, 7-8 July 2010 <http://ec.europa.eu/social/main.jsp?catId=952&langId=en>.

dedor en Europa» (2013)[25] presenta, muy claramente, las líneas maestras de las nuevas políticas públicas de fomento del emprendimiento. Como tesis fundamental, se sostiene en ella que "para recuperar el crecimiento y un alto nivel de empleo, Europa necesita más emprendedores". Y, en función de la misma, "plantea una visión renovada" del fomento del emprendimiento con el propósito de "revolucionar la cultura del emprendimiento" basada en tres pilares. A saber: el desarrollo de la educación y la formación en materia de emprendimiento, la creación de un buen entorno empresarial, y el establecimiento de modelos y la atención a grupos específicos.

El documento completo es un diagnóstico muy certero de la situación y un completo catálogo de medidas de toda índole dirigidas a garantizar sus objetivos. En todo caso, quizá sus propuestas más novedosas en lo que aquí interesa sean las relativas al emprendimiento como autoempleo —aunque esta expresión no se utilice—. En particular, en relación con los denominados "grupos específicos" e infrarrepresentados en la población emprendedora: los jóvenes, las mujeres, las personas con discapacidad y los inmigrantes. Respecto de ellos, se afirma que

> Europa debe abrirles caminos hacia el emprendimiento para ofrecerles puestos de trabajo, empoderarlos económica y socialmente y aprovechar sus capacidades creativas e innovadoras. Esos caminos deben ser sensibles a las necesidades de los diferentes grupos, sus expectativas y sus normas, para saber cómo se les dará consejo e información y cómo lo recibirán. Las medidas deben basarse en un régimen de apoyo integrado que promueva el capital humano y ofrezca ayuda financiera. Además de actividades específicas adaptadas a las necesidades de cada uno de esos grupos, todas deben incluirse en programas de formación en emprendimiento, concebidos y ofrecidos en colaboración con proveedores de educación y formación, organizaciones juveniles, asesores empresariales generales o convencionales e instituciones financieras[26].

Conforme a estos postulados, las sucesivas directrices para el empleo aprobadas por la Comisión Europea en el marco de la Estrategia Europa 2020 insisten, si bien de manera muy genérica, en la necesidad de que los Estados

---

25   Bruselas, 9.1.2013 COM(2012).
26   Como ejemplo de las actuaciones comunitarias en esta dirección, particularmente en lo que se refiere al denominado "emprendimiento social", puede consultarse el Reglamento UE n. 1296/2013, del Parlamento Europeo y del Consejo, de 11 de diciembre de 2013, relativo a un Programa de la Unión Europea para el Empleo y la Innovación Social («EaSI»), y por el que se modifica la Decisión n. 283/2010/UE, por la que se establece un instrumento europeo de microfinanciación para el empleo y la inclusión social (DOUE L 347/238 de 20.12.2013).

miembros faciliten fomenten "el espíritu emprendedor y, en particular, apoyen la creación y el crecimiento de las pequeñas empresas"[27]. En último término, sin embargo, todavía parece existir una cierta distancia entre el papel que la Estrategia Europa 2020 reconoce al espíritu emprendedor y al autoempleo como claves para lograr un crecimiento inteligente, sostenible e integrador y la forma excesivamente vaga en que ese postulado se incorpora en las directrices de empleo[28]. Sobre todo, llama la atención la omisión de referencias expresas al emprendimiento y al autoempleo en las Orientaciones Europeas sobre Empleo para 2010-2014[29]. Aunque ello no quita para que los planes nacionales de empleo aprobados como desarrollo y ejecución de las mismas sean luego bastante más concretos, sobre todo en la medida en que saben aprovechar las largas experiencias nacionales en materia de fomento y promoción del trabajo autónomo.

III. El fomento del emprendimiento en el Derecho español

Se acaba de explicar que la revitalización del trabajo autónomo (como hecho) y su promoción (como decisión política consciente) son una constante en la Estrategia Europea de Empleo que arranca con la cumbre de Luxemburgo de 1997. Y también que, respecto de ellas, el moderno fomento del emprendimiento viene a enfatizar el valor de una apuesta que en el contexto de la última crisis, con devastadores efectos sobre el empleo

---

27 Decisión (UE) 2015/1848 del Consejo de 5 de octubre de 2015, relativa a las orientaciones para las políticas de empleo de los Estados miembros (Diario Oficial de la Unión Europea L 268 de 15.10.2015).

28 La importancia del autoempleo en Europa fue puesta de relieve en un estudio publicado en la *European Employment Observatory Review*, con el título *Self-employment in Europe 2010* (11/10/2010). En él se valora la contribución del autoempleo en la economía de la UE en términos de la capacidad empresarial y la creación de empleo y se señala que representaba casi el 15 % del empleo total en la Unión en 2009.

29 Las directrices 7, 8 y 10 señalan como metas a conseguir en materia de empleo por los distintos países miembros la reducción del desempleo estructural, garantizar la igualdad de oportunidades en el acceso al empleo, conseguir una población activa cualificada que responda a las necesidades del mercado laboral, cumplir con el objetivo de lograr más empleo y de mayor calidad, y promover la participación de los colectivos más alejados del mercado de trabajo.

asalariado, parece considerarse alternativa útil para dar respuesta a los dos principales problemas actuales: el aumento imparable del desempleo y la necesidad de adaptar la estructuras y los modelos productivos a las exigencias de lo que ya se califica como "tercera revolución industrial"[30].

Frente a las tradicionales políticas de fomento enmarcadas en la Orden de 21 febrero 1986[31], la tutela y promoción del trabajo autónomo en España comienza a ensanchar sus horizontes a mitad de la década de 2000. El Programa nacional de reformas de España "Convergencia y empleo" (octubre 2005) señala la necesidad de "fomentar el espíritu emprendedor" y explica que el espíritu empresarial "se considera crucial para el avance de la productividad de un país". Este concepto se puede entender como la capacidad que tienen los agentes de una economía de poner en marcha una idea empresarial concreta. Por eso, el objetivo sería no sólo "dignificar al emprendedor en la sociedad, incluso poniendo en valor el fracaso empresarial, sino también dotarle de los medios necesarios para que pueda iniciar, desarrollar y concluir su labor". Pero, en la actualidad, el espíritu emprendedor en España no es demasiado elevado; en concreto, la tasa de creación de empresas de la economía española es un 10 % frente al 11,2 % europeo; además, de las nuevas empresas creadas en España un 70 % no tienen asalariados. Por ello, es importante promover este espíritu, espe-

---

30 Véase Rifkin, J., *La Tercera Revolución Industrial* (Madrid, 2011), Ed. Pairos. Sobre la necesidad de impulsar las energías renovables, que junto con el desarrollo de Internet conducirá a esta Tercera Revolución Industrial como resultado de la convergencia de las nuevas tecnologías de la comunicación con los nuevos sistemas de energía, se ha pronunciado el Parlamento Europeo en fecha 12 de febrero de 2007, mediante una declaración por escrito sobre el establecimiento de una economía verde basada en el hidrógeno y una tercera revolución industrial en Europa, mediante una asociación con las regiones, las ciudades, las PYME y las organizaciones de la sociedad civil interesadas.

31 La Orden fue derogada y reemplazada por Orden TAS/1622/2007, de 5 de junio, por la que se regula la concesión de subvenciones al programa de promoción del empleo autónomo. Conviene recordar que la Orden de 1986 fue aprobada en contemplación de la incorporación de España a la entonces CEE y con el declarado objetivo de acceder a las ayudas del Fondo Social Europeo. Así lo confesaba su exposición de motivos, cuando señala que la misma viene a completar "el marco de la política de empleo con otras actuaciones, ya tradicionales en nuestro derecho, para fomentar el cooperativismo, el trabajo autónomo, las iniciativas locales de empleo, o la contratación de mujeres en sectores o profesiones en las que estén sub-representadas, introduciendo aquellas modificaciones que permitan acceder a los trabajadores y a las Empresas españolas a las mismas ayudas que tendrán en el resto de la Comunidad Económica Europea".

cialmente entre aquellos colectivos que menos participan en la actividad empresarial, como "los jóvenes, las mujeres y los inmigrantes"[32]. De este modo, entre los objetivos del programa aparece el aumento de la creación de empresas en un 25 % mediante el fomento del espíritu emprendedor, especialmente entre jóvenes y mujeres.

Es en este contexto cuando se aprueba la Ley 20/2007, de 11 de julio, del Estatuto del trabajo autónomo (LETA)[33], cuyo capítulo V se rubricó precisamente "Fomento y promoción del trabajo autónomo". En la redacción original, el capítulo incluía sólo los artículos 27, 28 y 29[34].

El art. 27 incorporaba una declaración de principios ("los poderes públicos, en el ámbito de sus respectivas competencias, adoptarán políticas de fomento del trabajo autónomo dirigidas al establecimiento y desarrollo de iniciativas económicas y profesionales por cuenta propia") y un listado no cerrado de las posibles "medidas" útiles —pero no originales[35]— para articular esas políticas. Es decir, de medidas dirigidas a: a) remover los obstáculos que impidan el inicio y desarrollo de una actividad económica o profesional por cuenta propia, b) facilitar y apoyar las diversas iniciativas de

---

32 P. 44 del documento.
33 Sobre esta norma, entre otros, Luján Alcaraz, J. (Coord.), *El Estatuto del trabajo autónomo* (Murcia, 2007), Ed. Laborum; Sempere Navarro, A.V. y Sagardoy Bengoechea, J.A.(Coords.), *Comentarios al Estatuto del Trabajo Autónomo*, (Pamplona, 2010), Ed. Thomson-Aranzadi; Cruz Villalón, J. y Valdés Dal-Ré, F., *El estatuto del trabajo autónomo* (Madrid, 2008); Ed. La Ley; Barrios Baudor, G.L. (Dir.), *Tratado del Trabajo Autónomo* (Pamplona, 2009), Ed. Aranzadi, 2009; García Jiménez, M. y Molina Navarrete, C., *El estatuto profesional del trabajo autónomo: diferenciando lo verdadero de lo falso* (Madrid, 2007), Ed. Tecnos.
34 La actual redacción contiene diez preceptos más como consecuencia de su reforma por Ley 31/2015, de 9 de septiembre, por la que se modifica y actualiza la normativa en materia de autoempleo y se adoptan medidas de fomento y promoción del trabajo autónomo y de la Economía Social.
35 Cuatro años antes la Ley 56/2003, de 16 de diciembre, de Empleo (actualmente, RDLeg. 3/2015, de 23 octubre), ya aludía al fomento del trabajo autónomo entre las políticas activas de empleo definidas en su art. 23 como "el conjunto de programas y medidas de orientación, empleo y formación que tienen por objeto mejorar las posibilidades de acceso al empleo de los desempleados en el mercado de trabajo, por cuenta propia o ajena, y la adaptación de la formación y recalificación para el empleo de los trabajadores, así como aquellas otras destinadas a fomentar el espíritu empresarial y la economía social". Además, se advierte que estas políticas adoptan las más variadas manifestaciones (apoyo al trabajo autónomo, incentivos a la economía social o estímulos a la constitución de pequeñas empresas), pues el objetivo último es siempre que un desempleado deje de serlo al generar su propio puesto de trabajo.

trabajo autónomo, c) establecer exenciones, reducciones o bonificaciones en las cotizaciones a la Seguridad Social, d) promover el espíritu y la cultura emprendedora, e) fomentar la formación y readaptación profesionales, f) proporcionar la información y asesoramiento técnico necesario, g) facilitar el acceso a los procesos de innovación tecnológica y organizativa, de forma que se mejore la productividad del trabajo o servicio realizado, h) crear un entorno que fomente el desarrollo de las iniciativas económicas y profesionales en el marco del trabajo autónomo, e i) apoyar a los emprendedores en el ámbito de actividades innovadoras vinculadas con los nuevos yacimientos de empleo, de nuevas tecnologías o de actividades de interés público, económico o social.

Por su parte, el art. 28 LETA insiste en el valor fundamental de la formación en relación con el trabajo autónomo. Y el art. 29, sin abandonar el tono programático característico de la norma, se limita a recordar que "los poderes públicos, en el ámbito de sus respectivas competencias y en el marco de los compromisos asumidos en la Unión Europea, adoptarán programas de ayuda financiera a las iniciativas económicas de las personas emprendedoras", para lo que se "atenderá a la necesidad de tutela de los colectivos con especiales dificultades de acceso al mercado de trabajo, a la garantía de la viabilidad futura de los proyectos beneficiarios, así como a la exigencia de evaluación de los efectos de las ayudas económicas sobre los objetivos propuestos"[36].

En todo caso, la promulgación del Estatuto del trabajo autónomo señala un hito: la consideración del trabajo autónomo en la legislación española y en la política de su fomento. La mera existencia de este marco protector, especialmente para los trabajadores autónomos económicamente dependientes, refuerza el valor que tienen las iniciativas para su fomento y promoción. Y, en este sentido, quizá pudiera decirse que la LETA se anticipa a las iniciativas de impulso del emprendimiento tal y como se orientan en la Estrategia Europa 2020. Su exposición de motivos da fe de ello cuando

---

36 Obviamente, esta disposición presuponía la existencia de una articulación efectiva de las políticas de empleo en los ámbitos estatal, autonómico y local conforme a las previsiones de la Ley de Empleo y sobre las pautas de la Orden TAS/1622/2007, de 5 de junio, por la que se regula la concesión de subvenciones al programa de promoción del empleo autónomo. Téngase en cuenta que el Capítulo II de esta orden sobre "características de las subvenciones y procedimiento de concesión en el ámbito de gestión del Servicio Público de Empleo Estatales" fue derogada por Ley 18/2014, de 15 de octubre.

tras constatar que "el trabajo autónomo prolifera en países de elevado nivel de renta, en actividades de alto valor añadido, como consecuencia de los nuevos desarrollos organizativos y la difusión de la informática y las telecomunicaciones, y constituye una libre elección para muchas personas que valoran su autodeterminación y su capacidad para no depender de nadie", advierte que son

> cada vez más importantes y numerosas en el tráfico jurídico y en la realidad social, junto a la figura de lo que podríamos denominar autónomo clásico, titular de un establecimiento comercial, agricultor y profesionales diversos, otras figuras tan heterogéneas, como los emprendedores, personas que se encuentran en una fase inicial y de despegue de una actividad económica o profesional, los autónomos económicamente dependientes, los socios trabajadores de cooperativas y sociedades laborales o los administradores de sociedades mercantiles que poseen el control efectivo de las mismas.

Es desde esta consideración, como la LETA revisa y amplía el catálogo tradicional de medidas de fomento del empleo autónomo. Y así, junto con las conocidas medidas de ayuda económica y de asistencia técnica al establecimiento reguladas en la Orden de 1986 y últimamente en la de 2007, la disposición adicional 9ª LETA revisó la regulación de la capitalización de la prestación por desempleo para favorecer el inicio de actividades por cuenta propia[37]. Y la disposición adicional 2ª anunció que legalmente podrían establecerse reducciones y bonificaciones en la cotización a la Seguridad Social en favor de determinados colectivos de trabajadores autónomos[38].

---

37 Regulada en el RD 1044/1985, de 19 junio, la capitalización de la prestación por desempleo quedó constreñida tras Ley 22/1992, de 30 julio, solo a los trabajadores desempleados que se propusieran realizar una actividad como socios trabajadores de una cooperativa de trabajo asociado o de una sociedad laboral. La Ley 50/1998, de 30 diciembre, también la autorizó para la personas con discapacidad que se constituyesen como autónomos pudiesen utilizar esta vía. Y la Ley 45/2002, de 12 diciembre, de medidas urgentes para la reforma del sistema de protección por desempleo y mejora de la ocupabilidad, la recuperó para todo trabajador autónomo, si bien "con el límite máximo del 20 por 100 del importe de la prestación por desempleo de nivel contributivo pendiente por percibir". Actualmente, y conforme al art. 34 LETA añadido por Ley 31/2015, de 9 de septiembre, el importe puede llegar al 100 por 100 y percibirse como "pago único" o como abono mensual para subvencionar la cotización del trabajador a la Seguridad Social.
38 En realidad, la cotización reducida para jóvenes que inician una actividad como autónomos estaba implantada desde la nueva redacción dada a la disposición adicional 35ª LGSS-1994 por RDL 2/2003, de 25 abril, de medidas de reforma económica.

Como es sabido, la profundización en la política de fomento del emprendimiento conforme a la Estrategia Europa 2020 se produce en el contexto que ofrece la crisis económica que se inicia en 2008. Sin perjuicio de otros análisis precedentes, la Estrategia Española de Empleo 2012-2014[39] plantea, en este sentido, un conjunto de medidas de fomento de la cultura emprendedora y el espíritu empresarial para hacer frente al "empeoramiento de las condiciones que propician la actividad emprendedora en nuestro país" a causa del deterioro de la economía. Tales medidas aparecen articuladas en función de los ámbitos de las políticas activas de empleo, definidos en Ley 56/2003, de 16 de diciembre, de empleo[40]. Así, en el ámbito de la orientación profesional, se señala la necesidad de proporcionar suficiente información sobre "los incentivos y medios disponibles para el fomento de la contratación y el apoyo a las iniciativas emprendedoras, con especial atención a las fórmulas empresariales de autoempleo colectivo enmarcadas en la Economía Social". En el ámbito de la formación y recualificación, la formación para emprendedores se incluye entre las medidas referentes para las actuaciones en Políticas activas de empleo. En el del fomento de la igualdad de oportunidades en el empleo, también se identifica la promoción del autoempleo femenino y de la actividad emprendedora de mujeres. Y lo mismo ocurre con el apoyo al emprendimiento y el autoempleo y la incorporación como socios trabajadores o de trabajo a cooperativas o sociedades laborales en orden a facilitar la inserción laboral de las personas con discapacidad. En fin, el plan enuncia un conjunto de medidas específicas en el ámbito del autoempleo y la creación de empresas dirigidas a fomentar las iniciativas empresariales mediante el empleo autónomo o la economía social, o bien encaminadas a la generación de empleo, la creación y promoción de todo tipo de actividad empresarial y la dinamización e impulso del desarrollo económico local.

Concluida la vigencia de la Estrategia para 2012-2014, las condiciones de partida para la definición de la siguiente habían quedado seriamente alteradas como consecuencia de la promulgación del RDL 3/2012, de 10 de febrero, de medidas urgentes para la reforma del mercado laboral (luego Ley 3/2012, de 6 de julio)[41]. Y así lo hace ver en su preámbulo el

---

39   Aprobada por RD 1542/2011, de 31 de octubre.
40   Modificada, en este punto, por RDL 3/2011, de 18 de febrero, y RDL 14/2011, de 16 de septiembre.
41   En especial, no puede desconocerse que más allá del mero nominalismo, esta reforma dio cierta de naturaleza al fenómeno del emprendimiento —a un emprendimiento

RD 751/2014, de 5 de septiembre, por el que se aprueba la que ahora se denomina "Estrategia Española de activación para el Empleo 2014-2016. Esto es, que, por una parte, esa ley tenía "como objetivo estratégico la construcción de un nuevo modelo de relaciones laborales". Por otra, que esa misma reforma ha puesto "en marcha un proceso de transformación de las políticas activas de empleo para posibilitar un diseño de políticas activas y pasivas más dinámicas y eficientes complementario y coherente con el nuevo marco de relaciones laborales y de contratación". En tercer lugar, que el marco de la Estrategia Española de Empleo 2012-2014 "no ha resultado acorde con el contexto actual ni con las exigencias europeas". Y, por último, y como consecuencia, que el Gobierno ha basado tanto el Plan anual de política de empleo para 2013[42], como el correspondiente para 2014[43], en una metodología distinta a la de aquella estrategia, pasando de un modelo de financiación y gestión articulado en torno a programas establecidos centralizadamente a un nuevo marco acorde con las competencias de las comunidades autónomas en políticas activas y basado en la evaluación.

Con esos presupuestos, la nueva Estrategia Española de Activación para el Empleo 2014-2016 se articula en torno a seis ejes. A saber: orientación, formación, oportunidades de empleo, igualdad de oportunidades en el acceso al empleo, emprendimiento y mejora del marco institucional del

---

"impropio" todo sea dicho— al diseñar un nuevo contrato de trabajo específicamente dirigido al fomento del empleo asalariado (contratación laboral de desempleados) pero que el legislador quiso identificar con una referencia al otro sujeto de la relación laboral: el empresario. Frente a la denominación convencional acogida en el art. 1 Estatuto de los Trabajadores ("Esta ley será de aplicación a los trabajadores que voluntariamente presten sus servicios retribuidos por cuenta ajena y dentro del ámbito de organización y dirección de otra persona, física o jurídica, denominada empleador o empresario"), el sujeto del nuevo contrato es un emprendedor. Y por eso el contrato se llama "contrato de trabajo por tiempo indefinido de apoyo a los emprendedores" (art. 4 Ley 3/2012). Ahora bien, ninguna indicación se da sobre quiénes sean éstos más allá de la regla conforme a cual el contrato podrán celebrarlo "las empresas que tengan menos de 50 trabajadores".

42   Resolución de 28 de agosto de 2013, de la Secretaría de Estado de Empleo, por la que se publica el Acuerdo del Consejo de Ministros de 2 de agosto de 2013, por el que se aprueba el Plan Anual de Política de Empleo para 2013 (BOE 10 septiembre 2013).
43   Resolución de 16 de septiembre de 2014, de la Secretaría de Estado de Empleo, por la que se publica el Acuerdo del Consejo de Ministros de 5 de septiembre de 2014, por el que se aprueba el Plan Anual de Política de Empleo para 2014, según lo establecido en el artículo 4 ter de la Ley 56/2003, de 16 de diciembre, de Empleo (BOE 24 septiembre 2014).

Sistema Nacional de empleo y su ejecución se articula mediante los correspondientes planes anuales[44]. De acuerdo con ello, y en lo que ahora interesa, el eje relativo al emprendimiento comprende las actividades dirigidas a fomentar la iniciativa empresarial, el trabajo autónomo y la economía social, así como las encaminadas a la generación de empleo, actividad empresarial y dinamización e impulso del desarrollo económico local. Sus objetivos estructurales son cinco: a) la formación y asesoramiento a emprendedores, b) el apoyo a las iniciativas empresariales, c) la promoción del desarrollo territorial, apoyando especialmente la creación de nuevas iniciativas empresariales en zonas rurales, y e) el fomento de la cultura emprendedora, y e) el fomento del empleo autónomo: incorporar a los desempleados al empleo autónomo y economía social.

Paralelamente, siguiendo también las directrices comunitarias, y en especial teniendo en cuenta los acuerdos del Consejo Europeo informal celebrado el 30 de enero de 2012 respecto a la necesidad de establecer medidas urgentes para reducir el desempleo juvenil agravado por la crisis y desarrollar una estrategia de empleo joven, el Gobierno español presentó, en febrero de 2013, la denominada "Estrategia de emprendimiento y empleo joven 2013-2016", con cien medidas encaminadas a favorecer la inserción laboral de los jóvenes, bien como asalariados, bien como emprendedores autoempleados. Sin perjuicio del interés que el texto de la misma presenta[45], lo más relevante ahora es señalar que parte sustancial de esa estrategia, principalmente en lo que se refiere a la promoción del autoempleo de jóvenes desempleados y a la facilitación de iniciativas innovadoras de jóvenes emprendedores, fue articulada, primero por RDL 4/2013, de 22 de febrero, de medidas de apoyo al emprendedor y estímulo del crecimiento y creación de empleo, y luego, tras su tramitación como proyecto de ley, por Ley 11/2013 de 26 de julio, del mismo título[46].

---

44   Resolución de 29 de julio de 2015, de la Secretaría de Estado de Empleo, por la que se publica el Acuerdo del Consejo de Ministros de 24 de julio de 2015, por el que se aprueba el Plan Anual de Política de Empleo para 2015 (BOE 11 agosto 2015); Resolución de 22 de agosto de 2016, de la Secretaría de Estado de Empleo, por la que se publica el Acuerdo del Consejo de Ministros de 5 de agosto de 2016 por el que se aprueba el Plan Anual de Política de Empleo para 2016 (BOE 31 agosto 2016).

45   <http://www.empleo.gob.es/es/estrategia-empleo-joven/descargas/EEEJ_Documento.pdf>.

46   Sobre esta norma, puede verse, entre otros, Sempere Navarro, A.V., "Contenido sociolaboral de las Leyes 11 y 14/2013, de apoyo a los emprendedores", *Revista Aranzadi Doctrinal*, n. 7, 2013; Sempere Navarro, A.V. y Fernández Orrico, F.J., "Emprendedo-

Muy poco después, y con un horizonte mucho más amplio —y multidisciplinar— la Ley 14/2013, de 27 de septiembre, de apoyo a los emprendedores y su internacionalización, vendría a completar el marco jurídico promocional de la actividad emprendedora en España. Pese a su amplitud (76 artículos, dieciséis disposiciones adicionales, trece finales, una única y otra derogatoria), su contenido "socio-laboral" es más bien reducido y queda disimulado entre las muchas medidas dirigidas a hacer realidad sus ambiciosos objetivos. A tenor de su artículo 1: "apoyar al emprendedor y la actividad empresarial, favorecer su desarrollo, crecimiento e internacionalización y fomentar la cultura emprendedora y un entorno favorable a la actividad económica, tanto en los momentos iniciales a comenzar la actividad, como en su posterior desarrollo, crecimiento e internacionalización".

En todo caso, incorpora una variada representación de asuntos de aquella índole: organización de la actividad preventiva (art. 30 LPRL, puede asumirla personalmente el empresario persona física que empleo hasta 25 trabajadores en un único centro de trabajo siempre que desarrollase de forma habitual su actividad en el mismo y tenga capacidad suficiente para ello); libro de visitas electrónico de la Inspección de Trabajo; beneficios para los trabajadores autónomos que cotizan en régimen de pluriactividad en el régimen general; reducciones de cotización en el RETA para mayores de treinta años con alta inicial; reducciones y bonificaciones para menores de esa edad; reducciones y bonificaciones para autónomos con discapacidad; deducción en la Ley del Impuesto de Sociedades por contratación de trabajadores con discapacidad; reforma de la Ley 22/2003, de 15 de julio, concursal, en relación con los créditos de la Seguridad Social; régimen de satisfacción y cobro de deudas de naturaleza pública del trabajador autónomo (art. 10.5 LETA), facilitación de la entrada y permanencia en territorio español de extranjeros por razones de

---

res y reformas laborales" *Revista Doctrinal Aranzadi Social,* n. 8, 2013; Rojo Torrecilla, E., *Análisis del contenido laboral de la Ley 11/2013, de 26 de julio, de medidas de apoyo al emprendedor y de estímulo del crecimiento y de la creación de empleo* (<http://www.eduardorojotorrecilla.es/2013/07/analisis-del-contenido-laboral-de-la.html>), González Díaz, F., "La articulación jurídica de la Estrategia de Emprendimiento y Empleo Joven a través de la Ley 11/2013", *Crisis económica, reformas laborales y protección social (homenaje al profesor Jesús María Galiana Moreno)* (Murcia, 2014), Ed. Editum Munera, pp. 357 y ss.; Castillo Navarro, L., "Nota sobre Ley 11/2013, de 26 de julio, de medidas de apoyo al emprendedor y de estímulo del crecimiento y de la creación de empleo", *Revista Doctrinal Aranzadi Social,* n. 6, 2013, p. 2.

interés económico cuando se trate de profesionales altamente cualificados o de trabajadores que efectúen movimientos intraempresariales dentro de la misma empresa o grupo de empresas.

Conclusión

En fin, el protagonismo que la figura del emprendedor y las políticas de fomento del emprendimiento han tenido en la legislación de empleo de los primeros años de la actual década mantiene toda su actualidad. Y así lo ejemplifica la promulgación de la Ley 31/2015, de 9 de septiembre, por la que se modifica y actualiza la normativa en materia de autoempleo y se adoptan medidas de fomento y promoción del trabajo autónomo y de la Economía Social. Se trata, además, de una norma de gran relevancia en la medida en que, con pretensión mucho más concreta que la Ley 14/2013, que, como es sabido, define los emprendedores como "aquellas personas, independientemente de su condición de persona física o jurídica, que desarrollen una actividad económica empresarial o profesional, en los términos establecidos en (dicha) Ley" (art. 3), se centra solo el emprendimiento como expresión del trabajo autónomo[47].

En último término, sin embargo, estas concreciones españolas de la política comunitaria de fomento del emprendimiento resultan un tanto precipitadas, inconexas y faltas de una planificación y un propósito común. Aparte de que la falta de distinción entre emprendimiento, como género, y trabajo autónomo, autoempleo o emprendimiento social, como especie, dificulta la fijación de objetivos, la elección de los ámbitos de actuación y la concreción de las medidas necesarias para poner en práctica aquellas políticas.

---

47   Sobre esta Ley, véase Farias Batlle, P., y Ferrando García, F., *Fomento del trabajo autónomo y de la economía social especial referencia a las novedades introducidas por la Ley 31/2015, de septiembre* (Pamplona, 2015), Ed. Thomson Reuters-Aranzadi.

Bibliografía

Barrios Baudor, G.L. (Dir.), *Tratado del Trabajo Autónomo* (Pamplona, 2009), Aranzadi.

Castillo Navarro, L., "Nota sobre Ley 11/2013, de 26 de julio, de medidas de apoyo al emprendedor y de estímulo del crecimiento y de la creación de empleo", *Revista Doctrinal Aranzadi Social*, n. 6, 2013.

Cruz Villalón, J. y Valdés Dal-Ré, F., *El estatuto del trabajo autónomo* (Madrid, 2008), Ed. La Ley.

Casas Baamonde, M. E., "El Derecho del Trabajo y el empleo asalariado en los márgenes: de nuevo el emprendimiento y el autoempleo", *Relaciones Laborales*, n. 11, 2013.

Casas Baamonde, M.E.; Rodríguez Piñero y Bravo-Ferrer, M.; Valdés Dal-Ré, F., "La huida del Derecho del Trabajo hacia el 'emprendimiento', las reformas de la Reforma Laboral de 2012 y otras reformas: la Ley 11/2013 y el RDL 11/2013", *Relaciones Laborales*, n. 10, 2013.

Comisión de las Comunidades Europeas, Crecimiento, competitividad, empleo. Retos y pistas para entrar en el siglo XXI (Bruselas-Luxemburgo, 1993).

De Pablos, J.C. y Martínez, A., "La Estrategia Europea de Empleo: Historia, consolidación y claves de interpretación", *Revista del Ministerio de Trabajo e Inmigración*, n. 77, 2008.

Farias Batlle, P. y Ferrando García, F., *Fomento del trabajo autónomo y de la economía social especial referencia a las novedades introducidas por la ley 31/2015, de septiembre* (Pamplona, 2015), Ed.Thomson Reuters-Aranzadi.

Fernández Orrico, F.J., "Medidas laborales y de Seguridad Social de apoyo a los emprendedores", en Rodríguez Arana, M.A. y Fernández Orrico, F.J., *Ley de Emprendedores: Aspectos fiscales, laborales, mercantiles y administrativos* (Madrid, 2013), Ed. Lex Nova-Thomson Reuters.

Ferrando García, F.; García Romero, B.; López Aniorte, M.C., "Reflexiones sobre la aplicación en España de la EEE", en Cabeza Pereiro y Fernández, Prol, *Políticas de empleo* (Pamplona, 2013), Ed. Aranzadi.

García Jiménez, M. y Molina Navarrete, C., *El estatuto profesional del trabajo autónomo: diferenciando lo verdadero de lo falso* (Madrid, 2007), Ed. Tecnos.

González Díaz, F., "La articulación jurídica de la Estrategia de Emprendimiento y Empleo Joven a través de la Ley 11/2013", *Crisis económica, reformas laborales y protección social (homenaje al profesor Jesús María Galiana Moreno)* (Murcia, 2014), Ed. Universidad de Murcia.

Informe sobre la evolución del empleo, *Boletín de la Unión Europea. Suplemento*, 2, 1994.

Luján Alcaraz, J., "Fomento y promoción del trabajo autónomo", en Luján Alcaraz, J. (Dir.), *El Estatuto del Trabajador Autónomo: Análisis de la Ley 20/2007, de 11 julio (2007)* (Murcia, 2007), Ed. Laborum.

Selma Penalva, A., "Incentivos a la mujer emprendedora. Especial referencia a las recientes reformas introducidas por la Ley 31/2015 de fomento del trabajo autónomo y de la Economía Social", *RTSS, CEF*, n. 394, 2016.

Ortiz Lallana, C., "Autoempleo y fomento del espíritu empresarial en la Unión Europea", *Relaciones Laborales*, n.7/8, 2000.

Reyna Fernández, S., "El trabajo autónomo en el modelo social europeo y en el ordenamiento jurídico de la UE en la Estrategia de Lisboa después de 2010: especial referencia al trabajador autónomo dependiente", *Revista del Ministerio de Trabajo e Inmigración*, número extraordinario enero-junio 2010.

Rifkin, J., *La Tercera Revolución Industrial* (Madrid, 2011), Ed. Paidós.

Rojo Torrecilla, E., *Análisis del contenido laboral de la Ley 11/2013, de 26 de julio, de medidas de apoyo al emprendedor y de estímulo del crecimiento y de la creación de empleo* <http://www.eduardorojotorrecilla.es/2013/07/analisis-del-contenido-laboral-de-la.html>.

Sempere Navarro, A.V. y Sagardoy Bengoechea, J.A. (Coords.), *Comentarios al Estatuto del Trabajo Autónomo* (2010), Thomson-Aranzadi.

Sempere Navarro, A.V., "Contenido socio-laboral de las Leyes 11 y 14/2013, de apoyo a los emprendedores", *Revista Aranzadi Doctrinal*, n. 7, 2013.

Sempere Navarro, A.V. y Fernández Orrico, F.J., "Emprendedores y reformas laborales", *Revista Doctrinal Aranzadi Social*, n. 8, 2013.

María del Carmen López Aniorte
Profesora Titular de Derecho del Trabajo y de la Seguridad Social. Universidad de Murcia. España

Ámbito aplicativo de las medidas de apoyo al emprendimiento: trabajo autónomo, actividad empresarial e iniciativa emprendedora[1]

Resumen: Al tiempo que el trabajo autónomo se revela para los poderes públicos como una alternativa al desempleo y una fuente propicia para la generación de puestos de trabajo asalariado, empiezan a utilizarse de forma recurrente por el legislador los términos "emprender", "emprendimiento" o "persona emprendedora", procedentes del ámbito de la economía, y de contornos difusos.
El presente trabajo tiene como objeto determinar si estas expresiones están mostrando el surgimiento de una realidad nueva —susceptible de actuar como motor de la economía— o si, por el contrario, el emprendimiento responde a una mera innovación terminológica, tras la que solo se esconde el tradicional trabajo autónomo, así como la iniciativa y actividad empresarial. Para dar respuesta a este interrogante, en las páginas que siguen se analizarán los conceptos de persona trabajadora autónoma, empresaria y emprendedora, desde un punto de vista jurídico, y se delimitarán conceptualmente.

Palabras clave: trabajo autónomo, actividad empresarial, emprendimiento, delimitación conceptual.

---

[1] El trabajo se enmarca en el Proyecto de Investigación DER2013-43121-P, sobre "El futuro del sistema español de protección social: análisis de las reformas en curso y propuestas para garantizar su eficiencia y equidad IV", financiado por el Ministerio de Ciencia e Innovación, e incluido en la Convocatoria 2013 —Proyectos I+D— Programa Estatal de Investigación Científica y Técnica de Excelencia Subprograma Estatal de Generación de Conocimiento.

Introducción

Ante los graves problemas de desempleo, exclusión y pobreza, propiciados por la actual crisis económico-financiera y su gestión, el autoempleo y el emprendimiento han centrado la atención del legislador español, que los ha elevado a la consideración de "uno de los principales motores para dinamizar la economía española, dada su capacidad de generar empleo y su potencial de creación de valor"[2]. Pero, lógicamente, la citada crisis no solo ha afectado al empleo asalariado, sino que también ha traído consigo el cese de un elevado número de negocios, entre otras razones, por las dificultades de acceso al crédito y la reducción del consumo[3]; sin embargo, el autoempleo, situado en el ámbito de la iniciativa individual, tradicionalmente caracterizado por una limitada protección social, y sometido a la incertidumbre de su viabilidad y al riesgo de la responsabilidad personal de quien lo emprende (de no adoptarse las debidas precauciones), se revela para los poderes públicos como motor económico y fuente propicia para la creación de empleo autónomo y asalariado, procediéndose a su promoción por diversas vías. Paralelamente, empiezan a utilizarse con frecuencia, en distintas normas, los términos "emprender", "emprendimiento" y "persona emprendedora", desprovistos de las eventuales connotaciones negativas ligadas a la palabra "empresa" o "empresario".

Habida cuenta del notable impulso legislativo que han recibido estas nuevas expresiones, se plantea la necesidad de determinar si se nos está mostrando el surgimiento de nueva realidad que es preciso articular jurídicamente o si, por el contrario, tras quien realiza una actividad emprendedora se hallan en realidad las viejas figuras jurídicas de la persona trabajadora autónoma y/o del sujeto titular de una empresa, solo formalmente renovadas

---

2 Exposición de motivos de la Ley 11/2013, de 26 de julio, de medidas de apoyo al emprendedor y de estímulo del crecimiento y de la creación de empleo. En la misma línea, la exposición de motivos y el art. 4, sobre el contrato de trabajo indefinido de apoyo a los emprendedores, de la Ley 3/2012, de 6 de julio, de medidas urgentes para la reforma del mercado laboral.

3 Crisis del consumo derivada de la crisis del empleo y del aumento de la brecha de desigualdad y de los niveles de pobreza. Véase, en este sentido, Mazuela Rosado, I., "La incidencia de la crisis del Estado de bienestar español en los trabajadores autónomos", *Revista de Derecho Social y Empresa*, n. 3, 2015, pp. 214-219 (la autora es Secretaria General de la Unión de Profesionales y Trabajadores Autónomos de Andalucía [UPTA Andalucía]).

mediante "vestiduras nuevas" que poco añaden a la mera "innovación" terminológica.

En las páginas que siguen se analizan los conceptos de persona trabajadora autónoma, empresaria y emprendedora desde un punto de vista jurídico, con el fin de delimitarlos conceptualmente y determinar si responden o no a una misma realidad o, al menos, a realidades parcialmente coincidentes.Se parte de la definición de persona trabajadora autónoma o por cuenta propia —o también, independiente o no asalariada— que nos ofrece el ordenamiento social, tras ser reordenada la materia en el nuevo texto refundido de la Ley General de la Seguridad Social (LGSS 2015) para, a continuación, examinar los conceptos de empresario o empresaria que ofrecen distintas ramas del Ordenamiento jurídico, y, por último, la noción de sujeto emprendedor, término recientemente "incorporado" a la normativa reguladora de la actividad económica empresarial y profesional que se realiza por cuenta propia.

I. Acercamiento al concepto de persona trabajadora autónoma

1. Clarificando conceptos: trabajo autónomo, independiente, por cuenta propia y no asalariado

Actualmente, dos normas de rango legal con diferente finalidad definen el trabajo autónomo incluido en sus respectivos ámbitos de aplicación, en términos no completamente coincidentes: la Ley 20/2007, sobre el estatuto del trabajo autónomo (LETA) y la LGSS 2015. La nueva LGSS, al destinar su Título IV a la ordenación del RETA, otorga a dicho Régimen especial un tratamiento del mismo nivel que el que dispensa al Régimen general de la Seguridad Social (RGSS), regulado en su Título II. Ello significa, además, que el RETA pasa de tener configuración reglamentaria —en el Decreto 2530/1970— a regulación legal.

Cuatro términos se emplean para designar el trabajo desarrollado al margen del Derecho del Trabajo, pero incluido en el ámbito aplicativo de la LETA y protegido por el RETA (si se observan determinados requisitos): trabajo por cuenta propia, trabajo autónomo, trabajo independiente e, incluso, trabajo no asalariado. Los dos primeros, que suelen aparecer conexos, son los más utilizados, al tiempo que dan la denominación al RETA ("Régimen especial de los trabajadores por cuenta propia o autónomos"). Las expresiones trabajo "independiente" y, sobre todo, trabajo "no asalariado" se observan con menos frecuencia en los textos normativos, aunque en el pasado no era difícil encontrarlos en la jurisprudencia y en algunos artículos doctrinales.

Los cuatro términos se contraponen a tres de los presupuestos sustantivos delimitadores del ámbito de aplicación del Derecho del Trabajo: dependencia, ajenidad y retribución. Se evidencia, así, que el trabajo protegido por el Régimen de Autónomos no puede sino designarse de forma negativa, en contraposición al amparado por el Derecho del Trabajo: se trata de un trabajo "no dependiente" (o "autónomo"), "por cuenta propia" y, en cuanto tal, "no asalariado"[4].

Sin embargo, en los orígenes del sistema la Seguridad Social no mostró especial interés por el sentido jurídico-laboral de tales expresiones, adoptando las mismas, en este sector del Derecho, una finalidad significativa intercambiable. Clara muestra de lo señalado suponía la redacción del art. 2.1. D. 2530/1970, de 20 de agosto, constitutivo del RETA, que, lejos de exigir el incumplimiento de determinadas notas de laboralidad, establecía como elemento del concepto de trabajo autónomo "no estar vinculado mediante contrato de trabajo". De este modo, "trabajo por cuenta propia" resultaba ser una expresión sinónima de "trabajo independiente o autónomo" y de "trabajo no asalariado", sin matices diferenciadores entre las mismas a efectos de la delimitación subjetiva de este Régimen Especial. Lo realmente decisivo era la realización habitual, personal y directa de una actividad económica lucrativa, "sin vinculación mediante contrato de trabajo", resultando indiferente cuales fueran las notas de "laboralidad" que, estando ausentes, impidieran calificar la relación como contrato de trabajo. De este modo, con independencia del término elegido, el desarrollo de una actividad "autónoma" o "por cuenta propia" o "independiente" o "no asalariada" implicaba la realización de un trabajo que, por un motivo u otro, se hallaba fuera del ámbito aplicativo del Derecho del Trabajo —circunstancia que la disposición adicional 1º del texto refundido de la Ley del Estatuto de los Trabajadores,

---

4 En este sentido, Ruiz Castillo, M. M., "Delimitación subjetiva del Derecho del Trabajo. Un interrogante específico: el trabajo parasubordinado", *Relaciones Laborales*, ns. 15-16, 1991.

aprobado por Real Decreto Legislativo 2/2015, de 23 de octubre (ET), recuerda cuando dispone que "el trabajo realizado por cuenta propia no estará sometido a la legislación laboral"— o al margen de otro tipo de régimen de dependencia.

Ahora bien, a diferencia del art. 2.1. D. 2530/1970, de 20 de agosto, que establecía como elemento del concepto de trabajo autónomo "no estar vinculado mediante contrato de trabajo", tanto la LETA (art. 1.1.) como el RETA —en la nueva regulación *ex* LGSS 2015 (art. 305)—, extienden sus respectivos ámbitos de aplicación a quien "trabaja por cuenta propia y fuera del ámbito de dirección y organización de otra persona". Así pues, la LETA y la LGSS 2015 son más restrictivas que el Decreto 2530/1970 —que en este aspecto ha sido modificado por la LGSS 2015—, pues exigen el simultáneo cumplimiento de ambas condiciones.

El cambio normativo no parece acertado, pues, aunque es cierto que como regla general quien trabaja por cuenta propia asumiendo los riesgos y resultados económicos de su actividad lo hace con autonomía e independencia y sin someterse a las órdenes de otra persona, no lo es menos que ambas notas presentan una diversa significación jurídico-laboral[5], pudiendo, eventualmente, no concurrir de forma simultánea en la misma actividad[6]. Por ello, a nuestro juicio, resultaba más adecuado el criterio amplio utilizado por el D. 2530/1970, de 20 agosto, y todo ello a pesar de su falta de exhaustividad al omitir la expresa mención a los vínculos de naturaleza administrativa en régimen de dependencia.

Desde nuestro punto de vista, lo realmente determinante a efectos de conceptuar un trabajo autónomo como tal, además del cumplimiento de los restantes requisitos exigidos —cuya formulación analizamos más adelante—, sería la realización de una actividad sin vinculación mediante contrato de trabajo —o sin vínculo funcionarial o estatutario en régimen de dependencia—, independientemente de que la nota de laboralidad incumplida sea la de dependencia, la de ajenidad o la de retribución. Obviamente, el requisito inobservado en ningún caso puede ser ni la condición de trabajo

---

5   Para una visión actualizada y completa de las notas de dependencia y ajenidad, véase Selma Penalva, A., *Los límites del contrato de trabajo en la jurisprudencia española* (Valencia, 2007), Ed. Tirant Monografías.
6   Piénsese, a título de ejemplo, en el supuesto del agente comercial, quien, de acuerdo con lo establecido en el art. 1 de la Ley 12/1992, de 27 de mayo, sobre contrato de agencia, es un intermediario independiente que trabaja por cuenta ajena.

personal ni la de voluntariedad, pues una y otra han de estar presentes tanto en el trabajo por cuenta ajena como por cuenta propia.

Retomando la cuestión terminológica, cabe señalar por último que, aunque son los términos "trabajo por cuenta propia" y "trabajo autónomo" —y especialmente el segundo— los que se han acabado imponiendo, si fuera preciso optar por la denominación que respondiera lo más fielmente posible a la realidad objeto de estudio, esta sería, por su mayor amplitud significativa, la de menor utilización: "trabajo no asalariado". La misma, arraigada especialmente en la legislación y en la doctrina francesas, posee un sentido puramente negativo, pues hace referencia a las muy diversas actividades desarrolladas por quienes realizan un trabajo a cambio de una remuneración distinta al salario (obviamente, quedarían excluidos del concepto de no asalariados, a estos efectos, el personal funcionario y estatutario).

La realidad a la que corresponde la expresión "trabajo no asalariado" no está perfectamente dibujada, resultando, por ello, muy apropiada para designar de forma global las muy diversas actividades encuadradas en el RETA, por dos razones fundamentales: 1) quienes desarrollan un trabajo por cuenta propia, independiente o autónomo constituyen un grupo socioeconómico heterogéneo. Siempre que se realice una actividad económica o profesional —ya sea en el sector primario (trabajo autónomo agrícola), en el industrial (trabajo artesano, titulares de empresas individuales, etc.) o en el de servicios (transportistas por cuenta propia, agentes de comercio, profesionales liberales, escritores o escritoras de libros, etc.)— en la que no concurran alguna o algunas de las notas del art. 1.1 ET, se estará en presencia de un trabajo no asalariado. Y 2) la expresión "trabajo no asalariado" es omnicomprensiva, incluyendo las actividades que responden tanto a la noción laboral de "trabajo por cuenta propia" como a la de "trabajo autónomo". La simultánea exigencia que contemplan la LETA y la LGSS 2015, de trabajar por cuenta propia y con independencia o autonomía, podría dejar fuera del RETA a quien sólo observara uno de los dos requisitos, resultando por ello el concepto de trabajo autónomo que empieza a imponerse a partir de la entrada en vigor de la LETA (en 2007), injustificadamente, más restrictivo que el que construyó el Decreto 2530/1970, en aplicación de la LGSS 1966.

2. El concepto de trabajo autónomo en la LGSS 2015

2.1. La evolución del concepto en el ordenamiento social

El concepto de trabajo autónomo que se infiere de la LETA y de la LGSS 2015 tiene su origen en el D. 2530/1970, de 20 de agosto, dictado en desarrollo del art. 7.1.b) LGSS —versiones de 1966, 1974 y 1994— que declaraba comprendidos en el sistema de la Seguridad Social a los "trabajadores por cuenta propia o autónomos, sean o no titulares de empresas individuales o familiares, mayores de 18 años, que reúnan los requisitos que, de modo expreso, se determinen reglamentariamente". En cumplimiento de esta previsión, el apartado 1 del art. 2 del Decreto 2530/1970, describe a quien trabaja por cuenta propia como aquél que "realiza de forma habitual, personal y directa una actividad económica a título lucrativo, sin sujeción por ella a contrato de trabajo y aunque utilice el servicio remunerado de otras personas"; por su parte, su apartado 3 presume, salvo prueba en contrario, que en la persona interesada concurre tal condición si ostenta "la titularidad de un establecimiento abierto al público como propietario, usufructuario, arrendatario u otro concepto análogo"[7].

Casi cuatro décadas después de haber sido acuñado, la LETA asumió de forma casi literal el concepto del art. 2.1 D. 2530/1970, al tiempo que lo dotó de "rango legal", al declarar incluidos en su ámbito de aplicación a las "personas físicas que realicen de forma habitual, personal, directa, por cuenta propia y fuera del ámbito de dirección y organización de otra persona, una actividad económica o profesional a título lucrativo, den o no ocupación a trabajadores por cuenta ajena" (art. 1.1)[8].

Ahora bien, este concepto —en el que, dejando a salvo la exigencia subjetiva de que quien desarrolla una actividad autónoma ha de ser una persona física, fundamentalmente, se contienen los elementos objetivos del trabajo por cuenta propia— quedaría incompleto si no se pusiera en relación con otro precepto de la LETA ubicado fuera de su Título I —sobre ámbito

---

[7] Sobre la delimitación subjetiva del RETA, a partir de la LGSS (1994), el Decreto 2530/1970, y otras normas complementarias, así como de la doctrina judicial y la jurisprudencia, puede verse, López Aniorte, M.C., *Ámbito subjetivo del Régimen especial de trabajadores autónomos* (Pamplona, 1996), Ed. Aranzadi.

[8] Sobre el "nuevo" concepto de persona trabajadora autónoma en la LETA, cfr. López Aniorte, M.C., "El difuso concepto de trabajador por cuenta propia o autónomo", *Revista de Relaciones Laborales. Revista Crítica de Teoría y Práctica*, n. 9, 2013 (pp. 67-102).

de aplicación—, y dentro de su Título II —sobre régimen profesional del trabajo autónomo—, en el que la norma introduce una previsión referente a la edad mínima de la persona trabajadora autónoma, previsión que, cuanto menos, cabe calificar de "perturbadora". Se trata del art. 9 LETA que, bajo la rúbrica "Protección de menores", establece que los "menores de dieciséis años no podrán ejecutar trabajo autónomo ni actividad profesional, ni siquiera para sus familiares" —norma de la que, *a contrario sensu*, se infiere el reconocimiento del trabajo por cuenta propia realizado por menores de 18 años y mayores de 16—, llegando a admitir, incluso, el trabajo "autónomo" de menores en espectáculos públicos conforme a lo establecido en el art. 6.4 ET.

Las novedades introducidas en el concepto de autónomo por la LETA, respecto de la definición configurada por la normativa de Seguridad Social, son las siguientes: a) la expresa referencia a que quien realiza un trabajo autónomo ha de ser una persona física; b) la puntualización de que la actividad por cuenta propia puede tener no sólo carácter económico, sino también profesional (el Decreto 2530/1970 utilizaba únicamente el término "actividad económica"); c) la sustitución de la expresión "sin sujeción [...] a contrato de trabajo" contenida en el art. 2.1 Decreto 2530/1970, por la manifiesta mención en el art. 1.1 LETA a la ausencia de ajenidad y dependencia, al indicarse que la actividad ha de ser realizada "por cuenta propia y fuera del ámbito de dirección y organización de otra persona"; d) y la dudosa "reducción", de 18 a 16 años, de la edad mínima general que ha de tener quien trabaja por cuenta propia (susceptible de rebaja por debajo de los 16, previa autorización, en el caso de trabajos en espectáculos públicos).

2.2. *El vigente concepto de trabajo autónomo encuadrado en el RETA*

2.2.1. *Cambios en la cláusula general de inclusión contenida en el art. 7.1.b) LGSS*

La LGSS (2015), en términos similares a los de sus versiones de 1966, 1974 y 1994, declara comprendidos en el sistema de la Seguridad Social a los

> [...] trabajadores por cuenta propia o autónomos, sean o no titulares de empresas individuales o familiares, mayores de dieciocho años, que reúnan los requisitos que de modo expreso se determinen en esta ley y en su normativa de desarrollo (art. 7.1.b).

Cabe advertir que la única —pero muy relevante— diferencia con sus antecedentes normativos consiste en el anuncio implícito que el nuevo art. 7.1.b) LGSS 2015 realiza respecto de que los requisitos del concepto de trabajo autónomo del RETA —aunque no todos, dada la remisión a "su normativa de desarrollo"— van a estar contenidos en la propia LGSS.

Como se puede observar, el art. 7.1.b) LGSS no define el trabajo por cuenta propia o autónomo, limitándose a establecer un requisito de inclusión en el sistema, una aclaración y una remisión:

En primer lugar, exige que la persona trabajadora autónoma sea mayor de 18 años para que proceda su inclusión en el sistema de Seguridad Social.

En segundo lugar, la norma aclara que ostentar la titularidad de una empresa individual o familiar no es condición *sine qua non* para alcanzar la consideración de trabajador o trabajadora por cuenta propia. La LGSS pone, de este modo, de manifiesto que las condiciones de autónomo y de titular de una empresa no son estrictamente coincidentes; como se verá, ni toda persona autónoma es un empresario o empresaria ni viceversa.

Y, en tercer lugar, el precepto se remite a los requisitos que, de modo expreso, "se determinen en esta ley y en su normativa de desarrollo". Así pues, como se ha señalado, la LGSS (2015), a diferencia de sus precedentes normativos, que reservaban a la normativa de desarrollo el establecimiento de los restantes requisitos del concepto de trabajo autónomo, opta, por vez primera, por concretar, en la propia LGSS, los elementos del concepto de autónomo del RETA (ahora bien, la noción de autónomo del Régimen especial de trabajadores del mar [RETM] se concreta en su Ley específica, dictada en desarrollo de la LGSS).

Sin embargo, dada la amplitud de la remisión, también se permite el establecimiento de otros requisitos en su normativa de desarrollo. Pero, no se precisa si esos requisitos "adicionales" se han de limitar a completar o concretar los elementos legales, o si podrían llegar a establecer alguna condición nueva, o incluso, a exceptuar o matizar, para determinados colectivos, algunos de los elementos del concepto legal. No es esta una cuestión baladí, pues el RETA, desde su constitución, ha sido utilizado como un instrumento para la integración en el sistema de la Seguridad Social de colectivos heterogéneos. La escueta definición legal, originariamente contenida en el art. 7.1.b) LGSS (1966, 1974 y 1994), permitió incluir en este Régimen, por vía reglamentaria, a todo el que, por un motivo u otro, se hallara excluido del Derecho del Trabajo, bastando con exceptuar, cuando se considerara necesario, alguno de los elementos del concepto del trabajo autónomo establecidos en el Decreto 2530/1970. Así, mediante esta vía de "asimilación" al trabajo por cuenta propia, fue posible el encuadramiento en el RETA de los religiosos y religiosas de la Iglesia católica —en cuya labor siempre falta el eje central del concepto[9]—, de los vigilantes nocturnos[10], o de los escritores de libros[11]. Todo ello ha permitido que el campo subjetivo de aplicación de este Régimen especial haya ido mucho más allá de la mera noción de titular de una empresa individual, ejerciendo una fuerte *vis atractiva* sobre todo el que en la realización habitual, personal y directa de una actividad, no se halle vinculado mediante contrato de trabajo o un vínculo administrativo en régimen de dependencia.

Volviendo al punto de partida, y una vez aclarado que, hasta la configuración legal del RETA, los requisitos del concepto de autónomo estaban establecidos por una norma reglamentaria, lo que permitía que otra norma reglamentaria pudiera integrar en este Régimen especial a colectivos que no cumplieran algunos de los requisitos de inclusión —como en el caso de los religiosos y religiosas de la Iglesia católica—, cabe plantear cuál es el verdadero alcance del art. 7.1.b) LGSS cuando prevé que son personas trabajadoras autónomas o por cuenta propia quienes "reúnan los requisitos que, de modo expreso, se determinen en esta ley y en su normativa de desarrollo".

Son muchas las dudas que la previsión transcrita suscita: ¿la normativa de desarrollo a la que hace referencia el art. 7.1.b) LGSS ha de ser una Ley o puede ser un Decreto?, ¿los requisitos que se determinen en la normativa de desarrollo se han de limitar a completar o concretar los previamente definidos en la LGSS, o pueden exceptuar o matizar, para determinados colectivos, algunos de los elementos del concepto diseñado en la LGSS?; si la normativa de desarrollo que matice o exceptúe los requisitos

---

9 La integración se produjo mediante RD 3325/1981, de 29 de diciembre.
10 Art. 4.1. RD 2727/1977, de 15 de octubre, reguladora del servicio de vigilantes nocturnos. Cabe advertir, no obstante, que si bien esta norma no ha sido expresamente derogada, resulta hoy en día inaplicable. El servicio ha de ser prestado, en la actualidad, por personal funcionario público.
11 El Régimen Especial de Escritores de Libros fue creado por el D. 3262/1970, de 29 de octubre, y posteriormente integrado en el RETA por el RD 2621/1986, de 24 de diciembre, cuya Disposición Final Primera derogó las normas ordenadoras del Régimen de escritores de libros, dejando a salvo las disposiciones sobre ámbito de aplicación, a las que reconoció plena eficacia en orden a determinar la nueva extensión subjetiva del Régimen de autónomos (previsión reiterada en el art. 1, apartado 2, párrafo segundo, de la Orden de 20 de julio de 1987, de desarrollo del RD 2621/1986); de este modo, tras la integración, las aludidas disposiciones sobre ámbito de aplicación pasaron a formar parte de las normas delimitadoras del campo de aplicación subjetivo del RETA.

del concepto de autónomo previsto en la LGSS sólo puede tener rango legal, ¿permanecen en el RETA o quedan ahora excluidos los colectivos que, en el pasado, fueron integrados en el mismo mediante Decreto que exceptuaba algunos de los requisitos del concepto —establecidos, entonces, en el Decreto 2530/1970—, que ahora tienen configuración legal, al estar contenidos en LGSS 2015?

2.2.2. El concepto legal de trabajo autónomo en la nueva LGSS: divergencias con la LETA

El art. 305 LGSS 2015, en cumplimiento de lo anunciado en el art. 7.1.b), declara obligatoriamente incluidos en el ámbito aplicativo del RETA a

> [...] las personas físicas mayores de dieciocho años que realicen de forma habitual, personal, directa, por cuenta propia y fuera del ámbito de dirección y organización de otra persona, una actividad económica o profesional a título lucrativo, den o no ocupación a trabajadores por cuenta ajena, en los términos y condiciones que se determinen en esta ley y en sus normas de aplicación y desarrollo.

Dos son las diferencias que se advierten entre el concepto de trabajo autónomo que se infiere de la LGSS (2015) y el que se extrae de la LETA. Se analizan a continuación.

2.2.2.1. Normas de aplicación y desarrollo: ¿sigue siendo el Decreto una norma válida para ampliar el ámbito subjetivo del RETA?

La primera diferencia consiste en que, mientras que la LETA, en su art. 1.1, se limita, fundamentalmente, a precisar los requisitos objetivos que ha de observar la actividad autónoma, la LGSS (2015) prevé expresamente que los elementos del concepto de autónomo pueden verse concretados y desarrollados en la propia Ley, y en su normativa de desarrollo ("en los términos y condiciones que se determinen en esta ley y en sus normas de aplicación y desarrollo"). Con esta previsión, parece estar reconociéndose el papel que, desde la constitución del RETA, ha representado la normativa reglamentaria en la configuración, delimitación y expansión del ámbito subjetivo de este Régimen Especial, a lo que no se desea renunciar.

Ahora bien, puede resultar, *a priori*, desconcertante la [aparente] contradicción entre los art. 7.1.b) y 305 LGSS (2015), en lo que se refiere al alcance de la remisión a la normativa de aplicación y desarrollo. Mientras que el art. 7.1.b) declara comprendidos en el sistema de la Seguridad Social a los "trabajadores por cuenta propia o autónomos [...] que reúnan los requisitos que, de modo expreso, se determinen en esta ley y en su normativa de desarrollo", el art. 305

incluye en el campo de aplicación del RETA a quienes cumplan los requisitos establecidos en este precepto, "en los términos y condiciones que se determinen en esta ley y en sus normas de aplicación y desarrollo".

Sin embargo, una lectura detenida de ambas normas permite afirmar que no necesariamente existe tal contradicción. La aparente discordancia entre los dos preceptos transcritos puede explicarse por la circunstancia de que las personas trabajadoras autónomas o por cuenta propia se mantienen integradas en dos regímenes especiales diferentes: la inmensa mayoría, en el RETA —ahora regulado en la LGSS (2015)[12]—, en el que centramos nuestra atención, y un reducido colectivo en el RETM[13], previsto en el art. 10.2.b) LGSS (2015), que cuenta con una normativa específica[14]. Así pues, mientras que respecto del trabajo autónomo integrado en el RETA los elementos del concepto son los incluidos en el art. 305 LGSS, debiendo limitarse su normativa de aplicación y desarrollo a precisar el alcance de los mismos —fijando "términos y condiciones"—, en el caso del RETM, dado que la LGSS no precisa la mayor parte de los elementos del trabajo autónomo —salvo las líneas generales previstas en art. 7.1.b)—, el encargo recae sobre "su normativa de desarrollo".

La confrontación de los arts. 7.1.b) y 305 LGSS también permite empezar a construir la respuesta a algunos de los interrogantes planteados en el apartado anterior. A este respecto, cabe afirmar que si, en el caso del RETA, a diferencia del RETM, la normativa de aplicación y desarrollo tiene vedado establecer nuevos elementos del concepto de autónomo —que ya están definidos en el citado art. 305—, tampoco podrá exceptuarlos mediante norma de rango reglamentario; lo que suscita dudas sobre la situación en la que

---

12 Téngase en cuenta que, a fecha de 29 de enero de 2016, el número de afiliados al RETA era de 3.149.040 personas, siendo, con diferencia, el Régimen Especial de la Seguridad Social más numeroso (<http://www.seg-social.es/Internet_1/Estadistica/Est/AfiliacionAltaTrabajadores/AfiliacionesAltaLaboral/Afiliaci_n__ltimo_d_a_del_mes/Afiliados__ltimo_d_a_del_mes_por_provincias_y_secciones_de_actividad/211142>, en línea; fecha de consulta: 20 de febrero de 2016).

13 A fecha de 29 de enero de 2016, el número de afiliados al RETM era de 14.328 personas (<http://www.seg-social.es/Internet_1/Estadistica/Est/AfiliacionAltaTrabajadores/AfiliacionesAltaLaboral/Afiliaci_n__ltimo_d_a_del_mes/Afiliados__ltimo_d_a_del_mes_por_CC._AA._y_provincias_seg_n_reg_menes/211136>, en línea; fecha de consulta: 20 de febrero de 2016).

14 El RETM es un régimen mixto pues acoge en su ámbito aplicativo a personas trabajadoras por cuenta propia y ajena del sector. Véase la Ley 47/2015, de 21 de octubre, reguladora de la protección social de las personas trabajadoras del sector marítimo-pesquero, art. 4.1.

pueden devenir, tras la entrada en vigor de la LGSS 2015, los colectivos que, en su momento, fueron expresamente encuadrados en el RETA mediante un Decreto que exceptuaba alguno o varios de los requisitos del D. 530/1970 (requisitos que ahora tienen configuración legal). A nuestro juicio, los interrogantes sobre la permanencia en el RETA de estos colectivos podrían superarse mediante su expresa inclusión en el mismo, por asimilación al trabajo autónomo realizada por la propia LGSS —u otra norma con rango legal—, o por norma reglamentaria, si así lo prevé la LGSS.

2.2.2.2. Edad mínima para la inclusión en el RETA: ¿puede desarrollar una actividad por cuenta propia quien no ha alcanzado la mayoría de edad?

La segunda diferencia —también de gran relevancia— existente entre el concepto de trabajo autónomo de la LGSS y el que se extrae de la LETA, se traduce en que la nueva LGSS (2015), apartándose de lo establecido en la LETA, mantiene en sus arts. 7.1.b) y 305 que la edad mínima para la inclusión en el sistema de la Seguridad Social se sitúa en los 18 años; previsión que ya se contenía en las anteriores Leyes de Seguridad Social desde el año 1966, pero que un sector de la doctrina consideraba implícitamente modificada por la LETA, que equiparaba la edad mínima general del trabajo autónomo a la del asalariado, situándola en los 16 años.

El criterio mantenido en la LGSS (2015), en relación con la edad mínima de admisión al trabajo autónomo, permite avivar la controversia existente en la materia. Pero, además, genera nuevas dudas respecto de si el legislador, al no poner fin a la infundada discordancia normativa existente entre el RETA y la LETA, pudiera estar, en realidad, optando de forma incomprensiblemente deliberada por autorizar el trabajo autónomo a un colectivo especialmente sensible, el de las personas menores de edad, dejándolo, de este modo, desamparado, no sólo en lo que se refiere a las condiciones en las que desarrolla su actividad (descanso, jornada, trabajo nocturno, trabajos peligrosos, etc.), injustificadamente no tuteladas por la LETA, sino también en materia de protección social, al excluirlo del RETA. Tradicionalmente, tanto la doctrina judicial como la científica han mantenido posiciones contradictorias sobre esta cuestión, aceptándose en unos casos la integración en el RETA de menores de 18 años, y rechazándose en otros el encuadramiento hasta el cumplimiento de la mayoría de edad[15].

---

15 Sin ánimo exhaustivo, a favor del encuadramiento en el RETA de un menor de 18 años se han decantado las SSTSJ de Andalucía/Granada de 27 de febrero de 1996 (AS

Por nuestra parte, siempre hemos defendido que quien es menor de dieciocho años, salvo en el supuesto de emancipación, carece de plena capacidad de obrar, conforme a lo dispuesto en el Código Civil, no permitiéndole su capacidad de obrar limitada prestar válidamente su consentimiento en los contratos, con la única excepción del contrato de trabajo. En la misma línea, el Código de Comercio también fija en los 18 años el momento en que se adquiere la capacidad para el ejercicio del comercio. Resulta, por todo ello, evidente que el menor de 18 años carece de la capacidad negocial necesaria para la puesta en el mercado a través de negocios jurídicos diversos, de sus productos y servicios, resultando cuestionable la previsión de la LETA.

La regulación en la materia de la LGSS (2015) permite afianzar la tesis defendida de que no es admisible ni legalmente posible, al menos, como regla general, el trabajo autónomo o por cuenta propia de las personas menores de 18 años. Pero, al mismo tiempo, pone en evidencia la urgente necesidad de modificar la LETA para elevar la edad mínima de acceso al trabajo por cuenta propia, haciéndola coincidir con la prevista en la LGSS (2015). Ahora bien, cabría razonablemente aceptar el trabajo autónomo de determinadas personas menores de 18 años y mayores de 16, en casos muy tasados: quienes hayan obtenido la emancipación (con plena capacidad de obrar), salvo para el ejercicio del comercio, así como las personas socias trabajadoras de Cooperativas de trabajo asociado y las que trabajan en el ámbito de negocios familiares (situadas estas últimas en la "órbita protectora" de la Sociedad cooperativa o de quien es titular de la empresa familiar); estos supuestos podrían quedar configurados, tanto en la LETA como en la LGSS, como excepciones a la edad mínima general de acceso al trabajo autónomo, situada en los 18 años.

2.2.3. *Los elementos del concepto de trabajo por cuenta propia o autónomo del RETA*

Como ya se ha señalado, el art. 305 LGSS (2015) declara obligatoriamente incluidos en el ámbito aplicativo del RETA a las personas físicas mayores de dieciocho años que realicen de forma habitual, personal, directa, por cuenta propia y fuera del ámbito de dirección y organización de otra persona, una actividad económica o profesional a título lucrativo, den o no

---

1996/337) y de Galicia de 8 de mayo de 1998 (AS 1998/967), y en contra, las SSTSJ de Cataluña de 20 de junio de 2001 (AS 2001/3222) y de Murcia de 9 de abril de 2001 (AS 2001/1906).

ocupación a trabajadores por cuenta ajena, en los términos y condiciones que se determinen en esta ley y en sus normas de aplicación y desarrollo.

2.2.3.1. Elementos subjetivos

Los elementos subjetivos del concepto de persona trabajadora por cuenta propia o autónoma son:

a) Persona física: si bien, en el Decreto 2530/1970, este requisito se hallaba implícito en la exigencia de trabajo autónomo "personal", es la LETA la norma que, por vez primera, establece de forma expresa que quien trabaja por cuenta propia es una persona física, siendo recogida, posteriormente, esta exigencia en la LGSS 2015. Pese a la obviedad del requisito —que se deriva de la circunstancia indiscutible de que quien realiza una actividad autónoma es una persona trabajadora—, el mismo marca una de las grandes diferencias entre la persona trabajadora autónoma y el "empresario": desde el punto de vista del Derecho Mercantil, el empresario puede ser individual (una persona física) o social (con personalidad jurídica), en sus muy diversas modalidades, mientras que quien trabaja con autonomía o por cuenta propia, con inclusión en el ámbito aplicativo del RETA, por definición, es una persona física. Así pues, sólo quien es titular de una empresa individual puede ser una persona trabajadora autónoma.

Ahora bien, la persona trabajadora autónoma —siempre persona física— no sólo coincide con el titular de una empresa individual que reúne los restantes requisitos establecidos en el art. 305 LGSS (2015), sino que responde a una realidad mucho más amplia y compleja, pues, como se verá, entre otros muchos colectivos, también pueden alcanzar tal consideración las personas físicas que ejercen el control de las empresas societarias capitalistas (dotadas de personalidad jurídica).

b) Mayoría de 18 años. Nos remitimos a lo ya señalado sobre esta polémica cuestión, más arriba.

2.2.3.2. Elementos objetivos

Tradicionalmente, los requisitos objetivos del concepto de trabajo autónomo han sido conceptos jurídicos indeterminados de difícil concreción[16], constituyendo una problemática deficientemente resuelta en nuestro orde-

---

16 Un estudio monográfico de los mismos puede verse en López Aniorte, M.C., "El difuso concepto de trabajador por cuenta propia o autónomo", *op.cit.*, pp. 67-102.

namiento jurídico. La LGSS (2015) ni los aclara ni los concreta (posiblemente, no podría hacerlo sin extralimitarse, tratándose de un mero texto refundido), asumiendo, en su art. 305 LGSS (2015), con algunos matices, la noción de trabajo autónomo *ex* art. 2.2 D. 2530/1970. Ahora bien, pese a la falta de concreción, la recepción legal del concepto reglamentario, al menos, permite que la abundante doctrina judicial y jurisprudencial construida en torno a dicha noción resulte de plena aplicación al concepto ofrecido por la nueva LGSS.

Realizamos, a continuación, un breve esbozo de los elementos objetivos del concepto de trabajo autónomo, a partir de la concreción que ha ido realizando, a lo largo del tiempo, la doctrina judicial y jurisprudencial:

a) Desarrollo de una actividad económica o profesional: una actividad económica es un trabajo humano productivo, es decir, una actuación positiva desarrollada por un ser humano, cualquier que sea su contenido, transformadora de bienes o servicios, encaminada a la obtención de los bienes económicos o materiales necesarios para la subsistencia.

Ahora bien, la mera percepción de ingresos suficientes (o no) para asegurar la subsistencia no constituye, sin más, una actividad económica o trabajo productivo. En este sentido, el extinto TCT ya señalaba que el propietario-arrendador de inmuebles, dedicado al cobro de la renta pactada, y esporádicamente a actividades de limpieza, no desarrolla una actividad económica, por tratarse de una tarea de carácter estático, dedicada al mantenimiento del patrimonio propio[17]. Por análogas razones, la doctrina judicial no consideró actividad económica, a efectos de su inclusión en el RETA, la mera labor de conservación de la cartera de clientes realizada por un agente de seguros[18], y, en la actualidad, el art. 306. 2 LGSS 2015 excluye del sistema a los socios, sean o no administradores de sociedades de capital, cuyo objeto social no esté constituido por el ejercicio de actividades empresariales o profesionales, sino por la mera administración del patrimonio de los socios.

---

17   STCT de 10 de septiembre de 1987 (Aran. 18935).
18   La doctrina judicial del TCT consideraba la "conservación de cartera" un mero derecho patrimonial susceptible de ser trasmitido a los derechohabientes, no una actividad económica. En este sentido, SSTCT de 12 de enero de 1976 (Aran. 58), 12 de mayo de 1976 (Aran. 2486), 1 de diciembre de 1976 (Aran. 5762) y 27 de enero de 1977 (Aran. 348).

A nuestro juicio, este es el criterio interpretativo que se ha de aplicar para resolver la reciente polémica suscitada en torno a los escritores de libros que compatibilizan su pensión con ingresos superiores al Salario Mínimo Interprofesional derivados de su actividad creativa[19]; por lo pronto, parece claro que la mera percepción de derechos de autor no implica la realización de una actividad económica o trabajo productivo, en los términos descritos, que pueda llegar a ser incompatible, por la superación de un determinado umbral, con la percepción de la pensión de jubilación.

El término "actividad económica" tiene un carácter omnicomprensivo, en el que caben labores de toda índole —manuales, intelectuales, industriales, profesionales, comerciales, empresariales, artesanales, artísticas, creativas, agrícolas, etc.—, circunstancia que ha facilitado la expansión del ámbito subjetivo del RETA. Dejando fuera las actividades benevolentes, las dirigidas al entretenimiento y a la formación personal[20], y las que no suponen transformación alguna de bienes o servicios, las restantes actividades humanas son económicas, incluidas, obviamente, las actividades profesionales, a las que la LETA primero, y ahora la LGSS (2015), en su definición de trabajo autónomo, reconoce entidad independiente.

b) Ánimo lucrativo: es preciso que la persona trabajadora autónoma persiga con su actividad la obtención de beneficios, aunque no se le exige un mínimo de ganancias, pudiendo tener pérdidas[21], pues quien trabaja por cuenta propia, por definición, asume el riesgo de su actividad. No tiene la consideración de trabajo autónomo la actividad dirigida al autoconsumo.

c) Trabajo personal y directo: se requiere la implicación directa de la persona trabajadora autónoma, en cuanto persona física, en el desarrollo de la actividad por cuenta propia, ya sea sólo mediante el desarrollo de labores intelectuales y/o directivas, o también, mediante la realización de trabajos físicos o materiales. No impide el cumplimiento de este

---

19 Téngase en cuenta que el 165.4 LGSS, introducido por la Ley 27/2011, de 1 de agosto, establece la compatibilidad de la percepción íntegra de la pensión de jubilación con la realización de trabajos por cuenta propia cuyos ingresos anuales totales no superen el Salario Mínimo Interprofesional en cómputo anual (por los que no se cotiza).
20 En este sentido, STS Cataluña de 15 marzo 2001 (JUR 2001/152920).
21 Entre otras, SSTSJ La Rioja de 24 de mayo de 2001 (AS 2001, 2385) y TSJ Extremadura de 8 de abril de 2003 (JUR 2003, 200267).

requisito el hecho de que reciba el servicio de personas asalariadas o cuente con colaboradores familiares.

Si bien el Decreto 2530/1970 establece la presunción de trabajo autónomo a favor de quien tiene la titularidad de un establecimiento abierto al público (art. 2.3)[22], la presunción podrá destruirse mediante la acreditación de que no se realiza actividad alguna en el mismo (v.gr., por haber sido objeto de traspaso).

d) Trabajo habitual: la persona trabajadora autónoma ha de desarrollar una actividad profesional continuada, no esporádica o marginal. Sin embargo, el legislador tradicionalmente no ha establecido el *quantum mínimo* temporal de la habitualidad; la LGSS 2015 tampoco lo concreta ni encarga tal tarea, de forma expresa, al desarrollo reglamentario. De este modo, al no estar definida la jornada ordinaria de quien trabaja por cuenta propia, tampoco se precisa qué parte mínima de esta se ha de ocupar para que el trabajo realizado no sea considerado marginal o esporádico y, por tanto, excluido del concepto de trabajo autónomo. Por otra parte, la escueta regulación que del trabajo por cuenta propia a tiempo parcial contempla la LETA[23], todavía no ha entrado en vigor.

La razón de la abstención legislativa en la concreción de la habitualidad se halla, sin duda, en la enorme dificultad que tal tarea entraña, tanto por la gran variedad de fórmulas en que este tipo de trabajo puede ser prestado (disponiendo de un establecimiento abierto al público sometido a un horario comercial o careciendo de él, siendo titular de dicho establecimiento o colaborador/a familiar, trabajando en régimen de exclusividad o de compatibilidad con un trabajo asalariado, etc.), como por la incompatibilidad de cualquier definición "encorsetada" de esta exigencia con el propio concepto jurídico de "autonomía" que permite, a quien trabaja sin integrarse en el ámbito organizativo y directivo de un tercero, ordenar libremente su actividad, sin sujeción a horarios ni a una jornada predeterminada.

---

22 Véanse, STSJ Galicia de 26 de marzo de 1992 (AS 1992, 1255) y STSJ Extremadura de 8 de octubre de 2001 (AS 2001, 3946).

23 Véase la disposición final 10.1 de la Ley 27/2011, de 1 de agosto. Esta norma, atendiendo una vieja reivindicación del colectivo, ha reconocido de forma expresa el trabajo autónomo a tiempo parcial mediante la incorporación de cuatro nuevas previsiones en otras tantas disposiciones de la LETA. Pero la entrada en vigor de esta reforma ha sido varias veces pospuesta. En la actualidad, está prevista para el 1 de enero de 2017 [disposición final duodécima.1.d) Ley 27/2011].

Ante las dificultades "virtualmente insuperables de concreción y de prueba de las unidades temporales determinantes de la habitualidad", el TS, en alguna ocasión, ha llegado a vincular el cumplimiento del requisito de la habitualidad con la obtención ingresos derivados del desarrollo de la actividad autónoma que superen el SMI[24]. Ahora bien, este criterio interpretativo ha de ser utilizado con cautela y en supuestos muy excepcionales, pues su generalización, además de generar problemas de seguridad jurídica —piénsese, a título de ejemplo, en una eventual denegación de prestaciones por incumplimiento del requisito de carencia, al ser descartados de forma automática los periodos en los que no se alcanzara el umbral económico señalado—, podría resultar incompatible con el propio concepto de trabajo por cuenta propia.

e) Trabajo por cuenta propia: jurídicamente, el trabajo por cuenta propia se opone al realizado por cuenta ajena; por ello, lo que se entienda por trabajo por cuenta propia dependerá de cómo se defina el trabajo por cuenta ajena. Partiendo de las diversas teorías doctrinales elaboradas en torno a la ajenidad, cabe definir el trabajo por cuenta propia como aquél en el que los frutos o, más extensamente, los beneficios económicos derivados de la actividad productiva revierten directamente en la persona trabajadora, quien asume todos los riesgos de su trabajo; por su parte, quien trabaja por cuenta ajena traslada la utilidad económica de su actividad a otra persona, la titular de la empresa, siendo esta la que se arroga los riesgos de la misma.

Frente al trabajo por cuenta ajena, donde quedan claramente deslindadas las figuras del trabajador o trabajadora y de la persona —física o jurídica— titular de la empresa, en el trabajo por cuenta propia ambas son susceptibles de identificarse, de suerte que quien trabaja por cuenta propia puede ser al mismo tiempo titular de una empresa individual —desde el punto de vista del Derecho mercantil— así como empleador o empleadora laboral, si recibe la prestación de servicios de personas asalariadas.

f) Trabajo realizado fuera del ámbito de dirección y organización de otra persona, y, en definitiva, con autonomía: jurídicamente, el trabajo independiente o autónomo se opone al trabajo dependiente o subordinado, o lo que es lo mismo, quien trabaja con independencia no es persona

---

24 Véanse, SSTS de 29 de octubre de 1997 (RJ 1997, 7683) y 20 de marzo de 2007 (RJ 2007/3185).

trabajadora dependiente[25]. Trabaja con independencia quien organiza por sí mismo su trabajo[26], con autonomía[27] y libertad, frente a la persona trabajadora dependiente que, en el desarrollo de su actividad, queda sujeta a los poderes de organización y dirección empresarial. Como regla general, el trabajo por cuenta propia se organiza autónomamente, siendo lógico que quien reciba la utilidad patrimonial de su trabajo no reciba órdenes e instrucciones ajenas para la ejecución del mismo. No obstante, puede ocurrir que el trabajo por cuenta propia se desarrolle en un régimen de cierta dependencia; así sucede con el trabajo colectivo por cuenta propia realizado en sociedades, comunidades de bienes o en régimen familiar. En estos casos, la dependencia se convierte en una exigencia técnica necesaria para la coordinación de las distintas actividades individuales por cuenta propia.

II. Empresariado civil, mercantil y laboral: delimitación conceptual

Se persigue, en este apartado, conocer las nociones que distintas ramas del Derecho ofrecen de quien es titular de una empresa, para, a partir de las mismas, determinar su grado de equivalencia con el concepto de persona trabajadora encuadrada en el RETA y en la LETA.

1. Empresariado mercantil "versus" civil

Cabe distinguir entre quienes son titulares de una empresa mercantil y quienes lo son de una empresa no mercantil (o civil). El primer colectivo está integrado por personas físicas o jurídicas de naturaleza privada que actúan "en nombre propio, por sí o por medio de otros, y realiza(n) para

---

25 Luján Alcaraz, J., en *La contratación privada de servicios y el contrato de trabajo. Contribución al estudio del ámbito de aplicación del Derecho del Trabajo* (Madrid, 1994), Ed. Ministerio de Trabajo y Seguridad Social, pp. 426 y ss.
26 Por todas, STS de 26 de febrero de 1977 (Aran. 881).
27 SSTS de 23 de mayo de 1985 (Aran. 2746) y 22 de diciembre de 1987 (Aran. 9009).

Ámbito aplicativo de las medidas de apoyo al emprendimiento 215

el mercado una actividad comercial, industrial o de servicios"[28]. Pero hay otro tipo de empresariado, que trabaja a pequeña escala, que, aunque desarrolla en nombre propio una actividad económica para el mercado, no es conceptuado como mercantil; así ocurre con quienes ejercen la artesanía (art. 326.3 C. de c.), el empresariado agrícola, o quienes disponiendo de una empresa ejercen una profesión liberal (v.gr., profesionales de la abogacía, la medicina o la arquitectura).

Centrándonos en la empresa mercantil, cabe distinguir entre el empresariado individual y el social. La doctrina mercantilista suele coincidir en que la empresaria o el empresario mercantil individual —comerciante para el C. de c.[29]— es aquella "persona física (que) realiza en nombre propio y por medio de una empresa una actividad económica comercial o industrial"[30], o, en otros términos, quien "profesionalmente y en nombre propio ejercita la actividad de organizar los elementos precisos para la producción de bienes o servicios para el mercado"[31].Por otro lado, la empresa social (persona jurídica) existe cuando dos o más personas acuerdan poner en común dinero, bienes o trabajo para explotar una actividad económica, comercial o industrial, con el objeto de distribuir entre si las ganancias obtenidas[32]. La titularidad de la empresa no corresponde a las personas que se asocian

---

28 Broseta Pont, M., *Manual de Derecho Mercantil* (Madrid, 2015), Ed. Tecnos, 22 Edición (a cargo de Martínez Sanz, F.), Vol. I, p. 93.

29 El art. 1.1º C. de c. define, escuetamente, al comerciante como quien "teniendo capacidad legal para ejercer el comercio, se (dedica) a él habitualmente".

30 Broseta Pont, M., *Manual de Derecho Mercantil* (Madrid, 1978), Ed. Tecnos, p. 70. En parecidos términos, Uría, R., *Derecho Mercantil* (Madrid, 1993), Vigésima Edición, Ed. Marcial Pons, p. 157: "Empresario individual es la persona física que ejercita en nombre propio, por sí o por medio de representante, una actividad constitutiva de empresa"; con respecto al concepto jurídico de empresa, este autor aclara (pp. 37 y ss.) que durante mucho tiempo estuvo generalizada la opinión de que el Derecho podía tomar el concepto de empresa de la ciencia económica, por lo que muchos juristas hablaban de empresa como "organización de los factores de la producción (capital y trabajo) con finalidad o propósito de lucro", o bien, como "organismo vivo y dinámico integrado por la actividad del empresario, el trabajo de los auxiliares de éste y los bienes instrumentales necesarios para conseguir el fin perseguido". Advierte Uría que tal concepción organicista ya no satisface las exigencias del Derecho y propone que sea sustituida por la de "ejercicio profesional de una actividad económica planificada, con la finalidad de intermediar en el mercado de bienes o servicios".

31 Sánchez Calero, F., *Instituciones de Derecho Mercantil* (Madrid, 1992), Decimosexta Edición, Editoriales de Derecho Reunidas, p. 43.

32 Broseta Pont, M., *Manual de Derecho Mercantil* (2015), *op. cit.*, p. 96.

para formalizarla, ni a los miembros de su consejo de administración, sino a la persona jurídica que se constituye para el desarrollo de la actividad empresarial de que se trate.

Llegados a este punto, es el momento de concretar si pueden tener la consideración de personas trabajadoras autónomas quienes tienen la titularidad de las empresas examinadas. Y la respuesta ha de ser positiva, siempre que se trate de empresarios o empresarias personas físicas, ya sean civiles (actividades artesanales, agrícolas o profesiones liberales) o mercantiles individuales, y cumplan los restantes requisitos del concepto de persona trabajadora autónoma, examinados.

Ahora bien, lo anteriormente señalado no significa que exista una completa identidad entre la figura del empresario o empresaria persona física y la de la persona trabajadora autónoma encuadrable en el RETA. Este Régimen se limita a establecer una presunción en favor de la consideración de trabajo autónomo respecto de quien ostenta la titularidad de un establecimiento abierto al público[33], pero no subordina el efectivo encuadramiento en su campo aplicativo al cumplimiento de la condición de ostentar la titularidad de una empresa. En este sentido, el art. 7.1.b) LGSS, al declarar incluidas en el sistema de la Seguridad Social a las personas trabajadoras por cuenta propia o autónomas, precisa que es indiferente que estas "sean o no titulares de empresas individuales o familiares"[34].

El campo subjetivo del RETA es de enorme amplitud, extendiéndose más allá de la mera noción de sujeto titular de una empresa. Este régimen ejercita su *vis atractiva* sobre quien desarrolla una actividad por cuenta propia e independiente de forma habitual, personal y directa. De este modo, si bien toda persona física que, con habitualidad y por medio de una empresa, desarrolla una actividad económica comercial, industrial, de servicios o, incluso, agrícola, puede quedar amparado por el RETA (y la LETA), no toda persona protegida por este régimen especial es titular de una empresa, quedando incluidos en su ámbito de aplicación un elevado número de colectivos en los que está ausente tal consideración (TRADE, personas trabajadoras autónomas del sector agrario originariamente integradas en el REA, quienes colaboran en negocios familiares sin ostentar la titularidad

---

33 Arts. 2.3 D. 2530/1970, de 20 de agosto, y 1.3 de la Orden de 24 de septiembre de 1970.

34 En el mismo sentido, arts. 3.a) D. 2530/1970, de 20 de agosto, constitutivo del Régimen de Autónomos, y 2.1º de la Orden de 24 de septiembre de 1970, de aplicación y desarrollo.

de los mismos, taxistas, personas vendedoras de libros a domicilio, profesionales liberales sin organización empresarial, etc.).

Mención aparte merece la empresa social. Como se ha señalado, en este caso, la titularidad de la empresa no se atribuye a cada una de las personas que se asocian para su formalización, ni a los miembros de su consejo de administración, sino a la persona jurídica que se constituye para el desarrollo de la actividad empresarial de que se trate. A la persona jurídica titular de la empresa social jamás le alcanzará la consideración de persona trabajadora autónoma, al incumplir el requisito subjetivo fundamental que a esta se le exige: ser una persona física. Cuestión distinta es la posibilidad de que sus socios/as y/o administradores/as, por el contenido de su aportación social (en el caso de las sociedades personalistas) o por su alta participación en el capital social y el control que de la sociedad ostenten (en el supuesto de las sociedades capitalistas), puedan desarrollar en la empresa una actividad autónoma encuadrable en el RETA (como claramente se infiere de la circunstancia de que cinco de las doce inclusiones expresas en este régimen contenidas en el art. 305. 2 LGSS [2015]se refieran a socios, comuneros o administradores societarios).

En este sentido, procede tener en cuenta que, en toda empresa social capitalista siempre existe, al menos, una persona física que ejerza el control de la misma; pues bien, en la medida en que dicha persona física desarrolle en la empresa una actividad a título lucrativo y de forma habitual, personal y directa, tendrá la consideración de trabajadora autónoma o por cuenta propia, y como tal quedará encuadrada en el RETA (art. 305.2.b) LGSS [2015]). Por su parte, las personas socias colectivas industriales de las sociedades personalistas, colectivas y comanditarias, quedaron encuadrados en el RETA desde su constitución; habida cuenta que estas personas solo proporcionan a la sociedad industria o trabajo, consistiendo tal actividad en su aportación social, tradicionalmente, se ha entendido que su vínculo societario excluye al laboral, siendo el trabajo desarrollado por aquellas por cuenta propia (art. 305.2.c) LGSS [2015]).

2. Empresariado laboral

El ordenamiento laboral construye la definición del sujeto titular de una empresa de forma indirecta o derivada del concepto de persona trabajadora, eludiendo atender a sus elementos caracterizadores; así, tal consideración alcanza a "todas las personas, físicas o jurídicas, o comunidades de bienes que reciban la prestación de servicios (de las personas trabajadoras)"[35]. Así pues, la parte empleadora o empresarial interesa al Derecho del Trabajo en cuanto sujeto del contrato de trabajo; singularmente, es aquella parte de la relación laboral que ejercita los poderes de organización y dirección en la empresa, y "frente a la que se asume la obligación de trabajar y que a su vez asume la obligación de remunerar"[36].

Habida cuenta que el dato decisivo para ostentar la condición de titular de una empresa laboral es el de ser sujeto receptor de la prestación de trabajo, es irrelevante que se ostente o no la titularidad de una empresa mercantil[37]. De hecho, es posible tener una organización empresarial propia sin recibir los servicios de personas trabajadoras (v.gr., titular de una empresa individual sin personal asalariado), así como el supuesto inverso, es decir, carecer de la titularidad de una empresa mercantil, y, sin embargo, recibir la prestación laboral de personas trabajadoras (v.gr., profesional liberal que emplea a un auxiliar administrativo).

Tampoco coinciden plenamente la figura del sujeto titular de una empresa laboral y la de la persona amparada por el RETA. Aunque nada obsta, como se ha señalado, a que esta última tenga personal asalariado a su servicio, no todo sujeto empleador es persona trabajadora autónoma, requiriéndose, para ello, la concurrencia de los requisitos subjetivos y objetivos que determinan la inclusión en dicho Régimen especial[38]. En la medida en que quien recibe la prestación de servicios de personas asalariadas no observe el requisito de edad mínima (18 años), o no desarrolle actividad alguna en la empresa, o desarrollándola no lo haga de forma "habitual, personal y directa", o no persiga fines lucrativos, o, simplemente, no ostente la consideración de persona física, no cabrá su encuadramiento en el RETA.

---

35 Art. 1.2 Real Decreto Legislativo 2/2015, de 23 de octubre, por el que se aprueba el texto refundido de la Ley del Estatuto de los Trabajadores (ET).

36 Alonso Olea, M. y Casas Baamonde, M.E., *Derecho del Trabajo* (Madrid, 1995), Decimocuarta Edición, Ed. Servicio de Publicaciones de la Facultad de Derecho de la Universidad Complutense de Madrid, p. 155.

37 Sala Franco, T., *et altri*, *Derecho del Trabajo* (Valencia, 1995), 9ª Edición, Ed. Tirant lo Blanch, p. 241.

38 Véase, Lidón Nebot Lozano, M., "Régimen de Seguridad Social aplicable a los socios, administradores y directivos de sociedades: criterios sustantivos", en *Afiliación a la Seguridad Social de socios y administradores civiles y mercantiles: criterios administrativos y repercusiones fiscales* (Madrid, 1994), Ed. Cámara de Comercio e Industria de Madrid, p. 46.

Finalmente, cabe señalar que el art. 138.3 LGSS (2015) elabora una noción de titular de empresa, a efectos de la normativa de Seguridad Social, utilizando idéntica técnica que el ET, es decir, haciendo derivar dicha noción del concepto de persona trabajadora asalariada. Se atribuye, de este modo, tal condición, "aunque su actividad no esté motivada por ánimo de lucro", a "toda persona física o jurídica o entidad sin personalidad, pública o privada, por cuya cuenta trabajen las personas incluidas en el artículo 136"[39]. El sujeto así definido se halla obligado por las normas sobre inscripción de empresas, afiliación, cotización y recaudación contenidas en el Capítulo II de la LGSS (arts. 138-154).

Las precisiones realizadas en relación a la parcial coincidencia entre la figura del sujeto titular de una empresa laboral y la de la persona trabajadora encuadrada en el RETA son trasladables a quien es titular de una empresa a efectos de la normativa de la Seguridad Social.

III. El concepto de persona emprendedora

Como ya se ha señalado, los términos "emprender", "emprendimiento" y "emprendedor/a" están siendo utilizados por el legislador en los últimos tiempos de forma recurrente y profusa; sin embargo, pese a que la intuición conduce a pensar que las personas que emprenden una actividad productiva son trabajadoras autónomas, resulta sorprendente que la LGSS 2015 no las mencione ni directa ni indirectamente cuando delimita el ámbito subjetivo del RETA.

Conforme a la definición ofrecida por el Diccionario de la Lengua Española de la RAE (22ª Edición), "emprendedor/a" es el adjetivo que se predica de quien "emprende con resolución acciones dificultosas y azarosas". Con este término, procedente del ámbito de la economía, se enfatiza la idea de riesgo que acompaña a quien asume con determinación la puesta en marcha

---

[39] Una noción más detallada de empresario a efectos de Seguridad Social, puede verse en el art. 10 del Reglamento General sobre inscripción de empresas y afiliación, altas, bajas y variaciones de datos de trabajadores en la Seguridad Social, aprobado por Real Decreto 84/1996, de 26 de enero.

de un negocio[40], dejando en un segundo plano su eventual condición de persona trabajadora por cuenta propia y/o de titular de una empresa. Otras de las características de la actividad emprendedora son la innovación y la creatividad. La suma de todos estos elementos permite considerar que la persona emprendedora es quien tiene la capacidad de arriesgar, de poner en marcha nuevas oportunidades de negocio, de innovar, así como de crear empleo autónomo y/o asalariado; siendo, por todo ello, motor del crecimiento económico.

A la vista de las expectativas que genera el emprendimiento, parece casi inevitable que, ante el acuciante problema de desempleo que sufre un alto porcentaje de la población activa española, el legislador no se resista a centrar su atención en el mismo. Y, lo hace, especialmente, en dos leyes paradigmáticas, dictadas en 2013, con una distancia temporal entre las mismas de apenas dos meses, encaminadas a estimular la iniciativa y la cultura emprendedoras: la Ley 11/2013, de 26 de julio, de medidas de apoyo al emprendedor y de estímulo del crecimiento y de la creación del empleo; y la Ley 14/2013, de 27 de septiembre, de apoyo a los emprendedores y su internacionalización.

Ahora bien, a diferencia del ámbito de la economía, donde el concepto de sujeto emprendedor parece estar asentado, en el ámbito jurídico suscita muchos interrogantes. Ello es debido a que el término, utilizado con recurrencia por las citadas normas, presenta contornos difusos, y a que viene a superponerse e, incluso, confundirse[41], con otros términos consolidados en nuestro ordenamiento jurídico, como son el de persona trabajadora autónoma y el de titular de empresa.

Para clarificar el panorama, resulta especialmente relevante identificar el valor añadido que ofrece la expresión "emprendedor/a" sobre los arraigados conceptos de persona trabajadora autónoma y de titular de una empresa, que, como se ha justificado, no son sinónimos pero presentan un área de intersección; recordemos que si bien no toda persona que realiza un trabajo autónomo es titular de una empresa (ni viceversa), sí alcanzan

---

40 De acuerdo con el Proyecto GEM: Observatorio internacional de la actividad emprendedora (2012), el emprendedor es "motor de la innovación, la creación de riqueza y generador de empleo" (Recuperado el 17 de septiembre de 2015, de <www.gem-spain.com/Presentación%20proyecto%20GEM.pdf>).

41 Peinado Gracias, J.I. y Roncero Sánchez, A., "La irrupción del emprendedor en el Derecho Mercantil", *La Ley mercantil*, n. 2, Sección Editorial, Mayo 2014, Editorial La Ley, p. 1 (<laleydigital>; fecha de consulta: 13/11/2015).

la consideración de personas trabajadoras por cuenta propia quienes son titulares de una empresa y observan, en el desarrollo de su actividad, los requisitos objetivos y subjetivos que determinan el encuadramiento en el RETA (y la LETA).

La Ley 11/2013, de apoyo al emprendedor y de estímulo del crecimiento y la creación de empleo, contiene normas diversas y heterogéneas encaminadas a luchar contra el desempleo juvenil, promoviendo su empleabilidad y fomentando el espíritu emprendedor. Sin embargo, aunque la norma realiza menciones al "emprendedor" en su título, y a la cultura y la iniciativa emprendedora en su exposición de motivos, llama la atención que su parte dispositiva no defina al sujeto emprendedor ni lo contemple como receptor de las medidas, siendo destinatarias de las mismas las personas trabajadoras por cuenta propia (jóvenes, discapacitadas, o autónomas en general) y las empresas.

Por su parte, la Ley 14/2013, de apoyo a los emprendedores y su internalización, tiene como objeto "apoyar al emprendedor y la actividad empresarial, favorecer su desarrollo, crecimiento e internacionalización y fomentar la cultura emprendedora y un entorno favorable a la actividad económico, tanto en los momentos iniciales a comenzar la actividad, como en su posterior desarrollo, crecimiento e internacionalización" (art. 1). Sus sujetos destinatarios son personas trabajadoras autónomas, empresas, uniones de empresas, grupos de empresas, personal inversor, personal directivo, profesionales altamente cualificados, e incluso personas asalariadas[42].

Ahora bien, la Ley 14/2013 da un paso más allá que su predecesora, e incorpora una definición de personas emprendedoras, a quienes identifica con aquellas, "independientemente de su condición de persona física o jurídica, que desarrollen una actividad económica empresarial o profesional, en los términos establecidos en esta Ley" (art. 3). Como primera observación al concepto transcrito, que reconoce la condición de emprendedoras, además de a las personas físicas, a las jurídicas, cabe precisar que, en puridad, el espíritu y la capacidad emprendedora sólo son predicables de personas físicas que inician una actividad por cuenta propia; y todo ello, sin perjuicio de que las mismas puedan articular dicha actividad, bien a través de empresas

---

[42] Un estudio detenido de la misma, puede verse en Casas Baamonde, M.E., "El Derecho del Trabajo y el empleo asalariado en los márgenes: de nuevo el emprendimiento y el autoempleo", *Relaciones Laborales*, n. 11, Sección Legislativa, 2013, pp. 1-23 (<laleydigital>; fecha de captura: 13/11/2015).

individuales o sociales, bien a través de entes sin personalidad (sociedades irregulares o comunidades de bienes).

Es fácilmente constatable, por otra parte, que la definición no ofrece ningún "valor añadido", como podría ser la innovación, que recurrentemente aparece unido al concepto económico de emprendimiento[43]. Tampoco presta especial atención al momento inicial de la actividad ni al tamaño de la empresa, pues la Ley dice estar destinada "a todas las empresas, con independencia de su tamaño y de la etapa del ciclo empresarial en la que se encuentren" (Preámbulo II). El concepto es tan genérico que incluye tanto a personas físicas como jurídicas que desarrollen una actividad económica empresarial o profesional. Dentro del mismo tendrían cabida tanto la empresa individual como la social, así como la generalidad de las personas trabajadoras autónomas, pues escasas actividades por cuenta propia quedarían fuera de un concepto amplio de actividad económica empresarial o profesional; y, si alguna actividad por cuenta propia pudiera resultar excluida del concepto de actividad emprendedora, desde luego, el legislador no lo precisa.

La técnica legislativa utilizada en la definición resulta manifiestamente mejorable. La supuesta figura jurídica del sujeto emprendedor, tal como aparece conceptuada, carece de unos contornos nítidos. Al ser definida de forma amplia e imprecisa, se confunde y superpone con la figura jurídica de la persona trabajadora autónoma y con la de titular de una empresa; lo que permite concluir que, pese a las aspiraciones del legislador, la persona emprendedora no responde, en realidad, a ninguna tipología jurídica nueva y diferenciada de las viejas categorías mencionadas. Dada la escasa consistencia jurídica que estos términos han tenido hasta el momento, cabe augurar que los mismos no tendrán un largo recorrido; ello ya empieza a vislumbrarse en normas posteriores a la Ley 20/2013, referidas a empresas y a personas trabajadoras, entre las que destaca la Ley 31/2015, de 9 de septiembre. Lo anteriormente señalado es, asimismo, coherente, con la inexistente referencia al emprendimiento en la normas delimitadoras del RETA contenidas en la LGSS 2015.

---

43 Téngase en cuenta que en el art. 70.1, pero a los solos efectos de entrada, estancia y residencia en España de emprendedores extranjeros no comunitarios, se define la actividad emprendedora como aquella "que sea de carácter innovador con especial interés económico para España".

Conclusiones

El estudio de los conceptos de persona trabajadora autónoma, empresaria y emprendedora conduce a las siguientes conclusiones:

1) Tiene la consideración de persona trabajadora autónoma toda persona física —mayor de 18 años, conforme al RETA, y de 16, de acuerdo con la LETA— que desarrolla una actividad económica o profesional a título lucrativo por cuenta propia y con autonomía de forma habitual, personal y directa. Pese a la obviedad del primero de los requisitos —la persona trabajadora autónoma es una persona física—, el mismo marca una de las grandes diferencias entre el trabajo autónomo y la actividad empresarial, pues la titularidad de una empresa puede corresponder tanto a una persona física como jurídica, mientras que la actividad por cuenta propia solo la puede realizar una persona física.
2) A la persona jurídica titular de la empresa social jamás le alcanzará la consideración de persona trabajadora autónoma. Cuestión distinta es la posibilidad de que sus socios/as y/o administradores/as, por el contenido de su aportación social (en el caso de las sociedades personalistas) o por su alta participación en el capital social y el control que de la sociedad ostenten (en el supuesto de las sociedades capitalistas), puedan desarrollar en la empresa una actividad autónoma encuadrable en el RETA y en la LETA.
3) Sí pueden tener la consideración de personas trabajadoras autónomas quienes ostentan la titularidad de una empresa, siempre que se trate de empresarios o empresarias personas físicas, civiles o mercantiles individuales, y cumplan los restantes requisitos del concepto de persona trabajadora autónoma. Ahora bien, ostentar la titularidad de una empresa no es un requisito esencial del concepto de trabajo autónomo.
4) No coincide plenamente la figura del sujeto titular de una empresa laboral y la de la persona trabajadora autónoma amparada por el RETA y la LETA. Aunque nada obsta a que esta última tenga personal asalariado a su servicio, no todo sujeto empleador es persona trabajadora autónoma, requiriéndose para ello la concurrencia de los requisitos subjetivos y objetivos examinados.
5) Desde el punto de vista económico, y de acuerdo con la definición de la RAE, se considera emprendedora a aquella persona que tiene la

capacidad de arriesgar, de poner en marcha nuevas oportunidades de negocio, de innovar, así como de crear empleo autónomo y/o asalariado. Sin embargo, en el ámbito jurídico dicho término presenta contornos difusos, pues viene a superponerse, e incluso confundirse, con otras expresiones consolidadas en nuestro ordenamiento jurídico, como son las de persona trabajadora autónoma y de titular de una empresa.

6) Ley 14/2013, de 27 de septiembre, de apoyo a los emprendedores y su internacionalización define a las personas emprendedoras como personas físicas o jurídicas "que desarrollen una actividad económica empresarial o profesional, en los términos establecidos en esta Ley". La amplitud del concepto permite que tengan cabida dentro del mismo tanto la empresa individual como la social, así como la generalidad de las personas trabajadoras autónomas, lo que hace posible concluir que, pese a la profusión con la que este término está siendo utilizado por el legislador, la actividad emprendedora no responde en realidad a ninguna tipología jurídica nueva y diferenciada de las viejas categorías mencionadas. Ello, asimismo, explica la inexistente referencia al emprendimiento en las normas delimitadoras del RETA.

Bibliografía

Alonso Olea, M. y Casas Baamonde, M.E., *Derecho del Trabajo* (Madrid, 1995), 14ª Edición, Ed. Servicio de Publicaciones de la Facultad de Derecho de la Universidad Complutense de Madrid.

Broseta Pont, M., *Manual de Derecho Mercantil* (Madrid, 1978), Ed. Tecnos.

Broseta Pont, M., *Manual de Derecho Mercantil* (Madrid, 2015), Ed. Tecnos, Volumen I.

Casas Baamonde, M.E., "El Derecho del Trabajo y el empleo asalariado en los márgenes: de nuevo el emprendimiento y el autoempleo", *Relaciones Laborales*, n. 11, Sección Legislativa, 2013 (laleydigital; fecha de captura: 13/11/2015).

Lidón Nebot Lozano, M., "Régimen de Seguridad Social aplicable a los socios, administradores y directivos de sociedades: criterios sustantivos", en *Afiliación a la Seguridad Social de socios y administradores civiles y mercantiles: criterios administrativos y repercusiones fiscales* (Madrid, 1994), Ed. Cámara de Comercio e Industria de Madrid.

López Aniorte, M.C., "El difuso concepto de trabajador por cuenta propia o autónomo", *Revista de Relaciones Laborales. Revista Crítica de Teoría y Práctica*, n. 9, 2013.

López Aniorte, M.C., *Ámbito subjetivo del Régimen Especial de Trabajadores Autónomos* (Pamplona, 1996), Ed. Aranzadi.

Luján Alcaraz, J., en *La contratación privada de servicios y el contrato de trabajo. Contribución al estudio del ámbito de aplicación del Derecho del Trabajo* (Madrid, 1994), Ed. Ministerio de Trabajo y Seguridad Social.

Mazuela Rosado, I., "La incidencia de la crisis del Estado de bienestar español en los trabajadores autónomos", *Revista de Derecho Social y Empresa*, n. 3, 2015.

Peinado Gracias, J.I. y Roncero Sánchez, A. "La irrupción del emprendedor en el Derecho Mercantil", *La Ley mercantil*, n. 2, Sección Editorial, Mayo 2014, Editorial La Ley (laleydigital; fecha de consulta: 13/11/2015).

Proyecto GEM: Observatorio internacional de la actividad emprendedora (2012), el emprendedor es "motor de la innovación, la creación de riqueza y generador de empleo" (Recuperado el 17 de septiembre de 2015, de <www.gem-spain.com/Presentación%20proyecto%20GEM.pdf>).

Ruiz Castillo, M.M., "Delimitación subjetiva del Derecho del Trabajo. Un interrogante específico: el trabajo parasubordinado", *Relaciones Laborales*, ns. 15-16, 1991.

Sala Franco, T., et altri, *Derecho del Trabajo* (Valencia, 1995), 9ª Edición, Ed. Tirant lo Blanch.

Sánchez Calero, F., *Instituciones de Derecho Mercantil* (Madrid, 1992), Decimosexta Edición, Editoriales de Derecho Reunidas.

Selma Penalva, A., *Los límites del contrato de trabajo en la jurisprudencia española* (Valencia, 2007), Ed. Tirant Monografías,

Uría, R., *Derecho Mercantil* (Madrid, 1993), Vigésima Edición, Ed. Marcial Pons.

Francisca María Ferrando García

Profesora Titular de Derecho del Trabajo y de la Seguridad Social. Universidad de Murcia. España

Las claves del fomento del emprendimiento individual: incentivos, conciliación y degradación del estatuto jurídico del trabajo asalariado[1]

Resumen: El art. 27.2 LETA enuncia, entre otros objetivos de las políticas de promoción del trabajo autónomo, la remoción de los obstáculos que impiden el inicio y desarrollo de la actividad económica autónoma, así como el apoyo a las diversas iniciativas de trabajo autónomo. Entre otros instrumentos previstos para la consecución de estos fines, se establecen "exenciones, reducciones o bonificaciones en las cotizaciones a la Seguridad Social", cuyo estudio ha suscitado importantes dudas acerca de su eficacia y consecuencias respecto de la sostenibilidad del sistema de Seguridad Social.

El fomento del autoempleo requiere igualmente de medidas que garanticen el derecho de conciliación de la vida familiar y la actividad profesional de las personas que trabajan por cuenta propia. Con tal propósito se establecen incentivos en las cotizaciones de quienes se hallan en situación de maternidad, paternidad, riesgo durante el embarazo, etc., y ciertas garantías frente a la extinción de la relación de servicios del TRADE con la empresa cliente, observándose cierto paralelismo con la regulación prevista para quienes trabajan por cuenta ajena.

Asimismo, en los últimos años han irrumpido en el marco de las políticas activas de empleo un sinnúmero de iniciativas tendentes a aligerar las cargas empresariales con el objeto de fomentar el emprendimiento y la creación de empleo, entendiendo por cargas no solo las administrativas, fiscales o de Seguridad Social, sino también los derechos de quienes trabajan por cuenta ajena. De ahí que el apoyo al autoempleo se base también en la precarización del estatuto jurídico del trabajo asalariado.

Palabras clave: fomento del autoempleo, emprendimiento, conciliación, incentivos.

---

1   Este trabajo se enmarca en el Proyecto de Investigación DER2013-43492-P, sobre "Articulación jurídica de las políticas públicas de fomento del emprendimiento", financiado por el Ministerio de Ciencia e Innovación, e incluido en la Convocatoria 2013 —Proyectos I+D— Programa Estatal de Investigación Científica y Técnica de Excelencia Subprograma Estatal de Generación de Conocimiento.

Introducción

El fomento del autoempleo aparece mencionado de forma recurrente en los textos políticos europeos como uno de los pilares de la política de empleo, por cuanto se considera una herramienta idónea para salir del desempleo y el germen de futuras contrataciones[2]. Las primeras alusiones al fomento del autoempleo se pueden situar en el Consejo Europeo Extraordinario sobre empleo celebrado en Luxemburgo en 1997. Más recientemente, el Libro Verde "Modernizar el Derecho Laboral para afrontar los retos del siglo XXI", alude al trabajo autónomo como una manera de "afrontar la reconversión, reducir los costes directos o indirectos de la mano de obra y gestionar los recursos de manera más flexible en circunstancias económicas imprevistas"[3]. Por su parte, la vigente Estrategia Europa 2020[4] presta especial atención al emprendimiento, como instrumento capital para lograr un crecimiento sostenible, inteligente e integrador, y advierte de la necesidad de eliminar las barreras que existen al trabajo por cuenta propia.

En lo que concierne al ordenamiento español, y sin perjuicio de algunos precedentes en materia de subvenciones al trabajo autónomo, el fomento del empleo por cuenta propia adquiere especial relevancia con la Ley 20/2007, de 11 de julio, del Estatuto del trabajo autónomo (en adelante LETA)[5]. El art. 27.1 de dicha norma encomienda a los poderes públicos, "en el ámbito de sus respectivas competencias", la adopción de "políticas de fomento del trabajo autónomo dirigidas al establecimiento y desarrollo de iniciativas económicas y profesionales por cuenta propia". Y, entre los objetivos de las políticas de promoción del trabajo autónomo, el aptdo. 2 del mismo precepto enuncia, la remoción de los obstáculos que impidan el

---

[2] Luján Alcaraz, J., "Fomento y promoción del trabajo autónomo", en Luján Alcaraz, J. (Dir.), *El Estatuto del Trabajador Autónomo: Análisis de la Ley 20/2007, de 11 julio* (Murcia, 2007), Laborum, pp. 227-290.

[3] Libro Verde de la Comisión, de 22 de noviembre de 2006, «Modernizar el Derecho laboral para afrontar los retos del siglo XXI» (COM [2006] 708 — no publicado en el Diario Oficial).

[4] Comunicación de la Comisión "Europa 2020. Una estrategia para un crecimiento inteligente, sostenible e integrador" (Bruselas, 2 marzo 2010, COM [2010] 2020 final).

[5] Esta norma dedica al fomento y promoción del trabajo autónomo sus arts. 27 a 39, según la redacción dada por la Ley 31/2015, de 9 de septiembre, por la que se modifica y actualiza la normativa en materia de autoempleo y se adoptan medidas de fomento y promoción del trabajo autónomo y de la Economía Social.

inicio y desarrollo de la actividad económica autónoma y de las entidades de la economía social, así como el apoyo a las diversas iniciativas de trabajo autónomo y de economía social.

La elevada tasa de paro, alcanzada durante la crisis[6], ha llevado al legislador a articular políticas públicas de fomento del empleo dirigidas a la creación de trabajo por cuenta ajena y, muy especialmente, por cuenta propia, a través de diversos programas y medidas encaminadas a mejorar las posibilidades de inserción de los desempleados en el mercado de trabajo (tanto por cuenta propia como ajena), a mejorar su formación y cualificación profesional y a fomentar el espíritu empresarial (art. 36.1 LE/2015)[7].

En esta línea de actuación, se incardinan diversas normas, como la Ley 11/2013, de 26 de julio de medidas de apoyo al emprendedor y de estímulo del crecimiento y de la creación del empleo, que desarrolla la Estrategia de Emprendimiento y Empleo Joven 2013-2016, y la Ley 14/2013, de 27 de septiembre, de apoyo a los emprendedores y su internacionalización. Dichas normas tienen por finalidad la creación de un entorno favorable a la cultura emprendedora, mediante la remoción de aquellos obstáculos susceptibles de coartar la iniciativa empresarial o de privarla de eficacia. Al mismo tiempo, se contemplan estímulos directos al emprendimiento, como es el caso de las reducciones y bonificaciones en las cotizaciones a la Seguridad Social, al amparo de lo previsto en el art. 27.2.c) LETA. Se trata de incentivos aplicables al emprendedor, término de significado impreciso que, según la norma de que se trate, puede venir referido a las empresas (con determinados límites numéricos), a los trabajadores autónomos o, incluso, a los socios trabajadores de ciertas entidades de Economía Social, quienes, según el tipo de entidad y el régimen de Seguridad Social en el que se encuadren, podrán beneficiarse del programa de fomento del empleo destinado a autónomos o el previsto para los trabajadores por cuenta ajena.

Aunque no constituye el objeto de este estudio, conviene también recordar el importante papel que en esta materia ha cobrado recientemente la regulación de la prestación por desempleo, permitiéndose su compatibilización con la actividad autónoma, así como la capitalización de las

---

6   En 2013 llegó a alcanzar el 26 %. Aunque dicha tasa ha disminuido, situándose en el segundo trimestre de 2016, en el 20 %, es la segunda más elevada (solo superada por Grecia) de toda la zona euro.
7   Real Decreto Legislativo 3/2015, de 23 de octubre, por el que se aprueba el texto refundido de la Ley de Empleo.

prestaciones por desempleo y cese de actividad, para financiar los gastos de inicio y puesta en marcha de la actividad empresarial.

Como se ha señalado, la especial atención que este conjunto de programas presta al trabajador autónomo obedece a las implicaciones positivas que tiene el inicio de una actividad empresarial o profesional, en cuanto comporta la disminución de la tasa de paro y, en su caso, del número de beneficiarios de las prestaciones por desempleo, y contribuye a futuras contrataciones por cuenta ajena en el marco de la actividad desarrollada[8]. Esta consideración del trabajo autónomo como pieza clave para la dinamización del tejido empresarial, ha llevado a los legisladores estatales y autonómicos a impulsar su establecimiento, mediante la aprobación de diversos programas de subvenciones, así como mediante la concesión —en el ámbito estatal— de bonificaciones en las cotizaciones a la Seguridad Social.

Al estudio de esta normativa promocional del autoempleo se dedican los epígrafes siguientes, distinguiendo las medidas que inciden directamente en el estatuto jurídico del trabajo autónomo de aquellas otras que, para el emprendimiento y, en general, la actividad empresarial, inciden en la regulación del trabajo asalariado (cotización, incentivos fiscales, duración de los contratos y derechos laborales) que se genera en el marco de la organización empresarial. En fin, junto a los incentivos al trabajo autónomo, el fomento del emprendimiento se apoya en diversas medidas de conciliación, que permiten el acceso de las personas con responsabilidades familiares al autoempleo, así como el mantenimiento de su actividad, cuyo análisis cierra este trabajo.

I. Ayudas directas al trabajo autónomo

1. *Subvenciones específicas al autoempleo*

El art. 29.1 LETA establece la obligación de los poderes públicos de adoptar "en el ámbito de sus respectivas competencias y en el marco de los compro-

---

8   Los autónomos personas físicas generan el 27,6 % del empleo en nuestro país, según la Asociación de Trabajadores Autónomos <http://www.ata.es/sites/default/files/np_propiamente_dichos_junio_2016.pdf>, acceso 20 septiembre 2016.

misos asumidos en la Unión Europea", programas de ayuda financiera a las iniciativas económicas de las personas emprendedoras. En su aplicación, la Orden TAS/1622/2007, de 5 de junio, regula la concesión de subvenciones para la promoción del empleo autónomo entre los demandantes de empleo, a fin de garantizar una financiación mínima de los proyectos en sus primeras fases de implantación (E.M.).

1.1. Beneficiarios

Pueden beneficiarse de estas ayudas las personas que se hallen desempleadas con carácter previo a la fecha de inicio de la actividad e inscritas como demandantes de empleo en los Servicios Públicos de Empleo (art. 2 Orden TAS/1622/2007). La Orden exige que los beneficiarios se dén de alta en el RETA, en el Régimen especial por cuenta propia que corresponda o Mutualidad del colegio profesional, considerándose la fecha de alta como fecha de inicio de actividad (art. 8.1 Orden TAS/1622/2007).

Los trabajadores autónomos o por cuenta propia también podrán ser beneficiarios cuando formen parte de comunidades de bienes o sociedades civiles, siempre que las subvenciones se soliciten a título personal. La norma excluye expresamente de su ámbito de aplicación a quienes hayan desarrollado la misma o similar actividad por cuenta propia en los seis meses anteriores al inicio de la actividad que se subvenciona, los autónomos colaboradores, los socios de sociedades mercantiles, y los socios de cooperativas y sociedades laborales (art. 2 Orden TAS/1622/2007)[9].

1.2. Modalidades: objeto y cuantía

El art. 3 de la Orden contempla la concesión de subvenciones con diverso objeto y cuantía. Su importe, que varía en función del colectivo en el que se pueda incluir al beneficiario y de la finalidad de la subvención, no podrá superar, aisladamente o en concurrencia con subvenciones o ayudas de otras

---

9   No obstante, los socios de cooperativas y sociedades laborales cuentan con el respaldo de las subvenciones menos cuantiosas señaladas en la Orden TAS/3501/2005, de 7 de noviembre. Dichas entidades pueden beneficiarse, asimismo, de las subvenciones a las actividades de promoción del trabajo autónomo, de la economía social y de la responsabilidad social de las empresas y para sufragar los gastos de funcionamiento de las asociaciones de trabajadores autónomos, de cooperativas, de sociedades laborales, de empresas de inserción y de otros entes representativos de la economía social de ámbito estatal, cuyas bases reguladoras se hayan contenidas en la Orden ESS/1338/2013, de 11 de julio, modificada por Orden ESS/419/2015, de 26 de febrero.

Administraciones Públicas, o de otros entes públicos o privados, nacionales o internacionales, el coste de la actividad a desarrollar por el beneficiario (art. 7 Orden TAS/1622/2007).

1.2.1. Establecimiento como trabajador autónomo o por cuenta propia

El importe máximo de la subvención concedida para este fin, se fija en 10.000 euros. La concreción de la cuantía otorgada corresponde a los órganos competentes de la Administración General del Estado o de las Administraciones de las CC.AA., en atención a la dificultad de acceso al mercado de trabajo del solicitante, en coherencia con el art. 29.2 LETA, que establece la necesidad de que la elaboración de los programas de fomento del trabajo autónomo atienda a los colectivos con especiales dificultades de acceso al mercado de trabajo.

A estos efectos, el art. 3.1.a) Orden TAS/1622/2007, establece que los órganos competentes graduarán (parece que, de menor a mayor) la cuantía de la subvención de acuerdo con la inclusión de los solicitantes en alguno de los siguientes colectivos: 1.º Desempleados en general; 2.º Jóvenes desempleados de 30 o menos años; 3.º Mujeres desempleadas; 4.º Desempleados con discapacidad (que tengan reconocido un grado de minusvalía igual o superior al 33 por ciento); y 5.º Mujeres desempleadas con discapacidad. Ahora bien, no se trata de una lista cerrada de colectivos vulnerables, ya que, a renglón seguido, prevé la posibilidad de que los Servicios Públicos de Empleo consideren otros colectivos con dificultades de inserción laboral. Por otra parte, la norma precisa que, cuando la solicitante tenga la consideración de víctima de violencia de género, la subvención correspondiente se incrementará hasta en un 10 por ciento.

1.2.2. Subvención financiera

El objeto de la subvención financiera es reducir los intereses de los préstamos destinados a financiar las inversiones para la creación y puesta en marcha de la empresa. De conformidad con el art. 3.1.b) Orden TAS/1622/2007, la citada subvención:

> [...] Será equivalente a la reducción de hasta 4 puntos del interés fijado por la entidad de crédito pública o privada que conceda el préstamo, y se pagará de una sola vez, en cuantía calculada como si la subvención se devengase cada año de la duración del mismo, incluido el posible periodo de carencia.

También en este caso, se limita la cuantía máxima de la subvención a 10.000 euros, y se impone al Servicio Público de Empleo competente la necesidad de graduar su importe en función de la dificultad para el acceso al mercado de trabajo del solicitante, de acuerdo con su inclusión en alguno de los colectivos precitados. Cuando se trate de microcréditos concedidos por el Instituto de Crédito Oficial o por otras entidades de crédito la subvención podrá llegar a ser el coste total de los gastos financieros, con los límites señalados anteriormente.

1.2.3. Subvención para asistencia técnica

La subvención para asistencia técnica tiene por finalidad la financiación parcial de la contratación, durante el proceso de puesta en marcha de la empresa, de los servicios externos necesarios para mejorar el desarrollo de la actividad empresarial, así como para la realización de estudios de viabilidad, organización, comercialización, diagnosis u otros de naturaleza análoga. Únicamente se contempla la financiación de los servicios de asistencia técnica prestados por las asociaciones de trabajadores autónomos con carácter intersectorial y con suficiente implantación en el ámbito territorial correspondiente, y por otras personas jurídicas o personas físicas especializadas que reúnan garantías de solvencia profesional. La cuantía de esta subvención está afectada por un doble límite: el 75 por ciento del coste de los servicios prestados, con un tope de 2.000 euros.

1.2.4. Subvención para formación

Por último, el art. 3.1.d) contempla la concesión de subvenciones para la formación, destinadas a financiar parcialmente cursos que cubran las necesidades de formación del trabajador autónomo, durante la puesta en marcha de la empresa. No obstante, no se contemplan cualesquiera necesidades formativas, sino las relacionadas con la dirección y gestión empresarial y con las nuevas tecnologías de la información y la comunicación. Esta formación deberá ser prestada por las asociaciones y profesionales aludidos anteriormente. Asimismo, la cuantía de la subvención se halla limitada doblemente, en el 75 por ciento del coste total de la acción formativa, con un tope de 3.000 euros.

1.3. Obligaciones de la persona beneficiaria

La persona beneficiaria de estas subvenciones tiene las obligaciones establecidas con carácter general en el art. 14 de la Ley 38/2003, de 17 de noviembre, general de subvenciones (en adelante, LGS). Además, estará obligada a realizar la actividad que fundamente la concesión de la ayuda o subvención, mantener su actividad empresarial, así como darse de alta en Seguridad Social o en la Mutualidad del colegio profesional que corresponda, y mantenerla durante al menos tres años. En caso de incumplimiento, salvo que se deba a causas ajenas a su voluntad, y siempre que el cumplimiento se aproxime de forma significativa al cumplimiento total y se acredite una actuación inequívocamente tendente a la satisfacción de sus compromisos, procederá el reintegro de las subvenciones percibidas, de forma proporcional al tiempo que reste para el cumplimiento de los tres años, de acuerdo con los criterios de graduación que establezcan las administraciones competentes, según lo dispuesto en el art. 37.2 LGS (art. 4 Orden TAS/1622/2007).

2. *Reducciones y bonificaciones en las cotizaciones a la Seguridad Social*

Hasta la entrada en vigor de la Ley 31/2015, los incentivos para el emprendimiento consistentes en una menor cotización a la Seguridad Social se hallaban dispersos en diversas normas. Seguramente, para dar mayor visibilidad a las medidas y favorecer una visión de conjunto, la citada norma[10] ha unificado en un único cuerpo legal, la Ley de Economía Social, los incentivos al emprendimiento colectivo a través de entidades de Economía Social, mientras que, para completar formalmente el estatuto del trabajo autónomo, ha llevado a la LETA la regulación de los incentivos al emprendimiento mediante la constitución como trabajadores autónomos o sociedades mercantiles.

Con carácter previo al análisis particularizado de los incentivos en las cotizaciones de Seguridad Social, conviene recordar que los colectivos priorizados por dichas medidas deberían ser, de conformidad con el art. 30.1 LE, aquellas personas con especiales dificultades de integración en

---

10 En cumplimiento del art. 121 Ley 18/2014, de 15 de octubre, de aprobación de medidas urgentes para el crecimiento, la competitividad y la eficiencia, que encomendó al Gobierno la "reordenación normativa de los incentivos al autoempleo en el ámbito de empleo y Seguridad Social, en el título V de la Ley 20/2007, de 11 de julio, del Estatuto del Trabajo Autónomo, y en la Ley 5/2011, de 29 de marzo, de Economía Social, según corresponda".

el mercado de trabajo, entre los que se cita "especialmente", a jóvenes, mujeres, parados de larga duración, mayores de 45 años, personas con responsabilidades familiares, personas con discapacidad o en situación de exclusión social e inmigrantes. El mismo espíritu restrictivo inspira el art. 25.3 LETA, cuando se refiere a la posibilidad de que determinados colectivos de trabajadores autónomos se beneficien de reducciones —soportadas por el presupuesto de ingresos de la Seguridad Social— o bonificaciones —con cargo a los presupuestos del Servicio Público de Empleo Estatal—, en función de sus características personales o de las características profesionales de la actividad ejercida.

No obstante lo anterior, como habrá ocasión de comprobar, el legislador ha extendido paulatinamente el ámbito subjetivo de los incentivos —v.gr. mediante la inclusión de los trabajadores con 30 años o más—, generalizando las ayudas hasta el punto de descentrar el punto de mira de las políticas activas de empleo y, con ello, mermar su eficacia. En este sentido se ha pronunciado expresamente el Dictamen del CES, 7/2015, de 13 de mayo, sobre el Anteproyecto de Ley por la que se modifica y actualiza la normativa en materia de autoempleo y se adoptan medidas de fomento y promoción del trabajo autónomo y de la economía social, advirtiendo que la "excesiva generalización de colectivos susceptibles de acogerse a bonificaciones [...] anula la eficacia de estas últimas", pues existe "consenso respecto a la limitación en la eficacia de estas medidas sobre la generación de empleo cuando estas ayudas se universalizan" (aptdo. 3)[11].

2.1. Personas con edad igual o superior a 30 años

La Ley 14/2013 introdujo, mediante la Disp. Adicional 35ª bis LGSS/1994, un programa de reducciones en las cuotas a la Seguridad Social aplicable a los autónomos con edad igual o superior a 30, que causaran alta inicial o que no hubieran estado en situación de alta en los cinco años inmediatamente anteriores a contar desde la fecha de efectos de alta, en el RETA. La Ley

---

11 En la misma línea, el estudio Reflexiones y propuestas para la reforma de las políticas activas de empleo en España señala, entre otras condiciones de eficiencia de las políticas activas de empleo, la identificación precisa de los grupos de población destinatarios, que permita priorizar y especializar las actuaciones en cada Comunidad Autónoma, ajustando los recursos disponibles a las necesidades y vulnerabilidades (Rocha Sánchez, F., *Reflexiones y propuestas para la reforma de las políticas activas de empleo en España*, Estudios de la Fundación (Madrid, 2010), Fundación 1º Mayo, n. 42, p. 31).

31/2015 ha incorporado esta disposición al apartado 1º del nuevo art. 31 LETA con las modificaciones a que se hará oportuna referencia.

En primer lugar, la Ley 31/2015 extiende expresamente el ámbito de aplicación de estos incentivos:

> [...] a los socios trabajadores de cooperativas de trabajo asociado que estén encuadrados en el Régimen Especial de la Seguridad Social de los Trabajadores por Cuenta Propia o Autónomos (art. 31.3 LETA).

El art. 31.1 LETA contempla un primer período de 6 meses inmediatamente siguientes a la fecha de efectos del alta, en el que los autónomos podrán beneficiarse de una reducción de la cuota por contingencias comunes, incluida la incapacidad temporal, a la cuantía fija (conocida como "tarifa plana") de 50 euros mensuales, siempre que opten por cotizar por la base mínima que les corresponda[12]. Alternativamente, si deciden cotizar por una base de cotización superior a la mínima, podrán aplicarse una reducción de la cuota por contingencias comunes, incluida la incapacidad temporal, equivalente al 80 % de la cuota resultante de aplicar a la base mínima de cotización que corresponda el tipo mínimo de cotización vigente en cada momento.

A continuación de dicho período de 6 meses, y con independencia de la base de cotización elegida, los autónomos pueden beneficiarse de las siguientes reducciones y bonificaciones sobre la cuota de contingencias comunes, siendo la cuota a reducir el resultado de aplicar a la base mínima de cotización que corresponda el tipo mínimo de cotización vigente en cada momento, incluida la incapacidad temporal, por un período máximo de hasta 12 meses, hasta completar un período máximo de 18 meses tras la fecha de efectos del alta, según la siguiente escala descendente, a medida que transcurre el tiempo desde el alta: (a) una reducción equivalente al 50 % de la cuota durante los 6 meses inmediatamente siguientes al período inicial anteriormente mencionado; (b) una reducción equivalente al 30 % de la cuota durante los 3 meses siguientes al período señalado en la letra a); (c) una bonificación equivalente al 30 % de la cuota durante los 3 meses siguientes al período señalado en la letra b).

Con relación a los incentivos al emprendimiento colectivo, procede simplemente mencionar ahora la existencia de bonificaciones en las cuotas em-

---

12 El Real Decreto-ley 4/2013, de 22 de febrero, de medidas de apoyo al emprendedor y de estímulo del crecimiento y de la creación de empleo, introdujo la tarifa plana únicamente para los autónomos menores de 30 años, siendo extendida a los mayores de dicha edad por la Ley 14/2013.

presariales a la Seguridad Social[13], aplicables a los desempleados mayores de 30 años (o de 35 años que tengan reconocido un grado de discapacidad igual o superior al 33 por ciento) que se incorporen como socios trabajadores o de trabajo a sociedades laborales y cooperativas[14].

2.2. Incentivos al emprendimiento juvenil

Según la Encuesta de Población Activa, en el año 2013, la tasa de desempleo de los jóvenes menores de 25 años había alcanzado en España el 54,9 %, frente al 23 % de la UE-27 que reflejaba Eurostat. Aunque en el segundo trimestre de 2016 dicha tasa ha descendido al 43,90 %, las cifras continúan siendo alarmantes, y requieren un estudio minucioso de sus características y posibles soluciones.

Ahora bien, las dificultades que encuentran los jóvenes no se limitan al acceso a un puesto de trabajo, según la exposición de motivos de la Ley 11/2013, de 26 de julio, de medidas de apoyo al emprendedor y de estímulo del crecimiento y de la creación de empleo. Dicha norma, advierte además una

> [...] marcada polarización del mercado de trabajo, donde unos jóvenes abandonan sus estudios con escasa cualificación y otros, altamente cualificados, están subempleados; el escaso peso relativo de la formación profesional de grado medio y la baja empleabilidad de los jóvenes, especialmente en lo relativo al conocimiento de idiomas extranjeros; la alta temporalidad y contratación parcial no deseada; la dificultad de acceso al mercado laboral de los grupos en riesgo de exclusión social; y la necesidad de mejorar el nivel de autoempleo e iniciativa empresarial entre los jóvenes.

Tampoco cabe ignorar que el paro juvenil tiene consecuencias perniciosas para la sociedad, como son la infrautilización de los recursos humanos en el momento de su mayor potencial productivo, y el desaprovechamiento de la inversión pública realizada en su formación. Todo ello ha motivado que, junto a las políticas activas de empleo vertebradas en los programas y medidas de fomento del empleo, desde instancias europeas y nacionales se haya establecido la necesidad de implementar acciones específicas para fomentar el empleo y el autoempleo de los jóvenes. Así, de conformidad

---

13 De 66,67 euros/mes (800 euros/año) durante tres años [art. 9.1.a) LES].
14 Si bien, respecto de estas últimas, se requiere que hayan optado por un Régimen de Seguridad Social propio de trabajadores por cuenta ajena, en los términos de la Disp. Adicional 4ª LGSS, que se corresponde con el art. 14 del Texto Refundido aprobado por RD Leg. 8/2015.

con la Estrategia Europa 2020, la Decisión 2010/707/UE del Consejo, de 21 de octubre de 2010, establece las orientaciones para las políticas de empleo de los Estados miembros, entre las que interesa ahora la Orientación n° 7, que recoge entre sus objetivos prioritarios la ampliación al 75 % de la tasa de empleo, mediante una mayor participación de los jóvenes, entre otros colectivos. El más reciente Programa de Garantía Juvenil[15] insiste en el papel que debe tener el emprendimiento juvenil, recomendado por ello orientar a los jóvenes en el emprendimiento y sensibilizarlos sobre las oportunidades y perspectivas que ofrece[16].

En coherencia con las directrices comunitarias, el art. 2.d) LE concreta los objetivos de nuestra política de empleo, aludiendo expresamente a la integración laboral de aquellos colectivos que presenten mayores dificultades de inserción laboral, entre los que cita a los jóvenes. Asimismo, la Estrategia Española de Empleo 2012-2014 (epígrafe 5.7) incluye a los jóvenes como colectivo destinatario de las políticas públicas de fomento del autoempleo y creación de empresas, junto a los mayores de 45 años, las mujeres y las personas con discapacidad.

Lo anteriormente expuesto, justifica la aprobación de la Estrategia de Emprendimiento y Empleo Joven 2013-2016[17]. En desarrollo de esta Estrategia, se han adoptado medidas específicamente encaminadas a facilitar el emprendimiento juvenil, en unos casos referidas exclusivamente a la incorporación de jóvenes en determinadas entidades de Economía Social

---

15   Recomendación del Consejo de 22 abril 2013 sobre el establecimiento de la Garantía Juvenil (2013/C 120/01).

16   Respecto de las políticas financiables desde la UE, el art. 3.1 Reglamento 1304/2013 del Parlamento Europeo y del Consejo, de 17 de diciembre de 2013, relativo al Fondo Social Europeo, establece las prioridades que serán apoyadas por el mismo, entre las que figuran, "facilitar el acceso al empleo y la inserción duradera en el mercado de trabajo de las personas inactivas y de las que buscan trabajo, evitar el desempleo, en particular, el desempleo de larga duración y el desempleo de los jóvenes".

17   Objeto de interesantes estudios doctrinales; por todos, véanse Cavas Martínez, F., "Incentivos laborales para combatir el desempleo juvenil: una reordenación obligada", AAVV., *La protección por desempleo en España* (Murcia, 2015) Laborum, pp. 549-562; González-Posada, E., "Políticas activas de fomento del empleo juvenil en España", *Documentación Laboral*, n. 98, 2013, pp. 75-97; Fernández Orrico, F.J., "El Sistema Nacional de Garantía Juvenil, nuevo instrumento de actuación y apoyo a la contratación de jóvenes", *Estudios financieros. Revista de trabajo y seguridad social*, n. 377-378, 2014, pp. 143-179.

[reguladas en el art. 9.1.a) LES][18], en otros, aplicables a los trabajadores autónomos con carácter general. Entre las medidas de apoyo al emprendimiento juvenil, cabe destacar el programa de incentivos en la cotización a la Seguridad Social que en su día previera la Disp. Adicional 35ª LGSS/1994[19], y ahora recoge el nuevo art. 31.2 LETA, introducido por la Ley 31/2015. Consiste en la aplicación de ciertas reducciones y bonificaciones a la Seguridad Social a los jóvenes trabajadores por cuenta propia, que el apartado 3 extiende expresamente a los socios trabajadores de Cooperativas de Trabajo Asociado encuadrados en el RETA.

En la actualidad, los beneficios se limitan al trabajador que cause alta inicial en el RETA o que no haya estado en alta en los cinco años inmediatamente anteriores, pues se han suprimido los incentivos para los supuestos de iniciativa empresarial por parte de los jóvenes emprendedores que hubieran estado de alta en los 5 años inmediatamente anteriores, que sí contemplaba la derogada Disp. Adicional 35.1 LGSS/1994[20].

---

18 En efecto, para fomentar la incorporación de socios trabajadores o de trabajo a entidades de Economía Social, el art. 9.1.a) LES contempla una bonificación en las cuotas empresariales de la Seguridad Social durante tres años, cuya cuantía será de 137,5 euros/mes (1.650 euros/año) durante el primer año, y de 66,67 euros/mes (800 euros/año) durante los dos años restantes, de la que podrán beneficiarse las cooperativas y sociedades laborales que incorporen trabajadores desempleados como socios trabajadores o de trabajo, y que sean menores de 30 años, o menores de 35 años que tengan reconocido un grado de discapacidad igual o superior al 33 por ciento. En el caso de cooperativas, se requiere además que hayan optado por un régimen de Seguridad Social propio de trabajadores por cuenta ajena.

19 Sustancialmente mejorado por la Ley 11/2013, hasta el punto de constituir, según la doctrina, la medida "estrella de los beneficios en los trabajadores autónomos que deciden iniciar por vez primera una actividad" (Fernández Orrico, F.J., "Medidas laborales y de Seguridad Social de apoyo a los emprendedores", en Rodríguez Arana, M.A. y Fernández Orrico, F.J., *Ley de Emprendedores: Aspectos fiscales, laborales, mercantiles y administrativos* (Valladolid, 2013), Lex Nova-Thomson Reuters, p. 116).

20 En virtud de la cual, los trabajadores por cuenta propia menores de 30 años de edad, o menores de 35 años en el caso de mujeres, incorporados al RETA a partir de la entrada en vigor de la LETA (15 de octubre de 2007), se podían beneficiar de una reducción de la cuota por contingencias comunes correspondiente en función de la base de cotización elegida y del tipo de cotización aplicable, según el ámbito de protección por el que se hubiera optado, durante los 15 meses inmediatamente siguientes a la fecha de efectos del alta, que la Ley 11/2013 elevó del 25 % al 30 % de la cuota resultante de aplicar sobre la base mínima de cotización aplicable el tipo mínimo de cotización vigente en cada momento, incluida la incapacidad temporal, y de una bonificación,

Así pues, únicamente en los supuestos de alta inicial o de trabajadores que no hubieran estado de alta en los 5 años anteriores, los trabajadores por cuenta propia menores de 30 años, o de 35 años si se trata de mujeres, podrán aplicarse, además de las reducciones y bonificaciones previstas en el art. 31.1 LETA para quienes superen dicha edad, una bonificación adicional equivalente al 30 %, sobre la cuota por contingencias comunes, en los 12 meses siguientes a la finalización del periodo de bonificación previsto en el apartado 1º, siendo la cuota a reducir el resultado de aplicar a la base mínima de cotización que corresponda el tipo mínimo de cotización vigente en cada momento, incluida la incapacidad temporal. En consecuencia, para los jóvenes emprendedores la duración máxima de las reducciones y bonificaciones será de 30 meses.

El importe de las reducciones y bonificaciones se gradúa de forma descendente, quizá partiendo de la presunción de que, con el paso del tiempo, el emprendedor obtiene ingresos suficientes para atender sus contribuciones a la Seguridad Social[21], lo que no siempre es así, ni desde luego se corresponde necesariamente con la cronología prevista por el legislador.

Interesa destacar, de forma positiva, la desaparición en la nueva regulación de la prohibición de que los beneficiaros empleen a trabajadores por cuenta ajena; por el contrario, se permite expresamente dicha contratación (art. 31.4 LETA). Esta modificación resulta más coherente con las políticas activas de empleo, en las que se enmarcan los incentivos al emprendimiento como germen de futuras contrataciones, respondiendo a las críticas que dicha traba a la contratación de trabajadores asalariados había suscitado en la doctrina[22].

Con todo, las cifras estadísticas reflejan la escasa eficacia del programa de fomento del emprendimiento juvenil arriba analizado, ya que el 95 % del crecimiento de autónomos se concentra en mayores de 40 años entre los

---

en los 15 meses siguientes a la finalización del período de reducción, de igual cuantía que ésta. En consecuencia, el beneficio llegaba a los 30 meses de duración.
21 Fernández Orrico, F.J., "Medidas laborales y de Seguridad Social de apoyo a los emprendedores", *op. cit.*, p. 120.
22 En este sentido, Casas Baamonde, Mª. E., "El Derecho del Trabajo y el empleo asalariado en los márgenes: de nuevo el emprendimiento y el autoempleo", *Relaciones Laborales*, n. 11, 2013, tomo 1, pp. 139-140 (LA LEY 8223/2013, pp. 2-3); Charro Baena, P., "Las nuevas fórmulas de contratación laboral que fomentan el emprendimiento de los jóvenes, a examen", AAVV., *La protección por desempleo en España* (Murcia, 2015), Laborum, p. 104.

meses de junio de 2015 y 2016, siendo el incremento de jóvenes autónomos testimonial en dicho periodo[23].

2.3. Incentivos al trabajo autónomo de personas con discapacidad, víctimas de violencia de género y víctimas del terrorismo que se establezcan como trabajadores por cuenta propia

El art. 32 LETA establece el programa de bonificaciones y reducciones en las cotizaciones a la Seguridad Social aplicables a las personas con discapacidad igual o superior al 33 por ciento, que se establezcan como trabajadores autónomos o como socios trabajadores de cooperativas de trabajo asociado[24] (pero no como socios de trabajo de las sociedades laborales). El precepto, introducido por la Ley 31/2015, contiene importantes novedades respecto de la normativa anterior, entre las que cabe destacar la ampliación de los incentivos a las víctimas de violencia de género y víctimas del terrorismo que inicien una actividad por cuenta propia.

Por otra parte, se ha suprimido el programa específico de incentivos al emprendimiento de personas discapacitadas menores de 30 años, contenido en la Disp. Adicional 11ª Ley 45/2002, de 12 de diciembre (según la redacción dada por el art. 30 Ley 14/2013), si bien ello no constituye un retroceso en la protección de las personas discapacitadas pues los derechos que tenían reconocidos los menores de 30 años se han extendido a los mayores de dicha edad.

De esta forma, los beneficios en la cotización de estos trabajadores autónomos alcanzan un período de cinco años, que se estructura en dos etapas: a) La primera comprende los 12 meses inmediatamente siguientes a la fecha de efectos del alta, en la que los trabajadores podrán beneficiarse, alternativamente, en función de que coticen o no por la base mínima que les corresponda, de una cuota por contingencias comunes, incluida la incapacidad temporal, reducida a la cuantía de 50 euros mensuales o de una reducción en dicha cuota equivalente al 80 % del resultado de aplicar a la base mínima de cotización que corresponda el tipo mínimo de cotización vigente. b) Tras el período inicial de 12 meses, y con independencia de la

---

23 Fuente: Federación Nacional de Asociaciones de Trabajadores Autónomos (Agosto, 2016) <http://www.ata.es/sites/default/files/np_propiamente_dichos_junio_2016.pdf>.
24 A quienes, según el art. 32.3 LETA, se extiende lo dispuesto en el art. 32.1 de la misma norma.

base de cotización elegida, estos autónomos podrán aplicarse una bonificación sobre la cuota por contingencias comunes, siendo la cuota a bonificar el 50 % del resultado de aplicar a la base mínima de cotización que corresponda el tipo mínimo de cotización vigente en cada momento, incluida la incapacidad temporal, por un período máximo de hasta 48 meses, hasta completar un periodo máximo de 5 años desde la fecha de efectos del alta.

Análogamente a lo previsto para el resto de trabajadores autónomos, la Ley 31/2015 ha suprimido el requisito de acceso a los beneficios en la cotización, que impedía a los trabajadores por cuenta propia con discapacidad (menores de 30 años) que emplearan a trabajadores por cuenta ajena. Antes bien, el art. 32.3 LETA dispone que las reducciones y bonificaciones resultarán de aplicación "aun cuando los beneficiarios de esta medida, una vez iniciada su actividad, empleen a trabajadores por cuenta ajena".

2.4. Incentivos a favor de familiares de la persona que trabaja como autónoma

2.4.1. Bonificación por altas de familiares colaboradores

Según lo dispuesto en el art. 35 LETA, el cónyuge y familiares de trabajadores autónomos por consanguinidad o afinidad hasta el segundo grado inclusive y, en su caso, por adopción, que se incorporen al RETA o al RETM (como trabajadores por cuenta propia), siempre y cuando no hubieran estado dados de alta en el mismo en los 5 años inmediatamente anteriores, y colaboren con ellos mediante la realización de trabajos en la actividad de que se trate, tienen derecho a una bonificación durante los 24 meses siguientes a la fecha de efectos del alta, equivalente al 50 % durante los primeros 18 meses y al 25 % durante los 6 meses siguientes, de la cuota que resulte de aplicar sobre la base mínima el tipo correspondiente de cotización vigente en cada momento en el Régimen especial o Sistema especial de trabajo por cuenta propia que corresponda.

Esta medida trae su causa de la Disp. Adicional 11ª Ley 3/2012, de 6 de julio, de medidas urgentes para la reforma del mercado laboral, si bien introduce tres importantes cambios:

Se modifica el elenco de posibles beneficiarios de la bonificación, entre los que ya no se cita a la pareja de hecho del trabajador autónomo. Más que de una restricción, se trata en este caso de adecuar la previsión a la regulación de los sujetos incluidos en el Sistema especial. Ciertamente, la Disp. Adicional 16ª LGSS/2015 establece que, con relación al Sistema especial para trabajadores por cuenta propia agrarios del RETA, las referencias al cónyuge del titular de la explotación agraria (a los efectos de su inclusión en el Sistema especial, ex art. 324.3 LGSS) se entenderán también realizadas a la persona ligada de forma estable con aquel por una relación de afectividad análoga a la conyugal una vez que se regule, en el ámbito del campo de aplicación del sistema de la Seguridad Social y de los regímenes que conforman el mismo, el alcance del encuadramiento de la pareja del empresario o del titular del negocio industrial o mercantil o de la explotación agraria o marítimo-pesquera. Esta disposición, reitera el tenor de la Disp. Adicional 2ª Ley 18/2007, de 4 de julio, por la que se procede a la integración de los trabajadores por cuenta propia del Régimen especial agrario de la Seguridad Social en el Régimen especial de la Seguridad Social de los trabajadores por cuenta propia o autónomos, de forma que, en realidad, quienes fueran pareja de hecho del titular de la explotación nunca pudieron acceder a la bonificación por faltar el presupuesto de su inclusión en el sistema.

El supuesto de hecho susceptible de bonificación, que en la Disp. Adicional 11ª se refería a "las nuevas altas" de familiares colaboradores, se limita en el art. 35 LETA a los trabajadores que "no hubieran estado dados de alta en el (RETA) en los 5 años inmediatamente anteriores".

Por último, se amplía la duración de la prestación que coincide precisamente con el segundo tramo de bonificación en la cotización al 25 %, durante los 6 meses siguientes a la finalización del período de 18 meses que ya contemplaba la Disp. Adicional 11ª Ley 3/2012.

En cualquier caso, los familiares colaboradores que con anterioridad se hayan beneficiado de esta medida al amparo de la Disp. Adicional 11ª, no podrán acceder nuevamente a esta bonificación acogiéndose al art. 35 LETA. Distinto es el caso de quienes, en virtud de dicha disposición vinieran disfrutando de estas bonificaciones sin haber consumido el período máximo previsto, pues de la Disp. Transitoria 1ª.3 Ley 31/2015 se deduce que continuarán haciéndolo conforme al art. 35 LETA.

2.4.2. Reducción de cuotas a favor de familiares de la persona titular de la explotación agraria

En lo que concierne a las personas incorporadas a la actividad agraria incluidas en el RETA a través del Sistema especial para trabajadores por cuenta propia agrarios, el art. 37.1 LETA recoge la reducción de cuotas prevista en la Disp. Adicional 1ª Ley 18/2007, precisamente derogada por la Ley 31/2015. Este incentivo se aplica a quienes tengan 50 o menos años de edad en el momento de dicha incorporación y sean cónyuges o descendientes del titular de la explotación agraria, siempre que este se encuentre dado de alta en los citados Régimen y Sistema especial. En estos casos, y durante cinco años computados desde la fecha de efectos de la obligación de cotizar, se prevé una reducción sobre la cotización por contingencias comunes de cobertura obligatoria, equivalente al 30 % de la cuota que resulte de aplicar el tipo del 18,75 % a la base mínima de cotización que corresponda. El precepto establece la incompatibilidad de esta medida con la reducción y bonificación para los nuevos trabajadores incluidos en el RETA prevista en los arts. 31 y 32 LETA, analizados anteriormente.

El aptdo. 2 del art. 37 LETA extiende la reducción a la que se refiere este artículo, siempre que se cumplan las condiciones en él establecidas, al cónyuge del titular de una explotación agraria que se constituya en titular de la misma en régimen de titularidad compartida. No obstante, si con carácter previo al acceso a la titularidad compartida de la explotación, viniera disfrutando de la reducción prevista en el aptdo. 1 del mismo precepto, seguirá percibiendo la misma hasta su extinción, sin posibilidad de causar derecho a un nuevo período de reducción en las cotizaciones en virtud del art. 37.2 LETA.

2.5. *Bonificación aplicable en Ceuta y Melilla*

Con relación a las personas encuadradas en el RETA, que residen y ejercen su actividad en Ceuta y Melilla, en los sectores de agricultura, pesca y acuicultura; industria (excepto energía y agua); comercio, turismo, hostelería y resto de servicios, excepto el transporte aéreo; construcción de edificios, actividades financieras y de seguros y actividades inmobiliarias, se establece una bonificación del 50 % de la cuota por contingencias comunes (art. 36 LETA y Disp. Adicional 23ª.2 LGSS)[25].

---

25 Dicha bonificación trae su causa del aptdo. 2º de la Disp. Adicional 30ª LGSS/1994, cuya norma de desarrollo, la Orden TAS/471/2004, de 20 de febrero, estableció expresamente la aplicación de esta bonificación a los socios de cooperativas de trabajo asociado.

II. La degradación del estatuto jurídico de quienes trabajan por cuenta ajena como medida de fomento del emprendimiento

Como se adelantó en la introducción, la capacidad generadora de empleo del trabajador autónomo no se limita a su propia incorporación al mercado de trabajo, pues su organización empresarial será el germen de futuras oportunidades de empleo por cuenta ajena. Por esta razón, las bonificaciones a la contratación de trabajadores asalariados, en cuanto comportan una minoración de los costes laborales, constituyen en sí mismas una medida de apoyo al desarrollo de su actividad empresarial. En este sentido, son bienvenidas las bonificaciones previstas en el Programa de Fomento del Empleo contenido en la Ley 43/2006, en cuanto incentivan el empleo indefinido[26] y de colectivos muy específicos de trabajadores con mayores problemas de acceso al mercado de trabajo, de acuerdo con los objetivos que prioriza la Ley de Empleo[27].

Sin embargo, en los últimos años han irrumpido en el marco de las políticas activas de empleo un sinnúmero de iniciativas tendentes a aligerar las cargas empresariales con el objeto de fomentar el emprendimiento y la creación de empleo, entendiendo por cargas no solo las administrativas, fiscales o de Seguridad Social, sino también los derechos del trabajador por cuenta ajena. Tal es el caso del polémico contrato de trabajo por tiempo

---

26 Aunque, excepcionalmente, la Ley 43/2006 también prevé bonificaciones a la contratación temporal de personas con discapacidad —respecto de las cuales la norma distingue los supuestos de contratación temporal de fomento del empleo (art. 2.2.4) y contratación por un centro especial de empleo (art. 2.3)—, así como de víctimas de violencia de género y doméstica (art. 2.4), de víctimas del terrorismo (art. 2.4.bis) y personas en situación de exclusión social (art. 2.5), cuya cuantía se verá reducida en proporción a la jornada en caso de trabajo a tiempo parcial (art. 2.6), durante toda la vigencia del contrato.

27 No así los incentivos coyunturales a la contratación de trabajadores por cuenta ajena que alcanzan a colectivos no priorizados por la Ley de empleo (v.gr., la tarifa plana introducida por el RD-ley 3/2014, de 28 de febrero, y el mínimo exento de cotización, previsto por la Ley 25/2015, de 28 de julio), cuya efectividad ha sido cuestionada por la doctrina, toda vez que implican la bonificación generalizada "aplicable a cualquier trabajador, independientemente de su historial de empleo, su cualificación o su salario, por lo que es previsible que su efecto peso muerto o inercia sea muy elevado" (Cueto Iglesias, B., y Suárez Cano, P., "El papel de las políticas activas: una perspectiva desde las Comunidades Autónomas", *Ekonomiaz*, n. 87, 2015, pp. 303 y 306).

indefinido de apoyo a los emprendedores, previsto en la Ley 3/2012, mediante el cual se incentiva (merced a incentivos fiscales y bonificaciones en las cuotas de Seguridad Social) una relación laboral sujeta a un período de prueba de un año, menos gravoso si cabe que los contratos temporales tradicionales, pues durante dicho período la extinción es acausal y no requiere indemnización[28].

Son conocidos los argumentos recogidos en la exposición de motivos de la Ley 3/2012 para justificar la medida (temporalidad, coyuntura y doble finalidad del período de prueba), en los que se ha apoyado posteriormente el Tribunal Constitucional[29] para declarar la constitucionalidad del citado período de prueba, pese a las fundadas críticas de un importante sector de la doctrina científica y judicial[30]. Con independencia de la posición que se adopte en este debate, no cabe ignorar que cuando la doctrina constitucional afirma que este período de prueba no vulnera el art. 35.1 CE, pues, "en términos razonables y proporcionados, pretende favorecer el acceso de desempleados a un puesto de trabajo estable, en el marco de una excepcional coyuntura de emergencia, caracterizada por elevadísimos niveles de desempleo, en ejecución del mandato que a los poderes públicos dirige el art. 40.1 CE"[31], está admitiendo lisa y llanamente la reducción de las garantías de los trabajadores como medida de fomento del empleo, por cuenta propia o ajena.

---

28 Martínez Moreno, C., "El sistema español de contratación laboral", AAVV., Coord. García Murcia, J., *Contratos de trabajo y políticas de empleo* (Oviedo, 2015) Consejería de Economía y Empleo del Principado de Asturias, 2015, p. 19.
29 SSTC 119/2014, de 16 de julio, y 8/2015, de 22 de enero.
30 Para un estudio de las razones esgrimidas en contra del mencionado período de prueba de un año, véanse, entre otros, Ferrando García, F.M., "Constitutionality of the one-year trial period established in indefinite-term employment contract in support of entrepreneurs introduced by Spanish Act 3/2012", *International Labour Law Reports*, vol. 34, 2015; Martínez Moreno, C., "El sistema español de contratación laboral", *op. cit.*, pp. 19-20; Moreno i Gené, J., "La constitucionalidad del período de prueba del contrato indefinido de apoyo a los emprendedores. A propósito de la sentencia del Tribunal Constitucional 119/2014, de 16 de julio", *Revista General de Derecho del Trabajo y de la Seguridad Social*, n. 39, 2014, Pérez Rey, J., "El contrato de apoyo a los emprendedores: una nueva vuelta de tuerca a la precariedad como fórmula de fomento del empleo", *Revista de Derecho Social*, n. 57, 2012, pp. 51-70; Salcedo Beltrán, M.C., "Jurisprudencia del Comité Europeo de Derechos Sociales y período de prueba del contrato de apoyo a emprendedores: La aplicación del control de convencionalidad en España", *Lex Social*, vol. 4, n. 2, 2014 <www.upo.es/revistas/index.php/lex_social/article/download/1101/881>.
31 STC 119/2014, FJ.3.A.f).

Otra de las medidas adoptadas para apoyar el emprendimiento consiste en autorizar, e incluso incentivar, la contratación temporal acausal y el trabajo a tiempo parcial en detrimento del principio de estabilidad en el empleo y con clara preterición del objetivo original de lograr una política de empleo orientada a la generación de empleo estable (art. 17.3 ET) y de calidad [arts. 1.18. h) 3º y 37.1.a) LE]. A modo de ejemplo de esta línea de actuación, cabe mencionar algunas de las modalidades contractuales reguladas por la Ley 11/2013, de 26 de julio, de medidas de apoyo al emprendedor y de estímulo del crecimiento y de la creación de empleo, pese a que la exposición de motivos de la propia Ley reconoce que la alta temporalidad y la contratación parcial no deseada constituyen lacras del empleo juvenil denunciadas[32], y la Estrategia de Emprendimiento y Empleo Joven 2013-2016 señala, entre sus objetivos, la mejora de la calidad del empleo juvenil[33].

El contrato eventual para el primer empleo joven (art. 12) constituye una buena muestra de esta tendencia, cuya única similitud con el contrato eventual ordinario es el régimen jurídico que se le aplica por remisión. También merece crítica el contrato a tiempo parcial con vinculación formativa (art. 9), con duración indefinida o por tiempo determinado, pues contrariamente a lo que su denominación promete, no exige que el empresario proporcione una formación real, ya que puede justificarse en una formación ya adquirida o cursada previamente. Un último ejemplo de la depauperación de los derechos laborales, es la modificación del régimen jurídico del contrato en prácticas a fin de que pueda suscribirse con jóvenes menores de 30 años, aunque hayan transcurrido cinco o más años desde la terminación de los correspondientes estudios (art. 13)[34].

---

32 Casas Baamonde, M.E., Rodríguez-Piñero y Bravo-Ferrer, M., Valdés Dal-Ré, F., "La huida del Derecho del Trabajo hacia el 'emprendimiento', las reformas de la Reforma Laboral de 2012 y otras reformas: la L 11/2013 y el RDL 11/2013", *Relaciones Laborales*, n. 10, 2013, p. 3.

33 Cavas Martínez, F., "Incentivos laborales para combatir el desempleo juvenil: una reordenación obligada", *op. cit.*, p. 558.

34 Un interesante análisis crítico de estas nuevas modalidades contractuales puede consultarse en Charro Baena, P., "Las nuevas fórmulas de contratación laboral que fomentan el emprendimiento de los jóvenes, a examen", *op. cit.*, pp. 99-108.

III. Instrumentos de conciliación y fomento del emprendimiento

El colectivo femenino se halla claramente infrarepresentado en el ámbito del trabajo autónomo, como evidencia el hecho de que las mujeres constituyan un tercio de los trabajadores por cuenta propia, tanto en Europa como en España[35]. De ahí que, la Comunicación de la Comisión al Parlamento Europeo, al Consejo, al Comité Económico y Social Europeo y al Comité de las Regiones *Relanzar el espíritu emprendedor en Europa*[36], insista en la necesidad de buscar fórmulas que faciliten la conciliación de la actividad empresarial y familiar. En el ámbito nacional, el art. 27.3 LETA establece que la elaboración de la política de fomento del trabajo autónomo, debe tender "al logro de la efectividad de la igualdad de oportunidades entre mujeres y hombres", igualdad a la que lógicamente contribuye la posibilidad de conciliación entre la actividad empresarial o profesional y la vida familiar.

En coherencia con estas directrices, es preciso aludir a las recientes iniciativas que favorecen la conciliación por parte de quien desarrolla una actividad por cuenta propia.

1. Bonificación en las cuotas de Seguridad Social durante situaciones relacionadas con el ejercicio de derechos de conciliación

La concesión de beneficios a quien inicia una actividad y causa alta en el RETA, no basta para fomentar el trabajo autónomo. Como bien señala la LETA, es preciso asimismo remover los obstáculos al desarrollo de la actividad económica o profesional, por cuenta propia [art. 27.2.a) LETA], que normalmente vienen dados por elementos exógenos a la empresa (cargas administrativas, fiscales, mercantiles), pero también pueden consistir en vicisitudes personales que afectan al propio trabajador autónomo e impiden o limitan su dedicación a la actividad.

---

35 En España, de las 3.106,000 personas registradas como trabajadoras por cuenta propia en el segundo trimestre de 2016, únicamente 1.062.400 son mujeres <http://www.ine.es/>.
36 Bruselas, 9 enero 2013 COM(2012) 795 final.

Por otra parte, el derecho del trabajador autónomo a la conciliación de su actividad profesional con la vida personal y familiar, consagrado en el art. 4.3.g) LETA, tiene como presupuesto el derecho a suspender su actividad en las situaciones de maternidad, paternidad, riesgo durante el embarazo, riesgo durante la lactancia y adopción o acogimiento, que el propio precepto reconoce, pero también la posibilidad de continuar su actividad mediante la contratación de una persona que le sustituya, cuando la cesación de la actividad resulte inconveniente o demasiado gravosa.

1.1. Bonificación en las cuotas de Seguridad Social para trabajadores y trabajadoras autónomas, en período de descanso por maternidad, adopción, acogimiento, riesgo durante el embarazo, riesgo durante la lactancia natural o suspensión por paternidad

A fin de facilitar el disfrute de los descansos legalmente previstos, la contratación de una persona que sustituya al trabajador o trabajadora autónoma durante el período de descanso por maternidad, paternidad, adopción o acogimiento, riesgo durante el embarazo y la lactancia, el art. 38 LETA —introducido por la Ley 31/2015—, establece bonificaciones en la cotización de los trabajadores autónomos, siempre y cuando dichos trabajadores sean sustituidos mediante contratos de interinidad bonificados celebrados con desempleados, al amparo del RD-Ley 11/1998, de 4 de septiembre[37].

Durante el período en que coincidan el contrato de interinidad del sustituto y la suspensión de actividad por dichas causas y, en todo caso, con el límite máximo del período de suspensión (art. 38.2 LETA), el trabajador disfrutará de una bonificación del 100 % de la cuota que resulte de aplicar sobre la base mínima o fija aplicable el tipo de cotización establecido como obligatorio para trabajadores incluidos en el Régimen Especial de Seguridad Social que corresponda por razón de su actividad por cuenta propia (art. 38.1 LETA).

---

37 La bonificación prevista en el art. 38 LETA es compatible con la prevista en el precitado RD-Ley 11/1998, cuyo art. 1.d) extiende a los trabajadores autónomos y socios trabajadores o de trabajo de las sociedades cooperativas el derecho a disfrutar de una bonificación del 100 % en las cuotas empresariales de la Seguridad Social, incluidas las de accidentes de trabajo y enfermedades profesionales, y en las aportaciones empresariales de las cuotas de recaudación conjunta, correspondientes a los contratos de interinidad suscritos para sustituirles durante las situaciones anteriormente referidas.

La norma no prevé expresamente la contratación del interino a tiempo parcial ni, por consiguiente, la reducción de la bonificación del trabajador autónomo al que sustituye. Sin embargo, la viabilidad legal de la contratación de un sustituto a tiempo parcial se deduce de la posibilidad de disfrute de los descansos a tiempo parcial, mediante reducción de la actividad por cuenta propia en un porcentaje del 50 %, según autoriza la Disposición Adicional 1ª.8 del RD 295/2009, de 6 de marzo, para las situaciones de maternidad (incluidas las de adopción y acogimiento) y paternidad[38]. En estos casos, se ha afirmado la conveniencia de aplicar analógicamente el art. 30 LETA que sí contempla la contratación del interino a tiempo parcial, de suerte que la bonificación en la cotización del autónomo quedaría también reducida al 50 %[39].

1.2. Bonificación en las cuotas de Seguridad Social para trabajadores y trabajadoras autónomas, cuando por cuidado de hijos o de familiares dependientes o con discapacidad a su cargo deban contratar a un trabajador

El art. 30 LETA recoge los beneficios en la cotización de los trabajadores autónomos previstos en su día por el art. 9 del Real Decreto-ley 1/2015, de 27 de febrero. Dichos beneficios se aplican en el supuesto de que el trabajador autónomo decida interrumpir total o parcialmente su actividad en los siguientes supuestos: a) cuidado de un menor de 7 años que tengan a su cargo; b) tener a su cargo a un familiar, por consanguinidad o afinidad hasta el segundo grado inclusive, en situación de dependencia debidamente acreditada; o c) tener a su cargo a un familiar con parálisis cerebral, enfermedad mental o discapacidad intelectual con un grado de discapacidad reconocido igual o superior al 33 % o una discapacidad física o sensorial con un grado de discapacidad reconocido igual o superior al 65 %, siempre que no desempeñe una actividad retribuida.

El precepto contempla una bonificación, por un plazo de doce meses, del 100 % (o del 50 %, si la contratación es a tiempo parcial), de la cuota del

---

38 Esta modalidad de disfrute a tiempo parcial del subsidio simultaneado con el desempeño de la actividad autónoma a tiempo parcial, fue una de las medidas de fomento de la conciliación de la vida familiar y la actividad profesional introducidas por la Ley Orgánica 3/2007, de 22 de marzo (Disp. Adic. 11ª.bis).

39 Selma Penalva, A., "Incentivos a la mujer emprendedora. Especial referencia a las recientes reformas introducidas por la Ley 31/2015 de fomento del trabajo autónomo y de la Economía Social", *RTSS, CEF*, n. 394, 2016, p. 84.

trabajador autónomo por contingencias comunes, resultante de aplicar a la base media que tuviera el trabajador en los doce meses anteriores a la fecha en que se acoja a esta medida, el tipo mínimo de cotización establecido en el RETA vigente en cada momento (art. 30.1 LETA).

Quizá, queriendo limitar esta medida a los autónomos que no dispongan de trabajadores en plantilla susceptibles de sustituirles, el art. 30.4 LETA exige expresamente como condición de acceso a la bonificación, que el autónomo carezca de trabajadores asalariados en la fecha de inicio de la aplicación de la bonificación y durante los doce meses anteriores a la misma[40]. Con todo, esta precaución se basa en una presunción que no tiene porqué corresponderse con la realidad, pues puede darse el caso de autónomos que, aun contando con trabajadores por cuenta ajena en plantilla, no puedan encomendarles la actividad que venían realizando, ya sea por razones cuantitativas, ya cualitativas.

El beneficio se condiciona a la permanencia en alta en el RETA hasta los seis meses siguientes al vencimiento del plazo de disfrute de la bonificación (art. 30.3 LETA)[41], así como a la contratación mediante contrato de interinidad de un trabajador. Dicho contrato puede concertarse tanto a tiempo completo como a tiempo parcial (por una jornada no inferior al 50 % de la aplicable a un trabajador a tiempo completo), supuesto este último que presupone la realización de la actividad autónoma a tiempo parcial.

La Disposición Adicional 21ª ET no contempla la aplicación a estos supuestos de los beneficios previstos respecto de los contratos de interinidad que se celebren con beneficiarios de prestaciones por desempleo (de nivel contributivo o asistencial), que lleven más de un año como perceptores, para cubrir el puesto de trabajo del trabajador en excedencia para atender al cuidado de un hijo o familiar conforme al art. 46.3 ET. En consecuencia, el autónomo no podrá disfrutar de la reducción del 95 % en las cotizaciones empresariales a la Seguridad Social por contingencias comunes que dicha disposición establece durante el primer año del contrato de interinidad.

---

40 Si bien no computan a estos efectos los interinos contratados al amparo del RD-Ley 11/1998, de 4 de septiembre, para la sustitución del trabajador autónomo durante los periodos de descanso por maternidad, paternidad, adopción o acogimiento tanto preadoptivo como permanente o simple, riesgo durante el embarazo o riesgo durante la lactancia natural (art. 30.4 LETA).
41 Pues, en caso contrario, el trabajador autónomo deberá reintegrar (en su totalidad) el importe de la bonificación disfrutada (art. 30.3, *in fine*, LETA).

2. Modificación del régimen jurídico del trabajo autónomo económicamente dependiente

Uno de los elementos constitutivos de la noción de TRADE es la prestación de servicios de forma personal (art. 11.1 LETA), de donde se sigue la necesidad de que desarrolle la actividad económica, por sí mismo, sin contar con trabajadores por cuenta ajena a su cargo [art. 11.2.a) LETA]. Como ha advertido la doctrina, de este requisito se deduce "la insustituibilidad de la persona del autónomo dependiente, circunstancia que le hará mantener grandes puntos de identidad con el trabajador por cuenta ajena"[42]. No obstante, como excepción a este principio, la Ley 31/2015 incorpora en el art. 11.2.a) LETA la posibilidad de que los TRADE contraten, bajo la modalidad del art. 15.1.c) ET, a un único trabajador por cuenta ajena en los supuestos de riesgo durante el embarazo y la lactancia natural de un menor de nueve meses, durante los períodos de descanso por maternidad, paternidad, adopción o acogimiento (preadoptivo o permanente), o por reducción de la actividad para el cuidado de menores de siete años, de un familiar (por consanguinidad o afinidad) hasta el segundo grado inclusive en situación de dependencia o con una discapacidad igual o superior al 33 por ciento debidamente acreditada, a su cargo[43]. Autorizando esta sustitución se pretende evitar la interrupción de la actividad por causas vinculadas a la conciliación de su actividad profesional con su vida familiar, que podría ocasionar la resolución del contrato con su cliente.

El art. 16.1 LETA contiene un listado de supuestos en los que la interrupción de la actividad se considera justificada y, por consiguiente, según lo previsto en el art. 16.3 de la misma norma, no amparan la extinción del contrato "por voluntad del cliente por causa justificada" a los efectos del art. 15.1.f) LETA. De esta suerte, si la empresa cliente procede a la resolución

---

42 Galiana Moreno, J.M. y Selma Penalva, A., "El trabajo autónomo dependiente dos años después de la aprobación del Estatuto del trabajo autónomo. Aportaciones prácticas del RD 197/2009 que desarrolla la Ley 20/2007", *Revista del Ministerio de Trabajo e Inmigración*, n. 83, 2009, p. 294.

43 En los supuestos de cuidado de menor de siete años o persona en situación de dependencia o discapacidad a cargo del trabajador autónomo, el contrato se celebrará por una jornada equivalente a la reducción de la actividad efectuada por el trabajador autónomo sin que pueda superar el 75 por ciento de la jornada de un trabajador a tiempo completo comparable, en cómputo anual. En estos casos, la duración del contrato estará vinculada al mantenimiento de la situación de cuidado de la persona a cargo, con una duración máxima, en todo caso, de doce meses.

contractual, el autónomo dependiente podrá exigir una indemnización por los daños y perjuicios que la decisión extintiva ocasione, conforme al art. 15.3 LETA.

Con todo, el art. 16.1 LETA no incluye expresamente en este elenco de causas justificadas de interrupción de la actividad que protegen al trabajador frente a la extinción contractual, los supuestos de cuidado de menores de 7 años o de un familiar a cargo. Por otra parte, el párrafo 2º del art. 16.3 LETA permite al cliente resolver el contrato suscrito con el trabajador autónomo, cuando la interrupción de la actividad "ocasione un perjuicio importante al cliente que paralice o perturbe el normal desarrollo de su actividad".

Tras la modificación introducida por la Ley 31/2015, que introduce una salvedad en el art. 16.3, *in fine*, se excluye expresamente la facultad resolutoria del cliente en los casos de descanso por maternidad, paternidad, adopción o acogimiento y riesgo durante el embarazo y la lactancia natural, en los que el autónomo dependiente mantenga la actividad mediante la contratación de un trabajador interino en virtud de la posibilidad que le otorga el art. 11.2.a) LETA. Sin embargo, la garantía frente a la facultad del cliente de resolver el contrato *ex* art. 15.1.f) LETA, no alcanza a los supuestos de cuidado de menor o persona dependiente o discapacitada a su cargo. Quizá se deba esta omisión al hecho de que en estos supuestos no se produce una interrupción total de la actividad, sino una reducción, según se deduce del art. 11.2.a) LETA. Ahora bien, no estando tipificados como causas justificadas de interrupción, siquiera parcial, de la actividad, cabe plantearse si ello comporta la validez de la resolución contractual cuando tal circunstancia ocasione un perjuicio importante al cliente que paralice o perturbe el normal desarrollo de su actividad.

Desde el punto de vista de la legalidad ordinaria, una interpretación *sensu contrario* del art. 16.1, entendido como una lista cerrada de supuestos excluyentes de la facultad extintiva recogida en el art. 15.1.f) LETA, podría avalar tal posibilidad, sin que el trabajador pudiera invocar una vulneración de su derecho profesional a la conciliación de su actividad profesional con la vida personal y familiar, pues el art. 4.3.g) LETA conecta el derecho a la conciliación con el derecho a suspender su actividad por determinadas causas (maternidad, paternidad, adopción o acogimiento y riesgo durante el embarazo y la lactancia), entre las que no cita los supuestos de cuidado de hijo menor de 7 años, ni de familiar dependiente o con discapacidad a su cargo.

El referido art. 4.3.g) tampoco configura el derecho del autónomo a reducir la actividad por tales causas, como parte del contenido del derecho a la conciliación de la vida familiar y profesional. Señalado lo anterior, no cabe ignorar que, cuando se produzca la reducción o interrupción parcial de la actividad del TRADE por tales causas, el daño derivado para el cliente debería ser menor que en los supuestos de interrupción total que el art. 16 considera justificado, o incluso nulo, cuando se haya cubierto la jornada mediante un contrato de interinidad, de forma que difícilmente podría justificar el despido por tal causa. Cuestión distinta es que el cuidado de una persona a cargo (menor o familiar dependiente o con discapacidad) requiriera la interrupción de la actividad durante toda la jornada.

En definitiva, como se ha advertido anteriormente, el art. 16 proporciona una solución parcial al conflicto que se plantea entre los derechos de conciliación y los intereses de la empresa cliente, y no solamente porque las causas de interrupción justificadas no contemplan todos los supuestos de interrupción de la actividad laboral por motivos de conciliación, sino porque en la letra del precepto quedan sin proteger frente a la facultad resolutoria del cliente aquellos casos de interrupción que ocasionan un grave perjuicio al cliente cuando el autónomo dependiente no opta por contratar a un trabajador sustituto.

Sin embargo, no es posible afirmar, sin más, la validez de la extinción del contrato por parte del cliente cuando la causa que motiva la interrupción de la actividad no se encuentra entre las expresamente consideradas como justificadas o, cuando tratándose de éstas, el TRADE no ha procedido a la contratación de un trabajador sustituto. Aun en estos supuestos, el autónomo dependiente podría impugnar la resolución del contrato por parte del cliente alegando, que la decisión constituye un trato discriminatorio desfavorable por razón de sexo, prohibido por el art. 4.3.a) LETA, en la medida en que las circunstancias conectadas con la maternidad se hallan íntimamente relacionadas con el sexo, o por motivos familiares, pues aunque dicha causa de discriminación no está contemplada expresamente en el precitado art. 4.3.a) LETA, es subsumible en su cláusula abierta que alude, siguiendo el tenor del art. 14 CE, a "cualquier otra condición o circunstancia personal o social"[44].

---

44 En este punto, es oportuno traer a colación la STC 26/2011, de 14 de marzo, que, aunque relativa a los trabajadores por cuenta ajena, parece perfectamente extrapolable a los autónomos, en cuanto afirma "la dimensión constitucional de las medidas normativas tendentes a facilitar la conciliación de la vida familiar y laboral de las personas

Conclusiones

El análisis de las medidas introducidas legalmente para el fomento del emprendimiento individual o del trabajo autónomo, conduce a las siguientes conclusiones:

1) El diseño de los programas de incentivos abusa de las reducciones en la cotización de los trabajadores autónomos con cargo al presupuesto de la Seguridad Social, poniendo en riesgo la sostenibilidad del sistema. Aunque su regulación se antoje compleja y, casi imposible el control de su cumplimiento, parece más equitativo, y conveniente desde el punto de vista financiero, un sistema de cotización del trabajo autónomo basado en los ingresos netos reales. Contribuiría, asimismo, al establecimiento de un sistema de cotización justo, la ordenación, de una vez por todas, de la cotización en el supuesto de trabajo autónomo a tiempo parcial.
2) La generalización de beneficios en la cotización a todos los colectivos, supone un incumplimiento de las directrices europeas y de las propias normas básicas nacionales en materia de política de empleo que establecen la atención a los colectivos priorizados, y compromete la eficacia de las medidas de fomento del trabajo autónomo destinadas a las personas con especiales dificultades para el acceso al empleo.
3) Especial reproche merece la introducción de medidas coyunturales que pretenden el fomento del empleo (por cuenta propia y ajena), a través de la precariedad laboral, incentivando la contratación temporal y a tiempo parcial, y reduciendo los grados de protección o tutela del trabajador. La degradación de las condiciones de trabajo de las personas asalariadas no poder ser vista ni justificada como medida de apoyo al emprendimiento.
4) Aunque las trabajadoras autónomas son también destinatarias de las medidas de fomento del autoempleo introducidas por los poderes públicos, dichas medidas son insuficientes, como se deduce de la menor tasa de actividad de este colectivo en el ámbito del trabajo por cuenta

---

trabajadoras, tanto desde la perspectiva del derecho a la no discriminación por razón de las circunstancias personales (art. 14 CE), como desde la perspectiva del mandato de protección a la familia y a la infancia (art. 39 CE)", y señala la necesidad de que dicha dimensión prevalezca y sirva "de orientación para la solución de cualquier duda interpretativa que pueda suscitarse ante la aplicación a un supuesto concreto de una disposición que afecte a la conciliación profesional y familiar".

propia. Por ello, resulta necesaria la adopción de políticas adicionales y específicamente diseñadas a incentivar que las mujeres se constituyan como trabajadoras autónomas y a facilitar el mantenimiento de su actividad. Esta necesidad se hace particularmente patente en relación con los incentivos en materia de cotización, pues no existe un programa de incentivos específicos, a pesar de que las mujeres constituyen un colectivo prioritario de las políticas de empleo.

5) Una visión integral de las políticas de fomento del autoempleo impone el reconocimiento del derecho a la conciliación de la vida familiar y la actividad profesional, acompañado de las correspondientes garantías para su ejercicio, pues contribuyen al mantenimiento de la actividad por parte de las personas con responsabilidades familiares. En este sentido, parece positiva la modificación que autoriza al TRADE a contratar trabajadores por cuenta ajena en situaciones de maternidad, paternidad, riesgo durante el embarazo y la lactancia natural (art. 11.2.a) LETA). No obstante, se advierte la insuficiente protección frente a la extinción de la relación de servicios por parte del cliente, como consecuencia del ejercicio del derecho a la interrupción de la actividad en los supuestos de cuidado de menores de 7 años o de un familiar a cargo.

Bibliografía

Casas Baamonde, M.E., Rodríguez-Piñero y Bravo-Ferrer, M., Valdés Dal-Ré, F., "La huida del Derecho del Trabajo hacia el "emprendimiento", las reformas de la Reforma Laboral de 2012 y otras reformas: la L 11/2013 y el RDL 11/2013", *Relaciones Laborales*, n. 10, 2013.

Casas Baamonde, Mª. E., "El Derecho del Trabajo y el empleo asalariado en los márgenes: de nuevo el emprendimiento y el autoempleo", *Relaciones Laborales*, n. 11, 2013, tomo 1 (LA LEY 8223/2013).

Cavas Martínez, F., "Incentivos laborales para combatir el desempleo juvenil: una reordenación obligada", AAVV., *La protección por desempleo en España* (Murcia, 2015), Laborum.

Charro Baena, P., "Las nuevas fórmulas de contratación laboral que fomentan el emprendimiento de los jóvenes, a examen", AAVV., *La protección por desempleo en España* (Murcia, 2015), Laborum.
Cueto Iglesias, B., y Suárez Cano, P., "El papel de las políticas activas: una perspectiva desde las Comunidades Autónomas", *Ekonomiaz*, n. 87, 2015.
Fernández Orrico, F.J., "El Sistema Nacional de Garantía Juvenil, nuevo instrumento de actuación y apoyo a la contratación de jóvenes", *Estudios financieros. Revista de trabajo y seguridad social*, n. 377-378, 2014.
Fernández Orrico, F.J., "Medidas laborales y de Seguridad Social de apoyo a los emprendedores", en Rodríguez Arana, M.A. y Fernández Orrico, F.J., *Ley de Emprendedores: Aspectos fiscales, laborales, mercantiles y administrativos* (Valladolid, 2013), Lex Nova-Thomson Reuters.
Ferrando García, F.M., "Constitutionality of the one-year trial period established in indefinite-term employment contract in support of entrepreneurs introduced by Spanish Act 3/2012", *International Labour Law Reports*, vol. 34, 2015.
Galiana Moreno, J.M. y Selma Penalva, A., "El trabajo autónomo dependiente dos años después de la aprobación del Estatuto del trabajo autónomo. Aportaciones prácticas del RD 197/2009 que desarrolla la Ley 20/2007", *Revista del Ministerio de Trabajo e Inmigración*, n. 83, 2009.
González-Posada, E., "Políticas activas de fomento del empleo juvenil en España", *Documentación Laboral*, n. 98, 2013.
Luján Alcaraz, J., "Fomento y promoción del trabajo autónomo", en Luján Alcaraz, J. (Dir.), *El Estatuto del Trabajador Autónomo: Análisis de la Ley 20/2007, de 11 julio* (Murcia, 2007), Laborum.
Martínez Moreno, C., "El sistema español de contratación laboral", AAVV., Coord. García Murcia, J., *Contratos de trabajo y políticas de empleo* (Oviedo, 2015), Consejería de Economía y Empleo del Principado de Asturias.
Moreno i Gené, J., "La constitucionalidad del período de prueba del contrato indefinido de apoyo a los emprendedores. A propósito de la sentencia del Tribunal Constitucional 119/2014, de 16 de julio", *Revista General de Derecho del Trabajo y de la Seguridad Social*, n. 39, 2014.

Pérez Rey, J., "El contrato de apoyo a los emprendedores: una nueva vuelta de tuerca a la precariedad como fórmula de fomento del empleo", Revista de Derecho Social, n. 57, 2012.

Rocha Sánchez, F., *Reflexiones y propuestas para la reforma de las políticas activas de empleo en España,* Estudios de la Fundación (Madrid, 2010), Fundación 1º Mayo, n. 42.

Salcedo Beltrán, M.C., "Jurisprudencia del Comité Europeo de Derechos Sociales y período de prueba del contrato de apoyo a emprendedores: La aplicación del control de convencionalidad en España", *Lex Social*, vol. 4, n. 2, 2014 <www.upo.es/revistas/index.php/lex_social/article/download/1101/881>.

Selma Penalva, A., "Incentivos a la mujer emprendedora. Especial referencia a las recientes reformas introducidas por la Ley 31/2015 de fomento del trabajo autónomo y de la Economía Social", *RTSS, CEF,* n. 394, 2016.

FAUSTINO CAVAS MARTÍNEZ

Catedrático de Derecho del Trabajo y de la Seguridad Social. Universidad de Murcia. España

Fomento del empleo y el autoempleo a través de entidades de economía social. El caso español[1]

Resumen: Entre las medidas adoptadas para estimular y favorecer el emprendimiento como motor de desarrollo económico y cohesión social, adquieren singular protagonismo las orientadas a potenciar el sector de la economía social. En efecto, la economía social está teniendo una presencia importante en las políticas de la UE y ha dado paso a numerosos pronunciamientos de las instituciones comunitarias que reconocen al sector de la economía social como interlocutor social y como actor empresarial, con una importante capacidad para crear empleo estable, de calidad y no descentralizado, instando a los Estados miembros a que mejoren el entorno jurídico y las condiciones generales de las empresas sociales. En este trabajo se analizan las medidas implementadas por el legislador español con el fin de fomentar el empleo y el emprendimiento a través de entidades de economía social, tanto los incentivos específicamente dirigidos a este tipo de entidades como los tradicionalmente reservados a la contratación de trabajadores en régimen laboral o asalariado, que también resultan de aplicación a quienes se incorporen como socios-trabajadores o de trabajo a cooperativas y sociedades laborales.

Palabras clave: fomento del autoempleo, emprendimiento, economía social.

Introducción

La crisis económica y financiera declarada en el año 2008 ha desencadenado, entre otras indeseables consecuencias, la destrucción de numerosos puestos de trabajo y un alarmante incremento de las bolsas de pobreza, al tiempo que

---

1   Este trabajo se enmarca en el Proyecto de Investigación DER2013-43492-P, sobre "Articulación jurídica de las políticas públicas de fomento del emprendimiento", financiado por el Ministerio de Ciencia e Innovación, e incluido en la Convocatoria 2013 —Proyectos I+D— Programa Estatal de Investigación Científica y Técnica de Excelencia Subprograma Estatal de Generación de Conocimiento.

unos mayores niveles de desigualdad, factores todos ellos que comportan una grave amenaza para el progreso y la estabilidad de nuestras sociedades. Como consecuencia de la combinación de múltiples factores (la sucesión de crisis económicas, la tecnificación creciente de los puestos de trabajo y la generalización de formas de organización laboral poco exigentes en capital humano), el desempleo se ha estructuralizado, convirtiéndose en uno de los riesgos más graves y costosos, social y económicamente, que desestabilizan las modernas sociedades de capitalismo avanzado. Ante esta situación, la creación de empleo como principal instrumento de socialización y dignificación personal se ha convertido en objetivo prioritario de los Estados, especialmente de aquellos que, como el caso de España, registran unas tasas de paro forzoso y de subempleo social y económicamente inaceptables, intentando por diferentes vías facilitar el retorno al mercado de trabajo, bien con la condición de trabajadores asalariados, bien como nuevos empresarios o trabajadores autónomos (modernamente rebautizados como "emprendedores").

Entre las medidas adoptadas para estimular y favorecer el emprendimiento como motor de desarrollo económico y cohesión social, han adquirido singular protagonismo en los últimos tiempos las orientadas a potenciar el sector de la economía social.

Si bien es difícil elaborar una definición de la economía social que no sea una enumeración de las múltiples organizaciones que la componen (cooperativas, sociedades laborales, fundaciones, mutualidades, empresas de inserción...), la definición elaborada en el Foro Social Mundial (Nairobi, 2007) indica que se trata de un modelo de desarrollo económico basado en valores de igualdad, cooperación, compromiso con el entorno territorial y solidaridad, que permiten vislumbrar alternativas económicas, sociales y culturales a partir de sus iniciativas de comercio justo, finanzas éticas, de sustentabilidad ecológica, entre otras.

La economía social está teniendo una presencia importante en las políticas de la UE y ha dado paso a numerosos pronunciamientos de las instituciones comunitarias que reconocen al sector de la economía social como motor de crecimiento económico y desarrollo social, con una importante capacidad para crear empleo estable, de calidad y no descentralizado, instando a los Estados miembros a que mejoren el entorno jurídico y las condiciones generales de las empresas sociales[2]. En este sentido, con ser

---

2 En esta línea se pronuncian, entre otros, el Informe Toia de 2009, el Dictamen del Comité Económico y Social Europeo sobre "Distintos tipos de empresa" de 2009, las conclusiones de la Conferencia Europea de la Economía Social "Una forma diferente

la economía social un fenómeno consolidado y muy extendido en Europa[3], merece ser destacado el hecho de haber sido España el primer país de la Unión Europea que ha aprobado una ley específica sobre la materia (Ley 5/2011, de 29 de marzo, de Economía Social —LES—) que nos sitúa a la vanguardia de la economía social en Europa[4]. Esta ley define el concepto de economía social[5] estableciendo un marco jurídico común para todo el territorio nacional; asimismo, contempla todo un conjunto de medidas de apoyo a las empresas de trabajo asociado, incluso un ambicioso programa

---

de hacer empresa: retos y oportunidades en un mundo globalizado" celebrada en Toledo los días 6 y 7 de mayo de 2010, la Estrategia Europea 2020, la Resolución del Parlamento Europeo de 20-11-2012 sobre la "Iniciativa en favor del emprendimiento social-Construir un ecosistema para promover las empresas sociales en el centro de la economía y la innovación sociales" (2012/2004(INI)) o el Informe del Parlamento Europeo de 13-6-2013 sobre la contribución de las cooperativas a la salida de la crisis (2012/2321(INI)). Un análisis pormenorizado de estos instrumentos en Girona Cascales, I., "La economía social en la agenda de la Unión Europea", en AA.VV., *Economía Social y Derecho. Problemas jurídicos actuales de las empresas de economía social* (Granada, 2013), Comares, pp. 487-499.

3   En el período 2009-2010, las entidades de economía social daban empleo a 14 millones de personas, representando el 6,5 % de la fuerza de trabajo de los 27 países de la UE. Cfr. AA.VV., Informe: La economía social en la Unión Europea (Chaves, R., Monzón. J.L, Dirs.), encargado por el Comité Económico y Social Europeo, 2012.

4   Navarro Matamoros, L., "Medidas de apoyo al emprendimiento", en AA.VV., *Economía Social y Derecho. Problemas jurídicos actuales de las empresas de economía social* (Granada, 2013), Comares.

5   El propio texto de la Ley define a la Economía Social como el conjunto de actividades económicas y empresariales, que en el ámbito privado llevan a cabo aquellas entidades que persiguen el interés general económico o social, o ambos, de conformidad con los siguientes principios:
    Primacía de las personas y del fin social sobre el capital, que se concreta en gestión autónoma y transparente, democrática y participativa, que lleva a priorizar la toma de decisiones más en función de las personas y sus aportaciones de trabajo y servicios prestados a la entidad o en función del fin social, que en relación a sus aportaciones al capital social.
    Aplicación de los resultados obtenidos de la actividad económica principalmente en función del trabajo aportado y servicio o actividad realizada por las socias y socios o por sus miembros y, en su caso, al fin social objeto de la entidad.
    Promoción de la solidaridad interna y con la sociedad que favorezca el compromiso con el desarrollo local, la igualdad de oportunidades entre hombres y mujeres, la cohesión social, la inserción de personas en riesgo de exclusión social, la generación de empleo estable y de calidad, la conciliación de la vida personal, familiar y laboral y la sostenibilidad.
    Independencia respecto a los poderes públicos.

de desarrollo del sector con un plazo de ejecución de dos años. No existe, con todo, en nuestro país, más allá de las directrices generales contenidas en la LES, una regulación concentrada y unificada de la economía social, sino una pluralidad de regulaciones, de ámbito estatal y autonómico, respecto de cada una de las entidades y empresas que desenvuelven su actividad en el sector de la economía social (cooperativas, sociedades laborales, empresas de inserción, centros especiales de empleo)[6].

De la pujanza de la economía social en España dan cuenta las 20.524 cooperativas inscritas en la Seguridad Social en el segundo trimestre de 2016, que proporcionan empleo a 284.251 personas (socios trabajadores/de trabajo y asalariados), a las que suman otras 10.124 sociedades laborales que dan ocupación a 64.343 personas (socios trabajadores y asalariados)[7]. El total de empleos directos en cooperativas y sociedades laborales ascendía, pues, a 348.594 personas a 30 de junio de 2016. Por su parte, los centros especiales de empleo y las empresas de inserción emplean a más de 75.000 trabajadores. A todos ellos hay que sumar, además, los del resto de las fórmulas de economía social como, por ejemplo, las fundaciones, las asociaciones, las mutualidades o las cofradías de pescadores[8].

Según la Confederación Empresarial Española de la Economía Social (CEPES), en 2015 había 42.929 entidades de economía social en España, que proporcionaban un total de 2.219.733 empleos directos e indirectos (aquí se incluyen los agricultores y ganaderos asociados a cooperativas) y una facturación que superaba el 10 % del PIB[9].

---

6   Por citar sólo las normas estatales más importantes, contamos con la Ley 27/1999, de 16 julio, General de Cooperativas; la Ley 44/2015, de 14 de octubre, de Sociedades Laborales y Participadas; el RD 1776/1981, de 3 agosto, que aprueba el Reglamento de las Sociedades Agrarias de Transformación; la Ley 44/2007, de 13 de diciembre, para la regulación del régimen de las empresas de inserción; el RD 2273/1985, de 4 de diciembre, por el que se aprueba el Reglamento de los Centros Especiales de Empleo, etc.

7   Fuente: Ministerio de Empleo y Seguridad Social. Avance-Resumen. Sociedades Cooperativas y Sociedades Laborales inscritas en la Seguridad Social. 30 de junio de 2016, Disponible en <http://www.empleo.gob.es/es/sec_trabajo/autonomos/economia-soc/EconomiaSocial/estadisticas/SociedadesAltaSSocial/2016/2TRIM/AVANCE_TOTAL.pdf>.

8   Así se recoge en la Exposición de Motivos de la Ley 31/2015, de 9 de septiembre, por la que se modifica y actualiza la normativa en materia de autoempleo y se adoptan medidas de fomento y promoción del trabajo autónomo y de la Economía Social (BOE 10 septiembre 2015).

9   Datos disponibles en <http://www.cepes.es/social/estadisticas>.

El número de entidades de economía social y de empleos en las mismas se ha reducido durante la Gran Recesión, pero la destrucción de empleo ha sido menos intensa y en algunos sectores, como la educación, los servicios sanitarios y servicios sociales, se creó empleo neto entre 2008 y 2013.

I. Las políticas públicas de promoción de la economía social en España

En el marco del artículo 129.2 de la Constitución española de 1978 y al amparo de sus respectivas competencias, tanto en el ámbito estatal, como en las distintas Comunidades Autónomas, existe una compleja red de instrumentos de promoción y fomento de las empresas de economía social y, en particular, de las cooperativas y las sociedades laborales, normalmente de carácter coyuntural y renovable, con una pluralidad de objetivos y de medidas, técnicas y financieras (formación e información, adaptación a las nuevas tecnologías, contratación de personal directivo, seguros agrarios, tratamiento fiscal más favorable, bonificaciones de Seguridad Social, subvenciones, préstamos a bajos tipos de interés, fomento del asociacionismo, etc.), últimamente con particular intensidad, en el contexto de promoción de nuevos yacimientos de empleo.

Por otro lado, las normas que desde mediados de la pasada década han implementado las reformas más trascendentes que ha experimentado nuestro ordenamiento laboral en su todavía corta historia democrática se han servido de las entidades de economía social como instrumento para la creación de empleo en tiempos de crisis, prestando especial atención a los colectivos considerados más vulnerables. De este modo, se han ido extendiendo al autoempleo en entidades de economía social distintas medidas de apoyo y fomento del empleo, tradicionalmente reservadas a la contratación de trabajadores en régimen laboral o asalariado, fundamentalmente a través bonificaciones, reducciones o exenciones en las cotizaciones a la Seguridad

Social a quienes se incorporen como socios-trabajadores o de trabajo a cooperativas y sociedades laborales[10].

Recientemente, se han adoptado tres nuevos instrumentos que tienen por finalidad promover y favorecer el autoempleo colectivo a través de entidades de economía social:

A) El *Programa de Fomento e Impulso de la Economía Social 2015-2016*, presentado por el Gobierno el pasado 20 de julio de 2015, con el objetivo de contribuir al desarrollo de la economía social en nuestro país. Sus objetivos específicos son cuatro: Objetivo 1.- Mejorar las condiciones en las que desarrollan su actividad las entidades de la economía social. Objetivo 2.- Internacionalización de la economía social. Objetivo 3.- Aumento del protagonismo de la economía social. Objetivo 4.- Impulso de la responsabilidad social en la economía social.

El Programa gira en torno a siete ejes de actuación, que engloban un total de 32 medidas cuyo objetivo es "establecer el marco necesario para que la economía social siga fortaleciéndose y continúe siendo un referente de crecimiento económico y creación de empleo estable y de calidad en España". Entre la medidas diseñadas para impulsar la creación y fortalecimiento de empresas y entidades en el ámbito de la economía social se contemplan: el desarrollo de incentivos a la incorporación de socios a este peculiar tipo de empresas; el impulso del empleo protegido a través de las entidades de la economía social (centros especiales de empleo y empresas de inserción); el desarrollo de las reservas de participación en los procesos de licitación y fomento de las cláusulas sociales; el impulso a la formación de los trabajadores y apoyo a las entidades representativas en la detección de las necesidades formativas y la potenciación del acceso a los jóvenes a las entidades de economía social.

Cabe destacar igualmente la propuesta de actualización del vigente marco jurídico, con el propósito de suprimir ciertas barreras que pueden estar dificultando la constitución y el funcionamiento de entidades en el sector de la economía social; la simplificación de trámites y la armonización de regímenes, en cuyo marco se realizarán las siguientes actuaciones: 1) desarrollo de la Ley de Economía Social; 2) modernización de la normativa de Sociedades Laborales; 3) implantación del "Documento Único

---

10   Para un estudio de conjunto de estos incentivos cfr. Cavas Martínez, F./Selma Penalva, A., "Economía social, autoempleo e integración laboral", en AA.VV., *Economía Social y Derecho...*, *op. cit.*, pp. 271-278.

Electrónico" en el ámbito de la economía social; 4) elaboración de un "Catálogo de entidades de la Economía Social".

B) En segundo lugar, en el BOE del 10 de septiembre de 2015 se publicó la Ley 31/2015, de 9 de septiembre, por la que se modifica y actualiza la normativa en materia de autoempleo y se adoptan medidas de fomento y promoción del trabajo autónomo y de la economía social. Su aprobación responde a la necesidad de actualizar y sistematizar la normativa existente en materia de autoempleo y economía social, pues la aplicación de la Ley del Estatuto del Trabajo Autónomo de 2007 y la de Ley de Economía Social de 2011 habían revelado la existencia de aspectos cuya regulación era ineficaz o susceptible de mejora o desarrollo. En su Exposición de Motivos, el autor de la Ley 31/2015 afirma que las entidades de economía social han demostrado durante la crisis económica una importante capacidad en cuanto a creación y mantenimiento de empleo, llegando a convertirse en alternativa para otras empresas que vieron en alguna de sus fórmulas la manera de evitar su desaparición. Asimismo, se proclama que la economía social es "fuente de creación de empleo estable, de calidad y no deslocalizable" y una "importante plataforma de acceso al empleo para aquellos que, por sus especiales circunstancias, encuentran mayores dificultades de inserción laboral y/o se encuentran en riesgo de exclusión social". Además de la modificación del Estatuto del Trabajo Autónomo, para mejorar los derechos de conciliación laboral y familiar de este colectivo y algunos inventivos, la nueva ley viene a reordenar, sistematizar e incrementar los estímulos económicos que tienen por objeto promover la incorporación de socios trabajadores y de trabajo a las cooperativas y sociedades laborales, así como la contratación laboral por empresas de economía social para estimular su crecimiento.

Sin perjuicio de algunos aspectos que ciertamente representan un avance respecto de la regulación preexistente, la valoración global que merece la ley es de profunda decepción, en un doble plano: a) el material, pues se limita en gran parte a realizar una sistematización del marco vigente de incentivos al trabajo autónomo y a la economía Social, mejorando y ampliando algunos de los ya existentes e implementando otros nuevos, pero no se plantea ni da solución a los problemas reales de los trabajadores autónomos y del sector de la economía social; b) el formal, por tratarse de una norma aprobada al final de la legislatura, tramitada por el procedimiento de urgencia en la Comisión de Empleo y Seguridad Social con competencia legislativa plena, sin apenas diálogo previo con los interlocutores sociales y sin debate real con los grupos parlamentarios de la oposición, cuyas enmiendas fueron mayoritariamente rechazadas.

C) En tercer lugar, en el BOE del pasado 15 de octubre de 2015 se publicó una nueva Ley de Sociedades Laborales y Participadas (Ley 44/2015, de 14 de octubre), que reemplaza a la Ley de Sociedades Laborales de 1997. En su preámbulo se explica que el Capítulo I establece el régimen societario, y regula en un único artículo el concepto de sociedad laboral y los rasgos esenciales que la caracterizan, entre los que se encuentra la necesidad de poseer la mayoría del capital social, exigiendo además que ningún socio pueda tener acciones o participaciones que representen más de la tercera parte del capital social, e inmediatamente a continuación hace referencia a las modificaciones introducidas con respecto a la normativa anterior respecto a las "excepciones a estas exigencias", con mención expresa a "la posibilidad de constituir sociedades laborales con dos socios, siempre que ambos sean trabajadores y tengan distribuida de forma igualitaria su participación en la sociedad. Asimismo, se flexibiliza el marco de contratación de trabajadores no socios y los plazos de adaptación en los supuestos de transgresión de los límites de capital y contratación de trabajadores no socios exigidos para no perder la condición de sociedad laboral". Junto a la modernización, actualización y mejora del régimen jurídico de las sociedades laborales, para adaptar la Ley 4/1997 a las últimas reformas del derecho de sociedades, otra novedad es la regulación de las sociedades participadas por los trabajadores, concepto novedoso en nuestro país que incluirá tanto las sociedades laborales como "cualesquiera otras sociedades en las que los socios trabajadores posean capital social y derechos de voto", añadiendo el preámbulo que el texto articulado "establece además los principios a los que se someten, y el posible reconocimiento que se pueda desarrollar en relación a estas sociedades", si bien se remite al procedimiento reglamentario que establezca el Ministerio de Empleo y Seguridad Social, sin fecha máxima para su aprobación, para que las que cumplan los requisitos previstos legalmente puedan obtener tal consideración. Reducciones y bonificaciones en las cotizaciones a la Seguridad Social.

II. Ayudas directas para promover la constitución de entidades de economía social

En el ámbito estatal, único al que nos referiremos en este epígrafe, las medidas financieras (subvenciones) para fomento del trabajo asociado y de la economía social se contienen fundamentalmente en las siguientes normas:

- Orden TAS/350/2005, de 7 noviembre, por la que se establecen las bases reguladoras para la concesión de subvenciones para el fomento del empleo y mejora de la competitividad en las cooperativas y sociedades laborales. Se contemplan cinco líneas de financiación: 1) Subvenciones para la incorporación de desempleados y trabajadores temporales como socios de cooperativas o sociedades laborales. 2) Subvenciones para inversiones en inmovilizado. 3) Subvenciones para asistencia técnica. 4) Subvenciones para actividades de formación, fomento y difusión. Y 5) subvenciones gastos de estructura de entidades asociativas.
- Orden APA/180/2008, de 22 enero, modificada por Orden ARM/1219/2010, de 6 de mayo, por la que se establecen las bases reguladoras para la concesión de subvenciones destinadas al fomento de la integración cooperativa de ámbito estatal.
- Orden ESS/1338/2013, de 11 de julio, por la que se establecen las bases reguladoras de la concesión de subvenciones a las actividades de promoción del trabajo autónomo, de la economía social y de la responsabilidad social de las empresas y para sufragar los gastos de funcionamiento de las asociaciones de trabajadores autónomos, de cooperativas, de sociedades laborales, de empresas de inserción y otros entes representativos de la economía social de ámbito estatal, modificada por Orden ESS/419/2015, de 26 de febrero[11].

---

11 En aplicación de la citada Orden, mediante Resolución de 25 de abril de 2016, de la Dirección General del Trabajo Autónomo, de la Economía Social y de la Responsabilidad Social de las Empresas, publicada en BOE de 24 de mayo de 2016, se convocan subvenciones a las actividades de promoción del trabajo autónomo, de la economía social y de la responsabilidad social de las empresas y para sufragar los gastos de funcionamiento de las asociaciones de trabajadores autónomos, de cooperativas, de sociedades laborales, de empresas de inserción y de otros entes representativos de la economía social de ámbito estatal para 2016.

III. La capitalización de la prestación por desempleo para constituirse como socio trabajador o de trabajo en cooperativas o sociedades laborales

La capitalización de la prestación por desempleo es un instrumento para el fomento del empleo por cuenta propia, consistente en la percepción en un sólo pago del importe total o parcial del valor actual de la prestación por desempleo de nivel contributivo a la que tenga derecho el trabajador desempleado, para propiciar su constitución como trabajador autónomo o su integración en una entidad societaria. También se admite que la prestación capitalizada pueda destinarse a subvencionar las cotizaciones a la Seguridad Social por el desarrollo de la nueva actividad. Se excepciona de este modo la modalidad habitual de pago de la prestación por desempleo, que se abona con periodicidad mensual, como fórmula para promover el autoempleo individual o colectivo, proveyendo de ingresos a los trabajadores que han perdido su ocupación a fin de que puedan iniciar un proyecto económico por cuenta propia o incorporarse a unos concretos tipos de sociedades, inicialmente solo cooperativas y sociedades laborales pero últimamente también a sociedades capitalistas.

La posibilidad de percibir en un solo pago la prestación contributiva de desempleo para desarrollar una actividad profesional autónoma o adquirir el estatus de socio trabajador o de trabajo de una cooperativa o de una sociedad laboral es algo que se remonta al RD 1044/1985, de 19 de junio, que, desarrollando lo previsto en el artículo vigésimo tercero de la Ley 31/1984, de 2 de agosto, de protección por desempleo, instauró esta novedosa medida que conecta la dimensión pasiva de la protección del desempleo con el ámbito propio de las políticas de incentivación del empleo. Desde entonces, esta herramienta se ha convertido en la base sobre la que distintas iniciativas profesionales han contribuido a la creación de empleo estable, pues se ha convertido en una de las principales vías de financiación de las nuevas empresas de economía social, teniendo como fin último y primordial la creación de empleo[12]. Tales medidas de fomento del autoempleo encuentran soporte al mayor nivel normativo en el artículo 129.2 de la CE,

---

12 Álvarez Cortés, J.C. y Plaza Angulo, J.J., "Subrogación empresarial de un trabajador autónomo y prestación por desempleo en pago único", *Temas Laborales*, n. 104, 2010, p. 293.

donde se dispone que los poderes públicos habrán de promover las formas de participación en la empresa, especialmente mediante la constitución de cooperativas, así como que se "establecerán los medios que faciliten el acceso de los trabajadores a la propiedad de los medios de producción".

La capitalización del desempleo para la puesta en marcha de negocios con estructura societaria, ya sea dentro o fuera del contexto de la economía social, responde, en primer lugar, a la finalidad de generar un tejido productivo que sea solvente y competitivo, y en el que los recursos destinados al control y fiscalización de la prestación laboral se reduzcan, por cuanto que el trabajador empresario tendrá por sí mismo suficientes incentivos para prestar la máxima diligencia a su tarea; por otra parte, desde el punto de vista presupuestario resulta también de interés sustituir trabajadores desempleados que van a percibir una prestación por esta contingencia con emprendedores que reingresarán parte de lo percibido en forma de cotizaciones (cuando la capitalización no la hayan hecho precisamente para la cobertura de éstas) y, en cuanto su actividad económica genere beneficios, tributarán por las ganancias[13].

No puede desconocerse, sin embargo, que la capitalización supone convertir en valor actual las rentas que la Seguridad Social tenía previsto abonar de forma periódica y gradual al trabajador por la contingencia de desempleo —pudiendo alcanzar el 100 % de las cantidades pendientes—, lo que en determinados casos puede representar para el Servicio Público de Empleo Estatal (SPEE) un desembolso muy superior a la prestación que en condiciones normales habría abonado realmente el trabajador, quien por diversas razones no habría llegado a consumir la totalidad de la prestación reconocida. De ahí que la modalidad de pago único de la prestación por desempleo se someta al cumplimiento de unas condiciones muy estrictas, en especial a partir de la reforma operada por Ley 45/2002, dando lugar a una praxis administrativa muy incisiva en el control de posibles situaciones defraudatorias de los desempleados en aquellos casos en los que se aprecia que la aportación que realiza el Estado al trabajador desempleado no se destina al desarrollo de nuevas actividades económicas sino a proveer de financiación a actividades que ya son operativas, desvirtuando con ello la finalidad de la medida. En respuesta a no pocos excesos aplicativos por parte del SPEE, algunas sentencias, en especial de la Sala Cuarta del Tribunal Supremo, se han pronunciado en términos más razonables y finalistas,

---

13 Mercader Uguina, J.R. y Díaz de Atauri, P.G., "La capitalización de la prestación por desempleo", *Revista del Ministerio de Trabajo e Inmigración*, n. 89, 2010, pp. 157-158.

si bien otras han seguido aplicando con sumo rigor el fraude de ley y exigiendo la devolución de la prestación capitalizada, decisiones que pueden retraer a potenciales solicitantes y ser contraproducentes para la eficacia del programa de pago único.

Para calibrar cuantitativamente la incidencia de esta medida como herramienta de activación y promoción del emprendimiento social, puede indicarse que entre 2005 y 2015 se acogieron a la misma y con tal fin 97.529 trabajadores desempleados[14], lo que representa una media de 8.866,27 beneficiarios al año, que destinaron toda o parte de la prestación por desempleo reconocida a financiar los gastos de incorporación como socios en una cooperativa de trabajo asociado o en una sociedad laboral o a la constitución de entidades de esta naturaleza.

El artículo 296.3 del nuevo Texto refundido de la LGSS, aprobado por Real Decreto Legislativo 8/2015, de 30 de octubre, establece lo siguiente: "Cuando así lo establezca algún programa de fomento del empleo, la entidad gestora podrá abonar de una sola vez el valor actual del importe, total o parcial, de la prestación por desempleo de nivel contributivo a que tenga derecho el trabajador y que esté pendiente por percibir"; asimismo, "podrá abonar a través de pagos parciales el importe de la prestación por desempleo de nivel contributivo a que tenga derecho el trabajador para subvencionar la cotización del mismo a la Seguridad Social". Con una finalidad diversa —facilitar la movilidad geográfica con fines ocupacionales— el artículo 296.4 LGSS establece que, cuando así lo prevea algún programa de fomento de empleo, la entidad gestora "podrá abonar el importe de un mes de la duración de las prestaciones por desempleo o de tres meses de la duración del subsidio por desempleo, pendientes por percibir, a los beneficiarios de las mismas para ocupar un empleo que implique cambio de la localidad de residencia.

Por tanto, la opción de pago único de la prestación por desempleo es una medida que desde su creación está a expensas de lo que el Gobierno decida mediante su reglamentación a través de un plan de fomento del empleo, que será el que establezca las condiciones, los beneficiarios y el contenido y alcance de la capitalización del desempleo, consiguiendo de este modo una regulación ágil y adaptada a las circunstancias del momento.

El programa de pago único de la prestación por desempleo ha experimentado numerosas modificaciones en los últimos años, pero no lo ha

---

14 Fuente: *Ministerio de Empleo y Seguridad Social.*

hecho a la luz de criterios de racionalidad jurídica, sustentados en un diagnóstico socio-económico riguroso sobre la situación del mercado de empleo y acompañados de una memoria exhaustiva sobre el impacto de los cambios que se iban a introducir, sino de forma azarosa y caprichosa, o como atinadamente se ha dicho, "a golpe de ensayo y error"[15]. Hasta el 10 de octubre de 2015, fecha de entrada en vigor de la Ley 31/2015, la capitalización de la prestación por desempleo estaba regulada en la Disposición Transitoria Cuarta de la Ley 45/2002, de 12 de diciembre (a la que antecedió el RDL 5/2002, de 24 mayo), modificada últimamente por la Ley 11/2013, y en el Real Decreto 1044/1985, de 19 de junio, que regula el abono de la prestación de desempleo en su modalidad de pago único como medida de fomento de empleo, siendo esta la norma de desarrollo aplicable en la actualidad. No siendo éste el lugar adecuado parea realizar una exposición detallada de la evolución legislativa que ha conocido la prestación por desempleo en su modalidad de pago único, que además sería ociosa, baste señalar que ha habido una doble tendencia: la primera de ellas, cuyo punto álgido cabe situar en la promulgación de la Ley 45/2002, caracterizada por la introducción de mayores exigencias y formalismos para acceder al pago único y que mereció una severa crítica doctrinal[16]; y otra tendencia, que arranca con la Ley 36/2003, de 11 de noviembre, de medidas de reforma económica (a la que siguieron el RD 1413/2005, el RD 1975/2008, el RD 1300/2009, el RDL 4/2013 y la Ley 11/2013), que se ha marcado como objetivo la ampliación del programa, sea orientándolo con mayor flexibilidad a colectivos específicos —fundamentalmente desempleados con discapacidades o jóvenes—, sea aumentando el porcentaje de capitalización permitido sobre el total de la prestación, minorando las exigencias para poder destinar lo capitalizado al ingreso como socio en una entidad de economía social, o permitiendo que la capitalización se destine a objetos más amplios, en el ámbito del trabajo autónomo individual o incluso de las sociedades de capital[17].

---

15 Cabeza Pereiro, J., "El pago único de la prestación por desempleo en el contexto de las políticas de activación", *Revista de Derecho de la Seguridad Social*, n. 1, 2014, p. 233.
16 La Ley 45/2002 fue muy criticada por lo restrictivo de su contenido, que vino a limitar el pago único y a contradecir los principios y fines del originario RD 1044/1985, aún vigente en parte. Cfr. Álvarez Cortés, J.C. y Plaza Angulo, J.J., "El desempleo en su modalidad de pago único como ayuda a nuevos emprendedores", *Temas Laborales*, n. 95, 2008, p. 287.
17 Cabeza Pereiro, J., *op. y loc. cits.*

El RD 1044/1985 contemplaba la posibilidad de solicitar el pago único para acceder a los medios de producción como trabajador autónomo, posibilidad que desde el primer momento se convirtió en terreno abonado para la aparición de situaciones fraudulentas, que no pasaron desapercibidas a la Administración laboral (no inversión de las cantidades abonadas en la adquisición de los medios necesarios para iniciar la actividad profesional, altas breves en el RETA con regreso casi inmediato al mercado laboral como trabajador por cuenta ajena), provocando que la Disposición Adicional Segunda de la Ley 22/1992, de 30 de julio, suprimiera la posibilidad de destinar la capitalización del desempleo a la constitución como trabajadores autónomos, de modo que la solicitud de pago único quedó limitada a la incorporación de desempleados en una cooperativa de trabajo asociado o en una sociedad anónima laboral. En consecuencia, a partir de la vigencia de esta norma, no hubo posibilidad de capitalizar la prestación por desempleo para iniciar una actividad profesional como trabajador por cuenta propia. Así fue hasta que la Ley 50/1998 introdujo un cambio en el ámbito subjetivo de aplicación del RD 1044/1985, de manera que, a partir de 1 de enero de 1999, quedaron incluidos los trabajadores con alguna discapacidad, siendo ellos los únicos que podían capitalizar las prestaciones por desempleo cuando se convertían en trabajadores autónomos. El resto de desempleados quedaba excluido de esta posibilidad, hasta que el RDL 5/2002, de 24 de mayo, autorizó la capitalización de las prestaciones por desempleo a los desempleados que, no presentado discapacidad, quisieran constituirse como autónomos, si bien esta posibilidad vino acompañada de severas restricciones, pues no contemplaba el pago a tanto alzado de la prestación por desempleo sino únicamente subvenciones en las cuotas que el trabajador autónomo debía ingresar a la Seguridad Social. Con posterioridad, la posibilidad de capitalizar las prestaciones por desempleo para emprender una actividad profesional como autónomo se extendió a otros colectivos (desempleados jóvenes y mujeres), hasta que la Ley 31/2015 tomó la decisión de extender la posibilidad de capitalizar hasta el 100 % de la prestación restante de percibir a todo desempleado que quiera establecerse como trabajador autónomo.

A partir del 10 de octubre de 2015, la regulación del pago único de la prestación por desempleo se bifurca y pasa a estar contenida en dos normas independientes: 1) la capitalización de la prestación por desempleo para realizar una actividad profesional como trabajador autónomo, constituir una entidad mercantil o incorporarse a una sociedad capitalista previamente constituida, se recoge en el nuevo art. 34 de la Ley 20/2007, de 11 de julio, del Estatuto del Trabajo Autónomo (LETA); 2) el abono de la prestación por desempleo en su modalidad de pago único a los beneficiarios de prestaciones, cuando pretendan incorporarse como socios trabajadores o de trabajo en cooperativas o en sociedades laborales, o constituirlas, se contiene en el nuevo art. 10 de la Ley 5/2011, de 29 de marzo, de Economía Social (LES). Queda expresamente derogada la Disposición Transitoria Cuarta de la Ley 45/2002 (disposición derogatoria única de la Ley 31/2015).

Con todo, se trata de una materia que ha sido inmediatamente "deslegalizada", ya que tanto el art. 34 LETA como el art. 10 LES han previsto —al igual que hiciera en su día la Ley 45/2002— que el Gobierno pueda modificar mediante real decreto la regulación contenida en dichos preceptos, previsión que es coherente con la caracterización del pago único como un programa en permanente adaptación.

El nuevo art. 10 de la LES, por el que se regula la capitalización de la prestación por desempleo para los beneficiarios de prestaciones cuando pretendan incorporarse como socios trabajadores o de trabajo en cooperativas o sociedades laborales, establece que, en aplicación de lo dispuesto en el apartado 3 del art. 228 de la LGSS 1994 (la referencia debe entenderse hecha al actual art. 296.3 LGSS 2015), "se mantendrá lo previsto en el Real Decreto 1044/1985, de 19 de junio, por el que se establece el abono de la prestación por desempleo en su modalidad de pago único, incluidas las modificaciones incorporadas por normas posteriores, en lo que no se opongan a las reglas siguientes"[18].

En consecuencia, a partir del 10 de octubre de 2015, el régimen jurídico de la capitalización de la prestación por desempleo como medida de fomento del autoempleo colectivo mediante la constitución de entidades de economía social (cooperativas y sociedades laborales) o integración en las mismas, resulta de la conjunción de dos bloques normativos: 1) uno, legal, constituido por el art. 296. 3 de la LGSS y el art. 10 de la LES; 2) otro, reglamentario, conformado por el RD 1044/1985, en aquello que no se oponga a lo establecido en el citado art.10 de la LES.

El art.10 LES contempla dos modalidades de abono de la prestación: de un lado, el pago mensual del importe de la prestación por desempleo

---

18   Dicho RD 1044/1985 consta de siete artículos, más una disposición final, que contienen la regulación de la capitalización del desempleo relativa a beneficiarios, requisitos, documentación acreditativa, inicio de la actividad y términos de la solicitud, abono en base a cotizaciones y extinción del derecho.

de nivel contributivo, para subvencionar la cotización del trabajador a la Seguridad Social en el régimen que corresponda, y, de otro, la liquidación anticipada de la prestación en pago único. Ambas modalidades se dirigen a fomentar la incorporación del desempleado como socio trabajador o de trabajo en cooperativas o en sociedades laborales en funcionamiento o de nueva creación.

De la interacción de ambos grupos normativos resulta que, para poder solicitar el disfrute de la prestación por desempleo en su modalidad de pago único, los beneficiarios han de cumplir los siguientes requisitos, de los que unos son generales y otros específicos para constituir o incorporarse, de forma estable, como socios trabajadores o de trabajo de cooperativas o sociedades laborales. Son: 1º) Ser titulares del derecho a la prestación por desempleo en su modalidad contributiva (el nivel asistencial no tiene reconocida esta modalidad de abono). 2º) No haber hecho uso del derecho al pago único en los cuatro años inmediatamente anteriores a la solicitud[19]. 3º) Tener pendientes por percibir al menos tres mensualidades de la prestación por desempleo de nivel contributivo. 4º) Haber cesado en la actividad laboral de manera definitiva. 5º) Acreditar ante el SPEE que se va a realizar una actividad como socio trabajador o de trabajo de una cooperativa o de una sociedad que tenga el carácter de laboral. A este respecto, el art. 10.1 de la Ley 31/2015 dispone que la entidad gestora podrá abonar el valor actual del importe de la prestación por desempleo de nivel contributivo a los beneficiarios de prestaciones "cuando pretendan incorporarse, de forma estable, como socios trabajadores o de trabajo en cooperativas o en sociedades laborales, aunque hayan mantenido un vínculo contractual previo con dichas sociedades, independientemente de su duración o constituirlas".

La regla 3ª del art. 10.1 LES es inapelable cuando dice que la solicitud de acceso a la capitalización de la prestación "en todo caso deberá ser de fecha anterior a la fecha de incorporación a la cooperativa o sociedad laboral", y parece incompatible con determinada interpretación jurisprudencial que de manera flexible ha venido admitiendo que tanto la puesta en marcha de la empresa social como el alta del trabajador en el RETA

---

19   No puede tampoco el beneficiario acceder a prestaciones por desempleo hasta que venza el período al que corresponde la capitalización, por incompatibilidad de dos prestaciones por desempleo (STS de 10 julio 1991 [RJ 1991, 7173]); aunque sí cuentan las cotizaciones efectuadas durante ese tiempo, a efectos del reconocimiento posterior de un nuevo derecho (STSJ Murcia de 29 marzo 1996 [AS 1996, 1826]).

puedan anticiparse a la solicitud de la prestación, con tal que ésta sea posterior al surgimiento de la situación legal de desempleo protegida (SSTS de 25 y 30 mayo 2000 [RJ 2000, 4800 y 5894], 20 septiembre 2004 [RJ 2004, 5749], 7 noviembre 2005 [RJ 2006, 1690], 11 julio 2006 [RJ 2006, 8338] y 15 octubre 2009 [RJ 2009, 5732]). No exige, sin embargo, la norma que el reconocimiento de la capitalización sea previo al inicio de la actividad en la cooperativa o en la sociedad laboral, de modo que la entidad puede estar ya funcionando cuando se dicte la resolución aprobando el pago único.

La norma no establece límites en cuanto al porcentaje de la prestación que se puede capitalizar, de forma que el pago puede alcanzar el 100 por 100 del importe de la prestación causada. Sin embargo, en esta modalidad de abono de la prestación, la capitalización tiene carácter finalista, puesto que se condiciona a la financiación de determinados gastos[20]. Así, cuando se trate de la incorporación del desempleado como socio trabajador o de trabajo en cooperativas o en sociedades laborales, la liquidación anticipada de la prestación por desempleo tendrá como finalidad la financiación de la aportación al capital, incluyendo la cuota de ingreso en el caso de las cooperativas, o la adquisición de acciones o participaciones del capital social en una sociedad laboral en lo necesario para acceder a la condición de socio. Asimismo, la Ley 31/2015 ha introducido la posibilidad de que se destine la prestación "a los gastos de constitución y puesta en funcionamiento de una entidad, así como al pago de las tasas y el precio de servicios específicos de asesoramiento, formación e información relacionados con la actividad a emprender", sin otro límite que el importe de la prestación a percibir (art. 10.1 Regla 1ª LES).

La cuantía de la prestación devengada que, en su caso, exceda de los gastos financiables con cargo al pago único de la prestación, se podrá aplicar al abono mensual de las cotizaciones (art. 10.1. Regla 1ª LES).

La Regla 2ª del art. 10.1 LES se refiere a esta otra modalidad de capitalización de la prestación por desempleo de nivel contributivo, consistente en el abono mensual por parte de la entidad gestora del importe de la prestación para subvencionar la cotización del trabajador a la Seguridad Social. En este caso, la cuantía la subvención, calculada en días completos de prestación, será fija y corresponderá al importe de la

---

20 Ferrando García, F.Mª, "Incentivos al empleo, por cuenta propia y ajena, a través de entidades de economía social", *Revista de Derecho de la Seguridad Social*, n. 6, 2016, p. 130.

aportación íntegra del trabajador a la Seguridad Social (en el Régimen que corresponda) en el momento del inicio de la actividad sin considerar futuras modificaciones, salvo cuando el importe de la subvención quede por debajo de la aportación del trabajador que corresponda a la base mínima de cotización vigente para cada régimen de Seguridad Social, en cuyo caso se abonará esta última.

IV. La capitalización de la prestación por cese de actividad como medida de fomento del emprendimiento social

La prestación por cese de actividad fue instaurada por la Ley 32/2010, de 5 de agosto, a partir de lo establecido en la Disposición Adicional 4ª del Estatuto del Trabajador Autónomo, como un sucedáneo de la prestación por desempleo, para proteger las situaciones de pérdida de actividad de los trabajadores autónomos o por cuenta propia que, pudiendo y queriendo ejercer una actividad económica o profesional a título lucrativo, hayan cesado totalmente en la actividad que originó el alta en el Régimen Especial de Trabajadores Autónomos, no obstante poder y querer ejercer una actividad económica o profesional a título lucrativo[21].

---

21 Para un estudio de conjunto de la prestación por cese de actividad, vid. Aragón Gómez, C., "Comentario a la Ley 32/2010, de 5 de agosto, por la que se establece un sistema específico de protección por cese de actividad de los trabajadores autónomos", *Justicia Laboral*, n. 44, 2010, pp. 125-159; Cavas Martínez F., "La protección por cese de actividad de los trabajadores autónomos", *Aranzadi Social*, n. 5, 2010; Rodríguez Cardo, I., "La prestación por cese de actividad del trabajador autónomo. Comentario de urgencia a la Ley 32/2010, de 5 de agosto", *Actualidad Laboral*, n. 19, 2010, pp. 2-15; Lasaosa Irygoyen, E., *La prestación por cese de actividad para trabajadores autónomos* (Cizur Menor, 2011), Aranzadi-Thomson Reuters; Blasco Lahoz, J.F., *La protección por cese de actividad en el Régimen Especial de Trabajadores Autónomos* (Valencia, 2012), Tirant lo Blanch; Monereo Pérez, J.L. y Fernández Avilés, J.A., "El sistema de protección por cese de actividad: régimen de financiación y gestión", *Aranzadi Social*, n. 2, 2012, pp. 121-156; Sempere Navarro, A-V., "La prestación por cese de los trabajadores autónomos: antecedentes, ámbito subjetivo y objeto de la protección", *Aranzadi Social*, n. 9, 2012, pp. 11-48; Taléns Visconti, E.E., *El nuevo régimen jurídico de la prestación por cese de actividad* (Valencia, 2015), Tirant lo Blanch.

En cualquier caso, los familiares colaboradores que con anterioridad se hayan beneficiado de esta medida al amparo de la Disp. Adicional 11ª, no podrán acceder nuevamente a esta bonificación acogiéndose al art. 35 LETA. Distinto es el caso de quienes, en virtud de dicha disposición vinieran disfrutando de estas bonificaciones sin haber consumido el período máximo previsto, pues de la Disp. Transitoria 1ª.3 Ley 31/2015 se deduce que continuarán haciéndolo conforme al art. 35 LETA.

A lo largo de su corta vida, la Ley 32/2010 ha conocido hasta cinco modificaciones (Ley 35/2010, Ley 27/2011, RDL 10/2011, Ley 35/2014 y la postrera Ley 25/2015) antes de ser derogada e integrada en el nuevo Texto Refundido de la LGSS, aprobado por Real Decreto Legislativo 8/2015, de 30 de octubre[22]; modificaciones que han terminado por configurar la prestación por cese de actividad como una contingencia de aseguramiento voluntario —lo que es contrario a la técnica y a la esencia misma del seguro social y algo más propio del seguro privado— y desligada del resto de riesgos profesionales (cuya cobertura no resulta necesaria para acceder a la prestación por cese de actividad desde la Ley 35/2014)[23]. El desarrollo reglamentario se recoge en el RD 1541/2011, de 31 de octubre, que desarrolla la Ley 32/2010, de 5 de agosto, por la que se establece un sistema específico de protección por cese de actividad de los trabajadores autónomos.

También la prestación por cese de actividad reconocida a los trabajadores autónomos, que por regla general se abona periódicamente mes a mes, puede liquidarse anticipadamente como medida para el fomento del autoempleo, en especial para ingresar como socio trabajador en una cooperativa de trabajo asociado o en una sociedad laboral.

---

22 La prestación por cese de actividad —salvo en lo relativo a la posibilidad de pago único— se regula, a partir del 2 de enero de 2016, en el Título V del Texto Refundido de la Ley General de la Seguridad Social, aprobado por RDL 8/2015, de 30 de octubre (BOE 31-10-2015).

23 Un análisis de las principales reformas introducidas en la Ley 32/2010 por la Ley 35/2014, de Mutuas, y la reciente Ley 25/2015, a cargo de Gorelli Hernández, J., "Novedades (y ausencias) en la reforma de la prestación por cese de actividad", en AA.VV., *La protección por desempleo en España, op. cit.*, pp. 749-770. Vid. también López Gandía, J., "La reforma de la regulación de la prestación por cese de actividad en la nueva Ley de Mutuas", en AA.VV. (Roqueta Buj, R., dir.), *Puntos críticos en la protección por desempleo y el cese de la actividad autónoma* (Cizur Menor, 2015), Lex Nova-Thomson Reuters, pp. 175-203.

La regulación de la capitalización o pago único de la prestación por cese de actividad se contenía, como una modalidad de pago de la prestación, en la disposición adicional decimocuarta de la Ley 32/2010, en relación con la disposición adicional cuarta del RD 1541/2011, configurada como una medida de "reemprendimiento" o "segunda oportunidad" para aquellos autónomos que decidan acometer una nueva actividad o proyecto de negocio tras el fracaso del anterior[24]. A partir del 10 de octubre de 2015, con la entrada en vigor de la Ley 31/2015, dicha regulación se bifurca y pasa a contenerse en dos grupos normativos, con ámbito subjetivo diverso: 1) el pago único de la prestación por cese de actividad para realizar una actividad profesional como trabajador autónomo, constituir una entidad mercantil o incorporarse a una sociedad mercantil constituida dentro de los doce meses anteriores a la aportación, en el nuevo art. 39 de la LETA; 2) el pago único de la prestación por cese de actividad a los trabajadores autónomos que pretendan incorporarse como socios trabajadores de cooperativas de trabajo asociado o sociedades laborales o constituirlas, en un nuevo artículo 12 de la LES. Quedan expresamente derogadas la disposición adicional decimocuarta de la Ley 32/2010 y la disposición adicional cuarta del RD 1541/2011 (Disposición derogatoria única de la Ley 31/2015).

Este derecho viene regulado de forma mimética respecto de la capitalización de la prestación por desempleo, en lo que concierne a los fines a los que se puede aplicar el importe de la prestación por cese de actividad capitalizada, a saber, aportaciones al capital y cuota de ingreso en cooperativas, adquisición de acciones o participaciones del capital social en sociedades laborales, cargas tributarias derivadas del inicio de la actividad, gastos de constitución y puesta en funcionamiento y, con el límite del 15 % de la prestación, pago de servicios específicos de asesoramiento, formación e información relacionados con la actividad a emprender (art. 12.5 LES). Asimismo, se podrá destinar el importe de la prestación a cubrir los costes de cotización a la Seguridad Social (art. 12.6 LES).

Al igual que se exige para la capitalización de la prestación por desempleo, la solicitud de desembolso único de la prestación por cese de actividad deberá ser en todo caso anterior a la fecha de incorporación a la cooperativa o sociedad laboral, o a la de constitución de la cooperativa o sociedad laboral (art. 12.3 LES). Por lo tanto, no se concederá cuando se

---

24   Ferrando García, F. Mª, *op. y loc. ult. cits.*

solicite una vez que el autónomo ya se hubiera incorporado a la cooperativa o sociedad laboral, puesto que se quebrantaría la finalidad o razón de ser del pago único, que es ayudar financieramente a quien decida emprender una segunda actividad profesional.

Resulta cuestionable, con todo, la eficacia de esta medida como mecanismo de segunda oportunidad. Cabe recordar que el carácter facultativo y la imposición de una cotización adicional para quedar protegido por esta contingencia (el paro de los autónomos) son factores que no invitan precisamente a la generalización de su cobertura. Por otro lado, no todos los trabajadores autónomos con derecho a prestación por cese de actividad pueden solicitar su liquidación anticipada: únicamente podrán hacerlo quienes tengan pendientes de percibir al menos seis mensualidades, lo que exige haber cotizado entre 36 y 42 meses, y además estén dispuestos a emprender una nueva singladura profesional después de haber sufrido un primer fracaso empresarial. Esta circunstancia, unida a la escasa cuantía de la prestación, debido a que los autónomos a menudo cotizan por la base mínima, ha determinado que la modalidad de pago anticipado de la prestación por cese de actividad sea solicitada en raras ocasiones por los beneficiarios[25]. Considerando que muchos de estos profesionales presentan un nivel de endeudamiento considerable, adquirido en su anterior actividad, y contando con las dificultades todavía existentes para acceder con normalidad al crédito bancario, es razonable pensar que el pago a acreedores y la cobertura de sus necesidades cotidianas serán en muchos casos el destino prioritario de la prestación lucrada, antes que asumir el riesgo que comporta la iniciación de una nueva actividad de incierto resultado.

---

25 Taléns Visconti, E., "La capitalización de la prestación por cese de actividad: problemas prácticos", en AA.VV., *La protección por desempleo en España* (Murcia, 2015), Laborum, p. 534.

V. Reducción de costes de Seguridad Social para fomentar el autoempleo y el emprendimiento a través de entidades de economía social

Hasta fechas recientes, los incentivos para el emprendimiento consistentes en una inferior cotización a la Seguridad Social (bonificaciones, reducciones) se hallaban dispersos en diversas normas. Con el propósito de dotar de mayor visibilidad a las medidas y favorecer su localización, la Ley 31/2015 ha unificado en un único cuerpo legal, la Ley de Economía Social, los incentivos al emprendimiento a través de entidades de economía social, ampliando en algunos casos su ámbito subjetivo y su cuantía. Al propio tiempo, para completar el Estatuto del Trabajo Autónomo (aprobado por Ley 20/2007, de 11 de julio), la citada Ley 31/2015 ha llevado al texto del mismo la regulación de los incentivos al emprendimiento mediante la instalación como trabajadores autónomos o la constitución o integración en sociedades mercantiles, a favor de determinados colectivos: trabajadores menores de 30 años (35 si son mujeres), trabajadores que causen alta inicial en el RETA o que no hayan estado en alta en los cinco años inmediatamente anteriores; personas con discapacidad, víctimas de violencia de género y víctimas de terrorismo que se establezcan como trabajadores por cuenta propia; trabajadores autónomos instalados en Ceuta y Melilla... incentivos que la Ley 31/2015 —incorporando la correspondiente previsión en los arts. 31 y 32 de la LETA— extiende expresamente a los socios de sociedades laborales y a los socios trabajadores de cooperativas de trabajo asociado cuando estén encuadrados en el Régimen Especial de Seguridad Social de los Trabajadores por Cuenta Propia o Autónomos. De ahí que doctrinalmente se haya puesto el acento en el fracaso del propósito unificador de la Ley 31/2015 en relación con los incentivos destinados a las entidades de economía social, dado que los mismos no se contienen exclusivamente en la LES[26].

Conviene señalar que, de estos dos incentivos, las bonificaciones se financian con cargo al presupuesto del Servicio Público de Empleo Estatal, que han de compensar a la Seguridad Social por la pérdida de ingresos que su aplicación comporta, mientras que las reducciones serán soportadas

---

26 Ferrando García, F.Mª, "Incentivos al empleo...", *op. cit.*, p. 134.

directamente por el presupuesto de la Seguridad Social, con el consiguiente impacto en la financiación del sistema.

Como incentivos específicos a la incorporación a entidades de economía social, el art. 9.1.a) LES contempla una bonificación en las cuotas empresariales a la Seguridad Social durante tres años, cuya cuantía será de 137,5 euros/mes (1.650 euros/año) durante el primer año, y de 66,67 euros/mes (800 euros/año) durante los dos años restantes, de la que podrán beneficiarse las cooperativas y sociedades laborales que incorporen trabajadores desempleados como socios trabajadores o de trabajo, y que sean menores de 30 años, o menores de 35 años que tengan reconocido un grado de discapacidad igual o superior al 33 por ciento. Completando lo anterior, se especifica que si la incorporación se realiza con mayores de 30 años, la bonificación será de 66,67 euros/mes (800 euros/año) durante tres años. En el caso de las cooperativas, las bonificaciones se aplicarán cuando éstas hayan optado por un Régimen de Seguridad Social propio de trabajadores por cuenta ajena, en los términos del artículo 14 del nuevo texto refundido de la LGSS.

Sin perjuicio de las medidas destinadas específicamente a la incorporación de socios a las cooperativas y sociedades laborales, la disposición adicional 12ª de la Ley 27/1999, de Cooperativas, establece que serán asimismo de aplicación a los socios trabajadores de las cooperativas de trabajo asociado y a los socios de trabajo de las otras clases se cooperativas "todas las normas e incentivos sobre trabajadores por cuenta ajena que tengan por objeto la consolidación y creación de empleos estables, tanto las relativas a la Seguridad Social como a las modalidades de contratación". Esta fórmula omnicomprensiva es clara y engloba cualesquiera programas de fomento del empleo por cuenta ajena, claro está, bajo las condiciones que los mismos establezcan[27].

De forma análoga, la Disposición Adicional 4ª de la Ley 44/2015, de 14 de octubre, de sociedades laborales y participadas, bajo la rúbrica "Medidas de fomento para la constitución de sociedades laborales y la creación de empleo", prevé la aplicación a los socios trabajadores de las sociedades

---

27 El estudio exhaustivo de los programas de fomento de empleo por cuenta ajena que resultan de aplicación a los socios trabajadores y de trabajo de estas entidades excedería con mucho los límites de este trabajo. Para una exposición compendiada de los mismos, cfr. Ferrando García, F.Mª, "Incentivos al empleo…", *op. cit.*, pp. 124 y ss.; también Cavas Martínez, F. y Selma Penalva, A., "Economía social, autoempleo e integración laboral", *op. cit.*, pp. 271-278.

laborales de todos los beneficios que, en el ámbito del empleo y de la seguridad social, y en desarrollo de la Ley 5/2011, de Economía Social, tengan por objeto impulsar la realización de actuaciones de promoción, difusión y formación de la economía social.

VI. Incentivos a la contratación laboral por entidades de economía social

La capacidad generadora de empleo de las entidades de economía social no se agota en la creación de puestos de trabajo para sus socios, por más que ésta sea su finalidad principal. Estas entidades constituyen asimismo el germen de futuras oportunidades de empleo para los trabajadores que dichas entidades contraten en régimen laboral, dado que no existe impedimento legal alguno para que las cooperativas y sociedades laborales actúen como empresarios. En consecuencia, todos los incentivos y ayudas que los diversos programas de fomento de empleo establecen para facilitar la contratación de trabajadores por cuenta ajena por parte de empresas ordinarias resultan también de aplicación a las contrataciones realizadas por entidades de economía social: desde el Programa de Fomento del Empleo contenido en la Ley 43/2006 (parcialmente en vigor), hasta el polémico contrato indefinido de apoyo a emprendedores con período de prueba de hasta un año, además de los incentivos a la contratación de jóvenes desempleados introducidos por la Ley 11/2013 y otros estímulos de carácter coyuntural, como la tarifa plana de 100 euros —RDL 3/2014— o la exención de los primeros 500 euros de la base de cotización por contingencias comunes para las empresas que contraten a trabajadores por tiempo indefinido (art. 8.8 Ley 25/2015).

Además, existen entidades de economía social que se constituyen precisamente para procurar la inmersión laboral de determinados colectivos desfavorecidos o en riesgo de exclusión social, lo que justifica la adopción de medidas específicas para fomentar su actividad[28]. Dichas entidades son las empresas de inserción y los centros especiales de empleo, en relación con las cuales diversas normas (Ley 31/2015, Real Decreto Legislativo

---

28 Ferrando García, F.Mª, "Incentivos al empleo...", *op. cit.*, p. 132.

1/2013, Ley 44/2007, RD 290/2004…) contemplan un conjunto de medidas de promoción y estímulo consistentes en bonificaciones y reducciones en las cuotas a la Seguridad Social, subvenciones y ayudas a la inversión fija, con el fin facilitar la realización de su objeto social[29].

Conclusiones

Entre las medidas adoptadas para estimular y favorecer el emprendimiento como motor de desarrollo económico y creación de empleo, han adquirido singular protagonismo en los últimos tiempos las orientadas a potenciar el sector de la economía social, siendo España uno de los países de la Unión Europea, junto con los Estados nórdicos, donde este modelo de empresa presenta una mayor implantación. Aunque las entidades de economía social también han sufrido las consecuencias de la Gran Recesión, su resistencia a la destrucción de empleo ha sido mayor que la de las empresas ordinarias y en algunos sectores incluso han contribuido a la creación de empleo neto entre 2008 y 2013.

La configuración actual de la economía social en España viene determinada por la Ley 5/2011, de 29 de marzo, de Economía Social, disposición legal sin precedentes que supuso un punto de inflexión en el reconocimiento, visibilidad y desarrollo del sector, tanto dentro del propio Estado como de la Unión Europea. Otros hitos normativos destacables en la promoción de la economía social han sido la aprobación de la Ley 31/2015, de 9 de septiembre, por la que se modifica y actualiza la normativa en materia de autoempleo y se adoptan medidas de fomento y promoción del trabajo autónomo y de la economía social; y la Ley 44/2015, de 14 de octubre, de Sociedades Laborales y Participadas, que moderniza el régimen jurídico de las sociedades laborales (contenido en una ley de 1997) y crea un nuevo tipo de entidad social, la sociedad participada por los trabajadores, defi-

---

29   Una aproximación a estas medidas en Selma Penalva, A., "Incentivos al autoempleo colectivo (II). Incentivos a la contratación de trabajadores por empresas de economía social", en AA.VV. (Farias Batlle, M., Ferrando García, F.Mª, dirs.), *Fomento del trabajo autónomo y la economía social. Especial referencia a las novedades introducidas por la Ley 31/2015, de 9 de septiembre* (Cizur Menor, 2015), Thomson Reuters-Aranzadi, pp. 267-293.

niéndola como aquellas sociedades que promueven las distintas formas de participación de los trabajadores en la empresa.

Las ayudas destinadas a fomentar el empleo y el emprendimiento a través de entidades de economía social poseen diversa naturaleza (subvenciones, incentivos fiscales, apoyo técnico, bonificaciones…) y procedencia (estatal, autonómica, local…), habiendo resultado fallido el objetivo de sistematización en un único cuerpo legal de las medidas de fomento del empleo y el autoempleo (de ámbito estatal obviamente) a través de entidades de economía social que se había propuesto la Ley 31/2015. En efecto, son numerosos los incentivos (sobre todo de Seguridad Social) dirigidos a promover la creación y/o consolidación de empleos tanto por cuenta ajena como por cuenta propia, a los que también pueden acogerse las entidades de economía social pero que no se regulan en la Ley 5/2011, de Economía Social, sino en otros grupos normativos a los que dicha ley ni siquiera hace mención.

Por lo demás, el doble valor que las entidades de economía social poseen como instrumentos de emprendimiento colectivo generadoras de autoempleo para sus miembros, pero al propio tiempo como germen de futuras contrataciones laborales a medida que van ampliando su actividad, así como la naturaleza híbrida o difusa del vínculo que estas entidades mantienen con sus socios trabajadores o de trabajo (que en algunos casos las habilita para decidir el encuadramiento de sus socios en un régimen de seguridad social de trabajadores por cuenta ajena o por cuenta propia), se traduce en la posibilidad de acceso a diversos programas de incentivos de contenido socio-laboral[30], que forman parte de las políticas activas de empleo y pueden sistematizarse del siguiente modo:

a) Utilización de instrumentos propios de las políticas pasivas de empleo para favorecer el autoempleo mediante la constitución y ampliación de entidades de economía social. Tres medidas cabe incluir en este epígrafe: 1) la posibilidad de compatibilizar el disfrute de la prestación por desempleo con el desarrollo de una actividad por cuenta propia como socios de sociedades laborales o como socios trabajadores de cooperativas de trabajo asociado de nueva creación; 2) la capitalización (pago único) de la prestación por desempleo para sufragar los gastos de incorporación de trabajadores desempleados como socios trabajadores o de trabajo en cooperativas y sociedades laborales, y 3) la capitalización

---

30 Ferrando García, F.Mª, "Incentivos al empleo…", *op. cit.*, p. 134.

(pago único) de la prestación por cese de actividad reconocidas a los autónomos, con la misma finalidad.
b) Extensión de medidas previstas con carácter general para el fomento del autoempleo o del emprendimiento, individual y colectivo, a las sociedades laborales y cooperativas que incorporen nuevos socios trabajadores y opten por su encuadramiento en el Régimen Especial de Trabajadores Autónomos.
c) Extensión de las medidas previstas con carácter general (bonificaciones y reducciones de cuotas de seguridad social) para el fomento del empleo por cuenta ajena con carácter estable a los socios trabajadores y de trabajo que se incorporen por tiempo indefinido a las cooperativas (siempre que se opte por su inclusión en el Régimen General, como asimilados a trabajadores por cuenta ajena) y sociedades laborales.
d) Tratamiento de las entidades de economía social como una empresa más que puede beneficiarse de los incentivos a la contratación de trabajadores por cuenta ajena previstos en programas de fomento de empleo, y previsión de incentivos específicos, más generosos, a la contratación laboral de personas con discapacidad y de otros colectivos desfavorecidos o en riesgo de exclusión social por empresas de inserción y centros especiales de empleo.

Bibliografía

Álvarez Cortés, J.C. y Plaza Angulo, J.J., "El desempleo en su modalidad de pago único como ayuda a nuevos emprendedores", *Temas Laborales*, n. 95, 2008.

Álvarez Cortés, J.C. y Plaza Angulo, J.J., "Subrogación empresarial de un trabajador autónomo y prestación por desempleo en pago único", *Temas Laborales*, n. 104, 2010.

Aragón Gómez, C., "Comentario a la Ley 32/2010, de 5 de agosto, por la que se establece un sistema específico de protección por cese de actividad de los trabajadores autónomos", *Justicia Laboral*, n. 44, 2010.

Blasco Lahoz, J.F., *La protección por cese de actividad en el Régimen Especial de Trabajadores Autónomos* (Valencia, 2012), Tirant lo Blanch.

Cabeza Pereiro, J., "El pago único de la prestación por desempleo en el contexto de las políticas de activación", *Revista de Derecho de la Seguridad Social*, n. 1, 2014.

Cavas Martínez F., "La protección por cese de actividad de los trabajadores autónomos", *Aranzadi Social*, n. 5, 2010.

Cavas Martínez, F./Selma Penalva, A., "Economía social, autoempleo e integración laboral", en AA.VV., *Economía Social y Derecho Problemas jurídicos actuales de las empresas de economía social* (Granada, 2013), Comares.

Ferrando García, F.Mª, "Incentivos al empleo, por cuenta propia y ajena, a través de entidades de economía social", *Revista de Derecho de la Seguridad Social*, n. 6, 2016.

Girona Cascales, I., "La economía social en la agenda de la Unión Europea", en AA.VV., *Economía Social y Derecho. Problemas jurídicos actuales de las empresas de economía social* (Granada, 2013), Comares.

Gorelli Hernández, J., "Novedades (y ausencias) en la reforma de la prestación por cese de actividad", en AA.VV., *La protección por desempleo en España (*Murcia, 2015), Ed. Laborum.

Lasaosa Irygoyen, E., *La prestación por cese de actividad para trabajadores autónomos* (Cizur Menor, 2011), Aranzadi-Thomson Reuters.

López Gandía, J., "La reforma de la regulación de la prestación por cese de actividad en la nueva Ley de Mutuas", en AA.VV. (Roqueta Buj, R., dir.), *Puntos críticos en la protección por desempleo y el cese de la actividad autónoma* (Cizur Menor, 2015), Lex Nova-Thomson Reuters.

Mercader Uguina, J.R. y Díaz de Atauri, P.G., "La capitalización de la prestación por desempleo", *Revista del Ministerio de Trabajo e Inmigración*, n. 89, 2010.

Monereo Pérez, J.L. y Fernández Avilés, J.A., "El sistema de protección por cese de actividad: régimen de financiación y gestión", *Aranzadi Social*, n. 2, 2012.

Navarro Matamoros, L., "Medidas de apoyo al emprendimiento", en AA.VV., *Economía Social y Derecho. Problemas jurídicos actuales de las empresas de economía social* (Granada, 2013), Comares.

Rodríguez Cardo, I., "La prestación por cese de actividad del trabajador autónomo. Comentario de urgencia a la Ley 32/2010, de 5 de agosto", *Actualidad Laboral*, n. 19, 2010.

Sempere Navarro, A-V., "La prestación por cese de los trabajadores autónomos: antecedentes, ámbito subjetivo y objeto de la protección", *Aranzadi Social*, n. 9, 2012.

Taléns Visconti, E.E., *El nuevo régimen jurídico de la prestación por cese de actividad* (Valencia, 2015), Tirant lo Blanch.

Mª Belén García Romero

Profesora Titular de Derecho del Trabajo y de la Seguridad Social. Universidad de Murcia. España

La prestación por desempleo como instrumento de fomento del trabajo por cuenta propia[1]

Resumen: La separación entre políticas pasivas y activas de empleo no es absoluta. En los últimos años se observa una clara tendencia a facilitar la transición entre el desempleo subsidiado y la actividad laboral, permitiendo la compatibilidad total o parcial entre ambas situaciones o el cobro anticipado de la prestación por desempleo con vistas a incentivar económicamente la reincorporación por parte del desempleado al mercado de trabajo, tanto como trabajador por cuenta ajena como por cuenta propia. En este trabajo se analizarán las medidas introducidas a fin de hacer de las prestaciones por desempleo y cese de actividad instrumentos de fomento del trabajo por cuenta propia. En primer lugar, se abordarán las medidas que se sirven de la propia prestación por desempleo como palanca para el fomento del autoempleo tratando de asegurar la coordinación entre las políticas activas de empleo y la protección económica frente al desempleo, a través de dos técnicas diferentes: de un lado, la compatibilidad de la prestación con el empleo por cuenta propia y, de otro, la capitalización de la prestación por desempleo. En segundo lugar, se analizan las medidas dirigidas a mejorar la protección en caso de fracaso de la actividad profesional, garantizando la reanudación de la prestación por desempleo que se dejó de percibir al causar alta y ampliando el período de suspensión de la prestación por desempleo por realización de actividad por cuenta propia.

Palabras clave: prestación por desempleo, fomento empleo por cuenta propia.

---

[1] Trabajo realizado en el marco del Investigación DER2013-43121-P, sobre "El futuro del sistema español de protección social: análisis de las reformas en curso y propuestas para garantizar su eficiencia y equidad IV", financiado por el Ministerio de Ciencia e Innovación, e incluido en la Convocatoria 2013 —Proyectos I+D— Programa Estatal de Investigación Científica y Técnica de Excelencia Subprograma Estatal de Generación de Conocimiento.

Introducción

De acuerdo con el art. 1 de la LE[2], la política de empleo es el conjunto de decisiones adoptadas por los poderes públicos competentes con vistas al "desarrollo de programas y medidas tendentes a la consecución del pleno empleo, así como la calidad en el empleo, a la adecuación cuantitativa y cualitativa de la oferta y demanda de empleo, a la reducción y a la debida protección de las situaciones de desempleo". En cada país europeo, su política de empleo debe desarrollarse "en el ámbito de la estrategia coordinada para el empleo regulada por el Tratado de Funcionamiento de la Unión Europea" (art. 1, párr. 2º de la LE). Por lo tanto, los planes nacionales de empleo y los programas de reformas deben ser elaborados por el Gobierno con la participación de las Comunidades Autónomas y los agentes sociales, en función del contenido de la Estrategia Europea de Empleo, pero teniendo en cuenta la situación concreta del país y sus cifras económicas a la hora de definir objetivos y establecer las medidas necesarias para su consecución. En este sentido, si bien todos los Programas nacionales de reformas coinciden en el objetivo de creación de empleo y de la correlativa reducción del desempleo, las medidas a adoptar pueden ser muy variadas, pues su logro depende de factores de muy diversa índole como son la estructura y regulación del mercado de trabajo y de las relaciones laborales de cada país, su sistema educativo y de formación profesional o la organización del sistema financiero[3].

Tradicionalmente, se ha considerado que la política de empleo tiene una doble vertiente, siendo ya clásica la distinción entre las políticas pasivas y activas de empleo. Las pasivas, que son las primeras en desarrollarse en los ordenamientos, están destinadas a dispensar a los desempleados que cumplan determinados requisitos una protección económica por medio de una prestación de Seguridad Social sustitutoria del salario. Y las activas se dirigen "a mejorar las posibilidades de acceso al empleo, por cuenta ajena o propia, de las personas desempleadas, al mantenimiento del empleo y a la promoción profesional de las personas ocupadas y al fomento del

---

2   Ley de Empleo, cuyo texto refundido ha sido aprobado por Real Decreto Legislativo 3/2015, de 23 de octubre (BOE 31-10-2015).
3   Fernández Docampo, M.B., "Funciones y disfunciones de la política nacional de empleo", en AA.VV., *Políticas de Empleo* (Cabeza Pereiro, J. y Fernández Prol, Coord.) (Pamplona, 2013), Ed. Thomson Reuters Aranzadi, pp. 399-403.

espíritu empresarial y de la economía social" a través de un conjunto de servicios y programas de orientación, empleo y formación en el ámbito laboral, llevadas a cabo por los poderes públicos. En definitiva, las políticas activas constituyen instrumentos destinados a incidir en el funcionamiento del mercado de trabajo para aumentar el empleo y mantenerlo, y reducir el desempleo[4], ya sea mediante estímulos económicos directos, como es el caso de las bonificaciones, reducciones o exenciones de las cuotas de Seguridad Social, exenciones fiscales, subvenciones y préstamos, etc., ya sea mediante la orientación y la formación profesional[5].

La separación entre políticas pasivas y activas de empleo no es, sin embargo, absoluta. En efecto, en los últimos años se observa una clara tendencia a facilitar la transición entre el desempleo subsidiado y la actividad laboral, permitiendo la compatibilidad total o parcial entre ambas situaciones o el cobro anticipado de la prestación por desempleo con vistas a incentivar económicamente la reincorporación por parte del desempleado al mercado de trabajo, tanto como trabajador por cuenta ajena como por cuenta propia, sin perjuicio de eventuales bonificaciones en las cuotas de Seguridad Social y/o exenciones fiscales para el empresario.

---

4 García Gil, Mª B., *Los instrumentos jurídicos de la política de empleo*, Thomson-Aranzadi (Navarra, 2006), p. 17. AA.VV., Rodríguez-Piñero Royo, M. (Dir.), *Lecciones de Derecho del Empleo*, 2ª Ed., (Madrid, 2006), Ed. Tecnos, p. 50.

5 Concretamente, en la Estrategia Española de Activación para el Empleo (2014-2016), aprobada mediante RD 751/2014, se definen seis ejes u objetivos estructurales: orientación, formación, incentivos a la contratación y su mantenimiento, igualdad de oportunidades, emprendedores y autónomos y mejora del marco institucional. Para Ojeda Avilés, los tres primeros serían las líneas primordiales de las políticas activas, mientras que los tres últimos serían principios que deben informar las acciones de los primeros (en este sentido, Ojeda Avilés, A., "Las Políticas Activas de Empleo en España", en AA.VV., *La protección por desempleo en España* (Murcia, 2015), Ed. Laborum, p. 51). Con todo, puede afirmarse que el Eje 5. "Emprendimiento", que integra el conjunto de actividades dirigidas a fomentar la iniciativa empresarial, el trabajo autónomo y la economía social, así como las encaminadas a la generación de empleo, actividad empresarial y dinamización e impulso del desarrollo económico local [art. 10.4 e) del Texto Refundido de la LE, aprobado por RD-Leg. 3/2015, de 23 octubre], ocupa un lugar central en las actuales políticas activas de Empleo, por cuanto obedecen al objetivo último de reducción del desempleo. Para una valoración del alcance de la aludida Estrategia ver Rojo Torrecilla, E., "Análisis de la Estrategia española de activación para el empleo 2014-2016 y del Plan anual de política de empleo 2014. ¿Una nueva reforma o simple adaptación del marco normativo vigente con cambio de palabras? (II)", blog 27 septiembre 2014.

Junto a razones económicas y estadísticas, en la base de las últimas reformas, subyace la llamada "trampa del desempleo", es decir, de un lado, la consideración del carácter presuntamente acomodaticio que comporta la situación de desempleo subsidiado, en la medida en que desincentivaría la aceptación de puestos de trabajo por parte del beneficiario durante el período de su percepción cuando el esfuerzo implícito al desempeño de un trabajo no le reporta una ventaja económica significativa. De otro lado, la tesis de que a mayor duración de la situación de desempleo, mayores dificultades encontrará el desempleado para lograr su reinserción laboral, como consecuencia de la reducción de su capital humano en términos de formación profesional.

En el caso de España, esta tendencia a intensificar la interdependencia entre políticas de empleo activas y prestaciones por desempleo queda patente en el nuevo Texto Refundido de la Ley de Empleo, aprobado por Real Decreto Legislativo 3/2015, de 23 de octubre (en adelante TRLE)[6]. Así, en primer término, el artículo 36.2 del TRLE, dispone que las políticas activas "se complementarán y se relacionarán, en su caso, con la protección por desempleo", que comprende las prestaciones por desempleo de nivel contributivo y asistencial y las acciones que integran las políticas activas de empleo.

En segundo lugar, en el capítulo III, cuyo rótulo es precisamente "La coordinación entre las políticas activas y la protección económica frente al desempleo". Este consta de dos artículos que regulan, respectivamente, la obligación de los solicitantes y beneficiarios de prestaciones y subsidios por desempleo de inscribirse como demandantes de empleo y suscribir el compromiso de actividad (art. 41) y también la cooperación y colaboración entre los servicios públicos de empleo (art. 42).

Por último, la aludida tendencia se refleja en la disposición adicional quinta del TRLE, rubricada "Vinculación de políticas activas de empleo y prestaciones por desempleo", que ordena al Gobierno a que, tan pronto el empleo inicie su recuperación, adopte las medidas necesarias para reformar

---

6   El nuevo TRLE recoge en varias de sus disposiciones las previsiones contenidas en otras normas dispersas. Así, Ley 35/2010, de 17 de septiembre, de medidas urgentes para la reforma del mercado de trabajo (DA 6ª y 16ª); RD-L 3/2011, de 18 de febrero, de medidas urgentes para la mejora de la empleabilidad y la reforma de las políticas activas de empleo (DA 1ª, D.A 2ª, último párrafo y DF 1ª); Ley 3/2012, de 6 de julio, de medidas urgentes para la reforma del mercado laboral (DA 15ª).

la normativa que regula las prestaciones por desempleo con el objetivo de aumentar la vinculación de éstas con las políticas activas de empleo[7].

I. Fomento del empleo de beneficiarios de prestaciones por desempleo

Frente a la noción americana del subsidio activo o *workfare*[8], en la concepción originaria de los sistemas europeos de protección social, el derecho a obtener unos mínimos recursos económicos se configura como el presupuesto necesario para lograr la adecuada inserción socio-laboral del interesado según su capacidad, sin que el percibo de la prestación se condicione a la realización de un trabajo en interés de la comunidad por parte del beneficiario.

Sin embargo, en la aplicación de las más recientes políticas activas de empleo, en particular, de las establecidas para beneficiarios de prestaciones y subsidios por desempleo, se utilizan muchos de los argumentos esgrimidos en defensa del subsidio activo, tales como que la técnica de las contraprestaciones combate la "cultura de la dependencia", reduce la pobreza, es un instrumento de desarrollo de las cualificaciones profesionales y contribuye a reducir la economía sumergida[9]. De ahí que puedan encontrarse analogías con la política del subsidio activo, en el sentido de que la exigencia de la aceptación de un trabajo o del seguimiento de cursos de formación profesional se configura como la obligada contrapartida de la prestación, subsidio o ayuda social recibida. En con-

---

7   Dicha disposición incluye, con idéntico título, el contenido de la Disposición adicional sexta de la Ley 35/2010, de 17 de septiembre.
8   El *workfare* es un modelo alternativo a los tradicionales sistemas de bienestar social. Según esta noción, la virtud precede al derecho, por lo que el pobre o el desempleado con capacidad para trabajar no debe percibir nada a cambio de nada, sino que debe aceptar el trabajo para que se le preste la ayuda como contrapartida. Véase Standing, G., "El camino hacia el subsidio activo ¿Otra forma de protección social o una amenaza para la ocupación?", *RIT*, vol. 109, 1990, n. 4, pp. 499 y ss.
9   Standing, G., "El camino hacia el subsidio activo. ¿Otra forma de protección social o una amenaza para la ocupación?", *Revista Internacional del Trabajo*, vol. 109, 1990, n. 4, pp. 502-515; Lafore, R., "Les trois défis du RMI", *AJDA (Actualité Juridique Droit Administratif)*, octubre 1989, p. 570.

secuencia, el rechazo a participar en los programas de inserción propuestos o el incumplimiento por el beneficiario del compromiso adquirido a cambio de las transferencias de ingresos realizadas por cuenta del Estado, comporta, en la mayoría de los casos, la suspensión o, incluso, la extinción del derecho a la prestación económica. Sin embargo, en un contexto socio-económico como el actual en el que no se da una situación de pleno empleo, puede resultar una carga de imposible o al menos de muy difícil cumplimiento que se imponga al sujeto desempleado que se responsabilice de su ocupabilidad como condición previa o consecutiva a la protección que recibe[10].

En el ordenamiento español, el derecho a la prestación por desempleo se condiciona desde hace tiempo a la observancia de un determinado comportamiento o a la ejecución de ciertas obligaciones de hacer, tales como la de inscribirse como demandante de empleo. Además, a partir, sobre todo, del año 2002, se vienen regulando algunos programas que permiten compatibilizar parcialmente la prestación o el subsidio por desempleo con el trabajo asalariado o con trabajos temporales de colaboración social[11].

En efecto, de un lado, hay programas y medidas que tienen como destinatarios a beneficiarios de prestaciones o subsidios por desempleo, y que se sirven de la prestación económica que tienen reconocida para subvencionar su contratación como trabajadores por cuenta ajena, o la realización de trabajos de utilidad social. En otras ocasiones, se permite el cobro anticipado de la prestación por desempleo reconocida para financiar el autoempleo. Los principales programas de compatibilidad entre prestación o subsidio por desempleo y trabajo por cuenta ajena o trabajos de interés social son[12]: 1. El contrato indefinido de apoyo a los

---

10 En este sentido, Quintero Lima, G., "La contrapartida como instrumento teórico-práctico de articulación de las políticas activas de empleo y de la protección por desempleo", en AA.VV., *Políticas de Empleo, op. cit.*, p. 191.

11 La posibilidad de compatibilizar la percepción de la prestación contributiva o asistencial por desempleo pendientes de percibir con el trabajo por cuenta ajena, se introdujo, como novedad, por el RDL 5/2002, de 24 de mayo, de medidas urgentes para la reforma del sistema de protección por desempleo y mejora de la ocupabilidad, que añadió un apartado cuarto al art. 228 LGSS.

12 *In extenso*, sobre este tema, véase, Ferrando García, F.Mª, García Romero, M.B. y López Aniorte, M.C., "Reflexiones sobre la aplicación en España de la Estrategia Europea de Empleo", en AA.VV., *Políticas de Empleo, op. cit.*, pp. 410-423. De las mismas autoras, "Los beneficiarios de prestaciones por desempleo como des-

emprendedores[13]; 2. Programa de fomento del empleo para desempleados mayores de 52 años beneficiarios del subsidio por desempleo[14]; 3. Programa de sustitución de trabajadores en formación por trabajadores

---

tinatarios preferentes de las políticas de fomento y mantenimiento del Empleo", en AA.VV., *Las reformas del Derecho del Trabajo en el contexto de la crisis económica. La reforma Laboral de 2012* (Valencia, 2013), AEDTSS, Editorial Tirant lo Blanch, pp. 1448-1470. Martínez Barroso, Mª R., "Mejora de la empleabilidad a través de la sustitución de medidas pasivas por políticas activas de empleo. Fortalezas y debilidades", en AA.VV., *Las reformas del Derecho del Trabajo en el contexto de la crisis económica"*, op. cit., pp. 1563-1584. Asimismo, García Romero, B., "Medidas para favorecer la empleabilidad de los trabajadores", en AA.VV., *Análisis de la Reforma Laboral de 2012* (Coord. Cavas Martínez, F.), Ed. Laborum, Murcia, 2012, pp. 58-60; García Romero, B., *Derecho de la Seguridad Social,* número monográfico (medidas de Seguridad Social de fomento del empleo y su incidencia en la sostenibilidad del sistema en España e Italia), 2016, pp. 43-66. García Romero, B., "Protección por desempleo y medidas de inserción de desempleados de larga duración", *Estudios Financieros, Revista de Trabajo y Seguridad Social: Comentarios, casos prácticos: recursos humanos*, n. 401-402, 2016, pp. 101-136.

13   Este contrato fue creado por RDL 3/2012, de 10 de febrero y mantenido por la Ley 3/2012, de 6 de julio de reforma del mercado laboral. Bajo determinadas condiciones, su celebración comporta determinados incentivos fiscales y bonificaciones de las cotizaciones para el empresario. Además, el trabajador contratado que a la fecha de celebración del contrato hubiera percibido prestaciones por desempleo de nivel contributivo durante, al menos, tres meses, tiene la opción de compatibilizar cada mes, "junto con el salario, el 25 % de la cuantía de la prestación que tuviera reconocida y que estuviera pendiente de percibir". En caso de extinción del contrato, el beneficiario puede optar, en su caso, por solicitar una prestación o por reanudar la pendiente de percibir, considerándose en este último supuesto como consumido solo el 25 % del tiempo en que se compatibilizó la prestación con el trabajo (art. 212.1.d) y 213.1.d) LGSS/94, que pasarán a ser los arts. 272 y 273 en el nuevo TRLGSS, aprobado por RD-Leg. 8/2015, de 30 de octubre).

14   Programa regulado en la DT 5ª de la Ley 45/2002, de 12 de diciembre (en adelante LMU), que asegura al empresario una rebaja salarial, porque durante el tiempo que el trabajador compatibiliza el subsidio con el trabajo, el empresario deberá abonar la diferencia entre el salario correspondiente y el 50 % del importe del subsidio inicialmente reconocido. Para el desempleado, durante el tiempo de compatibilidad mejoran sus ingresos, ya que, durante la vigencia del contrato percibirá de la entidad gestora el 50 % del subsidio por desempleo (pero durante el doble del tiempo), y, del empresario, el complemento de dicha cantidad hasta asegurar el cobro íntegro del salario que corresponda.

beneficiarios de prestaciones por desempleo[15]; 4. Los trabajos temporales de colaboración social[16].

Desde la perspectiva del desempleado, la participación es, salvo excepciones, obligatoria, y serviría para aumentar sus posibilidades de inserción social, económica y profesional. Así, desde el punto de vista de la inserción social, se trata de ayudar a los beneficiarios de las políticas pasivas a recuperar o a desarrollar su autonomía social y a asumir mejor su vida personal y familiar; la inserción profesional se lograría incrementando la empleabilidad de los beneficiarios a través de la mejora de la cualificación profesional mediante la formación y la propia experiencia laboral; en fin, desde el punto de vista económico, se pretende incentivar la integración laboral del beneficiario permitiéndole obtener unos ingresos netos más elevados durante el tiempo que compatibiliza el cobro del subsidio o prestación con las actividades de interés general en el sector público o asociativo, o con las actividades derivadas de un contrato de trabajo.

Por otra parte, en los últimos años, desde las instancias comunitarias[17], se viene insistiendo en la necesidad de promover y apoyar el trabajo por cuenta propia, las empresas sociales y las empresas de nueva creación, recomendando a los Estados miembros que a tal fin pongan en marcha sistemas de conversión de las prestaciones por desempleo en subvenciones para la creación de empresas, orientados a los grupos con mayor potencial,

---

15   Regulado en la DT 6ª LMU, modificada por Ley 3/2012, de 6 de julio. Consiste en un supuesto específico de compatibilidad entre el cobro de la prestación por desempleo y el trabajo por cuenta ajena, siendo los incentivos para trabajador y empresario muy similares a los previstos en la DT 5ª, anteriormente descritos.

16   El RD 1445/1982, de 25 de junio, por el que se regulan diversas medidas de fomento del empleo, dedica su capítulo V a los trabajos temporales de colaboración social (arts. 38 y 39). Los perceptores de prestaciones o subsidios por desempleo estarán obligados a realizar los trabajos de este carácter para los que hubieran sido designados. A cambio, se les mantiene el cobro íntegro de su prestación o subsidio con cargo al SEPE y tiene derecho a recibir de la Administración un complemento equivalente a la diferencia entre la prestación o subsidio del que sea beneficiario el desempleado y el 100 % de la base reguladora de la prestación por desempleo y, como mínimo, el 100 % del SMI vigente en cada momento.

17   Véase Comunicación de la Comisión al Parlamento Europeo, al Consejo, al Comité Económico y social y al Comité de las Regiones, "Hacia una recuperación generadora de empleo", de 18 abril de 2012.

como los trabajadores desempleados con capacidades profesionales, las mujeres o los jóvenes[18].

En el ámbito interno, tales directrices comunitarias, junto con la toma de conciencia de la importancia que presenta el trabajo autónomo en nuestro mercado de trabajo y en el tejido productivo, tanto por el elevado número de trabajadores pertenecientes a este colectivo, como por su capacidad de recuperación tras un fracaso empresarial y también de generación de empleo, han conducido a situar el fomento del autoempleo, tanto individual como colectivo, en un lugar destacado de las políticas de empleo, atribuyéndole un papel fundamental en la salida de la crisis y la reducción de las elevadas tasas de desempleo. Así se pone de manifiesto en los principales proyectos normativos del Ministerio de Empleo y Seguridad Social adoptados recientemente[19].

II. Incentivos al autoempleo individual que vinculan políticas activas y prestaciones por desempleo

En el marco de la Estrategia Europea 2020, las instituciones comunitarias tratan de animar a los Estados miembros a que promuevan y apoyen el trabajo por cuenta propia y las empresas sociales, mediante la puesta en marcha de sistemas de conversión de las prestaciones por desempleo en subvenciones al autoempleo individual o colectivo, orientados a los colec-

---

18   Ferrando García, F.Mª, García Romero, M.B. y López Aniorte, M.C., "Reflexiones sobre la aplicación en España de la Estrategia Europea de Empleo", *op. cit.*, p. 421.

19   Entre ellas, destacan la Ley 3/2012, de 6 de julio, de medidas urgentes para la reforma del mercado laboral, que introdujo el contrato de Apoyo a los Emprendedores; la Estrategia de Emprendimiento y Empleo Joven 2013-2016, que sentó las bases para la puesta en marcha de la Tarifa Plana de 50 euros en la cotización a la Seguridad Social para nuevos autónomos; la Ley 14/2013, de 27 septiembre, de Apoyo a los Emprendedores y su internacionalización; el Real Decreto-ley 1/2015, de 27 de febrero, de mecanismo de Segunda Oportunidad, reducción de carga financiera y otras medidas de orden social y, en fin, con el propósito declarado de unificar, actualizar y sistematizar la normativa existente en materia de autoempleo, la Ley 31/2015, de 9 de octubre, que va a modificar la LETA (Ley 20/2007, de 11 de julio, del Estatuto del Trabajo Autónomo) para incorporar a su título V todos los incentivos y las bonificaciones y reducciones en la cotización a la Seguridad Social hasta entonces vigentes.

tivos de desempleados con mayor potencial (jóvenes, mujeres y desempleados con mayores cualificaciones profesionales)[20].

En cumplimiento de los compromisos asumidos en el ámbito de la Unión Europea y en la Estrategia Española de Activación para el Empleo, en los últimos años se han puesto en marcha por parte del Gobierno español diversos mecanismos de fomento del emprendimiento tanto en su vertiente individual como colectiva, similares a los existentes para estimular el empleo por cuenta ajena.

Nuestro estudio se centrará en las medidas de fomento de la actividad emprendedora que realizan los autónomos como personas físicas. Además, serán objeto de análisis aquellas medidas de estímulo del autoempleo individual basadas en la utilización del importe de las prestaciones por desempleo, sin entrar en aquellas otras que se basan en la aplicación de bonificaciones o reducciones de las cuotas empresariales a la Seguridad Social.

Los incentivos laborales al autoempleo individual pueden concretarse en dos tipos de instrumentos distintos. Así, en primer lugar, puede tratarse de medidas que se sirven de la propia prestación por desempleo como palanca para el fomento del autoempleo tratando de asegurar la coordinación entre las políticas activas de empleo y la protección económica frente al desempleo. Dentro de este grupo, encontraríamos, a su vez, dos técnicas diferentes. De un lado, la compatibilidad de la prestación con el empleo por cuenta propia y, de otro lado, la capitalización de la prestación por desempleo. Tales medidas pretenden, bien asegurar al emprendedor un mínimo de ingresos económicos al inicio de su actividad empresarial o bien financiar directamente la puesta en marcha de su proyecto de empleo autónomo[21].

En segundo lugar, el fomento del autoempleo puede basarse en la aplicación de reducciones y bonificaciones en las cotizaciones a la Seguridad Social, con las que se pretende reducir las cargas sociales en los primeros meses de la actividad o para estimular el alta de familiares colaboradores u otros colectivos vulnerables.

Además de las aludidas medidas que tratan de facilitar el inicio de una actividad por cuenta propia, se mejora la protección en caso de fracaso de

---

20 Ministerio de Trabajo e Inmigración, El empleo y la dimensión social en la estrategia UE-2020, 2010, 267 pp. (<empleo.gop.es>).
21 Roldán Martínez, A., "La protección por desempleo como palanca hacia el emprendimiento", en AA.VV., *La protección por desempleo en España, op. cit.*, pp. 567-577; Guindo Morales, S., "El fomento público del autoempleo", en AA.VV., *La protección por desempleo en España, op. cit.*, pp. 504-505.

la empresa profesional, garantizándole la reanudación de la prestación por desempleo que se dejó de percibir al causar alta y ampliando el período de suspensión de la prestación por desempleo por realización de actividad por cuenta propia.

Con el objetivo de unificar en un mismo texto normativo el conjunto de medidas de fomento del trabajo autónomo, la Ley 31/2015 de 9 de septiembre, por la que se modifica y actualiza la normativa en materia de autoempleo y se adoptan medidas de fomento y promoción del trabajo autónomo y de la Economía Social, ha dispuesto la integración de todas las disposiciones presentes y futuras vinculadas al estímulo del autoempleo a través del trabajo por cuenta propia en la Ley 20/2007, de 11 de julio, del Estatuto del Trabajo Autónomo (LETA).

Los incentivos han quedado sistematizados en el Título V de la LETA, estructurado en dos capítulos. El capítulo I, titulado "Disposiciones generales al fomento y promoción del trabajo autónomo" (arts. 27 a 29) y el capítulo II, denominado "Incentivos y medidas del fomento y promoción del Trabajo Autónomo" (arts. 30 a 38). En este segundo capítulo, además de las distintas reducciones y bonificaciones a la Seguridad Social aplicables a los trabajadores por cuenta propia (arts. 31, 32 y 35 a 38), se regulan una serie de medidas basadas en el fomento del autoempleo a partir de la prestación por desempleo reconocida. Así, la compatibilización de la prestación por desempleo con el inicio de una actividad por cuenta propia (art. 33), la capitalización de la prestación por desempleo (art. 34) y la capitalización de la prestación por cese de actividad (art. 39).

En suma, se trata de instrumentos que tratan de facilitar el inicio de una actividad emprendedora por parte de personas desempleadas. Se considera que esta es una buena estrategia para la salida de la situación del desempleo por tres razones fundamentales, a saber: el elevado número de autónomos, su capacidad de generación de empleo y su capacidad de recuperación tras un fracaso[22]. Así, actualmente hay más de 3 millones de trabajadores autónomos, cifra que representa el 18,5 por ciento del total de trabajadores dados de alta en la Seguridad Social, de los cuales, 1.945.548 son personas físicas y un 20,4 % de ellas (400.000) tienen contratados a trabajadores (775.590 asalariados). Además, en los últimos años, ha experimentado un

---

22 Molina Navarrete, C., "Pasión reformadora" sociolaboral y "estrés" de cierre legislativo (I): más autoempleo y emprendimiento social", *Estudios financieros. Revista de Trabajo y Seguridad Social: Comentarios, casos prácticos, recursos humanos*, n. 391, 2015, pp. 135-164.

crecimiento del 14 por ciento el número de trabajadores asalariados contratados por autónomos (95.145 personas)[23].

Con estas medidas de estímulo del autoempleo, el Gobierno estima que, desde 2014 a 2019, puede crecer la afiliación del Régimen de Trabajadores Autónomos en 550.000 personas, lo que permitiría alcanzar los 3.600.000 afiliados al RETA.

1. Medidas que incentivan la conversión de antiguos trabajadores por cuenta ajena en trabajadores autónomos

1.1. Posibilidad de compatibilizar la prestación por desempleo con el empleo por cuenta propia

Esta medida tiene por objeto garantizar al emprendedor un mínimo de ingresos al inicio de su actividad por cuenta propia, permitiendo mantener el cobro de la prestación por desempleo mientras se realiza un trabajo como autónomo

Al respecto, debemos avanzar que dicha posibilidad existe en el caso de la prestación contributiva por desempleo y, en cierta medida en el de la renta activa de inserción. En cambio, tratándose del subsidio por desempleo, solamente se admite la compatibilidad del mismo con el trabajo por cuenta ajena, pero no con el trabajo por cuenta propia.

a) Compatibilidad de la prestación por desempleo y el trabajo del emprendedor autónomo

La compatibilidad de la prestación por desempleo y el trabajo autónomo constituye una excepción a la regla general establecida en el art. 282.1 del Texto Refundido de la Ley General de la Seguridad Social, aprobado por RD Leg. 8/2015, de 30 de octubre (en adelante TRLGSS/2015) y está condicionada a que algún programa de fomento del empleo la permita.

En este sentido, el art. 282.4 del nuevo TRLGSS/2015 prevé que "cuando así lo establezca algún programa de fomento al empleo destinado a colectivos con mayor dificultad de inserción en el mercado de trabajo, se podrá compatibilizar la percepción de la prestación por desempleo pendiente de percibir con el trabajo por cuenta propia, en cuyo caso la entidad

---

23 Según se expone en el Preámbulo de la Ley 31/2015, de 9 de septiembre, a 31 de diciembre de 2014.

gestora podrá abonar al trabajador el importe mensual de la prestación en la cuantía y duración que se determinen, sin incluir la cotización a la Seguridad Social".

Esta posibilidad existe desde 2013, con la Ley 11/2013, de 26 de julio, de Emprendedores y ha sido ampliada en la LETA, en virtud de la modificación por la Ley 31/2015, de 9 de septiembre. Como se pone de manifiesto en el Preámbulo de esta última Ley, su finalidad es "ayudar al profesional al inicio de su actividad", etapa en la que los ingresos suelen ser más reducidos, garantizándole, al menos, el percibo de la cantidad que representa la prestación por desempleo de la que es beneficiario.

La Ley 11/2013, de 26 de julio, en su artículo 3, reguló la posibilidad de compatibilizar por un máximo de 9 meses (270 días) la percepción de la prestación por desempleo con el ejercicio de una actividad por cuenta propia. Podía acogerse a esta medida únicamente el colectivo de menores de 30 años, sin trabajadores a su cargo, siempre que solicitaran la compatibilización en la oficina de prestaciones en el plazo de 15 días a contar desde la fecha de inicio de la actividad por cuenta propia.

Tras la Ley 31/2015, de 9 de septiembre, el nuevo art. 33 de la LETA, elimina la barrera de edad hasta entonces existente, permitiendo a todos los autónomos la compatibilización de la prestación por desempleo con el trabajo por cuenta propia durante un plazo máximo de 270 días, con la finalidad de ayudar al profesional al inicio de su actividad por ser éste el período en el que todavía no se obtienen beneficios o estos son de escasa cuantía.

No obstante, el mismo precepto establece, en su apartado 2, una serie de exclusiones que impiden acceder a esta medida a: 1) las personas cuyo último empleo haya sido por cuenta propia. 2) Quienes hayan hecho uso de la compatibilidad en los 24 meses anteriores. 3) Quienes hayan obtenido el pago único en los 24 meses anteriores. 4) Quienes se constituyan como autónomos y suscriban un contrato por actividad profesional con el empleador para el que hubiese prestado sus servicios por cuenta ajena con carácter inmediatamente anterior al inicio de la situación legal de desempleo o una empresa del mismo grupo empresarial de aquella[24].

---

24 Como se ha puesto de manifiesto, esta exclusión tiene como objetivo evitar el fraude, evitando la proliferación de los "falsos autónomos". En este sentido, Roldán Martínez, A. "La protección por desempleo como palanca hacia el emprendimiento", en AA.VV., *La protección por desempleo en España, op. cit.*, p. 578.

b) Renta Activa de Inserción y fomento del trabajo por cuenta propia

La Renta Activa de Inserción (RAI) es una ayuda económica que se otorga a las personas en una situación social y económica desfavorecida y que pretende la integración o reintegración de éstas en el mercado laboral y en la vida social.

El Programa de RAI (PRAI) nació con vocación coyuntural en el año 2000, siendo objeto de sucesivas prórrogas, hasta adquirir un carácter permanente como prestación que forma parte de la acción protectora por desempleo del régimen público de Seguridad Social. Actualmente viene regulado mediante el Decreto 1369/2006, de 24 de noviembre, modificado por RDL 20/2012. Los colectivos destinatarios de este programa son los siguientes: desempleados de larga duración mayores de 45 años, emigrantes retornados, víctimas de violencia de género y personas con discapacidad. Además de cumplir todas las condiciones generales exigidas[25], hay una serie de requisitos específicos para cada uno de los colectivos de beneficiarios.

El programa de RAI asegura al destinatario un ingreso mensual del 80 % del IPREM (426 euros) durante 11 meses y la cotización a la Seguridad Social. El programa puede recibirse hasta en 3 ocasiones, si bien en 3 periodos separados por 365 días naturales cada uno excepto, en el caso de víctimas de violencia de género y discapacidad, lo que deja a la persona beneficiaria en absoluta situación de desprotección durante el tiempo de espera de su renovación. Además puede tener derecho a otras ayudas destinadas a incentivar la inserción laboral del beneficiario.

En cuanto al régimen de compatibilidad de la RAI con el empleo por cuenta propia, hay que señalar que la regla general, al igual que sucede con la prestación y subsidio por desempleo, es la de incompatibilidad, por lo que se causará baja temporal en el desarrollo del programa, sin consumo de

---

25 Estar desempleado e inscrito como demandante de empleo y suscribir un compromiso de actividad en la oficina de Empleo; ser menor de 65 años; no disponer de ingresos superiores al 75 por 100 del SMI, excluida la parte proporcional de dos pagas extraordinarias (491,40 €/mes en 2016); que los ingresos mensuales del solicitante sumados a los ingresos de la unidad familiar y divididos por el número de miembros de esta unidad (incluidos los padres si hay convivencia) no supere el 75 por 100 del SMI, excluida la parte proporcional de dos pagas extraordinarias; no haber sido beneficiario de un programa de Renta Activa de Inserción en los últimos 365 días naturales (a excepción de ser víctima de Violencia de Género o discapacidad, en cuyo caso se puede cobrar los tres programas de forma consecutiva); no haber sido beneficiario de los tres programas RAI.

la duración de la renta, en caso de trabajo por cuenta propia por un período inferior a seis meses[26].

Producida la baja en el programa por alguna de las causas previstas, se producirá la reincorporación a aquél por solicitud del interesado en los 15 días siguientes al cese en el trabajo por cuenta propia, o al retorno a España, previa inscripción como demandante de empleo y reactivación del Compromiso de Actividad en la fecha de la solicitud. La solicitud fuera del plazo señalado supondrá la pérdida de tantos días de renta como medien entre la fecha en que hubiera tenido lugar la reincorporación al programa de haberse solicitado en tiempo y forma y aquella en que efectivamente se hubiese formulado la solicitud.

Pero, además, como se ha señalado, el programa de RAI comprende medidas de fomento del empleo, reguladas en los artículos 6 y 7, respectivamente, como "ayudas para incentivar el trabajo" y "acciones de inserción laboral". En cuanto a las ayudas para incentivar el trabajo (art. 6), si el beneficiario de la RAI realiza un trabajo por cuenta propia recibirá una ayuda equivalente al 25 por cien de la prestación durante un período máximo de seis meses, sin que su percepción reduzca la duración de la RAI. Esta ayuda no se aplicará a los contratos subvencionados por el Servicio Público de Empleo Estatal. De otro lado, entre las acciones de inserción laboral contempladas en el artículo 7, se incluye el asesoramiento al autoempleo.

1.2. Reanudación de la prestación por desempleo tras el cese de una actividad por cuenta propia

El inicio de una actividad por cuenta propia fuera del marco de un programa específico de fomento del empleo que lo autorice comporta la suspensión de la prestación —con posibilidad de reanudar su cobro— o la extinción de la prestación, en función de la duración del período de actividad realizado.

La posibilidad de reanudar la prestación, constituye una medida de estímulo del autoempleo a través de la prestación por desempleo, que se configura como un salvavidas o red futura de protección en caso de no viabilidad de la actividad emprendida. En efecto, esta previsión legal puede

---

26 Asimismo son causas de suspensión: el trabajo por cuenta ajena a tiempo completo por un periodo inferior a seis meses; la superación del límite de rentas, por un período inferior a seis meses; el traslado al extranjero para la búsqueda o realización de trabajo o perfeccionamiento profesional o cooperación internacional por un período inferior a seis meses.

suponer una garantía importante para quien decide iniciar una aventura empresarial a sabiendas de que si el nuevo negocio o actividad fracasa, se podrá reanudar la prestación que dejó de percibir al causar alta en el régimen correspondiente de la Seguridad Social tras darse de baja en el RETA, siempre que no hayan transcurrido el plazo máximo de suspensión previsto.

El hecho de poder reanudarla o no, depende del tiempo que dure la actividad, aplicándose diferentes criterios temporales en caso de trabajo por cuenta ajena y por cuenta propia (art. 272 TRLGSS/2015). La línea que marca la frontera entre suspensión y extinción por realización de un trabajo por cuenta ajena coincide con el período de carencia que permite lucrar una nueva prestación. De este modo, si el contrato de trabajo tiene una duración inferior a doce meses, se suspende la prestación por desempleo reconocida, que podrá reanudarse al finalizar la nueva actividad, mientras que si la duración del empleo es igual o superior a doce meses, y por tanto permite causar una nueva prestación por desempleo, se extingue la primera, aunque se reconoce el derecho de optar entre reabrir el derecho anterior o percibir la prestación generada por las nuevas cotizaciones efectuadas (art. 273.3 del TRLGSS/2015). En cambio, en el caso del trabajo por cuenta propia el plazo de suspensión es mayor por la necesidad de conceder un período de tiempo más amplio para evaluar la viabilidad económica de la actividad iniciada[27].

Tras la Ley 31/2015, de 9 de septiembre, el artículo art. 271 d) TRLGSS/2015, ha ampliado, con carácter general, el período de suspensión de 24 a 60 meses para que opere la suspensión de la prestación por desempleo en lugar de la extinción por ejercicio de una actividad autónoma[28]. La razón de esta ampliación de dos a cinco años, que se explicita en el propio Preámbulo de la citada Ley, no es otra que "evitar que la cercanía de la fecha en que se extinguiría la prestación por desempleo por superar los plazos de suspensión previstos legalmente le condicionen a la hora de

---

27 Roldán Martínez, A., "La protección por desempleo como palanca hacia el emprendimiento", *op. cit.*, p. 573.

28 Con arreglo a la anterior regulación, la barrera que marcaba la frontera entre la suspensión y la extinción de la prestación se fijaba en 24 meses, excepto en el caso de los menores de 30 años que hubieran causado alta en el Régimen Especial de Trabajadores por Cuenta Propia o en el de los Trabajadores del Mar, a los cuales se les permitía reanudar siempre que el trabajo por cuenta propia hubiera tenido una duración inferior a 60 meses. Con la Ley 31/2015, el periodo de suspensión es de 60 meses cualquiera que sea la edad del autónomo que cause alta como tal en uno de los dos Regímenes de Seguridad Social mencionados.

mantener su actividad en aquellos casos en los que puedan existir dudas sobre su viabilidad".

En definitiva, teniendo en cuenta el dato contrastado por los estudios del Instituto Nacional de Estadística (INE) de que el 50 % de las actividades empresariales iniciadas resultan no viables al cabo de los cinco años, el legislador ha ampliado en igual medida el período máximo de suspensión de la prestación, con vistas a garantizar que, en caso de fracaso, el beneficiario pueda reanudar la prestación suspendida[29].

Para la reanudación de la prestación el interesado habrá de presentar, junto con la solicitud de la reanudación, el alta y la baja de autónomo, en el plazo de 15 días hábiles desde la finalización del trabajo.

1.3. Capitalización o pago único de la prestación por desempleo

La posibilidad de capitalizar la prestación por desempleo para financiar determinados gastos asociados al inicio de una actividad por cuenta propia se introdujo por primera vez en el ordenamiento español por Ley 31/1984, de 2 de agosto (art. 23.3), como una excepción a la regla general de incompatibilidad entre prestación y trabajo prevista en la LGSS, quedando condicionada a que así esté previsto en algún programa de fomento del empleo.

Hasta ahora, se ha regulado por RD 1044/1985, de 19 de junio, así como por la DT 4ª Ley 45/2002, de 12 de diciembre, de medidas urgentes para la reforma del sistema de protección por desempleo y mejora de la ocupabilidad (en adelante, LMU). Sin embargo, tras la modificación de la LETA llevada a cabo por la Ley 31/2015, de 9 de septiembre, esta medida se incluye ahora, junto al resto de incentivos laborales, en nuevo capítulo II del Título V de la LETA, concretamente en su artículo 34, si bien se mantiene la aplicación de lo previsto en el citado RD 1044/1985, de 19 de junio.

Se trata de una medida que se justifica en la necesidad de fomentar y facilitar iniciativas de empleo autónomo a través del abono del valor actual del importe de la prestación por desempleo de nivel contributivo, a las personas beneficiarias de prestaciones de esta naturaleza que pretenden incorporarse, de forma estable, como socios trabajadores o de trabajo en cooperativas o en sociedades laborales o mercantiles, constituirlas, o que quieren desarrollar una nueva actividad como trabajadores autónomos[30].

---

29 Guindo Morales, S. "El fomento público del autoempleo", op. cit., pp. 505-506.
30 Del Val Tena, A.L., "Capitalización de la prestación por desempleo", en AA.VV., La protección por desempleo en España, op. cit., pp. 463-478.

En 2015, 142.753 beneficiarios de prestaciones contributivas por desempleo se acogieron al sistema de capitalización. La gran mayoría destinó su prestación a constituirse como trabajadores autónomos (136.030 personas), mientras que el resto, la usaron para subvencionar sus aportaciones para constituirse como socios de cooperativas (3.039 personas), de sociedades anónimas laborales (3.101 personas) o entidades mercantiles (523 personas)[31].

Los requisitos exigidos para poder acogerse a esta medida, según se infiere del articulado del RD 1044/1985, son los siguientes:

- Ser beneficiario de una prestación contributiva por desempleo[32].
- Tener pendiente de recibir a fecha de solicitud, al menos, tres mensualidades de la prestación.
- No haber obtenido el reconocimiento de este derecho, en cualquiera de sus modalidades, en los cuatro años inmediatamente anteriores.
- Acreditar la realización de una actividad como trabajador autónomo o la incorporación como socio trabajador a una cooperativa de trabajo asociado o sociedad laboral o mercantil, de nueva creación o en funcionamiento, de forma estable, aunque el interesado haya mantenido un vínculo contractual previo con las mismas, independientemente de su duración.
- Si la actividad que pretende realizar es en una entidad mercantil, bien sea de nueva creación o bien que se haya constituido dentro de los 12 meses inmediatamente anteriores a la fecha de la aportación, no haber mantenido vínculo contractual previo con dicha entidad.
- Iniciar la actividad en el plazo máximo de un mes desde la resolución de concesión del derecho y, en todo caso, con fecha posterior a la solicitud[33], considerando que tal inicio coincide con la fecha que como tal figura en la solicitud de alta del trabajador en la Seguridad Social.

---

31 Datos extraídos del Anuario de Estadísticas Laborales, consultado el 21.04.2016: <http://www.empleo.gop.es/es/estadisticas/anuarios/2015/PRD/PRD.pdf>.

32 En cambio, los subsidios por desempleo, la RAI o el Prepara no dan derecho a la capitalización.

33 Debe tenerse en cuenta que, con la finalidad de facilitar que el trabajador inicie lo más pronto posible los trámites para salir de la situación de desempleo, "una jurisprudencia flexible viene admitiendo la solicitud de capitalización en momento posterior a la formalización del alta en el RETA", en este sentido, y citando, entre otras, STS 11 de julio 2006 (RJ 2006, 8338), Ferrando García, F.Mª, García Romero, M.B. y López Aniorte, M.C., "Reflexiones sobre la aplicación en España", *op. cit.*, p. 423.

– Que se haya producido el cese definitivo en el trabajo. En caso de haber impugnado ante la jurisdicción social el cese de la relación laboral origen de la prestación por desempleo cuya capitalización se pretende, la solicitud de pago único deberá ser posterior a la resolución del procedimiento correspondiente.

El nuevo art. 34 de la LETA, comprende básicamente tres modalidades de abono de la prestación, a las que podrá acogerse el interesado en función del tipo de actividad que pretenda realizar y la finalidad de la ayuda. Dichas modalidades, que ya existían en la anterior regulación, han experimentado, sin embargo, importantes modificaciones en virtud de la Ley 31/2015, de 9 de septiembre.

– 1ª. La entidad gestora podrá abonar a los beneficiarios de prestaciones por desempleo de nivel contributivo hasta el 100 por 100 del valor actual del importe de dicha prestación, en los siguientes supuestos:
  – Cuando pretendan constituirse como trabajadores autónomos, cualquiera que sea su edad, pueden obtener en un solo pago la cantidad que justifiquen como inversión necesaria para poner en marcha la actividad por cuenta propia, incluido el importe de las cargas tributarias para el inicio de la actividad. Para evitar el fraude y la proliferación de falsos autónomos, se introduce la cautela de que no se incluirán en este supuesto quienes se constituyan como trabajadores autónomos económicamente dependientes suscribiendo un contrato con una empresa con la que hubieran mantenido un vínculo contractual previo inmediatamente anterior a la situación legal de desempleo, o perteneciente al mismo grupo empresarial de aquélla.
  – Se extiende a todos los autónomos la posibilidad de capitalizar la prestación para destinar hasta el 100 por 100 de su importe a realizar una aportación al capital social de una entidad mercantil de nueva constitución o constituida en un plazo máximo de doce meses anteriores a la aportación. Para ello, se exige que vayan a poseer el control efectivo de la misma, conforme a lo previsto en la DA 27ª LGSS[34]. Merece destacarse la desaparición de la posibilidad de que

---

[34] De acuerdo con lo previsto en la citada DA 27ª LGSS (coincidente con lo establecido en el nuevo art. 305, 2b) TRLGSS, aprobado por RD-Leg. 8/2015, de 30 octubre), "Se presumirá, salvo prueba en contrario, que el trabajador posee el control efectivo de la sociedad cuando concurra alguna de las siguientes circunstancias: 1.º Que, al menos, la mitad del capital de la sociedad para la que preste sus servicios esté distribuido entre

el autónomo se incorpore a la sociedad mercantil como trabajador por cuenta ajena[35]. Asimismo, con el fin de evitar que se utilice la prestación por desempleo para convertirse en falsos autónomos, se excluyen de este supuesto aquellas personas que hayan mantenido un vínculo laboral previo inmediatamente anterior a la situación legal de desempleo con dichas sociedades u otras pertenecientes al mismo grupo empresarial.

En ambos casos, todos los autónomos que capitalicen la prestación por desempleo, podrán destinar la misma a los gastos de constitución y puesta en funcionamiento de una entidad, así como el pago de las tasas y tributos. Además podrán destinar hasta el 15 por ciento de la cuantía de la prestación capitalizada al pago de servicios específicos de asesoramiento, formación e información relacionados con la actividad a emprender.

- 2ª. La entidad gestora podrá, cuando así se solicite, abonar exclusivamente el importe total de la prestación pendiente de percibir para subvencionar la cotización del trabajador a la Seguridad Social, en los siguientes términos: 1) la cuantía de la subvención, calculada en días completos de prestación, será fija y corresponderá al importe de la aportación íntegra del trabajador a la Seguridad Social en el momento de inicio de la actividad sin considerar futuras modificaciones, salvo cuando el importe de la subvención quede por debajo de la aportación del trabajador que corresponda a la base mínima de cotización vigente para cada régimen de la Seguridad Social; en tal caso se abonará esta última. 2) El abono se realizará mensualmente por la entidad gestora al trabajador, previa comprobación de que se mantiene en alta en la Seguridad Social en el mes correspondiente.

---

socios con los que conviva y a quienes se encuentre unido por vínculo conyugal o de parentesco por consanguinidad, afinidad o adopción, hasta el segundo grado; 2.º Que su participación en el capital social sea igual o superior a la tercera parte del mismo; 3.º Que su participación en el capital social sea igual o superior a la cuarta parte del mismo, si tiene atribuidas funciones de dirección y gerencia de la sociedad".

35 Con ello se trata de "evitar el fraude en la contratación de trabajadores desempleados y, al mismo tiempo, fomentar el autoempleo real". De ahí la exigencia de que se posea el control efectivo de la sociedad que se constituye o a la que se incorpora el beneficiario de la prestación por desempleo o su alta como trabajador por cuenta propia. En este sentido, Roldán Martínez, A. "La protección por desempleo como palanca hacia el emprendimiento", *op. cit.*, p. 572.

– 3ª. Se podrá obtener como mezcla de las dos fórmulas anteriores, es decir, como una especie de modalidad mixta. Así, cuando no se obtiene la prestación por su importe total, porque la cantidad justificada como inversión es inferior a la prestación capitalizada, el importe restante se podrá obtener a través de subvenciones en las cuotas a la Seguridad Social.

Como ya se ha señalado, la solicitud de la capitalización en cualquiera de las modalidades descritas, se puede presentar conjuntamente con la solicitud de la prestación contributiva por desempleo o en cualquier momento posterior, siempre que el interesado tenga pendiente de percibir, al menos, tres mensualidades y no se haya iniciado la actividad como autónomo o como socio de la entidad mercantil (que se presume que coincide con la de alta del trabajador en la Seguridad Social). Si el beneficiario capitaliza por la modalidad de abono en un solo pago de la prestación, en el mismo acto podrá pedir el abono del resto para la subvención de cuotas de Seguridad Social. De no hacerse así, no podrá solicitar con posterioridad este abono. Del mismo modo, si solo se solicita la subvención de cuotas de Seguridad Social, el interesado no podrá acceder con posterioridad a la capitalización en pago único de la prestación pendiente de percibir.

De otro lado, se establece que si el trabajador o los representantes de los trabajadores en caso de despido colectivo, hubieran impugnado el cese de la relación laboral origen de la prestación por desempleo, la solicitud deberá ser posterior a la resolución del procedimiento correspondiente. Los efectos económicos del abono del derecho solicitado se producirán a partir del día siguiente al de su reconocimiento, salvo cuando la fecha de inicio de la actividad sea anterior, en cuyo caso, se estará a la fecha de inicio de esa actividad.

El art. 34.4 de la LETA establece que "no tendrán derecho a percibir la prestación por desempleo en su modalidad de pago único [en cualquiera de las modalidades descritas] quienes en los 24 meses anteriores a la solicitud hayan compatibilizado el trabajo por cuenta propia con la prestación por desempleo de nivel contributivo.

Por último, se contempla el supuesto de que un trabajador desempleado haya iniciado una actividad por cuenta propia sin haber extinguido la prestación por desempleo de nivel contributivo (cabe entender que bien por no haber solicitado la capitalización de la prestación, o bien, por haber hecho uso de esta posibilidad tan solo parcialmente) y tras el cese involuntario en el trabajo por cuenta propia el trabajador tuviera derecho a la prestación por cese de actividad, supuesto en el que "podrá optar entre percibir esta o reabrir el derecho a aquella. La opción por una u otra protección implicará la extinción de la prestación por la que no se opta".

2. Medidas de segunda oportunidad para antiguos autónomos para que sigan reemprendiendo: la capitalización o pago único de la prestación por cese de la actividad

La posibilidad de capitalizar la prestación por cese de la actividad, de modo análogo a lo que ya existía respecto a la prestación por desempleo, se reguló inicialmente en la DA 4ª del RD 1541/2011, de 31 de octubre, dictado en desarrollo de la Ley 32/2010, de 5 de agosto, que contempla su articulación.

Esta regulación fue derogada por la Ley 31/2015, de 9 de septiembre, la cual, como se ha señalado, tiene como objetivo unificar en un texto normativo el conjunto de medidas de fomento del trabajo autónomo. En consecuencia, dicha ley procede a modificar la ordenación de la prestación por cese en la actividad y a incorporarla en el artículo 39 del nuevo capítulo II del Título V de la Ley 20/2007, de 11 de julio, del Estatuto del Trabajo Autónomo para los casos en que los beneficiarios de esta prestación pretendan iniciar una actividad por cuenta propia o destinen todo el importe a realizar una aportación al capital social de una entidad mercantil, y en el artículo 12 de la Ley 11/2011, de 29 de marzo de Economía Social, cuando la nueva actividad se quiera realizar como socios trabajadores de una cooperativa o sociedad que tenga carácter laboral.

El citado artículo art. 39 de la LETA regula el "pago único de la prestación por cese de la actividad", que permite capitalizar el 100 por 100 de esta prestación para realizar una actividad por cuenta profesional como autónomos, o para realizar una aportación al capital social de nueva constitución sobre la que vayan a tener el control efectivo y en la que vayan a ejercer una actividad profesional, encuadrados como trabajadores por cuenta propia en el Régimen de la Seguridad social que corresponda por razón de la actividad.

Los paralelismos entre la regulación del pago único de esta prestación y la establecida para la prestación por desempleo son más que evidentes, y obedecen a que, en ambos casos, el objetivo es poner a disposición del beneficiario de una u otra, una cantidad de dinero que le sirva para financiar todo o parte del coste de la puesta en marcha de una actividad por cuenta propia[36].

Como en el caso de la prestación por desempleo, en este supuesto se admiten también las mismas modalidades de capitalización. Así, el abono de la prestación se realizará de una vez por el importe que corresponda a la inversión necesaria para desarrollar la actividad como trabajadores autónomos, incluidas las cargas tributarias para el inicio de la actividad. Además, se podrá destinar hasta el 15 por ciento de la cuantía de la prestación capitalizada al pago de los servicios específicos de asesoramiento, formación e información relacionados con la actividad a emprender. Asimismo, el órgano gestor, a solicitud de los beneficiarios de esta medida, podrá destinar todo o parte del pago único de la prestación por cese de actividad a cubrir los costes de cotización a la Seguridad social. Ello significa que el interesado puede optar bien por percibir toda la prestación para cubrir costes de cotización a la Seguridad Social, bien una parte para financiar los costes asociados al inicio de la actividad y el resto para compensar la cotización del trabajador a la Seguridad Social. Cuando su destino sea compensar las cotizaciones, la entidad gestora abonará mensualmente una cantidad fija, correspondiente al importe de la aportación íntegra del trabajador a la Seguridad Social en el momento del inicio de la actividad sin considerar futuras modificaciones y previa comprobación de que se mantiene el alta en la Seguridad social en el mes correspondiente.

Los requisitos exigidos para obtener el pago único de la prestación por cese de actividad para quienes deseen establecerse como autónomos son: 1) que tenga pendientes de percibir al menos 6 meses de la prestación que desean capitalizar. En este punto se halla una de las diferencias más reseñables entre el régimen de capitalización de la prestación por cese de actividad con respecto al pago único de la prestación por desempleo, respecto de que la que solo se establece que tenga 3 meses de prestación pendientes de percibir[37]. 2) Que la solicitud de abono anticipado debe ser de fecha anterior al inicio de la actividad como trabajador autónomo, considerando

---

36 Taléns Visconti, E., "La capitalización de la prestación por cese de actividad. Problemas prácticos", en AA.VV., *La protección por desempleo en España, op. cit.*, p. 533.

37 El período máximo de percibo de la prestación por cese de actividad es de 12 meses, y para obtener un derecho de tal duración es preciso haber cotizado 48 meses o más. Por lo tanto, la exigencia de que le queden al menos 6 meses de prestación pendientes de percibir, obliga a tomar la decisión de emprender una actividad por cuenta propia muy al inicio del reconocimiento de la citada prestación.

como tal la que figura en la solicitud de alta del trabajador en la Seguridad Social. 3) Debe acompañar a su solicitud una memoria explicativa sobre el proyecto de inversión a realizar y actividad a desarrollar, así como cuanta documentación acredite la viabilidad del proyecto. 4) Una vez percibida la prestación, debe iniciar, en el plazo máximo de un mes, la actividad para cuya realización se le hubiera concedido y darse de alta como trabajador por cuenta propia en el correspondiente régimen de la Seguridad Social, o acreditar en su caso que está en fase de iniciación.

Con todo, la propia configuración de la prestación por cese de actividad, tanto en lo que se refiere a su duración como a su cuantía, hacen poco atractivo este instrumento de estímulo del trabajo autónomo[38]. En efecto, teniendo en cuenta los datos facilitados por el Ministerio de Empleo y Seguridad Social, se puede observar que la duración media de estas prestaciones es de 7,75 meses y la cuantía media de las mismas de 787,35 euros. Por lo tanto, de acuerdo a estas cifras, en caso de capitalización de esta prestación, la cantidad media que se obtendría oscilaría entre 4.724 euros (si se capitalizan estrictamente los seis meses que exige la ley) y 9.448,2 euros (de capitalizarse el total de la prestación, es decir doce meses).

Conclusión

Existe una clara tendencia a situar a los desempleados con cobertura económica pública en el centro de las políticas activas de empleo, financiando las mismas mediante la transferencia de recursos anteriormente destinados a atender las políticas pasivas.

Junto a razones económicas y estadísticas, en la base de las últimas reformas, subyace la llamada "trampa del desempleo". De un lado, cierta presunción respecto del carácter acomodaticio que se deriva de la situación de desempleo subsidiado, en la medida en que desincentiva la aceptación de puestos de trabajo por parte del beneficiario durante el período de su percepción, si la misma no le reporta una ventaja económica significativa. Ciertamente, se constata que el cobro del subsidio de desempleo, bien sea

---

38 Taléns Visconti, E., "La capitalización de la prestación por cese de actividad. Problemas prácticos", *op. cit.*, p. 534.

contributivo o asistencial, influye negativamente en la búsqueda de empleo o en la aceptación de ofertas recibidas. Ello debería llevar a diseñar mecanismos que no produjeran este efecto de disminución de la salida hacia un empleo. Para ello, es necesario que los desempleados reciban tratamientos de formación y recolocación, y que la alternativa del empleo resulte siempre más favorable a la de estar parado. De otro lado, la teoría según la cual, a mayor duración de la situación de desempleo, existe mayor dificultad en lograr la reinserción laboral de la persona afectada, como consecuencia de la reducción de su capital humano en términos de formación profesional. En efecto, cuando la situación económica desfavorable se prolonga en el tiempo a consecuencia del contexto de crisis económica, la imposibilidad de reinserción en un empleo estable y con una remuneración adecuada, termina inevitablemente por provocar la exclusión de las personas afectadas.

En segundo término, ante la escasa eficacia de los incentivos a la creación de empleo y a la contratación de trabajadores desempleados por parte de las empresas existentes, en los últimos años, desde las instancias comunitarias se viene incidiendo en la necesidad de promover y apoyar el trabajo por cuenta propia, las empresas sociales y las empresas de nueva creación, recomendando a los Estados miembros que a tal fin pongan en marcha sistemas de conversión de las prestaciones por desempleo en subvenciones para la creación de empresas, orientados a los grupos con mayor potencial, como los trabajadores desempleados con capacidades profesionales, las mujeres o los jóvenes.

En el ámbito interno, tales directrices comunitarias, junto con la toma de conciencia de la importancia que presenta el trabajo autónomo en nuestro mercado de trabajo y tejido productivo, han conducido a situar el fomento del autoempleo, tanto individual como colectivo, en un lugar destacado de las políticas de empleo, atribuyéndole un papel fundamental para la salida de la crisis y la reducción de las elevadas tasas de desempleo existentes en España. Así se pone de manifiesto en los principales proyectos normativos del Ministerio de Empleo y Seguridad Social adoptados recientemente.

Se trata esencialmente de instrumentos que pretenden facilitar el inicio de una actividad emprendedora por parte de personas desempleadas utilizando su propia prestación como palanca de emprendimiento y que se concretan bien en la compatibilidad de la prestación por desempleo con el inicio de una actividad por cuenta propia, bien en la capitalización de la prestación por desempleo o de la prestación por cese de actividad, o en fin, en la posibilidad de reanudar el cobro de la prestación por desempleo que permaneció suspendida durante el tiempo de ejercicio de una actividad por cuenta propia tras el fracaso de esta.

El problema fundamental es que tales medidas al estar destinadas prioritariamente a los parados beneficiarios de ayudas públicas por desempleo, generan el efecto perverso de provocar un mayor desamparo de la restante población inactiva que carece de cualquier protección social pública.

Bibliografía

Del Val Tena, A.L., "Capitalización de la prestación por desempleo", en AA.VV., *La protección por desempleo en España*, (Murcia, 2015), Ed. Laborum.

Fernández Docampo, M.B., "Funciones y disfunciones de la política nacional de empleo", en AA.VV., *Políticas de Empleo* (Cabeza Pereiro, J. y Fernández Prol, Coord.) (Pamplona, 2013), Ed. Thomson Reuters Aranzadi.

Ferrando García, F.Mª, García Romero, M.B. y López Aniorte, M.C., "Reflexiones sobre la aplicación en España de la Estrategia Europea de Empleo", en AAVV., *Políticas de Empleo, op. cit.*

Ferrando García, F.Mª, García Romero, M.B. y López Aniorte, M.C., "Los beneficiarios de prestaciones por desempleo como destinatarios preferentes de las políticas de fomento y mantenimiento del Empleo", en AAVV., *Las reformas del Derecho del Trabajo en el contexto de la crisis económica. La reforma Laboral de 2012* (Valencia, 2013), AEDTSS, Ed. Tirant lo Blanch.

García Gil, Mª B., *Los instrumentos jurídicos de la política de empleo*, Thomson-Aranzadi (Navarra, 2006); AA.VV., Rodríguez-Piñero Royo (Dir.), *Lecciones de Derecho del Empleo*, 2ª Ed. (Madrid, 2006), Ed. Tecnos.

García Romero, B., "Desempleados de larga duración: medidas de incentivación del emprendimiento y del empleo", *Revista Derecho de la Seguridad Social*, nº Monográfico (Medidas de Seguridad Social de fomento del empleo y su incidencia en la sostenibilidad del sistema en España e Italia), 2016.

García Romero, B., "Protección por desempleo y medidas de inserción de desempleados de larga duración", *Estudios Financieros, Revista de Trabajo y Seguridad Social: Comentarios, casos prácticos: recursos humanos*, n. 401-402, 2016.

García Romero, B., "Medidas para favorecer la empleabilidad de los trabajadores", en AA.VV, *Análisis de la Reforma Laboral de 2012* (Coord. Cavas Martínez, F.), Ed. Laborum, Murcia, 2012.

Guindo Morales, S. "El fomento público del autoempleo", en AA.VV., *La protección por desempleo en España, op. cit.* (Murcia, 2015), ED. Laborum.

Lafore, R., "Les trois défis du RMI", *AJDA (Actualité Juridique Droit Administratif)*, octubre 1989.

Martínez Barroso, Mª.R., "Mejora de la empleabilidad a través de la sustitución de medidas pasivas por políticas activas de empleo. Fortalezas y debilidades", en AA.VV., *Las reformas del Derecho del Trabajo en el contexto de la crisis económica, op. cit.*

Ministerio de Trabajo e Inmigración, *El empleo y la dimensión social en la estrategia UE-2020*, 2010 (<empleo.gop.es>).

Molina Navarrete, C., "Pasión reformadora" sociolaboral y "estrés" de cierre legislativo (I): más autoempleo y emprendimiento social", *Estudios financieros. Revista de trabajo y Seguridad Social: Comentarios, casos prácticos, recursos humanos*, n. 391, 2015.

Ojeda Avilés, A., "Las Políticas Activas de Empleo en España", en AAVV., *La protección por desempleo en España* (Murcia, 2015), Ed. Laborum.

Quintero Lima, G., "La contrapartida como instrumento teórico-práctico de articulación de las políticas activas de empleo y de la protección por desempleo", en AAVV., *Políticas de Empleo, op. cit.*

Rojo Torrecilla, E., "Análisis de la Estrategia española de activación para el empleo 2014-2016 y del Plan anual de política de empleo 2014. ¿Una nueva reforma o simple adaptación del marco normativo vigente con cambio de palabras? (II)", blog 27 septiembre 2014.

Roldán Martínez, A. "La protección por desempleo como palanca hacia el emprendimiento", en AAVV., *La protección por desempleo en España*, (Murcia, 2015), ED. Laborum.

Standing, G., "El camino hacia el subsidio activo ¿Otra forma de protección social o una amenaza para la ocupación?", *Revista Internacional del Trabajo*, vol. 109, 1990, n. 4.

Elena Signorini

Professoressa Aggregata di Diritto del lavoro, Università di Bergamo. Italia

La riforma della protezione contro la disoccupazione e l'incentivo all'autoimprenditorialità in Italia: aperture per il lavoro autonomo?[1]

Abstract: Nel quadro di riordino della materia degli ammortizzatori sociali il legislatore italiano con i decreti attuativi del Jobs Act, oltre a prevedere nuovi strumenti per sostenere il reddito di quanti hanno perduto involontariamente il posto di lavoro, prevede la possibilità che il lavoratore, titolare del diritto alla ex indennità di disoccupazione, concluda contratti o di lavoro autonomo o subordinato senza per questo perdere il diritto alla Nuova Assicurazione Sociale per l'Impiego (Naspi). Oltre a prevedere la compatibilità tra Naspi e lavoro subordinato o autonomo, l'art. 8 del dlgs n. 22 del 2015 riconosce al lavoratore beneficiario della Naspi la possibilità di richiedere in via anticipata ed in una unica soluzione il pagamento dell'importo complessivo spettante, e non ancora erogato, quale incentivo all'avvio di un'attività lavorativa autonoma o d'impresa individuale o per la sottoscrizione di una quota di capitale sociale di una cooperativa. Si auspica in tal maniera di combattere l'inattività dei beneficiari della misura di sostegno del reddito stimolando l'avvio di attività connotate da un effettivo carattere di autonomia oltre che da un certo grado di rischio di impresa.
La questione appare di particolare rilevanza per le implicazioni derivanti dalla possibilità di ampliare la sfera di destinazione della Naspi, nel rispetto di quelle circostanze di "condizionalità", anche nei confronti dei lavoratori autonomi, qui potenziali beneficiari intenzionati ad avviare una attività di lavoro autonomo. Il presente lavoro, prendendo le mosse dal dlgs n. 185 del 2000 in tema di autimprenditorialità, intende mappare l'ambito degli strumenti a sostegno del reddito individuando il ruolo che il lavoratore autonomo può assumere rispetto all'impianto dei decreti nn. 22 e 150 del 2015, nonchè le potenzialità che l'autoimprenditorialità può esprimere per combattere la crisi anche alla luce del disegno di legge sul lavoro autonomo.

Key words: disoccupazione, autoimprenditorialità, lavoro autonomo, incentivi.

---

1 Il presente contributo rappresenta il testo scritto da cui è stata tratta la relazione presentata nel Simposio "*El fomento del trabajo autónomo como herramienta de lucha contra el desempleo en tiempos de crisis*", nell'ambito del Congresso Inaugurale della Comunità Cielo recante "*Los actuales cambios sociales y laborales: nuevos retos para el mundo del trabajo*", tenutosi presso l'Università Cattolica Portoghesa, Facoltà di Diritto, in Oporto (Portogallo), 30 settembre-1 ottobre 2016.

Introduzione

In ognuno dei diversi stati membri dell'Ue il lavoro, nella forma del lavoro autonomo, rappresenta un'opzione di molti lavoratori: la percentuale di questi lavoratori nell'Unione si è attestata al 15 % del totale degli occupati, tra questi la percentuale di professionisti sul totale degli occupati nell'UE ha subito un innalzamento passando dal 13 % del 2005 al 19 % del 2014[2].

In generale l'andamento del mercato del lavoro in Italia nel 2015 è stato di segno positivo (+ 0,8 % in linea con il PIL) con una crescita dell'occupazione complessiva cui ha corrisposto una contrazione della disoccupazione passata dal 12,3 % della fine del 2014 all'11,6 % del dicembre 2015 (quella giovanile è passata dal 40,9 % al 38,6 %). Il movimento ascensionale che ha portato a fine anno il tasso di occupazione al 56,5 % ha caratterizzato soprattutto il lavoro dipendente nella tipologia del lavoro a tempo indeterminato, stimolato dagli aiuti previsti nella Legge di Stabilità sotto forma di sgravi contributivi ed agevolazioni fiscali. Di contro il numero dei lavoratori autonomi[3] ha subito nello stesso periodo una contrazione, situazione cui già il legislatore aveva cercato di far fronte avviando una serie di strumenti per regolarne la diffusione[4].

Ampio è il raggio di azione di questo tipo di rapporto il cui impatto, dati i processi di riorganizzazione che interessano molti settori, sta sviluppandosi oltremodo nelle diverse modalità di esternalizzazione e microcanalizzazione del lavoro in micro imprese o in subappalti[5]. Le ragioni di questo derivano da svariate motivazioni. La *"reputazione"* ed il rilievo del lavoro dipendente salariato, all'interno di una grande organizzazione aziendale, sono fortemente mutati con il postfordismo. Ciò si è tradotto in maggiore attrattiva per il lavoro

---

2   Dati desunti dall'indagine EWCS Eurofound, *Sesta indagine sulle condizioni di lavoro: primi risultati, 2015*, in <http://www.eurofound.europa.eu/european-working-conditions-surveys-ewcs>.

3   La fotografia dei lavoratori autonomi nell'ottica di genere <http://www.sistan.it/index.php?id=88&no_cache=1&tx_ttnews%5Btt_news%5D=5024>.

4   *Quaderno di monitoraggio 1–2016. I contratti di lavoro dopo il Job Act,* in <http://www.lavoro.gov.it/documenti-e-norme/studi-e-statistiche/Documents/Quaderno%20di%20monitoraggio%20n.%201%20A99ct.pdf>.

5   Eurofound, *Misure di carattere pubblico a sostegno del lavoro autonomo e della creazione di posti nelle microimprese e nelle imprese individuali,* La sintesi, in <https://www.eurofound.europa.eu/sites/default/files/ef_files/pubdocs/2011/841/it/1/EF11841IT.pdf>.

autonomo[6] divenuto un'opzione per quanti sono usciti o stanno uscendo dal mondo del lavoro dipendente. La questione è delicata perchè il lavoro autonomo coinvolge un'ampia gamma di categorie di soggetti[7] spaziando dal settore agricolo, alle professioni forestali, a quelle del settore ittico, al commercio ed artigianato, alle telecomunicazioni con i *freelance*[8], alla stampa, alla cinematografia, al settore *web*, sino alle professioni "ordinistiche".

La realtà presenta invero lavoratori autonomi che tali non sono e per i quali occorre incrementare le tutele poichè nello stato attuale di crisi essi sono "le vittime primarie ... delle elusioni normative da parte datoriale per poter ridurre i costi del lavoro". Per promuovere l'occupazione e proteggere tali soggetti servono "soluzioni di protezione economica e probatorio-giudiziale per semplificare la riqualificazione dei rapporti da lavoro autonomo in lavoro dipendente, quando (e solo se) effettivamente tale"[9]. L'osservazione e l'accertamento del contenuto sostanziale del rapporto consentirà di constatare se si è o meno innanzi ad un'ipotesi in cui

> [...] è la disciplina ad operare una scelta, quello dello schema del lavoro subordinato, respingendo una posizione di neutralità tale da poter legittimare una scelta concreta (lavoro autonomo o subordinato), se tale disciplina è inderogabile ne consegue che non vi è spazio per una configurazione in concreto del rapporto di autonoma attività professionale[10].

Nell'annoso conflitto tra la riconduzione di un rapporto nell'alveo della subordinazione o dell'autonomia, ovvero della parasubordinazione la dottrina si domanda perchè continuare a volere "ricondurre nell'ambito del lavoro subordinato il lavoro autonomo coordinato e continuativo a tempo indeterminato, in luogo, semmai, di estendervi alcune protezioni nel caso in cui lo si ritenga necessario?"[11]. Il fenomeno rispecchia altresì e risponde alle

---

6   Bologna S., Banfi D., *Vita da freelance. I lavoratori della conoscenza e il loro futuro*, Feltrinelli (Milano, 2011), p. 111.
7   <Eurofound.europa.eu/sites/default/files/ef_publication/field_ef_document/ef156>.
8   Cfr. Bologna S., Banfi D., *ult. op. cit.*, p. 111 laddove evidenzia come "... *dentro il sistema capitalistico il lavoratore autonomo è diventato un "fornitore" prima ancora di essere un soggetto che opera sul mercato come forza lavoro*".
9   Iro Belluzzi, alla 105ª Conferenza Internazionale del lavoro di Ginevra, 9 giugno 2016 in <www.ilo.org>.
10 Buffa, F., *Il rapporto di lavoro degli extracomunitari*, Wolters Kluver, 2009, vol. II, p. 2900.
11 Magnani M., *La riforma dei contratti e del mercato del lavoro nel c.d. Jobs Act. Il Codice dei contratti*, in Carinci, F. (a cura di), *Jobs Act: un primo bilancio Atti del XI*

nuove esigenze e tendenze del mercato inducendo a riflettere sulla necessità di protezione delle persone coinvolte nell'esecuzione dei contratti che da tale tipo gemmano, senza comprimerne le manifestazioni e nel contempo sulla necessità di favorire, senza eludere[12], le realtà che poggiano sulle potenzialità connesse all'autonomia che connota questo tipo di lavoro. Per soddisfare tali esigenze occorre che la manifestazione di lavoro dedotta non venga utilizzata in modo distorto con finalità elusive[13] o evasive delle previsioni normative, ovviando a quella metamorfosi del mercato e delle imprese che ha dato vita ad una realtà di lavoratori autonomi anomali *"precari, costretti (spesso) al lavoro irregolare"*[14].

Nello stesso tipo contrattuale si fronteggiano distinte realtà: quella del contratto d'opera di cui all'art. 2222 del codice civile, con quella del lavoro autonomo continuativo[15] funzionalizzato all'impresa altrui (la cui più evidente manifestazione si nell'art. 1742 codice civile sul contratto di agenzia intesa quale stabile organizzazione... all'impresa del preponente ... di cui costituisce un vero e proprio ausiliario[16]), con quelle forme di collaborazioni funzionali all'impresa altrui prestate in maniera non subordinata le quali, pur utilizzando la figura paradigmatica di cui all'art. 1742 codice civile, se ne discostano per quella non episodicità e coordinazione con cui la collaborazione personale si sviluppa. In ultimo ancora nello stesso tipo si può dedurre la prestazione riconducibile ai contratti aventi natura associativa ove la prestazione volge a conseguire uno scopo comune e dove grande assente è il fattore causale tipico dello scambio tra prestazione di lavoro e retribuzione.

Seminario di Bertinoro-Bologna, 22–23 ottobre 2015, Adapt Labour Studies, e-book series, 2016, n. 54, p. 17, in <www.///C:/Users/user/Desktop/ebook_vol_54%20tiraboschi.pdf>, 2016, p. 590.

12 Bignami R., Casale G., Fasani M., *Labour inspection and employment relationship*, ILO, Ginevra, 2013, in <http://www.ilo.org/wcmsp5/groups/public/---ed_dialogue/---lab_admin/documents/publication/wcms_217603.pdf>.

13 Signorini, E., *Diritto al lavoro. Crisi. Lavoro dei giovani*, Giuffré (Milano, 2013), pp. 143 ss.

14 ILO, *Programme d'administration et d'inspection du travail LAB/ADMIN L'inspection du travail en Europe: travail non déclaré, migration et la traite des êtres humains*, Organisation internationale du Travail (Ginevra, 2010).

15 Magnani M., *La riforma dei contratti... op. cit.*, p. 591, laddove precisa che "se il contratto di lavoro autonomo continuativo non rientrasse nell'art. 2222 c.c., sarebbe un contratto atipico".

16 Proia G., *Manuale di diritto del lavoro*, 2016, Cedam, p. 163.

Sia a livello europeo che nazionale numerosi sono stati i tentativi di canalizzare le tensioni che aleggiano intorno a questa figura soddisfacendo le esigenze che si sono venute a porre in materia di sicurezza sociale, di regolamentazione del lavoro economicamente dipendente oltre ai risvolti legati alla rappresentazione collettiva dei lavoratori autonomi[17]. Il Comitato Economico Sociale Europeo nel febbraio del 2009 ha elaborato un parere[18] manifestando l'esigenza di elaborare politiche di promozione del lavoro autonomo quale strumento per ovviare alla disoccupazione ma anche quale virgulto da cui gemmano nuovi rapporti lavorativi. Nuovo impulso è stato dato per l'accesso alla sicurezza sociale estendendo, anche a categorie non altrimenti destinatarie, tutta una serie di tutele per evitare che le elusioni normative si concretizzino "nella forma più subdola di lavoro di scarsa qualità"[19] declinando il falso autonomo nella categoria del lavoro privo di dignità[20] che "si accetta purchè ce ne sia uno"[21] traducendosi in un mero accumulo di reddito privo di futuro[22]. Il rischio è incentivare la precarietà poichè essa potrebbe guardare il "lavoro autonomo (come) la strada maetra per legittimar(si) (e) come unica possibilità di restare sul

---

17 Pedersini R., Regini M., *Coping with the crisis in Italy: Employment relations and social dialogue amidst the recession*, Working Paper No. 50, 2013, in <http://www.ilo.org/wcmsp5/groups/public/---ed_dialogue/---dialogue/documents/publication/wcms_223695.pdf>; nonché Minawa Ebisui, *Non-standard workers: Good practices of social dialogue and collective bargaining*, ILO, Ginevra, 2012, in <http://www.ilo.org/wcmsp5/groups/public/---ed_dialogue/---dialogue/documents/publication/wcms_179448.pdf>.

18 CESE 2011/C 18/08 in <http://eur-lex.europa.eu/legal-content/IT/TXT/?uri=CELEX%3A52010IE0639>.

19 Ales, E., *Il lavoro precario quale fattore di esclusione sociale ovvero del lavoro di scarsa qualità*, in <http://www.amministrazioneincammino.luiss.it/app/uploads/2011/10/Ales_lavor>.

20 Sulla nozione di dignità del lavoro cfr. Garofalo M.G., *Il diritto del lavoro e la sua funzione economico sociale*, in *Percorsi di diritto del lavoro*, (a cura di), Garofalo D., Ricci M., Bari, Cacucci, 2006, p. 129; spazia tra i vari ordinamenti giuridici Veneziani B., "Il lavoro tra l'ethos del diritto e il pathos della dignità", in *Dir. Lav. Rel. Ind.*, 2010, p. 257 ss.

21 Laforgia, S., *Il lavoro dignitoso, il lavoro decente e il lavoro purchessia*, in *Liber amicorum. Spunti di diritto del lavoro in dialogo con Bruno Veneziani*, Bari, Cacucci, 2012, p. 169.

22 Trentin, B. in *La città del lavoro. Sinistra e crisi del fordismo* (a cura di Ariemma I.) II, Firenze University Press, Firenze 2014 ove l'economia di mercato è dominata da una distorta "età manageriale ... in cui prevalgono il profitto immediato".

mercato del lavoro"²³. Il lavoro autonomo, infatti, potrebbe rappresentare uno degli sbocchi cui confluisce la precarietà ma l'elemento che distingue un lavoratore precario da uno autonomo sta nel fatto che mentre il primo si adopera per fuoriuscire da tale condizione, cui è entrato suo malgrado, il secondo si impegna a consolidare il suo *status* e la sua condizione, se, vero autonomo. Il già labile confine tra subordinazione ed autonomia si è fatto ancor più sfumato ed ora di può delineare una quadripartizione tra il lavoro integralmente autonomo; il lavoro continuativo e coordinato, individuabile alla stregua della elaborazione precedenti il dlgs n. 276 del 2003; il lavoro continuativo e personale in cui è il committente a determinate tempi e luogo della prestazione e da ultimo il lavoro autenticamente subordinato²⁴.

La questione è stata diversamente affrontata ma unico è l'intento: sviluppare e progettare politiche pubbliche idonee ed efficaci a supportare nel mercato del lavoro il lavoratore autonomo genuino. A tal fine il legislatore è intervenuto con misure di protezione²⁵ prescindendo dalla forma giuridica di svolgimento della prestazione ma creando un cappello protettivo destinato ad operare sia durante la vita lavorativa sia quando questa cessa. Ricadono in quest'ambito tutti quegli interventi, più e meno recenti, che estendono la tutela pensionistica ai piccoli imprenditori, coltivatori diretti, coloni e mezzadri, artigiani e commercianti²⁶ nonchè ai lavoratori parasubordinati ed a tutti i lavoratori autonomi per i quali non operino le forme previdenziali pubbliche.

Si incuneava in tale filone di tutele anche la presunzione "Fornero" che riconduceva ad un rapporto di collaborazione coordinata e continuativa a progetto, quello reso da persona titolare di partita Iva (fatto salvo che il committente fornisca prova contraria). Si ricadeva in tali circostanze (confermando quella che è stata denominata *cultura del sospetto*²⁷) ove

---

23   Bologna, S., Banfi, D., *ult. op. cit.*, p. 127.
24   De Luca Tamajo R., "Riflessioni sulla riforma del lavoro", in Carinci F. (a cura di), *Jobs Act: un primo bilancio, op. cit.*, 2016, n. 54, p. 17.
25   Protezione forzata degli autonomi la definiva Pera G., *Noterelle Diario di un ventennio. Antologia* (a cura di Poso V.A.), in *Diritto e Rovescio. Nuova serie*, Giuffrè, 2004, p. 236, in <http://www.fondazionegiuseppepera.it/wp-content/uploads/2014/03/1300831602-Noterelle2004.pdf>.
26   Legge n. 1047 del 1957, n. 463 del 1959 e n. 613 del 1966.
27   Cazzola G., *Jobs Act, lavoro autonomo e partite IVA*, in *I decreti attuativi del Jobs Act: prima lettura e interpretazioni. Commentario agli schemi di decreto legislativo presentati al Consiglio dei Ministri del 24 dicembre 2014 e alle disposizioni lavori-*

ricorressero almeno due dei presupposti temporali, economici e strutturali previsti[28].

Concorrono in senso protettivo del lavoro autonomo politiche contenenti riduzioni dei contributi di sicurezza sociale; misure volte a favorire la formazione professionale nonchè l'avvio di nuove iniziative di lavoro autonomo o imprenditoriale supportate mediante la previsione di incentivi economici o finanziari come l'impiego delle indennità erogate in caso di cessazione del rapporto di lavoro (Naspi) previsto dal dlgs n. 22 del 2015 all'art. 8. Queste misure rispondono alla volontà di andare verso il lavoro, superando il tipo di occupazione storicamente predeterminato e rappresentato dal lavoro subordinato. Si tratta di creare opportunità di lavoro alternative e riconoscerle soddisfacendo così l'azione di attuazione del diritto al lavoro delineata all'art. 4 della Costituzione e nel contempo quella delineata dall'OIL di realizzazione del lavoro dignitoso evitando che si producano condizioni di precarietà paragonabile a quella del lavoro non dichiarato[29]. La dottrina riconduce, infatti, le ipotesi di falsi autonomi nell'ambito del lavoro non dichiarato, distorsione del lavoro ancora troppo trascurata, nonostante siano note le conseguenze che ne derivano in termini di perdita di tutele e garanzie per il lavoratore nonché di "perdita di risorse preziose" per la sostenibilità finanziaria del *welfare*[30].

L'intento di superare la contrapposizione tra lavoro subordinato o autonomo per identificare un nucleo di diritti applicabile a prescindere dalla qualificazione del contratto, rimodulando le tutele in funzione del tipo di prestazione dedotta nel contratto era già stata delineata nelle bozze redatte per la definizione dello Statuto dei lavori[31]. Nel medesimo solco si inserisce

---

stiche della legge di stabilità, a cura di Carinci F. e Tiraboschi M., ADAPT University Press — Pubblicazione on-line della Collana ADAPT, 2015, p. 192.

28   Magnani, M., Pandolfo, A., Varesi, P.A., *I contratti di lavoro. Commentario al dlgs 15 giugno 2015, n. 81, recante la disciplina organica dei contratti di lavoro revisione della normativa in tema di mansinoi, a norma dell'art. 1, c.7, della l. 10 dicembre 2014, n. 183,* Giappichelli, 2016, p. 9 ss.

29   <http://www.ilo.org/rome/ilo-cosa-fa/lavoro-dignitoso/lang--it/index.htm>.

30   Lavoro sommerso e ricadute sul sistema di welfare dell'attuale scrivente Signorini E., *Le politiche di contrasto al lavoro sommerso nei Paesi dell'Unione Europea*, in Sala-Chiri, M., *Il lavoro sommerso e il diritto del lavoro* (a cura di), 2014, p. 188 ss.; Esposito, M., Della Pietra, G., *L'accesso alla sicurezza sociale. Diritti soggettivi e tutele processuali* (a cura di), Giappichelli (Torino, 2015), p. 61.

31   Tiraboschi, M., *Relazione conclusiva sullo Statuto dei lavoratori della Commissione di studio per la definizione di uno Statuto dei lavori*, 2005, <http://adapt.it/semplificareillavoro/wp-content/uploads/2013/12/858Rapporto>.

l'intervento modulativo sul lavoro autonomo contenuto nel recentissimo disegno di legge governativo A.S. n. 2233 — "collegato" alla manovra di finanza pubblica concernente al Capo I i rapporti di lavoro autonomo, mentre al Capo II il lavoro agile, definito *"quale modalità flessibile di esecuzione del rapporto di lavoro subordinato"*[32]. Nel testo attuale del D.L. 2233-A nel Capo II sul lavoro agile non vi è richiamo o correlazione tra questa modalità ed il lavoro autonomo essendo specificato che trattasi di una modalità con cui la prestazione, subordinata, viene resa.

Diversamente va precisato come in un D.L. precedente a quello in esame, il n. 2229 un legame tra lavoro agile e lavoro autonomo era stato ipotizzato[33]. Il testo, infatti, sanciva che le disposizioni di tale Disegno avrebbero avuto applicazione con riguardo alle "forme di lavoro autonomo o subordinato rese in modalità agile e cioè in funzione di progetti e obiettivi o a risultato, rese senza vincoli di orario o di luogo rispetto alle modalità di esecuzione della prestazione lavorativa".

Secondo tale formulazione la disciplina del lavoro agile avrebbe dovuto applicarsi a coloro che eseguono la prestazione nel rispetto delle ipotesi tratteggiate dall'art. 1, tra le quali emerge alla lettera d) l'ipotesi di coloro che siano impegnati in modo continuativo in lavori di ricerca[34], progettazione e sviluppo per aziende, committenti o datori di lavoro privati ai sensi dell'articolo 6. Tale ultima norma conteneva a sua volta il richiamo al lavoro autonomo. Infatti il sesto articolo del D.L. n. 2229 si riferiva al lavoro di ricerca prestato dai ricercatori senza vincolo di subordinazione. Quantunque questa eventualità sia stata epurata dal testo del D.L. n 2233-A, merita segnalare la norma a tutela dei prestatori autonomi là contenuta: il comma quarto dell'art. 6 estendeva ai lavoratori autonomi (in via prioritaria) la misura dell'assegno di ricollocazione previsto dall'art. 23 del Dlgs. n. 150 del 2015 volta a favorire la "ricollocazione dei ricercatori coinvolti in processi di mobilità, nonché nei casi di (…) cessazione del contratto di lavoro autonomo o di collaborazione per risoluzione o recesso".

---

32 <http://www.senato.it/service/PDF/PDFServer/BGT/00964506.pdf>.
33 <http://www.senato.it/leg/17/BGT/Schede/Ddliter/46460.htm>.
34 Sulla valorizzazione del lavoro di ricerca cfr. il *Progetto di legge su Riconoscimento e valorizzazione del lavoro di ricerca nel settore privato*, in <http://www.bollettinoadapt.it/wp-content/uploads/2016/04/Articolato-normativo-ricerca-adapt.pdf> nonchè la relazione illustrativa in <http://moodle.adaptland.it/pluginfile.php/26022/mod_resource/content/1/progetto%20adapt%20-%20lavoro%20di%20ricerca%20nel%20privato>.

Il D.L. n. 2233 originariamente elaborato e comunicato alla Presidenza l'8 febbraio 2016 ha subito varie rivisitazioni[35]. L'ultimo testo approvato è il n. 2233-A (noto come Jobs Act Autonomi) proposto all'esito dei lavori dell'11ª Commissione Permanente, in sede referente, ed approvato dalla Commissione del lavoro del Senato in data il 27 luglio 2016[36] al quale è annesso il testo del Disegno di legge n. 2299 citato.

I. Contesto di riferimento del lavoro autonomo

A livello europeo[37] sono state previste norme di sostegno alla libera circolazione e la parità di trattamento dei lavoratori autonomi[38]. Seppur con diverse modalità nei vari contesti si è assistito ad una diffusione di forme occupazionali non riconducibili genuinamente nell'alveo del lavoro subordinato nè in quello del lavoro autonomo. Questo ha innescato un processo di ripensamento sulle eventuali modifiche strutturali da apportare al diritto per renderlo più confacente alla realtà dei rapporti lavorativi che offre cinque distinte categorie di base riconducibili all'attività autonoma e che suggerisce di attuare quella rimodulazione delle tutele alla quale si è già accennato[39].

Il mondo del lavoro autonomo abbraccia distinti ambiti. Oltre agli imprenditori che gestiscono la loro attività con l'ausilio di dipendenti, vi sono i liberi professionisti c.d. ordinistici, nonché coloro che rappresentano le forme tradizionali del lavoro autonomo ossia gli artigiani, i commercianti e gli agricoltori. Ancora vi sono i "nuovi" professionisti, ossia quei lavoratori autonomi che svolgono occupazioni che richiedono competenze ancora prive di regolamentazione nonché quei lavoratori autonomi attivi in occupazioni non qualificate, che gestiscono la propria attività senza l'aiuto

---

35 Cfr. testi nn. 2233 e 2229-A in <www.senato.it>.
36 Testo 28/7/16 in <www.senato.it/service/PDF/PDFServer/BGT/00984193.pdf>.
37 Eurofound, *Public measures to support self-employment and job creation in one-person and micro enterprises* in <http://www.eurofound.europa.eu/emcc/erm/studies/tn1108034s/index.htm>, *La sintesi*, cit.
38 Sul tema cfr. Eurofound, *European Working conditions Surveys (EWCS) 2015*, in <http://www.eurofound.europa.eu/surveys/european-working-conditions-surveys>; Eurofound, *Self-employed workers: industrial relations and working conditions* in <http://www.eurofound.europa.eu/comparative/tn0801018s/index.htm>.
39 <http://webarchive.nationalarchives.gov.uk/20160105160709/>.

di collaboratori, ma che possono talvolta essere assistiti da membri della famiglia[40] o comunque ad un numero esiguo di collaboratori.

Osservando le caratteristiche strutturali (settore, attività e dimensione aziendale) nonchè quelle individuali (età e sesso) la fotografia del lavoratore autonomo[41] lo mostra di sesso maschile, solitamente più anziano rispetto agli altri lavoratori atipici; impiegato in condizioni ergonomiche sfavorevoli ed in media per un numero di ore maggiore rispetto ai lavoratori subordinati ed alle donne[42], pur godendo in un maggior controllo dell'orario (non essendo sottoposto a turni) e di una maggiore flessibilità nei compiti[43].

Riguardo alla possibilità di sviluppare le proprie competenze nel corso della vita lavorativa va segnalato come i lavoratori autonomi siano coloro che ricevono meno formazione. Tale aspetto rappresenta un indubbio *gap* provocato sia dalla situazione occupazionale, sia dalla circostanza che gli stessi lavoratori autonomi abbiano o meno dipendenti. Tale circostanza è stata confermata da un'analisi effettuata nel 2015 dalla quale emerge che l'accesso alla formazione nel corso degli ultimi 12 mesi è pari al 32 % per i lavoratori autonomi con dipendenti, del 19 % per i lavoratori autonomi senza dipendenti (i c.d. *own account worker*)[44], contro il 45 % per i lavoratori dipendenti a tempo indeterminato e il 31 % di quelli a termine[45]. A differenza dei lavoratori dipendenti questa categoria si presenta invero meno esposta ai rischi psicosociali[46] che si sviluppano negli ambienti di lavoro. Gli studi sulle condizioni del lavoro hanno evidenziato inoltre come vi sia

---

40   Eurofound, *Self-employed workers: industrial relations and working conditions, op. cit.*

41   Inps, *Anno 2015 Statistiche in breve Lavoratori autonomi Artigiani e commercianti*, 2016, <www.inps.it/docallegati/News/Documents/StatInBreve_ARTCOM_testointegrale2016.pdf>.

42   Eurofound, *European Working conditions Surveys (EWCS) 2015, op. cit.*

43   Eurofound, *Condizioni di lavoro nel lavoro atipico*, Fondazione europea per il miglioramento delle condizioni di vita e di lavoro, in <www.eurofound.ie>.

44   La classificazione contenuta nel parere del Comitato economico e sociale europeo sul tema «*Nuove tendenze del lavoro autonomo: il caso specifico del lavoro autonomo economicamente dipendente*» *(parere d'iniziativa)*, 2011/C 18/08, in <http://eur-lex.europa.eu/legal-content/IT/TXT/?uri=CELEX%3A52010IE0639>.

45   Eurofound, *European Working conditions Surveys (EWCS) 2015*, in <http://www.eurofound.europa.eu/surveys/european-working-conditions-surveys>.

46   Calafà, L., "Il diritto del lavoro e il rischio psico-sociale (e organizzativo) in Italia", in *Lavoro e Diritto*, fasc. 2, 2012, p. 257.

uno interscambio tra autonomia lavorativa e condizioni di lavoro[47]. Questa categoria gode, infatti, di un elevato controllo del ritmo di lavoro operando con notevole autodeterminazione. Quanto alle condizioni di lavoro l'autonomo si discosta da quello subordinato essendovi una tendenza ad accumunare questo tipo di contratto con quelli atipici. Ciò accade perchè entrambe tali categorie si presentano tuttora destinatarie di previsioni carenti sotto il profilo della tutela rispetto a quella dei lavoratori subordinati.

II. Nuove misure per il lavoro autonomo: incentivi all'autoimprenditorialità, assegno e contratto di ricollocazione

Per ovviare alle conseguenze della lunga crisi che sta attanagliando i mercati il legislatore negli ultimi anni si è adoperato per favorire il coinvolgimento attivo dei soggetti che venissero esclusi dal mercato del lavoro ovvero fossero beneficiari di ammortizzatori sociali[48].

Destinataria di questa attenzione è stata anche la categoria dei lavoratori autonomi, coinvolta suo malgrado nella crisi, che si è vista destinataria di un testo normativo specifico a tutela della categoria, ancora in fase embrionale, contenuto del Disegno di Legge n. 2233-A di fine luglio 2016, nonchè di specifiche previsioni di sostegno economico (artt. 8 e ss nonchè l'art. 15) contemplate nel dlgs n. 22 del 2015 sul riordino della normativa in materia di ammortizzatori sociali, nonchè nel dlgs n. 150 del 2015 dedicato ai nuovi servizi per l'impiego. Con riguardo a quanto previsto dall'art. 8 del dlgs. n. 22 del 2015 esso riconosce al lavoratore che abbia diritto alla Naspi la possibilità di richiederne la liquidazione anticipata in un'unica soluzione per avviare un'attività di lavoro autonomo o in forma di impresa individuale o di associarsi in cooperativa. Similmente, seppur in via sperimentale e

---

47 Eurofound, *Condizioni di lavoro nel lavoro atipico*, cit., p. 4 <http://www.eurofound. europa.eu/sites/default/files/ef files/pubdocs/2001/59/it/1/EF0159IT.pdf>.
48 Spattini, S., *I nuovi ammortizzatori sociali*, in *I decreti attuativi del Jobs Act: prima lettura e interpretazioni. Commentario agli schemi di decreto legislativo presentati al Consiglio dei Ministri del 24 dicembre 2014 e alle disposizioni lavoristiche della legge di stabilità*, a cura di Carinci, F. e Tiraboschi, M., ADAPT University Press — Pubblicazione on-line della Collana ADAPT, 2015, pp. 145 ss.

con talune importanti differenze sulle finalità perseguite, l'art. 2, comma 19 della legge n 92 del 2012 prevedeva analoga possibilità per i beneficiari dell'Aspi[49]. Tra i tratti distintivi dei due testi va segnalato come in quello del 2015 non fosse stata prevista la possibilità di richiedere la liquidazione anticipata della Naspi per sviluppare a tempo pieno un'attività autonoma che il soggetto richiedente avesse già avviato durante il rapporto di lavoro dipendente la cui cessazione aveva dato luogo al trattamento di disoccupazione.

Quest'ultima indennità mira a sostenere finanziariamente la perdita involontaria dell'attività lavorativa stimolando l'ampliamento della base produttiva ed occupazionale e sviluppando nuova imprenditorialità. Naturali destinatari sono i lavoratori dipendenti identificati nell'art. 2 del decreto. Questa figura non è però una vera e propria novità. Per un'analoga finalità era stata elaborato il dlgs. 21 aprile 2000, n. 185 dedicato proprio agli incentivi all'autoimprenditorialità ed all'autoimpiego[50] circoscrivendone l'efficacia territoriale ai territori individuati nei programmi comunitari alle aree depresse e svantaggiate del Mezzogiorno. Questa limitazione territoriale non appare nel testo del 2015, così come non vi è il richiamo teso a favorire l'imprenditorialità femminile o di soggetti svantaggiati. Il testo del 2000 individuava soggetti destinatari, progetti finanziabili nonchè le tipologie di benefici erogabili, prevedendo forme di autoimpiego sotto forma di microimpresa in *franchising*[51]. Si trattava un intento plurimo ed ardito destinato ad attrarre e stimolare investimenti in aree poco appetibili la cui individuazione fu rimessa al decreto Ministro del lavoro 14 marzo 1995 pubblicato sulla G.U. del 15 giugno 1995, n. 138. Nel medesimo solco si pose il D.L. 10 febbraio 2009, convertito con legge 9 aprile 2009, n. 33 che attribuiva incentivi ai soggetti destinatari di ammortizzatori sociali in deroga per gli anni 2009–2010 per avviare, in alternativa al loro ricollocamento, nuove attività di lavoro autonomo o imprenditoriale[52].

Nel 2013 il D.L. n. 145 reinterviene in materia con l'intento di favorire la creazione e lo sviluppo di micro imprese e imprese di piccole dimensioni (a livello nazionale e non più solo in zone svantaggiate) possedute in prevalenza da giovani e da donne. Beneficiari potranno essere i giovani,

---

49 Spattini, S., *I nuovi ammorizzatori sociali, op. cit.*
50 Sempre in tema, cfr. il decreto 28 maggio 2001, n. 295 recante "Regolamento recante criteri e modalità di concessione degli incentivi a favore dell'autoimpiego".
51 <http://www.autoimpiego.invitalia.it/lavaut_destinatari.asp>.
52 D.M. n. 40409 del 18 dicembre 2009 (G.U. n. 46 del 25 febbraio 2010).

le donne, ovvero realtà la cui compagine sociale è composta per oltre la metà numerica dei soci e delle quote da soggetti di età compresa tra i 18 e i 35, nonchè in ultimo imprese connotate dal carattere della novità corrispondente al fatto che siano costituite da non più di sei mesi alla data di richiesta della agevolazione e che rientrino nelle classificazioni comunitarie di micro imprese o imprese di piccola dimensione. Il legislatore con il dlgs n. 22 del 2015 non richiama questi requisiti. L'art.8 inserito appare scarno rispetto alle normative che lo hanno preceduto[53]. L'attenzione nei confronti del lavoratore autonomo quale potenziale beneficiario di tali provvidenze emerge da una lettura coordinata con taluni dei decreti attuativi del Job Act che in realtà hanno pretermesso e solo lambito il variegato mondo del lavoro autonomo, sfera di intervento che è stato rilanciato dal governo nel collegato alla legge di stabilità[54]. In particolare coordinando le previsioni degli artt. 2, 3 e 10 del dlgs n. 22 del 2015 con l'art. 19 del dlgs. n. 150 del 2015 si trae come il lavoratore "dipendente" che ricada nelle previsioni di cui agli artt. 2 e 3 del dlgs. n 22 del 2015 ma che intenda intraprendere un'attività di lavoro autonomo durante il periodo di godimento della Naspi, possa continuare a goderne purchè soddisfi gli oneri di comunicazione all'Inps previsti dall'art. 10 e purchè dalla futura attività desuma un reddito che sia al di sotto del limite utile ai fini del mantenimento dello stato di disoccupazione. La Naspi rappresenta uno strumento di accompagnamento e di sostegno nella delicata fase del passaggio dallo *status* di lavoratore dipendente a quello di lavoratore autonomo, presentando una certa tolleranza verso lo svolgimento *medio tempore* di lavori di breve durata o da cui il soggetto derivi redditi di contenuta consistenza.

Un richiamo più espresso a favore degli autonomi è invero contenuto nel dlgs. n. 150 del 2015 laddove delinea la cd. condizione di non occupazione quale circostanza dalla quale far conseguire la fruizione ed il mantenimento di prestazioni di carattere sociale. Tale nozione è stata interpretata dal Ministero[55] riferendola *"alla prestazione di attività lavorativa di scarsa intensità"* identificata, sia con riferimento alla eventuale attività svolta, sia al reddito desunto[56]. L'eventuale superamento del reddito minimo derivante dal nuovo rapporto di lavoro autonomo (4.800 euro), anche quale collabora-

---

53   La Circolare Inps n. 47 del 3 marzo 2016 in <www.inps.it.>.
54   Espressamente Carinci F. (a cura di), *Jobs Act: un primo… op. cit.*, 2016, n. 54, p. 17.
55   Circolare Ministeriale n. 34 del 23 dicembre 2015.
56   Per i subordinati o parasubordinati il T.U.I.R., D.P.R. n. 917/1986 dispone che il limite sia di 8.000 euro.

zione coordinata e continuativa, produrrebbe al di là della durata, la perdita dello stato di disoccupazione. L'impianto così delineato consentirebbe di aprire la rosa dei beneficiari della Naspi agli autonomi: combinando quanto previsto dagli articoli già citati 2 e 3 del dlgs n. 22 del 2015 e l'art. 19, comma 7, del dlgs n. 150 del 2015, deriva che nel disciplinare le modalità di registrazione del disoccupato (ex dlgs n. 150 del 2015) il legislatore ha legato il godimento della Naspi alla condizione che lo stesso si trovi nella condizione di non occupazione. Ne consegue che lo *status* di beneficiario si conserva in capo a quei lavoratori autonomi titolari di un reddito annuale che si pone al di sotto di quei 4.800 euro citati.

Perchè si compiano tali condizioni è indispensabile ed è obbligo del beneficiario, entro un mese dall'avvio della nuova attività lavorativa, rendere noto all'Inps il reddito annuo previsto; l'ammontare della indennità verrà abbattuto di un importo corrispondente all'80 % del reddito previsto[57]. Ordunque, laddove tali soggetti si vengano a trovare in tale situazione ai medesimi sarà consentito registrarsi come disoccupati e, laddove soddisfino anche l'altro criterio discretivo che è quello dell'anzianità di contributi versati nell'arco del quadriennio individuato nell'art. 3 del Dlgs. n. 22 del 2015, un lavoratore autonomo che nell'arco del quadriennio precedente abbia intrattenuto anche rapporti di lavoro subordinato nei limiti fissati dalla norma, diverrebbe potenziale beneficiario della Naspi.

Questa lettura conferma quella che in dottrina è stata definita *tensione universalistica* volta ad un'universalizzazione delle tutele estendendone l'accesso e sfrondandole da elementi discriminatori[58]. Oltre a tale lettura va segnalata come dai decreti attuativi del Jobs Act emerga anche una possibile estensione all'autonomo dell'assegno/contratto di ricollocazione (art. 23 dlgs n. 150 del 2015)[59]. La figura inizialmente è stata delineata nell'art. 17 dlgs n. 22 del 2015, i cui comma dal secondo al settimo sono stati abrogati ad opera del dlgs n. 150 del 2015[60]. Per comprendere la lettura estensiva

---

57 Art. 10, comma primo, dlgs n. 22 del 2015.
58 Bronzini, G., "Il reddito minimo garantito e la riforma degli ammortizzatori sociali", in *WP C.S.D.L.E.*, Massimo D'Antona it. n. 270 del 2015, in <http://csdle.lex.unict. it/Archive/WP/WP%20CSDLE%20M%20DANTONA/WP%20CSDLE%20M%20 DANTONA-IT/20151001-124018_bronzini_n270->.
59 Alaimo, A., "Ricollocazione dei disoccupati e politiche attive del lavoro. Premesse promesse nel Job Act dal Governo Renzi", in *WP C.S.D.L.E.*, Massimo D'Antona it., 2015, p. 249, in <http://csdle.lex.unict.it>.
60 Tiraboschi M., "Jobs Act e ricollocazione dei lavoratori", in *Dir. Rel. Ind.*, 2016, n. 1, 119; L. Canavesi, *La ricollocazione secondo il Job Act: dall'attività al contratto?* in

ipotizzata occorre rammentare come la perdita della posizione lavorativa e la conseguente acquisizione dello *status* di disoccupazione non sia più una variabile, un'eventualità patologica nella vita lavorativa del soggetto, bensì essa è un rischio pronosticabile ed oramai pressochè ricorrente negli attuali rapporti[61]. Dal del Job Act emerge un sistema modulare di attività e di tutele a scorrimento (anche sotto forma di dote individuale)[62] declinanti e volti a favorire il rientro del soggetto nel mondo del lavoro sia esso subordinato o autonomo. Il sostegno si presenta sotto forma di accompagnamento guidato vero un nuovo posto di lavoro e vede come destinatari tutti quanti si trovino catapultati in questa situazione[63].

La duplice destinazione del percorso di accompagnamento connota il ruolo di coordinamento svolto dall'ANPAL, Agenzia Nazionale per le Politiche Attive del Lavoro, componente della rete dei servizi delle politiche attive del lavoro disegnata e disciplinata dal dlgs n. 150 del 2015 nell'art. 1 e seguenti. In particolare sotto lo sguardo vigile dell'ANPAL[64], specifici servizi debbono esser somministrati dai nuovi centri per l'impiego. Tali servizi sono stati pensati per coadiuvare appositi percorsi di inserimento o reinserimento attraverso attività di orientamento di base, individualizzato o specialistico, avviamento alla formazione, ausilio alla ricerca dell'occupazione, accompagnamento al lavoro anche usufruendo dell'assegno individuale di ricollocazione (art. 23 dlgs n. 150 del 2015) nonchè tramite la promozione delle esperienze lavorative ai fini di incrementare le competenze anche ricorrendo allo strumento del tirocinio. Le due figure del contratto e dell'assegno di ricollocazione pur nascendo da fonti distinte sono tra di esse legate giacchè il contratto di ricollocazione rappresenta lo strumento

---

Riv. Dir. Sic. Soc., 2015, p. 551; V. Filì, *L'Assegno Individuale di Ricollocazione*, in E. Ghera, D: Garofalo, (a cura di), *Organizzazione e disciplina del mercato del lavoro nel Jobs Act 2* (Bari, 2016), p. 217.

61 M. Persiani, M. D'Onghia, *Fondamenti di diritto della previdenza sociale*, 2016, Giappichelli, p. 266 ss.
62 Alaimo, A., *Ricollocazione...* , *op. cit.*, p. 15.
63 Sul sistema di accompagnamento strutturato con il Job Club v. P. Ichino, M. Violi (a cura di), *Nuovi strumenti per un'azione efficace contro la disoccupazione di lunga durata: i jobsclubs*, 1987 in <www. Archivio.pietroichino,it/saggi/>.
64 Alaimo A., "L'Agenzia Nazionale per le Politiche Attive del Lavoro (ANPAL)", in E. Ghera, D. Garofalo (a cura di), *Organizzazione e disciplina del mercato del lavoro nel Jobs Act 2*, Bari, 2016, p. 19; Santucci R., "L'Agenzia nazionale per le politiche del lavoro", in F. Carinci, (a cura di), *Jobs Act: un primo bilancio*, in Adapt Labour Studies, E-Book, 2016, n. 54, p. 474.

diretto a collegare le misure di politica attiva del lavoro (tese all'inserimento del soggetto nel tessuto produttivo) con quelle di politica attiva del lavoro volte al sostegno del reddito del soggetto interessato.

Tra le finalità di tali servizi espressamente il legislatore pone quale traguardo il lavoro autonomo. Tale specificità è contenuta sia nella lett. e) dell'art. 18 ove parlando di avviamento ad attività di formazione le canalizza anche ai fini dell'autoimpiego, sia nella lett. h) della stessa norma ove parla di gestione, anche in forma indiretta, di incentivi all'attività di lavoro autonomo. Beneficiari di tali servizi sono sia la categoria dei disoccupati (art. 19 del decreto medesimo), sia i lavoratori beneficiari di strumenti di sostegno al reddito in costanza di rapporto di lavoro e a rischio di disoccupazione (art. 18 comma primo Dlgs. n. 150 del 2015).

La rete cosi ridisegnata costituisce lo strumento di *governance* per garantire la fruizione dei servizi essenziali per il lavoro a livello nazionale assicurando l'esercizio unitario delle correlate funzioni amministrative[65].

Il Decreto delinea un sistema che poggia su una condizione soggettiva (disoccupazione come delineato nel dlgs n. 181 del 2000, art. 1, comma, 2, lett. c)), che non è però sufficiente per far godere dei servizi approntati dal legislatore. Occorre, infatti, che il soggetto comprovi e confermi il suo *status*, che si registri al portale nazionale e che si sottoponga ad un processo "valutativo" che gli consentirà di esser inserito in una classe di profilazione affinché se ne valuti il livello di occupabilità (art. 19 dlgs n. 150 del 2015). Il percorso convoglierà nella sottoscrizione di un patto di servizio personalizzato (art. 20 dlgs. n. 150 del 2015). Il sistema elaborato prevede un insieme di meccanismi di condizionalità rinforzati (artt. 21 del dlgs. n. 150 del 2015) tesi a far dipendere in maniera stringente la fruizione delle prestazioni di sostegno al reddito alla effettiva, voluta e convinta partecipazione del soggetto al percorso di politica attiva delineato nel patto di servizio. Il mancato rispetto degli impegni assunti nel patto di servizio personalizzato è sanzionato con la perdita di parte delle prestazioni mensili o con la decadenza dalle prestazioni o dallo stato di disoccupazione. In tali casi per due mesi il soggetto non potrà presentare una nuova richiesta di immediata disponibilità al lavoro e di contro gli verrà negato l'accesso alle politiche attive per il bimestre considerato.

Nella prospettiva di posizionare il fulcro delle tutele sociali spostandole dal rapporto di lavoro al mercato il legislatore ha operato in maniera corale

---

65 Camera R., "Rete nazionale dei servizi per le politiche del lavoro", in *DPL*, 2015, n. 40, p. 2287 ss.

intervenendo, sia sulla flessibilità necessaria alle imprese per esser più competitive, sia sulle politiche attive rendendole più snelle inserendole in un sistema di rete, sia in ultimo operando un tentativo di universalizzazione delle misure di sostegno al reddito[66].

E' stato in particolare con il dlgs n. 150 del 2015 che si è assistito al potenziamento degli strumenti di politica attiva del mercato affiancando alla Naspi anche l'assegno di ricollocazione destinato a tutti i percettori di Naspi con disoccupazione eccedente i quattro mesi (artt. 23 e 24 del dlgs n. 150 del 2015.

III. Il disegno di legge per la tutela del lavoro autonomo non imprenditoriale A.S. n. 2233-A

Il legislatore nazionale nel febbraio di quest'anno ha elaborato un Disegno di legge[67] collegato alla manovra finanziaria dedicato appositamente ai rapporti di lavoro genuinamente autonomi[68], circoscrivendo la sua attenzione a quello non imprenditoriale[69].

Con riguardo a tale ultimo inciso vanno delineate alcune incongruenze tra il titolo del Disegno di legge ed i testi delle bozze dei Disegni che sono stati via via proposti ed elaborati di concerto con le Commissioni del Senato. In particolare vanno segnalate talune discrepanze nell'ultimo testo, il Disegno di Legge A.S. n. 2233-A, recante "Misure per la tutela del lavoro autonomo non imprenditoriale e misure volte a favorire l'articolazione flessibile nei tempi e nei luoghi del lavoro subordinato", nel quale emerge

---

66   Orlandini G., "La via italiana alla flexicurity la riforma degli ammortizzatori sociali nel Jobs Act", in *Questione giustizia online*, 2015, 3, p. 67.

67   <http://www.senato.it/japp/bgt/showdoc/17/DDLPRES/964506/index.html>; <http://www.senato.it/leg/17/BGT/Schede/Dossier/Elenchi/5_1.htm#>.

68   Ferraro G., "Il lavoro autonomo", in *Il nuovo mercato del lavoro dalla riforma Fornero alla legge di stabilità 2013*, Cinelli, M., Ferraro, G., Mazzotta O. (a cura di), Giappichelli, 2013, pp. 128 ss.

69   Sul lavoro autonomo Magnani, M., "La riforma dei contratti e del mercato del lavoro nel c.d. Jobs Act. Il Codice dei contratti", in Carinci F. (a cura di), *Jobs Act, op. cit.*, p. 598 ss.

una estensione all'art. 1 che va a porsi in contraddittorietà con lo stesso titolo nonchè con il testo precedente.

In tale testo il Capo I nell'identificare l'ambito di riferimento con i rapporti di lavoro autonomo di cui al titolo III del libro quinto del codice civile, aggiunge infatti l'inciso "ivi inclusi i rapporti di lavoro autonomo che hanno una disciplina particolare ai sensi dell'art. 2222 del codice *civile*" ovverosia il contratto d'opera e delle professioni intellettuali, con il richiamo all'appalto di cui all'art. 1655 codice civile (che appartiene al libro IV). La norma fa pertanto riferimento nella sua prima parte ai rapporti di cui all'art. 2222 codice civile ma, secondo la formulazione elaborata e proposta dalla 11ª Commissione del Senato, nelle bozze precedenti, avrebbero dovuto considerarsi ivi compresi anche i lavoratori i cui rapporti erano riconducibili ad una delle tipologie contrattuali di cui al libro IV del codice civile dedicato alle Obbligazioni[70]. L'epurazione del richiamo al libro IV, non presente nell'attuale testo, consegue alla riformulazione approvata dall'11ª Commissione del Senato nella seduta del luglio 2016 ed ha comportato la perdita del riferimento ad una serie di contratti là contemplati che si pongono in contraddizione con la titolazione del Disegno di legge in esame. Tale esclusione, in maniera più o meno efficace dovrebbe, infatti, prodursi con riguardo ad esempio al contratto di appalto (art. 1655) ove è l'appaltatore che organizza i mezzi necessari ed è quindi un imprenditore. Ordunque, il fatto che sono da considerarsi esclusi dall'ambito di applicazione del Capo I "Tutela del lavoro autonomo" gli imprenditori, ivi compresi i piccoli di cui al 2083 codice civile, significherebbe escludere i rapporti che si riconducono all'appalto. Ciò invece non avviene perchè l'inciso inserito nel testo di luglio richiama, come detto in precedenza, i rapporti di lavoro autonomo che hanno una disciplina particolare ex art. 2222 del codice civile tra i quali pone il contratto d'opera, le professioni intellettuali e il contratto di appalto. Ancora l'inciso escluderebbe il richiamo ad altri contratti del libro IV tra i quali vi è quello di mandato (art.1703). Altre considerazioni vanno invece fatte per un altro contratto disciplinato nel libro IV del codice civile, ovverosia il contratto di agenzia. Qui si ricade nel lavoro autonomo continuativo funzionalizzato all'impresa altrui la cui più evidente manifestazione si ha proprio con il contratto di agenzia qualificata quale stabile organizzazione … all'impresa del preponente … di cui costituisce un vero e proprio ausiliario. Al riguardo trattasi di realtà imprenditoriale con organizzazione

---

[70] Nota breve n. 124 dell'agosto 2016 in <http://www.senato.it/service/PDF/PDFServer/BGT/00984668.pdf>.

di mezzi e assunzione a suo rischio, che si manifesta nell'autonomia nella scelta dei tempi e dei modi della stessa, pur nel rispetto delle istruzioni del preponente[71]. In questo caso vi è quel requisito dell'organizzazione imprenditoriale del prestatore che si scontra con la previsione del titolo del Disegno di legge dedicato al lavoro autonomo, non imprenditoriale.

Ordunque tutte queste considerazioni scaturiscono dai rimaneggiamenti non sempre coordinati che il testo del Disegno di legge ha subito nel suo *iter*. Tale *maquillage* emerge dal testo della Nota Breve n. 124 dell'agosto 2016 al Disegno di Legge n. 2233-A ove tra riscritture fugaci e meramente interpretative si scorge che nel testo ultimo, proposto dalla Commissione, non vi è appunto quell'espresso richiamo al Libro IV del Codice, che è andato perduto tra le maglie dei lavori della stessa. Il risultato è un documento con un numero maggiore di norme, con diversa numerazione (nel proseguio si indicheranno entrambe le numerazioni per questioni di chiarificazione), un testo che in talune parti necessita ancora di talune limature per renderlo coordinato in tutte le sue parti[72].

Come detto in precedenza il primo articolo, al suo primo comma individua l'ambito di applicazione dell'emanando Statuto del lavoro autonomo. Al di là delle considerazioni critiche sopra tratteggiate la norma, al suo secondo comma, esclude espressamente invece dall'ambito di applicazione gli imprenditori ivi compresi i piccoli imprenditori. Tale indicazione pare quasi una sorta di ripensamento riguardo ad alcuni contratti che ricadono proprio nel libro IV del Codice, cui come detto in precedenza, il disposto faceva espresso richiamo. Nel contempo questa puntualizzazione escluderebbe tutti coloro che sono iscritti al registro imprese con società o ditte individuali come artigiani, commercianti o agricoltori. Destinatario resterebbe pertanto il lavoro autonomo non imprenditoriale, il mondo professionale senza distinzione tra appartenenti ad un ordine o meno, tra vere o finte partite iva, tra mono e plurimandatari.

Il documento dopo questa prima norma criptica disciplina nell'art. 2 le transazioni commerciali che vedano protagonisti lavoratori autonomi ed imprese, o lavoratori autonomi ed amministrazioni, o ancora tra lavoratori

---

71 Corte di Cass. 16603/7/2009, in <http://www.legge-e-giustizia.it/index.php?option=com_content&task=archivecategory&id=0&Itemid=157&nome=archivi&year=0&month=0&module=1&limit=11&limitstart=858>.

72 <www.senato.it/service/PDF/PDFServer/DF/323428.pdf> per confrontare poi la numerazione nuova cfr. <http://www.pietroichino.it/?p=41576>.

autonomi riconducendole al dlgs 9 ottobre 2002, n. 231[73] in quanto compatibile. Con l'espressione transazione commerciale si intendono i contratti di appalto o di concessione aventi per oggetto l'acquisizione di servizi, o di forniture, ovvero l'esecuzione di opere o lavori, posti in essere dalle stazioni appaltanti, dagli enti aggiudicatori, dai soggetti aggiudicatori (ex art. 3, comma 3, dlgs 12 aprile 2006, n. 163 richiamato dall'art. 24, comma 1, della legge 30 ottobre 2014, n. 161). Il richiamo è pertanto a quei rapporti che si instaurano tra singoli lavoratori autonomi con le imprese o con le amministrazioni pubbliche, o tra singoli lavoratori autonomi tra di loro aventi il contenuto dei contratti ora richiamati. Anche in questa previsione emerge una scollamento nelle varie versioni del Disegno di legge che da un lato coniuga i rapporti del libro IV e V (estensione azzardata nella Commissione) ma poi ritira tale impostazione, che pare risorgere in questo passaggio del Disegno di legge.

Per una maggior tutela del lavoratore autonomo il testo si ispira inoltre alla disciplina contenuta nella Legge 18 giugno 1998, n. 192 recante *"Disciplina della subfornitura nelle attività produttive"*. L'art. 3 (del Disegno di Legge) dichiara la natura abusiva e l'inefficacia delle clausole inserite nel contratto che concedano al committente facoltà di modificare unilateralmente le condizioni del contratto, o se continuativo gli concedano di recedervi senza preavviso; l'inefficacia delle eventuali clausole concordate dalle parti che sforino i sessanta giorni quale termine di pagamento, nonché la natura abusiva dell'eventuale rifiuto del committente alla stipula il contratto in forma scritta. Al lavoratore leso viene riconosciuto il diritto di rivolgersi per tutelarsi ed ottenere il risarcimento dei danni subiti invocando le procedure di ADR (*alternative dispute resolution*). A tal fine la norma richiama, impropriamente, l'art. 9 della l. 18 giugno 1998, n. 192. Tale richiamo è improprio poiché in realtà tale disposizione identifica le ipotesi in cui si possa ravvisare una situazione di abuso di dipendenza economica. La norma che prescrive le modalità e tecniche di tutela della parte debole del contratto e che si sarebbe dovuto richiamare è il successivo articolo 10 che individua inizialmente nella conciliazione ed in seguito nell'arbitrato le modalità di risoluzione che il soggetto, la cui manifestazione economica sia danneggiata dall'altrui abuso, può attivare. Il richiamo alla legge n. 192 del 1998 crea perplessità anche sotto un altro profilo. Questa è, come noto, destinata a regolamentare il tipico fenomeno della cooperazione tra

---

73   Dlgs 9 ottobre 2002, n. 231 in <www.camera.it/parlam/leggi/deleghe/02231dl.htm>.

"imprese" (e qui sovviene l'esclusione di cui all'art. 1, comma secondo), prescrivendo il divieto di abuso di dipendenza economica. Anche in questo vi è pertanto uno scollamento con la previsione dell'art. 1.

Può giustificarsi tale richiamo il fatto che la legge n. 192 del 1998 sia identificata come una disciplina cosiddetta a vocazione allargata, ovverosia applicabile anche al di fuori dell'ambito circoscritto dei rapporti di subfornitura, potendosi estendere ad ogni tipo di relazione tra imprese[74]. Accogliendo tale lettura estensiva il richiamo della normativa non si scontrerebbe con l'esclusione delineata nell'art. 1 per il mondo imprenditoriale.

Tra le novità del decreto innestate sul testo originario vi sono, inoltre, le deleghe degli articoli 4 bis e 4 ter. Si tratta di disposizioni che ampliano i compiti dei lavoratori autonomi sia con finalità deflattive del contenzioso. Ciò viene perseguito facendo convergere nella competenza delle professioni ordinistiche, sia la determinazione di taluni atti pubblici, sia l'introduzione di semplificazioni in materia di certificazione dell'adeguatezza dei fabbricati alle norme di sicurezza ed energetiche anche attraverso l'istituendo fascicolo del fabbricato. La delega da esercitarsi nell'ambito dei criteri direttivi delineati nell'art. 4 bis (art. 5 nel testo del 28 luglio 2016), pone in capo agli Ordini professionali, in quanto terzi e con un ruolo di sussidiarietà, talune funzioni proprie della Pubblica amministrazione riducendone i tempi di produzione.

Nell'art. 4 ter (ora art. 6[75]), il legislatore ha inserito una delega in materia di sicurezza e protezione sociale delle professioni ordinistiche volto a tutelare quegli iscritti agli Ordini professionali i cui redditi abbiano subito una contrazione o che siano stati colpiti da gravi patologie. Il nuovo impianto prevede un ampliamento delle prestazioni che gli enti di previdenza di diritto privato, o le casse di previdenza anche in forma associata possano riconoscere ai propri iscritti (previa autorizzazione dei rispettivi organi di vigilanza). Le nuove provvidenze potranno consistere o in prestazioni complementari di tipo previdenziale o socio sanitario, o in altre prestazioni sociali che verranno finanziate da una contribuzione facoltativa.

Da quanto sin qui delineato emerge come il testo in esame sia poliedrico, mostrando varie sfaccettature, più o meno evidenti, tese comunque nel complesso a toccare i diversi ambiti che interessano e che vedono il coinvolgimento del lavoratore autonomo. Nel testo vi sono anche disposizioni a contenuto

---

74 Berti, C., Grazzini, B., *La disciplina della subfornitura nelle attività produttive*, Giuffrè (Milano, 2005).
75 Cfr. i due distinti testi del disegno di legge, in <http://www.pietroichino.it/?p=41576>.

misto, quali ad esempio l'art. 4 quater, (ora articolo 7) che interviene sul quinto comma dell'art. 54 del Testo Unico delle imposte sui redditi in tema di deducibilità delle spese per prestazioni alberghiere o somministrazione di alimenti sostenute per l'esecuzione dell'incarico. In tale norma la Commissione fa confluire, inoltre la disciplina dei congedi parentali riscrivendoli sia per le lavoratrici autonome, sia per i lavoratori autonomi iscritti alla Gestione separata Inps e non iscritti ad altra forma pensionistica obbligatoria nè titolari di trattamento pensionistico. La norma estende le sue previsioni anche ai titolari di contratti di collaborazione nonchè ai lavoratori autonomi appartenenti a categorie per le quali non siano previste specifiche forme pensionistiche obbligatorie. Passa da 3 a 6 mesi (complessivo cumulando i trattamenti di entrambi i genitori anche se fruiti in altre gestioni o casse di previdenza) il limite di durata del trattamento economico per congedo parentale, di competenza della Gestione separata Inps. La norma rivede e modifica anche il periodo di riferimento per il godimento di tale diritto che non è più rappresentato dal primo anno di vita del bambino, bensì viene esteso al secondo e terzo anno di vita a condizione che risultino accreditate 3 mensilità di contribuzione nei 12 mesi precedenti l'inizio del periodo di congedo parentale[76]. La precedente scrittura pur richiedendo le tre mensilità effettuava il conteggio dei 12 mesi a ritroso dai due mesi anteriori alla data del parto. La nuova previsione è stata pensata per attribuire al beneficiario (sia esso il padre, sia genitori adottivi o in affidamento preadottivo) una indennità corrispondente al 30 % del reddito assunto a riferimento per la corresponsione dell'indennità di maternità o paternità.

Il legislatore oltre a ritoccare l'impianto dei congedi riscrive anche quello della malattia per coloro che siano iscritti alla gestione separata Inps e che invece non siano iscritti ad altra forma pensionistica obbligatoria nè titolari di trattamento pensionistico.

Anche il tema della maternità delle lavoratrici autonome iscritte alla Gestione separata Inps (e non iscritte ad altra forma pensionistica obbligatoria nè titolari di trattamento pensionistico) è stato oggetto di rivisitazione. Il disegno di legge interviene sull'obbligo di astensione dal lavoro della beneficiaria disponendo che alla stessa competerà [ex art. 8 (ora 12)] un trattamento[77] per i due mesi precedenti la data del parto e per i tre successivi anche ove continui a svolgere la sua attività in tali periodi.

---

76 Così prescriveva l'art. 1 del D.M. 4 aprile 2002.
77 L'ammontare è pari all'80 % di 1/365 del reddito di riferimento ex D.M. 4 aprile 2002, art. 4.

Il testo di riforma disciplina poi la sospensione del rapporto (con sospensione dei pagamenti dei contributi previdenziali e dei premi nei casi indicati) in caso di gravidanza, malattia ed infortunio [art. 10 (ora 13)] per quei lavoratori autonomi che prestino la loro attività in via continuativa per il committente e che ne facciano richiesta. La sospensione non potrà superare i 150 giorni nell'anno solare e non si applichera ove venga meno l'interesse del committente. Durante tale fase il lavoratore non percepirà il proprio emolumento e potrà, previo consenso del committente, essere sostituito totalmente o parzialmente (art. 10 comma secondo, ora art. 13). Si scorge in questo intervento la medesima volontà che aveva previsto la sospensione e la proroga per 180 per le collaborazioni a progetto, pur non precisando la norma se tale previsione opera nel caso di rapporti in cui committente sia una pubblica amministrazione.

Richiamando quanto già detto in precedenza il testo innova sorattutto su un ambito sul quale il lavoro autonomo è fortemente carente rispetto a quello subordinato. Il tema è quello specifico delle competenze e della formazione della categoria dei lavoratori autonomi ambito assai critico e delicato per la figura del lavoratore autonomo.

Come già detto questa categoria è quella con minor accesso alla formazione[78].Tale condizione è nota e per ovviare a ciò il legislatore ha creato un impianto a doppio binario volto a rafforzare le competenze dei soggetti che abbiano perduto il proprio posto di lavoro e vogliano rientrare nel mercato o nella forma del lavoro autonomo o in quella del lavoro dipendente. Per rispondere in parte alle difficoltà attuative sottese all'impianto contenuto nel dlgs n. 150 del 2015 il legislatore ha previsto all'art. 5 (ora sostituito dall'art. 8) un'estensione del regime di deducibilità dal reddito imponibile ai fini Irpef (e di conseguenza ai fini della contribuzione previdenziale) delle spese inerenti proprio l'attività di formazione[79]. A tal fine sono stati eliminati taluni limiti previsti dall'attuale regime alla deduzione delle spese, pari al 50 % del loro ammontare, ed è portato a 10.000 euro annui il tetto massimo di integrale deduzione di spese per iscrizione a master, corsi di formazione o aggiornamento professionale, convegni e congressi. Viene inoltre fissato un tetto massimo di 5.000 euro annui per dedurre integralmente spese sostenute per i servizi personalizzati di certificazione delle competenze, orientamento, ricerca e sostegno all'autoimprenditorialità,

---

78 Eurofound, *European Working conditions Surveys (EWCS) 2015*, in <http://www.eurofound.europa.eu/surveys/european-working-conditions-surveys>.
79 <www.senato.it/japp/bgt/showdoc/17/DOSSIER/966386/index.html>.

mirati a sbocchi occupazionali effettivamente esistenti e appropriati in relazione alle condizioni del mercato del lavoro ed erogati dalle strutture accreditate indicate dalla norma. Inevitabilmente tale previsione punta a stimolare l'accrescimento formativo del lavoratore autonomo che, godendo della deducibilità, sarà presumibilmente incentivato ad usufruire di canali formativi privilegiati per migliorare il proprio bagaglio professionale. Nel silenzio della norma non è ben chiaro se la deducibilità verrà operata interamente su ogni annualità o verrà spalmata su più annualità fiscali.

Con riguardo alla seconda previsione la deducibilità riguarda le spese sostenute per servizi professionalizzati di certificazione delle competenze, orientamento o ricerca e sostegno all'autoimprenditorialità genericamente indicati, quantunque debbano esser servizi resi da strutture accreditate a svolgere funzioni di politica attiva. Quest'ambito si fonde con quello dedicato ai servizi di politica attiva ridisegnati nel dlgs n. 150 del 2015 già richiamato in precedenza. Invero rileggendo i due dispositivi pare emergere uno scollamento tra quel sistema e quello contenuto invece nel progetto di Statuto del lavoro autonomo. Mentre là si intende sostenere quei lavoratori, soprattutto subordinati che abbiano perduto il proprio posto di lavoro, attivando un percorso coadiuvato dall'ANPAL, qui l'ambito è distinto: si considerano le eventuali spese che un lavoratore autonomo sosterrà nel corso dell'anno per le attività in precedenza individuate e se ne riconosce la deducibilità sino alla concorrenza di 5.000 euro. Al riguardo non è ben chiaro l'intento del legislatore, forse si potrebbe allargare l'interpretazione della norma estendendola all'art. 8 e 15 del dlgs. n. 22 del 2015 relativamente alle erogazioni a titolo di autoimprenditorialità considerando che oltre a tale beneficio economico, viene prevista la deducibilità per le altre spese che ne conseguano (con l'intento di avviare una attività autoimprenditoriale). Tale considerazione si scontrerebbe però con quanto previsto dal secondo comma dell'art. 1 del Disegno di legge, ove precisa che le norme che esso contiene non si applicano agli imprenditori. Il balletto avviato dal legislatore che apre anche agli imprenditori in più norme, per poi fare marcia indietro, si ripresenta anche in questo caso.

Il testo prosegue poi con l'art. 6[80] (ora 9) prevedendo la creazione di uno specifico sportello per la raccolta delle domande ed offerte di lavoro autonomo (anche di soggetti con disabilità) teso a consentire l'accesso alle relative informazioni ai professionisti ed alle imprese che ne facciano

---

80 Le note in <www.senato.it/japp/bgt/showdoc/17/DOSSIER/966386/index.html>.

richiesta. Inevitabilmente anche tale norma dovrà coordinarsi con il dlsg n. 150 del 2015 citato. Riguardo alle modalità attuative, anche in favore di lavoratori auonomi disabili, la norma disciplina inoltre espressamente ove tale sportello possa esser attivato.

Altro stimolo al lavoro autonomo è contenuto nell'articolo 6 bis (ora 10) in materia di semplificazione della normativa e degli adempimenti formali in materia di salute e sicurezza degli studi professionali. La norma invita ad adottare norme per il riassetto della materia individuando le condizioni in presenza delle quali i rischi negli studi professionali sono equiparabili a quelli nelle abitazioni nonchè individuando le misure di tutela per quanti con o senza retribuzione vi svolgono un'attività volta ad apprendere un'arte, un mestiere o una professione o attività lavorativa. La penna del legislatore sollecita l'individuazione delle misure tecniche ed amministrative di prevenzione compatibili con le caratteristiche gestionali ed organizzative dello studio professionale, nonchè prevede un alleggerimento degli adempimenti formali riformulando e razionalizzando l'impianto sanzionatorio amministrativo e penale.

Il disegno di riforma auspica inoltre un'intensificazione della collaborazione tra amministrazioni pubbliche che operino quali stazioni appaltanti e lavoratori autonomi, favorendo la partecipazione di questi ultimi ai bandi e dell'assegnazione di incarichi ed appalti privati. Il testo prevede che coloro che esercitano un'attività professionale, al di là della forma giuridica rivestita possano a tal fine costituire reti di esercenti la professione o partecipare alle reti di imprese (reti miste) con accesso alle relative provvidenze in materia. Gli stessi possono altresì organizzarsi in consorzi stabili professionali, ovvero ad associazioni professionali temporanee (ex Dlgs n. 50 del 2016, art. 48). Il punto apre a delicate ed importanti riflessioni sia in merito alla forma giuridica che tali reti dovranno rivestire, sia in merito ai rapporti che si verranno a delineare tra gli appartenenti alle stesse[81].

A conclusione del Capo I il Disegno di legge [art. 12 (ora 14, comma 1)] interviene in ambito procedurale "la collaborazione si intende coordinata quando, nel rispetto delle modalità di coordinamento stabilite di comune accordo dalle parti, il collaboratore organizza autonomamente l'attività lavorativa" (art. 12, ora 14, comma primo). Tale previsione dovrà necessariamente esser letta di concerto con le novità apportate sul punto dal dlgs n. 81 del 2015.

---

81 Ricciardi A., *Le reti di imprese. Vantaggi competitivi e pianificazione strategica*, Franco Angeli, Milano, 2003.

Considerazioni conclusive

In questo periodo di incertezze e di proliferazione disordinata di norme è il lavoro senza aggettivi che chiede *"giustizia"* rivendicando e riconoscendo la contaminazione tra i vincoli del lavoro subordinato e gli spazi di libertà che circondano il lavoro autonomo, e chiedendo tutela per la propria *"anima"*. È stato detto che tracciare una netta linea di demarcazione tra lavoro autonomo e subordinato, riproponendo un'alternativa secca tra lavoro due figure, significherebbe negare asilo allo spazio coperto dal parasubordinato e fare un balzo indietro di qualche decennio nella materia del lavoro[82]. Capire come canalizzare normativamente le manifestazioni di lavoro non comporta una destrutturazione del sistema ma implica un'analisi obiettiva e lineare dei prodotti contrattuali offerti dall'ordinamento riposizionandoli in un sistema di regolazione del lavoro chiaro, efficace e duttile[83].

In sintesi la voce del legislatore che incoraggia la crescita economica e la creazione di posti di lavoro passa ancor più oggi per il lavoro autonomo che chiede tutela e soprattutto vuole spogliarsi di quella patina di abusivismo che a volte accompagna i rapporti che in esso si riconducono. Il nuovo modo di fare economia nella sua prospettiva condivisa[84] chiede un maggior sostegno dell'autoimprenditorialità nella lotta alla inattività dei disoccupati stimolando la fuga dall'economia sommersa con l'avvio di attività caratterizzate da un effettivo carattere di autonomia oltre che da un certo grado di rischio di impresa. Nell'idea del legislatore si individuano elementi che fungono da volano per spingere una futura attivazione del mercato del lavoro e della occupazione, soprattutto giovanile. Le previsioni del Disegno di legge sul lavoro autonomo sono destinate ad operare più sul fattore interno alle imprese, che sui fattori esterni alle stesse. Nelle previ-

---

82 Carinci F., *Jobs Act, atto II: la legge delega sul mercato del lavoro*, in *I decreti attuativi del Jobs Act: prima lettura e interpretazioni. Commentario agli schemi di decreto legislativo presentati al Consiglio dei Ministri del 24 dicembre 2014 e alle disposizioni lavoristiche della legge di stabilità*, op. cit., 2015, p. 18.

83 Zoppoli L., *Le fonti (dopo il Jobs Act): autonomia ed eteronomia a confronto*; Santoro Passarelli G., *Appunti sulla funzione delle categorie civilistiche nel diritto del lavoro dopo il Jobs Act.*, entrambi in *Labor. Il lavoro nel diritto*, 2016, pp. 40 e ss e pp. 15 ss.

84 Ragonese G., *Il reddito che ci vuole è quello che sostiene autonomia e innovazione*, in <http://www.bin-italia.org/wp-content/uploads/2016/04/QR3_impaginato_Layout-1-1.pdf>.

sioni del Disegno di legge e nei decreti attuativi del Job Act vi sono spinte per favorire la formazione, l'orientamento, rinforzando la professionalità e le competenze. Queste previsioni unitamente alle agevolazioni elaborate di contorno rappresentano mezzi per incoraggiare il lavoro autonomo e l'assunzione di lavoratori supplementari[85].

Anche l'*input* verso l'autoimprenditorialità passa attraverso la creazione iniziale di imprese individuali che dovrebbero poi esser incoraggiate (con incentivi ed aiuti) ad assumere dipendenti. In Austria è stato adottato un programma di "Sovvenzioni regionali per le imprese individuali che assumono il loro primo dipendente nella provincia del Tirolo" e che prevede altre sovvenzioni sui salari degli imprenditori che assumono i loro primi dipendenti. Analoga strada è stata realizzata in Irlanda che presenta un programma, il *"Competitive Start Fund"*[86] che lega l'utilizzo dei benefici alla capacità delle imprese di creare dieci posti di lavoro in un triennio-quadriennio dall'avvio dell'attività.

L'impianto delineato si muove in questo solco strategico. Si riprendono strumenti già esistenti per risolvere problemi nuovi. In tal maniera si interviene rafforzando il livello di formazione e di competenze, ambiti che costituiscono la strada maestra per conseguire un impatto positivo sul lavoro e sulla creazione di nuovi posti di lavoro. I recenti interventi si spingono in questo senso, sfrondare quelle infiltrazioni che negano certezze nelle tutele dei lavoratori predisponendo un impianto che ne vigili l'esistenza e che valga non solo per le modalità più tradizionali del lavoro autonomo coincidenti con gli artigiani e commercianti. Il modello OCSE/Eurostat[87] per la valutazione degli indicatori strategici di imprenditorialità ha classificato gli strumenti di supporto al lavoro autonomo ed alla creazione del posto di lavoro sulla base degli ostacoli e delle barriere da abbattere. Nella griglia degli impedimenti oltre alle difficoltà di finanziamento, al peso degli oneri ammistrativi emergono lacune pesanti e difficoltà derivanti dalla regolamentazione del mercato che frena le iniziative, da una scarsa cultura dell'imprenditorialità e comunque una scarsa propensione alla ricerca ed

---

85 Vergari S., *Promuovere forme di occupazione stabile. I nuovi incentivi universali*, in Working Paper, CSDLE Massimo d'Antona, 2016, n. 292 in <htpp://csdle.lex.unict.it>.
86 <www.eurofound.europa.eu/observatories/emcc/comparative-information/public-measures-to-support-self-employment-and-job-creation-in-one-person-and-micro-enterprises>.
87 Eurofound, *Public measures to support self-employment, op. cit.*

allo sviluppo ed in ultimo anche una necessità di accrescimento delle competenze dei singoli[88]. Si tratta di sfide che la situazione attuale deve indurci a cogliere e sembra che questo sia stato udito dalla penna dell'estensore del testo esaminato. Occorre rendere il lavoro autonomo soddisfacente[89] sotto il profilo delle tutele sostenendolo per evitare che possa possa tramutarsi in una sacca di potenziale povertà per chi intraprende questa scelta. É nel contempo una sfida che è indispensabile affrontare per poter garantire che quello stesso diritto contenuto nell'art. 4 della Costituzione trovi la sua conferma per le generazioni future[90].

Bibliografía

Alaimo, A., "L'Agenzia Nazionale per le Politiche Attive del Lavoro (ANPAL)", in E. Ghera, D. Garofalo (a cura di), *Organizzazione e disciplina del mercato del lavoro nel Jobs Act 2*, Bari, 2016.
Alaimo, A., "Ricollocazione dei disoccupati e politiche attive del lavoro. Premesse promesse nel Job Act dal Governo Renzi", in *WP C.S.D.L.E.*, Massimo D'Antona it., 2015, in <http://csdle.lex.unict.it>.
Ales, E., "Il lavoro precario quale fattore di esclusione sociale ovvero del lavoro di scarsa qualità", in <http://www.amministrazioneincammino. luiss.it/app/uploads/2011/10/Ales_lavoro-precario.pdf>.
Berti, C., Grazzini B., *La disciplina della subfornitura nelle attività produttive*, Giuffrè (Milano, 2005).
Bignami, R., Casale G., Fasani M., *Labour inspection and employment relationship*, ILO (Ginevra, 2013), in <http://www.ilo.org/wcmsp5/ groups/public/---ed_dialogue/---lab_admin/documents/publication/ wcms_217603.pdf>.
Bologna, S., Banfi D., *Vita da freelance. I lavoratori della conoscenza e il loro futuro*, Feltrinelli, Milano, 2011.

---

88 <http://ec.europa.eu/social/main.jsp?catId=822&langId=it>.
89 Cfr. Signorini, E., *Diritto al lavoro. Crisi. Lavoro dei giovani*, cit., pp. 33, 174; e <http://ec.europa.eu/eurostat/statisticsexplained/index.php/Employment_statistics/it>.
90 <http://ec.europa.eu/social/main.jsp?catId=952&langId=it>.

Bronzini, G., "Il reddito minimo garantito e la riforma degli ammortizzatori sociali", in *WP C.S.D.L.E.*, Massimo D'Antona it., n. 270 del 2015, in <http://csdle.lex.unict.it/Archive/WP/WP%20CSDLE%20 M%20DANTONA/WP%20CSDLE%20M%20DANTONA-IT/20151001-124018_bronzini_n270-2015itpdf.pdf>.

Buffa, F., *Il rapporto di lavoro degli extracomunitari*, Wolters Kluwer, 2009.

Calafà, L., *Il diritto del lavoro e il rischio psico-sociale (e organizzativo) in Italia*, in Lavoro e Diritto, fasc. 2, 2012.

Camera, R., "Rete nazionale dei servizi per le politiche del lavoro", in *DPL*, 2015, n. 40.

Canavesi, L., "La ricollocazione secondo il Job Act: dall'attività al contratto?", in *Riv. Dir. Sic. Soc.*, 2015.

Carinci, F. (a cura di), *Jobs Act: un primo bilancio Atti del XI Seminario di Bertinoro-Bologna, 22-23 ottobre 2015*, Adapt Labour Studies, e-book, 2016, n. 54, in <www.///C:/Users/user/Desktop/ebook_vol_54%20tiraboschi.pdf>.

Cazzola, G., *Jobs Act, lavoro autonomo e partite IVA*, in *I decreti attuativi del Jobs Act: prima lettura e interpretazioni. Commentario agli schemi di decreto legislativo presentati al Consiglio dei Ministri del 24 dicembre 2014 e alle disposizioni lavoristiche della legge di stabilità*, a cura di Carinci F. e Tiraboschi M., ADAPT University Press — Pubblicazione on-line della Collana ADAPT, 2015.

De Luca Tamajo, R., *Riflessioni sulla riforma del lavoro*, in Carinci F. (a cura di), *Jobs Act: un primo bilancio Atti del XI Seminario di Bertinoro-Bologna, 22-23 ottobre 2015*, Adapt Labour Studies, e-book series, 2016, n. 54, in <www.///C:/Users/user/Desktop/ebook_vol_54%20 tiraboschi.pdf>.

Esposito, M. e Della Pietra, G., *L'accesso alla sicurezza sociale. Diritti soggettivi e tutele processuali*, (a cura di), Giappichelli, Torino, 2015.

Eurofound, *Condizioni di lavoro nel lavoro atipico*, Fondazione europea per il miglioramento delle condizioni di vita e di lavoro, in <www.eurofound.ie>.

Eurofound, *European Working conditions Surveys (EWCS) 2015*, in <http://www.eurofound.europa.eu/surveys/european-working-conditions-surveys>.

Eurofound, *Public measures to support self-employment and job creation in one-person and micro enterprises* in <http://www.eurofound.europa.eu/emcc/erm/studies/tn1108034s/index.htm>; Eurofound, *Self-employed workers: industrial relations and working conditions* in <http://www.eurofound.europa.eu/comparative/tn0801018s/index.htm>.

Eurofound, *Sesta indagine sulle condizioni di lavoro: primi risultati, 2015*, in <http://www.eurofound.europa.eu/european-working-conditions-surveys-ewcs>.

Ferraro, G., "Il lavoro autonomo", in *Il nuovo mercato del lavoro dalla riforma Fornero alla legge di stabilità 2013*, Cinelli M., Ferraro G., Mazzotta O. (a cura di), Giappichelli, 2013.

Filì, V., "L'Assegno Individuale di Ricollocazione, in E. Ghera, D: Garofalo" (a cura di), *Organizzazione e disciplina del mercato del lavoro nel Jobs Act 2* (Bari, 2016).

Garofalo, M.G., *Il diritto del lavoro e la sua funzione economico sociale*, in *Percorsi di diritto del lavoro*, (a cura di), Garofalo D., Ricci M., Bari, Cacucci, 2006.

Ichino, P., Violi M. (a cura di), *Nuovi strumenti per un'azione efficace contro la disoccupazione di lunga durata: i jobsclubs, 1987* in <www.Archivio.pietroichino,it/saggi/>.

ILO, *Programme d'administration et d'inspection du travail LAB/ADMIN L'inspection du travail en Europe: travail non déclaré, migration et la traite des êtres humains*, Organisation internationale du Travail (Ginevra, 2010).

Laforgia, S., "Il lavoro dignitoso, il lavoro decente e il lavoro purchessia", in *Liber amicorum. Spunti di diritto del lavoro in dialogo con Bruno Veneziani*, Bari, Cacucci, 2012.

Magnani, M., "La riforma dei contratti e del mercato del lavoro nel c.d. Jobs Act. Il Codice dei contratti", in Carinci F. (a cura di), *Jobs Act: un primo bilancio Atti del XI Seminario di Bertinoro-Bologna, 22-23 ottobre 2015*, Adapt Labour Studies, e-book series, 2016.

Magnani, M., Pandolfo A., Varesi P.A., *I contratti di lavoro. Commentario al dlgs 15 giugno 2015, n. 81, recante la disciplina organica dei contratti di lavoro revisione della normativa in tema di mansioni, a norma dell'art. 1, c.7, della l. 10 dicembre 2014, n. 183*, Giappichelli, 2016.

Minawa, E., *Non-standard workers: Good practices of social dialogue and collective bargaining*, ILO (Ginevra, 2012), in <http://www.ilo.org/wcmsp5/groups/public/---ed_dialogue/---dialogue/documents/publication/wcms_179448.pdf>.

Orlandini, G., *La via italiana alla flexicurity la riforma degli ammortizzatori sociali nel Jobs Act*, in Questione giustizia online, 2015.

Pera, G., *Noterelle Diario di un ventennio. Antologia* (a cura di Poso V.A.), in *Diritto e Rovescio. Nuova serie*, Giuffrè Ed., 2004, p. 236, in <http://www.fondazionegiuseppepera.it/wp-content/uploads/2014/03/130083 1602-Noterelle2004.pdf>.

Persiani, M., M. D'Onghia, *Fondamenti di diritto della previdenza sociale*, 2016, Giappichelli.

Proia, G., *Manuale di diritto del lavoro*, 2016, Cedam.

Ragonese, G., "Il reddito che ci vuole è quello che sostiene autonomia e innovazione", in <http://www.bin-italia.org/wp-content/uploads/2016/04/QR3_impaginato_Layout-1-1.pdf>.

Regini, M., *Coping with the crisis in Italy: Employment relations and social dialogue amidst the recession, Working Paper No. 50*, 2013, in <http://www.ilo.org/wcmsp5/groups/public/---ed_dialogue/---dialogue/documents/publication/wcms_223695.pdf>.

Ricciardi, A., Le reti di imprese. Vantaggi competitivi e pianificazione strategica, Franco Angeli (Milano, 2003).

Santoro Passarelli, G., *Appunti sulla funzione delle categorie civilistiche nel diritto del lavoro dopo il Jobs Act entrambi* in Labor. Il lavoro nel diritto, 2016.

Santucci, R., *L'Agenzia nazionale per le politiche del lavoro*, in F. Carinci, (a cura di), *Jobs Act: un primo bilancio*, in Adapt Labour Studies, E-Book, 2016.

Signorini, E., *Diritto al lavoro. Crisi. Lavoro dei giovani*, Giuffré, (Milano, 2013).

Signorini, E., *Le politiche di contrasto al lavoro sommerso nei Paesi dell'Unione Europea*, in Sala-Chiri M., *Il lavoro sommerso e il diritto del lavoro*, (a cura di), 2014.

Spattini, S., *I nuovi ammortizzatori sociali, in I decreti attuativi del Jobs Act: prima lettura e interpretazioni. Commentario agli schemi di decreto legislativo presentati al Consiglio dei Ministri del 24 dicembre 2014 e alle disposizioni lavoristiche della legge di stabilità*, a cura di

Carinci F. e Tiraboschi M., ADAPT University Press — Pubblicazione on-line della Collana ADAPT, 2015.

Tiraboschi, M., "Jobs Act e ricollocazione dei lavoratori", in *Dir. Rel. Ind.*, n. 119, 2016.

Tiraboschi, M., *Relazione conclusiva sullo Statuto dei lavoratori della Commissione di studio per la definizione di uno Statuto dei lavori*, 2005, in <http://adapt.it/semplificareillavoro/wp-content/uploads/2013/12/858Rapporto_finale_Statuto_Lavori.pdf>.

Trentin, B. in *La città del lavoro. Sinistra e crisi del fordismo* (a cura di Ariemma I.) II ed. rivista e ampliata, Firenze University Press, Firenze.

Veneziani, B., *Il lavoro tra l'ethos del diritto e il pathos della dignità*, in *Dir. Lav. Rel. Ind.*, 2010.

Vergari, S., *Promuovere forme di occupazione stabile. I nuovi incentivi universali,* in WP, CSDLE Massimo d'Antona, 2016, n. 292 in <htpp://csdle.lex.unict.it>.

Zoppoli, L., *Le fonti (dopo il Jobs Act): autonomia ed eteronomia a confronto* in WP, CSDLE Massimo d'Antona, 2015, n. 284 in <htpp://csdle.lex.unict.it>.

Mª MONSERRATE RODRÍGUEZ EGÍO
Profesora de Derecho del Trabajo y de la Seguridad Social. Universidad de Murcia. España

Trabajo autónomo incentivado: balance y perspectivas en materia de riesgos laborales[1]

Resumen: Las personas que trabajan por cuenta propia constituyen agentes protagonistas de la recuperación de la economía, razón que ha justificado la adopción de medidas heterogéneas y diversas, principalmente en materia fiscal, mercantil, laboral y de seguridad social, e incluso, en materia de educación. Ahora bien, no parece admisible aceptar como válida cualquier medida de fomento que se olvide de la protección de la persona emprendedora y que aleje el trabajo realizado por esta de los cánones de trabajo decente establecidos por la OIT. En este sentido, es necesario que las políticas orientadas al fomento del emprendimiento, y la regulación del mismo, dirijan sus objetivos a favorecer la creación y la consolidación de un empleo autónomo de calidad y decente. Sin embargo, las normas que regulan el trabajo autónomo en España difícilmente garantizan su consideración como trabajo autónomo decente. La deficiente regulación de las contingencias profesionales en el trabajo autónomo desde el punto de vista de la protección social y de prevención de riesgos laborales obstaculiza su calificación como trabajo autónomo decente.

Palabras clave: fomento del autoempleo, decente, emprendimiento, riesgos laborales.

Introducción

El fenómeno del trabajo por cuenta propia constituye uno de los ejes centrales de nuestra economía. Esta modalidad de trabajo se muestra como una opción efectiva de creación de empleo que puede surgir a partir de una deci-

---

1   Este trabajo se enmarca en el Proyecto de Investigación DER2013-43492-P, sobre "Articulación jurídica de las políticas públicas de fomento del emprendimiento", financiado por el Ministerio de Ciencia e Innovación, e incluido en la Convocatoria 2013 —Proyectos I+D— Programa Estatal de Investigación Científica y Técnica de Excelencia Subprograma Estatal de Generación de Conocimiento.

sión personal, tomada libremente, de trabajar de forma independiente, con menos protección social, pero con mayor control sobre las condiciones de trabajo y la remuneración. De esta forma, el trabajo autónomo se contempla como un mecanismo de creación de empleo y una vía para desarrollar una actividad profesional que puede contribuir a mejorar la vida profesional y la vida privada de quien opte por esta modalidad de trabajo.

Cualquier actividad económica o profesional puede desarrollarse bajo la fórmula del autoempleo. Incluso, en tiempos de crisis, este tipo de iniciativas permite dar una respuesta rápida y flexible a nuevas necesidades sociales que deben ser satisfechas en el mercado laboral en un momento determinado. La importancia del trabajo autónomo en momentos de crisis, se justifica por diversos motivos: hace posible la creación de nuevos puestos de trabajo en forma de negocio, convirtiéndose en un instrumento muy valorado para la configuración de políticas de empleo dirigidas a la integración profesional de determinados colectivos, como mujeres o jóvenes; favorece la integración o retorno al mercado de personas sin ocupación, y permite aflorar y dar cobertura a la economía sumergida (incluso, en algunas ocasiones, puede ser una vía de fuga de la contratación laboral asalariada)[2].

En otras ocasiones, el empleo autónomo responde a las exigencias impuestas por la descentralización productiva, caracterizada por la descomposición de la empresa tradicional en parcelas tan pequeñas que provocan la finalización de la relación laboral de muchas personas asalariadas, al tiempo que permite la "reincorporación" de algunas de ellas para continuar desempeñando las mismas o similares funciones, pero bajo la figura del trabajador autónomo. Si bien el trabajo autónomo se redujo durante los primeros años de la crisis (2008-2012), en años posteriores ha demostrado una importante capacidad de recuperación. Solo en el año 2014, posiblemente por efecto de las medidas de fomento de autoempleo aprobadas en el 2013, el número de trabajadores autónomos creció en 75.000 personas[3]. En la actualidad, presenta un importante peso específico en nuestro mercado de trabajo.

Durante el periodo comprendido entre los años 2008-2015, los efectos de la crisis han provocado una intensificación de la rotación en el traba-

---

2   López i Mora, F., "Un año y medio de Estatuto del trabajo autónomo y su infradesarrollo: y en eso llegó una gran crisis económica", *Revesco*, n. 96, 2008, pp. 96-98.
3   Preámbulo I de la Ley 31/2015, de 9 de septiembre, por la que se modifica y actualiza la normativa en materia de autoempleo y se adoptan medidas de fomento y promoción del trabajo autónomo y de la Economía Social.

jo por cuenta propia[4], aumentando la temporalidad e inestabilidad en el empleo autónomo, que en ocasiones han tenido que "*adaptarse [...] para sobrevivir, a unas negativas condiciones económicas*"[5]. Respecto del año 2016, según la Federación Nacional de Asociaciones de Trabajadores Autónomos (en adelante, ATA), los datos de la Encuesta de Población Activa (EPA) del primer trimestre del año, demuestran un mejor comportamiento para el colectivo de trabajadores autónomos que en 2015. Recientemente, en junio de 2016, un total de 3.231.941 personas se encontraban de alta como autónomos de los cuales 3.217.245 lo estaban en el RETA[6]. Entre los del RETA, constan 1.972.504 inscritas como autónomos persona física y 1.540.338 de ellas no tienen asalariados a su cargo y un total 432.166 personas autónomas tienen asalariados a su cargo y sólo 43.770 tienen más de 5 trabajadores a su cargo[7].

Al crecimiento del trabajo autónomo han contribuido de forma directa diversas intervenciones legislativas llevadas a cabo en los últimos años y que han dirigido sus esfuerzos al fomento del emprendimiento. Cabe destacar, de un lado, la Ley 11/2013, de 26 de julio, de medidas de apoyo al emprendedor y de estímulo del crecimiento y de la creación del empleo, que en su Preámbulo reconoce la importancia "cuantitativa y cualitativa de las pymes y los autónomos" en el tejido empresarial español, que actúan como "motores para dinamizar la economía española, dada su capacidad de generar empleo y su potencial de creación de valor". Por ello, se considera necesario "el establecimiento de un entorno que promueva la cultura emprendedora, así como la creación y desarrollo de proyectos empresariales

---

4   Desdentado Bonete, A., "El futuro de la Seguridad Social de los trabajadores autónomos: reflexiones críticas con algunas propuestas", *Actualidad Laboral*, n. 15, 2011, ofrece distintas cifras que muestran la evolución del empleo autónomo en las últimas décadas, y que evidencian el fuerte retroceso que el colectivo ha sufrido como consecuencia de la actual crisis económica, tras un largo período expansivo.
5   *Vid*. Informe de UATAE, "Análisis de las causas del éxito y el fracaso en el emprendimiento", Madrid, 2016, p. 109.
6   *Vid*., el informe emitido por ATA sobre el perfil del autónomo durante el primer semestre de 2016 publicado en el mes de agosto de 2016, del total de autónomos persona física (1.984.268 en junio de 2016) están dados de alta en el régimen especial del Mar un total de 11.764 personas y 10.250 son los que están registrados como autónomos económicamente dependientes (TRADE). Así mismo, del total de autónomos registrados, el 38,6 % de los autónomos están dados de alta con algún tipo de sociedad, es decir, 602.453 personas.
7   Fuente: Ministerio de Empleo y Seguridad social, puede verse en <http://www.empleo.gob.es/es/sec_trabajo/autonomos/economia-soc/autonomos/estadistica/>.

generadores de empleo y de valor añadido". A tal efecto, se aprueban diferentes medidas dirigidas a luchar contra el desempleo juvenil y a estimular la iniciativa y la cultura emprendedora.

En esta misma línea, la Ley 14/2013, de 27 de septiembre, de apoyo a los emprendedores y su internacionalización[8], intensifica el fomento del emprendimiento. Esta norma tiene por objeto apoyar al emprendedor y la actividad empresarial, favorecer su desarrollo, crecimiento e internacionalización y fomentar la cultura emprendedora y un entorno favorable a la actividad económica, tanto en los momentos iniciales de comenzar la actividad, como en su posterior desarrollo, crecimiento e internacionalización.

Para conseguir su objetivo, esta Ley contempla una serie de medidas diversas y heterogéneas en materia fiscal, mercantil, laboral, de seguridad social, de extranjería, de prevención de riesgos laborales y en materia educativa. Recientemente, la Ley 31/2015, de 9 de septiembre, por la que se modifica y actualiza la normativa en materia de autoempleo y se adoptan medidas de fomento y promoción del trabajo autónomo y de la Economía Social, en el ámbito específico del trabajo autónomo, ha pretendido unificar en un único texto los incentivos al autoempleo para dotar de transparencia y mayor seguridad jurídica la regulación vigente y ha introducido nuevos incentivos y bonificaciones en materia de cotización a la Seguridad Social y mejorando algunos de los ya existentes[9]. En las citadas intervenciones legislativas el legislador ha puesto sus esperanzas en la recuperación de la economía española y en la salida de la crisis a través del fomento del emprendimiento, utilizando diferentes términos. Unas veces se habla de emprendedores, otras, de empresas, y otras de trabajadores autónomos, mientras que el término emprendedor no es utilizado ni en la LGSS y en la LETA. A pesar del uso frecuente de los términos de emprendimiento y em-

---

8   Un detallado estudio sobre esta norma puede verse en Casas Baamonde, M.E., "El Derecho del Trabajo y el empleo asalariado en los márgenes: de nuevo el emprendimiento y el autoempleo", *Revista Relaciones Laborales*, n. 11, Sección Legislativa, noviembre de 2013 (LA LEY 8223/2013), p. 2, para quien la citada Ley 14/2013 se aleja del objetivo de aumentar el empleo asalariado pretendido por la Ley 11/2013.

9   Para un estudio de conjunto de estos incentivos, puede verse, Cavas Martínez, F. y Selma Penalva, A., "Economía social, autoempleo e integración laboral", en AA.VV. Gómez Manresa, Mª. F. y Pardo López, Mª.M., dirs./coords., *Economía Social y Derecho. Problemas jurídicos actuales de las empresas de economía social* (Granada, 2013), Comares, pp. 271-278, y Ferrando García, F.Mª, "Incentivos al empleo, por cuenta propia y ajena, a través de entidades de economía social", *Revista de Derecho de la Seguridad Social*, n. 6, 2016.

prendedor en el ámbito de la economía, sin embargo, no sucede lo mismo en el ámbito jurídico, donde el uso de estos términos puede no resultar tan claro. Por tal motivo, procede aclarar si detrás de la figura del emprendimiento, se encuentra una figura diferente a la del trabajo autónomo o a la de la empresa. El concepto de emprendedor, utilizado habitualmente en el ámbito de la economía, aparece recogido en la propio título de la Ley 11/2013, de 26 de julio, aunque no lo define, norma que dirige las medidas que recoge tanto a las empresas como a las personas que trabajan por cuenta propia. Por su parte, la Ley 14/2013 de apoyo a los emprendedores y su internalización, define en su art. 3 el concepto de emprendedores como:

> aquellas personas, independientemente de su condición de persona física o jurídica, que desarrollen una actividad económica empresarial o profesional, en los términos establecidos en esta Ley.

Ante tan amplio concepto, resulta claro que el trabajador autónomo tiene encaje en la definición de persona emprendedora, pues dentro del mismo tendrían cabida tanto la empresa individual como la social, así como la generalidad de las personas trabajadoras autónomas, pues ninguna actividad por cuenta propia podría quedar fuera de un concepto amplio de actividad económica empresarial o profesional[10].

Ante esta deficiente técnica legislativa, la persona emprendedora no responde a una tipología jurídica nueva y diferente de las figuras jurídicas del trabajo autónomo y de la empresa, sólo formalmente aparecen renovadas mediante "*vestiduras nuevas*" que poco añaden a la mera "*innovación terminológica*"[11].

Las medidas de fomento del empleo autónomo suponen una fuerte apuesta de los poderes públicos por formas no laborales de inserción en el mercado de trabajo, en general, expulsadas del amparo del Derecho del Trabajo y, especialmente, dirigidas a uno de los colectivos especialmente

---

10 Un reciente y detallado análisis de los conceptos de autónomo, empresario y emprendedor puede verse en López Aniorte, M C., "La difusa e incompleta con-figuración subjetiva del RETA en la LGSS 2015", *Revista Derecho Social*, n. 76, 2016, pp. 45-68.

11 *Vid.*, López Aniorte, M.C., "La difusa e incompleta configuración subjetiva del RETA en la LGSS 2015", *op. cit.*, p. 49. Sobre el concepto de empresario mercantil, empresario civil, y empresario laboral, puede verse López Aniorte, M.C., "Precisando conceptos: Autónomo, empresario y emprendedor", en AA.VV., Farias Batlle, M., y Ferrando García, F.M. (dirs.), *Fomento del trabajo autónomo y de la economía social: especial referencia a las novedades introducidas por la ley 31/2015, de 9 de septiembre* (Cizur Menor, 2015), Thomson Reuters-Aranzadi, pp. 36-60.

afectados por esta crisis, como es el de los jóvenes. Ahora bien, si se pretende salir de la crisis y recuperar la economía del país mediante el impulso del autoempleo, ha de tenerse en cuenta que no debe ser a cualquier precio y, en ningún caso, en detrimento de la seguridad y salud de estas personas y de una deficiente protección social, pues, esta insuficiente protección podría provocar el efecto contrario, dejando de ser el trabajo autónomo una opción de empleo atractiva para muchas personas.

I. El fomento de un trabajo por cuenta propia no precario

El crecimiento económico y social de un país depende en gran parte de los niveles de empleo y de trabajo decente y de calidad que es capaz de ofrecer a su ciudadanía. Entre el trabajo asalariado y el trabajo autónomo existen grandes diferencias desde el punto de vista jurídico, partiendo de la exclusión del trabajo por cuenta propia del ámbito de aplicación del Derecho del Trabajo; sin embargo el concepto de trabajo decente debe aplicarse tanto al trabajo subordinado como al trabajo autónomo. En épocas de crisis, como se ha expuesto, los poderes públicos tienden a potenciar el crecimiento económico mediante el fomento de iniciativas emprendedoras, sobre todo aquellas dirigidas al autoempleo.

Sin embargo, el crecimiento económico no es sostenible si se fomenta un empleo autónomo precario, desarrollado en condiciones deficientes e inseguras, con insuficiente protección social. Las políticas económicas y sociales de un país deben contemplar, no solo medidas que fomenten el autoempleo, —por ejemplo, agilizando los trámites administrativos para su formalización o ajustando su carga impositiva al nivel de ingresos—, sino también aquellas que apoyen su mantenimiento y consolidación, como una forma de empleo de calidad y de un "trabajo decente"[12]. En otro caso, esas políticas públicas favorecen que se mantengan e incluso aumenten las desigualdades entre personas trabajadoras autónomas y asalariadas.

---

12 Sobre el concepto, pueden verse: Sachs, I., "Desarrollo y trabajo decente para todos", *Revista Internacional del Trabajo*, n. 123, 2004 y Servais, J. M., "Política de Trabajo Decente y Mundialización. Reflexiones sobre un planteamiento jurídico renovado", *Revista Internacional del Trabajo*, n. 123, 2004.

El término "trabajo decente" se introdujo en la Memoria del Director General de la de la Organización Internacional del Trabajo (OIT), bajo el título *"Trabajo decente"*, como respuesta al deterioro en los derechos de los trabajadores, aumentado por los efectos de la globalización, siendo constante, posteriormente, el uso de este término en los documentos e informes emitidos por la OIT[13]. Precisamente, la 105ª reunión de la Conferencia Internacional del Trabajo (junio 2016), lleva por título, *"Construir un futuro con trabajo decente"*. Para la OIT, este término, se refiere al trabajo productivo realizado en condiciones de libertad, equidad, seguridad en el lugar de trabajo y dignidad, en el cual los derechos son respetados y, además, cuenta con una remuneración y protección social adecuadas[14]. El concepto de trabajo decente es aplicable a todo tipo de trabajo, sin distinción y, por tanto, también al trabajo autónomo[15].

Este concepto, "basado en la lucha contra la pobreza a través del trabajo en condiciones de dignidad"[16], ha sido aceptado a nivel internacional tanto por los gobiernos como por los representantes de las empresas, así como por los representantes de las personas trabajadoras, considerando que el empleo productivo y el trabajo decente constituyen las bases esenciales "para alcanzar una globalización justa, reducir la pobreza y obtener un desarrollo equitativo, inclusivo y sostenible"[17].

El derecho al trabajo —ya sea subordinado o autónomo—, conectado con el derecho a elegir una profesión y oficio, debe interpretarse de acuerdo al marco normativo regulador de los derechos humanos, que exige que el trabajo se desarrolle no de cualquier forma, sino en unas determinadas

---

13 Somavía, J, "Reducir el déficit de trabajo decente. Un desafío global", memoria presentada en la 89ª reunión de Conferencia Internacional del Trabajo, junio de 2001. Disponible en: <http://www.ilo.org/public/spanish/standards/relm/ilc/ilc89/rep-i-a.htm>, acceso el 29 abril de 2016.
14 *Vid.,* en: <http://actrav.oit.org.pe/index.php?option=com_content&task=view&id=2 487&Itemid=1697>, acceso el 2 mayo de 2016.
15 En este sentido, Dharam, G., "Trabajo decente. Concepto e indicadores", *Revista Internacional del Trabajo*, vol.122, n. 2, 2003, p. 125. Precisando la extensión del derecho a un trabajo decente puede verse, Monereo Pérez, J.L. y López Insua, B., "La garantía internacional del derecho a un trabajo decente", *Revista Española de Derecho del Trabajo*, n.177, 2015, BIB 2015/2507, p. 6.
16 Chacartegui, Jávega, C., "La Ley 3/2012, de 6 de julio. Una reforma laboral en detrimento de la dignidad y del concepto de trabajo decente de la OIT", *Revista Jurídica de Castilla y León*, n. 31, 2013, p. 10 de la edición electrónica.
17 Programa de Trabajo Decente de la OIT, disponible en: <http://www.ilo.org/global/about-the-ilo/decent-work-agenda/lang--es/index.htm>, acceso el 06 de junio de 2016.

condiciones laborales saludables que deben respetar la dignidad de la persona y su derecho a la vida y a la seguridad y salud en el trabajo, de forma equitativa respecto de otros trabajadores en similares situaciones de trabajo. En este sentido, cabe recordar que la Declaración Universal de los Derechos Humanos (DUDH), reconoce su art. 23 el derecho al trabajo en condiciones equitativas y satisfactorias de trabajo. De esta forma, el ejercicio del derecho al trabajo se garantiza mediante desarrollo de un trabajo digno, con respeto a los derechos fundamentales de los trabajadores[18], siendo indigno aquel trabajo que se caracteriza por unas precarias condiciones de trabajo[19]. Por su parte, la Carta de los Derechos Fundamentales de la Unión Europea (CDFUE), reconoce el derecho de todo trabajador a trabajar en condiciones que respeten su salud, seguridad y dignidad (art. 31.1 CDFUE). En el ámbito de la OIT, existen numerosos Convenios y Recomendaciones que se refieren a las condiciones de trabajo con el objetivo de dignificar el trabajo y proteger al trabajador. La OIT, como organismo especializado de la Organización de Naciones Unidas (ONU) cuenta entre sus objetivos, además de la promoción de la justicia social, el reconocimiento de las normas fundamentales del trabajo, y la mejora de las condiciones laborales en el mundo. En la actualidad, una de las labores principales de la OIT se centra en el desarrollo del Programa de Trabajo Decente (en adelante PTD), entre cuyos fines se encuentra la promoción del empleo, de la protección social y del trabajo seguro, objetivos aplicables también al trabajo autónomo. El PTD exige el cumplimento de cuatro objetivos estratégicos.

Estos objetivos son: a) la creación de empleo; b) garantizar el reconocimiento y respeto de los derechos de todas las personas trabajadoras, en particular de aquellos desfavorecidos que necesitan representación, participación y leyes que favorezcan sus intereses; c) extender la protección social, garantizando unas condiciones de trabajo seguras, que permitan a hombres y mujeres disfrutar de tiempo libre y de un descanso adecuados, teniendo

---

18 Sobre la dignidad en el trabajo, vid., Cabeza Pereiro, J. y Cardona Rubert, M. T., *Aproximación a las Políticas sociolaborales* (Cizur Menor, 2014), Aranzadi, pp. 49-50.
19 En este sentido, Serrano Argüeso, M., "Medidas de reparto de empleo en España en un contexto de crisis económica: ¿solución contra el desempleo o vía de incremento de la precariedad laboral?", *Revista Internacional y Comparada de Relaciones Laborales y Derecho del Empleo*, vol. 3, n. 3, julio-septiembre de 2015, pp. 5 y 9, quien considera que la precariedad laboral es el opuesto del trabajo decente, y tener un trabajo en condiciones dignas forma parte del reto de la justicia social.

en cuenta los valores familiares y sociales. Esta protección debe incluir una retribución adecuada en caso de pérdida o reducción de los ingresos y permitir el acceso a una asistencia sanitaria apropiada; d) y promover el diálogo social para aumentar la productividad, evitar los conflictos en el trabajo, y crear sociedades cohesionadas. Como objetivo transversal el Programa recoge el principio de igualdad de género. El concepto ético-jurídico de trabajo decente[20], sigue siendo una preocupación universal como lo demuestra el hecho de su inclusión dentro los objetivos de la Agenda 2030 de Desarrollo Sostenible aprobada por los Estados miembros de las Naciones Unidas[21]. En ella, abarcando tres dimensiones de la sostenibilidad; la económica, la social y la medioambiental, se describen 17 Objetivos de Desarrollo del Milenio (ODS), en los que sitúa a la persona y al planeta en el centro del desarrollo sostenible. Concretamente, en su ODS 8, bajo el título "Promover el crecimiento económico sostenido, inclusivo y sostenible, el empleo pleno y productivo y el trabajo decente para todos" se reivindica la importancia de lograr un trabajo decente para conseguir un desarrollo sostenible, tanto en países desarrollados como en los emergentes y en desarrollo[22]. La importancia del cumplimiento del PTD se refleja en la reciente reunión —celebrada en Berlín, en el mes abril de 2016—, entre la Canciller alemana y los directores de la Organización para la Cooperación y Desarrollo Económicos (OCDE), de la Organización Mundial del Comercio (OMC), del Fondo Monetario Internacional International(FMI,) del Banco Mundial y de la OIT, que concluyó con un acuerdo sobre el papel central que tiene el trabajo decente para hacer frente a los desafíos políticos en el próximo año. En la citada reunión se acordó intensificar los esfuerzos dirigidos a promover el trabajo decente y el crecimiento inclusivo a través

---

20 *Vid.*, Gil y Gil, J.L., "Justicia social y acción normativa de la OIT", *Revista Internacional y Comparada de Relaciones Laborales y Derecho del Empleo*, vol. 3, n. 4, octubre-diciembre de 2015, p. 11.
21 Se refiere al documento publicado por la ONU, "Transformando nuestro mundo: Agenda 2030 para el desarrollo sostenible". El texto está disponible en: <http://www.socialwatch.org/sites/default/files/Agenda-2030-esp.pdf>, en línea, 29 de abril de 2016. Los objetivos de la Agenda 2030 pueden consultarse en: <http://www.un.org/sustainabledevelopment/es/2015/09/la-asamblea-general-adopta-la-agenda-2030-para-el-desarrollo-sostenible/>, acceso el 29 abril de 2016.
22 Puede verse en el resumen publicado el 19 de enero de 2016, sobre el Informe de la OIT "Perspectivas sociales y del empleo en el mundo — Tendencias 2016", p. 28, disponible en: <http://www.ilo.org/wcmsp5/groups/public/---dgreports/---dcomm/---publ/documents/publication/wcms_443505.pdf>, acceso el 9 de abril 2016.

del Programa de Trabajo Decente de la OIT, poniendo especial énfasis en la mejor aplicación de las normas laborales, sociales y medioambientales.

La salud de un mercado laboral depende de su nivel de desempleo, pero también de la calidad del empleo creado y del nivel de trabajo decente que exista. En tiempos de crisis, mientras el mercado de trabajo asalariado expulsa a un ingente número de trabajadores, algunos de ellos pasan al desempleo, mientras otros, en lugar de convertirse en desempleados, optan por el trabajo por cuenta propia, lo que genera un aumento del número de trabajadores que pasan a ocupar un empleo vulnerable. La tasa de empleo vulnerable de un país es un indicador del déficit de trabajo decente de ese país. En este sentido, el Informe de la OIT "*Perspectivas sociales y de empleo en el mundo. Tendencias 2016*"examina la situación de las economías desarrolladas, emergentes y en desarrollo, incluye una previsión sobre los niveles de desempleo en el mundo, y presta especial atención a las tasas de empleo vulnerable de cada país. El empleo vulnerable para la OIT se define como "la proporción de trabajadores por cuenta propia y trabajadores familiares no remunerados con respecto al empleo total"[23]. En el informe se pone de manifiesto que a nivel mundial la calidad del empleo sigue siendo un problema, y la tendencia al empleo vulnerable, aunque está mejorando, todavía afecta a 1, 5 millones de personas del mundo. Estos trabajadores con empleo vulnerable sufren altos niveles de precariedad, al tener dificultades para acceder a los sistemas de protección social y verse afectados por una baja productividad y por unos ingresos escasos y volátiles. Si bien, el problema del empleo vulnerable es especialmente grave en los países emergentes y en desarrollo, donde las tasas de empleo vulnerable se sitúan por encima del 70 %, sin embargo, la OIT advierte que también está presente en países desarrollados. Así, en Europa y, concretamente en España, el porcentaje de población empleada clasificada como empleo vulnerable supera el 14 %[24]. Del informe se deduce que uno de los obstáculos más importantes para lograr el objetivo de trabajo decente lo constituye la presencia de importantes tasas de empleo vulnerable en el mundo. Este empleo vulnerable, junto con la poca calidad del empleo, creado se encuentran entre los factores determinantes del lento crecimiento de la economía mundial y de la perspectiva de un menor crecimiento en los próximos años[25].

---

23 *Vid.*, Informe de la OIT "Perspectivas sociales y del empleo en el mundo — Tendencias 2016", *op. cit.*, pp. 7 y 21.

24 Según refleja el gráfico nº 7 del resumen del informe de la OIT "Perspectivas sociales y del empleo en el mundo — Tendencias 2016", *op. cit.*, p. 22.

25 *Vid.,* Informe de la OIT "Perspectivas sociales y del empleo en el mundo — Tendencias 2016", *op. cit.*, p. 9.

En atención a lo expuesto, las calificación del trabajo autónomo como "trabajo decente", precisa que éste se desarrolle en unas condiciones laborales saludables[26], al amparo de un marco normativo que garantice la seguridad en el lugar de trabajo, y bajo una adecuado nivel protección en materia de seguridad social. Las características que presenta hoy el trabajo autónomo en España — dada la deficiente regulación en materia de protección social en caso de accidente de trabajo y enfermedad profesional, la insuficiente regulación en materia de prevención de riesgos laborales, junto con la ausencia de regulación del trabajo autónomo parcial y, en particular, la mayor vulnerabilidad y desprotección de los menores de edad que trabajan por cuenta propia lo alejan de lo que debe ser en los términos expuestos, un trabajo autónomo decente. Por ello, es necesario que las políticas orientadas al fomento del emprendimiento y a su regulación dirijan sus objetivos a favorecer la creación y la consolidación de un empleo autónomo de calidad y decente, eliminando las desigualdades que hoy existen en materia de protección social y de seguridad y salud en el trabajo entre el colectivo de asalariados y el de autónomos y a las que nos referimos en el siguiente apartado.

II. El déficit de protección de las personas que trabajan por cuenta propia frente a los riesgos laborales

1. *La deficiente regulación de la cobertura de las contingencias profesionales*

El sistema público de seguridad social, tradicionalmente ha unido el concepto de riesgo profesional a la figura del trabajador por cuenta ajena. Sin embargo, la posibilidad de sufrir accidentes de trabajo derivados del ejercicio de una actividad no viene marcada por el hecho de que la misma se preste en régimen de dependencia o autonomía. Las personas que trabajan por cuenta propia, en general, y las personas autónomas económicamente dependientes (TRADE), en particular, quedan encuadrados en el RETA, y

---

26 En este sentido, Dharam, G., "Trabajo decente. Concepto e indicadores", *Revista Internacional del Trabajo*, vol. 122, n. 2, 2003, p. 125.

por ello están obligadas a darse de alta y a cotizar en el sistema de la Seguridad Social. Estas obligaciones les dan derecho a determinadas prestaciones. La protección específica en materia de contingencias profesionales ha estado tradicionalmente reservada a los trabajadores del Régimen General de la Seguridad Social, lo que, con frecuencia, hacía indiferente para los trabajadores del Régimen Especial de Trabajadores Autónomos (RETA) la calificación como profesional o común de los daños sufridos, considerándose todas las lesiones ocasionadas de origen común[27]. La protección por contingencias profesionales se materializa con la aprobación de la Ley 53/2002, de 30 de diciembre, de Medidas Fiscales, Administrativas y del Orden Social (art. 40.4), que incorporó la Disposición Adicional 34ª a la anterior LGSS. Tras la entrada en vigor de la Ley 53/2002, se permitió que los trabajadores autónomos pudieran mejorar voluntariamente la acción protectora del RETA, a través de la incorporación de la prestación de incapacidad temporal, abonando la cotización correspondiente por tal motivo. En estos casos, podrían optar por incorporar su protección por contingencias profesionales. Esta materia fue desarrollada reglamentariamente por el RD 1273/2003, de 10 de octubre. Entre las obligaciones de los trabajadores autónomos en esta materia, cabe destacar la obligación de concertar con una Mutua la Incapacidad Temporal (IT), y la cobertura voluntaria u obligatoria de las contingencias profesionales. La LETA ha impuesto la obligatoriedad de la cobertura en materia de IT (Disp. Ad. 3ª), a partir del 1 de enero de 2008, para todos los autónomos, con algunas excepciones. Dichas excepciones alcanzan, por un lado, a los que tengan derecho a la prestación derivada de esta contingencia en razón de la actividad realizada en otro Régimen de la Seguridad Social, y en tanto se mantenga su situación de pluriactividad, y, por otro, a los trabajadores por cuenta propia agrarios, incorporados al Sistema especial de Trabajadores Agrarios por Cuenta Propia, para los que la cobertura de la incapacidad temporal sigue siendo voluntaria (Disp. Ad. 3ª, 1 y 2 LETA). Esta última excepción supone mantener un trato distinto entre los trabajadores incluidos en el RETA, persistiendo las diferencias entre ellos en razón al sector en el que desarrollen su actividad, lo que conlleva un claro incumplimiento de las recomendaciones del Pacto de Toledo.

---

27 López Aniorte, Mª C., "La enfermedad profesional del trabajador autónomo: Hacia la completa equiparación con el régimen general", *Revista Derecho Social*, n. 53, 2011, p. 121. Sobre la gestión de la enfermedad profesional puede verse, García Romero, B., "La gestión de las enfermedades profesionales por las mutuas de accidentes de trabajo y enfermedades profesionales", *Actualidad Laboral*, n. 5, Sección Estudios, 2011.

Respecto de las contingencias profesionales, la LETA establece la obligatoriedad de su cobertura en el caso del TRADE (art.26.3 LETA) y de los autónomos que desarrollen actividades profesionales que presenten un mayor riesgo de siniestralidad laboral (Disp. Ad. 3ª, 2 LETA). En este sentido, la LETA se considera una obra todavía inacabada, puesto que deja abiertas cuestiones importantes pendientes de un futuro desarrollo[28]. Sorprende que, en la actualidad, la consideración de actividades con alto riesgo de siniestralidad, a estos efectos, quede todavía pendiente de desarrollo reglamentario, resultando imprescindible que se hagan públicas lo antes posible, pues existe el riesgo de que muchas de ellas se inicien sin tener cobertura por contingencia profesional[29]. La Ley 27/2011, de 1 de agosto, sobre actualización, adecuación y modernización del sistema de Seguridad Social, preveía que todas las personas trabajadoras que causaran alta a partir del 1 de enero de 2013 en cualquier Régimen tendrían la obligación de cubrir las contingencias de accidentes de trabajo y enfermedades profesionales de la Seguridad Social. Es decir, estaba previsto que desapareciera el derecho de opción a fecha 1 de enero de 2013, conforme a lo dispuesto en la Disp. Adic. 58ª de la anterior LGSS, introducida por el art.7 de la citada Ley 27/2011, de 1 de agosto, en los términos expuestos. Tras varios aplazamientos respecto de la cobertura con carácter obligatorio, en la actualidad, se impone con carácter general, la voluntariedad de la cobertura de las contingencias profesionales al establecer el art. 316.1 de la vigente LGSS que los trabajadores incluidos en el RETA podrán mejorar voluntariamente el ámbito de su acción protectora incorporando la correspondiente a las contingencias de accidentes de trabajo y enfermedades profesionales, siempre que tengan cubierta dentro del mismo régimen especial la prestación económica por incapacidad temporal y con la misma entidad, gestora o colaboradora, con la que se haya formalizado la cobertura de la incapacidad temporal.

De la obligación de concertar la protección de contingencias profesionales, quedan excluidos los trabajadores por cuenta propia agrarios, incor-

---

28 Luján Alcaraz, J., "Fomento y promoción del trabajo autónomo", en Luján Alcaraz, J., (Dir.), en AAVV., *El Estatuto del Trabajo Autónomo. Análisis de la Ley 20/2007, de 11 de julio* (Murcia, 2007), Laborum, p. 28.
29 Fernández Orrico, J., "Disposición Adicional Tercera. Cobertura de la Incapacidad temporal y de las contingencias profesionales en el Régimen de la Seguridad Social de los Trabajadores por Cuenta propia o Autónomo", AA.VV Sempere Navarro, A.V., y Sagardoy Bengoechea, J.A. (Dirs.), *Comentarios al Estatuto del trabajo autónomo* (Navarra, 2010), Aranzadi-Thomson Reuters, p. 557.

porados al Sistema Especial de Trabajadores por Cuenta Propia, para los que esta cobertura sigue siendo voluntaria (Disp. Ad. Tercera, apartado 3, LETA). Sin embargo, ésta constituye una excepción parcial, puesto que la cobertura de los accidentes de trabajo y las enfermedades profesionales en este Sistema Especial resultará obligatoria respecto a las contingencias de invalidez, muerte y supervivencia, sin perjuicio de la posibilidad de proteger voluntariamente la totalidad de dichas contingencias profesionales, en cuyo caso deberán optar por incluir la IT[30]. En este sentido, el art. 326 de la LGSS establece que de acuerdo con lo previsto la disposición adicional tercera de la LETA, la cobertura de la incapacidad temporal y de las contingencias de accidente de trabajo y enfermedad profesional tendrá carácter voluntario en este sistema especial, sin perjuicio de lo que las Leyes de Presupuestos Generales del Estado puedan establecer, en particular, respecto de la protección por incapacidad permanente y muerte y supervivencia derivadas de dichas contingencias profesionales.

Esta medida contribuye a mantener el trato diferenciado que nuestro Derecho tradicionalmente ha otorgado a los autónomos frente a los asalariados. La voluntariedad en la cobertura de las contingencias profesionales con carácter general, no sólo favorece el mantenimiento de una protección social más precaria, sino que también impide una adecuada protección de estos trabajadores en materia de prevención de riesgos laborales. También existen diferencias entre asariados y autónomos en lo que se refiere al concepto de accidente de trabajo. Dentro de los autónomos, dicho concepto es distinto para el autónomo común y el TRADE[31]. En consecuencia, la protección otorgada en materia de protección social a los autónomos en el supuesto de accidente de trabajo es diferente en función de la cobertura o no de las contingencias profesionales por parte del quien trabaja por cuenta propia y de la calificación del accidente de trabajo según se trate de un autónomo común o de un TRADE.

Cabe advertir que la cobertura de las contingencias profesionales de los trabajadores autónomos, bien sea de forma voluntaria u obligatoria, debería llevar implícita unas obligaciones concretas en materia preventiva. En los su-

---

30   Art. 47.bis.4 y 5 del RD 84/1996, de 26 de enero, según redacción dada por el 1382/2008 de 1 de agosto.
31   *Vid.*, el art. 316.2 LGSS en relación con el art. 3 del RD 1273/2003, de 10 de octubre que define el accidente de trabajo de una persona que trabaje por cuenta propia. El concepto de accidente de trabajo para el TRADE se recoge en el art. 26.3 LETA en relación con el art. 317 de la LGSS.

puestos donde la cobertura es voluntaria, es imprescindible distinguir entre los accidente acaecidos teniendo el autónomo cubiertas las contingencias profesionales de aquellos otros en que no existe tal cobertura; dicha diferenciación plantea dudas tanto respecto de la identificación del infortunio acaecido como accidente de trabajo, como de la responsabilidad derivada del mismo para el autónomo. Asimismo, dicha cobertura o falta de la misma podría tener consecuencias en caso de demostrarse la imprudencia temeraria del autónomo.

En relación a la obligación de cotización, esta se impone al trabajador por cuenta propia[32]. Respecto de las cuotas correspondientes a las contingencias de accidentes de trabajo y enfermedades profesionales, se aplicarán los porcentajes de la tarifa de primas incluidos en la Disp. Ad. 4ª Ley 42/2006, de 28 de diciembre, de Presupuestos Generales del Estado para el año 2007. La realidad del trabajador autónomo, sobre todo sin asalariados, supone, en ocasiones, una lucha por la supervivencia de su negocio en el mercado, generalmente con pocos recursos económicos, por lo que ese escaso margen económico de maniobra con el que este tipo de trabajadores suele contar, no favorece, en los casos en los que la cobertura de la contingencia profesional de los riesgos sea voluntaria, que éstos opten por ella, simplemente por considerarla un coste económico más.

Un sector de la doctrina considera necesaria una reforma del sistema de cotización de los trabajadores del RETA, que debería ser más acorde con las rentas obtenidas[33]. El carácter no obligatorio en la cobertura de las contingencias profesionales contribuye a mantener una precaria e insuficiente protección social para este colectivo de personas en el supuesto de sufrir un accidente de trabajo o una enfermedad profesional por varias razones:

a) Supone el mantenimiento de la tradicional diferencia de trato, en la tutela de la protección social que nuestro Derecho ha dispensado a los autónomos respecto de la otorgada a los trabajadores por cuenta ajena, y que viene siendo históricamente denunciada por este colectivo. Este retraso en conseguir la igualdad en la protección social de todos los trabajadores frente a las contingencias profesionales, ya sean asalariados

---

32 *Vid.*, el art. 316 LGSS, en relación con lo dispuesto en el art. 308 LGSS.
33 Fernández Orrico, J., "Disposición Adicional Segunda. Reducciones y bonificaciones en las cotizaciones", AA.VV. *Comentarios al Estatuto del trabajo autónomo, op. cit.*, p. 530. En el mismo sentido, López Aniorte, M. C., "El difuso concepto de trabajador por cuenta propia o autónomo (De la eventual cuantificación económica de la "habitualidad" al reconocimiento del trabajo autónomo a tiempo parcial)", *op. cit.*, p. 75.

o autónomos, implica también un incumplimiento de la Recomendación Sexta del Pacto de Toledo, en la que se expresaba la necesidad de homogeneizar el contenido de la protección social del nivel contributivo.

b) Asimismo, se puede producir el reconocimiento como contingencias comunes de los daños ocasionados al trabajador autónomo, a pesar de tener un origen es laboral, al no tener cubierta la contingencia profesional, por ser ésta voluntaria en algunos casos.

c) El hecho de que se estén considerando contingencias comunes daños en la salud de los autónomos de origen laboral, favorece el ocultamiento de los datos reales de siniestralidad de este colectivo y no facilita el conocimiento necesario de los riesgos a los que están expuestos estos trabajadores, ni tampoco se contribuye al esclarecimiento de las causas de esos accidentes de trabajo.

d) Respecto del supuesto en el que los autónomos desarrollen su actividad laboral en actividades profesionales que presenten un mayor riesgo de siniestralidad a los que se les exige de forma obligatoria la cobertura de la contingencia profesional, se advierte, en primer lugar, que, hasta la fecha, se desconoce cuáles serían estas actividades peligrosas, y, en segundo lugar, que la no obligatoriedad en general de concertar las contingencias profesionales para todos los autónomos supone que, en estos momentos, podríamos encontrarnos con autónomos desarrollando estas actividades "supuestamente peligrosas" y que, por falta de desarrollo normativo, carecen de la protección adecuada.

e) Es imprescindible la distinción entre el origen común o profesional de estas contingencias, habida cuenta de que, desde un punto de vista preventivo, es posible intervenir en el diseño de las condiciones de trabajo para evitar daños a la salud del trabajador. La no obligatoriedad de la cobertura de las contingencias profesionales supone contribuir a que los daños profesionales sean declarados como contingencias comunes, lo que resulta contrario a la necesidad impuesta por la propia LGSS de distinguir entre ambas contingencias. En este sentido, el artículo 42.1.a) LGSSS incluye, dentro de su acción protectora, la asistencia sanitaria en caso de enfermedad común o profesional y de accidentes, sean o no de trabajo.

En definitiva, esta no obligatoriedad impide seguir avanzando en el proceso de reconocimiento y tutela del colectivo de los trabajadores autónomos, y, sobre todo, en el camino ya iniciado para su equiparación en materia de acción protectora con los trabajadores integrados en el Régimen General de la Seguridad Social, alejando al trabajo autónomo de los parámetros de un trabajo autónomo de decente que exige una adecuada protección social.

2. El déficit de protección de la seguridad y salud de la persona que trabaja por cuenta propia

La salud del individuo como elemento de su bienestar, ha de protegerse como un bien individual y social de primer orden, del que dependen la calidad de vida y el progreso social. La prevención de riesgos es uno de los campos que más deben preocupar tanto a las Administraciones públicas como los agentes sociales, debiendo promoverse y fomentarse, de una manera efectiva, una cultura que contribuya a concebir la prevención de riesgos como una inversión a largo plazo. Por ello, ha de ser un objetivo prioritario de las Administraciones públicas garantizar mayores niveles de seguridad y salud para todos los trabajadores. El derecho a la vida y a la integridad física de los trabajadores viene reconocido en la Constitución española (CE), sin distinción alguna entre asalariados y autónomos; sin embargo, la protección que el ordenamiento jurídico otorga a los trabajadores autónomos, se aleja bastante de la dispensada a los asalariados, a pesar de su reconocimiento expreso en el art. 4.3.e) LETA.

Como se ha advertido, con la aprobación de la CE, la figura del trabajador independiente como persona física queda protegida en varios de sus artículos, aunque no de forma específica. De un lado, el art.15 CE reconoce el derecho de toda persona a la vida, y a la integridad física y moral[34]. De otro lado, el art. 43 CE contempla el derecho a la protección de la salud. Nuestra Constitución reconoce, en fin, el derecho a la vida del trabajador autónomo y a su integridad física, entendida ésta como el derecho a que su salud personal no se vea perjudicada o dañada[35].

---

34 Para Martínez Barroso, M.R., "La protección de la salud y seguridad de los trabajadores autónomos" (Albacete, 2006), Bomarzo, p. 13, el derecho a la salud en su dimensión individual queda comprendido en el derecho a la vida o a la integridad física y moral de toda persona.

35 En este sentido, véanse las SSTC 35/1996, de 11 de marzo, y 220/2005 de 12 de septiembre; en ésta última, relacionada con una baja laboral, se advierte que el derecho a que no se dañe o perjudique la salud personal queda comprendido en el derecho a la integridad personal.

Estos derechos, en tanto que pertenecen a toda persona, y con apoyo en el derecho de igualdad y no discriminación reconocido en el art. 14 CE, serían considerados también derechos del trabajador independiente[36]. Para proteger adecuadamente el derecho a la vida y a la integridad física del autónomo es preciso establecer un sistema de protección social que cubra sus situaciones de necesidad derivadas de la actualización de un accidente de trabajo o de una enfermedad profesional, pero también es necesario diseñar un marco normativo adecuado para procurar la ausencia del daño, tanto físico como psíquico y moral. No en vano, la OMS define la salud como un completo bienestar de la persona, físico, mental y social, y no sólo como la ausencia de enfermedad.

El daño a la persona en el ámbito laboral se puede evitar a través de la implantación de medidas preventivas en el desarrollo de cualquier actividad profesional, ya sea por cuenta propia o ajena, y ello independientemente de que ésta se desarrolle en concurrencia o no con otras actividades. La mayoría de las situaciones de riesgos están presentes en el desarrollo de una actividad laboral o profesional, independientemente de que ésta actividad se ejecute por un asalariado o por un trabajador autónomo. Ello se debe a que los riesgos para la seguridad y salud en el trabajo dependen, en gran medida, de los procedimientos de trabajo utilizados y no tanto del régimen de dependencia o ajenidad en el que se presten. En el caso del trabajador autónomo, a pesar del reconocimiento expreso del derecho a la integridad física y a una protección adecuada de su seguridad y salud en el trabajo, dicha protección se aleja bastante de la otorgada a los asalariados.

En el ámbito del trabajo por cuenta ajena, la Ley de Prevención de Riesgos Laborales (LPRL) establece distintas medidas dirigidas a garantizar la protección de la vida y de la seguridad y salud de los trabajadores. Dicha protección se hará efectiva siempre que el empresario cumpla con las obligaciones que, en materia preventiva, dispone esta norma, enca-

---

36 En esta línea, Olarte Encabo, S., *Prevención de riesgos laborales de los trabajadores autónomos* (Granada, 2009), Comares, p. 14. Contraria a esta línea de opinión se encuentra la doctrina del Tribunal Constitucional incluida en su STC 227/1998; STC 23/1999; STC 182/1999; STC179/2000 que considera que detrás de la exclusión de los trabajadores autónomos del ámbito de aplicación de determinadas normas laborales no existe una vulneración del art. 14 CE puesto que en este artículo subyace un tratamiento diferenciado al tratarse de realidades no asimilables, no imponiendo la Constitución una equiparación de tutelas.

minadas a eliminar o reducir los riesgos en el puesto de trabajo y a evitar los daños. Este objetivo se pretende conseguir, sin ánimo exhaustivo, a través de la realización de una evaluación de riesgos, de la implantación de medidas preventivas y/o de protección en el puesto de trabajo, y mediante el reconocimiento expreso de determinados derechos, tales como el derecho a la formación e información en materia preventiva de los trabajadores, el derecho a la participación en la actividad preventiva, y el derecho a la vigilancia de su salud y la atención a las personas especialmente sensibles o vulnerables a determinados riesgos derivados de su trabajo. Ciertamente, la LPRL, incluye a los trabajadores autónomos dentro de su ámbito de aplicación, si bien lo hace de manera insuficiente y deficiente. Esta norma, si bien establece que la misma se aplicará en el ámbito de las relaciones laborales reguladas por el Estatuto de los Trabajadores, sin perjuicio de los derechos y obligaciones que puedan derivarse para los trabajadores autónomos, posteriormente, no contiene ninguna mención expresa o desarrollo de esas obligaciones. Las menciones expresas respecto de los derechos y obligaciones en materia preventiva de los autónomos, las encontramos en el art. 15 LPRL que contiene una norma de responsabilidad empresarial[37] y en materia de coordinación de actividades empresariales. La referencia a las personas que trabajan por cuenta propia las encontramos en otras normas sectoriales donde es frecuente la presencia de trabajadores autónomos. Posteriormente, la LETA ha reconocido el derecho a la integridad física y a una adecuada protección de la seguridad y salud del trabajador autónomo [art. 4.3.e)], sin conseguir, tampoco en este caso, la efectividad de ese derecho, pues la protección otorgada es imprecisa e insuficiente. De igual forma, la LETA incluye entre los deberes profesionales básicos de todo trabajador autónomo, de forma genérica, el de cumplir con las obligaciones en materia de seguridad y salud laborales impuestas por la Ley, sin aclarar de qué ley se trata o a qué obligaciones se refiere.

Tras la aprobación de la LETA —calificada por un sector de la doctrina como ambigua, confusa y decepcionante[38]—, se reconocen una serie de de-

---

37 Casas Baamonde, M.E., "Derecho público y salud laboral: el régimen jurídico sancionador", AAVV., *Seguridad y Salud en el Trabajo. El nuevo Derecho de prevención de riesgos profesionales* (Madrid, 1997), La Ley-Actualidad, pp. 138-139.

38 Molina Navarrete, C., "Trabajadores en la frontera: comentario al Estatuto del Trabajo Autónomo", *RTSS, CEF*, n. 295, 2007, p. 94, califica la nueva regulación de "decepcionante, ambigua y confusa" pues pesar de prometer un cambio sustancial en el

rechos en materia de prevención de riesgos laborales para los trabajadores autónomos en general, y para el TRADE. Destaca su art. 8, dedicado a la "Prevención de riesgos laborales", que ha sido calificado como un mero "ensayo de regulación de la prevención de riesgos laborales de los trabajadores autónomos" alejado de una auténtica regulación de esta materia[39].

El trabajador autónomo, por definición, asume la organización de su actividad productiva, y, en general, determina cuáles son los medios materiales necesarios para el desarrollo de la misma y la forma más segura de prestarla. Dada la heterogeneidad de las fórmulas en las que éstos pueden desarrollar su actividad, los niveles de responsabilidad que adquieren son diferentes, dependiendo de las obligaciones que le vengan impuestas: 1º) cuando los autónomos sean empleadores, sus responsabilidades derivarán de las obligaciones preventivas que tienen respecto de sus trabajadores. 2º) En el supuesto de trabajadores por cuenta propia que concurran en el desarrollo de su actividad profesional con otros empresarios, aquéllos asumen, entre otras, las responsabilidades derivadas de sus obligaciones de coordinación en materia preventiva (art. 8.3 LETA). 3º) Aquéllos que desarrollen su actividad profesional en lugares de trabajo de titularidad de otro empresario, están sujetos a las obligaciones *ex* art. 8.4 LETA. Adviértase que los tres supuestos hasta aquí enumerados no necesariamente se desarrollan de forma aislada, sino que se pueden contemplar simultáneamente. A título de ejemplo, cabe pensar en un autónomo con asalariados que desarrolla su actividad en coordinación con otros autónomos —empleadores o no— en un lugar de trabajo del que es titular otro empresario. 4º) Y, finalmente, cabe hablar del TRADE, que además de ser susceptible de quedar encuadrado en los supuestos 2º y 3º, podrá estar obligado a cumplir las obligaciones derivadas de su contrato con el cliente [art. 4.3.d) RD

---

enfoque normativo dado hasta el momento a los autónomos, éstos no aparecen como sujetos protegidos sino más bien como sujetos obligados, por actuar en un régimen de autoorganización, y por considerar sus lugares de trabajo como un factor adicional de riesgo para los trabajadores asalariados.

39 Luján Alcaraz, J. (Dir), en AAVV., *El Estatuto del Trabajo Autónomo. Análisis de la Ley 20/2007, de 11 de julio, op. cit.*, p. 27.

197/2009, de 23 de febrero[40]] y, en su caso, las impuestas por los acuerdos de interés profesional a los que quede vinculado[41].

En el supuesto de trabajadores autónomos con asalariados a los que les es de aplicación la LPRL, estos se pueden beneficiar de la medida introducida por el art. 39 de la Ley 14/2013, de 27 de septiembre, de apoyo a los emprendedores y su internacionalización, por la que se modifica el art. 30.5 de la LPRL permitiendo que en las empresas que ocupen hasta 25 trabajadores siempre y cuando dispongan de un único centro de trabajo y cumplan con el resto de requisitos, el empresario pueda asumir la prevención en su empresa de acuerdo a su capacidad, excepto la vigilancia de la salud de los trabajadores a su cargo. Esta modificación legislativa tuvo como respuesta la adaptación de la plataforma de <Prevencion10.es>, creada en un principio para su utilización por empresas de 1 a 10 trabajadores, que fue adaptada por parte del Instituto Nacional de Seguridad e Higiene en el Trabajo (INSHT) en el año 2015 para su utilización por empresas de 1 a 25 trabajadores. Esta plataforma también se dirige a los trabajadores autónomos, con la intención de facilitar el conocimiento de sus obligaciones y derechos en materia de prevención de riesgos laborales en el ámbito de la coordinación de sus actividades empresariales a través de la herramienta "Autopreven-t"[42].

Esta reforma plantea diversas cuestiones controvertidas sobre lo que deba entenderse por centro de trabajo, o sobre si realmente esta reforma supone un ahorro de costes para el empresario o no. Conviene advertir que si bien el poder asumir la gestión de la prevención en su empresa puede suponer un ahorro, no debemos olvidar que para ello se exige que el empresario acredite estar en posesión de la formación necesaria en materia

---

40   Real Decreto 197/2009, de 23 de febrero, por el que se desarrolla el Estatuto del Trabajo Autónomo en materia de contrato del trabajador autónomo económicamente dependiente y su registro y se crea el Registro Estatal de asociaciones profesionales de trabajadores autónomos.

41   Para un estudio de la figura del Trabajador Autónomo Dependiente, véase Galiana Moreno, J., y Selma Penalva, A., "El trabajo autónomo dependiente dos años después de la aprobación del Estatuto del Trabajo Autónomo", *Revista del Ministerio de Trabajo e Inmigración*, n. 83, 2009.

42   Prevención10 es un servicio público gratuito de asesoramiento en materia de prevención de riesgos laborales desarrollado por el Ministerio de Empleo y Seguridad Social a través del Instituto Nacional de Seguridad e Higiene en el Trabajo (INSHT), en colaboración con los órganos técnicos de prevención de riesgos laborales de las Comunidades Autónomas. Accesible en: <https://www.prevencion10.es/site-web/home.seam>.

preventiva cuya adquisición supone probablemente haya una importante inversión en tiempo y recursos económicos[43].Esta posibilidad de asumir la prevención en su empresa no alcanza en ningún caso a la vigilancia de la salud de sus trabajares por lo que esta actividad que normalmente concertará con un servicio de prevención externo también supondrá un coste económico para el autónomo con asalariados a su cargo.

Desde el punto de vista preventivo, se suscitan otros interrogantes sobre la adecuada protección de la seguridad y salud de los trabajadores a través de esta modalidad preventiva que conviene advertir. Así, para que el empresario asuma la prevención en su empresa, la LPRL exige que al mismo tiempo desarrolle de forma habitual su trabajo en ella, lo que plantea dudas la suficiente dedicación y compatibilizar de ese trabajo con las funciones preventivas que debe desempeñar y sobre si estas funciones preventivas se desarrollarán de manera objetiva en beneficio de la seguridad y salud del trabajador o por el contrario, pueden verse afectadas por situaciones en la que puedan surgir conflictos de intereses. A todo ello, se añade la posibilidad de que esta gestión preventiva asumida con recursos propios quede al margen de una auditoría externa (art. 29.3 del RD 39/1997), con lo que la garantía de una protección adecuada de la seguridad y salud de los trabajadores puede verse afectada de forma negativa.

Como medida de apoyo a los emprendedores, el art. 39 de la Ley 14/2013 introdujo la Disposición Adicional decimoséptima de la LPRL, en materia de asesoramiento técnico a las empresas de hasta veinticinco trabajadores, contra el que se ha interpuesto un recurso inconstitucionalidad que todavía no resuelto[44].

---

43 En ese sentido, las Comunidades Autónomas suelen ofertar ayudas a microempresas y autónomos que realicen proyectos e inversiones en materia de prevención de riesgos laborales y suelen ir dirigidos a: facilitar el cumplimiento de la normativa preventiva a través de campañas de información y formación, a la incorporación de medidas preventivas especificadas en la planificación de la empresa, al fomento del desarrollo de buenas prácticas preventivas que contribuyan a la mejora de la seguridad y la salud laboral en los centros de trabajo y al establecimiento de la estructura preventiva especializada de la empresa, entre otros fines.

44 El Pleno del Tribunal Constitucional, por providencia de 28 de enero 2016, acordó admitir a trámite el recurso de inconstitucionalidad número 7473-2013, promovido por el Gobierno de Cataluña, contra el art. 39.2 de la Ley 14/2013, de 27 de septiembre, de apoyo a los emprendedores y su internacionalización, por el que se añade una disposición adicional decimoséptima a la Ley 31/1995, de 8 de noviembre, de Prevención de Riesgos Laborales.

Entre los diferentes supuestos de trabajo autónomo, uno de los que soporta un alto nivel de desprotección en materia de prevención de riesgos es de las personas que trabajen por cuenta propia al margen de los supuestos de concurrencia de actividades empresariales y sin asalariados a su cargo. Entre los derechos en materia de prevención de riesgos laborales aplicables a estos autónomos, encontramos los siguientes: 1) el derecho a su integridad física y a una protección adecuada de su seguridad y salud en el trabajo [art. 4.3.e) LETA]. 2) El derecho a interrumpir su actividad de forma justificada en el caso considerar riesgo grave e inminente (art. 8.7 LETA). 3) Derecho a exigir que las Administraciones Públicas competentes asuman un papel activo en relación con la prevención de riesgos laborales de los trabajadores autónomos (art. 8.1 LETA). 4) Derecho a exigir que las Administraciones Públicas competentes promuevan una formación en prevención específica y adaptada a las peculiaridades de los trabajadores autónomos (art. 8.2 LETA). 5) Derecho a suspender su actividad en situaciones de riesgo durante el embarazo y riesgo durante la lactancia [art. 4.3.g) LETA], y a la asistencia y prestaciones sociales en estos casos [art. 4.3.h) LETA]. 6) Derecho al ejercicio individual de las acciones derivadas de su actividad profesional y a la tutela judicial efectiva de sus derechos profesionales, así como al acceso a los medios extrajudiciales de solución de conflictos [art. 4.3.i) y j) LETA]. 7) Derecho de participación de los trabajadores autónomos en programas de formación e información de prevención de riesgos laborales (disp. adic. 12 LETA). 8) Derecho de concertar operaciones de seguro que tengan como fin garantizar como ámbito de cobertura, la previsión de riesgos derivados del trabajo, a los trabajadores autónomos respecto a ellos mismos (art. 15.5 LPR). 9) Cualquier otro derecho que se derive de los pactos o contratos celebrados por los autónomos con los clientes [art. 4.3.k) LETA, en relación a lo dispuesto por el art. 3.1.c) LETA]. Entre los deberes básicos relacionados con la prevención de riesgos del trabajador autónomo de referencia, cabe destacar: 1) cumplir con las obligaciones en materia de seguridad y salud laborales que la ley o los contratos que tengan suscritos les impongan, así como seguir las normas de carácter colectivo derivadas del lugar de prestación de servicios [art. 5.b) LETA]. 2) Cumplir con cualesquiera otras obligaciones derivadas de la legislación aplicable [art. 5.e) LETA]. 3) Cumplir con las normas deontológicas aplicables a la profesión [art. 5.f) LETA].

En atención al apartado 1), que menciona el deber de cumplir las obligaciones en materia de seguridad y salud laborales que la ley les imponga, procede intentar identificar cuáles son esas obligaciones legales. En el análisis de la normativa aplicable para estos sujetos, se encuentra, en primer lugar, la LPRL, que si bien incluye a los trabajadores autónomos como sujetos destinatarios de obligaciones y responsabilidades en materia preventiva, la referencia a éstos es marginal[45], y no define claramente los supuestos en los que el trabajador autónomo sería sujeto de derechos y/o obligaciones, lo que hace más difícil determinar su responsabilidad por incumplimiento de deberes preventivos.

Conviene advertir que si se garantiza una protección social frente a los riesgos del trabajo, en el caso de que el trabajador por cuenta propia tenga cubiertas las contingencias profesionales, y se le conceden derechos en materia preventiva, de la misma forma, deberían exigirse desde el inicio del proyecto empresarial, el cumplimiento de normas de prevención dirigidas a evitar esos daños o a reducir la probabilidad de que se produjeran[46]. Sin embargo, la LETA no recoge expresamente ni la obligación de realizar una evaluación de riesgos ni de llevar a cabo una planificación preventiva como instrumentos básicos de una adecuada gestión preventiva. Existen diversas opiniones doctrinales sobre la inclusión y la aplicación efectiva de la LRPL a los trabajadores autónomos, al margen de los supuestos de coordinación de actividades preventivas. La mayoría de la doctrina señala que las referencias que se encuentran en dicha Ley no comportan una inclusión ni una aplicación efectiva de la LPRL a los trabajadores autónomos[47]. Así pues, respecto del autónomo, cuando no pueden verse perjudicados los derechos de un tercero (trabajadores, clientes, etc.), parece operar el principio de autotutela, produciéndose una renuncia de los poderes públicos a garantizar una tutela eficaz de la seguridad y salud de estos trabajadores[48].

---

45   Martínez Barroso, Mª R., "Prevención de Riesgos laborales y sistema de responsabilidades, por accidente de trabajo en el trabajador autónomo", *Revista de Derecho Social*, n. 43, 2008, p. 122.
46   Martínez Barroso, Mª R., "Prevención de Riesgos laborales y sistema de responsabilidades, por accidente de trabajo en el trabajador autónomo", *op. cit.*, p. 120.
47   Encontramos detalladas referencias respecto de posturas doctrinales que señalan una "inclusión relativa", hasta otras que sostienen una "exclusión relativa" en Martínez Barroso, Mª R., *Protección de la seguridad y salud de los trabajadores autónomos*, *op. cit.*, p. 27, nota 37.
48   Respecto del principio de autotutela y sus quiebras, González Ortega, S., "El tratamiento de los riesgos del trabajo de los trabajadores autónomos", *Temas Laborales*, n. 81, 2005 *op. cit.*, p. 152.

Llegados a este punto, es necesario de conocer los requerimientos, en materia preventiva, exigidos por la Ley, aplicables a la actividad profesional desarrollada por un trabajador autónomo tradicional, sin trabajadores a su cargo, al margen de los supuestos de concurrencia de actividades empresariales. En concreto, se intentará determinar cuáles son las normas de carácter legal a las que se refiere la LETA, que imponen obligaciones en materia de seguridad y salud y que obligan a los trabajadores por cuenta propia en el ejercicio de su actividad. Descartadas, por no aplicables a este supuesto, las reglas u obligaciones establecidas en el art. 8.3 y 4. LETA, tanto en la LETA como en la LRPL, encontramos la referencia al cumplimiento, con carácter general, de la normativa de prevención de riesgos laborales, pero no hallamos ninguna referencia concreta y detallada de las obligaciones que en, materia de prevención de riesgos laborales, deben cumplir estos trabajadores autónomos clásicos. Sin embargo, hay quien opina que la configuración, en el art. 5 LETA, del deber profesional básico del autónomo de cumplir con las normas en materia de seguridad y salud laborales que la ley les imponga, implica una aplicación sobrevenida de la LPRL y de su normativa de desarrollo, para los trabajadores autónomos sin asalariados. Al mismo tiempo se considera necesario analizar una a una las obligaciones preventivas que allí aparecen para considerarlas aplicables o no al trabajador autónomo[49]. Sin embargo, no parece que esta opción ofrezca la seguridad jurídica necesaria, en la medida en que determinaría la aplicación de un régimen de responsabilidades por incumplimiento de unas obligaciones que, en principio, estarían por determinar.

El marco normativo descrito no sólo provoca inseguridad jurídica respecto de las obligaciones en materia preventiva dirigidas a proteger a la persona que trabaja por cuenta propia sino que pone de manifiesto una inadecuada protección en materia de seguridad y salud de este colectivo al no contemplar la LETA, a título de ejemplo: la necesidad de una evaluación de riesgos; una planificación preventiva para todo el que desarrolle una actividad autónoma; una vigilancia de la salud o, la consideración de la especial sensibilidad de las personas que trabajen por cuenta propia frente a los riesgos derivados de su actividad profesional, etc. En este sentido, cabe advertir que la Recomendación 2003/134/CEE, de 18 de febrero, sobre mejora de la protección social de la salud y la seguridad en el trabajo de los trabajadores autónomos, recomendaba permitir el acceso a la vigilancia

---

49 Olarte Encabo, S., *Prevención de riesgos laborales de los trabajadores autónomos*, op. cit., p. 30.

de la salud de acuerdo con los riesgos a los que estuviera expuesto el autónomo. En particular situación de desprotección se encuentran los menores autónomos, a los que la LETA únicamente reconoce la posibilidad de desarrollar un trabajo autónomo en los términos previstos en el art. 9 LETA, sin que se contemple la edad como factor de riesgo y, por tanto, no se establece ninguna protección especial en materia de seguridad y salud derivada de la especial sensibilidad o vulnerabilidad que frente a determinados riesgos derivados de la actividad profesional puedan presentar estas personas[50].

La existencia de un marco preventivo adecuado en todo trabajo autónomo garantizaría el derecho a la integridad física y a la seguridad y salud de estas personas al tiempo que facilitaría el análisis de los incumplimientos en estas materias, así como en los supuestos de responsabilidad en los que las mismas podrían incurrir.

Tal y como se ha expuesto, el aludido marco normativo parece no existir, pues ni la LPRL ni la LETA disponen de mecanismos que garanticen de forma eficaz la seguridad y salud de quien trabaja por cuenta propia, ni tampoco aclaran las obligaciones en materia preventiva de este colectivo, salvo en los supuestos de concurrencia empresarial y en algunos sectores específicos como el de la construcción o el del transporte. Este déficit de protección aleja al trabajo autónomo de las características propias de un trabajo decente que exige que, en todo momento, se desarrolle una actividad profesional en condiciones seguras y saludables, pudiendo actuar como desincentivo para la elección del esta modalidad de trabajo a pesar de los esfuerzos dirigidos a su fomento.

---

50   Especial relevancia tiene, por ser controvertido, la cuestión de la edad del trabajador autónomo. Un sector de la doctrina entiende que el menor de18 años carece de la capacidad negocial necesaria para la puesta en el mercado a través de negocios jurídicos diversos, de sus productos y servicios, resultando cuestionable la regulación de la materia prevista en la LETA, si bien cabe advertir que sobre la cuestión se mantienen posiciones contradictorias tanto por parte de la doctrina judicial como de la científica. En opinión de López Aniorte, M. C., en "El difuso concepto de trabajador por cuenta propia o autónomo. De la eventual cuantificación económica de la "habitualidad" al reconocimiento del trabajo autónomo a tiempo parcial", *Revista de Relaciones laborales*, n. 9, 2013, p. 71 y ss., considera que el menor de 18 años carece "de la capacidad negocial necesaria para la puesta en el mercado a través de negocios jurídicos diversos, de sus productos y servicios, resultando cuestionable la regulación de la materia prevista en la LETA".

Conclusiones

De acuerdo con lo expuesto, las políticas de fomento del trabajo autónomo deben dirigirse a incentivar un trabajo autónomo "decente" que exige que su desarrollo en unas condiciones laborales saludables[51], al amparo de un marco normativo que garantice la seguridad en el lugar de trabajo y un adecuado nivel protección en materia de seguridad social.

La protección social adecuada de las contingencias profesionales y la existencia de un marco jurídico que garantice la seguridad y salud de la persona que trabaja por cuenta propia, además de ser características propias de un trabajo autónomo decente, hacen más atractiva la opción por el trabajo autónomo. Al contrario, un déficit de protección en estas materias no contribuye al fomento de esta modalidad de trabajo pues deficitaria regulación puede tener una influencia negativa sobre la seguridad y salud de quien desarrolla un trabajo por cuenta propia.

A lo largo de este trabajo se confirma la calificación otorgada por la OIT al trabajo por cuenta propia como "empleo vulnerable", alejado de los parámetros que definen el trabajo decente, y todo ello, a pesar de ser España uno de los países pioneros en la configuración de lo que pretende ser una regulación "sistemática y unitaria" del trabajo autónomo.

Las características que presenta hoy el trabajo autónomo en España ante la deficiente regulación en materia de protección social en los supuestos de accidente de trabajo y enfermedad profesional, la insuficiente regulación en materia de prevención de riesgos laborales, junto con la ausencia de regulación del trabajo autónomo a tiempo parcial y, en particular, la mayor vulnerabilidad y desprotección de los menores de edad que trabajan por cuenta propia, convierten al trabajo por cuenta propia en un trabajo no decente.

Las medidas de fomento del empleo autónomo suponen una fuerte apuesta de los poderes públicos por formas no laborales de inserción en el mercado de trabajo, en general, expulsadas del amparo del Derecho del Trabajo; ahora bien, si se pretende salir de la crisis y recuperar la economía del país mediante el impulso del autoempleo, ha de tenerse en cuenta que no

---

51 Cfr. Dharam, G., "Trabajo decente. Concepto e indicadores", *Revista Internacional del Trabajo*, vol. 122, n. 2, 2003, p. 125.

debe ser a cualquier precio, y, en ningún caso, en detrimento de la seguridad y salud laboral de estas personas y de una deficiente protección social.

Es necesario que los poderes públicos adopten, junto con las medidas dirigidas al fomento del empleo autónomo, otras medidas de carácter normativo dirigidas a proteger, en primer lugar, a la persona que lo desarrolla y, en segundo lugar, al mantenimiento de la actividad autónoma inicial. De esta forma, al mismo tiempo que se impulsan políticas dirigidas al fomento del trabajo autónomo se deben llevar a cabo otras encaminadas a proteger adecuadamente a la persona que trabaja por cuenta propia frente a las contingencias profesionales, tanto a nivel preventivo como a nivel de protección social.

Por último, conviene advertir el carácter contraproducente que pueden tener las medidas de fomento del empleo autónomo si no existe una adecuada protección de la salud de la persona frente a los riesgos laborales. Entre los importantes retos a los que se enfrenta la sociedad no solo se encuentra el envejecimiento de la población sino también el estado de salud y bienestar de las personas trabajadoras. En este sentido, conviene tener presente los posibles costes que para el Estado supondría atender a las consecuencias de los daños de origen laboral si se mantiene una inadecuada e insuficiente regulación en materia preventiva que no garantice forma adecuada el derecho a la seguridad y salud de las personas que deciden trabajar por cuenta propia.

A todo ello, se añade la ruptura del principio de contributividad en materia de protección social que supone la no obligatoriedad de la cobertura de las contingencias profesionales que, con carácter general, establece nuestro Ordenamiento Jurídico para las personas que desarrollan una actividad por cuenta propia. De este modo, los daños que sufran estas personas en el desarrollo de su actividad profesional, a pesar de tener un origen laboral, recibirán el tratamiento de contingencias comunes en el supuesto de que se haya optado por la no cobertura de las contingencias profesionales, dado su carácter voluntario. Esta circunstancia, además, contribuye a poner en riesgo la sostenibilidad de nuestro Sistema de Seguridad Social.

En definitiva, incentivar el trabajo autónomo descuidando aspectos tan importantes como su protección social o la seguridad y salud en el trabajo, favorece la pérdida de atractivo del trabajo autónomo como vía de inserción laboral, sino que, además, puede ocasionar grandes perjuicios para las arcas del Estado dado que se habrá de soportar los mayores costes derivados de la atención a una población de trabajadores por cuenta propia cada vez de mayor edad y con una deficiente salud motivada por una inadecuada e insuficiente protección de sus riesgos laborales.

Bibliografía

Casas Baamonde, Mª.E., "Derecho público y salud laboral: el régimen jurídico sancionador" (Madrid, 1997), AAVV., *Seguridad y Salud en el Trabajo. El nuevo Derecho de prevención de riesgos profesionales.*

Casas Baamonde, Mª.E., "El Derecho del Trabajo y el empleo asalariado en los márgenes: de nuevo el emprendimiento y el autoempleo", *Revista Relaciones Laborales*, n. 11, 2013, tomo 1 (LA LEY 8223/2013).

Cabeza Pereiro, J. y Cardona Rubert, M. T., *Aproximación a las Políticas sociolaborales* (Cizur Menor, 2014), Aranzadi.

Cavas Martínez, F. y Selma Penalva, A., "Economía social, autoempleo e integración laboral", en AA.VV. Gómez Manresa, Mª. F. y Pardo López, Mª M. (dirs./coords.) *Economía Social y Derecho. Problemas jurídicos actuales de las empresas de economía social* (Granada, 2013), Comares.

Chacartegui Jávega, C., "La Ley 3/2012, de 6 de julio. Una reforma laboral en detrimento de la dignidad y del concepto de trabajo decente de la OIT", *Revista Jurídica de Castilla y León*, n. 31, 2013.

Desdentado Bonete, A., "El futuro de la Seguridad Social de los trabajadores autónomos: reflexiones críticas con algunas propuestas", *Actualidad Laboral*, n. 15, 2011.

Dharam, G., "Trabajo decente. Concepto e indicadores", *Revista Internacional del Trabajo*, vol. 122, n. 2, 2003.

Fernández Orrico, J., "Disposición Adicional Tercera. Cobertura de la Incapacidad temporal y de las contingencias profesionales en el Régimen de la Seguridad Social de los Trabajadores por Cuenta propia o Autónomo", en AA.VV.: Sempere Navarro, A.V., y Sagardoy Bengoechea, J.A., (Dirs.), *Comentarios al Estatuto del trabajo autónomo* (Navarra, 2010), Aranzadi-Thomson Reuters.

Ferrando García, F.Mª, "Incentivos al empleo, por cuenta propia y ajena, a través de entidades de economía social", *Revista de Derecho de la Seguridad Social*, n. 6, 2016.

Galiana Moreno, J.M. y Selma Penalva, A., "El trabajo autónomo dependiente dos años después de la aprobación del Estatuto del trabajo autónomo. Aportaciones prácticas del RD 197/2009 que desarrolla la Ley 20/2007", *Revista del Ministerio de Trabajo e Inmigración*, n. 83, 2009.

González Ortega, S., "El tratamiento de los riesgos del trabajo de los trabajadores autónomos", *Temas Laborales*, n. 81, 2005.

García Romero, B., "La gestión de las enfermedades profesionales por las mutuas de accidentes de trabajo y enfermedades profesionales", *Actualidad Laboral,* n. 5, Sección Estudios, 2011.

Gil y Gil, J.L., "Justicia social y acción normativa de la OIT", *Revista Internacional y Comparada de Relaciones Laborales y Derecho del Empleo*, volumen 3, n. 4, octubre-diciembre de 2015.

López Aniorte, M. C., "La difusa e incompleta configuración subjetiva del RETA en la LGSS 2015", *Revista Derecho Social*, n. 76, 2016.

López Aniorte, M.C., "Precisando conceptos: Autónomo, empresario y emprendedor", en AA.VV. Farias Batlle M., y Ferrando García, F.M., (dirs), *Fomento del trabajo autónomo y de la economía social: especial referencia a las novedades introducidas por la ley 31/2015, de 9 de septiembre* (Cizur Menor, 2015), Thomson Reuters-Aranzadi.

López Aniorte, M. C., en "El difuso concepto de trabajador por cuenta propia o autónomo. De la eventual cuantificación económica de la 'habitualidad' al reconocimiento del trabajo autónomo a tiempo parcial", *Revista de Relaciones laborales*, n. 9, 2013.

López Aniorte, Mª C., "La enfermedad profesional del trabajador autónomo: Hacia la completa equiparación con el régimen general", *Revista Derecho Social*, nº 53, 2011.

López i Mora, F., "Un año y medio de estatuto del trabajo autónomo y su infradesarrollo: y en eso llegó una gran crisis económica", *Revesco*, n. 96, 2008.

Luján Alcaraz, J., "Fomento y promoción del trabajo autónomo", en Luján Alcaraz, J. (Dir.), *El Estatuto del Trabajador Autónomo: Análisis de la Ley 20/2007, de 11 julio* (Murcia, 2007), Laborum.

Martínez Barroso, Mª. R., *La protección de la salud y seguridad de los trabajadores autónomo* (Albacete, 2006), Bomarzo.

Martínez Barroso, Mª. R., "Prevención de Riesgos laborales y sistema de responsabilidades, por accidente de trabajo en el trabajador autónomo", *Revista de Derecho Social*, n. 43, 2008.

Molina Navarrete, C., "Trabajadores en la frontera: comentario al Estatuto del Trabajo Autónomo", *RTSS, CEF*, n. 295, 2007.

Monereo Pérez, J.L. y López Insua, B., "La garantía internacional del derecho a un trabajo decente", *Revista Española de Derecho del Trabajo* n. 177, 2015 (BIB 2015/2507).

Olarte Encabo, S., *Prevención de riesgos laborales de los trabajadores autónomos* (Granada, 2009), Comares.

Sachs, I., "Desarrollo y trabajo decente para todos", *Revista Internacional del Trabajo*, n. 123, 2004.

Serrano Argüeso, M., "Medidas de reparto de empleo en España en un contexto de crisis económica: ¿solución contra el desempleo o vía de incremento de la precariedad laboral?", *Revista Internacional y Comparada de Relaciones Laborales y Derecho del Empleo*, volumen 3, n. 3, julio-septiembre de 2015.

Servais, J. M., "Política de Trabajo Decente y Mundialización. Reflexiones sobre un planteamiento jurídico renovado", *Revista Internacional del Trabajo*, n. 123, 2004.

Somavía, J., "Reducir el déficit de trabajo decente. Un desafío global", memoria presentada en la 89ª reunión de Conferencia Internacional del Trabajo, junio de 2001. Acceso en: <http://www.ilo.org/public/spanish/standards/relm/ilc/ilc89/rep-i-a.htm>.

Francisco Miguel Ortiz González-Conde

Contratado Predoctoral Departamento Derecho del Trabajo y de la Seguridad Social. Universidad de Murcia. España

Incentivos al trabajo autónomo en detrimento de la sostenibilidad del sistema: compatibilidad entre el trabajo autónomo y la pensión de jubilación[1]

Resumen: Siguiendo las pautas marcadas por la Unión Europa y las recomendaciones del Informe de Evaluación y Reforma del Pacto de Toledo, el legislador español ha incrementado sensiblemente el número de supuestos en los que se exceptúa la aplicación de la regla general de incompatibilidad entre jubilación y trabajo.

De un lado, la Ley 27/2011 ha introducido relevantes excepciones que favorecen, en determinados casos, la compatibilidad entre la pensión de jubilación y el trabajo por cuenta propia, pudiendo llegar a cuestionar el propio concepto de autónomo. Resulta especialmente llamativa la compatibilidad ilimitada entre el percibo de la pensión de jubilación y el ejercicio de profesiones colegiadas cuando el autónomo ha optado por una Mutualidad de Previsión Social alternativa. De otro lado, el RD-Ley 5/2013 incorpora nuevas medidas dirigidas a facilitar la coexistencia entre dicha pensión, disfrutada al 50 % de su cuantía, y el desarrollo de cualquier actividad, ya sea por cuenta propia o ajena, cuando se acredite una larga carrera de cotización. La citada normativa, pese a sus loables objetivos de fomentar envejecimiento activo y de garantizar el sostenimiento del sistema, plantea bastantes interrogantes, en el actual contexto de crisis económica con elevadísimo nivel de desempleo.

El presente trabajo aspira a poner orden en el complejo panorama jurídico existente en la materia, mediante un análisis crítico del nuevo régimen de compatibilidad entre trabajo y pensión.

Palabras clave: autónomo, compatibilidad, envejecimiento activo, pensión de jubilación.

---

1   El presente trabajo se enmarca en el Proyecto de Investigación DER 2013-47574-P, sobre "El futuro del sistema español de protección social: análisis de las reformas en curso y propuestas para garantizar su eficiencia y equidad" (IV), incluido en el Programa Estatal de Investigación Científica y Técnica de Excelencia (2013-2016), financiado por el Ministerio de Ciencia e Innovación.

Introducción

El Libro Verde de la Comisión Europea sobre sistemas de pensiones europeos adecuados, sostenibles y seguros consideró necesario crear mejores oportunidades y condiciones de trabajo para la participación de los trabajadores de más edad en el mercado laboral con el propósito de rendir sostenible el tiempo de trabajo y el de jubilación, es decir, favorecer el envejecimiento activo a consecuencia de la sensible ampliación de la esperanza de vida y el aumento del periodo de tiempo que los ciudadanos pasan jubilados antes de su defunción.

Con carácter más incisivo, el Libro Blanco instó a combinar el trabajo parcial con el cobro de pensiones parciales y, directamente, la Recomendación 2ª del Consejo Europeo de 10 julio de 2012, aconsejó a España la adopción de medidas dirigidas al fomento de la reincorporación de este grupo de trabajadores al mercado laboral. Este cambio de *policy* contrasta con el enfoque tradicional seguido por la legislación española. La propia Ley de Bases de Seguridad Social, y el primer texto articulado de la Ley General de Seguridad Social de 1966, establecieron la incompatibilidad general entre trabajo y pensiones, a excepción de las salvedades que reglamentariamente se dispusieran (tales previsiones han sido mantenidas en los distintos textos refundidos posteriores). De dicho desarrollo se ocupó la OM 18 enero 1967, precepto que aclaró que la incompatibilidad sería respecto a la realización de actividades por cuenta ajena o propia que determinasen la inclusión del beneficiario alguno de los regímenes del sistema de Seguridad Social.

Finalmente, la recomendación 12ª del Informe de Evaluación de Reforma de Pacto de Toledo, de 25 enero de 2011, abogó por:

> esquemas de mayor permeabilidad y convivencia entre la vida activa y pasiva, que permitan e incrementen la coexistencia de salario y pensión […] y una mayor compatibilidad entre percepción de la pensión y percepción del salario por actividad laboral.

I. La compatibilidad entre trabajo por cuenta ajena y pensión de jubilación

Se ha de partir de la base de que cualquier referencia a la incompatibilidad viene referida en realidad al percibo de la prestación económica, y no a la prohibición respecto al trabajo, pues de lo contrario confrontaría con el art. 35.1 CE, de modo que la compatibilidad ha de entenderse como un mecanismo para la suspensión de la pensión. Hasta la reformas de 2011 y 2013, eran dos las vías legales de excepción abiertas para la suspensión de la pensión: la jubilación parcial y la jubilación flexible. En la actualidad, si bien ambas continúan coexistiendo, responden a ontologías diversas, una, al reparto del reparto del empleo entre generaciones, la otra, a la continuidad en el trabajo por la inconsistencia de dicho remplazo. En las reformas sucesivas ha primado la opción por el mantenimiento del empleo del trabajador maduro frente al de fomento del empleo, de ahí los esfuerzos para la contención de una y la promoción de la otra.

La jubilación parcial nace con carácter *ex ante* y fue introducida por la Ley 32/1984, de 2 agosto, sobre modificación de determinados artículos de la Ley 8/1980, de 10 marzo, del Estatuto de los Trabajadores, desarrollado por RD 1991/1984, de 31 octubre, por el que se regulan el contrato a tiempo parcial, el contrato de relevo y la jubilación parcial, y reformada sucesivamente por el RD-Ley 15/1998, de 27 noviembre, de medidas urgentes para la mejora del mercado de trabajo en relación con el trabajo a tiempo parcial y el fomento de su estabilidad, la Ley 12/2001, de 9 de julio, de medidas urgentes de reforma del mercado de trabajo para el incremento del empleo y la mejora de su calidad, y especialmente por las Leyes 35/2002 de 12 julio, para el establecimiento de un sistema de jubilación gradual y flexible, y Ley 40/2007, de 4 de diciembre, de medidas en materia de Seguridad Social.

En cambio, la jubilación flexible nace con carácter ex post, la Ley 35/2002, introdujo en el segundo párrafo del art. 165.1 LGSS, una excepción a la regla general de incompatibilidad admitiendo la posibilidad entre percibo de la pensión de jubilación parcial y el trabajo a tiempo parcial del pensionista jubilado flexible, un trabajador ya jubilado decide volver a reincorporarse al mercado laboral para realizar un trabajo parcial.

1. Jubilación parcial

La jubilación parcial regulada por el art. 215 LGSS, en el art. 12.6 ET y RD 1131/2002, se manifiesta a su vez en dos modalidades: anticipada y diferida. Varias han sido las reformas de Seguridad Social que han incidido con distinto alcance sobre esta figura jurídica, así mientras la Ley 12/2001, de 9 julio, de medidas urgentes de reforma del mercado de trabajo para el incremento del empleo y la mejora de su calidad, y la Ley 35/2002, quisieron flexibilizar las condiciones de aplicación de la jubilación parcial, las Leyes 40/2007, 27/2011 y RD-Ley 5/2013, han endurecido los ya existentes[2], en concreto:

La Ley 40/2007 endureció el acceso a la jubilación parcial anticipada incrementando la edad de acceso a la jubilación parcial a los 61 años, y el periodo de cotización de 15 a 30 años[3], además de prever un nuevo requisitito de antigüedad en la empresa[4]. Además, modificó el porcentaje máximo de reducción de jornada, del 85 por 100 a un intervalo entre el 25 y 75 por 100. Se trataba de una reforma que intentó controlar el aumento de jubilaciones parciales usadas impropiamente como alternativa a la penalización reductora de la jubilación anticipada[5].

La Ley 27/2011 abordó la reforma de la jubilación parcial tanto de la ordinaria como de la anticipada. Suprimió el requisito de identidad entre los puestos de trabajo de relevista y relevado del contrato de relevo y aumentó la cotización del relevista por la base de cotización, que en su caso, hubiese correspondido de seguir trabajando a jornada completa. El requisito de edad se mantuvo en 61 años y el periodo de cotización de 30 años[6],

---

2 Ferrando García, F., "La jubilación parcial", en García Romero, B. y López Aniorte, M.C., *La reforma de la pensión de jubilación* (Valencia, 2014), Tirant lo Blanch, p. 244.

3 Régimen de aplicación progresivo según la DT 17ª LGSS. No obstante, el RD-Ley 8/2010, de 20 mayo, por el que se adoptan medidas extraordinarias para reducción del déficit público, eliminó este régimen transitorio de acceso.

4 STS de 25 marzo de 2013 (rec. 1775/2012). En caso de sucesión empresarial o grupos de empresas, la antigüedad no ha de ser exclusivamente laboral, sino que equivale a vinculación o prestación de servicios considerando los períodos previos de vinculación.

5 López Gandía, J. y Toscani Giménez, D., *La reforma de la jubilación. Comentarios a la Ley 27/2011, de 1 agosto* (Valencia, 2011), Tirant lo Blanch, p. 107.

6 Se marca así una diferencia con la nueva regulación de la jubilación anticipada, a la que sólo se puede acceder a los 63 años y acreditando un periodo previo de cotización de 33 años.

excluida la parte proporcional correspondiente a las pagas extraordinarias. Se trataba de una reforma compleja, que, en lo particular, intenta evitar el correcto recurso a esta modalidad[7], y en lo general, incorporó a nuestro ordenamiento jurídico conceptos nuevos y medidas restrictivas que intentaban dar una respuesta a los retos económicos y demográficos con los que se encontrará nuestro sistema de Seguridad Social a medio y largo plazo[8].

El RD-Ley 5/2013 modificó el régimen jurídico de jubilación parcial del art. 215.2.g) LGSS[9]. Se trató de una reforma cuyo objetivo era reconducir la modalidad de jubilación a su objetivo inicial de transmisión generacional de conocimientos y experiencias y no una vía rápida de jubilación anticipada[10].

En cuanto a la modalidad de jubilación parcial anticipada, el RD-Ley 5/2013, corrige la disparidad de edad entre jubilación parcial y anticipada abierto por la Ley 27/2011[11], equiparando la edad respecto a la jubilación anticipada a tiempo completo por voluntad del trabajador, de 61 años a 63 años para carreras de cotización completas (36 años y medio), o directamente 65 años, a excepción de los trabajadores que conservasen la condición de mutualistas[12]. Sin embargo, el aumento del periodo de cotización de 30 a 33 años no guarda relación con la figura análoga de jubilación anticipada a tiempo completo de carácter voluntario, cuyo periodo de cotización se ha elevado a 35 años. La novedad se contiene en cuanto a la reducción para los trabajadores discapacitados o con trastorno mental, que deberán acreditar una carencia mínima de 25 años.

Igualmente, el RD-Ley 5/2013 ha modificado los porcentajes de reducción de jornada, con carácter general fijados en el 50 por 100 (75 por 100 cuando el trabajador relevista sea contratado a jornada completa mediante

---

7 Tortuero Plaza, J.L., *La reforma de la jubilación (Marco de Referencia y Ley 27/2011, de 1 agosto, sobre Actualización y Modernización del Sistema de la Seguridad Social)* (Pamplona, 2012), Aranzadi, Thompson Reuters, p. 112.
8 Trillo García, A., "Jubilación", en Trillo García, A., De la Puebla Pinilla, A., *Reformas laborales y de Seguridad Social* (Madrid, 2011), Francis Lefebvre, p. 67.
9 Norma de aplicación gradual, de acuerdo con la Disp. Transitoria 22.2 RD-Ley 5/2013.
10 Panizo Robles, J.A., "Las nuevas reglas de acceso a la jubilación: a propósito del Real Decreto-Ley 5/2013, de 15 de marzo, de medidas para favorecer la continuidad de la vida laboral de los trabajadores de mayor edad y promover el envejecimiento activo", *CEF Revista de Trabajo y Seguridad Social*, 2013, n. 361, p. 79.
11 Del Valle la Joz, J.I., "Novedades en la regulación de la jubilación parcial", AA.VV.: *La reforma de la Seguridad Social 2011* (Valladolid, 2011), Lex Nova, p. 198.
12 Disp. Trans. Tercera LGSS, norma 2ª, apartado 1.

un contrato de duración indefinida, y la empresa mantenga el puesto de trabajo durante dos años a partir del momento de la edad ordinaria de jubilación del trabajador sustituido[13]). La suscripción del contrato de relevo, a pesar de estar excluido de las reducciones a la cotización[14], convierte a la jubilación parcial además en una medida de fomento del empleo. Este contrato, que deberá concertarse por el tiempo que falte al trabajador sustituido para alcanzar la edad ordinaria de jubilación y para una jornada de duración igual o superior a la reducción de la jornada acordada con el trabajador sustituido, ha sido modificado también en cuanto a identidad de funciones entre trabajos[15].

La DF 1ª Ley 27/2011 no recoge la exigencia de que el trabajador sustituto realice las mismas tareas que el trabajador sustituido, sino que opta por garantizar una correspondencia entre las bases de cotización, que no podrán ser inferiores al 65 por 100 del promedio de las bases de cotización correspondientes a los seis últimos meses computados a efectos del cálculo de la base reguladora de la pensión de jubilación parcial, reduciendo la similitud cualitativa en una ecuación cuantitativa[16] (y no de la base de cotización que viniera cotizando el trabajador sustituido antes de acceder a la jubilación parcial). La última consideración debe hacerse sobre a la carencia de previsiones de la nueva norma para el desarrollo de la DA 8ª.4 LGSS sobre previsiones en materia de jubilación parcial contenidas en art. 215 LGSS resultan de aplicación a los trabajadores por cuenta propia.

En cuanto a la jubilación parcial diferida, la Ley 12/2001 amplió las posibilidades de la jubilación parcial, al permitir la compatibilidad de la pensión ordinaria con el trabajo a tiempo parcial. A diferencia de la jubilación parcial anticipada, responde a la finalidad de incentivar la prolongación de la vida activa y retrasar la edad de jubilación, continuando a tiempo

---

13 Art. 12.6 párrafo segundo ET, y art. 166.2.c) LGSS.
14 López Gandía, J. y Toscani Giménez, D., *La reforma de la jubilación, op. cit.*, p. 118.
15 Igualmente, la no sustitución del relevista supone para la empresa el abono de la prestación de jubilación desde la fecha del cese hasta que el jubilado parcial acceda a la jubilación ordinaria o anticipada (DA 2ª RD 1131/2002). Quedan exceptuados los supuestos de extinción de contrato por despido colectivo (STS 29 mayo de 2008, rec. 1900/2007), o por causas objetivas basadas en motivos económicos, organizativos, técnicos o productivos (STS 22 de septiembre de 2010, rec. 4166/2009).
16 Beneyto Calabuig, D., *La reforma de la jubilación y de otras prestaciones. Análisis práctico y comentarios de la Ley 27/2011, de 14 agosto, sobre actualización, adecuación y modernización del sistema de Seguridad Social* (Madrid, 2012), Wolters Kluwer, p. 116.

parcial la relación laboral previa. Al igual que sucedió con la reforma de 2007, esta modalidad de jubilación parcial no se ha visto especialmente afectada[17]. El legislador ha sido más beligerante respecto a los requisitos de esta modalidad, justificadas a nivel jurídico, porque el trabajador cuenta ya con la edad ordinaria de jubilación[18], y a nivel técnico, porque ofrece al sistema de Seguridad Social un ahorro en el coste de las pensiones a abonar a los jubilados parcialmente, a la vez que asegura la continuidad del ingreso de cotizaciones.

De un lado, se exige que los trabajadores hayan alcanzado la edad ordinaria de jubilación y que reúnan los requisitos para causar derecho a ella, disponiendo expresamente el art. 215.1 LGSS que pueden acceder a la jubilación parcial quienes cumplan los requisitos mínimos de cotización, sin necesidad de la celebración simultánea de un contrato de relevo, con un intervalo de reducción de jornada entre 25 por 100 y 50 por 100. Desaparece el requisito de antigüedad en la empresa, por lo que se puede acceder a la misma desde un contrato a tiempo parcial o completo[19].

La reforma del régimen jurídico de la jubilación llevada a cabo por la Ley 27/2011 ha afectado, indirectamente, a la jubilación parcial diferida a través de las modificaciones del art. 215.1 LGSS, para adaptar la edad de acceso a esta modalidad de jubilación a la nueva redacción del art. 205.1.a) LGSS[20], es decir, 67 años o 65 años con 38 años y seis meses de cotización acreditados, de aplicación progresiva según la DA 22ªLGSS que remite a la nueva DT 20ª de la misma norma. No se contempla a este respecto excepción alguna, de manera que la edad establecida en el art. 205.1.a) LGSS también será aplicable a quienes tuvieran la condición de mutualista el 1 enero de 1967 pese a que este colectivo, como dispone el art. 5.2 Ley 27/2012, se les permite acceder a la jubilación anticipada a partir de los 65 años.

De otro lado, acerca del cálculo de la pensión de jubilación completa debe atenderse a la regla del art. 18 RD 1131/2002, no procederá el cómpu-

---

17 Cavas Martínez, F., "Cambios en la pensión de jubilación tras la Ley 2/2007, de 4 de diciembre, de medidas en materia de Seguridad Social", *Aranzadi Social*, 2008, n. 2, p. 16.
18 Ferrando García, F., "La jubilación parcial", en García Romero, B. y López Aniorte, M.C., *La reforma de la pensión de jubilación* (Valencia, 2013), Tirant lo Blanch, p. 264.
19 Ferrando García, F., "La jubilación parcial", *op. cit.*, p. 243.
20 Del Valle de Joz, J.I., "Novedades en la regulación de la jubilación parcial", *op. cit.*, p. 219.

to al 100 por 100 de la cotización efectuada durante el periodo de jubilación parcial para la futura pensión de jubilación ordinaria, ni se considerará a efectos de porcentajes, como período cotizado a tiempo completo, el período de tiempo cotizado que medie entre la jubilación parcial y la jubilación ordinaria o anticipada, a no ser que se hubiese simultaneado la jubilación parcial con un contrato de relevo.

Por último, si bien con el incremento de la cotización de los jubilados parciales al 100 por 100 carece de sentido cuestionarse si el art. 210.2 (anterior art. 163.2) LGSS, que excluía expresamente a los jubilados parciales del incremento de un porcentaje adicional del 2 o 3 por 100 por cada año completo cotizado, la jurisprudencia hasta la fecha entendió que:

> si las cotizaciones efectuadas durante la prestación de servicios a tiempo parcial suman todas ellas el tiempo de uno o más años, cabría computarlas a estos efectos, calculando el tiempo de cotización según el RD 1131/2002[21].

2. Jubilación flexible

La jubilación flexible fue creada por Ley 35/2002 y desarrollada por RD 1132/2002. Dichas normas establecieron las reglas de compatibilidad entre el percibo de la jubilación y el trabajo. La figura de la jubilación flexible guarda grandes similitudes con la jubilación parcial[22], si bien la diferencia fundamental estaría en que para la primera, es necesario que la pensión de jubilación ya hubiera sido causada mientras que a la situación jubilación parcial tan solo puede accederse sin que se hubiera causado el derecho a la pensión de jubilación, siempre que se cumplan los demás requisitos legales.

La incidencia de la Ley 27/2011 y el RD-Ley 5/2013 sobre la jubilación flexible ha sido indirecta, en cuanto el retraso de la edad ordinaria de jubilación[23], lo que paradójicamente puede suponer el desincentivo de su

---

21 Las SSTS 21 de marzo de 2011 (rec. 2396/2010) y 15 diciembre 2011 (rec. 1765/2011).
22 Incluso calificada de modalidad específica de jubilación parcial, Véase Rodríguez Iniesta, G., "Jubilación flexible", en AA.VV., *Enciclopedia Laboral Básica "Alfredo Montoya Melgar"* (Madrid, 2009), Civitas, p. 816.
23 Cea Ayala, A., "Compatibilidad entre la pensión de jubilación y el trabajo. Breve referencia a la jubilación flexible", *Actualidad Laboral*, 2014, n. 2, 2014, p. 165 y ss.

uso[24], desincentivo que nuevamente se hace sentir al crear modalidades paralelas de compatibilidad, al permitir la compatibilidad con el trabajo por cuenta ajena o propia con una reducción de la pensión de jubilación del 50 por 100, cualquiera que sea la jordana laboral o la actividad que realice el pensionista, a diferencia de la reducción inversa en la prevista por la jubilación flexible.

En atención al art. 12.6 ET y art. 5 RD 1132/2002, se minora como decíamos la pensión en proporción inversa a la reducción aplicable a la jornada de trabajo del pensionista, en relación a la de un trabajador a tiempo completo comparable y conservando los efectos legales de las cotizaciones posteriores al momento de causar la pensión de jubilación. La mejora se produce una vez efectuado el cese en el trabajo. A tal efecto debe comunicarse a la Entidad Gestora el cese en la actividad restableciéndose el percibo integro de la pensión de jubilación. La falta de comunicación determinará el carácter indebido a la pensión, y según el art. 25 LISOS la correspondiente obligación de reintegro de lo indebidamente percibido, sin perjuicio de las sanciones que procedan.

La medida, como incentivo al trabajador, supone el recalculo de la base reguladora salvo según art. 8.2 RD 1132/2002 que la aplicación de lo establecido en esta regla diese como resultado una reducción del importe de la base reguladora anterior, en cuyo caso, se mantendrá esta última. Además, los supuestos previstos por el art. 163.2 LGSS de prolongación de la vida activa — por manteniendo en el trabajo cuando se alcanza la edad ordinaria de jubilación o por reincorporación desde la jubilación completa a la actividad laboral también a tiempo completo, pueden suponer una disminución del coeficiente reductor que se hubiese aplicado en el momento inicial de causar derecho a la pensión de acuerdo con lo dispuesto para las jubilaciones anticipadas[25].

---

24   López Gandía, J. y Toscani Giménez, D., *La reforma de la jubilación. Comentarios a la Ley 27/2011, de 1 agosto...*, *op. cit.*, p. 128; También De la Maza, S. y Cruz Roche, I., "La flexibilización de la edad de jubilación aspectos económicos de la política social", *Temas laborales: Revista andaluza de trabajo y bienestar social*, 2002, n. 66, p. 113, para quienes según cálculos actuariales que el incentivo de incremento de la cuantía de la base reguladora de la pensión cuando se aplaza la edad de jubilación no es suficiente para compensar actuarialmente continuar en la vida activa, salvo que se considere la percepción de un sueldo de mayor cuantía que la pensión durante esos años.

25   Sentencia de la Sala de lo Social del TSJ de Cataluña de 26 de julio de 2011 (rec. 3488/2010).

Previo a la modificación de 2011, el periodo de cotización exigible era de 35 años de cotización efectiva, excluyendo la parte proporcional de las pagas extraordinarias. El art. 311 LGSS (anterior art. 112 bis) continúa excluyendo la parte proporcional de las pagas extraordinarias, pero omite la referencia a la cotización efectiva, es decir, computarían todos los conceptos del art. 205.1.a) LGSS y los periodos asimilados a cotización[26].

A su vez, el trabajo a tiempo parcial generará nuevas prestaciones la compatibilidad de la pensión de jubilación flexible con las prestaciones de incapacidad temporal o de maternidad derivadas de la actividad efectuada a tiempo parcial, pero resulta incompatible con las pensiones de incapacidad permanente que puedan corresponder por la actividad desarrollada, con posterioridad al reconocimiento de la pensión de jubilación, cualquiera que sea el Régimen en que se causen aquellas.

La modalidad de jubilación flexible, no obstante, según la Disp. Adic. 1ª RD 1132/2002, se excluye a los trabajadores del Régimen especial de la Seguridad Social de los Funcionarios Civiles del Estado, el Régimen especial de la Seguridad Social de las Fuerzas Armadas y el Régimen especial de la Seguridad Social del personal al servicio de la Administración de Justicia[27].

El régimen de incompatibilidades con el trabajo está regulado por el art. 5.2 del RD 1132/2002, remite a la incompatibilidad para el desempeño de un puesto de trabajo en el sector público delimitado en la Ley de Incompatibilidades del Personal al Servicio de las Administraciones Públicas, y al desempeño de altos cargos, según el art. 213.2 LGSS. No obstante, ha de entenderse como límites los parámetros de referencia del art. 12.6 del ET[28], por lo que el exceso o defecto de jornada quedaría afectado por la incompatibilidad del art. 16 de la Orden 18 de enero 1967.

En cuanto a la cotización, supone el atractivo empresarial para la reducción de las exenciones a la cotización que se contemplan en el artículo

---

26 Muñoz Ruiz, A.B., "Reglas de incompatibilidad y compatibilidad de la pensión de jubilación o retiro en el régimen especial de funcionarios públicos", en Mercader Uguina, J.R., y Aragón Gómez, C., *La compatibilidad de las prestaciones del sistema de Seguridad Social y el trabajo* (Valladolid, 2013), Lex Nova, p. 222.

27 La sentencia de la Sala de lo Social del TSJ de Cataluña de 3 de enero de 2006 (rec. 9220/2004) señalaba que se excluye la posibilidad de considerar incluido el RETA, pues ni el art. 12 ET es de aplicación a trabajadores por cuenta propia, ni cabe el alta a tiempo parcial en el RETA.

28 El RD-Ley 5/2013 ha modificado el límite de reducción entre el 25 por 100 y el 50 por 100, del art. 12.6 del ET, que ya fue modificado antes por la disp. final 1.ª de la L 27/2011, de 1 de agosto.

150 LGSS, los empresarios y trabajadores quedarán exentos de cotizar a la Seguridad Social por contingencias comunes, salvo por incapacidad temporal derivada de ésta, respecto de aquellos trabajadores por cuenta ajena con contratos de trabajo de carácter indefinido, así como de los socios trabajadores o de trabajo de las cooperativas, en los que concurran las circunstancias de tener cumplidos 65 años de edad y 38 años y 6 meses de cotización y 67 años de edad y 37 años de cotización, sin que se compute a esto efecto la parte proporcional de las pagas extraordinarias.

II. La compatibilidad entre el trabajo por cuenta propia y la pensión de jubilación

Para comprender, en profundidad, la compatibilidad entre pensión y trabajo autónomo, conviene ir de lo particular a lo general. Desde el punto de vista particular, el paradigmático ejemplo de compatibilidad de la actividad por cuenta propia del colectivo de profesionales colegiados. La Orden de 18 enero 1967, por la que se establecen normas para la aplicación y desarrollo de la prestación de vejez en el RGSS exceptuaba, en su artículo 16, de la incompatibilidad general prevista para RGSS y RETA a los trabajadores incluidos en una Mutualidad Laboral.

Esta situación se mantuvo estable en el tiempo, si bien con algún pequeño incidente, las modificaciones operadas por el art. 33 de la Ley 50/1998 de 30 diciembre, sobre la DA 15ª de la Ley 30/1995, de 8 noviembre de Ordenación y supervisión de los seguros privados[29], indujo a confusión al afirmar que los profesionales por cuenta ajena colegiados debían entender incluidos en el campo de aplicación del RETA[30]. Tras cuatro décadas, la Orden TIN/1362/2011, de 23 de mayo, sobre régimen de incompatibilidad de la percepción de jubilación del sistema de la Seguridad Social con la actividad

---

29 Véase López Aniorte, M.C., "El encuadramiento de los profesionales colegiados en la Seguridad Social: un proceso inacabado", *Foro de Seguridad Social*, n. 20, junio 2008, p. 68-81
30 Situación solventada por la Circular de la Tesorería General de la Seguridad Social, de 7 mayo 1999 se estableció como criterio, y así ha venido ocurriendo, la compatibilidad entre pensión y jubilación, puesto que dicha incorporación no determinaba la integración dentro del ámbito de la Seguridad Social.

desarrollada por cuenta propia por los profesionales colegiados, estableció en su único artículo la incompatibilidad entre pensión de jubilación y trabajo del pensionista al ejercer una actividad profesional por cuenta propia exento de causar alta en autónomos, conforme ocurría con el art. 16 de la OM 18 enero 1967. Esta nueva incompatibilidad, también dispuso excepciones más restringidas: aquellos que viniesen ya compatibilizando con anterioridad a su entrada en vigor o quienes, sin serlo, hubieran alcanzado la edad de 65 años[31].

Acerca de la Orden, se plantearon dudas acerca de su legalidad como instrumento adecuado para los fines que perseguía[32]. Con posterioridad, la STS (contencioso-administrativo) de 6 junio de 2012, declararía que:

> no vulnera ninguna norma de rango superior y es coherente con el régimen general de incompatibilidad entre la percepción de una pensión de jubilación y el desarrollo de una actividad por cuenta propia aun cuando el profesional colegiado hubiera optado por incorporarse a una mutualidad alternativa[33].

La reforma de Seguridad Social de 2011 no dejó pasar la oportunidad para pronunciarse al respecto sobre este tema, a través de la DA 31ª incorporó un apartado 4 al art. 165 LGSS (versión RD-Lg. 1/1994), permitiendo la compatibilidad de la pensión de jubilación con la realización de trabajos por cuenta propia siempre y cuando los ingresos anuales no superasen el SMI en cómputo anual. Además, la DA 37ª encomendó al Gobierno un proyecto de Ley que regulase la compatibilidad entre pensión y trabajo, garantizando el relevo generacional, la prolongación de la vida laboral, así como el tratamiento en condiciones de igualdad de las diferentes actividades. A la espera del mismo, se recoge textualmente que "se mantendría el criterio que se venía aplicando con anterioridad a la entrada en vigor de la Orden TIN/1362/2011, de 23 de mayo". Es decir, se dejaba sin efecto su aplicación, y por ende, los profesionales colegiados podían compatibilizar la pensión y trabajo siempre que dicha actividad diera lugar a su inclusión en una Mutualidad y no se estuviera de alta en el RETA[34].

---

31 Disposición Adicional Única Orden TIN/1362/2011, de 23 mayo.
32 Tortuero Plaza, J.L., *La reforma de la jubilación (marco de referencia y Ley 27/2011, de agosto, sobre Actualización, Adecuación y Modernización del Sistema de la Seguridad Social)* (Pamplona, 2011), Aranzadi-Thompson Reuters, p. 129.
33 Rec. 295/2011.
34 Sobre las ventajas e inconvenientes del régimen de opción, véase López Aniorte, M.C., "Profesiones colegiadas y Seguridad Social: ¿Ante el final de un desencuentro?", *Revista de Derecho de la Seguridad Social*, número en prensa, 2016. Igualmente, más en detalle sobre las consecuencias sobre el principio de igualdad entre mujeres y

Son tres las distintas posiciones que se han adoptado frente a la DA 37ª Ley 27/2011, una lectura favorable a la idea de incompatibilidad como un desincentivo a las políticas de prolongación de la vida laboral[35]; otra interpretación crítica, pues nada había de extraño en una norma que pretendía equiparar condiciones respecto a otros beneficiarios del sistema de Seguridad Social[36]; una tercera posición más suspicaz, pues a tenor de la Deposición Derogatoria Única de la Ley 27/2011 no parece que la DA 37ª Ley 27/2011 intentase derogarla[37].

No obstante, el nuevo RD-Ley 5/2013, de 15 de marzo, establece en su artículo 1.2, la aplicabilidad sin perjuicio de su régimen jurídico con otras modalidades de compatibilidad, es decir, entre otras la prevista por la DA 37ª LGSS, una forma de permitir la compatibilidad causando alta en una mutualidad alternativa sin necesidad de mencionar la Orden TIN/1362/2011.

A nivel general, para el resto de trabajadores autónomos acabaría siendo de extensión la compatibilidad entre trabajo y pensión de jubilación fruto de la D.A. 31 Ley 27/2011, sobre complementariedad de ingreso con la pensión de jubilación para todos los regímenes, cuando los ingresos totales anuales sean inferiores a la cuantía del SMI anual, quedando exentos de cotización y, por ende, de generación de nuevos derechos (no sólo en materia de pensiones, sino en subsidios contributivos), lo que directamente supone la legalización de muchas actividades que hasta la entrada en vigor eran irregulares por afectarles la incompatibilidad[38], e indirectamente un tímido

---

hombres, López Aniorte, M.C., "El régimen de opción de las profesiones colegiadas: un sistema obsoleto y contrario al principio de igualdad de oportunidades entre mujeres y hombres", *Nueva Revista Española de Derecho del Trabajo y de la Seguridad Social*, número en prensa, 2016.

35 López Gandía, J. y Toscani Giménez, D., *La reforma de la jubilación, Comentarios a la Ley 27/2011, de 1 agosto* (Valencia, 2011), Tirant lo Blanch, p. 52.

36 López Aniorte, M.C., "Hacia el envejecimiento activo: Análisis crítico del nuevo régimen de compatibilidad entre el trabajo y la jubilación", *Nueva Revista Española de Derecho del Trabajo*, n. 164, 2014, p. 52.

37 González Ortega, S., "La reforma de la jubilación Ordinaria" en García Perrote Escartín, I. y Mercader Uguina, J., *La reforma de la Seguridad Social de 2011* (Madrid, 2011), Lex Nova, p. 135.

38 Fernández Orrico, F.J., "El porvenir en la actividad por cuenta propia de los profesionales colegiados y su provisional compatibilidad con la pensión de jubilación de la Seguridad Social", *Economía Española y Protección Social*, n. III, 2011, p. 110.

reconocimiento al baremo económico como cuantificador del requisito de habitualidad, aunque con multitud de lagunas en su proceder[39].

III. La nueva compatibilidad establecida por el RD-Ley 5/2013 y las perspectivas de futuro

El RD-Ley 5/2013, se publicó con la finalidad de dar cumplimiento a la DA 37ª Ley 27/2011 (con resultados cuestionable) dónde se mandataba al Gobierno a presentar un proyecto de ley que regulase la compatibilidad entre pensión de jubilación y trabajo, garantizando el relevo generacional y la prolongación de la vida laboral, así como el tratamiento en condiciones de igualdad de las diferentes actividades.

La primera consideración que cabe advertir de la nueva norma es acerca de su ámbito de aplicación, cuya extensión abarca el trabajo por cuenta propia y ajena[40]. Desde la entrada en vigor del RD-Ley 5/2013, el disfrute de la pensión de jubilación, en su modalidad contributiva, será compatible con la realización de cualquier trabajo, tanto si se trata de mantener la relación laboral que tenía con su empresa como de iniciar una nueva actividad por cuenta ajena o propia, siempre que concurran dos requisitos[41]: 1) el porcentaje aplicable a la base reguladora ha de alcanzar el 100 por 100, es decir, al reunir un periodo de cotización de entre 35 años y 38 años y seis meses, sin tener en cuenta la parte proporcional correspondiente a las pagas

---

39 López Aniorte, M.C., "Hacia el envejecimiento activo...", *op. cit.*, p. 68, el nuevo art. 165.4 LGSS no precisa que ejercicio fiscal ha de tenerse en cuenta a efectos de verificación, ni el computo de los ingresos del año anterior, o la reversibilidad de la situación.

40 RD-Ley 5/2013 exceptúa el Régimen de Clases Pasivas del Estado que se rige por su propia normativa con alcance similar. No obstante, la DA 2ª ha previsto una modificación del art. 33 de la Ley de Clases Pasivas las Clases Pasivas del Estado, pues la normativa a ellos aplicable hasta la fecha resultaba más beneficiosa que la prevista al permitir la compatibilidad ilimitada con el trabajo en el sector privado. No obstante, continua vigente el art. 165.1 LGSS y el (art. 33 LCPE) serán incompatibles con el desempeño de un puesto de trabajo o alto cargo en el sector público por parte de sus titulares.

41 En relación a la progresividad de la Disposición transitoria vigésima de la LGSS hasta el año 2027.

extraordinarias. 2) El acceso a la pensión deberá haber tenido lugar una vez cumplida la edad ordinaria de jubilación que resulte de aplicación según lo establecido en el artículo 161.1.a), 67 años de edad, o 65 años cuando se acrediten 38 años y 6 meses de cotización descartándose las modalidades de jubilación anticipada. Nada parece indicar que se permita el acceso a esta forma de compatibilidad por parte de otros sujetos respecto a los cuales se prevea una edad ordinaria de jubilación inferior a la prevista en el art. 205.1.a) LGSS que realicen actividades penosas, tóxicas, peligrosas o insalubres[42].

La dinámica de funcionamiento de la compatibilidad prevista por la normativa de 2013, resulta novedosa en tanto que, por primera vez, se produce la compatibilidad sin cese del trabajador[43], al tiempo que no se determina la suspensión de la pensión, sino una reducción de su cuantía[44]. Resulta también significativo para los trabajadores por cuenta ajena, como indica el art. 1.2 RD-Ley 5/2013, la coexistencia con otras modalidades de compatibilidad entre pensión y trabajo, establecidas legal o reglamentariamente.

Respecto a la jubilación parcial, el único punto de encuentro es la previsión de compatibilización parcial de trabajo y pensión, pues ambas figuras implican la minoración del importe de la pensión de jubilación, pero esa es la única semejanza entre ambas figuras jurídicas, puesto que las previsiones contenida en el RD-Ley 5/2013, no afectan ni se ven afectadas por la modalidad de jubilación parcial, pues es de aplicación únicamente a sujetos que ya han alcanzado la edad legal de jubilación. Al contrario, se han apuntado a las diferencias entre ambas figuras[45].

---

42 Selma Penalva, A., "Posibilidades de compatibilizar pensión de jubilación con el trabajo", *Aranzadi Social*, n. 2, 2013, págs. 65-87.

43 Mercader Uguina, J.R., "¿Puede producirse la compatibilidad entre la pensión de jubilación y el trabajo sin cesar el trabajador en su actividad? El RD-LEY 5/2013 y el valor interpretativo del oficio de Dirección General de Ordenación de la Seguridad Social de 4 octubre de 2013", *Revista de información Laboral*, n. 1, 2014, p. 249.

44 Rodríguez Piñero, M., y Valdés Dal-Ré, F., y Casas Baamonde, M.E., "La nueva regulación de la jubilación en el RD-LEY 5/2013, de 15 marzo, de medidas para favorecer la continuidad de la vida laboral de los trabajadores y promover el envejecimiento activo", *Relaciones Laborales*, n. 5, 2013, p. 10.

45 Selma Penalva, A., "Posibilidades de compatibilizar pensión de jubilación con el trabajo", *Aranzadi Social*, n. 3, 2013, págs. 65-87. Incluso para la propia jubilación parcial pasará a convertirse en una opción para aquellos sujetos que bien desean incrementar en el futuro la cuantía de su pensión, bien para aquellos que pretenden seguir realizando una actividad productiva por cuenta ajena pero desean flexibilidad en sus condiciones de trabajo, y no reúnen todavía los estrictos requisitos que por el

Mientras la jubilación parcial, que nace del acuerdo entre empresario y trabajador[46], se aplica en exclusiva a trabajadores por cuenta ajena[47], y conserva el deber de cotización con repercusiones en la cuantía, una vez alcanzados los 65, se trataría de reunir el periodo de carencia. En cambio, el nuevo supuesto de compatibilidad, se configura como una opción a favor del trabajador, que incluye en su ámbito de aplicación a trabajadores autónomos y de cuya cotización no se desprenden efectos sobre la futura pensión[48]. Una vez alcanzada la edad de 65 años se debería acreditar el tiempo equivalente al 100 por 100 de la base reguladora.

Respecto a la jubilación flexible, la convivencia entre el RD-Ley 5/2013 y el RD 1132/2002, que aun no siendo tampoco coincidentes sus ámbitos, sí son susceptibles de presentar zonas de fricción, como sería el caso un beneficiario de pensión ordinaria de jubilación al 100 por 100 de su base reguladora inicie un trabajo por cuenta ajena a tiempo parcial, queda amparado bajo ambos supuestos, con posibilidades de reducción de jornada distintas y reducciones de cuantía también distintas[49], lo que se traduce de distintas maneras en la cuantía final:

Sobre la cuantía de la pensión en el presente, la reducción no es proporcional al tipo de jornada como ocurría en la jubilación flexible, sino en cualquier caso, la cuantía de la pensión de jubilación se mantiene constante al 50 por 100 del importe resultante en el reconocimiento inicial (no excedente del límite máximo de pensión pública) en el momento de inicio de la compatibilidad con el trabajo, con la exclusión total del complemento por mínimos, independientemente del grado de parcialidad de la jornada. Éstos serán calculados una vez se acceda plenamente a la jubilación.

Sobre la cuantía de la pensión futura, a diferencia de la jubilación flexible, no está previsto recalcular la pensión, así el art. 3.4 RD-Ley 5/2013 estipula que finalizada la relación laboral por cuenta ajena o producido el

---

    momento se exigen para acceder a la nueva forma de compatibilidad introducida por el RD-Ley 5/2013.
46   Art. 12.6 ET.
47   Aunque la modificación operada por el RD-Ley 3/2012 sobre el art. 166.2 LGSS desincentiva su uso, al incrementar la edad de 61 a 63 años y al fijar durante todo el período de disfrute de la jubilación parcial, empresa y trabajador cotizarán por la base de cotización que, en su caso, hubiese correspondido de seguir trabajando éste a jornada completa.
48   Art. 4 RD-Ley 5/2013.
49   Rodríguez Cardo, I.A., "La compatibilidad de las pensiones de Seguridad Social con el trabajo", *Revista del Ministerio de Empleo y Seguridad Social*, 2015, n. 119, p. 186.

cese en la actividad por cuenta propia se restablecerá el percibo íntegro de la pensión de jubilación, es decir, se restituirán los complementos a mínimos antes señalados si corresponden, pero no procederá a un recalculo de la base reguladora. En cuanto a la cotización, el RD-Ley 5/2013, prevé la cotización de empresarios y trabajadores únicamente por incapacidad temporal y por contingencias profesionales, según la normativa reguladora del régimen del sistema de la Seguridad Social. Además, para los trabajos por cuenta ajena, se introduce una cotización especial de solidaridad[50] del 8 por 100 (6 puntos porcentuales a cargo del empresario y 2 a cargo del trabajador).

Por último, cabe un doble apunte, para los trabajadores por cuenta propia como contrapartida se imponen algunas garantías contra el fraude de ley a la contratación en la DA 1ª del RD-Ley 5/2013, no observada en el RD 1132/2002 (limitación de decisiones extintivas improcedentes en los últimos seis meses, y el mantenimiento del nivel medio de empleo durante la percepción de la pensión de jubilación compatible con el trabajo durante 90 días anteriores a la compatibilidad), y, de otro lado, en cuanto a los trabajadores por cuenta propia, cabe mencionar el alcance de la obligación de cotización por contingencias profesionales para trabajadores autónomos, pues, a excepción de los TRADE, no todos los trabajadores autónomos cotizan por esta contingencia, cuestión que el precepto no ha tenido a bien aclarar. Para un sector de la doctrina, dada la escasa pericia con la que se ha abordado, considera su no cotización[51].

Conclusiones

Como ha ocurrido con cada etapa en la regulación de la compatibilidad, surge la duda, en última instancia, acerca de las intenciones finales del legislador. Siguiendo la lógica que inspira la normativa actual, es cierto

---

50 Véase el *contributo italiano di solidarietà*, que si bien el supuesto de hecho y los sujetos pasivos son distintos, comparten la finalidad de recaudación económica. Además, cabe preguntarse acerca del tratamiento fiscal respecto de esas nuevas rentas del trabajo.
51 Sánchez-Urán Azaña, Y., "Trabajadores de edad avanzada: II Compatibilidad trabajo-pensión. Cuestiones prácticas tras la Reforma 2013", *Actualidad Laboral*, 2013, n. 10, p. 1266.

que resulta novedosa, pero también es cierto que se sitúa en tierra de nadie porque la normativa actual favorece aquellos pensionistas previsiblemente con condiciones laborales más favorables y con mayores ingresos (por acreditar las carreras de cotización más largas), permitiéndoles alargar su ocupación efectiva y conservando la condición de pensionistas, pero de otro lado, si lo que se pretendía era una compatibilidad genuina, resultan inexplicables los requisitos de edad legal de jubilación o periodo de carencia de 38 años y seis meses necesario para alcanzar el 100 por 100 de la base reguladora, junto las exclusiones gravosas a las modalidades de jubilaciones anticipada, especialmente las derivadas por causas ajenas a la voluntad del trabajador.

Hablar de compatibilizar es hablar de posibilitar, pero desde una lectura crítica, también es concordar dos extremos. La compatibilidad es la excepción a un instituto jurídico como es la pensión de jubilación, la cual nace para atender una contingencia, el cese en el trabajo por el cumplimiento de una edad. A su vez, el trabajo, sea en su vertiente cuantitativa y cualitativa, es el factor generador en última instancia de la pensión. De modo que, lo que parece pretenderse es cuadrar cuentas reemplazando con las pensiones de ancianos los desmanes en el terreno laboral. Es un oxímoron centrarse en sujetos que ya han abandonado su vida activa, en lugar de dirigir con mayor énfasis su actuación sobre desempleo juvenil o colectivos mayores de 45 años, con especiales dificultades de empleabilidad.

Las últimas actuaciones a fecha de cierre de este trabajo, se registran en sede parlamentaria a través de una Proposición no de Ley sobre la mejora de la compatibilidad entre la pensión de jubilación y el desarrollo de una actividad laboral o profesional remunerada ya sea ésta por cuenta propia o por cuenta ajena, aunque es mayor el deslumbre de su rúbrica que el contenido de la misma, pues insta a la Comisión de Seguimiento y Evaluación de los Acuerdos del Pacto de Toledo al estudio de la compatibilidad en el percibo del cien por cien de la pensión con el desarrollo de una actividad laboral o profesional, ya sea ésta por cuenta propia o por cuenta ajena[52]. Nada se dice sobre cotización de los ingresos generados, o cotización mínima por conceptos básicos, o y si generará en algún caso un recalculo de la pensión,

---

52 Proposición no de Ley presentada por el Grupo Parlamentario Popular en el Congreso (Núm. Expediente 161/000308), BOCG Congreso de los Diputados, 4 de abril de 2016, n. 45, p. 15, acceso 20 septiembre 2016, <www.congreso.es/public_oficiales/L11/CONG/BOCG/D/BOCG-11-D-45.PDF>.

sin duda, al futuro de la compatibilidad le esperan próximos capítulos por escribir.

Bibliografía

Aparicio Tovar, J., y Olmo Gascón, A.M., *La edad como factor de tratamientos desiguales en el trabajo* (Albacete, 2007), Bomarzo.

Beneyto Calabuig, D., *La reforma de la jubilación y de otras prestaciones. Análisis práctico y comentarios de la Ley 27/2011, de 14 agosto, sobre actualización, adecuación y modernización del sistema de Seguridad Social* (Madrid, 2012), Wolters Kluwer.

Cavas Martínez, F., "Cambios en la pensión de jubilación tras la Ley 2/2007, de 4 de diciembre, de medidas en materia de Seguridad Social", *Aranzadi Social*, 2008, n. 2, pp. 11-51.

Cea Ayala, A., "Compatibilidad entre la pensión de jubilación y el trabajo. Breve referencia a la jubilación flexible", *Actualidad Laboral*, 2014, n. 2, 2014, pp. 165 y ss.

COM (2010) 365 final, Libro Verde "En pos de unos sistemas de pensiones europeos adecuados, sostenibles y seguros".

COM (2012) 55 final, Libro Blanco "Agenda para unas pensiones adecuadas, seguras y sostenibles".

De la Maza, S. y Cruz Roche, I., "La flexibilización de la edad de jubilación aspectos económicos de la política social", *Temas laborales: Revista andaluza de trabajo y bienestar social*, 2002, n. 66, pp. 95-116.

Del Valle de Joz, J.I., "Novedades en la regulación de la jubilación parcial", AA.VV.: *La reforma de la Seguridad Social 2011* (Valladolid, 2011), Lex Nova, pp. 198 y ss.

Fernández Orrico, F.J., "El porvenir en la actividad por cuenta propia de los profesionales colegiados y su provisional compatibilidad con la pensión de jubilación de la Seguridad Social", *Economía Española y Protección Social*, núm. III, 2011, pp. 110 y ss.

Ferrando García, F., "La jubilación parcial", en García Romero, B. y López Aniorte, M.C., *La reforma de la pensión de jubilación* (Valencia, 2013), Tirant lo Blanch, pp. 235-277.

González Ortega, S., "La reforma de la jubilación Ordinaria" en García Perrote Escartín, I. y Mercader Uguina, J., *La reforma de la Seguridad Social de 2011* (Madrid, 2011) Lex Nova, pp. 199-238.

López Aniorte, M.C., "El régimen de opción de las profesiones colegiadas: un sistema obsoleto y contrario al principio de igualdad de oportunidades entre mujeres y hombres", *Nueva Revista Española de Derecho del Trabajo y de la Seguridad Social*, n. en prensa, 2016.

López Aniorte, M.C., "Hacia el envejecimiento activo: Análisis crítico del nuevo régimen de compatibilidad entre el trabajo y la jubilación", *Nueva Revista Española de Derecho del Trabajo*, n. 164, 2014, pp. 55-86.

López Aniorte, M.C., "Profesiones colegiadas y Seguridad Social: ¿Ante el final de un desencuentro?", *Revista de Derecho de la Seguridad Social*, número en prensa, 2016.

López Aniorte, M.C., "El encuadramiento de los profesionales colegiados en la Seguridad Social: un proceso inacabado", *Foro de Seguridad Social*, n. 20, junio 2008, pp. 68-81.

López Gandía, J. y Toscani Giménez, D., *La reforma de la jubilación, Comentarios a la Ley 27/2011, de 1 agosto* (Valencia, 2011), Tirant lo Blanch.

Mercader Uguina, J.R., "Compatibilidad entre trabajo y pensión ordinaria (y completa) de jubilación", en Mercader Uguina, J.R., y Aragón Gómez, C., *La compatibilidad de las prestaciones del sistema de Seguridad Social y el trabajo* (Valladolid, 2013), Lex Nova, pp. 146 y ss.

Mercader Uguina, J.R., "¿Puede producirse la compatibilidad entre la pensión de jubilación y el trabajo sin cesar el trabajador en su actividad?: El RD-LEY 5/2013 y el valor interpretativo del oficio de Dirección General de Ordenación de la Seguridad Social de 4 octubre de 2013", *Revista de información Laboral*, n. 1, 2014, pp. 247-251.

Muñoz Ruiz, A.B., "Reglas de incompatibilidad y compatibilidad de la pensión de jubilación o retiro en el régimen especial de funcionarios públicos", en Mercader Uguina, J.R., y Aragón Gómez, C., *La compatibilidad de las prestaciones del sistema de Seguridad Social y el trabajo* (Valladolid, 2013), Lex Nova, pp. 222-252.

Panizo Robles, J.A., "Las nuevas reglas de acceso a la jubilación: a propósito del Real Decreto-Ley 5/2013, de 15 de marzo, de medidas para favorecer la continuidad de la vida laboral de los trabajadores de mayor edad y promover el envejecimiento activo", CEF Revista de Trabajo y Seguridad Social, 2013, núm. 361, pp. 79 y ss.

Rodríguez Cardo, I.A., *Jubilación parcial tras la reforma de 2013*, Lex Nova, Valladolid, 2013.

Rodríguez Cardo, I.A., "La compatibilidad de las pensiones de Seguridad Social con el trabajo", *Revista del Ministerio de Empleo y Seguridad Social*, 2015, n. 119, pp. 157-193.

Rodríguez Iniesta, G., "Jubilación flexible", en AA.VV., *Enciclopedia Laboral Básica "Alfredo Montoya Melgar"* (Madrid, 2009), Civitas.

Rodríguez Piñero, M., y Valdés Dal-Ré, F., y Casas Baamonde, M.E., "La nueva regulación de la jubilación en el RD-LEY 5/2013, de 15 marzo, de medidas para favorecer la continuidad de la vida laboral de los trabajadores y promover el envejecimiento activo", *Relaciones Laborales*, n. 5, 2013, pp. 10 y ss.

Sánchez-Urán Azaña, Y., "Trabajadores de edad avanzada: II Compatibilidad trabajo-pensión. Cuestiones prácticas tras la Reforma 2013", *Actualidad Laboral*, 2013, n. 10, pp. 1266 y ss.

Selma Penalva, A., "Posibilidades de compatibilizar pensión de jubilación con el trabajo", *Aranzadi Social*, n. 3, 2013, pp. 65-87.

Tortuero Plaza, J.L., *La reforma de la jubilación (marco de referencia y Ley 27/2011, de agosto, sobre Actualización, Adecuación y Modernización del Sistema de la Seguridad Social)* (Pamplona, 2011), Aranzadi-Thompson Reuters.

Tortuero Plaza, J.L. y Del Águila Cazorla, O., "Art. 166. Jubilación Parcial", en AA.VV., *Comentarios a la Ley General de Seguridad Social* (Murcia, 2003), Laborum.

Trillo García, A., "Jubilación", en Trillo García, A., De la Puebla Pinilla, A., *Reformas laborales y de Seguridad Social* (Madrid, 2011), Francis Lefebvre.

Parte III

*La protección del empleo decente y
la lucha contra el informal*

José Luis Gil y Gil

Catedrático de Derecho del Trabajo de la Universidad de Alcalá de Henares. España

Trabajo decente y reforma del derecho a la negociación colectiva en España[1]

Resumen: Las últimas reformas laborales en España para luchar contra la crisis, aprobadas al margen del diálogo social, y que imponen la prioridad aplicativa del convenio de empresa y facilitan la inaplicación o el descuelgue de las condiciones de trabajo pactadas en los convenios colectivos, plantean problemas de adecuación a los instrumentos de derecho internacional del trabajo, ya sea por la vulneración de alguno de los preceptos de los Convenios de la OIT, o por apartarse de las recomendaciones y buenas prácticas que sugiere esa organización para conseguir una globalización equitativa y buscar el mejor modo de superar la crisis económica sin vulnerar los derechos de los trabajadores.

Palabras clave: Trabajo decente, libertad sindical, derecho a la negociación colectiva, reforma laboral.

---

1   El estudio, que se ha realizado en el marco del proyecto de investigación *Comercio y justicia social en un mundo globalizado, con especial referencia a los intereses de España* (DER2013-47698-R), desarrolla una parte de la ponencia *Trabajo decente y reformas laborales*, que presenté el 1 de octubre de 2016, en la Universidad Católica de Oporto, en el congreso internacional inaugural de la red CIELO. Me he ocupado ya del tema en Gil, J.L., "L'arbitrage obligatoire en Espagne à l'épreuve du droit international du travail", *Revue de Droit Comparé du Travail et de la Sécurité Sociale*, 2014/2, pp. 56-65; "Contrattazione collettiva decentrata e produttività nel settore della produzione di automobili in Spagna", *Giornale di diritto del lavoro e di relazioni industriali*, 146/2015, 2, pp. 295-313, y "La reforma del derecho a la negociación colectiva en España a la luz de los estándares de la OIT", que se publicará en el libro homenaje al profesor António Monteiro Fernandes.

Introducción

Durante años, los juristas europeos han recurrido poco a los instrumentos de la OIT en el derecho interno, al creer que ordenamientos jurídicos avanzados, como el español, superan con creces los estándares mínimos de una organización internacional cuyo cometido consiste en elaborar normas aceptables para países con distintas tradiciones y grados de desarrollo. Ahora bien, en algunos aspectos, las últimas reformas laborales para luchar contra la crisis, impuestas o sugeridas por ciertas organizaciones internacionales, y llevadas a cabo al margen del diálogo social, suscitan serias dudas de adecuación a los instrumentos de derecho internacional del trabajo y, en particular, al concepto de trabajo decente que promueve la OIT.

El trabajo decente, respuesta de la OIT a la globalización y a la crisis financiera y económica, es un concepto ético-jurídico y un marco integrador de los pilares del mandato constitucional de la OIT: la promoción del empleo, la protección de los derechos en el trabajo, la extensión de la protección social y el fomento del diálogo social, así como el respeto de la igualdad de oportunidades y trato para todas las mujeres y hombres[2]. El trabajo decente expresa, de forma concisa, el objetivo de la OIT de luchar por la justicia social en un mundo globalizado. La OIT aspira a dar un rostro humano a la globalización. La misión fundamental de la OIT es dar una dimensión social a la economía mundial. El marco del trabajo decente aúna continuidad e innovación, e invita a un análisis de las complementariedades y posibles contradicciones entre sus diferentes componentes[3]. El ideal del trabajo decente, de carácter consensual, dinámico, dialéctico y universal, se funda en una integración de derechos y políticas. En el paradigma del trabajo decente, los derechos en el trabajo y el diálogo social se integran en un marco que incluye otras dimensiones de la política social y económica: las

---

2   Para mayores detalles y referencias bibliográficas, cfr. Gil, J.L., "Concepto de trabajo decente", en el número monográfico *La promoción del trabajo decente como respuesta de la OIT ante la crisis económica y financiera*, Relaciones Laborales: revista crítica de teoría y práctica, nº 15-18, agosto-septiembre de 2012, pp. 77-120.

3   Ghai, D., *Decent work: Universality and Diversity* (Geneva, 2005), International Institute for Labour Studies, Discussion paper, p. 2.

políticas de promoción del empleo y de extensión de la protección social[4]. La igualdad en el trabajo se considera un objetivo transversal. El enfoque basado en los derechos parte de la universalidad, indivisibilidad e interdependencia de los derechos humanos. Las políticas tienen como objetivo que las personas puedan ejercer los derechos. Para proteger los derechos de los trabajadores, la OIT concibe los principios y derechos fundamentales en el trabajo como un umbral de protección y el diálogo social como un método eficaz. La noción de trabajo decente pretende englobar en un marco común las perspectivas jurídica y económica, la cantidad y calidad del empleo, la seguridad en el trabajo y unos ingresos dignos. Hay un umbral, pero no un techo de trabajo decente. Por eso, la noción puede aplicarse no solo en los países en desarrollo, sino también en sociedades avanzadas, en las que aún queda un gran trecho para lograr una justicia social plena. Es una propuesta original sobre el trabajo y el futuro del derecho del trabajo y la protección social en el mundo, distinta al modelo de la flexibilidad que auspicia la Unión Europea. El concepto de trabajo decente traspasa los límites tradicionales del derecho del trabajo e incluso de la seguridad social. El derecho al trabajo decente va más allá de la legislación laboral vigente. Engloba no solo los derechos de los trabajadores dependientes, sino también los de los trabajadores en la economía informal. Abarca incluso la protección social en sentido amplio.

Mediante la promoción del empleo y la protección a las personas, la OIT no solo ofrece una respuesta coyuntural ante la crisis, sino un horizonte de recuperación y desarrollo sostenible. Uno de los pilares de la filosofía del trabajo decente es que el desarrollo no es sostenible si se ignoran los derechos de los trabajadores[5]. El progreso económico duradero exige un mínimo de justicia social. A fin de conjugar el desarrollo económico, los derechos en el trabajo y la protección social, la OIT propugna el logro de una justicia social para una globalización más equitativa. La OIT sostiene que no debe prevalecer el interés económico, y que no hay que cultivar una ventaja inmediata, sino pensar en las generaciones venideras y en un sistema sostenible a largo plazo. Las normas internacionales del trabajo son

---

4   Rodgers, G., "El trabajo decente como una meta para la economía global", *Boletín Técnico Interamericano de Formación Profesional. Boletín Cinterfor/OIT*, n. 153, 2002, p. 17.
5   Cfr., al respecto, Gil, J.L., "Globalización y empleo: Propuestas de la OIT para un desarrollo sostenible", *Revista Doctrinal Aranzadi Social*, nº 11/2014, parte Doctrina, en <www.aranzadidigital.es> BIB 2014\118, 32 pp.

un patrimonio para el futuro. No basta con crear empleo, sino que debe ser de calidad. Tampoco debe descuidarse el diálogo social. Hay que proteger a los grupos más vulnerables, como las mujeres y los trabajadores migrantes. La OIT considera que es posible la transición hacia un nuevo modelo de desarrollo, pero solo si las políticas económicas se alinean adecuadamente con las políticas de empleo, y se evitan medidas contraproducentes, como los recortes salariales y las políticas de austeridad mal diseñadas. Las recomendaciones de la OIT frente a la crisis apuntan tanto a las políticas macroeconómicas con impacto en el empleo, como a las políticas más específicas al mandato de la OIT en el ámbito del mercado laboral, y que tienen que ver con las políticas de empleo, protección social, fomento del diálogo social y apoyo al cumplimiento de las normas laborales, con el objetivo del trabajo decente. La OIT pone el acento en la dimensión social de la crisis, la coherencia entre la política económica y social y la importancia de respetar los estándares laborales y el diálogo social y de considerar el empleo y la protección social como ejes de las políticas públicas.

La importancia de la perspectiva de la OIT estriba en la búsqueda de un equilibrio entre el cumplimiento de los compromisos internacionales y las necesidades de la situación interna. Ofrece un punto de vista diferente al de otras instituciones internacionales, como el Banco Mundial (BM), el Fondo Monetario Internacional (FMI) o la Organización Mundial del Comercio (OMC), que se hallan dominadas por el pensamiento neoliberal, y exaltan las virtudes del comercio y la globalización y propugnan una reforma permanente del mercado de trabajo para hacerlo más flexible y adaptable a las exigencias de la economía. En particular, las instituciones de Bretton Woods auspician políticas nacionales de ajuste estructural y desregulación general del mercado, incluido el de trabajo. Consideran que un mercado de trabajo muy regulado aumenta los costes laborales y, por tanto, afecta negativamente a la competitividad internacional y desincentiva a los inversores. Ahora bien, la desregulación para aumentar la competitividad deja de ser útil si la aplican todos los países, y produce una *race to the bottom* o un *dumping social* generalizado. De ahí la importancia de respetar unos derechos laborales básicos e intangibles. Por eso, el estudio de las propuestas de la OIT ofrece un punto de vista válido para el desarrollo de políticas internacionales y nacionales pertinentes. Dos ideas fundamentales resumen la respuesta de la OIT ante la globalización y la crisis económica: proteger los derechos de los trabajadores y situar el empleo y la protección social en el centro de las políticas. Resulta, pues, interesante y aun obligado analizar las últimas reformas laborales, en ámbitos tales como el derecho a la negociación colectiva, a la luz del paradigma del trabajo decente que promueve la OIT.

El caso español es muy ilustrativo. En España, hasta hace poco, el sistema de negociación colectiva procedía fundamentalmente de la regulación contenida en el texto inicial del Estatuto de los Trabajadores (ET), aprobado en 1980, en cumplimiento del artículo 35.2 de la Constitución Española (CE), y de las prácticas de negociación que habían desarrollado los trabajadores y empresarios y, en particular, los sindicatos y organizaciones empresariales[6]. El título III del ET, sobre la negociación colectiva y los convenios colectivos, desarrolló los preceptos de la CE[7], y tuvo su origen en el primer acuerdo interprofesional del periodo constitucional: el Acuerdo Básico Interconfederal, de 10 de julio de 1979. Con o sin el consenso de los interlocutores sociales, el título III del ET había sido objeto de reformas, pero no tan numerosas e intensas como las realizadas en el resto del articulado de la norma estatutaria. La reforma más importante la había llevado a cabo la Ley 11/1994, de 19 de mayo, con el objetivo de potenciar el desarrollo de la negociación colectiva, como elemento regulador de las relaciones laborales y las condiciones de trabajo, e instrumento fundamental para la adaptabilidad, por su capacidad de acercamiento a las situaciones diversas y cambiantes de los sectores de actividad y de las empresas[8]. A tal fin, hizo que pasaran al terreno de la negociación colectiva espacios que, hasta entonces, se hallaban reservados a la regulación legal. Asimismo, introdujo

---

6   Así lo reconoce la exposición de motivos del el Real Decreto-ley 7/2011, de 10 de junio, de medidas urgentes para la reforma de la negociación colectiva.
7   El artículo 7 considera a los sindicatos de trabajadores y a las asociaciones empresariales como una de las bases del sistema político, económico y social; el artículo 28 consagra la libertad sindical y el derecho de huelga, y el artículo 37.2 afirma que la ley garantizará el derecho a la negociación colectiva laboral entre los representantes de los trabajadores y empresarios, así como la fuerza vinculante de los convenios colectivos. Por ser una ley ordinaria, el ET no pudo regular los aspectos relativos a la libertad sindical y el derecho de huelga. Según el artículo 81.1 CE, el desarrollo de derechos fundamentales como la libertad sindical o la huelga debe llevarse a cabo por medio de una ley orgánica.
8   Cfr. la exposición de motivos de la Ley 11/1994, de 19 de mayo, y, en la doctrina, por todos, Rodríguez-Piñero, M. y González Ortega, S., "Derecho legal y tutela colectiva en la Ley 11/1994", en *Reforma de la legislación laboral. Estudios dedicados al profesor Manuel Alonso García* (Madrid, 1995), Asociación Española de Derecho del Trabajo y de la Seguridad Social, Marcial Pons, pp. 23-37.

la figura de los acuerdos de empresa, que podían servir para modificar o inaplicar las condiciones de trabajo pactadas en un convenio colectivo[9].

En los últimos años, para hacer frente a la crisis económica, el legislador ha modificado en profundidad la estructura de la negociación colectiva, y ha potenciado los convenios colectivos de empresa y la posibilidad de inaplicación de los convenios colectivos, tanto de sector como de empresa. Las modificaciones empezaron en la etapa de gobierno socialista de Rodríguez Zapatero. La Ley 35/2010, de 17 de septiembre, de medidas urgentes para la reforma del mercado de trabajo, favorece la flexibilidad interna negociada en la empresa, con reglas que pretenden facilitar la adaptabilidad de las condiciones laborales a las circunstancias de la producción[10]. La ley modifica los periodos de consultas que se desarrollan en el seno de las empresas, con el fin de favorecer y agilizar los procesos de movilidad geográfica (art. 40 ET), modificación sustancial de condiciones de trabajo (art. 41 ET) y descuelgue salarial (art. 82.3 ET). Más tarde, sin el acuerdo de los interlocutores sociales, el Real Decreto-ley 7/2011, de 10 de junio, de medidas urgentes para la reforma de la negociación colectiva, impone una reforma integral del modelo legal de negociación colectiva, que afecta de forma relevante a los elementos centrales del sistema, tales como la estructura negocial, la legitimación para convenir, el contenido, la vigencia y ultraactividad, así como las comisiones paritarias del convenio colectivo[11]. De igual modo, el Real

---

9   Los acuerdos de empresa son el resultado de un proceso peculiar de negociación en el ámbito de la empresa, y tienen asignadas algunas funciones específicas por indicación legal, normalmente con carácter subsidiario respecto del convenio colectivo. Cabe citar, en este sentido, el sistema de clasificación profesional (art. 22.1 ET), o la distribución irregular de la jornada de trabajo (art. 34.2 ET). Como regla general, los acuerdos de empresa también pueden introducir medidas de reorganización empresarial, como traslados, modificación sustancial de condiciones de trabajo, suspensiones o despidos colectivos. Además, en determinados supuestos, de carácter excepcional, pueden utilizarse para modificar ciertas condiciones establecidas en el convenio colectivo, o para proceder a su inaplicación (arts. 41.6 y 82.3 ET).

10 Cfr. el Real Decreto-ley 10/2010, de 16 de junio (BOE de 17 de junio), y la Ley 35/2010, de 17 de septiembre, de medidas urgentes para la reforma del mercado de trabajo (BOE de 18 de septiembre) y, en la doctrina, García-Perrote, I; Mercader, J.R. (dirs.), *La reforma laboral 2010. Aspectos prácticos* (Valladolid, 2010), Lex Nova, 325 pp., y García-Perrote, I.; Mercader, J.R. (dirs.), *La reforma del mercado de trabajo. Ley 35/2010, de 17 de septiembre* (Valladolid, 2010), Lex Nova, 432 pp.

11 BOE de 11 de junio de 2011. Para un análisis del Real Decreto-ley, cfr. García-Perrote, I.; Mercader, J.R. (dirs.), *La reforma de la negociación colectiva. Real Decreto-ley 7/2011, de 10 de junio* (Valladolid, 2011), Lex Nova, 248 pp.

Decreto-ley reconoce la primacía parcial del convenio de empresa sobre el sectorial, refuerza los sistemas extrajudiciales de resolución de conflictos y acentúa los mecanismos negociados de flexibilidad interna de las empresas.

El gobierno conservador de Rajoy ha realizado una reforma aún más radical del derecho a la negociación colectiva, al margen del diálogo social, y poco después de que CCOO, UGT, CEOE y CEPYME, las organizaciones sindicales y empresariales más representativas a nivel nacional, firmasen el 25 de enero de 2012 el II Acuerdo para el Empleo y la Negociación Colectiva 2012, 2013 y 2014[12]. La nueva reforma refuerza la prioridad aplicativa del convenio colectivo de empresa en una serie de materias, y amplía las posibilidades de descuelgue del convenio colectivo, sea de sector o de empresa. Así, el Real Decreto-ley 3/2012, de 10 de febrero, altera de forma sustancial la estructura de la negociación colectiva, y privilegia la empresa como unidad de negociación[13]. Agrupa medidas orientadas a favorecer la flexibilidad interna de las empresas como alternativa a la destrucción de empleo, y a adaptar las condiciones de trabajo a las circunstancias concretas por las que atraviesa la empresa. La reforma prevé la posibilidad de descuelgue respecto del convenio en vigor. También incorpora modificaciones relativas a la ultraactividad de los convenios, y fortalece la acción de la Comisión Consultiva Nacional de Convenios Colectivos, a la que se provee de facultades para la solución extrajudicial de conflictos. Procura así que la negociación colectiva sea un instrumento de adaptación, e incentiva la renegociación del convenio, incluso antes de que finalice su vigencia. Resultado de la tramitación parlamentaria del Real Decreto-ley, la Ley 3/2012, de 6 de julio, de medidas urgentes para la reforma del mercado laboral, introduce otras novedades[14]. Así, limita aún más la ultraactividad del convenio colectivo. La ley incorpora otras modificaciones de menor entidad, como las relativas al plazo de que dispone la autoridad laboral para la tramitación oficial del convenio colectivo, a la causa económica que justifica el descuelgue *ex* artículo 82.3 ET y a los procedimientos de solución

---

12 Resolución de 30 de enero de 2012, de la Dirección General de Empleo, por la que se registra y publica el II Acuerdo para el Empleo y la Negociación Colectiva 2012, 2013 y 2014 (BOE de 6 de febrero de 2012).

13 BOE de 11 de febrero de 2012. Cfr. García-Perrote, I.; Mercader, J.R. (dirs.), *Reforma laboral 2012: Análisis práctico del RDL 3/2012, de medidas urgentes para la reforma del mercado laboral* (Valladolid, 2012), Lex Nova, 509 pp.

14 BOE de 7 de julio de 2012. Cfr. García-Perrote, I.; Mercader, J.R. (dirs.), *La regulación del mercado laboral. Un análisis de la Ley 3/2012 y de los aspectos laborales del Real Decreto-ley 20/2012* (Valladolid, 2012), Lex Nova, 674 pp.

extrajudicial de conflictos que contempla el precepto. Además, aclara que el convenio de empresa tiene preferencia sobre el convenio sectorial durante todo el tiempo en que este último se encuentre vigente.

Descontentos con la reforma, el 10 de mayo de 2012, los sindicatos más representativos UGT y CC.OO. presentaron una queja contra el Gobierno de España ante el Director General de la OIT para su tramitación y decisión por el Comité de Libertad Sindical, por violación de la libertad sindical y del derecho a la negociación colectiva[15]. En el Informe n. 371, de 13-27 de marzo de 2014, el Comité de Libertad Sindical constató algunas vulneraciones de los derechos a la libertad sindical y a la negociación colectiva por parte del Estado español[16], y pidió que se le mantuviese informado de la evolución de la situación[17]. De igual modo, el 23 de julio de 2014, CC.OO. y UGT remitieron al Comité Europeo de Derechos Sociales un informe, en el que alegaban el incumplimiento por parte del Estado español del artículo 6.2 de la Carta Social Europea de 1961, que garantiza el derecho a la negociación colectiva[18]. En las

---

15 CC.OO. y UGT, *Queja que presentan UGT y CC.OO. ante el Director General de la OIT para su tramitación y decisión por el Comité de Libertad Sindical, contra el Gobierno de España, por violación de la libertad sindical y del derecho a la negociación colectiva*, Madrid, 10 de mayo de 2012, pp. 18 ss. Cfr. Caso n. 2947 (España), 10 de mayo de 2012, Confederación Sindical Unión General de Trabajadores (UGT), Confederación Sindical de Comisiones Obreras (CC.OO.), Federación de Empleados Públicos de la Unión Sindical Obrera (F.E.P.-U.S.O.) y otras organizaciones sindicales.

16 CLS, Informe n. 371, de marzo de 2014, párrafos 317 y siguientes.

17 CLS, Informe n. 371, de marzo de 2014, párrafos 450 y 451. En el Informe n. 378, de junio de 2016, el Comité de Libertad Sindical toma nota de las informaciones que ha brindado el gobierno español, y añade que, "no habiendo recibido otras informaciones de las organizaciones querellantes y teniendo en cuenta que varias de las cuestiones planteadas en la queja están siendo examinadas por parte de la Comisión de Expertos en Aplicación de Convenios y Recomendaciones, el Comité no va a seguir examinando el caso" (párrafo 40) Cfr. <http://www.ilo.org/dyn/normlex/es/f?p=1000:50001:0::NO:50001:P50001_COMPLAINT_FILE_ID:3063806> y, en la doctrina, Guamán, A. "Las críticas del Comité de Libertad Sindical de la OIT a la reforma laboral de 2012: Una nueva muestra de la importancia del derecho laboral internacional", *Revista de derecho social*, nº 66, 2014, pp. 201-2016.

18 En el escrito, se aducía que un Real decreto-ley había derogado un acuerdo pactado de ámbito estatal por las organizaciones sindicales y empresariales, y lo había sustituido por una regulación mucho más restrictiva de derechos. Además, se señalaba que la reforma laboral impone la primacía del convenio colectivo de empresa frente a los convenios colectivos de ámbito superior, y prohíbe a las organizaciones sindicales y empresariales que puedan alterar esa norma. También se alegaban violaciones en

Conclusiones XX-3, de 2014, el Comité Europeo de Derechos Sociales ha constatado el incumplimiento de ese precepto[19].

En suma, la intervención del legislador en el derecho a la negociación colectiva, al margen del diálogo social (1), para imponer una descentralización, la prioridad aplicativa del convenio de empresa (2) y facilitar la inaplicación o el descuelgue de las condiciones de trabajo pactadas en los convenios colectivos (3), plantea problemas de adecuación a los instrumentos del derecho internacional del trabajo, y cuestiona uno de los principios y derechos fundamentales básicos a que alude la Declaración de la OIT de 1998[20].

I. Ausencia de diálogo social

Ante todo, resulta criticable que las últimas reformas del derecho a la negociación colectiva en España, tanto la socialista de 2011 como la conservadora de 2012, se hayan llevado a cabo al margen del diálogo social.

---

materia del descuelgue no sindical de condiciones pactadas en el convenio colectivo sectorial y sobre la unilateralidad definitiva del empresario en las modificaciones sustanciales de trabajo. Por último, se denunciaba que la regulación que hace la ley de la ultraactividad de los convenios colectivos vulnera el principio de autonomía en la negociación.

19   CEDS, Conclusiones XX-3, de 2014, en relación con el artículo 6.2 de la Carta Social Europea. En la doctrina, cfr. Bajo, I., "La reforma laboral a la luz de la Carta Social Europea. Convergencias y divergencias entre el Tribunal Constitucional y el Comité Europeo de Derechos Sociales", *Revista General de Derecho del Trabajo y de la Seguridad Social*, 40, 2015, pp. 153-192, y Salcedo, C., "Reformas legislativas, incumplimientos de la Carta Social Europea y su invocación en los órganos judiciales", Fundación Centro de Estudios Andaluces, Sevilla, Colección Actual, 73, julio de 2015, 35 pp., y "La aplicación de la Carta Social Europea por los órganos jurisdiccionales: cuestiones conflictivas y argumentos para superarlas", Editorial Bomarzo, 4 de octubre de 2015, en <http://editorialbomarzo.es/la-aplicacion-de-la-carta-social-europea-por-los-organos-jurisdiccionales-cuestiones-conflictivas-y-argumentos-para-superarlas/>.

20   OIT, Declaración de la OIT relativa a los principios y derechos fundamentales en el trabajo y su seguimiento, adoptada por la Conferencia Internacional del Trabajo en su octogésima sexta reunión, Ginebra, 18 de junio de 1998 (Anexo revisado, 15 de junio de 2010), 2ª edición con anexo revisado (Ginebra, 2010), Oficina Internacional del Trabajo, 13 pp.

La OIT promueve el diálogo social y el tripartismo. El diálogo social se concibe como un método eficaz y el mejor modo de articular la relación entre los individuos y sus representantes con la comunidad, a fin de promover los derechos a través de políticas adecuadas. Aunque hay diferentes definiciones del concepto de diálogo social, conviene atenerse a la que ofrece la OIT[21], que entiende que el diálogo social incluye todos los tipos de negociación, consulta o simple intercambio de información entre representantes de los gobiernos, los empresarios y los trabajadores sobre cuestiones de interés común relativas a la política económica y social. El diálogo social también puede presentarse bajo la forma de un proceso tripartito, en el que el gobierno participa oficialmente en el diálogo, o de relaciones bipartitas entre los sindicatos y las organizaciones empresariales. De acuerdo con la definición de la OIT, el diálogo social se considera como una estructura y un proceso que puede ayudar a resolver cuestiones económicas y sociales importantes, promover el buen gobierno, favorecer la paz y la estabilidad social, y estimular la economía[22].

---

21 Cfr. "Diálogo social", en la página <http://www.ilo.org>; OIT, *Diálogo social. Discusión recurrente en el marco de la Declaración de la OIT sobre la justicia social para una globalización equitativa*, Conferencia internacional del trabajo, 102ª sesión, 2013, Informe VI, ILC.102/VI (Ginebra, 2013), OIT, p. 5, párrafos 15 y 16; OIT, *Le dialogue social tripartite au niveau national. Guide de l'OIT pour une meilleure gouvernance* (Genève, 2013), OIT, p. 12, y, asimismo, Hessel, R. *Analyse comparative du dialogue social dans les administrations centrales des États membres de l'UE*, Étude de la présidence de l'UE, Direction Générale de l'Administration et de la Fonction Publique, Institut Européen d'Administration Publique, Ministère du Budget, des Comptes Publics et de la Fonction Publique, Collection Études et Perspectives, décembre 2008, p. 8.

22 En reiteradas ocasiones, la OIT ha reafirmado el diálogo social como un elemento esencial del modelo de gobernanza: cfr. OIT, Diálogo social. Discusión recurrente en el marco de la Declaración de la OIT sobre la justicia social para una globalización equitativa, *op. cit.*, p. 6, párrafo 19, que menciona OIT: Resoluciones (y conclusiones) relativas a las consultas tripartitas a nivel nacional sobre políticas económicas y sociales, Consejo de Administración, 267.ª reunión, Ginebra, noviembre de 1996, documento GB.267/ESP/3/1; OIT: Curso que ha de darse a la resolución adoptada por la Conferencia Internacional del Trabajo en su 90.ª reunión (2002), Consejo de Administración, 285.ª reunión, Ginebra, noviembre de 2002, documento GB.285/7/1; Comisión Mundial sobre la Dimensión Social de la Globalización, *Por una globalización equitativa: crear oportunidades para todos* (Ginebra, OIT, 2004), pp. 59 y 60, párrafo 240. En particular, en 2008, la Declaración sobre la justicia social para una globalización equitativa recuerda que el tripartismo y el diálogo social entre los gobiernos y las organizaciones representativas de trabajadores y empresarios son esen-

En el marco de la OIT, el diálogo social se conceptúa desde dos perspectivas principales: como una finalidad en sí misma y como un medio para alcanzar los objetivos estratégicos de la organización[23]. Desde 1999, constituye uno de los elementos del concepto de trabajo decente[24]. Especialmente en los períodos históricos difíciles, es importante insistir en el respeto y la utilización de los mecanismos de diálogo social, como la negociación colectiva, cuando proceda en todos los niveles. El diálogo social constituye una base sólida para conseguir la adhesión de los empresarios y trabajadores a una acción conjunta con los gobiernos, indispensable para superar la crisis y sacar adelante una recuperación sostenible. El diálogo social como mecanismo para llegar a un acuerdo inspira confianza, y ofrece garantías para el cumplimiento de los compromisos alcanzados. La propia OIT es un foro apropiado para el diálogo social, debido a sus características estructurales y a los mecanismos de adopción de las normas. Como un modelo en sí, apoya la creación de espacios de diálogo social a nivel nacional. A su vez, el diálogo social institucionalizado a nivel nacional puede servir de método de formación de decisiones sociolaborales que fomenta el diálogo en la rama o sector de actividad y en la empresa. Por eso, el diálogo social es uno de los principios esenciales para promover la

---

ciales para mantener la cohesión social y traducir el desarrollo económico en progreso social: OIT, *Declaración sobre la justicia social para una globalización equitativa*, adoptada por la Conferencia Internacional del Trabajo en su nonagésima séptima reunión, Ginebra, 10 de junio de 2008 (Ginebra, 2008), OIT, prefacio. En 2009, ante el impacto social durable de la crisis, los mandantes de la OIT adoptaron el Pacto mundial por el empleo, que subraya que el diálogo social "es una base sólida para suscitar la adhesión de los empleadores y de los trabajadores a una acción conjunta con los gobiernos, la cual es indispensable para superar la crisis y llevar adelante una recuperación sostenible": OIT, *Para recuperarse de la crisis. Un Pacto Mundial para el Empleo*, adoptado por la Conferencia Internacional del Trabajo en su nonagésima octava reunión 19 de junio de 2009 (Ginebra, 2009), OIT, párrafo 16. El pacto insiste en el hecho de que la búsqueda de políticas y soluciones concertadas en un marco tripartito puede contribuir a impedir la nivelación por lo bajo de la protección social.

23 OIT, *Diálogo social. Discusión recurrente en el marco de la Declaración de la OIT sobre la justicia social para una globalización equitativa*, *op. cit.*, p. 5, párrafo 15, y Gil, J.L. y Ushakova, T., "Le dialogue social sur le mode de l'OIT: consolidation et promotion du tripartisme", en Philippe Martin (dir.), *Le dialogue social, modèles et modalités de la régulation juridique en Europe* (Bordeaux, 2007), Presses Universitaires de Bordeaux, Droit Européen, pp. 97-130.

24 OIT, *Trabajo decente*, Memoria del Director General, Conferencia Internacional del Trabajo, 87ª reunión, junio de 1999, Informe I (Ginebra, 1999), Oficina Internacional del Trabajo, 98 pp., y Gil, J.L., "Concepto de trabajo decente", *op. cit.*, pp. 77 y ss.

recuperación y el desarrollo, como destacan los apartados 9.8, 15, 16 y 17 del Pacto Mundial para el Empleo.

En España, hay una larga tradición de diálogo social y concertación social, según procedimientos más o menos formalizados. España cumple las condiciones básicas para el diálogo social: los sindicatos son fuertes e independientes, a pesar de la baja tasa de afiliación; existe la voluntad política de llevar a cabo el diálogo social; se respetan, en general, los derechos fundamentales de la libertad sindical y la negociación colectiva, y hay un apoyo institucional al diálogo. Desde la transición democrática, que se inicia en 1975, después de la muerte del general Franco, se ha desarrollado una política de diálogo y de concertación social y de búsqueda de acuerdo con los sindicatos más representativos. Ha acompañado y se ha visto facilitada por el paso de un sindicalismo de tipo revolucionario a un sindicalismo de negociación. En las últimas décadas, hay habido periodos de diálogo y confrontación y se practican, con más o menos éxito, según los diferentes momentos, varios tipos de diálogo social. Hay formas de diálogo social bipartito y tripartito, que operan con un gran pragmatismo y ausencia de formalismo, y también un diálogo social institucionalizado en el seno de órganos como el Consejo Económico y Social[25].

Pues bien, en algunos casos, las últimas modificaciones legales suscitan problemas en relación con los principios de la libertad sindical y de la negociación colectiva derivados de los Convenios de la OIT. Alegando una situación de extraordinaria y urgente necesidad, los gobiernos regulan instituciones básicas o suspenden o suprimen derechos laborales o sociales mediante decretos-leyes, y modifican el contenido de los convenios colectivos acordados entre los representantes de los trabajadores y empresarios. Así ha sucedido en España. En el informe n. 371, de 13-27 de marzo de 2014, el Comité de Libertad Sindical pone en entredicho el procedimiento con arreglo al cual se aprobó la reforma laboral de 2012, por entender que el gobierno español prescindió por completo de la consulta a las organizaciones más representativas de los trabajadores y empresarios. Recuerda la importancia de que la consulta con las organizaciones de trabajadores y de empresarios se produzca con una antelación suficiente y, en particular, en el caso de los proyectos de ley o de Real Decreto-Ley, antes de la aproba-

---

25 No hay que exagerar la distinción entre el diálogo social bipartito y tripartito. Hay acuerdos tripartitos con una parte de carácter bipartito. Tal es el caso, por ejemplo, del acuerdo social y económico de 2 de febrero de 2011 para el crecimiento, el empleo y la garantía de las pensiones.

ción por el gobierno y de la tramitación parlamentaria[26]. Y espera que tales principios se respeten plenamente[27]. Indica que "los principios en materia de consulta son válidos también en períodos de crisis que requieren medidas urgentes"[28], y expresa su expectativa de que, en adelante, se respeten plenamente esos principios "en relación con legislaciones que afecten a los intereses de las organizaciones sindicales y sus afiliados", además de pedir al gobierno "que adopte medidas en ese sentido"[29]. Asimismo, con respecto a la Ley 2/2012, de 29 de junio, y el Real Decreto-ley 20/2012, de 13 de julio, subraya la importancia de que las reglas esenciales del sistema de relaciones laborales y de la negociación colectiva se compartan, en la mayor medida posible, por las organizaciones más representativas de trabajadores y empresarios, e invita, por tanto, al gobierno español a que promueva el diálogo social para conseguir ese objetivo desde la perspectiva de los principios de la libertad sindical y de la negociación colectiva[30]. De igual modo, el Comité Europeo de Derechos Sociales, ha constatado el incumplimiento, por parte del gobierno de España, del derecho a la negociación colectiva que garantiza el artículo 6.2 de la Carta Social Europea de 1961, al no haber establecido un procedimiento de consulta con las organizaciones sindicales antes de aprobar la reforma laboral[31].

En suma, para la OIT, la crisis económica no es una causa justificativa para vulnerar los convenios internacionales suscritos por España sobre la libertad sindical y el derecho a la negociación colectiva. En lugar de imponer las reformas, el gobierno debió promover un proceso de diálogo social efectivo. El gobierno español no ha dado cumplimiento a la recomendación de abrir un proceso de diálogo social sobre los contenidos que introdujo la reforma laboral de 2012, ni ha modificado las reglas que

---

26 OIT, CLS, Informe n. 371, de marzo de 2014, párrafo 445.
27 OIT, CLS, Informe n. 371, de marzo de 2014, párrafo 446.
28 OIT, CLS, Informe n. 371, de marzo de 2014, párrafo 445.
29 OIT, CLS, Informe n. 371, de marzo de 2014, párrafo 446.
30 OIT, CLS, Informe n. 371, de marzo de 2014, párrafo 455.
31 CEDS, Conclusiones XX-3, de 2014, en relación con el artículo 6.2 de la Carta Social Europea. El Comité concluye que la situación en España no está en conformidad con el artículo 6§2 de la Carta de 1961, entre otro motivos, por haberse aprobado el Real Decreto-Ley 3/2012 y la Ley 3/2012, que afectaban de forma muy directa a la negociación colectiva, sin la consulta de los sindicatos y las organizaciones patronales. Declara que "el Comité considera en este contexto que las medidas adoptadas en España son desproporcionadas en relación con los objetivos perseguidos y, por tanto, no cumplen con las condiciones establecidas por el artículo 31 de la Carta de 1961".

introducen, en la actualidad, límites al derecho a la negociación colectiva incompatibles, en algunos casos, con los compromisos internacionales que ha asumido España en la materia. Así, no hay más remedio que admitir que España ha pasado de ser el paladín del diálogo y la concertación social y la garantía del valor jurídico de los convenios colectivos a compartir una posición incómoda, junto a los Estados que no respetan uno de los principios fundamentales que rigen las relaciones laborales en el plano universal[32].

Al respecto, conviene señalar que el éxito o el fracaso del diálogo social no se halla ligado necesariamente a la ideología del partido en el poder. En la primera fase de los gobiernos socialistas, que comenzó en 1982 y terminó en 1996, hubo un periodo de diálogo social hasta 1986 y otro, más conflictivo, hasta 1994[33]. En la época de los gobiernos de Aznar (1996-2004), con el Partido Popular, los cuatro primeros años de gobierno fueron fecundos en el terreno del diálogo social. Por el contrario, los cuatro últimos estuvieron marcados por una degradación de la paz social[34]. En el gobierno socialista de Zapatero (2004-2011), el diálogo social comenzó a debilitarse con la crisis financiera y económica[35]. Ya en el periodo de los gobiernos de Rajoy, la reforma del mercado de trabajo

---

32 Cfr., en este sentido, Sanguineti, W., "España y los convenios de la OIT sobre libertad sindical y negociación colectiva: de paladín a villano", 29 de marzo de 2014, en el blog <https://wilfredosanguineti.wordpress.com/2014/03/29/espana-y-los-convenios-de-la-oit/>.

33 Entre 1986 y 1994, los sindicatos más representativos CC.OO, y UGT convocaron tres huelgas generales: el 14 de diciembre de 1988, contra la reforma del mercado de trabajo; el 28 de mayo de 1992, contra la reforma de las prestaciones por desempleo, y el 27 de enero de 1994, contra la reforma laboral.

34 Cfr. Auvergnon, P. ; Gil, J.L., "Le droit social espagnol au temps des gouvernements Aznar", *Droit Social*, novembre 2004, pp. 1011-1020. El 20 de junio de 2002, CC.OO. y UGT convocaron una huelga general contra la reforma de las prestaciones por desempleo que había llevado a cabo el gobierno conservador de José María Aznar. El 10 de abril de 2003, UGT, federaciones de CCOO, CGT y CNT provocaron una huelga general en contra de la participación de España en la guerra de Irak y sus consecuencias socioeconómicas.

35 Entre 2010 y 2012, los sindicatos más representativos CCOO y UGT convocaron tres huelgas generales para protestar contra las reformas del mercado de trabajo: el 29 de septiembre de 2010, el 29 de marzo de 2012 y el 14 de noviembre de 2012. Además, los sindicatos ELA, LAB, CIG, CGT y CNT convocaron una huelga general el 27 de enero de 2011 contra la reforma de las pensiones.

impuesta por el Partido Popular, tras la ruptura del diálogo social[36], dio lugar a dos huelgas generales[37]. En este sentido, es difícil establecer una relación entre la crisis económica y el diálogo social. Frente a la importancia del diálogo social en el periodo de la transición democrática, conviene advertir la ausencia del mismo durante la reciente crisis financiera y económica[38]. Cabe imaginar que, sea cual sea la ideología del partido en el poder, sobrepasado cierto límite en la reducción de la protección de que gozan los trabajadores, resulta difícil o imposible para los sindicatos asumir el contenido de ciertas reformas laborales. Así, por ejemplo, los sindicatos CC.OO. y UGT se opusieron con dureza a la reforma socialista de 1994, la más profunda que se ha producido en España, junto a la de 2012, y que reforzó también los poderes del empresario y otorgó un mayor peso a la negociación colectiva.

II. Prioridad aplicativa del convenio de empresa

Tal y como reclamaban las organizaciones empresariales, las últimas reformas han establecido una preferencia aplicativa del convenio colectivo de empresa en ciertas materias. De ese modo, sitúan el convenio colectivo de empresa en el centro de gravedad del modelo de estructura de la negociación colectiva. El convenio de empresa se presenta como el instrumento

---

36   La previsión de un plazo para las negociaciones de los interlocutores es un arma de doble filo. Puede desalentar el diálogo social cuando una de las partes cuenta con la complicidad del gobierno.

37   Las huelgas tuvieron lugar el 29 de marzo de 2002 para protestar contra la reforma de 19 de febrero, y el 14 de noviembre de 2012, para cuestionar las políticas sociales del gobierno.

38   Sin embargo, la OIT señala que el diálogo social es un proceso constructivo que permite maximizar el impacto de las respuestas a la crisis en relación a las necesidades de la economía real, y que el establecimiento de una cultura de diálogo social es particularmente útil en tiempos de crisis: cfr. OIT (2009), II. Principios para promover la recuperación y el desarrollo, párrafo 9, 8), y Diálogo social: negociar colectivamente, identificar las prioridades, estimular la acción, párrafo 15. Cfr. OIT OIT, *Diálogo social. Discusión recurrente en el marco de la Declaración de la OIT sobre la justicia social para una globalización equitativa, op. cit.*, p. 50, párrafos 165 y ss., sobre el diálogo social como una oportunidad bien o mal aprovechada para hacer frente a la crisis financiera y económica.

de flexibilidad interna ideal, que permite evitar el recurso a la flexibilidad externa y, por tanto, a los despidos. La idea, presente ya en la reforma de 2010[39], se desarrolla en 2011 y culmina en 2012.

El Real Decreto-ley 7/2011, de 10 de junio, de medidas urgentes para la reforma de la negociación colectiva, no modifica la lógica de la legislación precedente. El nuevo artículo 84 ET, compuesto de cuatro apartados, mantiene la atribución de la determinación de la estructura de la negociación colectiva a las organizaciones empresariales y sindicales más representativas de carácter estatal o de Comunidad Autónoma, mediante acuerdos interprofesionales[40]. Así, los acuerdos marco constituyen el centro de gravedad de la nueva configuración de la estructura convencional[41]. Además, el Real Decreto-ley reconoce ese mismo papel a los convenios o acuerdos colectivos sectoriales, de ámbito estatal o autonómico. Acomoda así el artículo 83.2 ET a la realidad convencional. Eso permitía seguir vertebrando y ordenando los distintos niveles de negociación desde el nivel que se considere más apropiado, en el que pueden identificarse mejor las peculiaridades de cada sector, así como la necesidad o conveniencia, en su caso, de abrir la negociación colectiva a ámbitos inferiores. Así, la reforma de 2011 se concibe como un nuevo intento de los poderes públicos de permitir a los interlocutores sociales la apropiación y racionalización de la estructura de la negociación colectiva. En cuanto a los conflictos de concurrencia entre convenios, el Real Decreto-ley mantiene, por un lado, la regla tradicional de prohibición de afectación del convenio durante su vigencia por lo dispuesto en convenios de ámbito distinto. A la vez, la nueva redacción del artículo 84.2 ET fija una prioridad aplicativa del convenio de empresa sobre un convenio de ámbito sectorial en relación con determinadas materias, como la cuantía del salario base y de los complementos salariales, incluidos

---

39 El capítulo II de la Ley 35/2010, de 17 de septiembre, se titula: "Medidas para favorecer la flexibilidad interna negociada en las empresas y para fomentar el uso de la reducción de jornada como instrumento de ajuste temporal de empleo".
40 En la redacción dada por el Real Decreto-ley 7/2011, de 10 de junio, el artículo 84.1 ET disponía que "un convenio colectivo, durante su vigencia, no podrá ser afectado por lo dispuesto en convenios de ámbito distinto, salvo pacto en contrario negociado conforme a lo dispuesto en el artículo 83.2".
41 Mercader, J.R., "Estructura de la negociación colectiva y concurrencia de convenios en el Real Decreto-ley 7/2011", en García-Perrote, I.; Mercader, J.R. (dirs.), *La reforma de la negociación colectiva. Real Decreto-ley 7/2011, de 10 de junio* (Valladolid, 2011), Lex Nova, pp. 78 ss.

los vinculados a la situación y resultados de la empresa, o el horario y la distribución del tiempo de trabajo, el régimen de trabajo a turnos y la planificación anual de las vacaciones. Según la exposición de motivos del Real Decreto-ley, esas materias son las más cercanas a la realidad de las empresas, y en ellas encuentra justificación, en mayor medida, una regulación particularizada, para conseguir una mejor acomodación de las relaciones laborales al entorno económico y productivo en que se desenvuelven. Con todo, ese conjunto de materias no tiene carácter exhaustivo. Los acuerdos y convenios que fijen la estructura de la negociación colectiva pueden identificar otras materias, distintas de las expresadas, susceptibles de incluirse en los convenios de empresa. En suma, la regla legal supletoria realiza una modificación profunda de las reglas de concurrencia, y transforma el convenio de empresa en la norma preferente de aplicación, en las materias que determina la ley, en detrimento del convenio colectivo de rama o sector. Con la reforma laboral de 2011, se produce la emancipación de la empresa bajo el control de la autonomía colectiva[42].

El II Acuerdo para el Empleo y la Negociación Colectiva 2012, 2013 y 2014, firmado el 25 de enero de 2012, mantenía el marco sectorial, aunque tenía en cuenta las especialidades del convenio colectivo de empresa. Con todo, el Real Decreto-ley 3/2012, de 10 de febrero, se aprueba pocos días después, sin esperar a que pudiese dar frutos la reforma de 2011. En gran medida, la reforma de 2012 neutraliza la función de estructuración de los acuerdos marco, que permitía a la autonomía colectiva configurar la estructura de la negociación colectiva, y opta, de forma decidida, por dotar de una preferencia aplicativa al convenio colectivo de empresa en materias centrales de las relaciones laborales. La reforma de 2012 convierte en imperativa la regla legal, antes supletoria, que atribuye una preferencia aplicativa al convenio colectivo de empresa, en relación con un convenio colectivo sectorial ya aplicable. Los acuerdos marco no pueden suprimir, en modo alguno, tal preferencia. Por tanto, la reforma refuerza claramente el ámbito de negociación de la empresa, sin tomar en consideración la voluntad de

---

42 Cialti, P.H., *Efficacités e fonctions de la convention collective de travail: étude comparative de l'intervention légale en Espagne et en France*, Thèse dirigée par A. Pousson, A. et Ramírez Martínez, J.M., Université de Toulouse 1-Capitole et Universitat de València, pp. 939 ss.

la negociación colectiva. Con la reforma laboral de 2012, se produce la emancipación de la empresa sin el control de la autonomía colectiva[43].

En la actualidad, el artículo 84.2 ET dispone que los convenios de empresa pueden concurrir con los convenios sectoriales, con prioridad aplicativa, en determinadas materias, que pueden ser objeto de regulación en el ámbito de la empresa, o del grupo o pluralidad de empresas, aunque estén ya reguladas, incluso con anterioridad, en el convenio colectivo de sector aplicable a la empresa, o grupo o pluralidad de empresas, de referencia. La salvedad que establece el precepto tiene dos dimensiones: una de carácter formal, consistente en la posibilidad de formar una unidad de negociación empresarial en cualquier momento, y otra material, relativa a la prioridad absoluta de la regulación desarrollada en el convenio de empresa en determinadas materias[44]. De acuerdo con la dimensión formal, la regulación de las materias previstas, y en esas condiciones, por parte del convenio de empresa prevalece en todo caso sobre la regulación que pueda proporcionar un convenio de ámbito superior, como, por ejemplo, un convenio de sector al que pertenezca la empresa. Por tanto, esas materias pueden negociarse en cualquier momento en el ámbito de la empresa, no solo cuando no haya un convenio de ámbito superior, sino también cuando exista, y no solo cuando el convenio de empresa sea anterior en el tiempo, sino también cuando se negocie con posterioridad a la negociación y vigencia de un convenio de ámbito superior (art. 84.2 ET)[45]. Por lo que hace a la dimensión material, el precepto distingue dos tipos de actuación posibles del convenio colectivo de empresa. En primer lugar, puede llevar a cabo la regulación completa de determinadas materias: la cuantía del salario base y de los complementos salariales, incluidos los vinculados a la situación y resultados de la empresa; el abono o la compensación de las horas extraordinarias y la retribución específica del trabajo a turnos; el horario y la distribución del tiempo de trabajo, el régimen de trabajo a turnos y la planificación anual de las vaca-

---

43 Cialti, P.H., *Efficacités e fonctions de la convention collective de travail: étude comparative de l'intervention légale en Espagne et en France*, op. cit., pp. 918 y 919, 939, 945 y ss.

44 Rey, S. del, "Estructura de la negociación colectiva y prioridad del nivel de empresa tras la reforma laboral de 2012". *Revista del Ministerio de Empleo y Seguridad Social*, n. E, 2014, pp. 205 y 206.

45 Para la SAN de 10 de septiembre de 2012 (AS 2514), la prioridad vincula no solo a los convenios negociados después del 12 de febrero de 2012, sino también a los vigentes a la fecha de entrada en vigor de la reforma laboral, que deben ajustarse a la misma. Cfr., asimismo, la SAN de 13 de noviembre de 2013 (AS 3023).

ciones, y las medidas para favorecer la conciliación entre la vida laboral, familiar y personal. En segundo lugar, puede adaptar determinadas reglas sectoriales al ámbito de la empresa: el sistema de clasificación profesional de los trabajadores, y determinados aspectos de las modalidades de contratación. Así pues, de la prioridad aplicativa se excluyen, por ejemplo, la estructura del salario o la duración de la jornada.

La prioridad aplicativa tiene un carácter absoluto, y los convenios marco no pueden desplazarla. En las mismas condiciones, la regla de la prioridad aplicativa del convenio de empresa vale para el convenio colectivo de grupo de empresas y el convenio colectivo de una pluralidad de empresas vinculadas por razones organizativas o productivas y nominativamente identificadas (art. 84.2 ET, en relación con art. 87.1 ET). En buena lógica, la existencia de un convenio colectivo de grupo de empresas o pluralidad de empresas no debe impedir que se negocie un convenio colectivo específico para cualesquiera de las empresas que forman parte de ese conglomerado empresarial en relación con las materias en las que rige la regla de la prioridad aplicativa. En tal caso, lo dispuesto en el convenio de empresa debe prevalecer sobre lo establecido en el convenio del correspondiente conjunto empresarial.

En suma, la reforma de 2012 consagra una prioridad aplicativa del convenio de empresa en materias centrales y fundamentales de la relación laboral. El Tribunal Constitucional ha admitido la constitucionalidad del nuevo régimen jurídico[46]. Existe, pues, un principio de especialidad en

---

46 La STC 119/2014, de 16 de julio, ha declarado la constitucionalidad del artículo 14.3 de la Ley 3/2012, tanto en lo relativo a la posibilidad de negociación de convenios de empresa dotados de prioridad aplicativa en cualquier momento de la vigencia de un convenio sectorial de ámbito superior, como en lo referido a la prohibición a los acuerdos interprofesionales y a los convenios colectivos sectoriales de disponer de tal prioridad aplicativa (fundamento jurídico 6). La sentencia señala que no existe un modelo constitucional predeterminado de negociación colectiva. La Constitución no impone ni una negociación colectiva centralizada, de carácter general o sectorial, ni tampoco una negociación colectiva descentralizada o de empresa. Ambos modelos resultan constitucionalmente legítimos. En este caso, la norma impugnada impone la prioridad aplicativa de los convenios de empresa sobre los sectoriales en relación con algunas materias. En las restantes, es de aplicación el convenio colectivo sectorial. Para la sentencia, la finalidad de la opción legislativa es la defensa de la productividad y la viabilidad de la empresa y, en última instancia, del empleo; objetivos ambos que entroncan directamente con derechos y principios constitucionales como el derecho al trabajo (art. 35.1 CE), la libertad de empresa y la defensa de la productividad (art. 38 CE) y el fomento del empleo (art. 40 CE). Cfr., sin embargo, el voto particular del

las materias que prevé la ley. El principio se inscribe en el discurso que concibe la flexibilidad interna como una alternativa a la destrucción de empleo, según los términos del título del capítulo III de la Ley 3/2012, de 6 de julio, y convierte el convenio de empresa en un instrumento de gestión de la empresa y de flexibilización de las condiciones de trabajo, para mejorar la productividad, el rendimiento y la competitividad[47]. Quienes critican la reforma consideran que atenta contra la autonomía colectiva, y que conducirá a una atomización en la determinación de las condiciones de trabajo, que supondrá un deterioro o degradación de las mismas, en especial los salarios[48]. Que esto sea así, dependerá de la capacidad de negociación de los representantes de los trabajadores, distinta según la dimensión de la empresa, la tasa de afiliación, la fortaleza de los sindicatos, o el que se trate de la representación unitaria o sindical. Desde luego, para que la negociación colectiva pueda limitar la discrecionalidad del empresario, la

---

magistrado Valdés Dal-Ré, para quien la atribución aplicativa absoluta de los convenios colectivos de empresa en caso de concurrencia entre convenios colectivos, sin posibilidad de pacto en contrario negociado en los ámbitos sectoriales o interprofesionales, contraría los derechos de negociación colectiva (art. 37.1 CE) y libertad sindical (art. 28.1 CE) [II, c)]. La STC 8/2015, de 22 de enero, reitera la constitucionalidad de la prioridad aplicativa del convenio de empresa (fundamento jurídico 6). Algunos autores han mantenido también que el principio de prioridad aplicativa del convenio de empresa halla un fundamento sólido en la protección de la libertad de empresa y de la defensa de la productividad (art. 38 CE), que favorece el reconocimiento de preferencia a la negociación colectiva en las materias nucleares de la gestión de personal: cfr. Martín Valverde, A.; Rodríguez Sañudo, F.; García Murcia, J., *Derecho del Trabajo*, 25ª edición, Tecnos, Madrid, p. 385.

47   González Ortega, S., "La negociación colectiva en el Real Decreto-Ley de medidas urgentes para la reforma del mercado laboral", *Temas Laborales*, n. 115/2012, p. 97, y Valdés Dal-Ré, F., "La reforma de la negociación colectiva de 2012", *Relaciones Laborales*, n. 23, Sección Monografías, 2012, en <www.laleydigital.es>, p. 2 ss.

48   La mayoría de la doctrina ha criticado este aspecto de la reforma. Cfr. los autores que cita Ojeda, A., "El convenio colectivo de empresa prioritario", *Revista General de Derecho del Trabajo y de la Seguridad Social*, 34 (2013), 2013, p. 2, nota 4. Para Rey, S. del, "Estructura de la negociación colectiva y prioridad del nivel de empresa tras la reforma laboral de 2012", *Revista del Ministerio de Empleo y Seguridad Social*, Derecho del Trabajo, Nº E, 2014, p. 211, dado el tamaño medio de las empresas españolas, no parece probable que vaya a producirse una "explosión" de unidades de negociación a nivel empresarial. El autor señala que las medianas y pequeñas empresas y, desde luego, las microempresas, encuentran un nivel más adecuado en el superior y, en especial, en el provincial. Así lo recogía el II Acuerdo Interprofesional para el Empleo y la Negociación Colectiva, que destacaba la importancia de ese nivel provincial, lo cual parecía contrario a una disolución inmediata del protagonismo de ese nivel.

representación de los trabadores debe actuar como un auténtico contrapoder colectivo. Y, lo que puede resultar difícil o imposible en una empresa pequeña, no tiene por qué serlo en una empresa de gran tamaño, con un porcentaje elevado de afiliación, unos sindicatos fuertes y una cultura de diálogo y negociación[49]. Sea como fuere, en el Informe 371°, el Comité de Libertad critica, con carácter general, los procedimientos que favorecen de manera sistemática la negociación descentralizada de disposiciones derogatorias menos favorables que las disposiciones de nivel superior, porque pueden desestabilizar globalmente los mecanismos de negociación colectiva, así como las organizaciones de empresarios y de trabajadores, y debilitan la libertad sindical y la negociación colectiva, en violación de los principios que consagran los Convenios núms. 87 y 98 de la OIT[50]. A juicio del Comité, el problema de si las dificultades económicas graves de las empresas pueden reclamar, en determinados casos, la modificación de los convenios colectivos debe abordarse y puede tratarse de diferentes maneras, que deberían concretarse en el marco del diálogo social[51]. Por otra parte, el Comité recuerda su posición en el sentido de que, en principio, la determinación del nivel de la negociación colectiva debe corresponder a las partes, y no, por tanto, al legislador[52]. Asimismo, el Comité Europeo de Derechos Humanos expresa algunos reparos en relación con la primacía del convenio colectivo de empresa, y pide información sobre cómo se aplica, en la práctica, en ese punto, la reforma laboral de 2012[53].

---

49 Cfr., al respecto, Gil, J.L., "Contrattazionecollettivadecentrata e produttivitànelsettoredellaproduzione di automobili in Spagna", *Giornale di diritto del lavoro e di relazioni industriali*, 146/2015, 2, p. 300 ss., en lo que hace a la negociación colectiva en el sector de la fabricación de automóviles.

50 OIT, CLS, Informe n. 371, de marzo de 2014, párrafo 453, con cita del 365° Informe, caso n. 2820 (Grecia), párrafo 997.

51 OIT, CLS, Informe n. 371, de marzo de 2014, párrafo 453.

52 OIT, CLS, Informe n. 371, de marzo de 2014, párrafo 454.

53 CEDS, conclusiones XX-3, de 2014, en relación con el artículo 6.2 de la Carta Social Europea de 1961: "Le Comité demande des informations sur la mise en oeuvre de cette règle et confirmation que les matières négociées au niveau de l'entreprise ne peuvent être appliquées de facon préjudiciable au travailleur si une convention collective au niveau de l'Etat est en place. Au même temps, il constate que la disposition pour la mise en place de la « primauté » ne restreint pas excessivement le droit à la négociation collective, car elle permet toujours aux syndicats de décider quels relations industrielles ils souhaitent réglementer dans les conventions collectives et à quel niveau ces accords devraient être conclus, ce qui relève de la marge d'appréciation de l'État partie".

El primer convenio colectivo estatal del sector del metal ofrece un ejemplo paradigmático de los problemas que provoca el intervencionismo del legislador y de la administración en el derecho a la negociación colectiva, en aspectos tales como la prioridad aplicativa del convenio de empresa. Tras veintidós años de negociaciones, la patronal y los sindicatos más representativos firmaron, el 14 de abril de 2016, el I Convenio Colectivo estatal[54]. El logro del acuerdo se consideró todo un acontecimiento. Sin embargo, han transcurrido cuatro meses hasta que, el pasado 11 de agosto, el BOE publicara el texto del convenio colectivo. La tardanza en la publicación se ha debido a que, tras revisar el contenido del convenio, la Dirección General de Empleo ha obligado a la patronal y a los sindicatos del sector a modificarlo, para adaptarlo a la reforma laboral de 2012. Así, en particular, ha debido modificarse la regulación de la prioridad aplicativa de los convenios de empresa sobre los convenios colectivos de rama o sector y ámbito provincial, de Comunidad Autónoma o estatal. El convenio fijaba un salario mínimo para el sector. Pero, en lugar de establecer una cuantía para toda España, consideraba como salario mínimo el pactado en cada convenio provincial, de forma que, si decaía cualquiera de ellos, el trabajador mantenía el salario, por hallarse recogido en un convenio estatal, de ámbito superior. Sin embargo, la administración consideró que la patronal y los sindicatos del metal habían intentado asegurar, en el convenio estatal, que los convenios colectivos provinciales se imponían sobre cualquier regulación, lo que chocaba con la norma vigente. Por eso, tras nuevas negociaciones, se ha modificado la redacción final del convenio, para dejar claro que el salario mínimo aplicable a cada trabajador podrá ser el del convenio sectorial provincial, o bien el de la empresa a la que pertenezca, si esta cuenta con un convenio propio. Asimismo, la Dirección General de Empleo ha obligado a eliminar una disposición del texto que preveía la competencia exclusiva y, por tanto, otorgaba prioridad absoluta al convenio estatal en determinadas materias, como el periodo de prueba, las modalidades de contratación, la clasificación profesional, la jornada máxima anual de trabajo, el régimen disciplinario, las normas mínimas en materia de prevención de riesgos laborales, o la movilidad geográfica. Una sentencia del Tribunal Supremo del 26 de marzo de 2014 (Ar. 4345) había anulado ya una disposición similar en el convenio colectivo del sector de

---

54 Pascual, R., "Más de 20 de años para negociar un convenio colectivo", *Cinco Días*, 14 de abril de 2016, y "Empleo obliga a cambiar el convenio colectivo del sector del metal, *Cinco Días*, 24 de agosto de 2016.

derivados del cemento. Ahora, la administración ha forzado a suprimirla del convenio colectivo del metal. Molestos, los sindicatos han criticado lo que consideran una injerencia de la administración, y se han sorprendido de que la Dirección General de Empleo haya sido tan escrupulosa en este caso y no haya mostrado un celo equiparable en el control de la legalidad de los convenios colectivos de las empresas multiservicios, cuando los tribunales han anulado ya algunas de las cláusulas pactadas. Por el contrario, Confemetal, la patronal del sector, ha calificado como mejoras las rectificaciones que ha exigido la administración.

III. Inaplicación de las condiciones de trabajo pactadas en el convenio colectivo

Asimismo, suscita dudas de adecuación a los instrumentos del derecho internacional del trabajo el procedimiento de inaplicación o descuelgue de las condiciones de trabajo pactadas en un convenio colectivo estatutario y, en particular, la figura polémica de arbitraje obligatorio que ha introducido el legislador, en la reforma laboral de 2012[55]. Como ahora veremos, el arbitraje obligatorio resuelve el conflicto de intereses a solicitud de una de las partes, que, en la práctica, será siempre el empresario[56].

---

55 Cfr. Gil, J.L., "L'arbitrage obligatoire en Espagne à l'épreuve du droit international du travail", *op. cit.*, y "Contrattazione collettiva decentrata e produttività nel settoredella produzione di automobili in Spagna", *op. cit.*, pp. 305 y ss.

56 Como destaca la OIT, los conflictos de intereses pueden versar sobre la determinación de un convenio colectivo o la modificación, a través de la negociación colectiva, de los salarios y otras condiciones de trabajo normativas y económicas previstas en un convenio colectivo existente: cfr. OIT, *Libertad sindical y negociación colectiva*, Estudio general de las memorias sobre el Convenio (n. 87) sobre la libertad sindical y la protección del derecho de sindicación, 1948, y el y el Convenio (n. 98) sobre el derecho de sindicación y de negociación colectiva, 1949 (Ginebra, 1994), Oficina Internacional del Trabajo, p. 123, párrafo 255. El artículo 82.3 ET prevé la segunda de las situaciones. La OIT subraya también que el arbitraje es obligatorio cuando lo imponen la ley o las autoridades gubernamentales y, asimismo, cuando lo pone en marcha cualquiera de las partes, sin el consentimiento de la otra, o lo invoca el gobierno por su propia iniciativa: cfr. OIT, *Labour dispute systems. Guidelines for improved performance* (Turin, 2013), ILO, International Training Centre, p. 18.

En el derecho del trabajo español, los convenios colectivos estatutarios tienen naturaleza normativa y eficacia general o *erga omnes*. Por eso, el artículo 82.3 ET, párrafo primero, recalca que "los convenios colectivos regulados por esta Ley obligan a todos los empresarios y trabajadores incluidos dentro de su ámbito de aplicación y durante todo el tiempo de su vigencia". Ahora bien: como excepción a la fuerza vinculante del convenio colectivo, y a la exigencia de respeto de lo pactado en la norma convencional, el ordenamiento jurídico permite la inaplicación del convenio colectivo, mediante un acuerdo de empresa, si concurre una causa económica, técnica, organizativa o de producción. La Ley 11/1994, de 19 de mayo, introdujo la figura de los acuerdos de empresa. Dos tipos de acuerdos permitían inaplicar las condiciones de trabajo de un convenio colectivo y determinar nuevas condiciones de trabajo para una determinada empresa: los de reorganización productiva, que servían para inaplicar las condiciones de trabajo previstas en un convenio colectivo (art. 41, apartados 4 y 6, del ET), y los de descuelgue salarial (art. 82.3 ET)[57]. La reforma de 2012 agrupa las dos modalidades, que disponen ahora del mismo régimen jurídico. Previstos en el artículo 82.3 ET, los acuerdos de inaplicación o descuelgue pueden afectar a un convenio colectivo sectorial, pero también a un convenio de empresa, y llevarse a cabo en el seno de la empresa en su totalidad, o en uno o varios centros de trabajo[58]. El precepto no menciona la posibilidad de inaplicar un convenio colectivo de centro de trabajo, a pesar de que algunos de los casos más importantes de crisis se han planteado en centros de trabajo, como el de la fábrica de la empresa Seat en Martorell (Barcelona)[59].

El artículo 82.3 ET, párrafo segundo y siguientes, prevé un procedimiento de inaplicación o descuelgue de las condiciones de trabajo pactadas en el convenio colectivo, para los casos en que concurran causas económicas,

---

57   El Acuerdo Económico y Social (AES), de 1984 (BOE de 10 de octubre) es el antecedente más importante de los acuerdos de inaplicación salarial.
58   Acerca de las diferencias entre la prioridad aplicativa (art. 84.2 ET) y la inaplicación del convenio colectivo (art. 82.3 ET), dos instrumentos de descentralización que reúnen características jurídicas diferenciadas, cfr. Salvador del Rey, "Estructura de la negociación colectiva y prioridad del nivel de empresa tras la reforma laboral de 2012", *op. cit.*, p. 206, y Antonio Ojeda, *Compendio de derecho sindical*, 3ª edición, Tecnos, Madrid, 2014, p. 473. La STS de 16 de septiembre de 2015 (Ar. 4530) reflexiona sobre la naturaleza y los caracteres del acuerdo de descuelgue. La STS de 7 de julio de 2015 (Ar. 3245) precisa que el acuerdo de inaplicación de un convenio en vigor solo puede afectar al ámbito temporal del convenio que se inaplica, y no a un periodo anterior.
59   Ojeda, A, *Compendio de derecho sindical, op. cit.*, p. 466.

técnicas, organizativas o de producción[60]. El precepto busca facilitar la reestructuración de las empresas, con vistas a superar una situación de dificultad económica, o a adaptar la empresa a las modificaciones sobrevenidas de carácter técnico, organizativo o productivo[61]. En particular, la medida no tiene por qué ser de especial gravedad, y ni siquiera de carácter estructural, pues se contempla, en principio, como de carácter temporal. De modo expreso, el artículo 82.3 ET permite "inaplicar en la empresa las condiciones de trabajo previstas en el convenio colectivo aplicable, sea este de sector o de empresa". Cuando el objeto del descuelgue afecta a un convenio de sector, nos hallamos ante un descuelgue en el sentido estricto del término: una empresa inaplica un convenio de sector en cuyo ámbito de aplicación se halla incluida inicialmente. En realidad, cuando el objeto de descuelgue atañe a un convenio de empresa, se produce un "autodescuelgue": la empresa inaplica el convenio que ha pactado ella misma[62]. La inaplicación o descuelgue puede afectar a una lista cerrada de materias: la jornada de trabajo; el horario y la distribución del tiempo de trabajo; el régimen de trabajo a turnos; el sistema de remuneración y la cuantía sala-

---

60 Según el precepto, "se entiende que concurren causas económicas cuando de los resultados de la empresa se desprenda una situación económica negativa, en casos tales como la existencia de pérdidas actuales o previstas, o la disminución persistente de su nivel de ingresos ordinarios o ventas. En todo caso, se entenderá que la disminución es persistente si durante dos trimestres consecutivos el nivel de ingresos ordinarios o ventas de cada trimestre es inferior al registrado en el mismo trimestre del año anterior". Por otro lado, "se entiende que concurren causas técnicas cuando se produzcan cambios, entre otros, en el ámbito de los medios o instrumentos de producción; causas organizativas cuando se produzcan cambios, entre otros, en el ámbito de los sistemas y métodos de trabajo del personal o en el modo de organizar la producción, y causas productivas cuando se produzcan cambios, entre otros, en la demanda de los productos o servicios que la empresa pretende colocar en el mercado".

61 Cruz, J., "El descuelgue de condiciones pactadas en convenio colectivo tras la reforma de 2012", *Revista de Derecho Social*, 57, 2012, pp. 238 y ss., y *Compendio de Derecho del Trabajo*, 9ª edición (Madrid, 2016), Tecnos, p. 533. Cfr. también Pierre-Henri Cialti, *Efficacités e fonctions de la convention collective de travail: étude comparative de l'intervention légale en Espagne et en France*, *op. cit.*, pp. 965 y ss.

62 Cfr. Cruz, J. "El descuelgue de condiciones pactadas en convenio colectivo tras la reforma de 2012", *op. cit.*, p. 235. Otros autores prefieren hablar de "revisión exprés" del convenio vigente: cfr. Navarro, F., "El régimen de inaplicación y modificación de convenios colectivos", *Temas Laborales*, n. 120/2013, p. 236. Las estadísticas indican que, en la práctica, la casi totalidad de los descuelgues se producen respecto a los convenios colectivos de ámbito superior a la empresa. Cfr. Ojeda Avilés, A., *Compendio de derecho sindical*, *op. cit.*, p. 466.

rial; el sistema de trabajo y rendimiento; las funciones, cuando excedan de los límites que para la movilidad funcional establece el artículo 39 ET y, por último, las mejoras voluntarias de la acción protectora de la seguridad social. Salvo la última, las demás materias coinciden con las que tienen la consideración de modificaciones sustanciales de las condiciones de trabajo, según lo dispuesto en el artículo 41.1 ET. Pues bien, los efectos del procedimiento del artículo 82.3 ET no consisten en la simple inaplicación del convenio colectivo de referencia. Por un lado, la inaplicación no es permanente, sino que se halla vinculada, en principio, a una situación específica de la empresa, que se presume de carácter temporal. Por eso, quien adopte, en su caso, la decisión de inaplicación debe precisar su duración, que no puede prolongarse más allá del momento en que resulte aplicable un nuevo convenio en la empresa. Por otra parte, la misma instancia debe determinar con exactitud las nuevas condiciones de trabajo aplicables en la empresa, a partir del momento en que se produzca el correspondiente descuelgue del convenio colectivo. El acuerdo de inaplicación no puede dar lugar al incumplimiento de las obligaciones establecidas en el convenio relativas a la eliminación de las discriminaciones por razones de género o de las que estén previstas, en su caso, en el plan de igualdad aplicable en la empresa. Además, el acuerdo debe notificarse a la comisión paritaria del convenio colectivo.

Debe seguirse el procedimiento que detalla la ley, y que ha desarrollado, en el ámbito estatal, el Real Decreto 1362/2012, de 27 de septiembre, por el que se regula la Comisión Consultiva Nacional de Convenios Colectivos. A estos efectos, el artículo 82.3 ET regula cuatro fases sucesivas, a través de las cuales puede llevarse a cabo la inaplicación o descuelgue del convenio[63]. Por orden, tales fases o instancias son: el acuerdo directo entre la empresa y la representación de los trabajadores; el acuerdo en el seno de la comisión del convenio colectivo; la avenencia o laudo por medio de la mediación o arbitraje, a través de los sistemas autónomos de solución de conflictos y, en fin, como último recurso, la resolución por medio de la Comisión Consultiva Nacional de Convenios Colectivos o de los órganos correspondientes de las Comunidades Autónomas, adoptada en su propio seno o por un árbitro designado al efecto, con las debidas garantías para asegurar su imparcialidad. En principio, se presentan como fases sucesivas, para el caso de que

---

63 En lo que queda de párrafo, sigo a Cruz, J., "El descuelgue de condiciones pactadas en convenio colectivo tras la reforma de 2012", *op. cit.*, pp. 238 y ss., y *Compendio de Derecho del Trabajo, op. cit.*, pp. 535 y 536.

fracase la anterior; pero, en algunos casos, tienen carácter potestativo, de modo que los interesados pueden omitir alguna, y pasar directamente a la siguiente. Conviene advertir que cada una de ellas se pone en marcha exclusivamente por iniciativa de una de las partes que, en la práctica, será siempre la representación empresarial, por ser la interesada en que se inaplique el convenio colectivo. Existe una diferencia cualitativa entre las tres primeras fases y la última de ellas, que acaba siendo la decisiva. Las tres primeras se configuran sobre la premisa de que la inaplicación solo puede realizarse si existe un acuerdo directo o indirecto entre la dirección de la empresa y los representantes de los trabajadores, sea internamente en el seno de la misma, sea a través de la comisión del convenio, o bien, en fin, porque las mismas alcanzan un acuerdo de avenencia en una mediación, o bien voluntariamente, a través del correspondiente compromiso expreso, acuerdan someterse a un arbitraje. El precepto aclara que, cuando el periodo de consultas finalice con acuerdo, se presumirá que concurren las causas justificativas, y solo podrá impugnarse ante la jurisdicción social por la existencia de fraude, dolo, coacción o abuso de derecho en su conclusión. Por el contrario, la última de las fases tiene un diseño cualitativamente distinto: al final, el mecanismo desemboca en un procedimiento arbitral no pactado voluntariamente entre ambas partes, en el que la decisión final depende del criterio de los representantes de la administración pública en el seno de la Comisión Consultiva Nacional de Convenios Colectivos o de los órganos correspondientes de las Comunidades Autónomas, o del árbitro o árbitros que designen para dirimir la cuestión. Así pues, pese al criterio del Tribunal Constitucional[64], el arbitraje obligatorio de la última

---

64 La STC 119/2014, de 16 de julio, considera que el arbitraje obligatorio constituye una medida excepcional, que resulta justificada, razonable y proporcionada, en atención a la finalidad constitucional legítima que persigue y a las limitaciones impuestas por el legislador para su puesta en práctica. Para el TC, la justificación objetiva a la restricción del artículo 37.1 CE se cifra en los intereses constitucionales vinculados a la salvaguarda de la competitividad y viabilidad empresarial como mecanismo para favorecer el empleo. A juicio del TC, es una finalidad constitucional legítima, atendidos el derecho al trabajo (art. 35.1 CE) y los deberes de los poderes públicos de defender la productividad (art. 38 CE) y de realizar una política orientada al pleno empleo (art. 40.1 CE), ante la necesidad de afrontar el problema de la grave situación de desempleo en España. Para verificar la razonabilidad y proporcionalidad de la restricción del derecho a la negociación colectiva, el TC tiene en cuenta la existencia de límites causales, materiales y temporales, el carácter subsidiario de la medida, la naturaleza y características del órgano que decide y, por último, el posible control judicial de la decisión de la Comisión Consultiva Nacional de Convenios Colectivos o el laudo

fase suscita dudas de constitucionalidad, por su difícil conciliación con el mandato constitucional de reconocimiento de la fuerza vinculante de los convenios colectivos[65].

Asimismo, cabe dudar de que la nueva regulación respete los instrumentos de la OIT que protegen la libertad sindical y el derecho a la negociación colectiva[66]. La Comisión de Expertos en Aplicación de Convenios y Recomendaciones de la OIT considera que, de manera general, el arbitraje obligatorio impuesto a solicitud de una sola de las partes es contrario al principio de negociación voluntaria de los convenios colectivos establecido en el Convenio n. 98 y, por consiguiente, a la autonomía de las partes en la negociación[67]. Según el principio de que un acuerdo negociado, por insuficiente que sea, es preferible a una solución impuesta, las partes deberían tener siempre la posibilidad de regresar voluntariamente a la mesa de negociaciones, lo que implica que todo mecanismo de solución de conflictos adoptado debería incluir la posibilidad de sus-

---

arbitral. Así pues, el TC descarta la vulneración del art. 37.1 CE, y, por derivación, del art. 28.1 CE (fundamentos jurídicos 4 y 5). Cfr., no obstante, el voto particular a la opinión mayoritaria que realiza el magistrado Valdés Dal-Ré (fundamentos jurídicos 2 y ss). La STC 8/2005, de 22 de enero de 2015, reitera la constitucionalidad del artículo 82.3 ET y de la figura del arbitraje obligatorio (fundamento jurídico 5).

65   Cfr., por todos, Cruz, J., "El descuelgue de condiciones pactadas en convenio colectivo tras la reforma de 2012", *op. cit.*, pp. 241 y ss, y *Compendio de derecho del trabajo, op. cit.*, p. 536, y Cialti, P.H., *Efficacités e fonctions de la conventioncollective de travail: étudecomparative de l'intervention légale en Espagne et en France*, *op. cit.*, pp. 994 y ss, quienes califican la última fase del procedimiento como arbitraje obligatorio público.

66   Cfr. OIT, Libertad sindical y negociación colectiva, Estudio general de las memorias sobre el Convenio (n. 87) sobre la libertad sindical y la protección del derecho de sindicación, 1948, y el Convenio (n. 98) sobre el derecho de sindicación y de negociación colectiva, 1949, *op. cit.*, pp. 123 y 124, párrafos 254 y ss, y CC.OO. y UGT, Queja que presentan UGT y CC.OO. ante el Director General de la OIT para su tramitación y decisión por el Comité de Libertad Sindical, contra el Gobierno de España, por violación de la libertad sindical y del derecho a la negociación colectiva, Madrid, 10 de mayo de 2012, pp. 18 y ss. Acerca de la cuestión, cfr. Comité de Libertad Sindical, Informe n. 371, de marzo de 2014, párrafos 450 y 451, en el que pide que se le mantenga informado de la evolución de la situación y, en la doctrina, Gil, J.L., "L'arbitrage obligatoire en Espagne à l'épreuve du droit international du travail", *op. cit.*

67   OIT, Libertad sindical y negociación colectiva, Estudio general de las memorias sobre el Convenio (n. 87) sobre la libertad sindical y la protección del derecho de sindicación, 1948, y el Convenio (n. 98) sobre el derecho de sindicación y de negociación colectiva, 1949, *op. cit.*, pp. 123 y 124, párrafo 257.

pender un proceso de arbitraje obligatorio, si las partes desean continuar con las negociaciones[68]. De igual modo, el Comité de Libertad Sindical ha indicado que los organismos encargados de resolver los conflictos entre las partes de una negociación colectiva deberían ser independientes, y el recurso a tales organismos debería hacerse de forma voluntaria[69]. Plantea problemas de aplicación, con respecto al Convenio n. 98 de la OIT, la imposición de un procedimiento de arbitraje obligatorio en caso de que las partes no estuvieren de acuerdo sobre el proyecto de convenio colectivo[70]. Las disposiciones que establecen que, a falta de acuerdo entre las partes, los puntos en litigio de la negociación colectiva deben decidirse por arbitraje de la autoridad no están en conformidad con el principio de negociación voluntaria contenido en el artículo 4 del Convenio n. 98[71]. El recurso de arbitraje obligatorio cuando las partes no llegan a un acuerdo en la negociación colectiva solo es admisible en el marco de los servicios esenciales en sentido estricto, que son aquellos cuya interrupción podría poner en peligro, la vida, la seguridad o la salud de la persona en toda o parte de la población[72]. La utilización de la negociación colectiva para solucionar problemas de racionalización en las empresas y mejorar la eficiencia de estas puede conducir a resultados ventajosos tanto para los trabajadores como para las empresas; pero si este tipo de negociación colectiva se desarrolla de acuerdo con un régimen especial que, en síntesis, impone la negociación a las organizaciones sindicales sobre los aspectos que señale la autoridad laboral, determina que el lapso de las negociaciones no debe exceder de un periodo determinado y establece que, a falta de acuerdo entre las partes, los puntos en litigio se decidan por arbitraje de dicha autoridad, este régimen legal no responde al principio

---

68   OIT, Libertad sindical y negociación colectiva, Estudio general de las memorias sobre el Convenio (n. 87) sobre la libertad sindical y la protección del derecho de sindicación, 1948, y el Convenio (n. 98) sobre el derecho de sindicación y de negociación colectiva, 1949, *op. cit.*, p. 124, párrafo 259.

69   OIT, Libertad sindical: Recopilación de decisiones y principios del Comité de Libertad Sindical del Consejo de Administración de la OIT, quinta edición (revisada) (Ginebra, 2006), Oficina Internacional del Trabajo, párrafo 932.

70   OIT, Libertad sindical: Recopilación de decisiones y principios del Comité de Libertad Sindical del Consejo de Administración de la OIT, *op. cit.*, p. 211, párrafo 992.

71   OIT, Libertad sindical: Recopilación de decisiones y principios del Comité de Libertad Sindical del Consejo de Administración de la OIT, *op. cit.*, p. 211, párrafo 993.

72   OIT, Libertad sindical: Recopilación de decisiones y principios del Comité de Libertad Sindical del Consejo de Administración de la OIT, *op. cit.*, p. 211, párrafo 994.

de la negociación voluntaria que inspira la norma contenida en el artículo 4 del Convenio n. 98[73].

En la queja ante la OIT contra el gobierno de España que presentaron el 10 de mayo de 2012, los sindicatos más representativos UGT y CC.OO. aducen que las fórmulas abiertas o encubiertas de arbitraje obligatorio son actos de injerencia que violan los principios informadores del sistema de relaciones laborales colectivas garantizado por la OIT. Entienden que la intervención coactiva y decisora se adopta formalmente en un órgano tripartito, en que la administración pública termina disponiendo sistemáticamente de una capacidad dirimente en la solución del conflicto. Y consideran particularmente significativa, a este respecto, la referencia explícita que hace el artículo 6 del Convenio n. 154 a que, si la negociación colectiva tiene lugar en el marco de mecanismos de conciliación o de arbitraje, la participación en estos de las partes negociadoras ha de ser necesariamente voluntaria. Pues bien, con mayor contundencia que en el supuesto de la prioridad aplicativa del convenio, el Comité de Libertad Sindical se pronuncia sobre las reglas que hacen posible la modificación en el ámbito de la empresa de los acuerdos colectivos y convenios estatutarios, mediante una decisión unilateral del empresario o un arbitraje obligatorio. Destaca que "la elaboración de procedimientos que favorecen de manera sistemática la negociación descentralizada de disposiciones derogatorias menos favorables que las disposiciones de nivel superior puede desestabilizar globalmente los mecanismos de negociación colectiva así como las organizaciones de empleadores y trabajadores y debilita la libertad sindical y la negociación colectiva en violación de los principios consagrados en los Convenios núms. 87 y 98". Y añade que "deberían concretarse en el marco del diálogo social" las fórmulas a través de las cuales podrían modificarse los convenios colectivos en las situaciones de dificultad económica grave. De igual modo, el Comité Europeo de Derechos Sociales concluye que la reforma que llevó a cabo la Ley 3/2012 no es conforme con la Carta Social Europea de 1961, pues "permite a los empleadores de manera unilateral no aplicar condiciones pactadas en los convenios colectivos", como sucede en el artículo 41 del ET con los pactos y acuerdos de empresa[74].

---

73 OIT, Libertad sindical: Recopilación de decisiones y principios del Comité de Libertad Sindical del Consejo de Administración de la OIT, *op. cit.*, pp. 211 y 212, párrafo 997.
74 CEDS, conclusiones XX-3, de 2014, en relación con el artículo 6.2 de la Carta Social Europea de 1961.

Conclusiones

En España, las últimas reformas han modificado aspectos estructurales del sistema de relaciones laborales al margen de toda consulta y negociación con los interlocutores sociales. Así, la reforma del derecho a la negociación colectiva por medio del Real Decreto-ley 7/2011, de 10 de junio, y de la Ley 3/2012, de 6 de julio, se han realizado sin el acuerdo de los interlocutores sociales y, en algunos casos, en contra del criterio que estos habían expresado en los acuerdos interconfederales. Los órganos de control de la OIT han subrayado que el respeto del diálogo social es siempre importante, pero aún más en los momentos de crisis económica, y han criticado, en particular, que reformas que afectan a aspectos esenciales del sistema de relaciones laborales, como el derecho a la negociación colectiva, se hayan realizado prescindiendo de la consulta con los interlocutores sociales.

En cuanto al contenido, las reformas han conferido al empresario un poder mayor para imponer la descentralización de la negociación colectiva y para congelar la aplicación de los convenios colectivos, al establecer la prioridad aplicativa del convenio de empresa (art. 84.2 ET) y ampliar las posibilidades de inaplicación de los convenios colectivos de sector o empresa (art. 82.3 ET) y de modificación sustancial de las condiciones de trabajo establecidas en los acuerdos colectivos, mediante la decisión unilateral del empresario después de un periodo de consultas (art. 41.4 ET). Como señala el Comité de Libertad Sindical de la OIT, el recurso a procedimientos que favorecen, de manera sistemática, la negociación descentralizada de disposiciones derogatorias menos favorables que las disposiciones de nivel superior puede desestabilizar globalmente los mecanismos de negociación colectiva, así como las organizaciones de empresarios y de trabajadores, y debilita la libertad sindical y la negociación colectiva, en violación de los principios consagrados en los Convenios núms. 87 y 98[75]. El problema de si las dificultades económicas graves de las empresas pueden reclamar, en determinados casos, la modificación de los convenios colectivos debe abordarse y puede tratarse de diferentes maneras, que deberían concretarse en el marco del diálogo social[76]. En principio, la determinación del nivel

---

75   OIT, CLS, Informe n. 371, de marzo de 2014, párrafo 453, con cita del Informe n. 365, caso n. 2820 (Grecia), párrafo 997.
76   OIT, CLS, Informe n. 371, de marzo de 2014, párrafo 453.

de la negociación colectiva debe corresponder a las partes[77]. Además, la tendencia que impone la ley aumenta el riesgo de que el empresario ejerza de forma arbitraria las prerrogativas que le otorga la ley, sobre todo en las pequeñas y medianas empresas, con bajo nivel de afiliación y representaciones unitarias y sindicales débiles.

En suma, las últimas reformas laborales en España para luchar contra la crisis, aprobadas al margen del diálogo social, para imponer la prioridad aplicativa del convenio de empresa y facilitar la inaplicación o el descuelgue de las condiciones de trabajo pactadas en los convenios colectivos, plantean problemas de adecuación a los instrumentos de derecho internacional del trabajo, ya sea por la vulneración de alguno de los preceptos de los Convenios de la OIT, o por apartarse de las recomendaciones y buenas prácticas que sugiere esa organización para conseguir una globalización equitativa y buscar el mejor modo de superar la crisis económica sin vulnerar los derechos de los trabajadores. En este sentido, las reformas han puesto de relieve uno de los propósitos del derecho internacional del trabajo: la consolidación del derecho nacional. Ese objetivo, que obliga al Estado que ratifica un Convenio de la OIT a mantener ese nivel mínimo de protección en el derecho interno, es de una gran importancia en tiempos de globalización y crisis económica, en que resulta tentador subordinar el derecho del trabajo a la economía.

Bibliografía

Auvergnon, P.; Gil, J.L., "Le droit social espagnol au temps des gouvernements Aznar", *Droit Social*, novembre 2004.

Bajo, I., "La reforma laboral a la luz de la Carta Social Europea. Convergencias y divergencias entre el Tribunal Constitucional y el Comité Europeo de Derechos Sociales", *Revista General de Derecho del Trabajo y de la Seguridad Social*, 40, 2015.

Cialti, P.H. (2013), *Eficacités e fonctions de la convention collective de travail: étude comparative de l'intervention légale en Espagne et en France*, Thèse dirigée par A. Pousson, A. et Ramírez Martínez, J.M.,

---

77   OIT, CLS, Informe n. 371, de marzo de 2014, párrafo 454.

Université de Toulouse 1-Capitole et Universitat de València, 1263 pp.

Cruz, J., "El descuelgue de condiciones pactadas en convenio colectivo tras la reforma de 2012", *Revista de Derecho Social*, n. 57, 2012.

Cruz, J., *Compendio de Derecho del Trabajo*, 9ª edición (Madrid, 2016), Tecnos.

García-Perrote, I.; Mercader, J.R. (dirs.), *La reforma laboral 2010. Aspectos prácticos* (Valladolid, 2010), Lex Nova.

García-Perrote, I.; Mercader, J.R. (dirs.), *La reforma del mercado de trabajo. Ley 35/2010, de 17 de septiembre* (Valladolid, 2010), Lex Nova.

García-Perrote, I.; Mercader, J.R. (dirs.), *La reforma de la negociación colectiva. Real Decreto-ley 7/2011, de 10 de junio* (Valladolid, 2011), Lex Nova.

García-Perrote, I.; Mercader, J.R. (dirs.), *Reforma laboral 2012: Análisis práctico del RDL 3/2012, de medidas urgentes para la reforma del mercado laboral* (Valladolid, 2012), Lex Nova.

García-Perrote, I.; Mercader, J.R. (dirs.), *La regulación del mercado laboral. Un análisis de la Ley 3/2012 y de los aspectos laborales del Real Decreto-ley 20/2012* (Valladolid, 2012), Lex Nova.

Ghai, D., *Decent work: Universality and Diversity* (Geneva, 2005) International Institute for Labour Studies, Discussion paper, 23 pp.

Gil, J.L.; Ushakova, T., "Le dialogue social sur le mode de l'OIT: consolidation et promotion du tripartisme", en Martin, P. (dir.), *Le dialogue social, modèles et modalités de la régulation juridique en Europe* (Bordeaux, 2007), Presses Universitaires de Bordeaux, Droit Européen, pp. 97-130.

Gil, J.L., "Concepto de trabajo decente", en el número monográfico *La promoción del trabajo decente como respuesta de la OIT ante la crisis económica y financiera, Relaciones Laborales: revista crítica de teoría y práctica*, n. 15-18, agosto-septiembre de 2012.

"Strengthening the power of dismissal in recent labor reforms in Spain", *Comparative Labor Law & Policy Journal*, Volume 35, Number 3, Spring 2014, 31.

"Globalización y empleo: Propuestas de la OIT para un desarrollo sostenible", *Revista Doctrinal Aranzadi Social*, n. 11/2014, parte Doctrina, en aranzadidigital.es, BIB 2014\118.

"L'arbitrage obligatoire en Espagne à l'épreuve du droit international du travail", *Revue de Droit Comparé du Travail et de la Sécurité Sociale*, 2014/2.

"Contrattazione collettiva decentrata e produttività nel settore della produzione di automobili in Spagna", *Giornale di diritto del lavoro e di relazioni industriali*, 146/2015, 2.

Gil, J.L., "La reforma del derecho a la negociación colectiva en España a la luz de los estándares de la OIT", en AA.VV., *Libro homenaje al profesor António Monteiro Fernandes*, en prensa.

González Ortega, S., "La negociación colectiva en el Real Decreto-Ley de medidas urgentes para la reforma del mercado laboral", *Temas Laborales*, n. 115/2012.

Guamán, A., "Las críticas del Comité de Libertad Sindical de la OIT a la reforma laboral de 2012: Una nueva muestra de la importancia del derecho laboral internacional", *Revista de derecho social*, n. 66, 2014.

Hessel, R. *Analyse comparative du dialogue social dans les administrations centrales des États membres de l'UE*, Étude de la présidence de l'UE, Direction Générale de l'Administration et de la Fonction Publique, Institut Européen d'Administration Publique, Ministère du Budget, des Comptes Publics et de la Fonction Publique, Collection Études et Perspectives, décembre 2008.

Martín Valverde, A.; Rodríguez Sañudo, F.; García Murcia, J., *Derecho del Trabajo*, 25ª edición, Tecnos, Madrid.

Mercader, J.R., "Estructura de la negociación colectiva y concurrencia de convenios en el Real Decreto-ley 7/2011", en García-Perrote, I.; Mercader, J.R. (dirs.), *La reforma de la negociación colectiva. Real Decreto-ley 7/2011, de 10 de junio* (Valladolid, 2011), Lex Nova.

Navarro, F., "El régimen de inaplicación y modificación de convenios colectivos", *Temas Laborales*, n. 120/2013.

Ojeda, A., "El convenio colectivo de empresa prioritario", *Revista General de Derecho del Trabajo y de la Seguridad Social*, 34 (2013), en <http://www.juntadeandalucia.es/institutodeadministracionpubli ca/aplicaciones/boletin/publico/boletin56/Articulos_56/ojeda-aviles. pdf>.

Ojeda, A., *Compendio de derecho sindical*, 3ª edición (Madrid, 2014), Tecnos.

Pascual, R., "Más de 20 de años para negociar un convenio colectivo", *Cinco Días*, 14 de abril de 2016.

Pascual, R., "Empleo obliga a cambiar el convenio colectivo del sector del metal, *Cinco Días*, 24 de agosto de 2016.

Rey, Salvador del, "Estructura de la negociación colectiva y prioridad del nivel de empresa tras la reforma laboral de 2012", *Revista del Ministerio de Empleo y Seguridad Social*, Derecho del Trabajo, N. E, 2014.

Rodgers, G., "El trabajo decente como una meta para la economía global", *Boletín Técnico Interamericano de Formación Profesional. Boletín Cinterfor/OIT*, n. 153, 2002.

Rodríguez-Piñero, M.; González Ortega, S., "Derecho legal y tutela colectiva en la Ley 11/1994", en *Reforma de la legislación laboral. Estudios dedicados al profesor Manuel Alonso García* (Madrid, 1995), Asociación Española de Derecho del Trabajo y de la Seguridad Social, Marcial Pons.

Salcedo, C., "Reformas legislativas, incumplimientos de la Carta Social Europea y su invocación en los órganos judiciales", *Fundación Centro de Estudios Andaluces, Sevilla, Colección Actual*, 73, julio de 2015.

Salcedo, C., "La aplicación de la Carta Social Europea por los órganos jurisdiccionales: cuestiones conflictivas y argumentos para superarlas", Editorial Bomarzo, 4 de octubre de 2015, en <http://editorialbomarzo.es/la-aplicacion-de-la-carta-social-europea-por-los-organos-jurisdiccionales-cuestiones-conflictivas-y-argumentos-para-superarlas/>.

Sanguineti, W., "España y los convenios de la OIT sobre libertad sindical y negociación colectiva: de paladín a villano", 29 de marzo de 2014, en el blog <https://wilfredosanguineti.wordpress.com/2014/03/29/espana-y-los-convenios-de-la-oit/>.

Valdés, F., "La reforma de la negociación colectiva de 2012", *Relaciones Laborales*, n. 23, Sección Monografías, Diciembre 2012, La Ley 18662/2012, en <www.laleydigital.es>.

Natividad Mendoza Navas

Profesora Titular de Derecho del Trabajo y de la Seguridad Social, Universidad de Castilla La Mancha. España

La regulación de las condiciones de trabajo de los trabajadores desplazados en el marco de una prestación de servicios transnacional

Resumen: La crisis económica ha obligado al Derecho del Trabajo y de la Seguridad Social a hacer frente a innumerables desafíos. Además de las cuestiones que van surgiendo internamente, el Derecho del Trabajo y de la Seguridad Social debe afrontar los retos que se derivan de la internacionalización de las relaciones de trabajo, de la movilidad internacional de trabajadores, es decir, de las situaciones que se suscitan a partir de la realización de la prestación laboral en un país distinto al de origen. En este sentido, el presente estudio se propone analizar los problemas que plantea el fenómeno del desplazamiento temporal en el marco de una prestación de servicios transnacional y de su plasmación normativa en las Directivas 96/71/CE y 2014/67/UE, así como en la legislación nacional de transposición de estas disposiciones. Se trata de investigar acerca de los instrumentos de participación de los trabajadores en este orden, en concreto acerca del papel de los agentes sociales a la hora de intervenir en la regulación de las condiciones de trabajo de los trabajadores desplazados, especialmente en tiempos de crisis, en los que se observa un incremento de la movilidad de personas con el objeto de eludir la aplicación del derecho efectivamente aplicable. La coordinación de diferentes modelos de participación en la empresa, comités de empresa europeos, órganos de gestión de las sociedades o negociación colectiva puede influir muy positivamente en la protección de los derechos trabajadores que desarrollan su trabajo en el marco de una prestación de servicios transnacional.

Palabras claves: trabajador desplazado, negociación colectiva, comité de empresa europeo.

Introducción

A partir de la consecución del mercado único, propiciado por al Acta Única Europea de 1986, han aumentado las prestaciones de servicios de carácter transnacional, afectando ello de manera notable a uno de los pilares fundamentales de la Unión, como es la libre circulación de trabajadores. El mercado único europeo ha favorecido los movimientos empresariales en el seno de la Unión Europea incidiendo, así, en la libre circulación de trabajadores, no en la concepción original de la misma, que tenía por objeto que los trabajadores nacionales de un Estado miembro pudieran desplazarse a otro país de la Unión para acceder a un empleo, sino dando lugar a una nueva libre circulación de trabajadores, siendo ésta la que sucede a partir de los desplazamientos temporales de los trabajadores en el marco de una prestación de servicios transnacional[1].

La diferencia de condiciones de trabajo existentes entre los Estados miembros hacía necesaria una norma que conciliase la libertad de competencia entre empresas que actúan en el mercado único y la defensa de la posición jurídica del trabajador que presta sus servicios desplazado a otro Estado[2]. Pues podrían darse situaciones de discriminación entre los trabajadores de un determinado Estado y los trabajadores desplazados temporalmente al mismo, así como competencia desleal entre las empresas que actúan en el territorio de la Unión[3].

---

1 En este supuesto "la libre circulación de los trabajadores se ejercita de un modo mediato, subordinada al ejercicio empresarial de la libre prestación de servicios. [...] porque habría que diferenciar la 'movilidad para el empleo', de la 'movilidad en el empleo'. En el primer caso, el trabajador ejerce su libertad de circulación para buscar un empleo en otro Estado Miembro; y en el segundo caso, el trabajador ejerce la libre circulación, como consecuencia de que su empleador ejerce su libertad de prestar servicios en territorio comunitario, y en consecuencia desplaza a sus trabajadores. Tratándose de 'movilidad para el empleo' "no hay dualidad empresarial, ni prestación laboral con elementos de extraterritorialidad y, ni siquiera habría elementos de internacionalidad (dejando a salvo las cuestiones de nacionalidad), dado que el trabajador circulante no es desplazado por ningún empresario sino que se desplaza por voluntad propia para buscar un empresario", Quintero, M.G., "La protección transnacional de los derechos laborales en materia de seguridad y salud: una asimetría comunitaria y sus remiendos institucionales", *Cuadernos de Derecho Transnacional*, vol. 4, n. 1, 2012, p. 198.
2 Martínez, D., "Obligaciones formales", en *Desplazamientos de trabajadores y prestaciones de servicios transnacionales* (Madrid, 2002), Ed. CES, p. 127.
3 García, J.I. y Vicente, A., "La Ley 45/1999, de 29 de noviembre, relativa al desplazamiento (temporal y no permanente) de trabajadores en el marco de una prestación de

Así, la posible incompatibilidad entre la libre prestación de servicios[4] y la libre circulación de trabajadores que se origina con los desplazamientos temporales realizados en el marco de una prestación de servicios transnacional se pone de manifiesto en la sentencia del Tribunal de Justicia de las Comunidades Europeas (TJCE) de 27 de marzo de 1990, que resuelve el litigio de Rush Portuguesa[5], que declara expresamente que "los artículos 59 y 60 del Tratado se oponen, por consiguiente, a que un Estado miembro prohíba a un prestador de servicios establecido en otro Estado miembro desplazarse libremente por su territorio con todo su personal, o a que dicho Estado miembro someta el desplazamiento del referido personal a condiciones restrictivas como son una condición de contratación *in situ* o la obligación de ser titular de un permiso de trabajo". En realidad, el hecho de imponer tales condiciones al prestador de servicios de otro Estado miembro "lo discrimina con respecto a sus competidores establecidos en el país de acogida, que pueden servirse libremente de su propio personal, y afecta además a su capacidad para llevar a cabo la prestación"[6].

La prohibición de prácticas mercantiles que dificulten la libre prestación de servicios implica la salvaguarda de la libre circulación de trabajadores y, por ende, el equilibrio entre la competencia leal y la protección de los de-

---

servicios transnacional, *Revista del Ministerio de Trabajo y Asuntos Sociales*, n. 27, 1998, p. 14.

4 El asunto C-43/93, Vander Elst contra Office des migrations internationales (OMI), STJCE de 9 de agosto de 1994, considera que la libertad de prestación de servicios, consagrada en los artículos 59 y 60 del Tratado CEE, no admite que un Estado miembro obligue a las empresas que, establecidas en otro Estado miembro, presten servicios en su territorio empleando de modo regular y habitual a nacionales de Estados terceros, a obtener, para estos trabajadores, un permiso de trabajo expedido por un organismo nacional de inmigración y a pagar los gastos correspondientes, bajo pena de una multa administrativa.

5 Asunto C-113/89, Rush Portuguesa Lda y Office national d'immigration, STJCE de 27 de marzo de 1990.

6 En esta línea puede mencionarse el asunto C-445/03, Comisión contra el Gran Ducado de Luxemburgo, STJCE de 21 de octubre de 2004, pues se considera contrario a la libre prestación de servicios condicionar la actividad de la empresa con domicilio en otro Estado miembro a la obtención de una autorización administrativa que no se exige a las empresas del Estado de acogida. Tampoco es compatible con el derecho a la libre prestación de servicios la legislación interna que obliga a las empresas extranjeras, para ser subcontratadas, a contar con la fianza de una empresa nacional (asunto C-60/03, Wolff & Müller GmbH & Co. KG contra José Filipe Pereira Félix, STJCE de 17 de octubre de 2004).

rechos sociales[7]. Esta necesidad de conjugar la promoción de la prestación transnacional de servicios y el respeto de los derechos de los trabajadores es la base sobre la que se aprueba la Directiva 96/71/CE del Parlamento Europeo y del Consejo, de 16 de diciembre de 1996, sobre el desplazamiento de trabajadores efectuado en el marco de una prestación de servicios[8]. La norma parte de que el fomento de la prestación transnacional de servicios requiere un clima de competencia leal y medidas que garanticen el respeto de los derechos de los trabajadores, para lo cual observa que los empresarios que desplacen temporalmente trabajadores a un Estado miembro distinto de su país de establecimiento en el marco de una prestación de servicios transnacional deberán respetar un núcleo de disposiciones imperativas de protección mínima de los trabajadores previstas por el Estado de desplazamiento, y ello con independencia de la legislación aplicable al contrato de trabajo. Estas disposiciones imperativas de protección mínima que deberán garantizarse al trabajador desplazado, al margen de la legislación que fuese aplicable al contrato de trabajo, se recogen en el artículo 3.1, párrafo primero, de la Directiva 96/71/CE y son las que afectan a las siguientes materias: a) los períodos máximos de trabajo así como los períodos mínimos de descanso; b) la duración mínima de las vacaciones anuales retribuidas; c) las cuantías de salario mínimo, incluidas las incrementadas por las horas extraordinarias; d) las condiciones de suministro de mano de obra; e) la salud, la seguridad y la higiene en el trabajo; f) las medidas de protección aplicables a las condiciones de trabajo y de empleo de las mujeres embarazadas o que hayan dado a luz recientemente, así como de los niños y de los jóvenes; y g) la igualdad de trato entre hombres y mujeres y otras disposiciones en materia de no discriminación.

La Directiva 96/71/CE se propone la armonización de las condiciones laborales de los trabajadores desplazados limitando la libre prestación de servicios para alcanzar el pretendido equilibro entre la misma y la libertad de circulación de trabajadores. Ahora bien, la ordenación de las condiciones de trabajo de los trabajadores desplazados no ha sido pacífica, pues la aplicación de estas disposiciones imperativas de protección mínima previstas en el país de recepción no ha estado exenta de inconvenientes. A veces debido a la interpretación judicial de las libertades en juego, haciendo primar la libre prestación de servicios, y la movilidad del capital, sobre la

---

7   Ferreiro, C., "Los desplazamientos transnacionales tras el asunto Rüffert", *Relaciones Laborales,* n. 6, 2009, <http://revistas.laley.es> consultado 15 octubre 2016.
8   DO L 018, de 21 de enero de 1997.

libre circulación de trabajadores[9], y en otras ocasiones por la dificultad a la hora de conocer el sistema legal vigente en el Estado de acogida, o por los problemas que surgen a la hora de determinar si la normativa reguladora de las condiciones de trabajo que se han enumerado con anterioridad resulta aplicable al trabajador desplazado en el marco de una prestación de servicios transnacional, sobre todo cuando las mentadas condiciones de trabajo se recogen en convenios colectivos.

Precisamente "para impedir, evitar y combatir cualquier abuso o cualquier elusión de las normas aplicables por parte de las empresas que sacan un provecho indebido o fraudulento de la libre prestación de servicios", o de la aplicación de la Directiva 96/71/CE, es obligado acometer una revisión de esta norma ya que, como se ha advertido, no ha logrado armonizar la libre prestación de servicios, en un entorno de competencia leal, con la protección de los derechos de los trabajadores. Y ello especialmente a partir de la incorporación a la Unión Europea de nuevos Estados procedentes del norte de Europa, cuyos estándares de protección laboral son inferiores a los de otros países de la Unión Europea, lo que, en gran medida, incentiva el dumping social en las prestaciones de servicios transnacionales[10].

De tal modo, en el año 2012 se presentaba un proyecto de Directiva del Parlamento Europeo y del Consejo relativa a la garantía de cumplimiento de la Directiva 96/71/CE, sobre el desplazamiento de trabajadores efec-

---

9 Para García, J., "Deslocalización y tutela de los derechos sociales: la perspectiva europea", *Relaciones Laborales*, n. 6, 2007, <http://revistas.laley.es> consultado 15 octubre 2016, "no debe olvidarse, para mayor información, que con el trasfondo de estas libertades de establecimiento y de prestación de servicios, las normas comunitarias también favorecen el desplazamiento temporal de trabajadores para atender [...]. Los principios fundamentales de la Comunidad Europea empujan, en definitiva, en un sentido muy opuesto al de las restricciones, que ni siquiera podrían ceder ante el pretexto de protección de los niveles de empleo y los estándares de vida en una determinada región o en un concreto sector de actividad. Siendo así, la acción comunitaria tan sólo podría aspirar, a lo sumo, a paliar las consecuencias que los movimientos empresariales pudieran provocar entre la población afectada, mediante compensaciones adecuadas por pérdida de empleo o a través de planes de recolocación, reestructuración o formación profesional.

10 Fotinopoulou, O., "Panorámica general de la Directiva 2014/67/UE de ejecución de la Directiva sobre desplazamiento de trabajadores en el marco de una prestación de servicios trasnacional", *Revista de Derecho Social*, nº 70, 2015, p. 130; Serrano, J. M., "De la movilidad geográfica a los desplazamientos de trabajadores de carácter transnacional", en *Las reestructuraciones empresariales: un análisis transversal y aplicado* (Madrid, 2016), Ed. Cinca, p. 179.

tuado en el marco de una prestación de servicios[11], que "propone mejorar y reforzar la forma en la que dicha Directiva se implementa, se aplica y se hace cumplir en la práctica en toda la Unión Europea estableciendo un marco común general de disposiciones apropiadas y medidas para su mejor y más uniforme implementación, aplicación y garantía del cumplimiento, incluyendo medidas para prevenir cualquier elusión o abuso de la reglamentación", así como "también garantizar la protección de los derechos de los trabajadores desplazados y la eliminación de los obstáculos injustificados a la libre prestación de servicios". Pues como señala la Estrategia para la aplicación efectiva de la Carta de los Derechos Fundamentales por la Unión Europea[12], "la Carta no es un texto lleno de valores abstractos, sino un instrumento que permite a las personas disfrutar de los derechos que recoge, cuando se encuentran en una situación regida por el Derecho de la Unión", sin necesidad de aclaración posterior por el Tribunal de Justicia de la Unión Europea o por los tribunales nacionales[13].

---

11 Documento COM (2012)131 final. Al mismo tiempo se presentaba una propuesta de Reglamento que recogía la necesidad de introducir en el Tratado de la Unión Europea un "protocolo sobre progreso social" para que los derechos sociales fundamentales tengan prioridad sobre las libertades económicas. Esta propuesta de Reglamento del Consejo sobre el ejercicio del derecho a adoptar medidas de conflicto colectivo en el contexto de la libertad de establecimiento y libre prestación de servicios (Documento COM (2012) 130 final), conocida como propuesta Monti II, al tener como base el informe elaborado por el profesor Monti, que lleva por título "una nueva estrategia para el mercado único. Al servicio de la economía y la sociedad de Europa", de 9 de mayo de 2010, finalmente no verá la luz. El mismo tenía por objeto conciliar el ejercicio de los derechos colectivos con las libertades económicas de la Unión, contestando así a las sentencias Viking (Asunto C–438/05, The International Transport Workers' Federation y The Finnish Seamen's Union contra Viking Line ABP y OÜ Viking Line Eesti, STJCE de 11 de diciembre de 2007) y Laval (Asunto C–341/05, Laval un Partneri Ltd contra Svenska Byggnadsarbetareförbundet y otros, STJCE de 18 de diciembre de 2007), en las que el TJCE considera que los derechos colectivos de los trabajadores deben ceder cuando entran en contraste con las libertades económicas europeas. Sobre este particular, véase CASTELLI, N., "Derecho de huelga en el espacio europeo y la propuesta de Reglamento Monti II", *Revista de Derecho Social*, nº 59, 2012, pp. 147-170, Mendoza, N., "La huelga y las acciones colectivas transnacionales en la jurisprudencia del Tribunal de Justicia de la Unión Europea y del Tribunal Europeo de Derechos Humanos", en *El derecho de huelga en el derecho internacional* (Valencia, 2016), Ed. Tirant Lo Blanch, pp. 121-159.
12 Documento COM (2010) 573 final.
13 Informe Monti, dirigido al presidente de la Comisión Europea, José Manuel Barroso, "*una nueva estrategia para el mercado único. Al servicio de la economía y la socie-*

Esta propuesta de Directiva culmina con la adopción de la Directiva 2014/67/UE, del Parlamento Europeo y del Consejo, de 15 de mayo de 2014, relativa a la garantía de cumplimiento de la Directiva 96/71/CE, sobre el desplazamiento de trabajadores efectuado en el marco de una prestación de servicios, y por la que se modifica el Reglamento (UE) nº 1024/2012, del Parlamento Europeo y del Consejo, de 25 de octubre de 2012, relativo a la cooperación administrativa a través del Sistema de Información del mercado Interior (Reglamento IMI)[14]. La presente Directiva ordena un conjunto de medidas y mecanismos de control que son necesarios para una mejor y más uniforme transposición, aplicación y cumplimiento en la práctica de la Directiva 96/71/CE, destinado, como afirma el artículo 1 de la Directiva 2014/67/UE, a "garantizar que se respete un nivel apropiado de protección de los derechos de los trabajadores desplazados para la prestación de servicios transfronteriza, en particular que se cumplan las condiciones de empleo aplicables en el Estado miembro donde se vaya a prestar el servicio, de conformidad con el artículo 3 de la Directiva 96/71/CE, facilitando al mismo tiempo el ejercicio de la libre prestación de servicios a los prestadores de los mismos y promoviendo la competencia leal entre ellos, apoyando así el funcionamiento del mercado interior".

En relación con esta materia, hacer que se cumplan las condiciones de empleo del Estado miembro de recepción, la Directiva 2014/67/UE considera esencial a estos efectos que la Comisión y los Estados miembros y, cuando corresponda, las autoridades regionales y locales, cooperen estrechamente para controlar los desplazamientos transnacionales y hacer que se aplique su normativa reguladora. Además, la Directiva 2014/67/UE también se refiere a las inspecciones de trabajo, y especialmente a los interlocutores sociales, quienes desempeñan un papel primordial a este respecto, puesto que también pueden encargarse del seguimiento de las condiciones de empleo de los trabajadores desplazados. Por ejemplo, determinando las condiciones de trabajo aplicables a los trabajadores desplazados, informando al personal desplazado en el marco de una prestación de servicios transnacional acerca de sus derechos laborales, o representando a los trabajadores afectados en los procesos de reclamación que los mismos puedan plantear.

---

dad de Europa", de 9 de mayo de 2010, p. 71, <http://ec.europa.eu/internal_market/strategy/docs/monti_report_final_10_05_2010_es.pdf> consultado 15 octubre 2016.
14 DOUE L 159, de 28 de mayo de 2014.

A continuación se verá cómo actúan los interlocutores sociales en el establecimiento y defensa de las condiciones laborales en el estado de acogida de los trabajadores desplazados en el marco de una prestación de servicios trasnacional. Entre otros, se analizarán los contenidos de la negociación colectiva en este sentido así como también la tutela de los intereses de los trabajadores desplazados a través de las instancias de representación del personal, en particular por los comités de empresa europeos.

I. Las condiciones laborales de los trabajadores desplazados en el marco de una prestación de servicios transnacional

Con el objeto de hacer compatibles la prestación transnacional de servicios y el respeto de los derechos de los trabajadores, la Directiva 96/71/CE dice que, al margen de la legislación aplicable al contrato de trabajo[15], los empresarios que desplacen temporalmente trabajadores a un Estado miembro distinto de su país de establecimiento en el marco de una prestación de servicios transnacional deberán respetar un núcleo de disposiciones imperativas de protección mínima de los trabajadores fijadas por el Estado de recepción.

De esta manera, el artículo 3.1, párrafo primero, de la Directiva 96/71/CE indica que las empresas que desplacen a sus trabajadores deberán garantizar a los mismos las condiciones de trabajo y empleo que se encuentren en disposiciones legales, reglamentarias o administrativas, y/o por convenios colectivos o laudos arbitrales declarados de aplicación general que afecten a estas materias: a) los períodos máximos de trabajo así como los períodos mínimos de descanso; b) la duración mínima de las vacaciones anuales retribuidas; c) las

---

15 El artículo 2 del Convenio de Roma, de 19 de junio de 1980, sobre la ley aplicable a las obligaciones contractuales (DO L 266 de 9 de octubre de 1980), establece, como norma general, la libertad de elección de la ley por las partes. A falta de falta de elección, de acuerdo con el artículo 6.2 de esta norma, el contrato se regirá por la ley del país en que el trabajador realice habitualmente su trabajo en ejecución del contrato, aun cuando se haya desplazado temporalmente a otro país, o si el trabajador no realiza habitualmente su trabajo en un mismo país, por la ley del país en que se encuentre el establecimiento que haya contratado al trabajador, a menos que del conjunto de circunstancias resulte que el contrato de trabajo tenga lazos más estrechos con otro país, en cuyo caso será aplicable la ley de ese otro país.

cuantías de salario mínimo, incluidas las incrementadas por las horas extraordinarias; d) las condiciones de suministro de mano de obra, en particular por parte de agencias de trabajo interino; e) la salud, la seguridad y la higiene en el trabajo; f) las medidas de protección aplicables a las condiciones de trabajo y de empleo de las mujeres embarazadas o que hayan dado a luz recientemente, así como de los niños y de los jóvenes; y g) la igualdad de trato entre hombres y mujeres y otras disposiciones en materia de no discriminación.

Sobre estas bases, esto es, tomando como referencia las medidas que contempla el artículo 3.1, párrafo primero, de la Directiva 96/71/CE, la Ley 45/1999, de 29 de noviembre, sobre el desplazamiento de trabajadores en el marco de una prestación de servicios transnacional, que introduce en nuestro ordenamiento jurídico la Directiva 96/71/CE, fija las condiciones mínimas de trabajo que los empresarios establecidos en los países de la Unión Europea y del Espacio Económico Europeo deben garantizar a los trabajadores desplazados para prestar servicios en España. Con redacción diferente, la Ley 45/1999 mantiene la esencia de la regulación europea pues las condiciones mínimas de trabajo que impone el legislador nacional no difieren de las que se recogen por la Directiva 96/71/CE. Si es novedosa, la inclusión en el listado de condiciones mínimas de ciertos derechos colectivos como son los derechos de libre sindicación, huelga y reunión[16].

El artículo 3 de la Ley 45/1999 advierte que los empresarios que desplacen a España a sus trabajadores en el marco de una prestación de servicios transnacional deberán garantizar a éstos, cualquiera que sea la legislación aplicable al contrato de trabajo, las condiciones de trabajo previstas por la legislación laboral española, en disposiciones legales o reglamentarias del Estado y en los convenios colectivos[17] y laudos arbitrales aplicables en el

---

16 No son los únicos derechos colectivos que se prevén en la Ley 45/1999 ya que la disposición adicional tercera de la Ley 45/1999 también regula algunas cuestiones relativas a la representación de los trabajadores. Por un lado, re reconoce a los representantes de los trabajadores desplazados a España el derecho a ejercer acciones administrativas y judiciales en los mismos términos reconocidos a los representantes de los trabajadores por la legislación española. Por otro lado, esta norma reconoce a los representantes de los trabajadores de las empresas usuarias y de las empresas que reciban en España la prestación de servicios de los trabajadores desplazados las competencias que les otorga la legislación española, con independencia del lugar en que radique la empresa de trabajo temporal o la empresa prestataria de los servicios.

17 A diferencia de la Directiva 96/71/CE que expresamente exige que se trate de convenios colectivos declarados de aplicación general, la Ley 45/1999 no impone que las condiciones de trabajo citadas deban estar recogidas en convenios colectivos estatu-

lugar y en el sector o rama de actividad de que se trate, relativas a: a) el tiempo de trabajo, en los términos previstos en los artículos 34 a 38 de la Ley del Estatuto de los Trabajadores; b) la cuantía del salario, en los términos a que se refiere el artículo 4 de esta Ley; c) la igualdad de trato y la no discriminación directa o indirecta por razón de sexo, origen, incluido el racial o étnico, estado civil, edad dentro de los límites legalmente marcados, condición social, religión o convicciones, ideas políticas, orientación sexual, afiliación o no a un sindicato y a sus acuerdos, vínculos de parentesco con otros trabajadores en la empresa, lengua o discapacidad, siempre que los trabajadores se hallasen en condiciones de aptitud para desempeñar el trabajo o empleo de que se trate; d) el trabajo de menores, de acuerdo con el artículo 6 del Estatuto de los Trabajadores; e) la prevención de riesgos laborales, incluidas las normas sobre protección de la maternidad y de los menores; f) la no discriminación de los trabajadores temporales y a tiempo parcial; g) el respeto de la intimidad y la consideración debida a la dignidad de los trabajadores, comprendida la protección frente a ofensas verbales o físicas de naturaleza sexual; y h) la libre sindicación y los derechos de huelga y de reunión.

Las empresas que desplacen a sus trabajadores en el marco de una prestación de servicios transnacional a nuestro país deberán garantizar a los mismos las condiciones de trabajo que se han descrito previamente, siempre que éstas proporcionen una protección superior a la que prevea el derecho del país de origen. Por tanto, aunque de la letra de la Ley se desprende que el empresario debe garantizar la aplicación del derecho español en las materias reseñadas, sólo se aplicará la legislación española si otorga una protección más beneficiosa al trabajador desplazado[18].

Con todo, la aplicación de estas disposiciones imperativas de protección mínima previstas en el país de acogida es muy controvertida. Como se ha explicado, los tribunales suelen dar prioridad a la libre prestación de servicios sobre la libre circulación de trabajadores, también influye el desconocimiento del derecho aplicable en el Estado de recepción, y, evidentemente, la fuente

---

tarios. Para García, J.I. y Vicente, A., "La Ley 45/1999, de 29 de noviembre, relativa al desplazamiento (temporal y no permanente) [...]", *op. cit.*, p. 24, parece que el convenio colectivo en cuestión deberá ser estatutario en atención la falta de eficacia general de los convenios extraestatutarios.

18 Como así lo advierte el art. 1 XIII convenio colectivo "Repsol Química" (Res. DGE de 20 julio 2016, BOE de 11 de agosto) según el cual "[...]. A los trabajadores de nacionalidad española que presten servicios en centros de trabajo radicados en el extranjero, se les aplicarán las condiciones del país de residencia, si en su conjunto resultasen más beneficiosa".

reguladora de estas condiciones mínimas de trabajo, en concreto cuando tales condiciones de trabajo vienen previstas en convenios colectivos.

El TJCE edifica la relación entre la libre prestación de servicios y el derecho social inclinándose hacia posturas más favorables al principio comunitario de libre prestación de servicios[19]. Y ello en tanto que proclama que se mantendrán las disposiciones nacionales imperativas de protección mínima de los derechos de los trabajadores desplazados siempre que exista un interés general y la medida sea proporcionada. Es decir, que sólo se aplicarán las normas laborales del país de acogida por razones imperiosas de interés general, siempre que ese interés no se salvaguarde por el derecho del país al que pertenece el prestador del servicio.

Así se desprende de algunas sentencias del TJCE, entre ellas Finalarte Sociedade de Construção Civil[20] o Wolff & Müller[21], según las cuales "la

---

19 Martínez, D., *Libre competencia y derecho del trabajo* (Madrid, 2006), Ed. La Ley, p. 73. También así García, J., "Deslocalización y tutela de los derechos sociales: la perspectiva europea", *op. cit.*, que "conviene recordar, por lo pronto, que las libertades que han servido de soporte para la creación del mercado único europeo (libre establecimiento, libre prestación de servicios, libre desplazamiento de empresas y actividades, etc.), y que ya son pilares fundamentales de la propia Comunidad, más bien favorecen que entorpecen las estrategias y planes empresariales de cambio, movilidad o reubicación. Tales libertades, sin duda alguna, entrarían en contradicción con una eventual imposición de barreras o controles minuciosos para la gestión empresarial, no sólo en el interior de la Comunidad, sino también respecto de los movimientos de entrada y salida del mercado europeo. Mala imagen daría la Comunidad Europea, por otra parte, si tras impulsar fervientemente la circulación de bienes, servicios y actividades en su interior, optara al mismo tiempo por poner trabas a la competencia económica y comercial allende sus fronteras, máxime cuando esa misma movilidad empresarial ha sido históricamente uno de los factores de impulso y crecimiento para los países europeos".

20 Asuntos acumulados C-49/98, C-50/98, C-52/98 a C-54/98 y C-68/98 a C-71/98, Finalarte Sociedade de Construção Civil Ldª (C-49/98), Portugaia Construções Ldª (C-70/98) y Engil Sociedade de Construção Civil SA (C-71/98) contra Urlaubs —und Lohnausgleichskasse der Bauwirtschaft y Urlaubs— und Lohnausgleichskasse der Bauwirtschaft contra Amilcar Oliveira Rocha (C-50/98), Tudor Stone Ltd (C-52/98), Tecnamb-Tecnologia do Ambiente Ldª (C-53/98), Turiprata Construções Civil Ldª (C-54/98), Duarte dos Santos Sousa (C-68/98) y Santos & Kewitz Construções Ldª (C-69/98), STJCE de 25 de octubre de 2001.

21 Asunto C-60/03, Wolff & Müller GmbH & Co. KG contra José Filipe Pereira Félix., STJCE de 12 de octubre de 2004. Y de otras STJCE tales como: C-272/94, Guiot, contra Climatec SA, STJCE de 28 de marzo de 1996; asunto C-43/93, Vander Elst contra Office des migrations internationales (OMI), STJCE de 9 de agosto de 1994; asunto C-279/80, Webb, STJCE de 17 de diciembre de 1981; asunto C-180/89, Comisión de las Comunidades Europeas contra República Italiana, STJCE de 26 de

libre prestación de servicios, como principio fundamental del Tratado, sólo puede limitarse mediante normas justificadas por razones imperiosas de interés general y que se apliquen a cualquier persona o empresa que ejerza una actividad en el Estado de destino, en la medida en que dicho interés no quede salvaguardado por las normas a las que está sujeto el prestador en el Estado miembro en el que está establecido". Entre las razones imperiosas de interés general reconocidas por el TJCE, figura la protección de los trabajadores, si bien pone de manifiesto el TJCE que deberá apreciarse, además, si la imposición de tales límites a la libre circulación es proporcionada a la consecución del objetivo pretendido como es la protección de los trabajadores[22]. En definitiva, para la aplicación del derecho laboral del país de recepción a las relaciones laborales transnacionales no basta con la exigencia de una justificación adecuada, sino que ésta debe producirse en términos de necesidad, siendo precisa la comparación de las condiciones de trabajo de los Estados de origen y de acogida a efectos de determinar el grado de protección otorgado al trabajador[23].

Por otra parte, el desconocimiento de la normativa del país de acogida también entorpece la aplicación al trabajador desplazado del derecho del país de recepción. Sirva de ejemplo lo expresado en el asunto Wolff & Müller en el que a propósito de considerar ventajoso para el trabajador desplazado reclamar el salario correspondiente al empresario propio y a

---

febrero de 1991; asunto C-198/89, Comisión de las Comunidades Europeas contra República Helénica, STJCE de 26 de febrero de 1991, asuntos C-62/81 y C-63/81, Seco y Desquenne & Giral contra Etablissement d'assurance contre la vieillesse et l'invalidité, STJCE de 3 de febrero de 1982; asunto C-113/89, Rush Portuguesa Lda y Office national d'immigration, STJCE de 27 de marzo de 1990, ver Casas, M. E., "Desplazamientos temporales en el interior de la Comunidad Europea y libertades comunitarias de los empresarios", en *El espacio social Europeo* (Valladolid, 1991), Ed. Lex Nova, p. 81 y sigs.

22 Ferreiro, C., "Los desplazamientos transnacionales tras el asunto Rüffert", *op. cit.*

23 "Así, la necesidad de la medida excluye la posibilidad de imponer cargas adicionales al establecimiento o circulación dentro del marco de la Unión Europea cuando el interés que pretende satisfacerse encuentra debido reconocimiento a través de las medidas impuestas en el Estado de origen. De conformidad con ello, la necesidad lleva ineludiblemente aparejada la comparación con la legislación del Estado donde está establecido el prestador de servicios a efectos de determinar el grado de protección del citado interés. Se hace precisa la evaluación de las condiciones que se impongan al prestador de servicios en el Estado miembro donde se halla radicado, esto es, la aplicación de un principio de equivalencia entre unas y otras obligaciones", Martínez, D., *Libre competencia y derecho del trabajo, op. cit.*, p. 74.

un empresario fiador, se expone que, "en la práctica, al trabajador desplazado le resulta generalmente difícil invocar su derecho al salario contra el empresario responsable como fiador ante los tribunales alemanes". Con frecuencia, como el desplazamiento sólo dura algunos meses para un proyecto de obra determinado, "los trabajadores no suelen dominar el idioma alemán y desconocen sus derechos en Alemania".

La Directiva 2014/67/UE también pone de relieve que "las dificultades existentes para acceder a la información sobre las condiciones de empleo son, muy a menudo, el motivo por el cual los prestadores de servicios no aplican las normas vigentes", y, por esa razón, propone que los Estados miembros deben velar por que dicha información esté públicamente disponible, sea gratuita y se facilite un acceso efectivo a la misma, no solo a los prestadores de servicios de otros Estados miembros, sino también a los trabajadores desplazados afectados[24].

Y en lo que concierne a los conflictos que origina la delimitación de la norma aplicable al trabajador desplazado en el marco de una prestación de servicios transnacional, en especial si se trata de convenios colectivos, basta recordar que tras la sentencia Rüffert[25], en relación con las materias previstas en el art. 3.1, párrafo primero de la Directiva 96/71/CE, solo puede imponerse a las empresas con sede en otro Estado miembro que desplazan a sus trabajadores a otro Estado el cumplimiento de las leyes y convenios colectivos de aplicación general, por lo que no podrían imponerse a dichas empresas (salvo asunción voluntaria), condiciones que superen dichos mínimos ya que se estaría vulnerando el principio de libre prestación de servicios[26].

---

24 En este sentido, dado que en España no se exige que las condiciones de trabajo aplicables a los trabajadores desplazados deban estar reguladas en convenios colectivos estatutarios, esta información deberá comprender también la de convenios colectivos extraestatutarios, pactos de empresa o laudos arbitrales, Fotinopoulou, O., "Panorámica general de la Directiva 2014/67/UE de ejecución de la Directiva sobre desplazamiento de trabajadores", *op. cit.*, p. 146.

25 Asunto C-346/06, Rüffert contra Land Niedersachsen, STJCE de 3 de abril de 2008. Y también tras Laval (asunto C-341/05, Laval un Partneri Ltd contra Svenska Byggnadsarbetareförbundet, Svenska Byggnadsarbetareförbundets avdelning 1, Byggettan y Svenska Elektrikerförbundet, STJCE de 18 de diciembre de 2007).

26 Gala, C., "Responsabilidad social empresarial, derecho a la libre prestación de servicios y contratación pública de obras o servicios", *Relaciones Laborales*, n. 13, 2010, <http://revistas.laley.es> consultado 15 octubre 2016. Como afirma Rodríguez-Piñero, M., "El caso *Rüffert* ¿una constitucionalización del *dumping* social?", *Relaciones Laborales*, n. 15, 2008, <http://revistas.laley.es> consultado 15 octubre 2016, "se

Las tensiones aumentan si se trata de la materia salarial, porque en algunos países de la Unión es la negociación colectiva la que se ocupa de estipular los salarios del personal afectado. Pues si tales convenios colectivos no son considerados erga omnes sus contenidos no serán de aplicación a los trabajadores desplazados porque la Directiva habla expresamente de condiciones de trabajo y empleo de convenios colectivos de eficacia general[27].

II. Participación de los trabajadores en la regulación de las condiciones de trabajo de los trabajadores desplazados en el marco de una prestación de servicios transnacional

Teniendo en cuenta que la Directiva 2014/67/UE implica a los interlocutores sociales en la determinación de las condiciones laborales de los trabajadores desplazados, especialmente en lo que afecta a las cuantías de salario mínimo aplicables, interesa conocer cómo actúan los interlocutores sociales al respecto en el marco de la negociación colectiva. Es importante analizar qué cobertura ofrece la negociación colectiva a los trabajadores desplazados, tanto a los trabajadores que son desplazadas desde nuestro país a otro Estado miembro de la Unión Europea, como a aquellas personas que se desplazan a España desde empresas establecidas en otro Estado, y ello en orden a garantizar a las personas desplazadas la aplicación de las disposiciones imperativas de protección mínima a las que se refiere el artículo 3.1, párrafo primero, de la Directiva 96/71/CE.

---

sigue así la línea de la sentencia Laval de una interpretación rigurosa del margen de disponibilidad del Estado miembro de acogida al asegurar la protección mínima garantizada a los trabajadores desplazados a sus territorio que sería limitada por la Directiva 96/71/CE, evitando la imposición de 'protecciones reforzadas' convirtiendo 'la norma comunitaria en un techo' y vaciando de contenido la posibilidad de mejorar las condiciones de trabajo de los desplazados". También Guamán, A., "Desplazamiento temporal de trabajadores y convenios colectivos: el caso Rüffert", *Aranzadi Social*, n. 5, 2008, p. 13 y sigs.

27 Para Fotinopoulou, O., "Panorámica general de la Directiva 2014/67/UE de ejecución de la Directiva sobre desplazamiento de trabajadores […]", *op. cit.*, p. 130, "la consecuencia no ha sido otra que la de propiciar una desprotección de los trabajadores desplazados a esos Estados, así como la de cobijar de manera indisimulada el dumping social intracomunitario".

Se trata de ver el alcance de la negociación colectiva, si se ocupa de los desplazamientos transnacionales, de velar por el respeto y la correcta aplicación de los derechos contenidos en el artículo 3.1, párrafo primero, de la Directiva 96/71/CE y si, en su caso, extiende su regulación a los trabajadores que, provenientes de otro Estado miembro, desempeñan su actividad laboral temporalmente en España. Y es que, aunque la norma imponga a los Estados miembros velar por que, cualquiera que sea la legislación aplicable a la relación laboral, las empresas garanticen a los trabajadores desplazados en su territorio las condiciones de trabajo y empleo relativas a períodos máximos de trabajo y tiempo mínimo de descanso; duración mínima de las vacaciones anuales, cuantías de salario mínimo, condiciones de suministro de mano de obra, salud laboral, protección de mujeres embarazadas o igualdad de trato y no discriminación, cabe recordar que la Directiva 96/71/CE especifica que "el Derecho comunitario no impide que los Estados miembros amplíen el ámbito de aplicación de los convenios colectivos celebrados por los interlocutores sociales a toda persona que realice un trabajo por cuenta ajena, incluso de carácter temporal, en su territorio, aunque su empresario se halle establecido en otro Estado miembro".

En relación con los derechos de los trabajadores que se desplazan desde nuestro país a otros Estado miembros, los convenios colectivos suelen incluir medidas de carácter económico, aunque también deben mencionarse algunas normas relacionadas con tiempo de trabajo, tales como descansos o permisos, o sobre preferencias para ser desplazado.

Desde un punto de vista económico, los convenios colectivos nacionales contemplan el abono de gastos de locomoción[28] y dietas a los trabajadores que tengan que desplazarse fuera del territorio nacional. En este sentido, la negociación colectiva ofrece una regulación muy variada, ya que algunos convenios colectivos se refieren a desplazamientos internacionales en general, otros distinguen entre países de la Unión Europea y resto del mundo[29], y ciertos convenios colectivos proponen dietas diferentes por países[30], o incluso dieta individualizada en función del país al que vaya a desplazar-

---

28 Art. 70.4 XXV convenio colectivo "Repsol Butano" (Res. DGE de 4 agosto 2016, BOE de 19 de agosto).

29 Art. 32 V convenio colectivo "Telefónica Servicios Audiovisuales" Res. DGE de 3 febrero 2016, BOE de 16 de febrero).

30 Anexo 3 convenio colectivo "Dematic Logistic Systems" (Res. DGE de 22 octubre 2015, BOE de 5 de noviembre).

se el trabajador[31], incluyendo, en su caso, primas específicas cuando los desplazamientos se hagan a países considerados por las empresas como peligrosos o de alto riesgo[32], o complementos que atienden al tiempo de duración de los desplazamientos[33]. Al mismo tiempo, algunos convenios colectivos disponen dietas generales[34], a veces separando gastos de desayuno, comida y cena[35], y otros convenios colectivos señalan que la compensación económica en los desplazamientos será "a gastos pagados"[36].

Ciertos convenios colectivos asumen gastos de lavandería[37] y cualesquiera otros que se deriven de la prestación de trabajo[38]. Y otros convenios colectivos acuerdan concertar seguros para los trabajadores que se desplacen al extranjero[39], y se hacen cargo de los gastos que se originen por hospitalización, fallecimiento del trabajador fuera de su residencia habitual o por el fallecimiento de sus familiares[40].

Tales retribuciones sirven para compensar los gastos que ocasione el desplazamiento al trabajador, siendo su naturaleza indemnizatoria, de modo que quedarían fuera del concepto de salario mínimo que debe garantizarse a los trabajadores que se desplazan a España[41]. Según el artículo 4 de la

---

31 Arts. 19 y 20 convenio colectivo "Entidad Colaboradora de la Administración e Instituto de Calidad" (Res. DGE de 3 febrero 016, BOE de 16 de febrero).

32 Art. 20 convenio colectivo "Entidad Colaboradora de la Administración e Instituto de Calidad" (Res. DGE de 3 febrero 016, BOE de 16 de febrero).

33 I convenio colectivo "Empresas vinculadas a Telefónica de España, Telefónica Móviles España y Telefónica Soluciones de Informática y Comunicaciones" (Res. DGE de 28 diciembre 2015, BOE de 21 de enero).

34 Art. 41 II convenio colectivo "Hewlett Packard Customer Delivery Services" (Res. DGE de 4 abril 2016, BOE de 19 de abril).

35 Art. 19 convenio colectivo "Dürr Systems Spain" (Res. DGE de 4 abril 2016, BOE de 20 de abril).

36 Art. 37 VI convenio colectivo "sector estatal del corcho" (Res. DGE de 30 septiembre 2015, BOE de 14 de octubre).

37 Anexo II convenio colectivo "Enercon Windenergy Spain" (Res. DGE de 19 enero 2016, BOE de 2 de febrero).

38 Anexo II convenio colectivo "Enercon Windenergy Spain" (Res. DGE de 19 enero 2016, BOE de 2 de febrero).

39 Art. 33 del convenio colectivo "Telefónica Ingeniería de Seguridad" (Res. DGE de 15 junio 2016, BOE de 28 de junio).

40 Art. 60 convenio colectivo "Compañía Logística Acotral y Acotral Distribuciones Canarias" (Res. DGE de 17 marzo 2016, BOE de 13 de abril).

41 Rivas, M. P., y Martín, S., "Los desplazamientos temporales de trabajadores españoles al extranjero. Efectos laborales y tributarios", *Revista del Ministerio de Trabajo y Asuntos Sociales*, n. 27, 1998, p. 53.

Ley 45/1999, el salario mínimo que debe garantizarse incluye el salario base y los complementos salariales, las gratificaciones extraordinarias y, en su caso, la retribución correspondiente a horas extraordinarias y complementarias y trabajo nocturno[42]. Dentro del salario mínimo, quedarían comprendidos los complementos de carácter salarial que se abonen por el desplazamiento, pero se excluyen las indemnizaciones que tengan por objeto compensar al trabajador por los gastos que se derivan del desplazamiento, como los de viaje, alojamiento o manutención.

Como se exponía, pueden destacarse otras prácticas convencionales interesantes que contemplan descansos y permisos especiales, en caso de nacimiento de hijo y por fallecimiento o intervención quirúrgica por enfermedad grave de familiares, para los trabajadores desplazados en el extranjero. En primer término, ciertos convenios colectivos recogen descansos acumulables por cada noche de pernocta exterior para los trabajadores que estén desplazados fuera de nuestro país[43]. En cuanto a los permisos, los convenios colectivos amplían la licencia por nacimiento de hijo para el trabajador que se encuentre desplazado fuera de España hasta cinco días[44]. Por otra parte, por fallecimiento o intervención quirúrgica por enfermedad grave de familiares de primer grado de consanguinidad o afinidad, los trabajadores desplazados disfrutarán de los permisos que se recojan en el convenio colectivo con carácter general, si bien no computarán los días de desplazamiento. Además, los viajes serán a cargo de la empresa[45].

Las órdenes de desplazamiento tienen su origen en necesidades de la empresa, por causas económicas, técnicas, organizativas o de producción, y son de obligado cumplimiento para el trabajador. Sin embargo, cuando se trata de desplazamientos internacionales, algunos convenios colectivos disponen que en estos supuestos se requiere la aceptación del

---

42   A la normativa nacional se remite el artículo 3.1, párrafo final de la Directiva 96/71/CE según el cual "la noción de cuantías de salario mínimo mencionada en la letra c) del párrafo primero se definirá mediante la legislación y/o el uso nacional del Estado miembro en cuyo territorio el trabajador se encuentre desplazado".
43   Art. 14 I convenio colectivo "Oficinas Corporativas del Grupo de empresas Gamesa" (Res. DGE de 20 julio 2016, BOE de 4 de agosto).
44   Art. 89 XI convenio colectivo "Repsol Petróleo" (Res de 25 julio 2016, BOE de 12 de agosto).
45   Art. 60 convenio colectivo "Compañía Logística Acotral y Acotral Distribuciones Canarias" (Res. DGE de 17 marzo 2016, BOE de 13 de abril).

trabajador[46], y, en ciertas ocasiones, se regulan normas precisas que determinan orden de prioridad para no ser desplazado[47], o incluso imposibilidad de ser desplazado, como es el caso de las mujeres embarazadas[48].

En lo que atañe a los derechos de los trabajadores que vienen desplazados a nuestro país en el marco de una prestación de servicios transnacional, tan sólo algunos convenios colectivos incorporan referencias al respecto. Ciertos convenios colectivos se limitan a las condiciones de trabajo que se observan en el artículo 3.1, párrafo primero, de la Directiva 96/71/CE, en particular a lo que afecta a tiempo de trabajo, pero también se debe dar cuenta de otros convenios colectivos que anuncian que todas las disposiciones del convenio serán aplicables a los trabajadores desplazados temporalmente a nuestro país. No únicamente los preceptos que afecten a las materias del artículo 3.1, párrafo primero, de la Directiva 96/71/CE, sino el convenio colectivo en su conjunto.

De tal modo, en general, los convenios colectivos no exceden los límites mínimos que marca el artículo 3.1, párrafo primero, de la Directiva 96/71/CE, ya que sólo nombran algunas de las condiciones de trabajo que se describen en este precepto, en especial lo relacionado con tiempo de trabajo. Es el caso del convenio colectivo de la empresa *Enercon Windenergy Spain*, cuyo artículo 8 ordena que, si los horarios de trabajo o calendarios laborales del centro de trabajo de acogida fueran diferentes a los del centro de trabajo procedencia, el trabajador desplazado deberá cumplir los horarios o calendarios vigentes en el centro de trabajo de destino[49]. En este mismo sentido se manifiesta el convenio colectivo de la empresa Thyssenkrupp Elevadores, que dice que el personal desplazado se regirá en el lugar de destino según el calendario laboral y horario de trabajo que rija en este último, aunque observa la posibilidad de regularizar la jornada del trabajador desplazado para compensar las diferencias que existieran entre el centro de recepción y el centro de origen[50].

---

46   Art. 17 convenio colectivo "Fujitsu Technology Solutions" (Res. DGE de 6 agosto 2015, BOE de 20 de agosto.

47   Art. 18.4 convenio colectivo "Entidad Colaboradora de la Administración e Instituto de Calidad" (Res. DGE de 3 febrero 016, BOE de 16 de febrero).

48   Art. 51 convenio colectivo "Thyssenkrupp Elevadores" (Res. DGE de 30 septiembre 2015, BOE de 16 de octubre).

49   Art. 8 II convenio colectivo "Enercon Windenergy Spain" (Res. DGE de 19 enero 2016, BOE de 2 de febrero).

50   Art. 51 convenio colectivo "Thyssenkrupp Elevadores" (Res. DGE de 30 septiembre 2015, BOE de 16 de octubre).

Pero otros convenios colectivos consideran que al personal desplazado les será aplicable el convenio colectivo que corresponda y no sólo los preceptos que regulan las materias contenidas en el artículo 3.1, párrafo primero, de la Directiva 96/71/CE. Por ejemplo, el I convenio colectivo estatal del sector laboral de restauración colectiva reconoce que a los trabajadores desplazados a nuestro país les serán de aplicación los convenios colectivos que se rijan en el centro de empleo. En concreto, el capítulo III (apartado j) del I convenio colectivo estatal del sector laboral de restauración colectiva afirma que entre los principios generales de contratación en el sector se encuentra "asegurar como mínimo, en este contexto de internacionalización, que se aplica a los trabajadores contratados en el exterior y/o trasladados y/o desplazados a nuestro país, las disposiciones contempladas en el convenio colectivo correspondiente al lugar y centro de empleo en España, ya se trate de acuerdo o convenio colectivo de sector o de empresa, y sea cual sea el ámbito geográfico de aplicación del convenio correspondiente"[51].

Es cierto que la Directiva entiende que los empresarios que desplacen temporalmente a España a sus trabajadores en el marco de una prestación de servicios transnacional deberán garantizar a éstos, cualquiera que sea la legislación aplicable al contrato de trabajo, determinadas condiciones de trabajo previstas por la legislación del país de acogida, entre ellas las que afectan a tiempo de trabajo, cuantía mínima del salario, no discriminación o prevención de riesgos laborales, de ahí que pueda resultar controvertida la aplicación al personal desplazado en España de las normas convencionales que exceden del núcleo de materias enunciadas. Ahora bien, en tanto en cuanto la Directiva 96/71/CE y la Ley 45/1999 suponen que ello se hará sin perjuicio de la aplicación a los trabajadores desplazados de condiciones de trabajo más favorables derivadas de lo dispuesto en convenios colectivos, éstos serán de aplicación siempre que prevean condiciones de trabajo más beneficiosas. La legislación del Estado de acogida se aplica siempre que proporcione una protección superior a la del país de origen debiendo entenderse que concurre dicha protección superior no sólo cuando se mejoran las condiciones de trabajo citadas sino cuando se amplían los derechos de los trabajadores afectados más allá de las condiciones de trabajo aludidas en el artículo 3.1, párrafo primero, de la Directiva 96/71/CE.

Dadas las dificultades que se plantean a la hora de hacer valer los derechos de los trabajadores desplazados, ya sea porque se otorgue prioridad a

---

51 I convenio colectivo "restauración colectiva" (Res. DGE de 24 febrero 2016, BOE de 22 de marzo).

la libre prestación de servicios sobre la libre circulación de trabajadores, por los obstáculos con que se encuentran los trabajadores y las empresas para conocer la legislación del país de acogida, o porque la fuente reguladora de las condiciones de trabajo, si se trata de una norma convencional, no reúne los requisitos que exige la Directiva 96/71/CE, conviene arbitrar sistemas de control, con participación de los trabajadores, de los desplazamientos que se realizan en el marco de una prestación de servicios transnacional.

A pesar de los procedimientos de control introducidos por la Directiva 2014/67/UE, ha quedado patente, al menos a la luz de la jurisprudencia que se ha comentado, que no siempre se garantizan a los trabajadores desplazados las condiciones laborales descritas en el artículo 3.1, párrafo primero, de la Directiva 96/71/CE. Por eso es importante poner en práctica alguna fórmula de inspección de los desplazamientos, por un lado, para asegurar a los trabajadores desplazados, como mínimo, las condiciones de trabajo referidas y, por otro, en general, para vigilar el proceso de desplazamiento como tal por las consecuencias que se derivan de estas decisiones, que dan como resultado competencia desleal entre empresas y dumping social. Es decir, no sólo para comprobar que las empresas cumplen con las obligaciones que impone la Directiva 96/71/CE, sino para examinar las causas del desplazamiento, los términos del acuerdo alcanzado con la empresa o centro de trabajo del país de acogida, los trabajadores desplazados, para confirmar que no se recurre a falsos autónomos, el tiempo de desplazamiento, etc.

La negociación colectiva es el cauce más adecuado para dar respuesta a estas cuestiones, y el instrumento idóneo para determinar y garantizar los derechos laborales de los trabajadores desplazados, pero ya se ha advertido que los convenios colectivos apenas se pronuncian al respecto. Parece pues oportuno reclamar la intervención de las instancias de representación del personal, de los órganos de representación nacional, pero especialmente de los que actúan a escala europea, al ser éste el espacio en el que se desarrollan los desplazamientos que son objeto de estudio. La internacionalización de las estructuras productivas y empresariales exige poner en práctica mecanismos de participación de los trabajadores que puedan controlar los desplazamientos transnacionales. El mercado interior lleva aparejado una transnacionalización de las empresas y para asegurar que las actividades económicas se desenvuelven en un marco de competencia leal, es preciso que las empresas y grupos de empresas que se mueven en varios Estados miembros informen y consulten a los representantes de los trabajadores afectados por sus decisiones.

Para interpretar los desplazamientos en clave económica cabe pensar en los recursos con los que cuentan los representantes de los trabajadores por su participación en los órganos de decisión de las empresas, en el consejo de administración o de vigilancia, según se instaure un sistema dual o monista, en los términos del Reglamento (CE) nº 2157/2001 del Consejo, de 8 de octubre de 2001, por el que se aprueba el Estatuto de la Sociedad Anónima Europea[52], y de la Directiva 2001/86/CE del Consejo, de 8 de octubre de 2001, por la que se completa el Estatuto de la Sociedad Anónima Europea en lo que respecta a la implicación de los trabajadores[53]. Por su parte, para juzgar los efectos laborales de los desplazamientos se requerirá la actuación del Comité de Empresa Europeo cuando éstos se produzcan en empresas o grupos de empresas de dimensión comunitaria, a los que les sea de aplicación la Directiva 2009/38/CE del Parlamento Europeo y del Consejo, de 6 de mayo de 2009, sobre la constitución de un comité de empresa europeo o de un procedimiento de información y consulta a los trabajadores en las empresas y grupos de empresas de dimensión comunitaria[54].

Conclusión

El aumento de las prestaciones de servicios de carácter transnacional en la Unión Europea, sobre todo a partir de la consecución del mercado único, propiciado por al Acta Única Europea de 1986, y de la introducción de la moneda única, ha afectado a uno de los ejes centrales de la Unión como es la libre circulación de trabajadores. Así pues, el mercado único europeo ha favorecido los movimientos empresariales en el ámbito de la Unión Europea dando lugar a una nueva libre circulación de trabajadores, siendo ésta la que sucede a partir de los desplazamientos temporales de los trabajadores en el marco de una prestación de servicios transnacional.

De tal modo, la diferencia de condiciones de trabajo existentes entre los Estados miembros hace necesario armonizar la libertad de competencia entre empresas que actúan en el mercado único y la defensa de la posición jurídica del trabajador que presta sus servicios desplazado a otro Estado. Y

---

52   DOCE L 294/1, de 10 de noviembre de 2001.
53   DOCE L 294/22, de 10 de noviembre de 2001.
54   DOUE L 122/28, de 16 de mayo de 2009.

ello para evitar posibles situaciones de discriminación entre los trabajadores de un determinado Estado y los trabajadores desplazados temporalmente al mismo, así como competencia desleal entre las empresas que actúan en el territorio de la Unión.

Es precisamente la necesidad de conjugar la promoción de la prestación transnacional de servicios y el respeto de los derechos de los trabajadores lo que justifica la aprobación de la Directiva 96/71/CE del Parlamento Europeo y del Consejo, de 16 de diciembre de 1996, sobre el desplazamiento de trabajadores efectuado en el marco de una prestación de servicios. Ahora bien, la aplicación de esta norma, que ordena que los empresarios que desplacen temporalmente trabajadores a un Estado miembro distinto de su país de establecimiento en el marco de una prestación de servicios transnacional deberán respetar un núcleo de disposiciones imperativas de protección mínima, no ha resultado fácil, pues, en general, ha primado la libre prestación de servicios sobre la libre circulación de trabajadores. La Directiva 2014/67/UE, del Parlamento Europeo y del Consejo, de 15 de mayo de 2014, relativa a la garantía de cumplimiento de la Directiva 96/71/CE, ordenaba un conjunto de medidas y mecanismos de control para una mejor y más uniforme transposición, aplicación y cumplimiento en la práctica de la Directiva 96/71/CE pero tampoco logra el pretendido equilibrio entre la libertad de circulación y la libre prestación de servicios.

Ciertamente, resulta imprescindible, a estos efectos, que se arbitren fórmulas de participación de los trabajadores que atiendan de manera expresa estas situaciones. A través de la negociación colectiva los interlocutores sociales podrán intervenir en el establecimiento y defensa de las condiciones laborales en el estado de acogida de los trabajadores desplazados en el marco de una prestación de servicios trasnacional. Igualmente, los órganos de representación de los trabajadores a nivel europeo, como los comités de empresa europeos, también podrán participar en la tutela de los intereses de los trabajadores desplazados.

Bibliografía

Casas, M. E., "Desplazamientos temporales en el interior de la Comunidad Europea y libertades comunitarias de los empresarios", en *El espacio social europeo* (Valladolid, 1991), Ed. Lex Nova.

Castelli, N., "Derecho de huelga en el espacio europeo y la propuesta de Reglamento Monti II", *Revista de Derecho Social*, n. 59, 2012.

Ferreiro, C., "Los desplazamientos transnacionales tras el asunto Rüffert", *Relaciones Laborales,* n. 6, 2009.

Fotinopoulou, O., "Panorámica general de la Directiva 2014/67/UE de ejecución de la Directiva sobre desplazamiento de trabajadores en el marco de una prestación de servicios trasnacional", *Revista de Derecho Social*, n. 70, 2015.

Gala, C., "Responsabilidad social empresarial, derecho a la libre prestación de servicios y contratación pública de obras o servicios", *Relaciones Laborales*, n. 13, 2010, <http://revistas.laley.es> consultado 15 octubre 2016.

García, J., "Deslocalización y tutela de los derechos sociales: la perspectiva europea", *Relaciones Laborales*, n. 6, 2007, <http://revistas.laley.es> consultado 15 octubre 2016.

García, J.I. y Vicente, A., "La Ley 45/1999, de 29 de noviembre, relativa al desplazamiento (temporal y no permanente) de trabajadores en el marco de una prestación de servicios transnacional, *Revista del Ministerio de Trabajo y Asuntos Sociales*, n. 27, 1998, p. 14.

Guamán, A., "Desplazamiento temporal de trabajadores y convenios colectivos: el caso Rüffert", *Aranzadi Social*, n. 5, 2008.

Guamán, A., "La propuesta de reforma de la Directiva 96/71 de desplazamiento de trabajadores en el marco del plan de trabajo de la Comisión Europea para el 2016", *Revista de Derecho Social*, n° 73, 2016.

Martínez, D., "Obligaciones formales", en *Desplazamientos de trabajadores y prestaciones de servicios transnacionales* (Madrid, 2002), Ed. CES, p. 127.

Martínez, D., *Libre competencia y derecho del trabajo*, La Ley, Madrid, 2006.

Mendoza, N., "La huelga y las acciones colectivas transnacionales en la jurisprudencia del Tribunal de Justicia de la Unión Europea y del Tribunal Europeo de Derechos Humanos", en *El derecho de huelga en el derecho internacional* (Valencia, 2016), Ed. Tirant lo Blanch.

Quintero, M.G., "La protección transnacional de los derechos laborales en materia de seguridad y salud: una asimetría comunitaria y sus remiendos institucionales", *Cuadernos de Derecho Transnacional*, vol. 4, n. 1, 2012, p. 198.

Rivas, M. P., y Martín, S., "Los desplazamientos temporales de trabajadores españoles al extranjero. Efectos laborales y tributarios", *Revista del Ministerio de Trabajo y Asuntos Sociales*, n. 27, 1998.

Serrano, J. M., "De la movilidad geográfica a los desplazamientos de trabajadores de carácter transnacional", en *Las reestructuraciones empresariales: un análisis transversal y aplicado* (Madrid, 2016), Ed. Cinca.

Rodríguez-Piñero, M., "El caso *Rüffert* ¿una constitucionalización del dumping social?", *Relaciones Laborales*, n. 15, 2008, <http://revistas.laley.es> consultado 15 octubre 2016.

Luis Alberto Serrano Díaz[1]

Doctorando en Derecho y Ciencia Política por la Universidad Nacional Mayor de San Marcos-UNMSM. Inspector del Trabajo. Docente universitario de la Universidad Nacional Mayor de San Marcos CEUPS FCC. Perú

Panorama sobre la informalidad laboral y el trabajo decente en Perú

Resumen: La informalidad laboral es un problema fáctico, que afecta significativamente a los derechos laborales de miles de trabajadores, lo cual también tiene un impacto en la economía de Perú y Sudamérica. Se evidencia el impacto negativo de la informalidad en la falta de cumplimiento de los derechos laborales, los derechos fundamentales, la Seguridad social y la seguridad y salud en el trabajo. Frente a ello, es importante proponer alternativas de solución a la informalidad, entre estas, el entendimiento claro del concepto de trabajo decente planteado por la OIT, adecuado a la realidad peruana y sudamericana. Para ello, presentamos una nueva definición del trabajo decente, que permita cambiar esta situación, enfocada principalmente en las micro, pequeñas y medianas empresas donde existe mayor incidencia de informalidad. El trabajo decente con sus cuatro ejes (derechos fundamentales, empleo, Seguridad social y diálogo social) debería ser conocido, comprendido, legitimado y, sobre esta base, aplicado por los diferentes actores del ámbito laboral: los trabajadores, los empleadores y el Estado, para formalizar y detener o reducir la afectación de derechos. En Perú está en funcionamiento efectivo, desde el 1 de abril de 2014, la SUNAFIL, creada mediante Ley N° 29981 de 15 de enero de 2013, institución técnica especializada, con autonomía funcional, administrativa y presupuestaria. Este ente rector de la Inspección de Trabajo es de fundamental importancia porque tiene impacto en el trabajo decente en Perú. En el artículo se presenta una definición propia del trabajo decente, producto de las investigaciones y análisis de la doctrina.

Palabras clave: informalidad, inspección, trabajo decente, convenios OIT.

---

1   Integrante de la Asociación Iberoamericana de Juristas del Derecho del Trabajo y de la Seguridad Social Dr. Guillermo Cabanellas. Miembro del Comité Científico de la *Revista Revue Europenne Du Droit Social* de Rumanía Europa. Integrante de la Comunidad para la Investigación y el Estudio Laboral y Ocupacional-CIELO. Curso Internacional de Estudios Avanzados en Derecho Social Universidad de Salamanca España USAL. Participante del Curso de Responsabilidad social y medioambiental y competitividad empresarial en la Escuela Complutense Latinoamericana-UCM.

Introducción

El concepto de "trabajo decente" fue propuesto por la Organización Internacional del Trabajo (OIT) en 1999[2]. El término fue introducido como respuesta al deterioro de los derechos de los trabajadores que se registró mundialmente durante la década de los noventa, como consecuencia del proceso de globalización, que, al margen de generar desarrollo económico, también produjo mayor desigualdad; desde entonces, el concepto de "trabajo decente" fue surgiendo modificándose y evolucionando.

Aparece una primera definición en la Memoria del Director General[3], en la Conferencia Internacional del Trabajo de 1999, y se considera como "trabajo productivo en condiciones de libertad, equidad, seguridad y dignidad, en el cual los derechos son protegidos y existe remuneración adecuada y protección social, sumándose a ello el tripartismo y el diálogo social". El mismo documento también da a entender que el trabajo decente está relacionado con los cuatro objetivos estratégicos fijados para el programa de la OIT para 2000-2011, que, se supone, tenderían a la consecución de un trabajo decente. Estos cuatro objetivos estratégicos son: a) la promoción de los derechos laborales; b) la promoción del empleo; c) la protección social contra las situaciones de vulnerabilidad, y d) el fomento del diálogo social.

La necesidad de abordar y atender la dimensión social de la globalización genera el surgimiento del concepto de trabajo decente[4]. La definición presentada brinda una idea relativamente más clara respecto a lo que busca lograr la OIT con el concepto de trabajo decente, el cual, como ha señalado la OIT, incluye la Declaración de 1998 (Derechos Fundamentales Laborales), y, a su vez, nos permite relacionarla con la función de la Inspección del trabajo. Ello es debido a que el concepto de trabajo decente nace en un entorno de globalización, cuyos efectos nocivos se agudizaron, lo que tam-

---

2 Moreno Ruiz, Á.G., *El Derecho del Trabajo y de la seguridad social contemporánea, una crítica mirada en la segunda década del siglo XXI:* "el trabajo decente es un concepto propuesto por la OIT para establecer las características que debe reunir una relación laboral para considerar que cumple los estándares laborales internacionales" (México, 2014), Universidad de Guadalajara, Centro Universitario de Tonalá.
3 Somavia, J., *Trabajo decente* (1999), Memoria del Director General de la OIT.
4 Cornejo Vargas, C., *Surgimiento y concepto del trabajo decente* (Lima, octubre 2009), Asesoría Laboral. La OIT advirtió la necesidad de hacer algo para evitar o, cuando menos limitar, los efectos perniciosos generados por la globalización. Es ese, pues, el contexto en que surge el concepto de trabajo decente.

bién hace que la Inspección de Trabajo sea un instrumento para contribuir al logro de lo planteado como trabajo decente, especialmente en la vertiente del respeto de los derechos y en el cumplimiento de la normatividad laboral.

I. Trabajo decente en la dimensión de garantía de los derechos de los trabajadores y de la Seguridad Social

Como ya se indicó, el trabajo decente contempla tanto el respeto de los derechos en el trabajo como de la seguridad social. En estas dos dimensiones es donde la función de la Inspección de Trabajo adquiere notoria presencia, dado que su actuación es fundamental para la generación efectiva de trabajo decente, "máxime" si se contempla que los derechos fundamentales laborales comprendidos en la Declaración de 1998 están dentro de estas vertientes. En lo que concierne a la dimensión de los derechos en el trabajo, se refiere a los derechos fundamentales en el trabajo contenidos en las normas básicas de la OIT, señaladas en la Declaración de 1998: la libertad de asociación y la libertad sindical y el reconocimiento efectivo del derecho de negociación colectiva; la eliminación del trabajo forzoso u obligatorio; la abolición del trabajo infantil y la eliminación de la discriminación en materia de empleo y ocupación. Derechos que, a su vez, son base para la construcción y ejercicio de otros derechos.

Del mismo modo, en la dimensión de la Seguridad social, se busca proteger a los trabajadores de los riesgos en los centros de trabajo, brindándoles adecuada cobertura y seguridad social[5], que permita cubrir eventuales accidentes de trabajo, enfermedades, desocupación o vejez, entre otros. La Inspección del trabajo tiene un papel fundamental en el control del cumplimiento de estos derechos, más aun cuando son los derechos fundamentales los que muchas veces se vulneran con mayor frecuencia. Como ejemplo, en los diferentes países miembros de la OIT, el derecho de libertad de aso-

---

5   Monsalve Cucllar, M.E., *Seminario Internacional de Derecho del Trabajo y de la Seguridad Social Nuevos Rumbos del Derecho del Trabajo y de la Seguridad Social, Libro Homenaje al Dr. Guillermo Guerrero Figueroa*. Mediante el fortalecimiento de la Seguridad social, la mejor forma de erradicar la pobreza absoluta y lograr la justicia social preconizada por la OIT y las encíclicas papales y, con ello, el camino de la paz anhelada por el mundo entero. Cartagena de Indias Colombia, 2013, p. 51.

ciación y libertad sindical son constantemente objeto de quejas ante dicha Organización, así corresponde a la Inspección de Trabajo realizar acciones orientadas a cumplir con su fines, conforme a los convenios de la misma. Si bien se están realizando esfuerzos por mejorar, vemos que la realidad presenta numerosas dificultades al accionar de la Inspección. En tal sentido, consideramos necesario cambios orientados a su mejora, pues lo que se debe buscar es el cumplimiento efectivo de las normas de la Seguridad social y no solo tener una lista enunciativa de ellas[6], para lo cual tener un sistema de Inspección consolidado y fuerte es esencial.

II. Trabajo decente y los Tratados de Libre Comercio

En este acápite corresponde abordar los Tratados de Libre Comercio (TLC), por tanto, no podemos dejar de mencionar que estos se dan en un entorno de desarrollo global y de comercio internacional, que condujo a la celebración de diferentes acuerdos comerciales y niveles de integración económica, produciendo de esta forma los Tratados de Libre Comercio.

Para el desarrollo de este punto, me centraré en las regulaciones laborales que tienen los TLC. Así podemos indicar que la regulación laboral de estos textos se configura de pisos mínimos, que, bien podríamos señalar, son aquellos derechos fundamentales laborales que la OIT incluye en la Declaración de 1998[7]. Los derechos laborales incluidos en los TLC deben

---

6   Ruiz Moreno, Á.G., *Exclusión, desprotección Social e injusticia laboral en Iberoamérica, Asociación Iberoamericana de Juristas del Derecho del Trabajo y la Seguridad Social "Dr Guillermo Cabanellas".* Se requiere que, con absoluta responsabilidad y verdadero compromiso social, nuestros gobernantes, legisladores y juzgadores asuman las tareas que a cada quien competan, comenzando a delinear el *Estado Social de Derecho*, que aspiramos tener en el siglo XXI. Instituto Jaliciense de Investigaciones Jurídicas (México, 2011).

7   Villavicencio Ríos, A., *La Regulación del trabajo en la Globalización, la integración regional y en los Tratados de Libre Comercio. Desafíos y perspectivas del Derecho del Trabajo y de los Regímenes de pensiones en el Perú:* 1° Congreso Nacional de la Sociedad Peruana de Derecho del Trabajo y de la Seguridad Social: "a partir de Singapur, los derechos fundamentales en el trabajo, tal y como son definidos en la OIT, forman parte sustantiva de todos los Tratados de Libre Comercio (TLC) suscritos o en negociación" (Lima, 2004).

ser respetados, evitando de esta manera el *dumping social*, pues esa es la finalidad de estas cláusulas sobre derechos laborales en dichos Tratados. En los últimos TLC de Estados Unidos con los países latinoamericanos, incluido el nuestro, ya se contempla un capítulo laboral (capítulo XVII, en el caso peruano), que obliga a las partes a respetar, así como también a contemplar, las sanciones económicas correspondientes en caso de que no se cumplan dichos preceptos. Los capítulos laborales suelen contemplar lo siguiente: los derechos fundamentales y las condiciones de trabajo mínimas; la obligación de cumplir con sus normas laborales internas y de no degradar la protección laboral con fines comerciales de atracción de la inversión; los mecanismos de solución de controversias; los fondos de cooperación laboral y las sanciones monetarias.

A continuación, cabe reproducir el capítulo laboral del TLC Perú-Estados Unidos:

Artículo 17.1. Declaración de compromisos compartidos. Las Partes reafirman sus obligaciones como miembros de la Organización Internacional del Trabajo (OIT).
Artículo 17.2. Derechos laborales fundamentales. 1. Cada Parte adoptará y mantendrá en sus leyes y reglamentos, y su correspondiente aplicación, los siguientes derechos, tal y como se establecen en la Declaración relativa a los Principios y Derechos Fundamentales en el Trabajo y su Seguimiento (1998) (Declaración de la OIT): a) la libertad de asociación; b) el reconocimiento efectivo del derecho a la negociación colectiva; c) la eliminación de toda forma de trabajo forzoso u obligatorio; d) la abolición efectiva del trabajo infantil y, para fines de este Acuerdo, la prohibición de las peores formas de trabajo infantil; y e) la eliminación de la discriminación con respecto a empleo y ocupación. 2. Ninguna de las Partes dejará de aplicar o de otra forma dejará sin efecto, ni ofrecerá dejar de aplicar o de otra forma dejar sin efecto, sus leyes o reglamentos que implementan el párrafo 1, de manera que afecte el comercio o la inversión entre las Partes, en los casos en que dejar de aplicar o de otra forma dejar sin efecto dichos instrumentos sería incompatible con un derecho fundamental estipulado en dicho párrafo.
Artículo 17.3. Aplicación de la legislación laboral. a) Una Parte no dejará de aplicar efectivamente su legislación laboral, incluidas las leyes que adopte o mantenga de conformidad con el artículo 17.2.1, por medio de un curso de acción o inacción sostenido o recurrente, de una manera que afecte el comercio o la inversión entre las Partes, después de la fecha de entrada en vigor de este Acuerdo. b) Una decisión que tome una Parte acerca de la asignación de los recursos para la aplicación no será motivo de incumplimiento de las disposiciones de este Capítulo. Cada Parte conserva el derecho al ejercicio razonable de discrecionalidad y a la adopción de decisiones de buena fe con respecto a la asignación de recursos entre las actividades de aplicación de las leyes laborales con respecto a los derechos laborales fundamentales enumerados en el Artículo 17.2.1, siempre que el ejercicio de dicha discrecionalidad y dichas decisiones no sean incompatibles con las disposiciones de este Capítulo.

Nada de lo dispuesto en este capítulo se interpretará en el sentido de facultar a las autoridades de una Parte para realizar actividades orientadas al cumplimiento de la legislación laboral en el territorio de la otra Parte.

Se puede apreciar, por lo tanto, que existe en los TLC la exigencia del cumplimiento de los derechos laborales; es aquí donde se engarza con la Inspección de Trabajo, que debe también participar en el control y verificación, así como promoción y prevención, de las normas laborales contempladas en dichos Tratados, concretamente en el caso peruano, los indicados en el capítulo laboral 17. Para ello, evidentemente, se requiere un sistema inspector que funcione a la par del desarrollo económico y la creación de nuevas formas de relaciones laborales que trascienden el ámbito nacional, retos que consideramos que la Inspección de Trabajo debe contemplar para hacerles frente y superarlos.

III. La Inspección del Trabajo en Perú

Perú, miembro de la Organización Internacional del Trabajo (OIT), ha ratificado el Convenio núm. 81 de la OIT, en virtud del cual se ha comprometido a dirigir sus esfuerzos para lograr que la Inspección del Trabajo sea una herramienta útil y eficaz para la promoción y protección de los derechos laborales. El Sistema Nacional de Inspección del Trabajo, tal y como se encuentra regulado hoy en día, fue establecido mediante la Ley N° 28806, Ley General de Inspección del Trabajo, publicada el 22 de julio de 2006. Asimismo, mediante Decreto Supremo N° 019-2006-TR, modificado por Decreto Supremo N° 019-2007-TR, ha sido reglamentada. Consideramos que el actual sistema representa un avance respecto del establecido por el Decreto Legislativo N° 910, por cuanto permite plazos de investigación más amplios y otorga a los Inspectores del trabajo mayores facultades de investigación, así como facultad discrecional, una vez finalizadas las actuaciones de investigación, de adoptar la medida inspectora que considere más conveniente a la resolución del caso en concreto, lo cual guarda concordancia con su espíritu orientador y de cumplimiento de los derechos laborales.

En cuanto al número de inspectores, actualmente, la Inspección de Trabajo en Perú cuenta con, aproximadamente, 400 inspectores laborales (cantidad que incluye a inspectores supervisores, inspectores de trabajo e inspectores auxiliares) a nivel nacional, de los cuales, la mayoría se concentra en la ciudad de Lima (alrededor de 239 inspectores[8]); en las diferentes regiones de Perú, la mayoría son inspectores auxiliares. Los inspectores que se agrupan en dos especialidades en "normas sociolaborales" y "seguridad y salud en el trabajo".

Un hecho actual es la reciente creación de la Superintendencia Nacional de Fiscalización Laboral — SUNAFIL, mediante Ley N° 29981, organismo autónomo adscrito al Ministerio de Trabajo y promoción del empleo y al cual fueron transferidos los inspectores del trabajo señalados en el párrafo anterior desde el 1 de abril de 2014. Conforme a la Ley 29981, a la fecha se están creando Intendencias Regionales en las diferentes regiones de Perú. Es una institución especializada cuyas tareas principales son la orientación y fiscalización de las normas laborales, y es la entidad rectora del sistema de inspección, en concordancia con lo que señala el Convenio OIT núm. 81.

En cuanto al respeto de los principios y derechos fundamentales en el trabajo, cabe destacar que, en sintonía con la Declaración de 1998, el artículo 3° de la Ley N° 28806, Ley General de Inspección del Trabajo (en adelante, "LGIT"), establece como una de las finalidades de la Inspección, la vigilancia y exigencia del cumplimiento de las normas legales, reglamentarias, convencionales y condiciones contractuales en el orden sociolaboral, en particular, las referidas a los derechos fundamentales en el trabajo; asimismo, dicho artículo consagra la función de orientación y asistencia técnica, siendo ambas funciones (de vigilancia y de orientación) complementarias. Debemos resaltar la importancia de este artículo en el desarrollo de las funciones inspectoras, toda vez que establece el marco de competencia, el campo de acción de la Inspección, en ese sentido, permite a la Inspección del Trabajo tener competencia para intervenir ante la vulneración de los derechos laborales contenidos en cualquier norma legal, disposición convencional, reglamentaria y hasta contractual, desde luego, con la salvedad de que, ante un eventual conflicto con la función jurisdiccional, pudiera verse limitada en su actuación. Por su parte, el Decreto Supremo N° 019-2006-TR, modificado por Decreto Supremo N° 019-2007-TR, Reglamento de la Ley general de Inspección del Trabajo (en lo sucesivo, "RLGIT"), establece infracciones clasificadas en leves, graves y muy graves, atendiendo a la naturaleza y afectación de los derechos laborales,

---

8   Número que puede variar por los destaques de inspectores a Provincias y Regiones de Perú.

y su graduación será determinada en función del número de trabajadores afectados, incrementándose en caso de reincidencia.

Al crearse la Superintendencia Nacional de Fiscalización Laboral — SUNAFIL, las multas pecuniarias se incrementaron sustancialmente, siendo aplicables multas de 50, 100 y 200 UIT (Unidades Impositivas Tributaria, 1 UIT equivale a S/. 3,950.00 nuevos soles, aproximadamente 1,000 euros 1 UIT) para las infracciones leves, graves y muy graves, respectivamente, y en conjunto podrían formularse multas que alcancen las 300 UITs; este hecho quizá sea más disuasivo, pero solo es un aspecto.

Como puede apreciarse, las normas que regulan la labor de la Inspección del Trabajo contemplan diversas situaciones que constituyen vulneraciones a los derechos fundamentales en el trabajo. Sin embargo, si bien la facultad de determinar infracciones y efectuar propuestas de sanciones son funciones importantes, también lo es la posibilidad de adoptar una medida inspectora, como la de requerimiento, a fin de que cese la vulneración de un derecho transgredido. Esto cobra gran relevancia, sobre todo tratándose de afectaciones a derechos fundamentales, que, por su naturaleza, requieren de urgente tutela. En ese sentido, muchas veces la Inspección del Trabajo se encuentra limitada ante determinados supuestos de afectación a un derecho fundamental, como en el caso de los despidos lesivos de derechos fundamentales.

IV. La Inspección del Trabajo según la OIT

La OIT indica que la Inspección del Trabajo es una función pública que vela por el cumplimiento de la legislación laboral en el centro de trabajo. Esta fundamentalmente delineada por el Convenio OIT núm. 81. Asimismo, su papel principal es lograr que se cumpla con la ley en los centros de trabajo, desarrollando medidas preventivas, educativas y, donde resulte necesario, coercitivas. Los servicios de inspección se organizan de forma diferente en cada país y la asignación de recursos también varía en función a los diferentes grados de desarrollo económico, de apoyo político y profesional y a las diferentes prioridades nacionales. No obstante, las funciones de los servicios de inspección del trabajo son muy similares en todo el mundo, dado que deben estar en concordancia con aquellos establecidos por los Convenios de la OIT.

En el mundo laboral, la Inspección del Trabajo es el instrumento más importante de la presencia e intervención del Estado para diseñar, estimular y contribuir al desarrollo de una cultura de prevención que abarque todos los aspectos que potencialmente están bajo su competencia: relaciones laborales, salarios, condiciones generales de trabajo, seguridad y salud en el trabajo, y cuestiones relacionadas con el empleo y la seguridad social. Actualmente, las Inspecciones del Trabajo realizan sus funciones en un ambiente desafiante, con importantes cambios en el contexto económico y social, industrial, en la organización del trabajo y relación laboral, en las expectativas sociales y políticas, en la tecnología y la naturaleza de los riesgos laborales.

Ciudad señala que los convenios ratificados por Perú, referidos a la Inspección de Trabajo, imponen a los Estados miembros la obligación de mantener un sistema de Inspección del trabajo encargado de velar por el adecuado cumplimiento del ordenamiento jurídico laboral y que garantice la protección de los derechos de los trabajadores[9]. Al mismo tiempo, aquellos convenios imponen la obligación de articular un sistema sancionador para reprender las conductas contrarias a las normas, por cuyo cumplimiento deben velar los inspectores de trabajo, que, de acuerdo con las prácticas nacionales, puede ser administrativo o judicial, aunque la tendencia generalizada a nivel mundial y en América Latina, en concreto, es que sea de naturaleza administrativa.

Como consecuencia, los países que han ratificado los convenios OIT sobre la Inspección de Trabajo (entre ellos, el nuestro) deberán disponer de un adecuado marco jurídico sobre Inspección del Trabajo para hacer efectiva la función pública de vigilancia y control, que no solo ha de estar integrada por normas ordenadoras del sistema de inspección, sino también por el conjunto de normas que regulen su sistema sancionador. Conviene, además, que ambos sistemas, aunque deben estar debidamente articulados, sean distintos e independientes, separando las funciones de inspección de las competencias sancionadoras.

---

9   Ciudad Reynaud, A., "El Nuevo Modelo de Inspección del Trabajo en el Perú", en *Libro del 3º Congreso Nacional de La Sociedad Nacional de Derecho del Trabajo y de la Seguridad Social*, celebrado en Chiclayo, Perú 2008.

"El sistema de inspección es la primera fase en la que se investigan los hechos a través de diligencias de investigación, mediante actuaciones inspectoras que, en estricto, no son un procedimiento administrativo, sino una fase previa al procedimiento sancionador". "En tanto que el sistema sancionador tipifica las infracciones, sus correspondientes sanciones y el procedimiento para su imposición garantizando los principios de seguridad jurídica y eliminación de la arbitrariedad de los poderes públicos que afectan los derechos de empleadores y trabajadores. Además, ese sistema sancionador debe observar rigurosamente, los principios de legalidad, tipicidad, responsabilidad y proporcionalidad de las sanciones, entre otros propios del derecho sancionador".

Desde 2006, la OIT apoya una estrategia global para la "modernización y revigorización" de la Inspección del Trabajo. La OIT ha creado un programa para asistir a sus constituyentes en la promoción del trabajo decente mediante el refuerzo de la maquinaria de la Administración laboral, incluyendo la Inspección del Trabajo y así hacerlos más efectivos. La estrategia incluye distintas actividades tanto a nivel global como nacional, tales como ayudar a los Estados miembros a preparar auditorías de las Inspecciones del Trabajo, desarrollar planes de acción nacionales para mejorar la efectividad de la referida Inspección y garantizar la formación para los inspectores del trabajo.

La OIT brinda una especial trascendencia a la Inspección de Trabajo, la cual resume muy bien su Comité de Expertos: "una Inspección de Trabajo eficaz constituye la garantía más segura de que se cumplen las normas internacionales y nacionales del trabajo no solo de *iure*, sino también de *facto*". Esta importancia de la Inspección de Trabajo cobró nuevo vigor y significado en los últimos años a raíz de la adopción por la OIT del concepto de trabajo decente como razón de ser de su accionar en el mundo actual.

V. Convenios relativos a la Inspección del Trabajo

La OIT considera la Inspección de Trabajo de mucha relevancia para sus objetivos, por lo que ha desarrollado varios instrumentos, así tenemos: el convenio sobre la Inspección de Trabajo de 1947 (núm. 81), referido a establecimientos industriales y comerciales; la Recomendación sobre la Inspección de Trabajo de 1947 (núm. 81); la Recomendación sobre la Inspección de Trabajo de 1947 (minas y transporte) (núm. 82); el convenio sobre la inspección de trabajo en la agricultura, 1969 (núm. 129); la Recomendación sobre la Inspección de Trabajo (agricultura) 1969 (núm. 133) y el protocolo de 1995, relativo al convenio núm. 81 sobre la Inspección de Trabajo de 1947.

Las normas internacionales de la OIT, en especial, el Convenio sobre la Inspección del Trabajo número 81 (1947), el convenio 129 sobre la Inspección de Trabajo en la agricultura (1969) y el protocolo de 1995 relativo al convenio sobre la Inspección del Trabajo de 1947, así como las recomendaciones números 81 (en comercio), 82 (en minas y transporte) y 133 (en agricultura) han establecido los criterios generales que deberían observar los sistemas de Inspección del Trabajo nacionales en lo que respecta a su configuración como sistemas unificados, polivalentes e integrados, así como su competencia, funciones, estructura, personal, recursos materiales, métodos generales de inspección y trámite y sanción de las infracciones de la legislación laboral. En síntesis, en tales normas internacionales se sientan los criterios básicos de los sistemas de inspección en el mundo y, por ende, en nuestro país.

El Convenio núm. 81 representa el marco normativo internacional de la Inspección de Trabajo, adoptado en Trigésima reunión de la Conferencia General de la OIT, en Ginebra, en 1947. Indica que el sistema de Inspección de trabajo está encargado de velar por el cumplimiento de las disposiciones legales relativas a las condiciones de trabajo y a la protección de los trabajadores en el ejercicio de su profesión, tales como disposiciones sobre las horas de trabajo y a la protección de los trabajadores en ejercicio de su profesión, tales como las disposiciones sobre horas de trabajo, salarios seguridad, higiene y bienestar, empleo de menores y demás disposiciones afines, en la medida que los inspectores de trabajo estén encargados de velar por el cumplimiento de dichas disposiciones .

El Convenio núm. 81, aplicable a la industria y al comercio, sigue siendo la principal referencia internacional para los servicios de la inspección del trabajo, y es tan relevante en la actualidad como hace sesenta años. Se ha convertido en uno de los más ampliamente ratificados entre todos los Convenios de la OIT (141 países) y ha servido como modelo para la mayoría de las leyes y reglamentos nacionales en la creación de los modernos sistemas de inspección. El Convenio núm. 81 y la Recomendación núm. 81, conjuntamente, constituyen claramente las reglas que deben aplicarse en materia de inspección del trabajo. El Convenio núm. 129, aplicable a la agricultura, repite en esencia las disposiciones del Convenio núm. 81, pero amplía el ámbito de empresas y trabajadores cubiertos, así como las áreas de competencia del sistema de inspección del trabajo. Los Convenios núm. 81 y núm. 129 definen las funciones, obligaciones y responsabilidades de los sistemas de inspección del trabajo, los requisitos para la contratación de personal, medidas de acción para los inspectores, competencias y obligaciones de los inspectores en relación con la ética y la información sobre sus actividades. Igualmente, estos Convenios prevén el informe de accidentes de trabajo y enfermedades profesionales. La Recomendación sobre Inspección del Trabajo de 1947 (núm. 81) proporciona más detalles relativos a la información que se debe incluir en los informes anuales y contiene orientaciones para la colaboración entre inspectores, empleadores y trabajadores, principalmente en el área de seguridad y salud en el trabajo.

Así la OIT, en base a los Convenios 81 y 129, señala los siguientes parámetros para una efectiva Inspección del trabajo, conforme a la normativa universal[10]. Estos son los siguientes: 1) la inspección del trabajo deberá organizarse como un sistema aplicable a todos los establecimientos en los que sean de aplicación las disposiciones legales relativas a las condiciones de trabajo y a la protección de los trabajadores. 2) La inspección del trabajo deberá estar bajo la vigilancia y control de una autoridad central, siempre y cuando sea compatible con la práctica administrativa del país. 3) Deberá velar por el cumplimento y garantizar funciones educativas en relación con las condiciones de trabajo (tales como horas de trabajo, salarios, seguridad, salud y bienestar, el empleo de niños y jóvenes y otras materias relacionadas) y alertar a las autoridades competentes de cualquier defecto o abuso no recogido por las disposiciones legales existentes.

Respecto de los inspectores de trabajos, se dispone lo siguiente: 1) deben ser funcionarios públicos con estabilidad en el empleo garantizada e independiente de los cambios de gobierno y de cualquier influencia exterior indebida. 2) Deben ser contratados tomándose únicamente en cuenta sus aptitudes y deberán recibir formación adecuada para el desempeño de sus funciones. 3) Su número debería ser suficiente para garantizar el desempeño efectivo de sus funciones, y se determinará teniendo debidamente en cuenta el número, la naturaleza, la importancia y la situación de los establecimientos sujetos a inspección, el número de trabajadores empleados y el número y complejidad de las disposiciones legales por cuya aplicación deba velarse. 4) Se les proporcionarán oficinas adecuadamente equipadas y los medios de transporte y demás materiales que sean necesarios para el desempeño

---

10 *Guía para los trabajadores. La Inspección del Trabajo: lo que es y lo que hace* (Ginebra, 2010), OIT.

de sus funciones. 5) Deben ser provistos de las adecuadas credenciales y ser autorizados legalmente para desempeñar sus funciones. 6) Deberán inspeccionar los establecimientos con la frecuencia y el esmero que sean necesarios para garantizar la efectiva aplicación de las disposiciones legales pertinentes. 7) Los inspectores deberán facilitar información y asesorar a empleadores y trabajadores sobre la manera más efectiva de cumplir con las disposiciones legales. 8) Las leyes y reglamentos nacionales deben prever y aplicar de manera efectiva sanciones adecuadas para los casos de violación de las disposiciones legales por cuyo cumplimiento velen los inspectores del trabajo y en aquellos en que se obstruya a los inspectores del trabajo en el desempeño de sus funciones.

El rendimiento efectivo del sistema de inspección del trabajo se puede conseguir mediante la cooperación efectiva con otros servicios gubernamentales e instituciones privadas cuya actividad sea la protección laboral, así como con los empleadores y trabajadores y sus respectivas organizaciones.

VI. Nueva definición de trabajo decente

Es importante recordar que la OIT señala que el concepto de trabajo decente es un concepto en construcción[11] y se ajusta a la naturaleza de cada país. En ese sentido, habiendo revisado la doctrina e investigado la realidad nacional apunto a una definición sobre el trabajo decente en los siguientes términos:

> trabajo decente es aquel en el que la dignidad de la persona es respetada a plenitud, por consiguiente, se respetan sus derechos fundamentales y se otorga, a cambio, un salario justo; se promueve la negociación colectiva y el diálogo social; se respeta la integridad y salud del trabajador, y todo ello en los diferentes tipos de empresas, sean micro, pequeñas, medianas y grandes, o con independencia de la dimensión e ingresos económicos de las mismas.

En los términos planteados, el trabajo decente debe ser respetado a todo nivel, en todo tipo de empresas, en todos los regímenes laborales estable-

---

11 Se plantea el trabajo decente como un concepto dinámico, cuyo contenido evoluciona en el progreso social y económico de un país dado y del mundo en general. *Formación General para el trabajo decente*. Montevideo OIT /Interfor 9/2001.

cidos en un país, y debe ser además entendido por todos los ciudadanos, sobre la base esencial del respeto a la dignidad del ser humano[12], condición inmanente a su naturaleza, y que trasunta al trabajador, para ello es sumamente importante el rol del Estado dentro del carácter tripartito que tiene el diálogo social, uno de los pilares del trabajo decente.

VII. La informalidad laboral

Hablar de informalidad laboral implica revisar muchos factores, por ello, desde la óptica laboral, podría ser descrita en los términos siguientes: la informalidad laboral es un fenómeno multicasusal que implica la vulneración de derechos fundamentales laborales y la dignidad del trabajador, principalmente, entre otros factores, porque no existe una cultura de valoración de la dignidad de la persona del trabajador y por la falta de difusión, promoción y entendimiento de lo que implica el trabajo decente o digno, por los diferentes actores sociales: el Estado, los empresarios y los trabajadores.

Otra razón para la informalidad y por la que no se registran a los trabajadores en las planillas es que se desconoce el marco normativo, esto es debido a la escasa promoción de los derechos laborales y la poca difusión de las normas laborales. Sin embargo, también tenemos la otra cara de la moneda, en la que se aprecia que, a pesar de tener conocimiento de las normas legales, muchas empresas deciden de manera intencional mantenerse en la informalidad para no estar dentro del radar de la Inspección de Trabajo, es por ello que la Inspección de Trabajo no solo se debe limitar a las empresas formales, sino también abarcar al sector denominado como economía informal, puesto que el trabajo decente, como señala la OIT, no solo se aplica a las empresas formales, sino que transciende estas. La baja posibilidad de detección de

---

12 Chaname Orbe, R., *Diccionario de Derecho Constitucional:* "la dignidad humana constituye tanto un principio como un derecho fundamental; en tanto principio, actúa a lo largo del proceso de aplicación y ejecución de las normas por parte de los operadores constitucionales, y, como derecho fundamental, se constituye en un ámbito de tutela y protección autónomo, donde las posibilidades de los individuos se encuentran legitimados a exigir la intervención de los órganos jurisdiccionales para su protección ante las diversas formas de afectación de la dignidad humana" (Res. N° 02273-2005-PHC/TC) (Lima, Perú, 2012), 9ª edición, p. 282.

trabajo no registrado o informal también es un factor importante, en tanto la Inspección de Trabajo no cuenta con los recurso necesarios de distinta índole y atraviesa una problemática diversa que implica que no cuenta con la cantidad necesaria de inspectores y no se llevan a cabo planes estratégicos que permitan que la inspección llegue a más personas.

Otro factor es el bajo poder de disuasión de las multas aplicadas por las entidades administrativas, hecho que no ayuda a lograr disuadir a los empleadores de efectuar prácticas negativas que terminan vulnerando la dignidad y los derechos fundamentales comprendidos en el Trabajo decente.

VIII. Informalidad laboral e Inspección del Trabajo

La informalidad es uno de los problemas que implica una afectación a la persona humana, así como al trabajador, al estar este en una total desprotección, pues la coraza protectora del Derecho del Trabajo muchas veces no llega al sector informal. Por ello, la Inspección de Trabajo debe apuntar no sólo al ámbito formal, sino ir más allá, pues el trabajo decente, abarca tanto al trabajo formal como a la denominada economía informal. En ese sentido, la Inspección de Trabajo debe ampliar su ámbito y accionar al trabajo autónomo y al ámbito informal, aplicando su función orientadora, fiscalizadora y de propuesta legislativa. En concordancia con el Convenio núm. 81 de la OIT.

En la mayoría de economías, las personas con un contrato formal son un porcentaje menor, lo que quiere decir que un porcentaje mayor de hombres y mujeres que trabajan lo hacen en la economía informal, sin condiciones aceptables y muy alejadas de lo que es el trabajo decente. Así, el actuar de la Inspección del Trabajo es importante porque extiende su ámbito de alcance[13] el sector informal y, además, en su desarrollo, la Inspección puede

---

13 Art. 7, Convenio OIT núm. 150, *Sobre la Administración del Trabajo*. A fin de satisfacer las necesidades del mayor número posible de trabajadores, cuando lo exijan las condiciones nacionales, y en la medida en que la Administración del Trabajo no haya abarcado ya estas actividades, todo Miembro que ratifique el presente Convenio deberá promover, gradualmente si fuera necesario, la ampliación de las funciones del sistema de administración del trabajo, a fin de incluir actividades, que se llevarían a cabo en colaboración con otros organismos competentes, relativas a las condiciones

comprender planes de formalización laboral, que incluyan los compromisos de formalización por parte de quienes se encuentran en el ámbito informal. De esta manera, se promovería el trabajo decente.

La informalidad laboral termina afectando los cuatro ejes del trabajo decente: empleo, derechos fundamentales, seguridad social y diálogo social.

IX. La informalidad laboral y el desconocimiento de las normas legales vigentes y la falta de asistencia técnica

Una encuesta aplicada a empresarios de las Mipymes[14] e Inspectores de trabajo en Perú (Gráfico 2) demostró que uno de los principales factores por el que las Mipymes no cumplen con las normas laborales es la falta de conocimiento del marco normativo vigente, debido a una escasa capacitación y asistencia técnica por parte del Estado, así como la falta de conocimiento de la protección del Estado y de los servicios que este está obligado a brindar a quienes se formalizan. Ante tal situación, la Inspección de Trabajo, que tiene como uno de sus objetivos la asistencia y asesoría de las Mipymes, debería intensificar esta labor a efectos de prevenir vulneraciones a los derechos de los trabajadores.

En consecuencia, se debe extender la capacitación y asistencia técnica por parte del Estado, y de la Inspección de Trabajo a la economía informal, generando la cultura de la formalidad y la valoración de la dignidad del trabajador y de la persona humana.

---

      de trabajo y de vida profesional de determinadas categorías de trabajadores que, a efectos jurídicos, no se pueden considerar personas en situación de empleo, tales como: (a) los pequeños agricultores que no contratan mano de obra exterior, los aparceros y categorías similares de trabajadores agrícolas; (b) las personas que, sin contratar mano de obra exterior, estén ocupadas por cuenta propia en el sector no estructurado, según lo entienda éste la práctica nacional; (c) los miembros de cooperativas y de empresas administradas por los trabajadores; (d) las personas que trabajan según pautas establecidas por la costumbre o las tradiciones comunitarias.

14 Ley n. 30056, que modifica diversas leyes para facilitar la inversión, impulsar el desarrollo productivo y el crecimiento empresarial. Publicada el 2 de julio de 2013.

X. Estadísticas en Perú

Presentamos, a continuación, algunas estadísticas que nos muestran la situación de la informalidad y los cambios que se han producido en los últimos años en Perú.

Gráfico 1. Perú, evolución de la tasa de informalidad laboral en sector el privado, 1998-2009 (porcentaje). Fuente: ENAHO sobre condiciones de vida y pobreza, INEI. Elaboración: Álvaro Vidal Bermúdez, Fernando Cuadros Luque y Christian Sánchez Reyes, 2012.

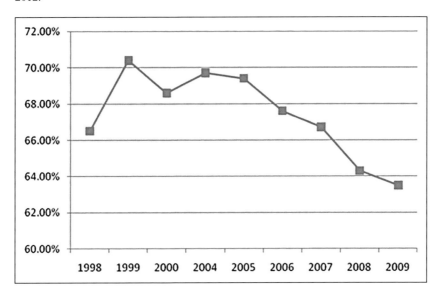

Como se aprecia en el gráfico 1, entre los años 1998 y 2009, la tasa de informalidad laboral en Perú solamente se ha reducido en 3 puntos porcentuales, de 66.5 % a 63.5 %, lo que implica que la reforma laboral de inicios de los noventa no ha logrado reducir significativamente la informalidad del mercado de trabajo peruano, de tal forma que casi dos terceras partes de los trabajadores con vínculo laboral real en el sector privado continúan sin poder acceder a los beneficios individuales y colectivos establecidos en la regulación laboral (Vidal Bermúdez, Álvaro; Cuadros Luque, Fernando; Sánchez Reyes, Christian, 2012).

A continuación se muestra el resultado de la encuesta: ¿cree que la Inspección puede ayudar a formalizar a las empresas y sus trabajadores y, por ende, disminuir la informalidad y lograr el respeto de los derechos fundamentales laborales?.

Gráfico 2. Fuente: Encuesta aplicada para la investigación. Elaboración propia.

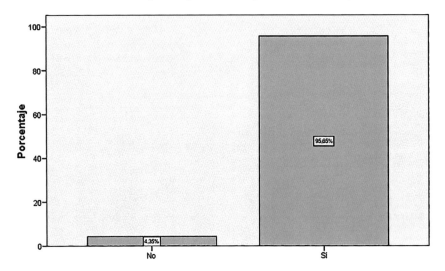

Se puede apreciar en el gráfico 2 que un gran porcentaje de los encuestados está convencido de que la Inspección del Trabajo puede ayudar a formalizar a las empresas, y consecuentemente a generar mayor trabajo decente.

En las empresas de 2 a 10 trabajadores (microempresas) las tasas de informalidad se han mantenido muy elevadas y con una muy ligera contracción, al pasar de 92 % en el 2005 a 88 % en los últimos 10 años.

Gráfico 3. Fuente: INEI-ENAHO, 2011/MPTE-DIESEL. Elaboración: Viceministerio de Trabajo.

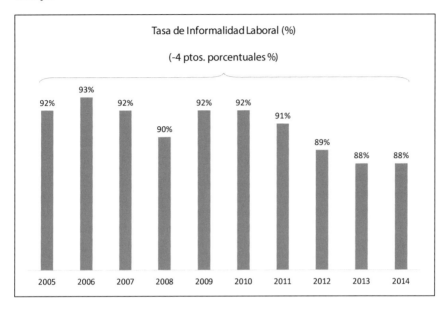

Alrededor de 2'5 millones de trabajadores de la microempresa tuvieron un empleo informal en el año 2014.

Gráfico 4. Fuente: INEI ENAHO, 2011/MPTE-DIESEL. Elaboración: Viceministerio de Trabajo.

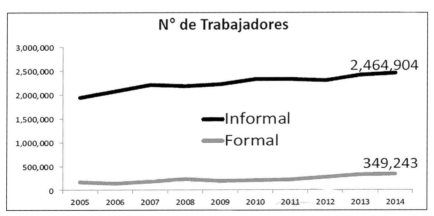

En las empresas de 11 a 100 trabajadores (Pequeñas empresas), la informalidad se ha reducido en 15 puntos porcentuales en los últimos 10 años.

Gráfico 5. Fuente: INEI-ENAHO,2011/MPTE-DIESEL. Elaboración: Viceministerio de Trabajo.

La generación de empleo formal ha sido mayor a la del empleo informal. Empresas de 11 a 100 trabajadores.

Gráfico 6. Fuente: INEI-ENAHO, 2011/MPTE-DIESEL. Elaboración: Viceministerio de Trabajo.

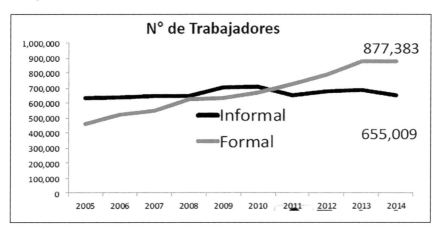

En la última década se ha duplicado el número de trabajadores formalizados. Empresas de más de 100 trabajadores.

Gráfico 7. Fuente: INEI-ENAHO, 2011/MPTE-DIESEL. Elaboración: Viceministerio de Trabajo.

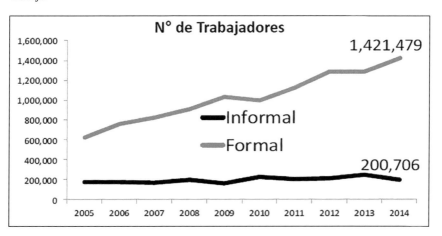

En las empresas de más de 100 trabajadores, en la última década, si bien se ha reducido en 10 puntos la informalidad, aún el 12 % de los trabajadores permanecen en la informalidad.

Gráfico 8. Fuente: INEI-ENAHO, 2011/MPTE-DIESEL. Elaboración: Viceministerio de Trabajo.

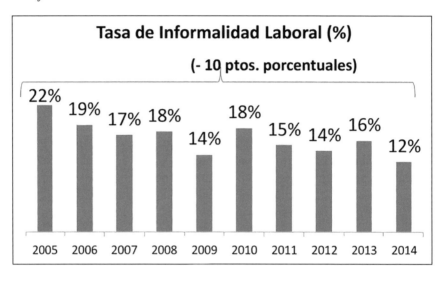

XI. Informalidad en algunos países de America Latina

En el ámbito internacional se tiene como experiencia Argentina, pues, en un año, aumentó cinco veces la tasa de regularización, lo que se debió a una más efectiva fiscalización de las pequeñas empresas, y en seis años aumentó cuatro veces el número de empleadores fiscalizados y se duplicó el número de trabajadores cubiertos. En relación a este tema, Graciela Bensusan, en su publicación *La distancia entre normas y hechos: Instituciones laborales en América Latina*, realiza un estudio sobre la efectividad de la normatividad en relación a las obligaciones laborales. El resultado es el siguiente: en los cuatro países las posibilidades de detectar el trabajo no registrado son muy bajas (Argentina, Brasil y Chile) o casi nulas (México). Hay, sin embargo, mejoría en varios indicadores en los tres países del Cono

Sur, pero los avances son mayores en la Argentina, como se apuntó. Por el contrario, las pequeñas empresas (menos de nueve o quince trabajadores) tienen trato privilegiado en Brasil y México que, prácticamente, las eximen de fiscalización y sanción.

En todos los casos, la posibilidad de detectar los incumplimientos en las empresas grandes es mayor, pero éstas tienen más recursos para defenderse de las sanciones y hacer que el costo del incumplimiento tienda a ser cero. Sin embargo, la mayor visibilidad, la presencia sindical y el menor impacto relativo del costo de cumplimiento serían factores que influyen en un mayor nivel de cumplimiento en estas empresas, lo que se confirma en los cuatro países[15].

Perú tiene una de las mayores tasas de informalidad laboral en América Latina, sólo es superado por algunos países centroamericanos.

Gráfico 9. Fuente: OIT: panorama laboral temático: transición a la formalidad en América Latina y El Caribe.

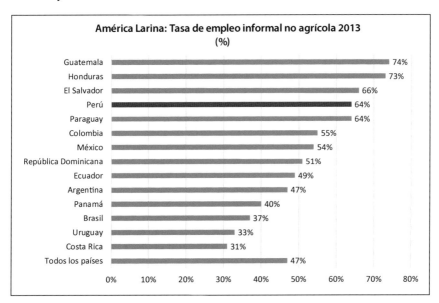

---

15 Dicha autora diseña su análisis en base a indicadores estadísticos en Botero, J. et al. (2004), "The Regulation of labor", *NBER Working Paper Series* <http://papers.nber.org/tmp/>.

Conclusiones

Ciertos indicadores, como el elevado número de denuncias por incumplimientos laborales, que a diario materializan los afectados, y, por otro lado, la solicitud recurrente de protección e incorporación a la formalidad para gozar de las prestaciones de salud y pensiones nos muestran que el efecto de la informalidad siempre es lesivo de derechos y termina afectando a los cuatro ejes del trabajo decente: empleo, derechos fundamentales, seguridad social y diálogo social. Y, lo más importante, también afecta a la dignidad de la persona del trabajador, quien es sometido a trabajos que lindan con la esclavitud, el desamparo y desprotección al estar fuera del sistema de protección social que el Estado está obligado a brindar. Es importante resaltar que el impacto lesivo no solo es para el trabajador, lo es también para el empleador, debido a que la productividad será menor restándole competitividad y rentabilidad a su empresa, y, por supuesto, también afectará al Estado en su economía y ciudadanía distorsionándola.

Un aspecto esencial para enfrentar las altas tasas de informalidad que nos muestran las estadísticas es tener en cuenta la nueva definición del trabajo decente que hemos postulado: "trabajo decente es aquel en el que la dignidad de la persona es respetada a plenitud, por consiguiente, se respetan sus derechos fundamentales, se otorga a cambio un salario justo, se promueve la negociación colectiva y el diálogo social, se respeta la integridad y salud del trabajador, en los diferentes tipos de empresas, sean micro, pequeñas, medianas y grandes o con independencia de la dimensión e ingresos económicos de las mismas". Esto implica regular deberes y derechos de empleadores y trabajadores en las relaciones laborales, buscar su difusión y legitimidad, logrando de esta manera reducir la amplia brecha entre la norma y su cumplimiento, sobre la base del conocimiento, entendimiento y práctica del nuevo concepto de trabajo decente para cada ciudadano. El trabajo decente en los términos planteados debe ser respetado a todo nivel, en todo tipo de empresas, en todos los regímenes laborales establecidos en un país, ser entendido, sobre la base esencial del respeto a la dignidad del ser humano, condición inmanente a todo ciudadano y, por ende, al trabajador, para ello es sumamente importante el rol del Estado dentro del carácter tripartito que tiene el diálogo social, uno de los pilares del Trabajo decente.

Podemos indicar que el cumplimiento del trabajo decente no limita ni constitucional ni legalmente los derechos de la empresa. No es un gasto, sino un elemento que se traduce en mayor productividad y rentabilidad. Así la garantía del trabajo decente combate la informalidad y posibilita el resguardo de la salud y seguridad, frena el trabajo forzoso, el trabajo infantil, la discriminación, el abuso y garantiza la negociación colectiva y este enfoque es compatible con la creación, mantenimiento y crecimiento del empleo.

Los Convenios Internacionales de la OIT son instrumentos que promueven y buscan el trabajo decente, por lo que deben ser cumplidos a cabalidad; no obstante, en los diferentes países latinoamericanos existen indicadores, como las denuncias y los elevados porcentajes de informalidad laboral, lo cual nos dice que tenemos una ardua tarea por delante para alcanzar los cuatro objetivos estratégicos del trabajo decente: a) la promoción de los derechos laborales; b) la promoción del empleo; c) la protección social contra las situaciones de vulnerabilidad, y d) el fomento del diálogo social; todo ello para lograr otros indicadores diferentes que reflejen el avance, el entendimiento y el cumplimiento efectivo del trabajo decente.

Del análisis efectuado, podemos concluir que hay una relación directamente proporcional entre la Inspección del Trabajo, la formalización laboral y el trabajo decente, por lo que si queremos cambiar el panorama actual se deberían desarrollar varias estrategias multisectoriales, dentro de ellas fortalecer la Inspección del Trabajo en sus tareas orientadora y fiscalizadora, enfocadas principalmente en las micro, pequeñas y medianas empresas, que son las que ocupan el mayor porcentaje de la población económicamente activa (PEA) del país. Con tal fin, se deberían brindar las herramientas legales y financieras necesarias y el acompañamiento para que se formalicen y desarrollen, en buena cuenta perfilar la acción por parte del Estado en función del trabajo decente involucrando a todos los actores sociales, trabajadores, empleadores, Estado y ciudadanos.

Finalmente, cabe concluir que el panorama sobre la informalidad laboral no es el más alentador, pues, según las estadísticas revisadas, hay mucha tarea por realizar, en diversas aristas, debido a que la informalidad laboral es un fenómeno multicausal. Por lo tanto, para cambiar el panorama actual se requiere de gran voluntad política para abordar diferentes aspectos, como la Inspección del Trabajo, la burocracia, la escasez de empleo, la pobreza, los vacíos legales, la falta de financiamiento, el desconocimiento de las normas, la falta de información y demás, que permitan desarrollar estrategias y políticas públicas de mediano y largo plazo cuyo impacto se traduzca en la reducción de la informalidad y el aumento del trabajo digno.

Bibliografía

Aparicio Valdés, L., *El pensamiento socioeconómico y jurídico de Luis Aparicio Valdez* (Lima, 2011), AELE.

Arce Ortiz, E., *Derecho Individual del Trabajo en El Perú* (Lima, 2013), Palestra Editores.

Barbageleta, H., *Formación y legislación del Trabajo* (Uruguay, 2003), Oficina Internacional de La OIT, 2ª edic.

Becond, D., *et al.*, "Siete indicadores para medir el trabajo decente. Comparación internacional" (Ginebra, 2003), *Revista Internacional del Trabajo*, vol. 122.

Bonet Pérez, Jordi, *Mundialización y régimen jurídico internacional del trabajo. La Organización Internacional del Trabajo como referente jurídico político universal* (Barcelona, 2007), Atelier.

Cabero Morán, E., *El rol constitucional de la Administración laboral y su función de garantía del respeto de los derechos laborales* (2013), Guía de clase.

Campero Villalba, I., *Políticas institucionales hacia una justicia inclusiva plena* (Bolivia, 2014). Órgano Judicial de Bolivia Tribunal Departamental de Justicia de La Paz.

Canessa Montejo, M., *Los derechos humanos laborales en el derecho internacional* (Madrid, 2006), Tesis Doctoral, Universidad Carlos III de Madrid.

"Los derechos humanos laborales en el derecho internacional" (Perú, 2009), *Revista de la Facultad de Derecho Pontificia Universidad Católica del Perú*, n. 63.

Chaname Orbe, R., *Diccionario de Derecho Constitucional*, 9ª edición (Lima, Perú, 2012).

Ciudad Reynaud, A., "Un nuevo modelo de la Inspección del Trabajo en El Perú" (Chiclayo, 2008), *3º Congreso Nacional de la Sociedad Nacional De Derecho del Trabajo y de La Seguridad Social*.

Cornejo Espinoza, C.A., *El Trabajo Decente en El Perú* (2010), Tesis para optar al grado de Magister-PUCP.

Espinoza, M., *Trabajo decente y protección social. Eje para la acción sindical* (2003), Oficina Internacional de Santiago.

Jatobá, V., *Inspección del Trabajo en el marco de la modernización de la Administración del trabajo* (Chile, 2002), Oficina Regional para América Latina y El Caribe, Proyecto CIMA OIT.

Mastropasqua, R., "La Inspección de Trabajo en la República de Argentina" (Santiago de Chile, 2010), *Inspección del Trabajo para El Siglo XXI*.

Menacho Aguilar, M., *Derecho de la Seguridad Social*, 4ª edic. (Santa Cruz de la Sierra, Bolivia, 2001).

Monsalve Cuellar, M.E., *Seminario Internacional De Derecho Del Trabajo y de la Seguridad Social "Nuevos rumbos del Derecho del Trabajo y de la Seguridad Social"* (Cartagena de Indias, Colombia, 2013), Libro Homenaje al Dr. Guillermo Guerrero Figueroa.

Neves Mujica, J., *Introducción al Derecho del Trabajo* (Lima, Perú, 2009), Fondo Editorial PUCP.

Palomeque López, M.C., "El nuevo espacio funcional de la Inspección del Trabajo: reflexiones críticas", en el volumen *Derecho del Trabajo y Razón crítica* (Salamanca, 2004).

Platon Teixeira de Azevedo Neto, *O trabalho decente como um direito humano* (Sao Paulo, Brasil, 2015), Editora Ltr.

Rendon Vasquez, J., *Derecho del Trabajo. Teoría General I*, (Perú, 2007), Grijley.

Romero Montes, F. J., *La Ley Federal de México y la Legislación Peruana* (2013), Boletín ADAPT, University Press.

Ruiz Moreno, Á. G., *El Derecho del Trabajo y de la Seguridad Social Contemporánea, Una crítica mirada en la segunda década del siglo XXI* (México, 2014), Universidad de Guadalajara, Centro Universitario de Tonalá.

Saco, R., *Cláusulas Sociales en los Tratados Internacionales de Comercio* (Lima, 2001), V Congreso Regional Americano de Derecho del Trabajo y de La Seguridad Social. Sociedad Peruana de Derecho del Trabajo y de la Seguridad Social.

Samame Morante, R., *En Jurisprudencia y Doctrina Constitucional Laboral. Tribunal Constitucional* (Lima, Perú, 2006), Palestra Editores.

Serrano Díaz, L.A., "La nueva Inspección de Trabajo en el Perú" (Perú, 2014), en *Libro de Ponencias del VI Congreso Nacional de la Sociedad Nacional de Derecho del Trabajo y de la Seguridad Social*, celebrado en Arequipa.

Somavia, J., *Trabajo decente*, Memoria del Director General (1999), OIT.

Toyama Miyagusuku, J.L., *El Procedimiento de Inspección Laboral* (Lima, 1997), Revista Perú Laboral, n. abril.

Ulloa Millares, D., *La Inspección Laboral en Lima: sugerencias para su mejoría* (Chiclayo, 2008), 3° Congreso Nacional de la Sociedad Nacional de Derecho del Trabajo y de la Seguridad Social.

Valenzuela Herrera, A., "La economía informal en Guatemala" (Lima, Perú, 2014), *Revista de Derecho del Trabajo y Seguridad Social*, UNMSM, n. 1, p. 31.

Vega Ruiz, M.L., *La reforma laboral en América Latina: 15 años después* (Lima, 2006), Oficina Internacional del Trabajo, OIT.

Villavicencio Ríos, A. y otros, *Trabajo decente: diagnóstico subregional: Bolivia, Colombia, Ecuador, Perú* (Lima, 2010), Red Laboral Andina — RELA, Programa Laboral de Desarrollo-PLADES.